Intersektorale Versorgung

Ursula Hahn · Clarissa Kurscheid
Hrsg.

Intersektorale Versorgung

Best Practices – erfolgreiche
Versorgungslösungen mit
Zukunftspotenzial

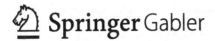

Hrsg.
Ursula Hahn
OcuNet GmbH & Co. KG
Düsseldorf, Deutschland

Clarissa Kurscheid
Priv. Forschungsinstitut für Gesundheits- und
Systemgestaltung
FiGuS GmbH
Köln, Deutschland

ISBN 978-3-658-29014-6   ISBN 978-3-658-29015-3 (eBook)
https://doi.org/10.1007/978-3-658-29015-3

Die Deutsche Nationalbibliothek verzeichnet diese Publikation in der Deutschen Nationalbibliografie; detaillierte
bibliografische Daten sind im Internet über http://dnb.d-nb.de abrufbar.

Springer Gabler
© Springer Fachmedien Wiesbaden GmbH, ein Teil von Springer Nature 2020

Springer Gabler ist ein Imprint der eingetragenen Gesellschaft Springer Fachmedien Wiesbaden GmbH und ist
ein Teil von Springer Nature.
Die Anschrift der Gesellschaft ist: Abraham-Lincoln-Str. 46, 65189 Wiesbaden, Germany

Vorwort – Die Idee zum Buch

Unser Gesundheitswesen ist ein sehr komplexes und hoch reguliertes Gebilde. Die verantwortlich handelnde Ebene der staatsmittelbaren Selbstverwaltung bedient dieses komplexe Gebilde mit immer neuen Regulationen. Auf politischer Seite werden in zunehmend kürzeren Rhythmen Gesetzesreformen entwickelt, die mal mehr, mal weniger treffsicher versuchen, Defizite über Vorgaben zu beheben. Zugleich zeichnet sich der erste Gesundheitsmarkt durch eine deutliche Geschlossenheit gegenüber Innovationen aus. Es ist einerseits schwierig, Neuerungen und sektorenübergreifende Versorgungsansätze zu implementieren, andererseits schaffen es viele Ideen und gute Projekte nicht in die Regelversorgung.

Dabei handelt es sich bei der intersektoralen Versorgung nicht um ein neu zu entdeckendes Thema, sondern um ein schon seit Jahren diskutiertes. Viele Experten – allen voran der Sachverständigenrat im Gesundheitswesen – sehen in mehr intersektoraler Versorgung das Thema der Zukunft. Das gilt gerade und vor allem für die Qualität der Patientenversorgung. Darüber hinaus werden Effizienzpotenziale genannt, hier fänden sich Optionen, die eine deutliche Professionalisierung im Hinblick auf Organisation und betriebswirtschaftliche Aspekte erwarten lassen. In der intersektoralen Versorgung könne Multiprofessionalität gelebt werden und nur hier sei es möglich, verbesserte Versorgungsoptionen für immer komplexer erscheinende Krankheitsbilder in einer alternden Gesellschaft zu entwickeln.

Für eine moderne medizinische Versorgung dürfen Sektorengrenzen keine Hürde darstellen. Im deutschen Gesundheitswesen werden jedoch die Kooperation von versorgenden Einrichtungen und Ärzten über die Versorgungsgrenzen hinweg beziehungsweise die Integration aller Versorgungsebenen unter einem Dach nicht systematisch und konsequent gefördert. Nicht zuletzt erlauben wir uns den Luxus, auf eine digitale sektorenübergreifende Kommunikation mithilfe passender Instrumentarien zu verzichten und arbeiten lieber weiter analog und mit vielen Kommunikationsbrüchen. In den vergangenen Jahren hat sich die Versorgung in vielen einzelnen Bereichen weiter spezifiziert. Die Expertise vieler Medizinerinnen und Mediziner sowie vieler Gesundheitsfachberufe deckt dezidiert einzelne Teilbereiche ab, dem steht aber ein multimorbides Krankheitspanorama gegenüber. Um Patienten adäquat medizinisch zu begleiten, ist Arbeitsteilung zwischen verschiedenen

Fachlichkeiten und Professionen unumgänglich. Das setzt aber zwingend Zusammenarbeit und Austausch voraus.

Trotz der oft widrigen Rahmenbedingungen gibt es sie aber durchaus: die guten, erfolgreichen und sinnvollen intersektoralen Versorgungslösungen. Wir wissen allerdings zu wenig von deren Strukturen, Inhalten und gestalterischen Elementen – in der (berufspolitischen) Diskussion haben die Praktiker der Versorgung häufig keine Stimme. Uns, den Herausgeberinnen, geht es darum, mehr Transparenz bezüglich dieser erfolgreichen Best-Practice-Ansätze der sektorenintegrierenden Versorgung zu schaffen und zu entwickeln. So erhalten wir Anregungen über Angebotsstrukturen, die in der überwiegend regionalen Versorgung mit den Patienten gelebt werden. Wir bekommen aber auch Wissen zu den Stolpersteinen, die sich bei bestehenden Projekten ergeben können. Somit möchten wir einen Beitrag in einem lernenden System leisten und aufzeigen, welche Versorgungsprojekte zukunftsweisend sind. Um eine Vergleichbarkeit der sehr unterschiedlichen Versorgungslösungen für Leserinnen und Leser zu gewährleisten, haben wir den Autoren Kriterien (Kap. 3) zur Gliederung und Beschreibung ihrer Projekte an die Hand gegeben.

Uns, den Herausgeberinnen, ist die Weiterentwicklung der intersektoralen Versorgung ein wichtiges Anliegen. Praktiker aus Best-Practice-Lösungen sind eine wichtige Quelle, um die Möglichkeiten und Grenzen auszuloten. Uns geht es darum, ihre Erfahrungen für die Weiterentwicklung dieses wichtigen Versorgungsbereichs nutzbar zu machen. Wir danken allen Autorinnen und Autoren, die mit hohem Engagement und großer Ehrlichkeit ihre Projekte beschrieben haben und uns spannende Beispiele liefern, wie eine moderne und patientenorientierte intersektorale Versorgung sinnvoll geleistet werden kann.

Düsseldorf, Deutschland   Ursula Hahn
Köln, Deutschland   Clarissa Kurscheid

Inhaltsverzeichnis

Über die Herausgeberinnen

Dr. rer. medic. Ursula Hahn studierte Volkswirtschaft an der Universität Köln und Medizin an der Universität Düsseldorf. Frau Dr. Hahn ist Geschäftsführerin des OcuNet Verbundes (www.ocunet.de), einem Zusammenschluss großer intersektoraler augenmedizinischer Facharztzentren mit Wurzeln in der vertragsärztlichen Versorgung. Die Promotion zum Dr. rer. medic. hat sie im Fach Klinische Epidemiologie an der Technischen Universität Dresden erworben, sie ist externe Dozentin an der Fakultät für Gesundheit der Universität Witten/Herdecke, Institut für Medizinische Biometrie und Epidemiologie (IMBE). Ihre wissenschaftliche Arbeit befasst sich mit organisationsbezogener Versorgungsforschung zu Angebotsstrukturen in der ambulanten Versorgung sowie an der Grenze zwischen ambulanter und stationärer Versorgung.

Prof. Dr. rer. pol. Clarissa Kurscheid ist Gesundheitsökonomin und Studiengangsleiterin für *Digital Health Management* an der EU-FH in Köln. Nach einer Ausbildung zur Physiotherapeutin studierte sie BWL und Gesundheitsökonomie an der Universität zu Köln, an der sie auch 2005 am Lehrstuhl für Sozialpolitik promovierte. Neben der Hochschultätigkeit ist sie Geschäftsführerin der FiGuS GmbH, einem privaten Forschungsinstitut für Gesundheits- und Systemgestaltung. In diesem befasst sie sich im Kontext der Versorgungsforschung seit Jahren mit der Konzeption und Entwicklung von Versorgungskonzepten und Prozessen und berät strategisch Ärztenetze sowie Verbände im Gesundheitswesen. Sie publiziert kontinuierlich im Themenkomplex der Versorgungsforschung und widmet sich hier den relevanten Fragen der Versorgungsweiterentwicklung.

Teil I

Grundlagen zur intersektoralen Versorgung

Vom Nutzen sektorenübergreifender Versorgung

Sascha Wolf

Zusammenfassung

Mit der Einrichtung der Bund-Länder-Arbeitsgruppe zur Weiterentwicklung der sektorenübergreifenden Versorgung hat die Bundesregierung einen gesundheitspolitischen Strategiewechsel vollzogen. Stand zuvor die Förderung der integrierten Versorgung über einen selektivvertraglichen Wettbewerb im Vordergrund, sollen nun über mehr staatliche Steuerung die Rahmenbedingungen in den Sektoren angeglichen werden. Bei der Analyse der Vorteile der intersektoralen Zusammenarbeit müssen zwei Ebenen unterschieden werden: Zum einen geht es um die Überwindung von Schnittstellenproblemen. Die zweite Ebene betrifft den Strukturwandel, der in den Sektoren angestoßen wird. Die im Vergleich zu anderen großen Branchen eher geringen Größenvorteile, die noch immer pluralistisch geprägte Versorgungslandschaft sowie externe Skaleneffekte lassen vermuten, dass es zukünftig nicht nur zu einer verstärkten Konzentration von Leistungen in der Hand großer Vollversorger, sondern auch zu einer verstärkten Netzwerkbildung und damit zur Entstehung regionaler Gesundheitszentren kommen wird. Das Potenzial an Wohlfahrtsgewinnen reicht von der Optimierung der Arbeitsabläufe für die Leistungserbringer über eine Erhöhung des Humankapitals auf gesellschaftlicher Ebene bis hin zur besseren medizinischen Versorgung für die Patienten.

S. Wolf (✉)
Hochschule Pforzheim, Pforzheim, Deutschland
E-Mail: sascha.wolf@hs-pforzheim.de

© Springer Fachmedien Wiesbaden GmbH, ein Teil von Springer Nature 2020
U. Hahn, C. Kurscheid (Hrsg.), *Intersektorale Versorgung*,
https://doi.org/10.1007/978-3-658-29015-3_1

1.1 Einleitung

Als mit der Reichsnotverordnung vom 8. Dezember 1931 die sektorale Trennung im deutschen Gesundheitswesen manifestiert worden ist, geschah dies auch in der Absicht, Kosten im Gesundheitswesen einzusparen (Munshi 2018, S. 22). Doch was zu einer Zeit, die durch Akutversorgung und elektive Behandlungen geprägt war, sinnvoll erschien, hat sich in den vergangenen Jahrzehnten des epidemiologischen Wandels und komplexerer sowie interdisziplinärer medizinischer Behandlungspfade als zunehmend kontraproduktiv erwiesen. So erhöht die strikte Sektorentrennung bei komplexen Krankheitsbildern das Risiko von Versorgungsbrüchen, was insbesondere bei Patienten mit chronischen Erkrankungen, bei Multimorbidität und pflegerischem Bedarf zum Tragen kommt (vgl. Sachverständigenrat 2012, S. 137).

Aus diesem Grund versucht der Gesetzgeber seit nunmehr über 20 Jahren „durch Intensivierung des Wettbewerbs auf der Kassenseite […] und […] auf Seiten der Leistungserbringer" (Deutscher Bundestag 2006, S. 1 f.) die Schnittstellenprobleme an den Sektorengrenzen zu überwinden. Die politischen Erwartungen sind bislang jedoch nicht erfüllt worden. Der Anteil innovativer Versorgungsformen an den Leistungsausgaben bewegt sich weiterhin im einstelligen Prozentbereich (Bandelow et al. 2018). Die Einrichtung der Bund-Länder-Arbeitsgruppe zur Weiterentwicklung der sektorenübergreifenden Versorgung im September 2018 kann daher als gesundheitspolitischer Strategiewechsel gewertet werden. Statt auf selektivvertraglichen Wettbewerb setzt die Politik nun auf mehr staatliche Steuerung, um auf kollektiver Ebene die Voraussetzungen für intersektorale Zusammenarbeit zu verbessern.

Mit dem Verzicht auf den Wettbewerb als zentrales Gestaltungsinstrument geht jedoch auch dessen größte Stärke, der dezentrale Such- und Findungsprozess, verloren. Sektorenübergreifende Versorgung ist somit nicht länger das Ergebnis eines innovativen Wettstreits um Effizienz und Qualität, sondern wird selbst zum Ziel erkoren. Um zu überprüfen, ob ein solcher Selbstzweck ökonomisch gerechtfertigt werden kann, müssen einerseits die strukturellen Folgen berücksichtigt und andererseits mögliche Nutzengewinne identifiziert werden.

1.2 Strukturelle Folgen einer Angleichung der Rahmenbedingungen

Auftrag der Bund-Länder-Arbeitsgruppe war die „Weiterentwicklung zu einer sektorenübergreifenden Versorgung […] im Hinblick auf Bedarfsplanung, Zulassung, Honorierung, Kodierung, Dokumentation, Kooperation der Gesundheitsberufe und Qualitätssicherung unter Berücksichtigung der telematischen Infrastruktur" (BMG 2018). Solch umfassende und tief greifende Veränderungen der Rahmenbedingungen würden unweigerlich auch strukturelle Umbrüche zur Folge haben. Prinzipiell sind drei Szenarien denkbar:

a. Die Reduktion von Organisationskosten für intersektorale Zusammenarbeit führt zu einer Konzentration der medizinischen Versorgung in transsektoral aufgestellten Unternehmen. In diese Richtung würde beispielsweise eine unkompliziertere Öffnung der Krankenhäuser für ambulante Leistungen zielen.

b. Die Reduktion der Transaktionskosten für intersektorale Zusammenarbeit führt zu einer zunehmenden Kleinteiligkeit und Atomisierung der medizinischen Versorgung. So könnten beispielsweise durch Angleichung der Abrechnungsmöglichkeiten zwischen ambulanter und stationärer Versorgung Verhandlungs- und Vertragsaufwand reduziert werden.

c. Die Kombination aus geringeren Transaktions- und Organisationskosten fördert die Entstehung von Netzwerken und regionalen Gesundheitszentren.

Zu a) Unterschiedliche Rahmenbedingungen in den Sektoren erhöhen den Bürokratieaufwand und damit die Organisationskosten für transsektoral aufgestellte Unternehmen. Eine Verringerung dieser Kosten könnte somit eine Konzentration der medizinischen Versorgung befördern (vgl. Coase 1937). Tendenzen zu mehr vertikaler Integration und Bildung von Krankenhauszentren wie beispielsweise Tumorzentren lassen sich bereits seit einigen Jahren beobachten und werden sich zukünftig weiter verstärken. Eine grundlegende Dominanz weniger großer Vollversorger, die vom ambulanten über den stationären bis hin zum rehabilitativen Sektor tätig sind, ist jedoch eher unwahrscheinlich. So existieren einerseits empirische Hinweise dafür, dass horizontale Kooperationen oftmals wirtschaftlicher sind als vertikale (Büchner et al. 2016). Kleinere Kliniken besitzen somit die Möglichkeit, über Kooperationen und Spezialisierung ihre Konkurrenzfähigkeit zu erhalten. Andererseits sind die Größenvorteile im Gesundheitswesen nicht übermäßig stark ausgeprägt. Schätzungen zufolge liegt die betriebswirtschaftlich optimale Größe eines Klinikums im Allgemeinen bei nur 300 bis 500 Betten, oftmals sogar darunter (Lüngen 2017, S. 194). Denn die Gesundheitsversorgung zeichnet sich nicht durch lineare, sondern variable Wertschöpfungsketten aus. Vor- und nachgelagerte Leistungen lassen sich nicht eindeutig voneinander trennen. So ist der ambulant behandelnde Facharzt, der seinen Patienten ins Krankenhaus überweist, eine vorgelagerte Produktionsstufe. Sucht der Patient nach seinem Klinikaufenthalt den Facharzt wieder auf, nimmt dieser nun die nachgelagerte Produktionsstufe ein (vgl. Amelung 2012, S. 46).

Zu b) In einer perfekten Welt mit rational agierenden Personen, die die Konsequenzen ihres Handelns jederzeit und ohne zeitliche Verzögerung und Kosten vorhersehen können, würde jeder Tausch über den Markt erfolgen. Die Marktakteure agieren jedoch aufgrund von unvollkommener Information und Unsicherheit beschränkt rational. Daher ist die Nutzung des Marktes mit Kosten, sogenannten Transaktionskosten, verbunden (vgl. Richter und Furubotn 2003, S. 59). Coase begründet die Existenz von Unternehmen damit, dass die Kosten der Nutzung des Marktes höher sein können als die Kosten im Rahmen einer hierarchisch gegliederten Organisation (vgl. Voigt 2002, S. 30 f.). Sinkende Transaktionskosten könnten somit zu einer Atomisierung des Leistungsmarktes mit einer Vielzahl von autonom handelnden Akteuren führen. Doch auch dieses Szenario ist aufgrund der

Komplexität medizinischer Behandlungsprozesse und der daraus folgenden Vielzahl notwendiger Markttransaktionen und Vertragsverhältnissen als eher unwahrscheinlich einzuschätzen.

Zu c) Die Kombination aus sinkenden Organisations- und Transaktionskosten wird
daher am ehesten zu einer noch stärkeren Verbreitung hybrider Kooperationsformen, d. h.
von Netzwerken, führen. In diesen erfolgt die Koordination gleichzeitig über Preise wie
auf Märkten als auch über Hierarchien wie in Organisationen (zur Diskussion des Netz-
werkbegriffs siehe Amelung et al. 2009, S. 13 f.). Auf diese Weise kann den Spezifika des
Gesundheitswesens Rechnung getragen werden. Hierzu gehören die bereits erwähnte variable, komplexe Wertschöpfungskette wie auch der unterschiedliche Hintergrund der beteiligten Akteure, die sowohl aus Einzelakteuren, sektoral und intersektoral aufgestellten
Unternehmen, gemeinnützigen Organisationen oder auch öffentlichen Institutionen wie
z. B. Körperschaften bestehen. In solchen interorganisationalen Netzwerken wird als Ge-
genmodell zur reinen vertikalen oder horizontalen Integration auf eine hierarchische Kontrolle durch vollständige Eingliederung und Eigenproduktion teilweise verzichtet und
stattdessen der Austausch auf Grundlage marktlicher Elemente praktiziert (vgl. Sydow 2010).

Die bereits heute zunehmende Anzahl sowohl an intersektoral arbeitenden Unternehmen als auch an kooperativ ausgerichteten Praxisbeispielen und Projekten kann als Indiz
dafür genommen werden, dass interorganisationale Netzwerke auch zukünftig weiter an
Bedeutung gewinnen. Die betriebswirtschaftlichen Vorteile lassen sich am ehesten bei Bildung lokaler Netzwerkzentren erschließen, da hierdurch kurze Wege garantiert, ein breit
diversifiziertes Angebot ermöglicht und Spezialisierung auch auf seltene Krankheitsbilder
profitabel werden. Somit existiert Grund zur Annahme, dass die Angleichung der Rahmenbedingungen in den Sektoren zu mehr Netzwerken und regionalen Gesundheitszentren führen wird.

1.3   Der Nutzen sektorenübergreifender Versorgung

1.3.1   Direkter, indirekter und intangibler Nutzen

Aus ökonomischer Sicht ergibt sich die Bewertung von wirtschaftlichen Strukturen und
Prozessen aus dem Nutzen, den diese stiften. Hierbei können drei Dimensionen unterschieden werden (vgl. Lauterbach et al. 2013, S. 291 ff.): (i) der direkte medizinische und
nichtmedizinische Nutzen, (ii) der indirekte volkswirtschaftliche Nutzen sowie (iii) der
intangible Nutzen. Beim direkten Nutzen handelt es sich um die objektiv messbare Wirkung, z. B. einer medizinischen Maßnahme auf den Gesundheitszustand einer Person,
oder in nichtmedizinischer Hinsicht z. B. um die Reduktion von Behandlungskosten durch
Verringerung des Personalaufwands. Der indirekte Nutzen hingegen betrachtet die gesell-
schaftliche Perspektive, z. B. in Form einer Erhöhung des Humankapitals durch den Abbau des Krankenstands der Erwerbsbevölkerung oder aufgrund externer Skaleneffekte.

Der intangible Nutzen schließlich umfasst positive Wirkungen, die zumeist nur subjektiv erfassbar sind wie z. B. eine Verbesserung der Lebensqualität. Dabei kann sich der Nutzen sowohl auf den Patienten als auch auf die veränderten Strukturen und Prozesse innerhalb der Netzwerkreichweite beziehen (Bönisch 2017, S. 36).

1.3.2   Der Nutzen aus Sicht der Gesundheitsakteure

Aus Sicht der Gesundheitsakteure ist insbesondere der direkte ökonomische Nutzen von Belang. Die Angleichung der Rahmenbedingungen in den Sektoren verringert Informationsverluste beim Übergang von einem Versorgungsbereich in den anderen, führt zum Abbau von Doppel- und Mehrfachuntersuchungen und ermöglicht den Einsatz einheitlicher IT-Systeme. Die zu erwartende Bildung regionaler Netzwerke ermöglicht die Diversifikation des Angebots, eine Optimierung der variablen Wertschöpfungsketten gemäß den individuellen Bedürfnissen der Patienten und den effizienteren Einsatz von Instrumenten des Managed Care (ausführlich zu Managed Care siehe Amelung 2012). Die interorganisationale Struktur der Netzwerke erhält die Autonomie und Therapiefreiheit des einzelnen niedergelassenen Arztes bei gleichzeitiger Integration in das Gesamtangebot des Netzwerks. Anstelle von kompetitiven werden kooperative Verhaltensweisen betont, beispielsweise im Falle ambulanter Notfallpraxen. Jedes Netzwerkmitglied kann sich auf denjenigen Bereich der Wertschöpfung konzentrieren, für den es die höchste Kompetenz besitzt (Siebert 2010, S. 10). Die Spezialisierung im Gesundheitswesen würde weiter zunehmen.

Gleichzeitig profitieren die beteiligten Organisationen indirekt von externen Skaleneffekten. So erhöhen Kommunikation und Kooperation das Know-how der Gesundheitsakteure und gewährt ihnen Einblicke jenseits des eigenen Metiers. Die Orientierung an ganzheitlichen Behandlungsabläufen befördert die Entstehung neuer hochspezifischer, sektorenübergreifender Berufsgruppen, die z. B. vergleichbar mit heutigen Case-Managern auf die Betreuung ganzheitlicher Versorgungspfade spezialisiert sind. Es ist zu erwarten, dass es insgesamt zu einem stärkeren Arbeitskräfte-Pooling kommen wird, von dem Arbeitgeber ebenso wie Arbeitnehmer oder Niedergelassene profitieren.

1.3.3   Der Nutzen aus Patientensicht

Das eigentliche Ziel sektorenübergreifender Versorgung lautet Patientenorientierung. Sämtliche Behandlungsschritte sollen sich allein an den individuellen gesundheitlichen Bedürfnissen des Patienten ausrichten. Damit alle notwendigen Therapien und Behandlungsmaßnahmen reibungslos ineinandergreifen, bedarf es ebenso horizontaler, d. h. intrasektoral fachübergreifender, Zusammenarbeit als auch vertikaler, also intersektoraler, Kooperation. Dabei ist es egal, ob sich die einzelnen Behandlungsstufen integrativ in der Hand eines Unternehmens befinden oder ob es sich um selbstständige Einzelakteure handelt, die auf vertraglicher oder informeller Basis im Rahmen eines Netzwerks miteinander kooperieren. Unabhängig von der Weiterentwicklung der Versorgungsstrukturen ist der Patient somit der eigentliche, direkte Nutznießer der sektorenübergreifenden Versorgung (ausführlich hierzu z. B. Schrappe 2018, S. 370–372).

Die Optimierung der medizinischen Behandlungspfade trägt auch zum psychischen Wohlbefinden des Patienten bei. Indem er durch das komplexe Gesundheitssystem gesteuert wird, verringert sich für ihn – und je nach Schweregrad der Erkrankung auch für seine Angehörigen – der Bürokratie- und Organisationsaufwand. Der Patient erhält die Chance, sich verstärkt auf seine Genesung zu konzentrieren anstatt den nächsten Behandlungsschritt organisieren zu müssen.

1.3.4 Der Nutzen aus gesellschaftlicher Sicht

Aus gesamtgesellschaftlicher Perspektive spielt neben der Qualität der Gesundheitsversorgung vor dem Hintergrund der demografischen Entwicklung vor allem die Sicherstellung einer nachhaltigen Finanzierbarkeit des Gesundheitswesens eine zentrale Rolle. Zu vermuten ist, dass der Abbau von Reibungsverlusten und klar strukturierte Übergänge zwischen den Sektoren Warte- und Liegezeiten verringern sowie unnötige ambulante Zwischenbehandlungen vermieden werden (Fritz und Kayser 2017, S. 7). Gleiches gilt für die anzunehmende Überversorgung im stationären Sektor, der beispielsweise durch eine Angleichung der Abrechnungsmöglichkeiten entgegengewirkt werden könnte (einen Überblick gibt der Wissenschaftliche Beirat beim BMF 2018, S. 12–16). Beides hätte nicht nur einen direkten kostendämpfenden Effekt, sondern würde gleichzeitig das Humankapital der Volkswirtschaft besser ausschöpfen. Positive Effekte auf das Humankapital hat auch die zunehmende Differenzierung und Spezialisierung des Gesundheitsangebots, da hierdurch ausländische Fachkräfte angezogen werden. Die Gesundheitsversorgung ist neben naturräumlichen, wirtschaftlichen und gesellschaftlichen Rahmenbedingungen mitentscheidend für die empfundene Lebensqualität der Bevölkerung. Sie ist somit ein zentraler Baustein für die Wettbewerbsfähigkeit des Wirtschaftsstandorts, sei es nun im nationalen oder internationalen Kontext (Bingel et al. 2017, S. 77).

1.4 Fazit

Welche Vorteile bietet die intersektorale Zusammenarbeit? Hierbei ist zwischen zwei Ebenen zu unterscheiden: Zum einen geht es um die Überwindung von Schnittstellenproblemen. Die zweite Ebene betrifft den Strukturwandel, der durch die Angleichung der Rahmenbedingungen in den Sektoren angestoßen wird. In welche Richtung der Strukturwandel gehen wird, lässt sich nur vermuten. So lassen sich intersektorale Behandlungspfade sowohl durch hierarchische Integration als auch durch dezentrale Kooperation umsetzen. Die im Vergleich zu anderen großen Branchen wie dem Automobilsektor eher geringen Größenvorteile, die noch immer pluralistisch geprägte Versorgungslandschaft sowie externe Skaleneffekte lassen jedoch vermuten, dass es zukünftig nicht nur zu einer verstärkten Konzentration von Leistungen in der Hand großer Vollversorger, sondern auch zu einer verstärkten Netzwerkbildung und damit zur Entstehung regionaler Gesundheitszentren kommen wird. Das Potenzial an Wohlfahrtsgewinnen reicht von der Optimierung der Arbeitsabläufe auf Seiten der Leistungserbringer über eine Erhöhung des Humankapitals auf gesellschaftlicher Ebene bis hin zur besseren medizinischen Versorgung und zum geringeren Organisationsaufwand für die Patienten. Dabei bleibt nicht aus, dass strukturelle Veränderungen immer auch mit Risiken verbunden sind. So kann die zunehmende Konzentration von Leistungen in intersektoral agierenden Unternehmen oder Netzwerken auch für den Missbrauch von Marktmacht oder den Ausschluss von Leistungen und Patienten führen. Letztlich wird es auf die konkrete Ausgestaltung der Rahmenbedingungen ankommen.

Literatur

Amelung, V. (2012). *Managed Care – Neue Wege im Gesundheitsmanagement* (5. Aufl.). Wiesbaden: Gabler.

Amelung, V., Sydow, J. & Windeler, A. (2009). Vernetzung im Gesundheitswesen im Spannungsfeld von Wettbewerb und Kooperation. In V. Amelung, J. Sydow & A. Windeler (Hrsg.), *Vernetzung im Gesundheitswesen* (S. 9–24). Stuttgart: Kohlhammer.

Bandelow, N., Eckert, F. & Rüsenberg, R. (2018). Gesundheitspolitik auf dem Weg zurück ins Rampenlicht: Koalitionsverhandlungen, Koalitionsvertrag und neue Agenda. Observer Gesundheit. https://observer-gesundheit.de/gesundheitspolitik-auf-dem-weg-zurueck-ins-rampenlicht-koalitionsverhandlungen-koalitionsvertrag-und-neue-agenda/. Zugegriffen am 19.04.2019.

Bingel, K., Leßmann, G. & Nußbaum, J. (2017). Lebensqualität als Standortfaktor von Gesundheitsregionen. In M. Pfannstiel, A. Focke & H. Mehlich (Hrsg.), *Management von Gesundheitsregionen II* (S. 71–79). Wiesbaden: Springer Gabler.

Bönisch, S. (2017). *Was bringt Vernetzung im Gesundheitswesen*. Frankfurt a. M.: Springer.

Büchner, V., Blum, K. & Schreyögg, J. (2016). Kooperationsverhalten im deutschen Krankenhausmarkt. *Das Krankenhaus online, 108*(6), 483–488.

Bundesministerium für Gesundheit. (2018). Mehr Zusammenarbeit und bessere Vernetzung im Gesundheitswesen – Bund-Länder-Arbeitsgruppe „Sektorenübergreifende Versorgung" nimmt Arbeit auf. Pressemitteilung vom 24.09.2018. https://www.bundesgesundheitsministerium.de/presse/pressemitteilungen/2018/3-quartal/sektorenuebergreifende-versorgung.html. Zugegriffen am 19.04.2019.

Coase, R. (1937). The Nature of the Firm. *Economica, 4*, 386–405.

Deutscher Bundestag. (2006). Entwurf eines Gesetzes zur Stärkung des Wettbewerbs in der gesetzlichen Krankenversicherung (GKV-Wettbewerbsstärkungsgesetz). *BT Drucksache* 16/3950.

Fritz, M. & Kayser, C. (2017). Kooperationen im Gesundheitswesen – Chancen und Fallstricke. In M. Pfannstiel, A. Focke & H. Mehlich (Hrsg.), *Management von Gesundheitsregionen III* (S. 1–12). Wiesbaden: Springer Gabler.

Lauterbach, K., Stock, S. & Brunner, H. (2013). *Gesundheitsökonomie* (3. Aufl.). Bern: Hans Huber.

Lüngen, M. (2017). Die optimale Klinikgröße. In J. Klauber, M. Geraedts, J. Friedrich & J. Wasem (Hrsg.), *Krankenhaus-Report 2017, Schwerpunkt: Zukunft gestalten* (S. 187–195). Stuttgart: Schattauer.

Munshi, S. (2018). Ambulante Versorgung im Wandel – Entwicklungen und Potenziale im Zeitalter der Vernetzung. In M. Pfannstiel, A. Focke & H. Mehlich (Hrsg.), *Management von Gesundheitsregionen IV* (S. 21–29). Wiesbaden: Springer Gabler.

Richter, R. & Furubotn, E. (2003). *Neue Institutionenökonomik* (3. Aufl.). Tübingen: Mohr Siebeck.

Sachverständigenrat zur Begutachtung der Entwicklung im Gesundheitswesen. (2012). *Wettbewerb an der Schnittstelle zwischen ambulanter und stationärer Gesundheitsversorgung.* Sondergutachten. BT Drucksache 17/10323.

Schrappe, M. (2018). *APS-Weißbuch Patientensicherheit.* Berlin: Medizinisch Wissenschaftliche Verlagsgesellschaft.

Siebert, H. (2010). Ökonomische Analyse von Unternehmensnetzwerken. In J. Sydow (Hrsg.), *Management von Netzwerkorganisationen* (5. Aufl., S. 7–27). Wiesbaden: Gabler.

Sydow, J. (2010). Über Netzwerke, Allianzsysteme, Verbünde, Kooperationen und Konstellationen. In derselbe (Hrsg.), *Management von Netzwerkorganisationen* (5. Aufl., S. 2–6). Wiesbaden: Gabler.

Voigt, S. (2002). *Institutionenökonomik.* München: Wilhelm Fink.

Wissenschaftlicher Beirat beim Bundesministerium der Finanzen. (2018). *Über- und Fehlversorgung in deutschen Krankenhäusern: Gründe und Reformoptionen.* Berlin: Bundesministerium der Finanzen.

Dr. Sascha G. Wolf ist Professor für Volkswirtschaftslehre an der Hochschule Pforzheim. Das Gesundheitswesen steht seit über 15 Jahren im Zentrum seiner Arbeit. Zu Beginn beschäftigte er sich insbesondere mit der polit-ökonomischen Perspektive. Im Zuge der Neuausrichtung der Finanzierungsbasis der gesetzlichen Krankenversicherung war er im Rahmen seiner Tätigkeiten bei der Stiftung Marktwirtschaft und dem Wirtschaftsrat der CDU e.V. an der Entwicklung politischer Reformmodelle beteiligt. Während seiner Tätigkeit als Geschäftsführer des Bundesverbands Managed Care e.V. verschob sich sein gesundheitsökonomischer Fokus auf die Leistungsseite, während ihn in jüngerer Zeit zunehmend volkswirtschaftliche und ethische Fragestellungen interessieren.

Kontakt: sascha.wolf@hs-pforzheim.de

Sektorenübergreifende Angebotsstrukturen: Kooperation und Integration, Netzwerke und Unternehmen

Ursula Hahn

Zusammenfassung

In diesem Buch kommen Protagonisten von Best Practice Lösungen der intersektoralen Versorgung zu Wort. Hört man nur die berufspolitische Diskussion, scheint die sektorenübergreifende Versorgung ein einziges Problemfeld zu sein. Tatsächlich aber gibt es einen ganzen Strauß an Versorgungslösungen: Neben gesetzlich normierten Lösungen sind das Modellvorhaben und Innovationsfondsprojekte aber auch Versorgungsansätze, die ohne gesetzgeberische Blaupause ambulant und stationär versorgen. Die Akteure sind ganz unterschiedlicher Provenience – dazu gehören klassische Versorger wie Vertragsärzte bzw. vertragsärztliche Einrichtungen und Krankenhäuser, aber auch neu in der Versorgung mitwirkende Akteure. Die intersektoralen Leistungsumfänge sind mal breit und mal eng. Einige der von den jeweiligen Protagonisten vorgestellten Lösungen setzen auf netzwerkliche Kooperation selbstständiger Versorgungspartner, bei anderen werden die verschiedenen Versorgungsebenen unter einem Dach integriert. Bei aller Vielgestaltigkeit: Allen gemeinsam ist das Bemühen, gute intersektorale Patientenversorgung.

Die sektorenübergreifende Versorgung ist die Dauerbaustelle im deutschen Gesundheitswesen (SVR 2007, 2012, 2018). Unzureichende Kontinuität zwischen ambulanter und stationärer Versorgung betrifft alle Dimensionen der Behandlung – medizinisch, pharmakologisch, pflegerisch, mit Blick auf Heil- und Hilfsmittel, soziale und psychologische

U. Hahn (✉)
OcuNet GmbH & Co. KG, Düsseldorf, Deutschland
E-Mail: zentrale@ocunet.de

© Springer Fachmedien Wiesbaden GmbH, ein Teil von Springer Nature 2020
U. Hahn, C. Kurscheid (Hrsg.), *Intersektorale Versorgung*,
https://doi.org/10.1007/978-3-658-29015-3_2

Betreuung – und ist insbesondere für vulnerable Patienten – also ältere und multimorbide Patienten – und Patienten mit komplexem Versorgungsbedarf ein massives Problem.

Vielfach diskutiert sind die wesentlichen Gründe, warum die verschiedenen Versorgungsbereiche nicht miteinander verzahnt sind. Genannt werden abweichende rechtlich-ökonomisch-finanzielle Eckdaten, abgegrenzte Zuständigkeiten der verschiedenen Sozialgesetzbücher, Silostrukturen von Krankenhäusern einerseits und vertragsärztlicher Versorgung andererseits. Die Fragmentierung und damit einhergehende große Zahl an versorgenden Einrichtungen verschärft die Diskontinuität im Sektorenübergang – führt aber auch intrasektoral zu Versorgungsabbrüchen (Amelung et al. 2009). In 2018 waren rd. 392.000 Fachärzte (Bundesärztekammer 2019) in insgesamt rd. 80.000 voneinander unabhängigen Einzelpraxen, Gemeinschaftspraxen und Medizinischen Versorgungszentren[1] und rd. 2.000 Krankenhäusern (Statistisches Bundesamt 2018) primär ohne Rückkopplung mit anderen Ärzten und Versorgungsorganisationen tätig. Schlimmer noch: Die ökonomischen Rahmendaten machen aus den Akteuren der Versorgung Wettbewerber, für die Arbeitsteilung oder Kooperation untereinander auch ein Eingriff in die eigene Hoheit sein kann. Konsentierte und evidenzbasierte Patientenpfade – der Goldstandard für sektorenübergreifende Behandlungsabläufe – sind, wenn es sie überhaupt gibt, nicht verpflichtend. Die Kommunikation zwischen den Versorgern erfolgt zumeist zeitlich versetzt, analog, unstrukturiert und zu Partialaspekten der gesundheitlichen Versorgung. Die sektorenspezifischen Regularien sind hoch unterschiedlich, wenn eine in einem Sektor geförderte Versorgung in einem anderen zu Sanktionen für den Akteur führt, ist der Versorgungsabbruch vorprogrammiert.

Das Zielbild einer sektorenübergreifenden Versorgung muss sich am Patientenbedarf orientieren. Die Arbeitsgruppe *Sektorenübergreifende Versorgung* im Bundesverband Managed Care (BMC) hat dazu eine Definition beigesteuert: „Als sektorenintegrierende Versorgung bezeichnen wir einen kontinuierlichen Behandlungsprozess über mindestens eine Sektorengrenze ggf. auch über die Grenzen der Sozialgesetzbücher hinweg, der sich am Versorgungsbedarf des Patienten orientiert. Eine gemeinsame Versorgungsverantwortung soll einen kontinuierlichen, ressourcenschonenden Versorgungsprozess unter Berücksichtigung von u. a. Behandlungspfaden oder Leitlinien gewährleisten. Dafür braucht es ein Versorgungsmanagement, das Koordination, Kommunikation und Kooperation über die jeweiligen Grenzen hinaus gewährleistet. Zielsetzung sollte ein ‚Schengenraum für Patienten' sein, in dem Sektorengrenzen für den Patienten keine Hürden darstellen."[2]

Der Gesetzgeber hat immer wieder Anläufe unternommen, Strukturen für eine intersektoral verzahnte gesundheitliche Versorgung zu etablieren. Die Regierungen unter Führung verschiedener Parteien haben dabei für Krankenhäuser zwar mehr Instrumente entwickelt als für Protagonisten der vertragsärztlichen Versorgung (Leber und Wasem 2016; Nagel et al. 2017; Jaeckel und Hahn 2018), aus einer systemischen bzw. Patienten-Perspektive ist es jedoch unerheblich, wer die Verklammerung umsetzt. Entscheidend ist,

---

[1] Quelle: https://gesundheitsdaten.kbv.de/cms/html/17020.php.

[2] Quelle: https://www.bmcev.de/arbeitsgruppe/arbeitsgruppe-intersektorale-versorgung/.

dass sie „zum Tragen" kommt. Gelegentlich zeigt sich aber auch ein gewisser Etiketten-schwindel: So muss in der aktuellen 19. Legislaturperiode (2017–2021) der Terminus *Sektorenübergreifende Versorgung* für eine Bereinigung der Versorgungsebenen herhalten. Bund und Länder wollen Leistungen wie z. B. Operationen aus der stationären in die ambulante Versorgung verschieben, sie wollen also Ambulantisierung. Es gibt sicher gute Gründe dafür, die Zielrichtung dieser Politik ist jedoch keine „sektorenübergreifende" – es geht nicht darum, verschiedene erforderliche Versorgungsebenen zu verzahnen – sondern vielmehr um Förderung einer Versorgungsebene zulasten einer anderen.

Trotz der erheblichen Hürden für sektorenübergreifende Versorgung ist die Landschaft nicht so „dürr", wie es die manchmal sehr drastisch geführte Diskussion vermuten lässt (Hahn 2019). Tatsächlich ist der Strauß an Lösungen bunt und vielgestaltig: Neben den gesetzlich durchkonfigurierten Lösungen wie die ambulante spezialfachärztliche Versorgung, das Belegarztwesen oder Ambulanzen hat sich eine bunte Landschaft an Modellvorhaben und Innovationsfondsprojekten mit sektorenübergreifenden Elementen entwickelt. Andere Lösungen wie z. B. intersektorale Versorgungselemente von Praxisnetzen, Tumorboards oder Hybrid-DRG haben sich gänzlich ohne Zutun des Gesetzgebers entwickelt. Manche Projekte sind – zumindest aktuell – Insellösungen, andere haben den Sprung in eine übergeordnete Versorgungsstruktur geschafft oder sind auf dem Weg dahin. Was in der aktuellen Debatte allerdings fehlt, ist eine sachliche und detaillierte Bestandsaufnahme und Analyse. Für viele der Versorgungslösungen existiert kein regelhaftes Berichtswesen, daher fehlt auch eine zusammenfassende Datenbasis. Wie viele sektorenübergreifende Versorgungslösungen es gibt, wer die jeweiligen Protagonisten sind, ob und welchen quantitativen und qualitativen Beitrag sie in der sektorenübergreifenden Versorgung leisten, welche Vor- und Nachteile jeweils mit ihnen verbunden sind, ob und wie sie sich bewähren und – last but not least – bei welchen sich ggf. eine gesetzliche Förderung und Feinkorrektur lohnt, erschließt sich alles nicht.

Dieses Buch will einen empirischen Beitrag zu der Systematisierung der Debatte im Sinne einer Bestandsaufnahme leisten: Best-Practice-Lösungen zu existierenden Lösungsansätzen werden von den eigenen Protagonisten vorgestellt (Tab. 2.1). Der Insiderblick erlaubt ein besseres Verständnis zu den Leistungen der jeweiligen Lösung und den spezifischen Herausforderungen. Unsere Bestandsaufnahme ist naturgemäß subjektiv und beruht auf unserem jeweiligen Blick auf die Versorgungslandschaft. In diesem Buch sollen die Praktiker, die Best-Practice-Lösungen der sektorenübergreifenden Versorgung realisieren, zu Wort kommen. Die Beiträge spiegeln die Vielgestaltigkeit der sektorenübergreifenden Versorgungslandschaft wider: Alle Akteure im Gesundheitswesen – u. a. Krankenhäuser, Vertragsärzte, Kostenträger, Industrie – steuern Lösungen bei. Manche versuchen sich an der Rundumversorgung für Patienten mit sektorenübergreifendem Versorgungsbedarf, andere schaffen spezialisierte Lösungen, etwa in der Diagnostik oder zu speziellen Versorgungskonstellationen.

Tab. 2.1 Intersektorale Versorgungsinstrumente

Was	Integration/Kooperation	Rechtsnorm/seit wann	Was ist daran sektorenübergreifend?	Beispiele im Buch (Autoren, Kurztitel)
Ambulante spezialfachärztliche Versorgung (ASV) neu	Primär netzwerkliche Kooperation/Integration	§ 116b (neu) SGB V seit 2012 GKV-VSG	Diagnostik und Behandlung definierter Krankheitsbilder im ASV-Netz durch Krankenhausabteilungen und vertragsärztliche Einrichtungen	Braun, Rheumazentrum Ruhrgebiet (Kap. 22) Dengler et al., Ambulante spezialfachärztliche Versorgung (Kap. 4) Homayounfar, Multidisziplinäres Tumorboard (Kap. 6) Schmitz, Onkologie (Kap. 28)
Belegarztwesen	Primär Unternehmerische Integration: Medizinische Versorgung durch Vertragsarzt/Belegarzt	Älteste Form der sektorenübergreifenden Versorgung § 121 (2) SGB V	Vertragsärzte mit Belegarztanerkennung versorgen ihre Patienten ambulant und stationär in Belegabteilung des Krankenhauses	Kellner et al., Mindener Modell Pathologie (Kap. 23) Mathey et al., Augen-Partner-Gruppe (Kap. 26) Mussinghoff et al., Campus am St. Franziskus (Kap. 9) Schneider, Überörtliche urologische Berufsausübungsgemeinschaft (Kap. 29) Schmitz, Onkologie (Kap. 28) Stauch-Eckmann et al., Modell Ober Scharrer Gruppe (Kap. 20) Werner et al., Belegarztkrankenhaus (Kap. 15)

Was	Integration/Kooperation	Rechtsnorm/seit wann	Was ist daran sektorenübergreifend?	Beispiele im Buch (Autoren, Kurztitel)
Besondere Versorgung/ Integrierte Versorgung (ohne Innovationsfonds)	Netzwerkliche Kooperation/Integration	§§ 63 ff Modellvorhaben, 1997 2. GKV-NOG § 73 ff. Strukturverträge GMG § 140a SGB V Besondere Versorgung seit 2015, GKV-VSG	Selektive Verträge zwischen Kostenträgern und Leistungserbringern verschiedener Versorgungsebenen	Bertram et al., Dimini Diabetespräventionsprogramm (Kap. 16) Brinkmeier, Schlaganfall-Lotsen (Kap. 17) Castrup et al., Knappschaft (Kap. 18) Langenmaier et al., Algesiologikum (Kap. 24) Mann et al., Gefäßzentrum Regensburg (Kap. 25) Manthey et al., Hybrid-DRG (Kap. 19) Schmitz, Onkologie (Kap. 28)
Campus-Konzept/ intersektorale Facharztzentren	Primär unternehmerische Integration	Ohne gesetzliche Normierung	Vertragsärztliche Einrichtungen versorgen ambulant und stationär auf Krankenhausgelände und kooperieren mit anderen Krankenhausabteilungen	Mathey et al., Augen-Partner-Gruppe (Kap. 26) Mussinghoff et al., Campus am St. Franziskus Münster (Kap. 9) Stauch-Eckmann et al., Modell Ober Scharrer Gruppe (Kap. 20) Walter et al., Rhön Konzept (Kap. 13)

(Fortsetzung)

Tab. 2.1 (Fortsetzung)

Was	Integration/Kooperation	Rechtsnorm/seit wann	Was ist daran sektorenübergreifend?	Beispiele im Buch (Autoren, Kurztitel)
Case Management	Netzwerkliche Koordination/Integration	Verschiedene gesetzliche Normen (z. B. DMP (siehe dort), Entlassmanagement häufig bei „besonderer Versorgung" (siehe dort) und außerhalb gesetzlicher Normierung	Intersektorale Versorgung nur ein Anwendungsgebiet. Personen oder IT-basiertes Case Management als Agent des Patienten zwischen Versorgern der verschiedenen Ebenen	Brinkmeier, Schlaganfall-Lotsen (Kap. 17); Kammerlander et al., Patienten mit Fragilitätsstrukturen (Kap. 7); Diel et al., Tumorzentrum Brustkrebs (Kap. 5); Klemm et al., Spezialisierte Ambulant Palliativ Versorgung (Kap. 8); Langenmaier et al., Algesiologikum (Kap. 24); Mussinghoff et al., Campus am St. Franziskus (Kap. 9); Siemann et al., Verhaltenstherapie Falkenried (Kap. 30); Schrage et al., Gesundheitsnetz Gemeinsam Westmünsterland (Kap. 10); Walter et al., Rhön Campus (Kap. 13); Weber et al., Versorgungskonzept Westfalen-Lippe (Kap. 14)

Was	Integration/Kooperation	Rechtsnorm/seit wann	Was ist daran sektorenübergreifend?	Beispiele im Buch (Autoren, Kurztitel)
Disease-Management-Programm (DMP)	Netzwerkliche Koordination/Integration	§ 137 f SGB V seit 2004 GMG	Intersektorale Versorgung nur ein Anwendungsgebiet. DMP-Arzt koordiniert alle indikationsbezogenen Versorgungsbedarfe	Diel et al., Tumorzentrum Brustkrebs (Kap. 5)
Innovationsfonds	Primär netzwerkliche Kooperation/Integration	§§ 92a und 92b SGB V seit 2015 GKV-VSG	Intersektorale Versorgung nur ein Anwendungsgebiet. Gemeinsame Umsetzung der Projekte von Akteuren der verschiedenen Ebenen.	Bertram et al., Dimini Diabetespräventionsprogramm (Kap. 16) Braun, Rheumazentrum Ruhrgebiet (Kap. 22) Brinkmeier, Schlaganfall-Lotsen (Kap. 17) Kammerlander et al., Patienten mit Fragilitätsstrukturen (Kap. 7) Simpfendörfer et al., Gesundheitsnetz Süd (Kap. 11)
Krankenhausambulanz	Unternehmerische Integration	18 verschiedene Ambulanztypen (Augurzky et al. 2019) darunter auch Psychiatrische Institutsambulanz (siehe dort), Hochschulambulanz und Ermächtigungen	Ambulante Versorgung durch Krankenhausabteilungen/ Krankenhausärzte	Braun, Rheumazentrum Ruhrgebiet (Kap. 22) Kellner et al., Mindener Modell Pathologie Kap. 23) Siemann et al., Verhaltenstherapie Falkenried (Kap. 30) Ziereis, Psychiatrische Institutsambulanz (Kap. 31)

(Fortsetzung)

Tab. 2.1 (Fortsetzung)

Was	Integration/Kooperation	Rechtsnorm/seit wann	Was ist daran sektorenübergreifend?	Beispiele im Buch (Autoren, Kurztitel)
Krankenhausabteilung in anderer Trägerschaft	Primär unternehmerische Integration	Ohne gesetzliche Normierung	Krankenhausabteilungen in anderer Trägerschaft als der des Krankenhauses	Langenmaier et al., Algesiologikum (Kap. 24) Stauch-Eckmann et al., Modell Ober Scharrer Gruppe (Kap. 20) Strotmann et al., B. Braun Melsungen (Kap. 21)
Medizinische Versorgungszentren (MVZ)	Unternehmerische Integration, soweit MVZ in Krankenhausträgerschaft Netzwerkliche Kooperation/Integration bei Campuslösung (siehe dort)	§ 95 SGB V seit 2004 GMG	Primär keine sektorenübergreifende Versorgungslösung. MVZ in Trägerschaft des Krankenhauses oder MVZ in vertragsärztlicher Trägerschaft am Krankenhaus können vertragsärztliche Versorgung mit Krankenhausversorgung verzahnen	Braun, Rheumazentrum Ruhrgebiet (Kap. 22) Langenmaier et al., Algesiologikum (Kap. 24) Mathey et al., Augen-Partner-Gruppe (Kap. 26) Schmitz, Onkologie (Kap. 28) Siemann et al., Verhaltenstherapie Falkenried (Kap. 30) Stauch-Eckmann et al., Modell Ober Scharrer Gruppe (Kap. 20) Strotmann et al., B. Braun Melsungen Kap. 21) Walter et al., Rhön Campus (Kap. 13)

Was	Integration/Kooperation	Rechtsnorm/seit wann	Was ist daran sektorenübergreifend?	Beispiele im Buch (Autoren, Kurztitel)
Ambulante und stationäre Notfallversorgung	Je nach Ausgestaltung und Notfallversorgungsebene unternehmerische Integration oder netzwerkliche Kooperation/Integration	Verschiedene Rechtsnormen ambulanter Notfallversorgung: z. B. Notfallambulanzen § 75 SGB V seit 1989 GKAR Oder Portalpraxen: §§ 75 1b Satz 2 SGB V Seit 2015 KHSG Stationäre Notfallversorgung: § 39 SGB V oder § 295a SGB V	Verschiedene Lösungen der Verzahnungen von ambulanter und stationärer Notfallversorgung	Braun, Rheumazentrum (Kap. 22) Vogt, zentralisierter Notdienst (Kap. 12) Walter et al., Rhön Campus (Kap. 13) Werner et al., Belegarztkrankenhaus (Kap. 15) Ziereis, Psychiatrische Institutsambulanz (Kap. 31)
Praxisklinik	Unternehmerische Integration	§ 115 SGB V seit 1989 GRG	Ambulante und stationäre Versorgung durch vertragsärztliche Einrichtung	Rinke, Praxiskliniken heute (Kap. 27)
Praxisnetz	Netzwerkliche Kooperation/Integration	§ 87b Abs. 4 SGB V Seit 2012[a] GKV-VSG	Primär keine sektorenübergreifende Versorgungslösung. Sektorenübergreifende Versorgung, soweit Praxisnetz und Krankenhaus kooperieren. Inhalt ist frei vereinbar	Castrup et al., Knappschaft (Kap. 18) Simpfendörfer et al., Gesundheitsnetz Süd (Kap. 11) Schrage et al., Gesundheitsnetz Gemeinsam Westmünsterland (Kap. 10) Weber et al., Versorgungskonzept Westfalen-Lippe (Kap. 14)

(Fortsetzung)

Tab. 2.1 (Fortsetzung)

Was	Integration/Kooperation	Rechtsnorm/seit wann	Was ist daran sektorenübergreifend?	Beispiele im Buch (Autoren, Kurztitel)
Psychiatrische Institutsambulanz (PIA)	Unternehmerische Integration	§ 118 Abs. 1 SGB V Seit 1986 PsychKVVerbG	Ambulante psychiatrische und psychotherapeutische Behandlung durch psychiatrische Fachkrankenhäuser und psychiatrische Abteilungen	Ziereis, Psychiatrische Institutsambulanz (Kap. 31)
Tagesklinik	Unternehmerische Integration	u. a. § 108 SGB V (Krankenhaus) § 30 Gewerbeordnung (vertragsärztliche Einrichtungen)	Ambulante/teilstationäre Patientenbetreuung durch Akteure der verschiedenen Versorgungsebenen	Langenmaier et al., Algesiologikum (Kap. 24) Mann et al., Gefäßzentrum Regensburg (Kap. 25) Siemann et al., Verhaltenstherapie Falkenried (Kap. 30)
(Zertifizierte) Tumorboards, Tumorkonferenzen	Netzwerkliche Kooperation/Integration	Ohne gesetzliche Normierung	Fallkonferenzen zu Diagnostik und Therapieplan onkologischer Patienten, Durchführung i. d. R. durch Krankenhausärzte, Teilnahme (auch) von Vertragsärzten	Diel et al., Tumorzentrum Brustkrebs (Kap. 5) Homayounfar, Multidisziplinäres Tumorboard (Kap. 6) Kellner et al., Mindener Modell Pathologie (Kap. 23)
(Zertifizierte) Organbezogene Tumorzentren	Primär netzwerkliche Kooperation/Integration	Ohne gesetzliche Normierung	Gemeinsame (organbezogene) Versorgung durch Krankenhaus und Vertragsärzte	Diel et al., Tumorzentrum Brustkrebs (Kap. 5) Schneider, Überörtliche urologische Berufsausübungsgemeinschaft (Kap. 29)

Was	Integration/Kooperation	Rechtsnorm/seit wann	Was ist daran sektorenübergreifend?	Beispiele im Buch (Autoren, Kurztitel)
Spezialisierte ambulante Palliativversorgung (SAPV)	Primär netzwerkliche Kooperation/Integration	§ 37b SGB V Seit 2007[b] GKV-WSG	Versorgung durch interdisziplinäres Team und stationäres Hospiz	Klemm et al., Spezialisierte ambulante Palliativversorgung (Kap. 8)

Abkürzungen: GRG: Gesundheitsreformgesetz, GKV-VSG: GKV-Versorgungsstärkungsgesetz, KHSG: Krankenhausstrukturgesetz, GKV-WSG: GKV-Wettbewerbsstärkungsgesetz, GKAR: Gesetz über das Kassenarztrecht, GRG: Gesundheitsreformgesetz, GMG: GKV-Modernisierungsgesetz, SGB: Sozialgesetzbuch, PsychKVVerbG: Gesetz zur Verbesserung der ambulanten und stationären Versorgung psychisch Kranker, 2. GKV-NOG: 2. GKV-Neuordnungsgesetz

[a]https://www.kbv.de/html/praxisnetze.php
[b]https://www.dhpv.de/themen_sapv.html

Netzwerkliche Kooperation/unternehmerische Integration/diagonale Versorgungslösungen

Zugang zu, Umfang, Art und Ergebnis der (intersektoralen) Versorgung – in der Terminologie der Versorgungsforschung die „letzte Meile" (Pfaff 2003) – wird von den dort tätigen Akteuren geprägt. In diesem Buch kommen Protagonisten spezifischer Versorgungslösungen zu Wort, damit stehen die jeweiligen Angebotsstrukturen implizit mit im Fokus. Die Angebotsstrukturen oder – in der Terminologie der organisationsbezogenen Versorgungsforschung – die Versorgungsorganisationen sind intermediäre Variable, die „eine aktive Rolle beim Zustandekommen der Wirkung" haben (Schrappe und Pfaff 2016). Sie „entscheiden wesentlich darüber, welche Versorgungsangebote auf welche Weise bei Versorgungsbedürftigen ankommen" (Ansmann et al. 2019).

In der Literatur ist eine Unterscheidung der Angebotsstrukturen nach gesetzlich normierten Instrumenten häufig üblich (Leber und Wasem 2016). Dieser Ansatz wird allerdings nicht der Tatsache gerecht, dass viele sektorenübergreifende Versorgungslösungen ohne gesetzgeberische Blaupause entstanden sind. Der Wandel der Versorgungslandschaften und -lösungen geht mit einer Ausdifferenzierung einher, die sich entlang des gesetzlichen Instrumentariums nur unzureichend erfassen lässt (Schulz-Nieswandt und Kurscheid 2007). Ein anderer Ordnungsrahmen wird entlang der Begriffe Kooperation und Integration, die mit den Attributen horizontal, vertikal oder diagonal (oder lateral) spezifiziert werden, ausgelotet. Typischerweise wird *Kooperation* gegenüber *Integration* als die in zeitlicher und organisatorischer Hinsicht informellere Zusammenarbeit bewertet, bei den Beteiligten verbleibt ein höheres Maß an Autonomie (Luthe 2017). Als *horizontal* wird die Zusammenarbeit von Akteuren einer Versorgungsebene beschrieben, *vertikal* arbeiten Akteure mehrerer Versorgungsebenen zusammen, *diagonal* oder *lateral* ausgerichtet ist eine branchenübergreifende Aufstellung (Braun und Güssow 2006; Lange et al. 2012). Solche atypischen Akteure werden an anderer Stelle auch als Hybride bezeichnet (Luthe 2017; Baumann 2006). Eine horizontale Kooperation wird durch ein ausschließlich ambulant versorgendes Praxisnetz repräsentiert, eine vertikale Kooperation z. B. durch eine Zusammenarbeit eines Krankenhauses mit diesem Praxisnetz. Ein Unternehmensnetzwerk oder die Versorgungsverantwortung durch Industrieunternehmen sind Beispiele für eine diagonale Form. Diese Strukturmerkmale – Kooperation und Integration einerseits und horizontal, vertikal und diagonal – werden in der Literatur primär in Bezug auf Vernetzung und Netzwerke diskutiert (Brandhorst und Hildebrandt 2017; Amelung et al. 2009; Kurscheid 2007), seltener in Bezug auf hierarchische Strukturen, in denen unter einem Unternehmensdach Akteure gemeinsam intersektoral und/oder fachübergreifend bzw. interdisziplinär versorgen (Luthe 2017; Baumann 2006).

Die Diskussion darüber, ob, zu welchen Dimensionen und in welchem Ausmaß die Organisationsprinzipien Kooperation/Integration via Netzwerk einerseits und Integration via Hierarchien andererseits Einfluss auf Umfang, Art und Qualität der Versorgung haben, steht noch ganz am Anfang. So erreichen nach dem Quadranten-Modell von 2009 Netzwerke, die auf Verständigung und *sozialintegrative* Ressourcen in der Kooperation angewiesen sind, einen niedrigeren Grad der Normierung der Koordination, während in

Hierarchien, in denen die Koordination über „Macht" funktioniert, ein höherer Grad der Normierung erreicht wird (Pfaff et al. 2009). In der berufspolitischen Diskussion ist die Frage nach der aus dem Versorgungsblickwinkel adäquaten Unternehmensgröße sehr präsent. Dabei wird auch der Zusammenhang von steigender Unternehmensgröße von traditionellen Versorgern und für das Gesundheitswesen atypischen Versorgern thematisiert (Scheuplein et al. 2019).

Die Gliederung der Best-Practice-Beispiele in diesem Buch orientiert sich an den Strukturprinzipien, die nach Auffassung der Herausgeberinnen indikations- und akteursübergreifend den größten Einfluss auf das Versorgungsgeschehen haben könnten. Alle stehen für eine vertikale Zusammenarbeit, per definitionem beinhaltet eine sektorenübergreifende Versorgung eine Vernetzung von ambulanter und stationärer Versorgung. Die Gliederung der Best-Practice-Beiträge in diesem Buch orientiert sich darüber hinaus an den beiden Organisationsprinzipien – der netzwerklichen Kooperation/Integration (Teil II) einerseits und der unternehmerischen Integration (Teil IV) andererseits. Davon ausgehend, dass neue Protagonisten in der Gestaltung des sektorenübergreifenden Versorgungsprozesses auch neue Impulse setzen, haben wir sie in einem eigenen Buchteil zu diagonaler Koordination/Integration zusammengefasst (Teil III). In der Praxis sind die Abgrenzungen nicht komplett scharf: So versorgt ein Belegarzt mit seiner Praxis seinen Patienten – vertikal integriert – über alle Versorgungsebenen hinweg, bei der stationären Versorgung greift er dazu aber – horizontal kooperierend – auf die Infrastruktur des Krankenhauses zurück. Für die Zuordnung nach Kategorien war maßgeblich, ob die eigentliche intersektorale medizinische Versorgung in Kooperation oder Integration geleistet wurde.

Literatur

Amelung, V., Sydow, J., & Windeler, A. (2009). Vernetzung im Gesundheitswesen im Spannungsfeld von Wettbewerb und Kooperation. In V. Amelung, J. Sydow & A. Windeler (Hrsg.), *Vernetzung im Gesundheitswesen; Wettbewerb und Kooperation.* Sutttgart: Kohlhammer.

Ansmann, L., Baumann, W., Gostomzyk, J., Götz, K., Hahn, U., Pfaff, H., Rölker-Denker, L., & Nöst, S. (2019). DNVF-Memorandum III – Methoden für die Versorgungsforschung, Teil 4 – Konzept und Methoden der organisationsbezogenen Versorgungsforschung. Kapitel 1 – Definition und Konzept der organisationsbezogenen Versorgungsforschung. *Das Gesundheitswesen, 81,* 64–71.

Augurzky, B., Krolop, S., Mensen, A., Pilny, A., Schmidt, C. M., & Wuckel, C. (2019). Das Ende des Wachstums. In medhochzwei (Hrsg.), *Krankenhaus Rating Report 2019.* Wiesbaden: Medhochzwei.

Baumann, M. (2006). *Medizinische Versorgungszentren und Integrationsversorgung – Beiträge zur effizienten Leistungserbringung im Gesundheitswesen?* Schriften zur Gesundheitsökonomie. Bayreuth: Verlag P.C.O.

Brandhorst, A., & Hildebrandt, H. (2017). Kooperation und Integration – das unvollendete Projekt des Gesundheitswesen: Wie kommen wir weiter? In A. Brandhorst, H. Hildebrandt & E.-W. Luthe (Hrsg.), *Kooperation und INtegration – das unvollendete Projekt des Gesundheitssystems.* Wiesbaden: Springer Fachmedien.

Braun, G., & Güssow, J. (2006). Integrierte Versorgungsstrukturen und Gesundheitsnetzwerke als innovative Ansätze im deutschen Gesundheitswesen. In G. Braun & F. Schulz-Nieswandt (Hrsg.), *Liberalisierung im Gesundheitswesen*. Baden-Baden: Nomos.

Bundesärztekammer. (2019). *Ergebnisse der Ärztestatistik zum* Berlin. https://www.bundesaerzte-kammer.de/ueber-uns/aerztestatistik/aerztestatistik-2017/. Zugegriffen am 31.12.2018.

Hahn, U. (2019). Intersektorale Versorgungsstrukturen – zwischen Untergang und Aufbruchstimmung. In M. Pfannstiel, R. Jaeckel & P. Da-Cruz (Hrsg.), *Market Access im Gesundheitswesen*. Wiesbaden: Springer Gabler.

Jaeckel, R., & Hahn, U. (2018). Weiterentwicklung der sektorenübergreifenden Versorgung; Reformpolitische Königsdisziplin oder ordnungspolitisches Á la Carte? In *Politische Analysen*. Berlin: Observer Gesundheit. https://observer-gesundheit.de/weiterentwicklung-der-sektorenueber-greifenden-versorgung/. Zugegriffen am 16.04.2020.

Kurscheid, C. (2007). Integrationsversorgung: Gründungsmanagement und Netzwerkpflege. In C. Kurscheid & F. Schulz-Nieswandt (Hrsg.), *Das Krankenhaus im Wandel der Versorgungslandschaft*. Baden-Baden: Nomos Verlagsgesellschaft.

Lange, A., Braun, S., & Greiner, W. (2012). Ökonomische Aspekte der integrierten Versorgung. *Bundesgesundheitsblatt Gesundheitsforschung Gesundheitsschutz, 55*, 643–651.

Leber, W.-D., & Wasem, J. (2016). Ambulant im Krankenhaus. In J. Klauber, M. Geraedts, J. Friedrich & J. Wasem (Hrsg.), *Krankenhaus-Report; Schwerpunkt: Ambulant im Krankenhaus*. Berlin/Witten/Essen: Schatterauer.

Luthe, E.-W. (2017). Dimensionen von „Integration" „Kooperation" und „Dezentralisierung". In A. Brandhorst, H. Hildebrandt & E.-W. Luthe (Hrsg.), *Kooperation und INtegration – das unvollendete Projekt des Gesundheitssystems*. Wiesbaden: Springer Fachmedien.

Nagel, E., Neukirch, B., Schmid, A., & Schulte, G. (2017). Gutachten: Wege zu einer effektiven und effizienten Zusammenarbeit in der ambulanten und stationären Versorgung Deutschlands. Deutschland: Zentralinstitut für die kassenärztliche Versorgung in der Bundesrepublik Deutschland. https://www.zi.de/fileadmin/images/content/Gutachten/Zi-Gutachten_ambulant_vor_station%C3%A4r_Mai_2017.pdf. Zugegriffen am 16.04.2020.

Pfaff, H. (2003). Versorgungsforschung – Begriffsbestimmung, Gegenstand und Aufgaben. In H. Pfaff, M. Schrappe, K. W. Lauterbach, U. Engelmann & M. Halber (Hrsg.), *Gesundheitsversorgung und Disease Management. Grundlagen und Anwendungen der Versorgungsforschung*. Bern: Hans Huber.

Pfaff, H., Kowalski, C., & Ommen, O. (2009). Modelle zur Analyse von Integration und Koordination im Versorgungssystem. In V. Amelung, J. Sydow & A. Windeler (Hrsg.), *Vernetzung im Gesundheitswesen; Wettbewerb und Kooperation*. Kohlhammer: Stuttgart

Sachverständigenrat zur Begutachtung der Entwicklung im Gesundheitswesen. (2007). Kooperation und Verantwortung – Voraussetzungen einer zielorientierten Gesundheitsversorgung. *Gesundheitswesen (Gutachten)*. Bonn: S. Z. B. D. E. I.

Sachverständigenrat zur Begutachtung der Entwicklung im Gesundheitswesen. (2012). Wettbewerb an der Schnittstelle zwischen ambulanter und stationärer Gesundheitsversorgung. *Gesundheitswesen (Sondergutachten 2012)*. Bonn: S. Z. B. D. E. I.

Sachverständigenrat zur Begutachtung der Entwicklung im Gesundheitswesen. (2018). *Bedarfsgerechte Steuerung der Gesundheitsversorgung*. Bonn/Berlin. https://www.svr-gesundheit.de/fileadmin/user_upload/Gutachten/2018/SVR-Gutachten_2018_WEBSEITE.pdf. Zugegriffen am 16.04.2020.

Scheuplein, C., Evans, M., & Merkel, S. (2019). Übernahmen durch Private Equity im deutschen Gesundheitssektor; Eine Zwischenbilanz für die Jahre 2013 bis 2018. In Institut Arbeit und Technik (IAT) der Westfälischen Hochschule (Hrsg.), *Diskussionspapiere 19/01*. Gelsenkirchen.

Schrappe, M., & Pfaff, H. (2016). Versorgungsforschung vor neuen Herausforderungen: Konsequenzen für Definition und Konzept. *Gesundheitswesen, 78*, 689–694.

Schulz-Nieswandt, F., & Kurscheid, C. (2007). Wandel der Versorgungslandschaften: ein Mehr-Ebenen-Problem und eine Fragestellung zwischen Ökonomie und Kulturwissenschaft – eine kurze Einleitung. In C. Kurscheid & F. Schulz-Nieswandt (Hrsg.), *Das Krankenhaus im Wandel der Versorgungslandschaft*. Baden-Baden: Nomos Verlagsgesellschaft.

Statistisches Bundesamt. (2018). Grunddaten der Krankenhäuser 2017; Fachserie 12 Reihe 6.1. Wiesbaden.

Dr. rer. medic. Ursula Hahn studierte Volkswirtschaft an der Universität Köln und Medizin an der Universität Düsseldorf. Frau Dr. Hahn ist Geschäftsführerin des OcuNet Verbundes (www.ocunet.de), einem Zusammenschluss großer intersektoraler augenmedizinischer Facharztzentren mit Wurzeln in der vertragsärztlichen Versorgung. Die Promotion zum Dr. rer. medic. hat sie im Fach Klinische Epidemiologie an der Technischen Universität Dresden erworben, sie ist externe Dozentin an der Fakultät für Gesundheit der Universität Witten/Herdecke, Institut für Medizinische Biometrie und Epidemiologie (IMBE). Ihre wissenschaftliche Arbeit befasst sich mit organisationsbezogener Versorgungsforschung zu Angebotsstrukturen in der ambulanten Versorgung sowie an der Grenze zwischen ambulanter und stationärer Versorgung.

Kontakt: zentrale@ocunet.de

Gütekriterien

Clarissa Kurscheid

Zusammenfassung

In der Vorbereitung für dieses Buch wurden von den Herausgeberinnen Gütekriterien entwickelt, die von den Autorinnen und Autoren bei der Beschreibung ihres jeweiligen intersektoralen Projekts beherzigt werden sollten. Die Gütekriterien dienen der besseren Vergleichbarkeit der verschiedenen Projekte durch den Leser, können aber zugleich auch zur Bewertung herangezogen werden. Nachfolgend werden die Motivation und der Hintergrund der Gütekriterien als Qualitätsmerkmale dargelegt und erläutert.

3.1 Einleitung

Intersektorale Versorgung wird durch die Politik gewünscht und gefordert. In den Gesundheitsreformen der letzten Jahre wurden immer wieder neue Elemente gesetzlich implementiert, um die Versorgungsrealitäten zu verändern und um die starre, fragmentierte Versorgung zwischen den Sektoren durchlässiger zu machen. Gleichzeitig gab es auch immer wieder deutliche Bemühungen und Anreize, diese in Pilotprojekten zu erproben und innovative Ideen in Form von Projekten in die Gesundheitslandschaft zu implementieren. Dennoch geht es mit dem Ausbau der intersektoralen Versorgung, wie der ein oder andere Autor und Autorin beschreibt, nur schleppend voran.

Ein Grund hierfür ist der oftmals fehlende Beleg für die Qualität vieler Versorgungslösungen. Bei den aktuell durch den Innovationsfonds geförderten Projekten ist eine Evaluation verpflichtend, so dass hier mittelfristig Ergebnisse über die Güte der Projekte zu

C. Kurscheid (✉)
Priv. Forschungsinstitut für Gesundheits- und Systemgestaltung, FiGuS GmbH,
Köln, Deutschland
E-Mail: c.kurscheid@figus.koeln

© Springer Fachmedien Wiesbaden GmbH, ein Teil von Springer Nature 2020
U. Hahn, C. Kurscheid (Hrsg.), *Intersektorale Versorgung*,
https://doi.org/10.1007/978-3-658-29015-3_3

erwarten sind. Dennoch stellt sich die Frage, ob bei allen Projekten ein vergleichbarer Aufwand betrieben werden muss und ob die Güte anhand von passungsfähigen Kriterien nicht auch anders belegbar ist. Zudem ist die Frage zu klären, aus welcher Perspektive die Qualität belegt werden soll.

In der gesundheitsökonomischen Evaluation wie auch in der Versorgungsforschung unterscheiden sich die Perspektiven orientiert an den Adressaten. Bei einer gesellschaftlichen Perspektive geht es um den Nutzen für den Patienten, dabei stehen die Kosten nicht im Vordergrund. Allerdings nimmt der Patient solche Evaluationen kaum wahr, da ihm hierzu Informationen fehlen. Stellvertretend hierzu ist die Politik zu nennen. Das Interesse der Politik an Evaluationen ist tendenziell gering u. a. deshalb, weil mit gesundheitsökonomischen Untersuchungen politische Aussagen überprüft oder entlarvt werden könnten. Bei der Sicht der Krankenkassen stehen Kostengesichtspunkte an erster Stelle. Der Anreiz für Kassen ist zudem eher kurzfristig orientiert und meistens auch nur dann gegeben, wenn eine Kostenminimierung aus der zu untersuchenden Handlungsoption entsteht und weniger eine Verbesserung des Behandlungsergebnisses. Aus volkswirtschaftlicher Sicht sind es die Produktivität und die entstehenden indirekten Aufwendungen wie auch Humankapitalaufwendungen, die zunächst bedacht werden und aus Leistungserbringersicht ist es neben der verbesserten Versorgung ebenso der ertragsökonomische Moment (Fricke 2000, S. 486 ff.).

In dem vorliegenden Band finden sich unterschiedlichste Projekte zur intersektoralen Versorgung. Damit die Leserin und der Leser sich einen raschen Überblick verschaffen können, wurden Kriterien als Ankerpunkte und Richtschnur entwickelt. Diese Kriterien stehen zugleich für unterschiedliche Dimensionen von *Güte*, sie sind durchaus auch für eine vergleichende Bewertung der Qualität der verschiedenen Projekte geeignet. Folglich wurden spezifische Kriterien unterschiedlicher Sichtweisen zugrunde gelegt. Dabei geht es nicht darum, alle oben genannten Perspektiven in ihrer Vollständigkeit zu berücksichtigen, die Kriterien haben auch nicht den Anspruch einer forschungsbasierten Evidenz, sondern begründen sich in der Betrachtung aus der Sicht und der Erfahrung der Herausgeberinnen. Eine Vergleichbarkeit mit der Untersuchung von Versorgungsmodellen zu deren Übertragbarkeit auf andere Regionen wie die von Müller et al. (2016) oder zur ökonomischen Erfolgsmessung wie beispielsweise die von Pimperl et al. (2015) hält dem nicht stand. Vielmehr geht es um die Betrachtung unterschiedlicher erfahrungsbasierter Aspekte, die ein Bild zu dem Versorgungskonzept, welches zu den verschiedenen Indikationen vorliegt, abbildet.

3.2 Die Gütekriterien

Nachfolgend werden nun die neun Gütekriterien vorgestellt und deren Auswahl begründet.

1. Beschreibung der Versorgungsstruktur mit Rechtsform, Akteuren und Partnern, Versorgungsinhalten, Fachgebieten und der Anzahl der Patienten, die so versorgt werden.

2. Was ist an der intersektoralen Versorgungslösung innovativ und besonders?
3. Ist die intersektorale Lösung skalierbar?
4. Patientenorientierung: Ist der Versorgungsinhalt für den Patienten und die Patientin erlebbar und von unmittelbarem Nutzen?
5. Erhöht die Versorgungslösung die Befundungs- und Therapieeffektivität und im Ideal die Ergebnisqualität?
6. Professionalität: Sind an der Umsetzung der Versorgungslösung verschiedene Professionen beteiligt? Wurde zur Organisation und Vorbereitung der Versorgungslösung externe Beratung in Anspruch genommen? Wurde dem Projekt ein Business Case hinterlegt?
7. Ist die Versorgungslösung genauso kostenintensiv, teurer oder günstiger als eine vergleichbare in der Regelversorgung? Unabhängig von dem Blick der gesetzlichen Krankenversicherung kann hier gerne ein längerer Zeithorizont angewendet werden.
8. Was sind die größten Herausforderungen in der Versorgungsstruktur?
9. Gibt es Wünsche an die unterschiedlichen Akteure aus der Versorgungslandschaft oder Gesundheitspolitik?

3.3   Zur Erläuterung der Kriterien

Zu dem ersten Kriterium, der Beschreibung der Versorgungsstruktur, stellt sich die Frage, welche kooperative oder integrative Lösung genutzt wurde. Zur Beschreibung der vertikalen Versorgungsstruktur über die Sektorengrenze hinweg, wird zwischen netzwerklicher Kooperation voneinander unabhängiger Akteure und unternehmerischer Integration von verschiedenen Versorgungsebenen unter einem (unternehmerischen) Dach (siehe Kap. 2 Sektorenübergreifende Angebotsstrukturen) differenziert. Wie bildet sich die Struktur im Kontext der Versorgungslandschaft ab und welche Mehrwerte als Versorgungsinhalte werden für die Patienten gestaltet? Dabei zeigt sich hier schon die Umfänglichkeit der Versorgungslösung. Die entwickelte Kooperation innerhalb des Projektes ist insbesondere auch in der Art der Zusammenarbeit zu unterscheiden. Es ist noch einmal eine besondere Herausforderung, wenn unterschiedliche Fachgebiete zusammenarbeiten – im Gegensatz zu der Zusammenarbeit innerhalb eines Fachgebietes. Gleichzeitig signalisiert die Rechts- und Kooperationsform des Versorgungskonzepts einen entsprechenden Reife- und Professionalisierungsgrad (Fritz und Kayser 2017). Aus der Erfahrung der ersten Projektphase im Kontext der 140er-Verträge zur Integrierten Versorgung nach GKV-Modernisierungsgesetz (2004–2008) ist zudem die Frage nach der Anzahl der eingeschriebenen Patienten von hohem Wert. Nur auf Basis einer möglichst großen Patientenzahl, der diese Form von Versorgung zugutekommt, lässt sich die Machbarkeit und die Kosteneffizienz abschätzen (Anders und Oschmann 2007, S. 20).

Die Frage, was an der intersektoralen Versorgungslösung innovativ und besonders ist, richtet den Blick auf den innovativen Moment einer Versorgungslösung. Diese kann unterschiedlicher Natur sein und sich auf die Art der Betreuung und Begleitung der Patienten beziehen oder auf die interprofessionelle Kommunikation oder ganz andere weiche Faktoren. Wir wollen wissen, ob die Autorin oder der Autor das Gefühl haben, dass es dem Grund nach ausreichende (gesetzliche) Instrumente gibt, die nur mit Leben gefüllt werden müssen. Das ist möglicherweise nicht hinreichend innovativ, aber zeigt Wege der Umsetzbarkeit auf. Indirekt ist das eine Frage nach der Effektivität und dem Spektrum der normierten Instrumente. Eine innovative Idee zu verfolgen, bedeutet nicht zwangsläufig, dass die Versorgungslösung, die im Ergebnis nachher abgebildet ist, hohen innovativen Charakter hat. In der fragmentierten Gesundheitslandschaft bestehen viele Hürden, die bei einer Umsetzung genommen werden müssen. Gleichzeitig besteht der Anspruch intersektoraler Versorgungskonzepte, Lösungen für die bestehenden Fragmentierungen und Ineffizienzen zu Integrationen und möglichst effiziente Konzepte zu entwickeln. Die bestehenden Versorgungsdefizite oder auch defizitäre Ressourcenverbräuche sind an ganz unterschiedlichen Stellen zu finden. Ein Projekt erfährt schon einen innovativen Charakter, wenn interprofessionelle Kommunikationslösungen entwickelt werden. Diese können zudem auch zwischen Arzt und Patient bestehen (Schnabel 2009). Zudem besteht die Frage, ob unterschiedliche Formen von sektor- und berufsgruppenübergreifenden Kooperationen de facto zu einer gesteigerten Versorgungsqualität führen.

Bei den Überlegungen zur Skalierbarkeit von Projekten steht der Gedanke im Vordergrund, inwieweit andere Projekte Ideen und Gedanken des Best-Practice-Ansatzes aufnehmen können, damit sie in den regionsspezifischen Versorgungslösungen eingesetzt werden können. Unter ökonomischen Gesichtspunkten ist eine Skalierbarkeit wünschenswert. Dennoch sind zwei Aspekte in diesem Kontext zu beachten, die eine Skalierbarkeit behindern. Für eine Krankenkasse beispielsweise muss bei einer innovativen Versorgungsform das ökonomische Risiko betrachtet werden. Leider aber ist dies bei einem Versorgungskonzept in der Regel spezifisch. Somit ist es selten möglich, erfolgreiche Lösungen auf andere regionale Versorgungssituationen zu übertragen (Dietrich und Znotka 2017). Zudem haben regionsspezifische Lösungen oftmals ihren eigenen Charakter und werden von Treibern vor Ort geprägt, was eine Übertragbarkeit auch hindern kann. Dennoch bedarf es an dieser Stelle einer Differenzierung, da Strukturen wie Tumorboards, Ambulanzen oder Belegarztwesen durchaus skalierbar sind, aber viele der aktuellen Projekte im Innovationsfonds beispielsweise weniger. Bei diesen handelt es sich oftmals um prozessuale Strukturen, deren Übertragbarkeit nicht ohne Weiteres möglich sind.

Zudem wird der lange Weg von der Idee bis zur Umsetzung unterschätzt und nur semiprofessionell begleitet. Die Folge ist, dass sich früh Schwächen im Konzept abzeichnen. Eine Marktanalyse vor Beginn sowie die entsprechende steuerliche und rechtliche Prüfung sind wichtig. Genauso wie eine Kooperation mit all ihren Vor- und Nachteilen gut durchdacht sein sollte. Die Inanspruchnahme externer Beratung ist zwar kein Qualitätsmerkmal an sich, dennoch kann eine externe Begleitung mit großer Erfahrung im Projektmanagement u. Ä. sehr hilfreich für den Projektstart sein (vgl. Halbe und Schirmer 2010). Ein Businessplan wird oftmals als nicht notwendig erachtet, dabei kann er sowohl für das Projekt als auch für Krankenkassen, Vergabestellen, Banken etc. wichtig und von Vorteil sein und bildet eine wesentliche Grundlage für eine spätere Skalierung (Schmidt 2016).

Im Rahmen der Patientenorientierung stellt sich die Frage, inwieweit der Versorgungs-inhalt für den Patienten und die Patientin erlebbar und von unmittelbarem Nutzen sein kann. Die Patientenorientierung hat bis dato in Deutschland noch nicht den gewünschten Stellenwert, so dass es für jedes intersektorale Projekt von Mehrwert sein kann, diese zu steigern. Dies kann auch für die Einführung von Case Management zur besseren Patien-tenbegleitung gelten. In einer Untersuchung des englischen Integrated-Care-Programms wurde beispielsweise belegt, dass die Leistungserbringer von einer Verbesserung der Pati-entenversorgung aufgrund des Programms berichtet haben, Patienten hingegen empfanden eine Verschlechterung der Versorgungsqualität insbesondere im Hinblick auf ihre Einbe-ziehung in Entscheidungen über Behandlungen (RAND Europe und Ernst & Young LLP 2013). Dieses Beispiel zeigt eindrücklich, dass innovative Versorgungsmodelle nicht zwingend mit einer gesteigerten Patientenzufriedenheit einhergehen. Maßnahmen, die in diesem Kontext ein höheres Qualitätsmerkmal in der Gesundheitsversorgung darstellen, sind u. a. die Anfertigung, Bekanntmachung und Evaluation von evidenzbasierten Patien-teninformationen. Damit wird sowohl die Patientenbeteiligung als auch die Patientensou-veränität gestärkt. Zudem ist eine Steigerung der Patientenbeteiligung bei Gesundheitsent-scheidungen über ein shared decision-making (SDM) sowie eine verstehbare Darstellung des Nutzens bzw. des evtl. entstehenden Schadens von Eingriffen und medizinischen Maßnahmen für den Patienten von enormem Vorteil. Folglich bedarf es einer Steigerung der Gesundheitskompetenz des Einzelnen, die bei Entscheidungen helfen kann. Unterstüt-zend können in diesem Zusammenhang auch Patientenportale oder ähnliche Einrichtun-gen sein (vgl. Neugebauer 2015, S. 142 ff.).

Eine wichtige Nutzendimension ist die medizinische Versorgung in Diagnostik und Therapie mit Blick auf Strukturen, Ergebnisse und Prozesse. Die Erhöhung der Ergebnis-qualität ist ein Ziel, welches bei den meisten Projekten erfüllt werden sollte. Durch eine koordinierte Versorgung verringern sich Wartezeiten und Mehrfach- sowie Doppelunter-suchungen. Der Patient wird auch administrativ entlastet, er muss sich nicht selber um die nächsten Behandlungen oder die Weitergabe der Informationen kümmern. Durch die Ko-ordination von Behandlungsabläufen werden zudem Effizienzen gehoben und Prozesse transparenter gemacht. Inwieweit dies Auswirkungen auf die Ergebnisqualität hat, kann letztlich aber nur im Rahmen einer Evaluation belegt werden.

Intersektorale Versorgungsansätze werden in der Regel von Ärzten verschiedener Fach-gebiete und unterschiedlicher Gesundheitsprofessionen begleitet. Die Zusammenarbeit der Professionen wird in der Literatur als sehr wertvoll erachtet, noch gibt es jedoch nur wenige aussagekräftige Studien, die fördernde oder hindernde Faktoren untersuchen (Koch et al. 2017). In der gelebten Realität findet derzeit aber noch zu wenig Zusammen-arbeit zwischen den Gesundheitsberufen statt. Schon die Zusammenarbeit zwischen Ärz-ten wird als interprofessionell angesehen, dabei ist die Hinzunahme weiterer Gesundheits-berufe im Hinblick auf das bestehende multimorbide Krankheitspanorama ein wesentlicher Mehrwert für den Versorgungsprozess. In diesem Kontext findet auch die Delegation me-dizinischer Leistungen eine neue Bedeutung. Ärzte können über eine breite Arbeitsteilung mit den unterschiedlichen Professionen im Gesundheitswesen deutlich entlastet werden.

Bei der ökonomischen Betrachtung der Versorgungslösung im Vergleich mit Ansätzen aus der Regelversorgung sollte auf jeden Fall ein längerer Zeithorizont berücksichtigt sein.

Zu erwarten ist, dass eine innovative Versorgungslösung kurzfristig in der Regel kostenintensiver ist als eine vergleichbare in der Regelversorgung, da mithilfe zusätzlicher Maßnahmen ein größerer Effekt erreicht wird. Langfristig scheint die Erwartung angebracht, dass unter Beachtung aller Perspektiven Kostenvorteile möglich sind. So ergeben sich beispielsweise bei einer gesteuerten Patientenversorgung in der Osteoporoseversorgung nach einer ersten Fraktur kurzfristig deutlich höhere Kosten in der Versorgung im Vergleich zur Regelversorgung, da die Inanspruchnahme der notwendigen Maßnahmen gezielt dem Patienten angeboten wird und so eine deutlich höhere Awareness entwickelt wird. In einer vorliegenden Untersuchung aus der Schweiz wurde die sonst üblicherweise entstehende Versorgungslücke deutlich minimiert (Suhm et al. 2019). Langfristig ist die Versorgung für alle Beteiligten kostengünstiger, da so weitere Frakturen und Krankenhauseinweisungen vermindert werden. Um dies nachzuweisen, bedarf es einerseits wiederum einer passungsfähigen Evaluation als auch der Bereitschaft der Kostenträger, sich auf potenzielle Einsparungen in der Zukunft einzulassen. Die in diesem Band beschriebenen Modelle sind von unterschiedlicher Integrationstiefe als auch unterschiedlicher zeitlicher Dauer, folglich sind möglicherweise erste Effekte in dieser Richtung zu erwarten.

Worin sehen nun die Praktiker die größten Herausforderungen in der Versorgungsstruktur? Dies können einerseits die Fortentwicklung und Defragmentierung der Sektoren sein, aber auch andererseits Optionen in der Finanzierung von sektorenübergreifenden Projekten. Zudem ist die Art der Herausforderung vielfältig und reicht von rechtlichen, ökonomischen, kulturellen, organisatorischen oder kommunikativen Aspekten bis hin zu Schwierigkeiten bei der Personalrekrutierung.

Des Weiteren sind sowohl die Regulationstiefe im ersten Gesundheitsmarkt als auch die administrativen Herausforderungen Merkmale, die von fast allen Projekten als „Stolpersteine" benannt werden. Dennoch sollten aber zwei Punkte nicht unerwähnt bleiben: zum einen die immer noch vorherrschende hohe Arztzentriertheit im System und zum anderen die große Zurückhaltung bei der Delegation und Substitution medizinischer Leistungen. Beide Aspekte fordern allerdings eine Änderung in der Haltung und benötigen Zeit. Letztlich ist es das noch ungelöste Problem der sehr gering vorhandenen Digitalisierung, die uns immer wieder vor eine Herausforderung stellt. Dies müssten Aspekte sein, die wahrscheinlich bei fast allen hier im Band befindlichen Projekten zum Tragen kommen.

Letztlich wurden die unterschiedlichen Akteure aus der Versorgungslandschaft nach potenziellen Wünschen an die Gesundheitspolitik gefragt. Neben dem hohen Regulationsgrad im ersten Gesundheitsmarkt kann dabei durchaus die Ferne zur Praxis sowohl von den Funktionären als auch Politikern ein wesentliches Merkmal sein. Dies zeigt sich schon in der Umsetzung der Leitlinien, was in der gelebten Praxis insbesondere über die Sektoren hinweg nicht oder kaum möglich erscheint. Die alltäglichen Probleme werden oft von Entscheidern zu wenig beachtet. Dies können augenscheinlich minimale Hemmnisse sein zum Beispiel, dass ein alter Patient extrem langsam ist und mehr Zeit als geplant in

Anspruch nimmt, bevor eine Untersuchung starten kann. Folglich geht es um eine deutlichere Praxisnähe von Gesundheitspolitik mit Blick auf eine gelebte Versorgung.

Im vorangegangenen Abschnitt wurden die Gütekriterien beschrieben, teilweise sind die Erläuterungen mit Beispielen ergänzt, um die Nachvollziehbarkeit zu erhöhen. Die einzelnen Kriterien wurden von den Herausgeberinnen zusammengestellt, um ein vergleichbares und einheitliches Bild zu den intersektoralen Best-Practice-Konzepten herzustellen. Dabei besteht kein Anspruch auf Vollständigkeit und Evidenz, sondern es handelt sich vielmehr um Aspekte, die ein Versorgungskonzept aus Sicht der Herausgeberinnen beinhalten sollte und an denen die Projekte weitestgehend vergleichbar gemacht werden können. Eine Bewertung im eigentlichen Sinne findet dabei nicht statt, vielmehr handelt es sich hierbei um Merkmale, die Hinweise auf die Professionalität in der Organisation und Machbarkeit sowie Umsetzung in die Regelversorgung geben können. Die einzelnen Autorinnen und Autoren waren aufgefordert, ihre Projekte anhand der abgebildeten Kriterien auszuführen.

Literatur

Anders, D., & Oschmann, P. (2007). Häufige Fehler bei der Konzepterstellung und Verhandlung. In U. Meier & H.-C. Diener (Hrsg.), *Integrierte Versorgung in der Neurologie* (S. 19–21). Stuttgart: Thieme.

Dietrich, M., & Znotka, M. (2017). „Ideas are easy. Implementation is hard". Kooperation und Vernetzung aus wirtschaftswissenschaftlicher Sicht unter besonderer Berücksichtigung des unternehmerischen Risikos. In A. Brandhorst, H. Hildebrandt & E.-W. Luthe (Hrsg.), *Kooperation und Integration – das unvollendete Projekt des Gesundheitssystems*. Wiesbaden: Springer.

Europe, R., & Ernst & Young LLP. (2013). *National Evaluation of the Department of Health's Integrated Care Pilots*. Cambridge: Cambridge, RAND Europe, Ernst & Young.

Fricke, F.-U. (2000). Der gesundheitspolitische Nutzen von Evaluationsstudien. In O. Schöffski & J.-M. von der Schulenburg (Hrsg.), *Gesundheitsökonomische Evaluation* (S. 472–495). Berlin/Heidelberg: Springer.

Fritz, M., & Kayser, C. (2017). Kooperationen im Gesundheitswesen – Chancen und Fallstricke. In M. A. Pfannstiel, A. Focke & H. Mehlich (Hrsg.), *Management von Gesundheitsregionen III* (S. 2–12). Wiesbaden: Springer.

Halbe, B., & Schirmer, H. D. (2010). *Handbuch Kooperationen im Gesundheitswesen*, 14. Aktual. Heidelberg: medhochzwei.

Koch, J., Schmiemann, G., & Gerhardus, A. (2017). Integration und Kooperation aus gesundheitswissenschaftlicher Sicht. In A. Brandhorst, H. Hildebrandt & E.-W. Luthe (Hrsg.), *Kooperation und Integration – das unvollendete Projekt des Gesundheitssystems*. Wiesbaden: Springer.

Müller, B. S., Leiferman, M., Wilke, D., Gerlach, F. M., & Erler, A. (2016). Innovative Versorgungsmodelle in Deutschland – Erfolgsfaktoren, Barrieren, Übertragbarkeit. *ZEFQ, 115–116*, 49–55.

Neugebauer, E. (2015). Versorgungsforschung für mehr Patientenorientierung im Gesundheitswesen. In C. Trittin (Hrsg.), *Versorgungsforschung zwischen Routinedaten, Qualitätssicherung und Patientenorientierung* (S. 142–154). Berlin: Barmer-GEK.

Pimperl, A., Schreyögg, J., Rothgang, H., Busse, R., Glaeske, G., & Hildebrandt, H. (2015). Ökonomische Erfolgsmessung von integrierten Versorgungsnetzen – Gütekriterien, Herausforderungen, Best-Practice-Modell. *Das Gesundheitswesen, 77*(12), e184–e193.

Schmidt, C. (2016). Businessplan von Gesundheitsnetzwerken in der Praxis. In S. Eble & C. Kurscheid (Hrsg.), *Gesundheitsnetzwerke*. Berlin: MW.

Schnabel, P.-E. (2009). Kommunikation im Gesundheitswesen Problemfelder und Chancen. In R. Roski (Hrsg.), *Zielgruppengerechte Gesundheitskommunikation* (S. 33–55). Wiesbaden: VS.

Suhm, N., Müller, S., Kungler, E., Meier, C., Kränzlin, M., Kränzlin, C., Jakob, M., & Saxer, F. (2019). „Der Osteoporosis Care Gap" bei Altersfrakturpatienten kann durch osteologische Begleitung entlang des Behandlungspfades minimiert werden! *Zeitschrift für Osteologie, 28*, 140–144.

Prof. Dr. rer. pol. Clarissa Kurscheid ist Gesundheitsökonomin und Studiengangsleiterin für *Digital Health Management* an der EU-FH in Köln. Nach einer Ausbildung zur Physiotherapeutin studierte sie BWL und Gesundheitsökonomie an der Universität zu Köln, an der sie auch 2005 am Lehrstuhl für Sozialpolitik promovierte. Neben der Hochschultätigkeit ist sie Geschäftsführerin der FiGuS GmbH, einem privaten Forschungsinstitut für Gesundheits- und Systemgestaltung. In diesem befasst sie sich im Kontext der Versorgungsforschung seit Jahren mit der Konzeption und Entwicklung von Versorgungskonzepten und Prozessen und berät strategisch Ärztenetze sowie Verbände im Gesundheitswesen. Sie publiziert kontinuierlich im Themenkomplex der Versorgungsforschung und widmet sich hier den relevanten Fragen der Versorgungsweiterentwicklung.

Kontakt: c.kurscheid@figus.koeln

Teil II

Best Practice: Intersektorale Netzwerke

Ambulante spezialfachärztliche Versorgung (ASV)

4

Ein innovatives Versorgungskonzept mit vielen Herausforderungen

Robert Dengler und Ursula Vehling-Kaiser

„Wir sitzen alle im selben Boot, in einem stürmischen Meer, und wir schulden einander unbedingte Loyalität."

(G.K. Chesterton)

Zusammenfassung

Das hier dargestellte ASV-Team versorgt derzeit Patienten mit gastrointestinalen sowie gynäkologischen Tumoren.

Durch die ASV wurde die Versorgung im hier vorgestellten Team im bestehenden Netzwerk weiter intensiviert. Die Zusammenarbeit mit niedergelassenen Kollegen und der Klinik hat sich verbessert. Zusätzlich ist es möglich geworden, rascher Termine für Patienten zu erhalten, da das Krankenhaus über die ASV die Möglichkeit besitzt, Untersuchungen ambulant anzubieten. Die Patientenbindung an die beteiligten Behandler ist durch die ASV enger geworden. Innerhalb der Tumorkonferenzen werden die ASV-Zugehörigkeit geprüft, empfohlen und entsprechende Behandler genannt. Damit werden Behandlungspfade festgelegt, was vor Einführung der ASV in dieser Form nicht erfolgte.

R. Dengler (✉)
FOM Hochschule für Oekonomie & Management, München, Deutschland
E-Mail: robert.dengler@fom.de

U. Vehling-Kaiser
Praxis für Hämatologie, Onkologie und Palliativmedizin (HOT), Landshut, Deutschland
E-Mail: info@vehling-kaiser.de

© Springer Fachmedien Wiesbaden GmbH, ein Teil von Springer Nature 2020
U. Hahn, C. Kurscheid (Hrsg.), *Intersektorale Versorgung*,
https://doi.org/10.1007/978-3-658-29015-3_4

Herausforderungen sind u. a. das komplexe und aufwändige Anzeigeverfahren sowie das Aufrechterhalten und Leben der ASV im Alltag. Nach wie vor bestehen Wettbewerbsungleichheiten zwischen Vertragsarzt und Krankenhaus. Ergebnisse aus Evaluation oder begleitender Forschung für diesen Versorgungsbereich fehlen bislang.

4.1 Beschreibung der Versorgungsstruktur

4.1.1 Basisdaten zur ASV

Die ambulante spezialfachärztliche Versorgung (ASV) basiert auf der 2012 in Kraft getretenen Novellierung des bis dahin geltenden § 116b des fünften Sozialgesetzbuches (SGB V) (im Folgenden § 116b SGB V a.F. bezeichnet), in dem die ambulante Behandlung im Krankenhaus geregelt war. Teilnehmen können nun auch niedergelassene Vertragsärzte. Über die ASV sollen Patienten mit Erkrankungen mit besonderen Krankheitsverläufen, schweren Verlaufsformen, seltenen Erkrankungen oder Bedarf an hochspezialisierten Leistungen versorgt werden. Der Gemeinsame Bundesausschuss (G-BA) konkretisiert in der ASV-Richtlinie (ASV-RL) Indikationen und Inhalte (G-BA 2013). Der Grundgedanke ist eine Behandlung durch ein Team von erfahrenen Fachärzten nach einheitlichen Teilnahmebedingungen, Qualitätsanforderungen und Vergütungsgrundsätzen (Klakow-Franck 2014, S. 155; Dengler 2018). Am 19.12.2013 wurde die erste Konkretisierung zur Tuberkulose und atypischen Mykobakteriose (TBC) beschlossen, sie ist am 24.04.2014 in Kraft getreten (G-BA 2014). Weitere Konkretisierungen erfolgten bisher für gastrointestinale Tumoren und Tumoren der Bauchhöhle (GIT), gynäkologische Tumoren, urologische Tumoren, Marfan-Syndrom, pulmonale Hypertonie, Mukoviszidose, rheumatologische Erkrankungen, seltene Lebererkrankungen, M. Wilson, maligne Hauttumoren sowie Hämophilie und zuletzt Tumoren der Lunge und des Thorax sowie Sarkoidose. Mit Stichtag 31.12.2019 waren bundesweit insgesamt 300 ASV-Teams gelistet. (ASV-Servicestelle 2019).

4.1.2 Versorgungsstruktur und Partner des ASV-Teams

Die Schwerpunktpraxis für Hämatologie, Onkologie und Palliativmedizin (HOT) hat die ASV für GIT im Juli 2015 als eine der ersten in Deutschland in Landshut, Niederbayern, etabliert. Die Initiatoren, die onkologische Praxis (Teamleitung), eine strahlentherapeutische Praxis und das örtliche kommunale Krankenhaus Landshut-Achdorf (LAKUMED), bildeten schon vor Beginn der ASV ein gut funktionierendes Netzwerk. Die Behandlung der Patienten im ASV-Team erfolgt nach einem in der Tumorkonferenz entwickelten gemeinsamen Konzept „aus einem Guss". Nach den positiven Erfahrungen mit der ASV-GIT entschloss sich das Landshuter Team zum Aufbau einer ASV für Gynäkologie/Mammakarzinome. Die Etablierung derselben erfolgte Ende 2017. Beide ASV arbeiten in der Rechtsform einer Kooperationsgemeinschaft.

Die Teamleiterin ist ärztliche Leiterin der Praxis für Hämatologie, Onkologie und Palliativmedizin. HOT ist an insgesamt fünf Standorten (Landshut, Vilsbiburg, Dingolfing, Rottenburg sowie Mainburg) vertreten. Das GIT-Team besteht aus 20 Kernteamärzten der onkologischen Praxis, der Strahlentherapie Mühleninsel und der Klinik mit den Fachgebieten Hämatologie und Onkologie, Chirurgie, Strahlentherapie und Gastroenterologie sowie 45 hinzuziehenden Ärzten der Fachgruppen Radiologie, Nuklearmedizin, Pathologie, Gefäßchirurgie, Neurologie, Psychiatrie und Psychotherapie, Kardiologie, Angiologie, Nephrologie, Humangenetik, Labormedizin, Gynäkologie, Urologie und Anästhesiologie. Das ASV-Team gynäkologische Tumoren wird ebenfalls von der Ärztin der onkologischen Praxis geleitet, das Team besteht aus zehn Kernteamärzten der Fachrichtungen Hämatologie und Onkologie, Gynäkologie, der Praxis für Strahlentherapie, niedergelassenen Gynäkologen sowie Ärzten der Klinik und zusätzlich 61 hinzuzuziehenden Ärzten, die weitgehend mit den Fachrichtungen bei GIT identisch sind.

4.1.3 Versorgungsinhalte, Patientenspektrum, Krankheitsspektrum

In der ASV können nur Patienten mit Diagnosen nach ICD 10 behandelt werden, die in den Indikationsbereich der ASV-RL, Anhang 3 des G-BA, fallen und hier – zumindest bei den onkologischen Erkrankungen – auch nur solche mit einer gesicherten Diagnose. Zusätzlich besteht eine weitere Einschränkung auf die schwere Verlaufsform. Zwar ist das Kriterium *schwere Verlaufsform* inzwischen formal im Rahmen des Versorgungsstärkungsgesetzes für die onkologischen und rheumatologischen Erkrankungen entfallen, sie bleibt aber bei den Tumorerkrankungen durch den in die Konkretisierungen der ASV-RL eingeführten Passus letztlich erhalten, da nur Patienten versorgt werden können „wenn diese aufgrund der Ausprägung der Tumorerkrankung eine multimodale Therapie oder Kombinationschemotherapie benötigen" (G-BA 2016). Infrage kommende Patienten werden auf die ASV angesprochen, informiert und im Falle ihrer Zustimmung wird diese schriftlich dokumentiert; eine Einschreibung wie z. B. bei den Disease-Management-Programm (DMP) erfolgt nicht.

In unseren beiden ASV-Teams wurden mit Stand 31.12.2018 etwa 520 Patienten versorgt, davon ca. 320 im Indikationsbereich GIT. Im Verlauf der Teilnahme kam es in der onkologischen Praxis HOT zu einer stetigen Zunahme von ASV-Patienten mit einem Plateau von 55 % und konsekutiver Abnahme von Patienten, die im Kollektivvertrag behandelt wurden (Abb. 4.1). Die 45 % in der alten Versorgungsform verbleibenden Patienten erfüllen nicht die Kriterien der ASV-RL, haben also entweder ein Frühstadium und damit keine Indikation für eine multimodale Therapie oder es handelt sich um Nachsorge-Patienten, die ebenfalls von der ASV ausgeschlossen sind. Die Diagnosen der ASV-Patienten des Indikationsbereichs GIT sind in Abb. 4.2 dargestellt. Gynäkologische Tumoren in der ASV sind

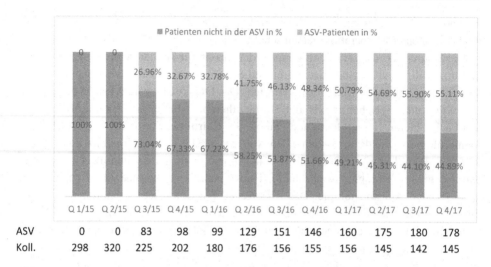

	Q 1/15	Q 2/15	Q 3/15	Q 4/15	Q 1/16	Q 2/16	Q 3/16	Q 4/16	Q 1/17	Q 2/17	Q 3/17	Q 4/17
ASV	0	0	83	98	99	129	151	146	160	175	180	178
Koll.	298	320	225	202	180	176	156	155	156	145	142	145

Abb. 4.1 Anteil der Rekrutierung von GIT-Patienten in die ASV im Zeitverlauf

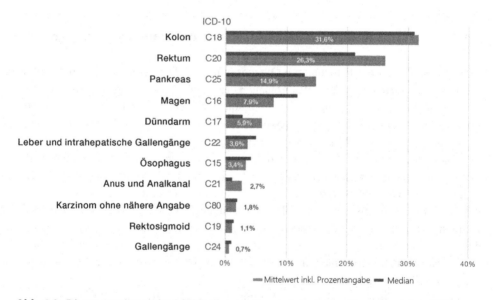

Abb. 4.2 Diagnosespektrum der ASV-Patienten mit gastrointestinalen Karzinomen (n = 184)

Mammakarzinom, Ovarialkarzinom, Zervixkarzinom sowie Uteruskarzinom. Auch hier werden keine Patientinnen in frühen Stadien ohne Indikation für eine multimodale Therapie (hierzu gehören auch reine antihormonelle bzw. endokrine Therapien) und keine in Nachsorge befindlichen in die ASV eingeschlossen.

4.2   Innovative Aspekte

4.2.1   Gemeinsamer Ordnungsrahmen

Die ASV hat das Potenzial für ein innovatives Versorgungskonzept. Denn erstmals können sowohl Vertragsärzte als auch Krankenhausärzte auf der Basis eines einheitlichen Zugangs-/ Teilnahmeverfahrens, gleicher Qualitätssicherungsanforderungen und einer gemeinsamen Honorarsystematik ambulant Patienten betreuen (Goetzenich und Schmitz 2015, S. 403). Dies ermöglicht, die bislang sektorspezifisch (Klinik vs. Praxis) agierenden Leistungserbringer (im Rahmen des § 116b SGB V a.F. konnten ja nur Kliniken ambulant behandeln) zusammenzubringen und damit Schnittstellenprobleme abzubauen. Es gibt keine Bedarfsplanung oder Zulassungsverfahren, teilnehmen kann, wer seine ASV-Tätigkeit dem erweiterten Landesausschuss (eLA) anzeigt und die Voraussetzungen erfüllt. Außerdem wurde der im Vertragsarztsektor bestehende Erlaubnisvorbehalt in der ASV modifiziert.

Damit ist auch ein Anfang für den Abbau von Wettbewerbsverzerrungen in der ambulanten Versorgung gemacht.

4.2.2   Kooperationen und Marktpositionierung

Die Teilnahme an der ASV stellt für Akteure beider Sektoren einen strategischen Faktor im Rahmen der ambulanten Versorgung von gesetzlich krankenversicherten Patienten (GKV-Patienten) dar. Die teilnehmenden Ärzte bilden ein namentlich und institutionell limitiertes Versorgerteam, das sich im Wettbewerb besser positionieren kann.

4.2.3   Neue Untersuchungsverfahren

Der GB-A hat neue Untersuchungs- und Behandlungsmethoden (NUB) definiert, die im Kollektivvertrag bisher nicht erstattungsfähig waren, aber für die Behandlung von onkologischen Patienten wichtig sind. Hierzu gehören u. a. die Positronen-Emissions-Tomografie (PET-CT) bei weiteren onkologischen Fragestellungen, die Genexpressionsanalyse beim Mammakarzinom sowie das Erstellen und Aktualisieren eines Medikationsplanes (G-BA 2013). Diese Leistungen können im Rahmen der ASV für GIT bzw. gynäkologische Tumoren erbracht und abgerechnet werden. Außerdem sind im Kap. 50 des Einheitlichen Bewertungsmaßstabes (EBM) ASV-spezifische GOP hinterlegt.

4.2.4   Vergütung

Für niedergelassene Ärzte bietet die ASV gegenüber dem bisherigen kollektivvertraglichen System im Honorarbereich etliche Vorteile. Die Vergütung erfolgt extrabudgetär außerhalb der morbiditätsorientierten Gesamtvergütung (MGV) zu festen Preisen, es gibt keine Regelleistungsvolumina und keine Mengenbegrenzungen. Für Kliniken stellt die ASV die Möglichkeit dar, auch ohne Ermächtigung oder MVZ an der ambulanten GKV-Patientenversorgung teilzunehmen bzw. diese nach Auslaufen der Versorgung nach §116b a.F. fortzuführen. Der zu vergütende Leistungsumfang mit allen Gebührenordnungspositionen (GOP) wird in den Appendizes der Anlagen zur ASV-RL abschließend konkretisiert und ist im Bereich VII des EBM (KBV 2018) enthalten. Dieser beinhaltet neben Kapitel 50 (s.o.) im Kapitel 51 Strukturpauschalen (siehe Abschn. 4.7.1), die nur im Rahmen der ASV abrechenbar sind.

4.3   Skalierbarkeit für andere Ärzte und Versorgungseinrichtungen

4.3.1   Teilnahmevoraussetzungen

Teilnehmen können Fachärzte bzw. Versorgungseinrichtungen der Fachgruppen, die in der ASV-RL der jeweiligen Indikationsgruppe genannt sind. Da der G-BA kontinuierlich die Indikationsbereiche erweitert, können ggf. auch Facharztgruppen, die bislang nicht teilnahmeberechtigt waren, zukünftig hinzukommen. Hausärzte sind nicht teilnahmeberechtigt.

4.3.2   Aufwand

Der Aufwand im Rahmen des Anzeigeverfahrens ist komplex und umfänglich, und damit eine der Haupthürden und wichtige Ursache für die seit Inkrafttreten der ASV relativ geringe Teilnahme (Dengler et al. 2017). Es muss eine Vielzahl an Genehmigungen, Zeugnissen, Nachweisen, Qualitätssicherungsdokumenten, Bescheinigungen etc. beigebracht werden. Dies ist nicht nur mit einem erheblichen Zeitaufwand (bei uns waren dies zwölf Monate), sondern auch mit Kosten für das benötigte Personal, Schulungen, Einrichten zusätzlicher Software (ASV-Modul des Praxis- bzw. Klinikdokumentationssystems, Abrechnungsmodul) sowie Controlling im laufenden Betrieb verbunden. Meist ist eine eigene (Teilzeit-)Kraft für die Koordination – auch nach erfolgreicher Teilnahmeanzeige – erforderlich (bei uns je eine für die onkologische Praxis, die Strahlentherapie und die Klinik).

4.4   Patientenorientierung und Patientennutzen

4.4.1   Definiertes Versorgerteam

In der ASV arbeitet ein selektivvertrags-ähnliches, institutionell und personell definiertes Versorgerteam nach den Regeln der Kooperationsvereinbarungen zusammen. Die Anzahl der behandelnden Ärzte ist überschaubar, durch die Teamleitung besteht eine Koordinierungsfunktion. Engere Absprachen und bessere Information über den Patienten erhöhen zudem die Versorgungsqualität. Innovativ und ebenfalls für den Patienten von Vorteil ist auch die durch die ASV erreichte engere Zusammenarbeit zwischen Krankenhaus und Vertragsärzten, da gerade Schnittstellen für den Patienten häufig mit einem großen Unsicherheitsfaktor verbunden ist.

Durch die ASV wurde im Landshuter Team die bestehende Versorgung im Netzwerk weiter intensiviert. Die Vorstellung der Patienten im Tumorboard erfolgt nahtloser und konsequenter. Innerhalb der Tumorkonferenzen werden die ASV-Zugehörigkeit geprüft und empfohlen sowie entsprechende Behandler genannt. Damit werden Behandlungspfade konsequenter festgelegt, als das vor Einführung der ASV der Fall war. Es besteht ein engerer informativer Austausch über die Patienten. Die Patientenbindung an die entsprechenden beteiligten Behandler ist durch die ASV deutlich enger geworden.

4.4.2 Wartezeiten und Doppeluntersuchungen

ASV-Patienten können regelhaft auch im kooperierenden Krankenhaus ambulant behandelt werden. Dies wirkt sich unserer Erfahrung nach für den Patienten vorteilhaft aus, da dort schnelle Termine für fachärztliche Leistungen, vor allem in der Endoskopie und Radiologie, ermöglicht werden und sich damit Wartezeiten reduzieren lassen. Darüber hinaus wird die Gefahr von Doppeluntersuchungen reduziert, so können Kosten gespart werden.

Praxisbeispiel

Ein 58-jähriger Patient sucht am 13.12.2018 einen Gastroenterologen wegen Darmbeschwerden auf. Dort wird die Diagnose eines Rektumkarzinoms gestellt. Die weiteren Termine wurden sämtlich bei ASV-Teammitgliedern (Klinik/Praxen) wahrgenommen: Erstvorstellung in der HOT-Praxis am 19.12.2018, Durchführung der erforderlichen Untersuchungen inkl. Staging-Computertomografie, Kernspintomografie Becken, Labor, Endosonografie bis 20.12.2018, Vorstellung im Tumorboard und in der Strahlentherapie am 21.12.2018. Beginn der Radio-/Chemotherapie am 27.12.2018. Diese zeitnahe Versorgung konnte durch die enge Abstimmung der ASV-Teammitglieder sowie die Nutzung eines Teils der Untersuchungen an der Kooperationsklinik gewährleistet werden.

4.4.3 Evaluation

Im Rahmen eines Qualitätssicherungsprojektes wurden von 09-10/2016 alle ASV-Patienten (n = 160) der HOT befragt. Bei Patienten kam der *ZAP-Fragebogen zur Zufriedenheit in der ambulanten Versorgung – Qualität aus Patientenperspektive* (Bitzer et al. 1999; Petrucci et al. 2011) zur Anwendung. 55 Patienten waren zum Untersuchungszeitpunkt verstorben, 34 Patienten lehnten die Teilnahme ab. Somit nahmen von 105 Patienten 71 teil (68 %). Die Auswertung findet sich in Tab. 4.1.

Tab. 4.1 Ergebnisse der Patientenbefragung zur Zufriedenheit mit der ASV (Quelle: Kaiser et al. 2018), Skalenwerte 0–100: 0 = völlig unzufrieden; 100 = vollumfänglich zufrieden

Globale Zufriedenheit mit den ASV-Ärzten:

Qualität/Ausmaß der erhaltenen Informationen (Zufriedenheit als skalierter Mittelwert: 84)

Sehr unzufrieden	Eher unzufrieden	Eher zufrieden	Sehr zufrieden	k.A.	
0 % (n = 0)	6 % (n = 4)	34 % (n = 24)	55 % (n = 39)	6 % (n = 4)	

Beteiligung an medizinischen Entscheidungen (Zufriedenheit als skalierter Mittelwert: 84)

Sehr unzufrieden	Eher unzufrieden	Eher zufrieden	Sehr zufrieden	k.A.	
0 % (n = 0)	4 % (n = 3)	39 % (n = 28)	54 % (n = 38)	3 % (n = 2)	

Allgemeine Zufriedenheit (Zufriedenheit als skalierter Mittelwert: 87)

Sehr unzufrieden	Eher unzufrieden	Eher zufrieden	Sehr zufrieden	k.A.	
0 % (n = 0)	6 % (n = 4)	28 % (n = 20)	63 % (n = 45)	3 % (n = 2)	

Vertrauen (als skalierter Mittelwert: 90)

Kein Vertrauen	Eher weniger Vertrauen	Eher großes Vertrauen	Großes Vertrauen	Arzt zu kurz bekannt	k.A.
0 % (n = 0)	7 % (n = 5)	21 % (n = 15)	69 % (n = 49)	1 % (n = 1)	1 % (n = 1)

Qualität der Behandlung (Zufriedenheit als skalierter Mittelwert: 85)

Sehr gering	Eher gering	Eher hoch	Sehr hoch	k.A.	
0 % (n = 0)	6 % (n = 4)	34 % (n = 24)	58 % (n = 41)	3 % (n = 2)	

Zufriedenheit der Patienten mit der ASV (Detailauswertungen):

	sehr unzufrieden	eher unzufrieden	eher zufrieden	sehr zufrieden	k.A.
Organisation (Zufriedenheit als skalierter Mittelwert: 82)					
Wartezeit Arzttermin	1 % (n = 1)	7 % (n = 5)	41 % (n = 29)	48 % (n = 34)	3 % (n = 2)
Wartezeit Praxis	4 % (n = 3)	25 % (n = 18)	31 % (n = 22)	35 % (n = 25)	4 % (n = 3)
Freundlichkeit Praxispersonal	0 % (n = 0)	1 % (n = 1)	7 % (n = 5)	89 % (n = 63)	3 % (n = 2)
Atmosphäre	0 % (n = 0)	1 % (n = 1)	34 % (n = 24)	62 % (n = 44)	3 % (n = 2)
Information (Zufriedenheit als skalierter Mittelwert: 78)					
Erkrankungsursachen	0 % (n = 0)	7 % (n = 5)	48 % (n = 34)	44 % (n = 31)	1 % (n = 1)
Erkrankungsverlauf	0 % (n = 0)	7 % (n = 5)	42 % (n = 30)	49 % (n = 35)	1 % (n = 1)

(Fortsetzung)

Tab. 4.1 (Fortsetzung)

Therapie	0 % (n = 0)	6 % (n = 4)	41 % (n = 29)	49 % (n = 35)	4 % (n = 3)
Wirkung Medikamente	0 % (n = 0)	11 % (n = 8)	44 % (n = 31)	39 % (n = 28)	6 % (n = 4)
Eigenbeitrag	0 % (n = 0)	16 % (n = 11)	42 % (n = 30)	32 % (n = 23)	10 % (n = 7)
Verständlichkeit	0 % (n = 0)	10 % (n = 7)	41 % (n = 29)	39 % (n = 28)	10 % (n = 7)
Beachtung Nebenwirkungen	0 % (n = 0)	11 % (n = 8)	37 % (n = 26)	44 % (n = 31)	8 % (n = 6)
Behandlungsmöglichkeiten	1 % (n = 1)	10 % (n = 7)	44 % (n = 31)	37 % (n = 26)	8 % (n = 6)
Arzt-Patienten-Interaktion (Zufriedenheit als skalierter Mittelwert: 87)					
Behandlung als Mensch	0 % (n = 0)	6 % (n = 4)	20 % (n = 14)	70 % (n = 50)	4 % (n = 3)
Geduld	0 % (n = 0)	4 % (n = 3)	24 % (n = 17)	65 % (n = 46)	7 % (n = 5)
Zuspruch/Unterstützung	0 % (n = 0)	7 % (n = 5)	30 % (n = 21)	56 % (n = 40)	7 % (n = 5)
Ernst genommen werden	0 % (n = 0)	3 %(n = 2)	28 % (n = 20)	63 % (n = 45)	6 % (n = 4)
Gewidmete Zeit	0 % (n = 0)	8 % (n = 6)	20 % (n = 14)	65 % (n = 46)	7 % (n = 5)
Menschlichkeit	0 % (n = 0)	1 % (n = 1)	25 % (n = 18)	68 % (n = 48)	6 % (n = 4)
Einfühlungsvermögen	0 % (n = 0)	3 %(n = 2)	35 % (n = 25)	56 % (n = 40)	6 % (n = 4)
Verständnis	0 % (n = 0)	0 % (n = 0)	38 % (n = 27)	56 % (n = 40)	6 % (n = 4)
Fachkompetenz ASV-Ärzte/Kooperationen (Zufriedenheit als skalierter Mittelwert: 88)					
Zusammenarbeit mit Externen	0 % (n = 0)	1 % (n = 1)	39 % (n = 28)	54 % (n = 38)	6 % (n = 4)
Gründlichkeit und Sorgfalt	0 % (n = 0)	4 % (n = 3)	24 % (n = 17)	68 % (n = 48)	4 % (n = 3)
Überweisungsbereitschaft	0 % (n = 0)	1 % (n = 1)	28 % (n = 20)	66 % (n = 47)	4 % (n = 3)
Häufigkeit Einbindung in Entscheidungsprozesse (Zufriedenheit als skalierter Mittelwert: 77)					
Angebot verschiedener Möglichkeiten	1 % (n = 1)	13 % (n = 9)	32 % (n = 23)	45 % (n = 32)	8 % (n = 6)
Diskussion der Vor- und Nachteile	0 % (n = 0)	16 % (n = 11)	34 % (n = 24)	44 % (n = 31)	7 % (n = 5)
Frage nach bevorzugter Möglichkeit	1 % (n = 1)	20 % (n = 14)	28 % (n = 20)	42 % (n = 30)	8 % (n = 6)
Einbindung in gewünschtem Maß	0 % (n = 0)	13 % (n = 9)	30 % (n = 21)	51 % (n = 36)	7 % (n = 5)

Die globale Bewertung der ASV durch die Patienten zeigte prinzipiell sehr positive Resultate (Skalenwerte stets > 84. Vor allem die Kategorien *Allgemeine Zufriedenheit* und *Vertrauen* wurden besonders gut bewertet. In Relation zu den ZAP-Standard-Referenzwerten von fachärztlich betreuten Patienten (Bitzer et al. 2002) zeigten sich vergleichbare Skalenwerte in den Dimensionen *Arzt-Patienten-Interaktion* und *Information*. Vor allem die *Behandlung als Mensch* und die vermittelte *Menschlichkeit* durch die Ärzte wurden als sehr zufriedenstellend bewertet. Übereinstimmungen finden sich in den Bereichen *Fachkompetenz der ASV-Ärzte/Kooperationen* und *Organisation*. Patienten sahen keinen Unterschied im ärztlichen Überweisungs- und Kooperationsverhalten sowie in der allgemeinen Organisation im Vergleich zur Regelversorgung. Analog zu einer Validierungsstichprobe des WINEG (WINEG 2016) trat die geringste Zufriedenheit bei ASV-Patienten in der Dimension *Einbindung in die Entscheidungsprozesse* auf.

4.5   Befundungs- und Therapieeffektivität/Ergebnisqualität

4.5.1   Effektivität

Das Befundungs- und Therapiespektrum ist mit Ausnahme der bereits erwähnten NUB (PET-CT, Gendiagnostik, MRT) weitgehend mit der kollektivvertraglichen Versorgung identisch. Auch die Therapieformen (Medikamente, Operationsverfahren, Strahlentherapie) unterscheiden sich nicht zur Regelversorgung. Die Effektivitätsvorteile der ASV sind eher in der strukturierten Kooperation der behandelnden Ärzte und Einrichtungen sowie der kontinuierlicheren Abfolge von Therapie und Diagnostik zu sehen.

4.5.2   Evaluation

Da Hausärzte zu den Hauptzuweisern für ASV-Teams gehören, wurden alle im Einzugsgebiet der untersuchten ASV tätigen Hausärzte 2016 schriftlich zur Teilnahme an einer Befragung eingeladen. Die Erfassung erfolgte über die Registrierung bei der Kassenärztlichen Vereinigung (KV). Auf Basis bisher publizierter Hausarztbefragungen (Mitchell et al. 2012) wurde ein Fragebogen (ja/nein-Fragen) mit zehn Items zu den Dimensionen *Kenntnisstand zur ASV, Zusammenarbeit mit der ASV* und *Informationsbedarf zur ASV* entwickelt. Weiterhin wurden strukturelle und soziale Daten (Alter, Geschlecht, Praxisstruktur, Ausbildung) erfasst. Von 163 befragten Hausärzten antworteten 29 % (n = 46). 80 % der hausärztlich tätigen Ärzte hatten von dem Bestehen der ASV gehört. Allerdings kannten erst 50 % der befragten Hausärzte ein ASV-Team in ihrem regionalen Einzugsgebiet, was evtl. auf die bis dato kurze Laufzeit der untersuchten ASV zurückzuführen ist. Eingeschränkte Kenntnisse über die Möglichkeit einer lokalen ASV-Versorgung und wenig Erfahrung in der Zusammenarbeit mit einer ASV (54 % der Befragten) sind ein möglicher Grund für die fehlenden direkten ASV-Zuweisungen durch Hausärzte bei uns. Gleichzeitig besteht ein großes Interesse der Hausärzte an einer Zusammenarbeit mit der ASV (78 %) sowie der Wunsch, über den Einschluss ihrer Patienten in die ASV informiert zu werden (83 %). Hierfür spricht auch das Interesse der Hausärzte (76 %) an weiteren Informationen über die ASV. Grundsätzlich ist anzumerken, dass die ASV als Kooperation von Spezialisten konzipiert wurde, was sich auch im o.g. Einweisungsverhalten widerspiegelt (Kaiser et al. 2018).

4.6 Interprofessionalität

4.6.1 Vorgaben der ASV-Richtlinie

Für die Umsetzung der ASV sind klare Richtlinien vorgegeben. Diese beziehen sich auf die Weiterbildung und Berufserfahrung der beteiligten Ärzte, erforderliche Fachdisziplinen, das Kernteam sowie hinzuzuziehende Fachärzte, Fallzahlen, Wegestrecken etc. (G-BA 2013). Außerhalb des ärztlichen Bereiches sind keine weiteren Professionen (wie z. B. Apotheker, Physiotherapeuten, Case Manager etc.) in der ASV vorgesehen oder tätig. Die Erfüllung der Anforderungen ist komplex und zeitaufwändig.

Für die Errichtung der ASV-GIT benötigte das Landshuter Team die Unterstützung eines Anwalts für Medizinrecht, die Etablierung der ASV Gynäkologie/Mammakarzinome erfolgte dann ohne Fremdhilfe. Für die Organisation des Versorgungsprozesses war keine externe Beratung erforderlich. Die Abrechnung der ASV-Fälle erfolgt über die Kassenärztliche Vereinigung Bayerns (KVB).

4.6.2 Vergleich mit anderen Selektivverträgen

Die Beschränkung der Teilnahme auf Fachärzte unterscheidet die ASV von anderen selektivvertraglichen Formen wie z. B. der besonderen (früher: integrierten) Versorgung nach § 140a SGB V, bei der auch nichtärztliche Professionen wie Apotheker, Physiotherapeuten etc. teilnehmen können oder der Spezialisierten ambulanten Palliativversorgung (SAPV) sowie der Disease-Management-Programme (DMP), bei denen zusätzlich zur Interprofessionalität auch eine aktive Einbeziehung der Patienten vorgesehen ist. Die ASV bleibt damit hinter bereits bestehenden Selektivverträgen zurück.

4.7 Kosten- und Vergütungsstruktur

4.7.1 Ziffernkranz

Das Leistungsspektrum in der ASV ist konkret und abschließend im sogenannten Ziffernkranz der ASV-RL hinterlegt. Die Leistungsbeschreibungen und Vergütungshöhen der GOP entsprechen weitgehend dem kollektivvertraglichen EBM. Wie bereits in

Tab. 4.2 Neue Leistungspauschalen in der ASV und deren Vergütung im EBM. (Quelle: KBV 2018)

EBM Kapitel 51	51.1 Strukturpauschalen			
GOP	51010	51011	51040	51041
Leistung	Vorhalten der Rufbereitschaft im Notfall	Qualitätskonferenzen (Pauschale für die Erfüllung der Anforderungen gemäß § 10 Abs. 3 Buchstabe c der RL)	Zusatzpauschale für die Behandlung und/oder Betreuung eines Patienten mit gesicherter onkologischer Erkrankung bei laufender onkologischer Therapie	Vorstellung eines Patienten in der Tumorkonferenz
Punkte	230	15	191	201
€	24,22	1,58	20,11	21,17

Abschn. 4.2.3 ausgeführt, erfolgt die Vergütung jedoch extrabudgetär und unterliegt keiner Mengenbegrenzung. Darüber hinaus sind in den EBM-ASV Kapiteln 50 und 51 (siehe Tab. 4.2) neue abrechenbare Leistungen enthalten, zusätzlich können – wie bereits erwähnt – einige NUB erbracht werden. Eine Kostenersparnis wird sich voraussichtlich auf lange Sicht durch die Einsparung von Doppeluntersuchungen und möglicherweise auch durch verminderte Krankenhausaufenthalte sowie verbesserte Adhärenz erzielen lassen.

4.7.2 Evaluation

Wir haben die Erlöse der Praxis der Teamleitung in der ASV bei GIT-Patienten der Honorierung im Kollektivvertrag gegenübergestellt. Für den Vergleich zum (fiktiven) Erlös, den diese Leistungen im Kollektivvertrag erbracht hätten, wurden Quotierungen wegen Überschreitung der individuellen Obergrenze in Verbindung mit dem Honorarverteilungsmaßstab (HVM) der Kassenärztlichen Vereinigung Bayerns (KVB 2016) berücksichtigt. Die individuelle Quotierung (Obergrenze) der Praxis für das Regelleistungsvolumen und bestimmte Bereiche des qualitätsgebundenen Zusatzvolumens im Kollektivvertrag betrugen im Auswertungszeitraum aufgrund des HVM 78,35 %, es lag also eine Fallwertüberschreitungsquote von 21,65 % vor. Zusammenfassend ergibt sich unter Berücksichtigung aller EBM-Vergütungsbestandteile ein um 7,45 % höherer Fallwert in der ASV bei den üblichen EBM-GOP (von 463,02 Euro statt 448,24 Euro), auf Leistungen des Kapitels 51 entfällt ein zusätzliches Honorarplus von 21 % (541,96 Euro); das Honorar bei Versorgung in der ASV liegt somit absolut um 93,72 Euro pro Quartal höher. Der Erlös aus der sog. Onkologievereinbarung, Anlage 7 zum Bundesmantelvertrag Ärzte (GKV-Spitzenverband und KBV 2009) ist hier nicht berücksichtigt, da kein Unterschied zwischen ASV und Kollektivvertrag besteht.

4.8 Herausforderungen

4.8.1 Bürokratische Hürden bei der Anzeige

Eine große Herausforderung stellt das aufwändige Beibringen der in der ASV-RL (die immerhin 372 Seiten umfasst) geregelten und vorgeschriebenen Unterlagen, Nachweise sowie Kooperationsverträge im Anzeigeverfahren an den eLA dar, das Zeit und Personal bindet. Das Landshuter Team benötigte zwölf Monate, bis alle Dokumente mit mehreren hundert Seiten zusammengetragen waren. Der hohe Aufwand ist umso mehr zu hinterfragen und wird als unverhältnismäßig kritisiert (Pfaffinger 2015, S. 4; Dengler und Cassens 2018; Lehr 2017, S. 173), da in der ASV im Vergleich zu den bisherigen Regelungen (§ 135a SGB V, § 116b SGB V a.F., Onkologievereinbarung) keinerlei zusätzliche Qualitätssicherungsmaßnahmen vorgesehen sind.

In einer Umfrage unter niedergelassenen Internisten mit Schwerpunkt Hämatologie und Onkologie wurden der Stand der ASV-Teilnahme, die Einschätzung dieser neuen Versorgungsform sowie evtl. bestehende Hemmnisse abgefragt (Dengler et al. 2017). Der Aufwand der Anzeige beim eLA sowie die damit zusammenhängenden zeitlichen und personellen Belastungen wurden hier als Haupthürden genannt. Vergleichbare Ergebnisse zeigte eine Befragung von ASV-Teamleitern, bei der ebenfalls der Aufwand für das Anzeigeverfahren ganz überwiegend negativ beurteilt wurde (Froschauer-Häfele et al. 2017). Die meisten Teamleiter schätzten auch die Prozesse für die Abrechnung der Leistungen als zu aufwändig ein.

4.8.2 Zusammenstellung und Aufrechterhaltung des Teams, Versorgung in der Fläche

Aufgrund der Vorgaben der ASV-RL sowie des eLA müssen Leistungserbringer aus verschiedensten Facharztgruppen gefunden, über Kooperationsvereinbarungen eingebunden und dem eLA nachgewiesen werden, auch wenn nur ein Teil davon für die jeweils konkreten Patienten erforderlich ist und einige möglicherweise nie zum Einsatz kommen. Darüber hinaus müssen die jeweiligen Fächer meist mehrfach besetzt werden, damit bei Ausscheiden oder längerer Krankheit weiter ein funktionsfähiges Team besteht. Zusätzlich muss bei der Teamzusammenstellung bedacht werden, in der bisherigen Versorgungsform wichtige Kooperationspartner mit in die ASV einzubinden, um das Funktionieren bereits bestehender Versorgungsnetzwerke nicht zu gefährden. In unserem konkreten Fall war dies nicht ganz so problematisch, da wir auf bestehende Netzwerkstrukturen zurückgreifen konnten. Insbesondere in ländlicheren Gegenden kann vor allem die Anforderung zur Einbindung seltenerer Facharztgruppen wie z. B. Humangenetiker, Nephrologen, Angiologen etc. die Gründung eines ASV-Teams gänzlich unmöglich machen. Erschwerend kommt die in der ASV-RL aufgeführte Vorgabe hinzu, dass die Ärzte innerhalb von 30 Minuten für die Patienten erreichbar sein sollen. So hat sich die ASV bislang auch in ländlichen Regionen kaum etabliert (Jenschke et al. 2018, S. 37).

Eine der größten Herausforderungen ist die konsequente Etablierung und Aufrechterhaltung einer Struktur, deren Gelingen in direktem Zusammenhang mit der Kooperation zwischen Akteuren der vertragsärztlichen Versorgung und dem stationären Bereich steht. Soweit eine ASV von einem Krankenhaus mit einem dem Krankenhaus angegliederten MVZ betrieben wird, sind die Hürden (möglicherweise) leichter zu überwinden. Eine übergreifende Zusammenarbeit zweier bisher weitgehend konkurrierender Sektoren ist zusätzlich fordernd.

4.8.3   Kommunikation und Dokumentation

Es existiert keine verbindliche Vorgabe einer gemeinsamen Patientenakte, geschweige denn in elektronischer Form. Überdies bestehen grundsätzliche Schnittstellenprobleme zwischen den Klinikinformationssystemen und den Praxisverwaltungssystemen. Die Verzögerungen bei der elektronischen Gesundheitskarte behindern auch die Dokumentation und Kommunikation in der ASV. Im Landshuter ASV-Team wurden eine VPN-Verbindung mit der Klinik sowie eine Schnittstelle mit der Radiologie/Strahlentherapie eingerichtet, dabei können die beteiligten ASV-Ärzte auf die Patientendaten zugreifen. Diese Lösung ist jedoch nicht mit allen Teammitgliedern realisiert, da der finanzielle, personelle und technische Aufwand unsere Möglichkeiten übersteigen würde.

4.8.4   Kosten-Nutzen-Relation

Manche Ärzte stellen sich auch die Frage, ob die mit der ASV verbundenen Kosten sowie der Aufwand eine Teilnahme rechtfertigt. Für das hier dargestellte Landshuter ASV-Kernteam ist das Kosten-Nutzen-Verhältnis günstig, da – wie bereits ausgeführt – auf bestehende Strukturen zurückgegriffen werden konnte und ein relativ großer Anteil der Patienten für die ASV qualifiziert. Anders kann sich die Situation jedoch vor allem für die hinzuzuziehenden Ärzte (z. B. Nephrologen, Angiologen, Neurologen, Psychiater) darstellen, da sie meist nur gelegentlich einen ASV-Patienten behandeln und daher kaum Skaleneffekte zum Tragen kommen. Auch bei geringer Patientenzahl ergeben sich für sie Fixkosten, wie ein ASV-Modul in der Praxissoftware, die gesonderten Abrechnungsmodalitäten sowie das Controlling.

4.8.5   Fehlende Evaluation und Versorgungsforschung

Nach § 116b SGB V, Abs. 9 sowie § 13 der ASV-RL mussten der GKV-Spitzenverband, die DKG sowie die KBV spätestens fünf Jahre nach Inkrafttreten der ASV dem BMG eine erste Evaluation des Sachstandes übermitteln. Dabei sollten die Auswirkungen der ASV auf Kostenträger, Leistungserbringer und Patienten beurteilt werden. Der Bericht ist dann zwar zum 12.05.2017 erstellt worden (GKV-Spitzenverband et al. 2017), jedoch wurden ausschließlich deskriptive Zahlen von ASV-Teams, teilnehmenden Ärzten und versorgten Patienten in den jeweiligen Indikationen dargelegt. Daten zu erbrachten Leistungen, Versorgungsqualität sowie patientenrelevante Endpunkte wurden nicht mitgeteilt. Nach unserer Kenntnis existieren dafür bis heute keine Dokumentationsanforderungen.

4.9   Wünsche und Ausblick

Die ambulante spezialfachärztliche Versorgung (ASV) wurde infolge der Zunahme ambulant behandelbarer Erkrankungen – bedingt durch den medizinischen Fortschritt – sowie dem politisch gewollten Wettbewerb zwischen den Sektoren und zur weiteren Öffnung von Krankenhäusern für den ambulanten Bereich eingeführt. Die Umsetzung erweist sich jedoch als komplex und ist zudem durch den Zielkonflikt zwischen leistungserbringerfreundlichen Anreizen einerseits und Vermeidung einer unkontrollierten Mengen- und Ausgabenentwicklung andererseits belastet (Klakow-Franck 2016, S. 97).

4.9.1   Wünsche an die Kollegen

Wir wünschen uns von den niedergelassenen Ärzten, dass sie sich in einem höheren Maß an dem Angebot der ASV beteiligen und auch aktiv – als Teamleitung oder Teammitglied – dabei tätig werden. Die Gesetzgebung hat mit der ASV eine neue Möglichkeit geschaffen, die Versorgungsstrukturen schwerkranker Menschen zu verbessern, die niedergelassenen Kollegen sollten sich in dieser Struktur positionieren.

4.9.2   Wünsche an die ASV-Vertragspartner

Die Vertragspartner der ASV bringen sich in unterschiedlichem Maße ein. Während viele sehr um den Einschluss von Patienten bemüht sind, steht diese Versorgungsform bei anderen nur auf dem Papier. Die Kooperation in einer ASV sollte stets aktiv sein – eine „stille Mitgliedschaft" hilft nicht weiter.

4.9.3   Wünsche an den Gesetzgeber

Wir wünschen uns einen signifikanten **Abbau der bürokratischen Hürden**. Dies betrifft insbesondere das Anzeigeverfahren mit der Vielzahl beim eLA einzureichender Unterlagen und Dokumente.

Obschon im Grundgedanken des neuen § 116b SGB V angelegt und von allen Akteuren in der Politik und der Selbstverwaltung als eines der Argumente für die ASV angeführt, ist eine **sektorenübergreifende Versorgung** (d. h. die Beteiligung von niedergelassenen Vertragsärzten und Klinikärzten) nur bei den onkologischen Indikationen vorgeschrieben. Eine sektorenübergreifende Verzahnung wäre jedoch auch für andere Indikationsbereiche und Erkrankungen der ASV sinnvoll und notwendig.

Ein weiterer Wunsch ist die Verbesserung der Interoperabilität, damit die gemeinsamen Behandler auch wechselseitig auf Patientendaten zugreifen können. Hierzu gehört aus unserer Sicht eine elektronische **gemeinsame Patientenakte**.

Hausärzte sind per definitionem nicht an der ASV teilnahmeberechtigt, sie sollten aber besser in die Abläufe der ASV integriert werden. So sollten Strukturen entwickelt werden, die eine zuverlässige Information und **Einbindung der Hausärzte** gewährleisten, damit eine gemeinsame, optimale Betreuung von onkologischen Patienten erreicht werden kann. Auch hier würden wir uns einen Ausbau elektronischer Plattformen dringend wünschen.

„Gleichlange Spieße" von Vertragsärzten und Kliniken (Coenen et al. 2016) und **einheitliche Wettbewerbsbedingungen** sind ein wichtiges Ziel. Es sollten keine Monopole – auch regionaler Art – entstehen, Kooperationen, an denen marktmächtige Unternehmen beteiligt sind, sollten daher dem Kartell- und Wettbewerbsrecht unterworfen sein (SVR 2012, S. 245). Das finanzielle Risiko der ASV soll auf die verschiedenen Akteure verteilt werden, aufgrund der Bereinigung der kollektivvertraglichen Gesamtvergütung für die ASV tragen die ambulanten Vertragsärzte das volle Risiko einer Ausweitung der ASV-Leistungen infolge von Morbiditätsverschiebungen oder von durch Anbieter zusätzlich induzierter Nachfrage, zumal in diesem Bereich keine Budget- oder Mengenbegrenzungen gelten (SVR 2012, S. 249).

Zuletzt ist eine echte **Evaluation und Versorgungsforschung** erforderlich. So wäre es u. a. von Interesse zu erfahren, an welchen Hürden des Anzeigeverfahrens Teams gescheitert sind. Wie kann die erforderliche, sektorenübergreifende Versorgungsstruktur auch ohne Bedarfsplanung flächendeckend etabliert werden (Froschauer-Häfele et al. 2017). Wenn immer mehr Patienten in der ASV außerhalb der Bedarfsplanung versorgt werden, kann dies relevanten Einfluss auf die bisherigen Beplanungsgrundlagen haben. Die Tatsache, dass sich in drei Bundesländern bis Anfang 2017 noch keine ASV-Teams etablieren konnten, zeugt von der Dringlichkeit dieser Fragestellungen. Letztlich wird die Gesundheitspolitik nicht umhinkommen, sich mit dieser speziellen Form der ambulanten fachärztlichen Behandlung über die Sektorengrenzen hinweg reformpolitisch erneut zu befassen. Inzwischen hat der G-BA im Rahmen des Innovationsfonds nach § 92a SGB V ein Versorgungsforschungsprojekt zur Evaluation der ASV-RL ausgeschrieben, das die oben genannten Probleme untersuchen und Lösungsmöglichkeiten sowie Verbesserungsoptionen aufzeigen soll (G-BA 2018). Ergebnisse sind jedoch nicht vor Ende 2021 zu erwarten.

Der Durchbruch dieses neuen Sektors zu einem flächendeckenden Versorgungsangebot wird unserer Ansicht nach nur gelingen, wenn die hier aufgeführten Hürden abgebaut und entsprechende Rahmenbedingungen gesetzt werden.

Literatur

ASV-Servicestelle. (2019). ASV-Verzeichnis. https://www.asv-servicestelle.de/Home/ASVVerzeichnis. Zugegriffen am 13.03.2019.

Bitzer, E. M., Dierks, M. L., Dörning, H., & Schwartz, F. W. (1999). Zufriedenheit in der Arztpraxis aus Patientenperspektive – Psychometrische Prüfung eines standardisierten Erhebungsinstrumentes. *Z. f. Gesundheitswiss, 7*(3), 196–209.

Bitzer, E. M., Dierks, M. L., & Schwartz, F. W. (2002). *ZAP – Fragebogen zur Zufriedenheit in der ambulanten Versorgung – Qualität aus Patientenperspektive (Handanweisung)*. Hannover: Medizinische Hochschule Hannover.

Coenen, M., Haucap, J., & Hottenrott, M. (2016). Wettbewerb in der ambulanten onkologischen Versorgung – Analyse und Reformansätze. In: Düsseldorfer Institut für Wettbewerbsökonomie (Hrsg.), *Ordnungspolitische Perspektiven* Nr. 81. Düsseldorf: Düsseldorf University Press.

Dengler, R. (2018). Ambulante spezialfachärztliche Versorgung (ASV). In W. Thielscher (Hrsg.), *Medizinökonomie I*. Wiesbaden: Springer. https://doi.org/10.1007/978-3-658-17975-5_40-1.

Dengler, R., & Cassens, M. (2018). Neustrukturierung der fachärztlichen Behandlung am Beispiel der ambulanten spezialfachärztlichen Versorgung (ASV): ein kritischer Blick auf Ziele und Umsetzung. *ZEFQ, 133*, 51–57.

Dengler, R., Walawgo, T., Baumann, W., & Cassens, M. (2017). Ambulante spezialfachärztliche Versorgung (ASV): ein kritischer Bericht. Ergebnisse einer bundesweiten Umfrage unter niedergelassenen Fachärzten. *Gesundheitswesen, 79*, 1–8. https://doi.org/10.1055/s-0043-121460.

Froschauer-Häfele, S., Grupp, H., Jäckel, R., Henschke, C., Munte, A., Pöttgen, S., & Rüsenberg, R. (2017). Schöne neue ASV-Welt? Umfrage unter ASV-Teamleitern. *G+S, 2*, 25–32.

Gemeinsamer Bundesausschuss. (2013). Richtlinie des G-BA über die ambulante spezialfachärztliche Versorgung nach § 116b V. In: BAnz AT 19.07.2013 B1.

Gemeinsamer Bundesausschuss. (2014). Bekanntmachung eines Beschlusses des G-BA über eine Änderung der Richtlinie ambulante spezialfachärztliche Versorgung § 116b SGB V: Anlage 2 a) Tuberkulose und atypische Mykobakteriose. In: BAnz AT 23.04.2014 B1.

Gemeinsamer Bundesausschuss. (2016). Richtlinie des G-BA über die ambulante spezialfachärztliche Versorgung (ASV) nach § 116 b SGB V. In: BAnz AT 25.08.2016; B1; 11.

Gemeinsamer Bundesausschuss. (2018). Innovationsfonds. https://www.innovationsfonds.g-ba.de/versorgungsforschung/foerderbekanntmachung-zur-weiterentwicklung-und-insbesondere-evaluation-der-richtlinie-des-g-ba-ueber-die-ambulante-spezialfachaerztliche-versorgung-nach-116b-sgb-v-asv-rl.22. Zugegriffen am 30.11.2018.

GKV-Spitzenverband, DKG (Deutsche Krankenhausgesellschaft), & KBV (Kassenärztliche Bundesvereinigung). (2017). *Bericht an das Bundesministerium für Gesundheit zu den Auswirkungen der ambulanten spezialfachärztlichen Versorgung auf die Kostenträger, die Leistungserbringer sowie die Patientenversorgung*, GKV Spitzenverband, DKG, KBV (Hrsg.), Berlin. 12.05.2017.

GKV-Spitzenverband, KBV (Kassenärztliche Bundesvereinigung). (2009). Vereinbarung über qualifizierte ambulante Versorgung krebskranker Patienten „Onkologie-Vereinbarung" (Anlage 7 zum Bundesmantelvertrag-Ärzte) vom 01.07.2009. https://www.kbv.de/media/sp/07_Onkologie.pdf. Zugegriffen am 02.12.2018.

Goetzenich, A., & Schmitz, S. (2015). Ambulante spezialfachärztliche Versorgung aus niedergelassener Sicht. *Forum, 5*, 402–407.

Jenschke, C., Frochauer-Häfele, S., Bredow, L., Hartmann, P., Munte, A., Jaeckel, R., & Grupp, H. (2018). *Ambulante spezialfachärztlichen Versorgung. Analyse der Entstehung einer neuen Versorgungsform. Bericht und erste Ergebnisse der ASV-Studie* (bbw Hochschule (Hrsg.)). Potsdam: Welttrends.

Kaiser, F., Kaiser, U., Utke, D., Schattenkirchner, S., & Vehling-Kaiser, U. (2018). Ambulante spezialfachärztliche Versorgung: Erste Erfahrungen von Patienten und Hausärzten. *Zeitschrift für Allgemeinmedizin, 94*(3), 128–133. https://doi.org/10.3238/zfa.2018.0128–0133.

KBV (Kassenärztliche Bundesvereinigung). (2018). Einheitlicher Bewertungsmaßstab (EBM). Stand 1. Quartal 2018. https://www.kvb.de/html/ebm.php. Zugegriffen am 24.03.2019.

Klakow-Franck, R. (2014). Ambulante spezialfachärztliche Versorgung. *Gastroenterologe, 2*, 153–158.

Klakow-Franck, R. (2016). Ambulante spezialfachärztliche Versorgung gemäß § 116b SGB V. In J. Klauber, M. Geraedts, J. Friedrich, & J. Wasem (Hrsg.), *Krankenhaus-Report 2016* (S. 97–108). Stuttgart: Schattauer.

KVB (Kassenärztliche Vereinigung Bayerns) (KVB). (2016). Honorarverteilungsmaßstab 01.01.2016. https://www.kvb.de/fileadmin/kvb/dokumente/Praxis/Rechtsquellen/Honorar/KVB-RQ-HVM-ab-010716.pdf. Zugegriffen am 20.02.2019.

Lehr, A. (2017). ASV: ein mühsamer Weg zum Erfolg. *Das Krankenhaus, 3*, 173–175.

Mitchell, G., Burridge, L., Colquist, S., & Love, A. (2012). General practitioners' perceptions of their role in cancer care and factors which influence this role. *Health & Social Care in the Community, 20*, 607–616.

Petrucci, M., Bestmann, B., Verheyen, F., Dierks, M. L., & Bitzer, E. M. (2011). Zufriedenheit in der ambulanten Versorgung. 10. Deutscher Kongress für Versorgungsforschung. 22.10.2011. https://doi.org/10.3205/11dkvf253.

Pfaffinger, I. (2015). Ambulante spezialfachärztliche Versorgung (ASV) – neues Bürokratiemonster oder Verbesserung im Sinne der Patientenversorgung? *Münch Ärztl Anz, 6*, 3–4.

SVR (Sachverständigenrat) zur Begutachtung der Entwicklung im Gesundheitswesen. (2012). Wettbewerb an der Schnittstelle zwischen ambulanter und stationärer Gesundheitsversorgung. Sondergutachten 2012. Deutscher Bundestag 2012, Drucksache 17/10323.

Wissenschaftliches Institut der Techniker Krankenkasse für Nutzen und Effizienz im Gesundheitswesen (WINEG). (2016). http://www.tk.de/centaurus/servlet/contentblob/224246/Datei/1014/WINEG%20Wissen%20%20Patientenzufriedenheit.pdf. Zugegriffen am 23.11.2018.

Prof. Dr. med. Robert Dengler hat nach seiner Facharztausbildung zum Internisten mit Schwerpunkt Hämatologie und Onkologie in München eine onkologische Facharztpraxis mit Tagesklinik in Regensburg gegründet und war in dieser 21 Jahre tätig. Daneben war er langjähriges Vorstandsmitglied des dortigen Tumorzentrums. Er ist Mitglied im Bundesvorstand des Berufsverbands der Niedergelassenen Hämatologen und Onkologen (BNHO) sowie Geschäftsführer des BNHO-Landesverbands Bayern und Mitglied im Wissenschaftlichen Institut der Niedergelassenen Hämatologen und Onkologen (WINHO). Außerdem ist er Mitglied des Bundesverbands Spezialfachärztliche Versorgung (BV-ASV). Seit 2015 ist er an der Hochschule für Oekonomie & Management (FOM) in München im Institut für Gesundheit und Soziales (ifgs) tätig und hat dort die Professur für Gesundheitsmanagement inne.

Kontakt: robert.dengler@fom.de

Dr. med. Ursula Vehling-Kaiser hat nach ihrer Facharztausbildung zur Internistin mit Schwerpunkt Hämatologie und Onkologie in München eine onkologische Facharztpraxis mit Tagesklinik (HOT) in Landshut gegründet und ist dort seit 26 Jahren tätig. Sie betreibt eine Praxis mit verschiedenen Standorten, ein MVZ und hat Belegbetten in einem Krankenhaus. Sie leitet das lokale SAPV-Team. Sie hat das Onkologische und Palliativmedizinische Netzwerk Landshut gegründet und betreibt den Mobilen Onkologischen Dienst (MOD), mit dem Tumorpatienten im häuslichen Umfeld betreut werden. Sie ist Mitglied im Tumorzentrum München. Seit 2015 nimmt sie an der ambulanten spezialfachärztlichen Versorgung (ASV) teil.

Kontakt: info@vehling-kaiser.de

Intersektorale Versorgung – Best Practices am Beispiel Brustkrebs

Franziska Diel und Simone Wesselmann

Zusammenfassung

Eine qualitativ hochwertige Versorgung ohne Kommunikations- und Koordinationsbrüche erfordert bei vielen Krebs- und anderen Erkrankungen eine strukturierte Behandlung über Sektorengrenzen hinweg. Am Beispiel Brustkrebs werden zwei Versorgungskonzepte und deren Entwicklung beschrieben, die unabhängig voneinander seit Anfang dieses Jahrhunderts in Deutschland etabliert wurden: die Disease-Management-Programme (DMP) und die Zertifizierung von Krebszentren. Beide Ansätze basieren auf aktuellen evidenzbasierten Leitlinien und definieren Struktur- sowie Prozessqualitätsvorgaben. Die Umsetzung wird anhand von Qualitätsindikatoren dokumentiert, ausgewertet und berichtet, so dass regelmäßige Anpassungen erfolgen können. Ebenso führen Veränderungen der Versorgungsstrukturen zur Weiterentwicklung der Konzepte. Beide sind jeweils für sich bereits sektorenübergreifend angelegt und greifen darüber hinaus in der Versorgungswirklichkeit im Sinne einer hochwertigen Versorgung ineinander – ohne dass dies normativ geregelt werden musste.

F. Diel (✉)
Kassenärztliche Bundesvereinigung (KBV), Berlin, Deutschland
E-Mail: fdiel@kbv.de

S. Wesselmann
Deutsche Krebsgesellschaft e.V., Berlin, Deutschland
E-Mail: wesselmann@krebsgesellschaft.de

5.1   Einleitung

Im folgenden Artikel wird aufgezeigt, wie zwei unabhängig voneinander in Deutschland zeitlich parallel entstandene Versorgungskonzepte, beide jeweils mit dem Ziel einer intersektoralen Versorgung eingeführt, sich mittlerweile ohne regulative Vorgaben wechselseitig ergänzen. Am Beispiel der Versorgung von Menschen mit einer Brustkrebserkrankung werden das entsprechende Disease-Management-Programm (DMP) sowie die Einrichtung und Zertifizierung von spezialisierten Organkrebszentren dargestellt.[1]

Die Onkologie ist durch eine Reihe von Besonderheiten und Herausforderungen geprägt: Onkologische Erkrankungen sind mit über 450.000 Neuerkrankungen pro Jahr häufig. Sie sind nach den Herz-Kreislauf-Erkrankungen die zweithäufigste Todesursache in Deutschland und sie machen einen erheblichen Anteil an der Krankheitslast der deutschen Bevölkerung aus (Plass et al. 2014; Zentrum für Krebsregisterdaten und Gesellschaft der epidemiologischen Krebsregister in Deutschland 2017). Darüber hinaus erfordern die komplexen onkologischen Behandlungen nahezu immer eine sektorenübergreifende, abgestimmte Zusammenarbeit verschiedener Fachdisziplinen und Berufsgruppen, um für Patienten einen individuellen Therapieplan auf Basis der Leitlinienempfehlungen und unter Beachtung der zur Verfügung stehenden wirtschaftlichen Ressourcen erarbeiten zu können. Hinzu kommt, dass onkologische Erkrankungen häufig lange Verläufe haben und nachhaltig sowohl auf körperlicher als auch auf psychischer Ebene in das Leben der Betroffenen und ihrer Angehörigen eingreifen.

Brustkrebs ist mit 69.220 Neuerkrankungen pro Jahr und einer 5-Jahres-Prävalenz von 311.370 Erkrankten im Jahr 2014 die häufigste Krebserkrankung bei Frauen (Zentrum für Krebsregisterdaten im Robert Koch-Institut 2017). Die Häufigkeit der Diagnose in Verbindung mit einer breiten Unterstützung auf verschiedenen Ebenen hat dazu beigetragen, diese onkologische Erkrankung in den Fokus gesundheitspolitischer Maßnahmen zu rücken und damit auch die Entwicklung der im Folgenden dargestellten Konzepte zu ermöglichen.

5.2   Hintergrund zur Entwicklung der DMP

Spätestens seit Mitte der 1990er-Jahre gab es zunehmende Forderungen, die verschiedenen Sektoren des Gesundheitswesens stärker zu verzahnen. Mit dem Gesetz zur Reform des Risikostrukturausgleichs in der gesetzlichen Krankenversicherung, welches am 1. Januar 2002 in Kraft getreten ist, hat der Gesetzgeber die Grundlage für die Einführung strukturierter Versorgungsprogramme (Disease-Management-Programme; DMP) zur koordinierten und leitliniengerechten Versorgung der großen, chronischen Volkskrankheiten geschaffen (Gesetz v. 2001, BGBl. I, S. 3465–3471). Damit sollte durch die Therapie der in ihrer Inzidenz und Prävalenz ständig steigenden nichtübertragbaren (Volks-)Krankhei-

---

[1] Das DMP Brustkrebs richtet sich ausschließlich an Frauen.

ten wie Diabetes mellitus, koronare Herzkrankheit oder Brustkrebs ein Beitrag zur Bewältigung der gesundheitlichen und demografischen Entwicklung geleistet werden. Neben einer besseren Verzahnung des vertragsärztlichen und des stationären Sektors, die beide den Vorschriften des Sozialgesetzbuchs V unterliegen, sollten Anreize für die Krankenkassen im Wettbewerb geschaffen werden, sich intensiviert für die Versorgung ihrer chronisch kranken Versicherten zu engagieren (Reschke et al. 2004).

In § 137 f. und § 137g SGB V wurden die Voraussetzungen, Kriterien und Bestandteile für die zu konzipierenden DMP beschrieben. Die Aufgabe der Selbstverwaltung bestand anschließend darin, die Indikationen auszuwählen und die Details der Ausgestaltung inklusive der Dokumentation zu konsentieren. Damals hat noch das Bundesgesundheitsministerium (BMG) diese Empfehlungen in der Risikostruktur-Ausgleichsverordnung erlassen. Mittlerweile beschließt das Plenum des Gemeinsamen Bundesausschusses (G-BA) sektorenübergreifend entsprechende Richtlinien zu Aktualisierungen der bestehenden DMP oder zur Einführung neuer Programme (G-BA 2019).

Noch heute werden die Programme nach klar definierten Kriterien evidenz- und leitlinienbasiert systematisch unter Hinzuziehung des Instituts für Qualität und Wirtschaftlichkeit im Gesundheitswesen (IQWiG) und der wissenschaftlichen Fachöffentlichkeit entwickelt. Sie enthalten stets sogenannte Überweisungsregeln, in denen definiert wird, wann und wie die nächste Versorgungsebene einbezogen werden soll. Qualitätsziele werden vorgegeben, deren Erreichungsgrad anhand von Qualitätsindikatoren erhoben und ausgewertet wird. In Feedbackberichten erhalten die teilnehmenden programmführenden Ärztinnen und Ärzte eine Rückmeldung zu ihrem individuellen Ergebnis im Vergleich zu ihrer Vergleichsgruppe (Region der Kassenärztlichen Vereinigung). Qualitätsgesicherte Patientenschulungen zur Stärkung des Selbstmanagements sind fester Bestandteil nahezu aller DMP ebenso wie Fortbildungen für die teilnehmenden Ärztinnen und Ärzte. Die bundeseinheitliche elektronische Dokumentation in ein spezifisches Modul der Praxissoftware der wesentlichen Behandlungsschritte und -ergebnisse erlaubt eine nationale Darstellung der Behandlungsqualität durch das Bundesversicherungsamt und den Vergleich mit anderen Gesundheitssystemen.

Knapp 20 Jahre nach ihrer Einführung sind die DMP zu einem festen Bestandteil der Versorgung geworden: Aktuell nehmen ca. 7 Millionen Patientinnen und Patienten an ihnen teil (KBV 2018), davon in 2017 gut 108.000 Frauen im DMP Brustkrebs, (Abb. 5.1). Die Programme stellen auf nationaler Ebene wissenschaftlich konsentierte Standards der Versorgung dar und zeigen mit ihren hohen Qualitätsanforderungen deutliche qualitative Unterschiede zum „Flickenteppich" anderer selektiver Vertragsformen.

Zur Wirksamkeit der DMP liegen vergleichende wissenschaftliche Studien zu DMP-Versorgung versus Nicht-DMP-Versorgung mit folgenden Ergebnissen vor:

- Reduktion der Mortalität und Morbidität (Fuchs et al. 2014; Stock et al. 2010; Drabik et al. 2012; Miksch et al. 2010; Achelrod et al. 2016; Schulte et al. 2016),
- Reduktion von Fußamputationen, Herzinfarkten, Schlaganfällen und Erblindungen bei Diabetikern (Stock et al. 2010; Linder et al. 2010, 2011),

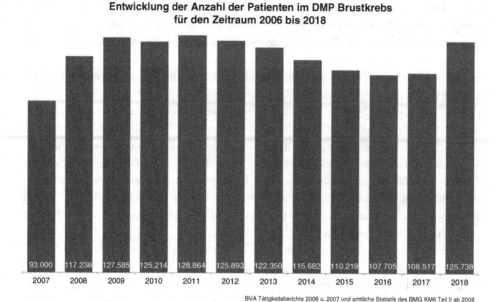

Abb. 5.1 Entwicklung der Anzahl der Patienten im DMP Brustkrebs für den Zeitraum 2006 bis 2018. (Quelle: Bundesversicherungsamt Tätigkeitsbericht 2006 u. 2007; BMG amtliche Statistik, KM6 Teil II ab 2008; eigene Darstellung KBV)

- Verbesserung der Beratungsqualität und Patientenzufriedenheit bei Brustkrebs (Teupen 2014),
- mehr leitliniengerechte Behandlung (Medikamente, Labor, Fußuntersuchungen, Lungenfunktion) (Fuchs et al. 2014; Schulte et al. 2016),
- Kostenreduktion (Fuchs et al. 2014; Stock et al. 2010; Schulte et al. 2016).

5.3 DMP Brustkrebs „1.0"

Eines der ersten in 2002 eingeführten DMPs war das Programm zu Brustkrebs; die Erkrankung wurde in Anbetracht der verbesserten Therapieoptionen und verlängerten Lebenserwartung den chronischen Erkrankungen zugeordnet (G-BA 2002). Die programmführenden koordinierenden DMP-Ärzte waren und sind überwiegend niedergelassene Gynäkologen. Zu deren Aufgaben gehört nicht nur die Ansprache und Einschreibung der Patientinnen, deren kontinuierliche Behandlung und Nachsorge inklusive psychosozialer Begleitung entsprechend des definierten Behandlungspfades, sondern auch die Koordination ihrer intersektoralen und ggf. interdisziplinären Versorgung.

Die konkreten Vorgaben im Einzelnen wurden in sogenannten *Empfehlungen gemäß § 137 f. Abs. 2 zu „Anforderungen" an die Ausgestaltung von Disease-Management-Programmen für Patientinnen mit Brustkrebs* niedergelegt. Sie beinhalteten neben der Primärtherapie die gesamte Behandlung nach evidenzbasierten Leitlinien unter Berücksichtigung des jeweiligen Versorgungssektors. In der begleitenden Begründung zu den *Empfehlungen* wurden diese Vorgaben konkretisiert, mit Beispielen veranschaulicht sowie mit Literatur[2] hinterlegt. Eine histologisch gesicherte Diagnose war die medizinische Voraussetzung zur Einschreibung in das Programm. Zu den Teilnahmevoraussetzungen gehörten u. a. auch eine umfassende Information der Versicherten über Programminhalte und Aufgabenteilung der Versorgungsebenen sowie die Bereitschaft zur aktiven Mitwirkung[3] der eingeschriebenen Versicherten. Nach fünf Jahren Rezidivfreiheit nach Primärtherapie endete die Teilnahme.

Unter der Überschrift Grundsätze der Therapie wurden die Lebensqualität der Patientinnen, ausführliche Beratung und Aufklärung, gemeinsame, individuelle Entscheidungsfindung, psychosoziale Betreuung und die Notwendigkeit interdisziplinärer Kooperation und Kommunikation betont. Anschließend wurden die medizinisch-fachlichen Anforderungen an eine leitliniengerechte Primärtherapie mit den verschiedenen stadienabhängigen therapeutischen Strategien ausführlich beschrieben: vom operativen über das strahlentherapeutische und systemisch-adjuvante bis hin zum primär systemischen Vorgehen (neoadjuvant). Neben Häufigkeit und Inhalten der Nachsorge wurde zur Behandlung bei Rezidiven oder Metastasierung sowie zur Palliativ- und Schmerztherapie ausgeführt. Die Kooperation der Versorgungssektoren verlangte eine interdisziplinäre, professionen- und sektorenübergreifende Betreuung in qualifizierten Einrichtungen, so dass die qualifizierte Versorgung über die gesamte Versorgungskette sichergestellt war.

Unter den qualitätssichernden Maßnahmen wurde folglich zunächst die Vereinbarung und Dokumentation relevanter Ziele durch die Vertragspartner in den Bundesländern (Kassenverbände und i. d. R. Kassenärztliche Vereinigungen) gefordert. Hierzu gehörten die Einhaltung der Vorgaben zum therapeutischen Vorgehen und zur Arzneimitteltherapie, zur Einhaltung der Kooperationsregeln der Versorgungsebenen, zur Dokumentation und zur aktiven Teilnahme der Versicherten. Um die Erreichung der vereinbarten Ziele zu unterstützen, sollten insbesondere Erinnerungsfunktionen, ein strukturiertes Feedback für die Ärztinnen und Ärzte auf Basis der Dokumentation und Regelungen für die Auswertung dieser Dokumentation vorgesehen werden. Aus diesen Anforderungen wurden Qualitätsindikatoren abgeleitet, die die Zielerreichung abbildeten und die erforderlichen Dokumentationsparameter definierten. Eines der wesentlichen Ziele war damals die Erhöhung des Anteils an Frauen mit brusterhaltender Therapie.

Die Dokumentation selbst erfolgte und erfolgt elektronisch durch die überwiegend niedergelassenen, koordinierenden Gynäkologen und wird an Auswertungsstellen weitergeleitet. Bis zu einer Überarbeitung in 2017 mussten sie dabei überwiegend stationär verantwortete Parameter dokumentieren, deren Durchführung sie kaum oder gar nicht beeinflussen konnten.

---

[2] In den Empfehlungen des damaligen Koordinierungsausschusses gemäß § 137 f. Abs. 2 zu „Anforderungen" an die Ausgestaltung von Disease-Management-Programmen für Patientinnen mit Brustkrebs finden sich die entsprechenden Literaturangaben.

[3] Patientinnenschulungen wurden für das DMP Brustkrebs nicht vereinbart, da diese als nicht zielführend angesehen wurden. Stattdessen waren geeignete Informationen vorgesehen.

5.4   Versorgung in spezialisierten Zentren

Parallel zur Umsetzung und Verbreitung des DMP Brustkrebs erfolgte die Entwicklung spezialisierter Zentren. Die Europäische Kommission hatte Anfang der 2000er-Jahre die Gründe für die sehr unterschiedlichen Überlebenszeiten der Patientinnen und Patienten mit Brustkrebs in den Mitgliedstaaten analysiert und kam zu dem Schluss, dass schlechte Überlebenszeiten vor allem dadurch bedingt waren, dass die Betroffenen keinen Zugang zu auf Brustkrebs spezialisierte Versorgungsstrukturen hatten und zudem nicht auf Basis von Leitlinien behandelt wurden (Comittee on Women's Rights and Equal Opportunities 2003). Ausgehend von diesen Analysen hat die Deutsche Krebsgesellschaft gemeinsam mit der Deutschen Gesellschaft für Senologie im Jahr 2003 das Zertifizierungsverfahren für Brustkrebszentren initiiert. Mit der Zertifizierung der Brustkrebszentren wurde ein Konzept für die onkologische Versorgung etabliert, das die Patientin[4] mit ihrem individu-ellen Versorgungsbedarf in den Mittelpunkt stellt. Entlang der gesamten Versorgungskette, von der Früherkennung, über die Diagnostik und Therapie bis zur Nachsorge und Pallia-tion stehen in den zertifizierten Zentren für alle Bereiche und für alle Aspekte der Erkran-kung kompetente Behandlungspartner zur Verfügung (Adam et al. 2018).

5.5   Aufbau der zertifizierten Netzwerke

Die Partner eines Brustkrebszentrums bilden ein Netzwerk, indem sie gemeinsam auf Grundlage der aktuellen Leitlinien und mit klar definierten Prozessen ihre Patientinnen sektoren-, fachdisziplinen- und berufsgruppenübergreifend betreuen. In einem Brustkrebs-zentrum sind somit neben den medizinischen Fachdisziplinen wie Gynäkologie, Strah-lentherapie, Radiologie, Pathologie, Hämatologie und Onkologie, Nuklearmedizin sowie Palliativmedizin auch andere Berufsgruppen wie die Pflege, Psychoonkologie oder Sozi-alarbeit obligat vertreten (Abb. 5.2). Alle Partner müssen dabei ihre qualitative und quan-titative tumorspezifische Expertise in den jährlichen Auditverfahren nachweisen. Da der größte Anteil der onkologischen Betreuung mittlerweile im ambulanten Rahmen stattfin-det, bestehen alle zertifizierten Netzwerke aus ambulant und stationär tätigen Ärztinnen und Ärzten.

Erfahrungsgemäß stellen gerade die Übergänge zwischen den Sektoren eine besondere Herausforderung bei der Betreuung der onkologischen Patientinnen dar und es ist ein we-sentliches Element der Zertifizierung an diesen Stellen Informationsverluste zu vermeiden und Zusammenarbeit zu fördern. Wichtige Instrumente sind dabei die Tumorkonferenz, an der neben den Hauptbehandlungspartnern auch niedergelassene Zuweiser oder weitere Fachdisziplinen für besondere Fragestellungen teilnehmen. Darüber hinaus werden in Ko-operationsvereinbarungen die Inhalte der Zusammenarbeit zwischen den Partnern oder die Frage der Zentrumsleitung festgelegt und gemeinsame Prozesse für die Behandlung der

---

[4] In den zertifizierten Brustkrebszentren werden auch Männer behandelt.

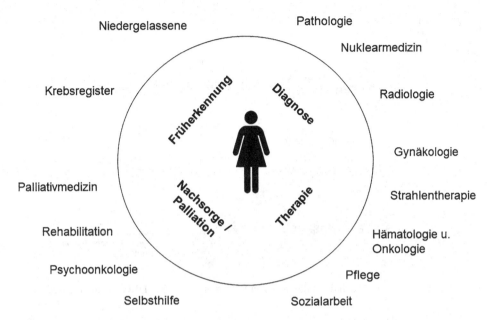

Niedergelassene

Pathologie

Nuklearmedizin

Krebsregister

Früherkennung

Diagnose

Radiologie

Gynäkologie

Palliativmedizin

Nachsorge / Palliation

Therapie

Strahlentherapie

Rehabilitation

Hämatologie u. Onkologie

Psychoonkologie

Pflege

Selbsthilfe

Sozialarbeit

Abb. 5.2 Aufbau eines zertifizierten Brustkrebszentrums. (Quelle: DKG, eigene Darstellung)

Patientinnen erstellt. Die Ergebnisse der Behandlungen werden vor Ort aufgearbeitet und in den Zertifizierungsaudits vor Ort kritisch reflektiert, mit dem Ziel eine hohe Versorgungsqualität für onkologische Patientinnen zu erreichen. Insgesamt gibt es 279 zertifizierte Brustkrebszentren, in denen 2017 über 55.000 PatientInnen mit der ersten Diagnose Brustkrebs behandelt wurden. Die praktische Organisation der Brustkrebszentren ist sehr unterschiedlich und orientiert sich an den örtlichen Strukturen. Unter oncomap.de sind für jedes Brustkrebszentrum die Partner, die beteiligt sind, aufgeführt.

5.6   Nationaler Krebsplan

Das erfolgreiche System der Zertifizierung der Brustkrebszentren wurde seit seinem Beginn 2003 auch auf andere Tumorentitäten übertragen und mit der Initiierung des Nationalen Krebsplans durch das Bundesministerium für Gesundheit in ein sogenanntes Drei-Stufen-Modell der onkologischen Versorgung überführt (Abb. 5.3). Die Basis des Modells bilden Organkrebszentren, in denen häufige Tumorentitäten wie Brustkrebs, Darm-, Prostata-, Lungen-, Hautkrebs und gynäkologische Krebserkrankungen möglichst flächendeckend behandelt werden. In Onkologischen Zentren wird die Expertise für die Behandlung verschiedener und vor allem seltener Tumorentitäten gebündelt und Onkologische Spitzenzentren, die die Spitze des Modells darstellen, haben ihre Expertise neben der klinischen Versorgung vor allem in Forschung und Lehre (Wesselmann und Bruns 2018). Die Zertifizierungsanforderungen sind jedoch unabhängig von der Versorgungsstufe die glei-

Abb. 5.3 Drei-Stufen-Modell der onkologischen Versorgung. (Quelle: DKG, eigene Darstellung)

chen, so dass alle Patienten auf Basis einheitlicher Vorgaben behandelt werden. Das Drei-Stufen-Modell der onkologischen Versorgung ist bundesweit implementiert. Gegenwärtig gibt es 1332 zertifizierte Organkrebszentren und Onkologische Zentren in Deutschland und 91 Standorte in Österreich, Schweiz, Italien, Luxemburg und Russland (www. oncomap.de). In diesen zertifizierten Zentren werden pro Jahr über 240.000 Patientinnen und Patienten mit der Erstdiagnose einer Krebserkrankung behandelt.

5.7   Qualitätsmessung und -verbesserung in Zentren

Für eine erfolgreiche Zertifizierung müssen die teilnehmenden Netzwerke die oben beschriebenen Anforderungen an die Strukturen, Prozesse und personellen Qualifikationen der Partner nachweisen. Darüber hinaus ist die auf Qualitätsindikatoren basierte Erfassung der Qualität der Behandlung ein zentrales Element des Zertifizierungsprozesses. In einem Datenblatt sind Qualitätsindikatoren zusammengefasst, die sich in drei Kategorien unterteilen lassen: Indikatoren, die aus den Empfehlungen der evidenzbasierten Leitlinien abgeleitet wurden und die somit die leitlinienentsprechende Versorgung widerspiegeln. Indikatoren, die die Zusammenarbeit der Behandlungspartner in den Netzwerken erfassen, wie zum Beispiel die Rate der Vorstellungen der Patienten in den Tumorkonferenzen und als dritte Kategorie Indikatoren, die die Expertise der Behandlungspartner für die Durchführung der operativen Eingriffe abbilden, zum Beispiel über Kennzahlen für die postoperative Morbidität und Mortalität. Die Ergebnisse der Qualitätsindikatoren werden in den Steuerungsgremien der Netzwerke und in den Audits analysiert. Wenn Bereiche mit Verbesserungspotenzial identifiziert werden, legen die Behandlungspartner gemeinsam mit den Auditoren Maßnahmen fest, die dazu geeignet sind, die Behandlungsqualität zu verbessern. Die Wirksamkeit dieser Maßnahmen wird im nächsten Audit überprüft. Damit ist über die Zertifizierung ein effektiver Plan-Do-Check-Act-Zyklus mit dem Ziel der stetigen Qualitätsverbesserung in den klinischen Alltag implementiert.

Die Ergebnisse aller zertifizierten Zentren werden jährlich ausgewertet und in Form von Jahresberichten dargestellt. Gegenwärtig sind Jahresberichte für 13 Tumorentitäten veröffentlicht, in denen über einen Verlauf von bis zu fünf Jahren die Entwicklung der Ergebnisse grafisch dargestellt sind (www.krebsgesellschaft.de/jahresberichte). Die Berichte geben Auskunft über die bundesweite Entwicklung der tumorspezifischen Versorgung, sie zeigen, wie Leitlinien im Alltag umgesetzt werden und sind ein Abbild der realen Versorgung. Alles Informationen, die über keine andere Datenquelle in ähnlicher Detailtiefe zur Verfügung stehen. Besonders aussagekräftig ist die Synthese der Begründungen der Zentren, wenn sie die Sollvorgabe eines Indikators nicht erreicht haben. Das Nicht-Erreichen einer Sollvorgabe ist nicht obligat Ausdruck eines Qualitätsdefizits (Inwald et al. 2019). Es kann valide Begründungen geben, warum beispielsweise eine Therapie nicht durchgeführt wurde wie zum Beispiel bestehende Komorbiditäten oder auch die Ablehnung einer Therapie durch die Patienten. Das alleinige Berichten von ratenbasierten Ergebnissen ist somit nicht ausreichend, entscheidend ist vielmehr die Begründung der Ergebnisse und die Diskussion mit Auditoren, die ein systematisches Qualitätsdefizit im Audit ausschließen müssen, um ein Zertifikat vergeben zu können.

Die Qualität der onkologischen Versorgung wird mithilfe des Zertifizierungssystems gesichert und weiterentwickelt, indem erstens sektorenübergreifende Netzwerke etabliert werden, in denen die PatientInnen über den gesamten Versorgungsprozess durch erfahrene Behandler betreut werden, zweitens Inhalte der evidenzbasierten Leitlinien zur Anwendung kommen und drittens die Qualität der Versorgung sowohl für das einzelne Zentrum als auch bundesweit sichtbar gemacht, reflektiert und durch geeignete Maßnahmen verbessert wird. Der Mehrwert des Zertifizierungssystems ist zum einen an der Entwicklung der Ergebnisse der leitlinienbasierten Qualitätsindikatoren in den Jahresberichten abzulesen (Kowalski et al. 2015a, b, 2016; Wesselmann et al. 2014; Wolff et al. 2017). Zum anderen zeigen aber auch Vergleiche zwischen zertifizierten und nichtzertifizierten Einrichtungen die positiven Auswirkungen auf klassische Ergebnisqualitätsparameter (u. a. Überleben, Krankenhausmortalität, Nachresektionsraten), die in den zertifizierten Netzwerken erreicht werden (Beckmann et al. 2011; Kreienberg et al. 2018; Trautmann et al. 2018; Völkel et al. 2018; Weinhold et al. 2018; Hoffmann et al. 2017).

Das Zertifizierungssystem ist durch die freiwillige Initiative der wissenschaftlichen Fachgesellschaften, Berufsverbände und Patientenvertreter unter dem Dach der Deutschen Krebsgesellschaft entstanden. Es ist damit eine Initiative von Leistungserbringern für Leistungserbringer, um eine zeitgemäße onkologische Versorgung zu ermöglichen, die eine Zusammenarbeit der Fachdisziplinen und Berufsgruppen benötigt. Unabhängig von Sektorengrenzen, vielmehr ausgerichtet an den Bedürfnissen der Patientinnen und Patienten und unter Berücksichtigung der realen, in weiten Teilen ambulant stattfindenden Versorgung. Damit wurde ein Paradigmenwechsel eingeleitet, der die gemeinsame Betreuung und gemeinsame Festlegung der Therapiepläne für die Patienten voraussetzt.

5.8 DMP Brustkrebs „2.0"

Vor dem Hintergrund neuer wissenschaftlicher Erkenntnisse sowie der Etablierung von zertifizierten Brustkrebszentren wurde das DMP Brustkrebs aktualisiert. So wurden in 2011 die Abschnitte zu Diagnostik, Therapie und Nachsorge überarbeitet (G-BA 2011a, b; KBV o. J.; Köhler 2011). Beispielsweise wurden Empfehlungen aufgenommen wie etwa zur primär systemischen Therapie mit dem Ziel nach Tumorreduktion brusterhaltend operieren zu können, zur Sentinel-Lymphknotenbiopsie, die die vollständige operative Ausräumung der Achselhöhle ablöste, zur monoklonalen Antikörpertherapie, zur Strahlentherapie der Lymphabflusswege oder zu körperlicher Aktivität und Ernährung in der Nachsorge. Entsprechend wurden die Qualitätsziele und die Dokumentationsparameter angepasst.

Eine neue Ausrichtung mit dem Fokus auf die Nachsorge und die sogenannte Survivorship-Care wurde nach der vollständigen Überarbeitung in 2017 beschlossen (G-BA 2017a, b, c; KBV 2017). Zwischenzeitlich war deutlich geworden, dass die Primärtherapie in den Brustkrebszentren hervorragend umgesetzt wird. Ob Operation, Chemotherapie, endokrine Therapie oder Antikörpertherapie angezeigt sind, wurde dort entschieden. Es sollten Doppelstrukturen und -dokumentationen sowie deren bürokratischer Aufwand vermieden werden.

Stattdessen sollten die längerfristigen Neben- und Folgewirkungen der Erkrankung und der Therapie vermehrt beachtet werden. Da die endokrine Therapie mittlerweile für zehn Jahre empfohlen wird, sollte ein Schwerpunkt auf die Adhärenz der Frauen, d. h. auf deren Motivation zur langjährigen Einnahme der Medikamente, trotz Nebenwirkungen, gelegt werden. Studien aus Deutschland und den USA zeigen, dass mehr als 30 % der Frauen die Behandlung innerhalb des ersten Jahres aufgrund von Nebenwirkungen abbrechen (Kostev et al. 2013; Hershman et al. 2011). Um diese Rate zu senken, sollten die Nebenwirkungen regelmäßig erfasst und behandelt werden. Daneben war es Ziel, Folgeerkrankungen zu vermeiden und psychosoziale Aspekte stärker zu berücksichtigen. Leider konnte die Forderung nach regelhafter psychoonkologischer Betreuung der Frauen im Plenum des G-BA nicht durchgesetzt werden.

Ein typischer Versorgungsverlauf unter Einbeziehung der zertifizierten Brustkrebszentren könnte folgendermaßen aussehen:

- ambulant gestellte Verdachtsdiagnose, z. B. aufgrund des Mammografie-Screening- oder eines Tastbefundes,
- ambulant durchgeführte Biopsie zur histopathologischen Diagnosestellung,
- Einschreibung in das DMP durch den niedergelassenen Gynäkologen nach gesicherter Diagnose,
- Überweisung in ein Brustkrebszentrum, dort, falls nicht bereits erfolgt, Einschreibung in das DMP durch den behandelnden Krankenhausarzt,
- prätherapeutische Tumorkonferenz unter Einbeziehung aller Akteure,

- ggf. ambulante neoadjuvante Therapie,
- stationäre operative Therapie,
- postoperative Tumorkonferenz unter Einbeziehung aller Akteure,
- ggf. ambulante adjuvante strahlentherapeutische Therapie und Chemo- und/oder Antikörpertherapie,
- Rehabilitation,
- ambulante Nachsorge mit dem Schwerpunkt auf Motivation zur Langzeiteinnahme der angezeigten Medikation, Beobachtung potenzieller Nebenwirkungen und, sofern relevant, Wiedereingliederung in den beruflichen Alltag.

5.9 Fazit

Die Beispiele der Entwicklung (und Weiterentwicklung) des DMP Brustkrebs und der zertifizierten Zentren zeigen, dass die Akteure der Gesundheitsversorgung sowohl innerhalb der Selbstverwaltung als auch über die Fachgesellschaften und damit über alle an der Versorgung Mitwirkenden in der Lage sind, im Sinne der Patientenversorgung effiziente Umsetzungsmodelle auf den Weg zu bringen. Auf diese Weise ist in der Behandlung von Menschen mit Brustkrebs ein flächendeckendes Versorgungssystem entstanden, das die Qualität der Behandlung im Sinne der Patientinnen und Patienten stetig verbessert. Wünschenswert ist eine künftige Diskussion darüber, ob und wie diese beiden Versorgungsansätze auch normativ verzahnt werden könnten.

Literatur

Achelrod, D., Welte, T., Schreyögg, J., & Stargardt, T. (2016). Costs and outcomes of the German disease management programme (DMP) for chronic obstructive pulmonary disease (COPD)-A large population-based cohort study. *Health Policy, 120*(9), 1029–1039. https://doi.org/10.1016/j.healthpol.2016.08.002.

Adam, H., Sibert, N. T., Bruns, J., & Wesselmann, S. (2018). Krebspatienten qualitätsgesichert, multidisziplinär und evidenzbasiert versorgen: das Zertifizierungssystem der Deutschen Krebsgesellschaft. *BARMER Gesundheitswesen aktuell, 2018*, 136–155.

Beckmann, M. W., Brucker, C., Hanf, V., Rauh, C., Bani, M. R., Knob, S., Petsch, S., Schick, S., Fasching, P. A., Hartmann, A., Lux, M. P., & Haberle, L. (2011). Quality assured health care in certified breast centers and improvement of the prognosis of breast cancer patients. *Onkologie, 34*(7), 362–367.

Comittee on Women's Rights and Equal Opportunities. (2003). *Report on breast cancer in the European Union (2002/2279(INI))*. European Parliament. http://www.europarl.europa.eu/sides/getDoc.do?type=REPORT&reference=A5-2003-0159&language=EN. Zugegriffen am 17.07.2019.

Drabik, A., Büscher, G., Thomas, K., Graf, C., Müller, D., & Stock, S. (2012). Patients with type 2 diabetes benefit from primary care-based disease management: A propensity score matched survival time analysis. *Population Health Management, 15*, 241–247.

Fuchs, S., Henschke, C., Blümel, M., & Busse, R. (2014). Disease management programs for type 2 diabetes in Germany: A systematic literature review evaluating effectiveness. *Dtsch Arztebl Int, 111*(26), 453–463. https://doi.org/10.3238/arztebl.2014.0453.

G-BA (Gemeinsamer Bundesausschuss). (2002). Empfehlungen des Koordinierungsausschusses gemäß § 137f Abs. 2 „Anforderungen" an die Ausgestaltung von Disease-Management-Programmen für Patientinnen mit Brustkrebs. Beschluss vom 13.06.2002. https://www.g-ba.de/beschluesse/47/. Zugegriffen am 13.05.2019.

G-BA (Gemeinsamer Bundesausschuss). (2011a). Beschluss des Gemeinsamen Bundesausschusses über Empfehlungen zur Aktualisierung der Anforderungen an strukturierte Behandlungsprogramme für Patientinnen mit Brustkrebs und zur Aktualisierung der Anforderungen an die Dokumentation an strukturierte Behandlungsprogramme für Patientinnen mit Brustkrebs. https://www.g-ba.de/downloads/39-261-1309/2011-03-17-DMP-Brustkrebs-Empfehlungen%20zur%20Aktualisierung.pdf. Zugegriffen am 14.05.2019.

G-BA (Gemeinsamer Bundesausschuss). (2011b). G-BA empfiehlt Aktualisierung des Behandlungsprogramms Brustkrebs. Pressemittelung. https://www.g-ba.de/downloads/34-215-389/13-2011-03-17-Aktualisierung-DMP-Brustkrebs.pdf. Zugegriffen am 14.05.2019.

G-BA (Gemeinsamer Bundesausschuss). (2017a). Beschluss des Gemeinsamen Bundesausschusses über die 8. Änderung der DMP-Anforderungen-Richtlinie (DMP-A-RL): Ergänzung der Anlage 3 (DMP Brustkrebs) und Anlage 4 (Brustkrebs Dokumentation). https://www.g-ba.de/downloads/39-261-2938/2017-04-20_DMP-A-RL_Ergaenzung-Anlage-3-DMP-Brustkrebs-4-Doku-Brustkrebs_BAnz.pdf. Zugegriffen am 14.05.2019.

G-BA (Gemeinsamer Bundesausschuss). (2017b). Tragende Gründe zum Beschluss des Gemeinsamen Bundesausschusses über die 8. Änderung der DMP-Anforderungen-Richtlinie (DMP-A-RL): Ergänzung der Anlage 3 (DMP Brustkrebs) und Anlage 4 (Brustkrebs Dokumentation). 2017. https://www.g-ba.de/downloads/40-268-4358/2017-04-20_DMP-A-RL_Ergaenzung-Anlage-3-DMP-Brustkrebs-4-Doku-Brustkrebs_TrG.pdf. Zugegriffen am 14.05.2019.

G-BA (Gemeinsamer Bundesausschuss). (2017c). Pressemitteilung des G-BA. DMP Brustkrebs umfassend aktualisiert – weitere Beschlüsse zu DMP Diabetes mellitus Typ 2 und geplanten neuen Behandlungsprogrammen getroffen. https://www.g-ba.de/downloads/34-215-684/14-2017-04-20_DMP.pdf. Zugegriffen am 14.05.2019.

G-BA (Gemeinsamer Bundesausschuss). (2019). Verfahrensordnung des Gemeinsamen Bundesausschusses – 6. Kapitel: Verfahren für Richtlinienbeschlüsse nach § 137f SGB V. Stand: 15. März 2019. https://www.g-ba.de/downloads/62-492-1777/VerfO_2018-08-16_iK-2019-03-06.pdf. Zugegriffen am 13.05.2019.

Gesetz zur Reform des Risikostrukturausgleichs in der gesetzlichen Krankenversicherung. (2001). Vom 10.12.2001, BGBl. I 2001 (Nr.66), S.3465–3471. https://www.bgbl.de/xaver/bgbl/start.xav?start=%2F%2F*%5B%40attr_id%3D%27bgbl101s3465.pdf%27%5D#__bgbl__%2F%2F*%5B%40attr_id%3D%27bgbl101s3465.pdf%27%5D__1557733739452. Zugegriffen am 13.05.2019.

Hershman, D. L., Shao, T., Kushi, L. H., Buono, D., Tsai, W. Y., Fehrenbacher, L., Kwan, M., Gomez, S. L., & Neugut, A. I. (2011). Early discontinuation and non-adherence to adjuvant hormonal therapy are associated with increased mortality in women with breast cancer. *Breast Cancer Research and Treatment, 126*(2), 529–537. https://doi.org/10.1007/s10549-010-1132-4.

Hoffmann, H., Passlick, B., Ukena, D., & Wesselmann, S. (2017). Mindestmengen in der Thoraxchirurgie: Argumente aus der deutschen DRG-Statistik. In F. Dormann, J. Klauber & R. Kuhlen (Hrsg.), *Qualitätsmonitor 2018* (S. 103–120). Berlin: Medizinisch Wissenschaftliche Verlagsgesellschaft.

Inwald, E. C., Kowalski, C., Wesselmann, S., Ferencz, J., & Ortmann, O. (2019). Recommendation of adjuvant trastuzumab treatment in HER-2 positive breast cancer patients – insights from quality indicator data collected in certified breast cancer centers in Germany, Italy, Austria, and

Switzerland. *Archives of Gynecology and Obstetrics, 300*(2), 383–388. https://doi.org/10.1007/s00404-019-05185-x.

KBV (Kassenärztliche Bundesvereinigung). (2017). Praxisnachrichten: DMP Brustkrebs neu ausgerichtet – Nachsorge im Fokus. https://www.kbv.de/html/1150_30653.php. Zugegriffen am 14.05.2019.

KBV (Kassenärztliche Bundesvereinigung). (2018). Qualitätsbericht 2018. Berichtsjahr 2016-2017. https://www.kbv.de/media/sp/KBV_Qualitaetsbericht_2018.pdf. Zugegriffen am 13.05.2019.

KBV (Kassenärztliche Bundesvereinigung). (o. J.). Disease-Management-Programme (DMP). https://www.kbv.de/html/dmp.php. Zugegriffen am 14.05.2019.

Köhler, A. (2011). Disease-Management-Programme: Sind Chronikerprogramme verzichtbar? *Dtsch Arztebl* 108(15), A-822 / B-672 / C-672. https://www.aerzteblatt.de/archiv/85192/Disease-Management-Programme-Sind-Chronikerprogramme-verzichtbar. Zugegriffen am 14.05.2019.

Kostev, K., May, U., Hog, D., Eisel, J., Kremmers, T., Kosteic, M., Waehlert, L., & Hadji, P. (2013). Adherence in tamoxifen therapy after conversion to a rebate pharmaceutical in breast cancer patients in Germany. *International Journal of Clinical Pharmacology and Therapeutics, 51*(12), 969–975. https://doi.org/10.5414/cp201969.

Kowalski, C., Ferencz, J., Brucker, S. Y., Kreienberg, R., & Wesselmann, S. (2015a). Quality of care in breast cancer centers: Results of benchmarking by the German Cancer Society and German Society for Breast Diseases. *Breast, 24*(2), 118–123.

Kowalski, C., Ferencz, J., Ukena, D., Hoffmann, H., & Wesselmann, S. (2015b). Quality of care in certified lung cancer centers. *Pneumologie, 69*(6), 329–334.

Kowalski, C., Ferencz, J., Albers, P., Fichtner, J., Wiegel, T., Feick, G., & Wesselmann, S. (2016). Quality assessment in prostate cancer centers certified by the German Cancer Society. *World Journal of Urology, 34*(5), 665–672.

Kreienberg, R., Wöckel, A., & Wischnewsky, M. (2018). Highly significant improvement in guideline adherence, relapse-free and overall survival in breast cancer patients when treated at certified breast cancer centres: An evaluation of 8323 patients. *Breast, 40*, 54–59.

Linder, A., Ahrens, S., & Verheyen, F. (2010). Evaluation des DMP Diabetes mellitus Typ 2 basierend auf Routinedaten der Techniker Krankenkasse. Deutscher Kongress für Versorgungsforschung und Jahrestagung Aktionsbündnis Patientensicherheit, Bonn, September 2010.

Linder, R., Ahrens, S., Köppel, D., Heilmann, T., & Verheyen, F. (2011). The benefit and efficiency of the disease management program for type 2 diabetes. *Dtsch Arztebl Int, 108*(10), 155–162. https://doi.org/10.3238/arztebl.2011.0155.

Miksch, A., Laux, G., Ose, D., Joos, S., Campbell, S., Riens, B., & Szecsenyi, J. (2010). Is there a survival benefit within a German primary-care-based disease management program? *American Journal of Managed Care, 16*(1), 49–54.

Plass, D., Vos, T., Hornberg, C., Scheidt-Nave, C., Zeeb, H., & Krämer, A. (2014). Entwicklung der Krankheitslast in Deutschland. *Deutsches Ärzteblatt International., 111*(38), 629–638.

Reschke, P., Sehlen, S. Schiffhorst, G., Schräder, W. F., Lauterbach, K. W., & Wasem, J. (2004). Klassifikationsmodelle für Versicherte im Risikostrukturausgleich. https://www.bundesversicherungsamt.de/fileadmin/redaktion/Risikostrukturausgleich/Weiterentwicklung/Klassifikationsmodelle_RSA_IGES-Lauterbach-Wasem.pdf. Zugegriffen am 13.05.2019.

Schulte, T., Mund, M., Hofmann, L., Pimperl, A., Dittmann, B., & Hildebrandt, H. (2016). Pilotstudie zur Evaluation des DMP Koronare Herzkrankheit – Entwicklung einer Methodik und erste Ergebnisse. *Z Evid Fortbild Qual Gesundhwes, 110-111*, 54–59. https://doi.org/10.1016/j.zefq.2015.11.003.

Stabsstelle Patientenbeteiligung: Teupen, S. (2014). Ergebnisbericht Versorgung von Frauen und Männern mit und nach Brustkrebs. http://www.kbv.de/media/sp/Abschlussbericht_Befragung_Brustkrebs_PatV__3_.pdf. Zugegriffen am 27.03.2019.

Stock, S., Drabik, A., Büscher, G., Graf, C., Ullrich, W., Gerber, A., Lauterbach, K. W., & Lüngen, M. (2010). German diabetes management programs improve quality of care and curb costs. *Health Affairs (Millwood), 29*(12), 2197–2205. https://doi.org/10.1377/hlthaff.2009.0799.

Trautmann, F., Reißfelder, C., Pecqueux, M., Weitz, J., & Schmitt, J. (2018). Evidence-based quality standards improve prognosis in colon cancer care. *European Journal of Surgical Oncology, 44*(9), 1324–1330. https://doi.org/10.1016/j.ejso.2018.05.013.

Völkel, V., Draeger, T., Gerken, M., Fürst, A., & Klinkhammer-Schalke, M. (2018). Langzeitüberleben von Patienten mit Kolon- und Rektumkarzinomen: Ein Vergleich von Darmkrebszentren und nicht zertifizierten Krankenhäusern. *Gesundheitswesen.* https://doi.org/10.1055/a-0591-3827.

Weinhold, I., Keck, T., Merseburger, A., Rody, A., Wollenberg, B., Wende, D., Hackl, D., & Elsner, C. (2018). Utility analysis of oncological centre building in the field of colorectal cancer. *Zentralbl Chir, 143*(2), 181–192.

Wesselmann, S., & Bruns, J. (2018). Zertifizierung: Erfahrung aus der Onkologie. *Arzt und Krankenhaus, 2*, 41–44.

Wesselmann, S., Winter, A., Ferencz, J., Seufferlein, T., & Post, S. (2014). Documented quality of care in certified colorectal cancer centers in Germany: German Cancer Society benchmarking report for 2013. *International Journal of Colorectal Disease, 29*(4), 511–518.

Wolff, K. D., Rau, A., Ferencz, J., Langer, T., Kesting, M., Nieberler, M., & Wesselmann, S. (2017). Effect of an evidence-based guideline on the treatment of maxillofacial cancer: A prospective analysis. *Journal of Cranio-Maxillo-Facial Surgery: Official Publication of the European Association for Cranio-Maxillo-Facial Surgery, 45*(3), 427–431.

Zentrum für Krebsregisterdaten, & Gesellschaft der epidemiologischen Krebsregister in Deutschland. (2017). *Krebs in Deutschland für 2013/2014.* Berlin: Robert Koch-Institut.

Zentrum für Krebsregisterdaten im Robert Koch-Institut. (2017). www.krebsdaten.de/abfrage. Datenstand: 29.11.2017. Zugegriffen am 13.05.2019.

Dr. med. Franziska Diel MPH, leitet seit 2008 das Dezernat Versorgungsqualität der Kassenärztlichen Bundesvereinigung. Dort war sie ab 2001 an der Entwicklung und Umsetzung der ersten DMp beteiligt. Zu ihrem jetzigen Verantwortungsbereich gehören neben DMP, ambulante Qualitätssicherung (QS), sektorenübergreifende QS, Qualitätsmessung und -darstellung, Qualitätsmanagement (QM), Qualitätszirkel, Patientensicherheit und Familienplanung. Sie war federführend beteiligt an der Entwicklung und ist Herausgeberin des ambulanten QM-Verfahrens QEP-Qualität und Entwicklung in Praxen®. Humanmedizin studierte sie von 1982 bis 1988 an der Freien Universität Berlin und Public Health von 1990 bis 1993 an der Medizinischen Hochschule Hannover.

Kontakt: fdiel@kbv.de

PD Dr. med. Simone Wesselmann MBA, ist seit 2008 Bereichsleiterin Zertifizierung bei der Deutschen Krebsgesellschaft e.V. Sie ist Fachärztin für Gynäkologie und Geburtshilfe. 2018 habilitierte sie sich an der Medizinischen Fakultät der Friedrich-Alexander-Universität Erlangen zum Thema Qualitätssicherung in der Onkologie. Von 2005 bis 2007 studierte sie an der Universität Bayreuth im Weiterbildungsstudiengang MBA Healthcare Management. Das Studium der Humanmedizin absolvierte sie von 1991 bis 1998 an der Georg-August-Universität Göttingen.

Kontakt: wesselmann@krebsgesellschaft.de

Multidisziplinäres Tumorboard: sektorenübergreifende Kooperation jenseits gesetzlicher Instrumente

6

Kia Homayounfar

Zusammenfassung

Multidisziplinären Tumorboards (MTB) kommt in der onkologischen Behandlung eine zentrale Bedeutung zu. Aufgrund der derzeitigen Strukturen im Gesundheitswesen bilden oftmals Institutionen aus dem ambulanten Sektor zusammen mit stationären Behandlungseinheiten sektorenübergreifende MTB. Ungeachtet der Tatsache, dass für MTB allgemein kaum Struktur- oder Prozessmerkmale definiert sind, bestehen für sektorenübergreifende MTB besondere Hürden, u. a. in den Bereichen Datenschutz, Datenverarbeitung, Terminierung, Qualitätssicherung und Vergütung. Hierfür sind auch unterschiedliche normative Vorgaben ursächlich. Eine umfassende, interdisziplinäre wissenschaftliche Auseinandersetzung ist notwendig, um MTB weiter zu optimieren. Ziel muss eine gesetzliche oder gesetzesähnliche Vorgabe für MTB sein, die bestehende Unterschiede (u. a. z. B. in Bezug auf Qualitätsanforderungen) zwischen den Sektoren und Behandlungsmodellen beseitigt. Diese Vorgabe muss eine adäquate Vergütung des Aufwandes aller am MTB beteiligten Personen beinhalten.

6.1 Einleitung

Der Nationale Krebsplan des Bundesministeriums für Gesundheit, der Deutschen Krebsgesellschaft, der Deutschen Krebshilfe und der Arbeitsgemeinschaft Deutscher Tumorzentren (ADT) fordert, dass alle Krebspatient/inn/en unabhängig von Alter, Geschlecht, Herkunft, Wohnort und Versichertenstatus eine qualitativ hochwertige Versorgung erhal-

K. Homayounfar (✉)
DRK Kliniken Nordhessen Gemeinnützige GmbH, Wehlheiden, Deutschland
E-Mail: kia.homayounfar@klinikum-kassel.de

© Springer Fachmedien Wiesbaden GmbH, ein Teil von Springer Nature 2020
U. Hahn, C. Kurscheid (Hrsg.), *Intersektorale Versorgung*,
https://doi.org/10.1007/978-3-658-29015-3_6

ten, dass für alle häufigen Tumorarten evidenzbasierte Behandlungsleitlinien bestehen und umgesetzt werden und zudem eine sektorenübergreifende, integrierte onkologische Versorgung gewährleistet wird (BMG 2017).

Multidisziplinären Tumorboards (MTB) kommt in der onkologischen Behandlung eine zentrale Bedeutung zu. So wird international als Standard gefordert, dass die Therapieempfehlung für Krebspatient/inn/en durch solche MTB erfolgt (Pox et al. 2013; NCCN 2013; DONKO 2013). Ein Hintergrund ist, dass aufgrund des medizinischen Fortschritts und der Entwicklung neuer Behandlungsverfahren die/der einzelne onkologisch tätige Arzt/Ärztin die Möglichkeiten und Grenzen aller zur Verfügung stehenden Therapieoptionen nicht mehr umfänglich bewerten kann. Im MTB kann auf eine größere Wissensbasis zurückgegriffen werden. Zusätzlich ermöglicht die interdisziplinäre Diskussion eine facettenreiche kritische Bewertung radiologischer und pathologischer Befunde sowie Therapieoptionen aus unterschiedlichen Blickwinkeln. Die Gruppe kann in der unmittelbaren Kommunikation Fehlerkorrekturen durchführen, zu denen ein Individuum allein nicht in der Lage wäre. In einer eigenen Untersuchung hat die modellhafte Simulation einer MTB-Fallkonferenz gezeigt, dass internistische Onkolog/inn/en und onkologische Chirurg/inn/en bei getrennter Befragung unterschiedliche Empfehlungen für dieselben Patient/inn/en abgeben. Die interdisziplinäre Diskussion dieser Patientenfälle führte hingegen zu einer signifikanten Änderung von einzelnen Positionen und zur Harmonisierung der Therapieempfehlungen (Homayounfar et al. 2014). Auch andere Autor/inn/en konnten zeigen, dass die Qualität der Teamarbeit und bestmögliche Therapieentscheidung signifikant assoziiert sind (Lamb et al. 2013).

Eine konsequente Festlegung von Therapieempfehlungen nur durch MTB entspricht allerdings bisher nicht der Versorgungsrealität in Deutschland. Lowes et al. zeigten, dass – trotz entsprechender Leitlinienempfehlung – aktuell nur 38 % der Patient/inn/en mit Stadium IV Kolonkarzinom und 47 % der Patient/inn/en mit jedwedem Rektumkarzinom prätherapeutisch in einem MTB diskutiert wurden – und das, obwohl die beteiligten Behandlungsinstitutionen grundsätzlich einen Zugang zu mindestens einem MTB hatten (Lowes et al. 2017). Hier besteht ein hohes Optimierungspotenzial und damit eine Möglichkeit, die Qualität der Patientenversorgung deutlich zu steigern.

MTB sind jedoch auch nicht unumstritten: Eine Studie an 138 Einrichtungen des Gesundheitssystems für Veteranen in den USA hat nur für einzelne der 27 untersuchten Indikatoren eine Assoziation des Behandlungskonzeptes mit einer MTB-Diskussion gezeigt. Die Autor/inn/en weisen in der Diskussion ausdrücklich darauf hin, dass dies auf eine fehlende Standardisierung der Strukturen und Prozesse zurückzuführen sein kann (Keating et al. 2013). Anforderungen für MTB finden sich in den Zertifizierungsrichtlinien der Deutschen Krebsgesellschaft (DKG o. J.) und in der *Onkologie-Vereinbarung* zwischen dem GKV-Spitzenverband und der KBV (GKV-Spitzenverband und KBV 2018). Diese Anforderungen beziehen sich überwiegend auf die fachliche Qualifikation der zu beteiligenden Ärzt/innen/e. In der Leitlinie der European Society for Medical Oncology (ESMO) zur Behandlung von Patient/inn/en mit metastasiertem kolorektalen Karzinom werden spezialisierte Zentren einerseits oder Netzwerke geeigneter Einzelinstitutionen mit klar geregelten Zuweisungswegen andererseits als gleichberechtigte Behandlungsstrukturen empfohlen (van Cutsem et al. 2016).

Im deutschen Gesundheitswesen sind daher prinzipiell auch zwei unterschiedliche Formen von MTB etabliert:

a. *Rein stationäre MTB* an Universitätskliniken und anderen Maximalversorgungskrankenhäusern, die über alle relevanten Fachdisziplinen verfügen. Oftmals werden aufgrund der großen Fallzahlen und aus Gründen der Ressourceneffizienz spezialisierte Tumorboards für einzelne Organe oder Organsysteme angeboten. In Universitätskliniken und Maximalversorgungskrankenhäusern sind daher oft zehn bis zwölf spezialisierte MTB parallel tätig, die alle ein bis mehrmals pro Woche Fallkonferenzen abhalten.
b. *Sektorenübergreifende MTB.* Diese MTB können aus unterschiedlichen Beweggründen etabliert sein: einerseits, weil die beteiligten Institutionen alleine nicht die notwendigen Fachdisziplinen zusammenbringen und andererseits, weil die Behandlung von onkologischen Patient/inn/en aus einer Vielzahl von Gründen (Fachkompetenz, Patientenkomfort, Ermächtigung, Abrechnungsmöglichkeit u.v.m.) z. T. im ambulanten Sektor und z. T. in der Klinik erfolgt. Die sektorenübergreifenden MTB bestehen im Ergebnis in der Regel aus einer oder mehreren Facharztpraxen sowie mindestens einem Krankenhaus. Letzteres kann durchaus auch ein Maximalversorger sein, der über dieses sektorenübergreifende MTB mit seinen ambulanten Behandlungspartnern vernetzt ist.

6.2   Sektorenübergreifendes MTB der DRK-Kliniken Nordhessen

Das MTB an den DRK-Kliniken Nordhessen ist ein sektorenübergreifendes MTB. Die Kliniken für Interdisziplinäre Onkologie, Allgemein-, Viszeral- und Endokrine Chirurgie, Gastroenterologie, Palliativmedizin, Mund-Kiefer- und Gesichtschirurgie sowie das radiologische Institut des Krankenhausunternehmens bilden mit einer Praxis für Radiologie, Nuklearmedizin und Strahlentherapie, einer Onkologische Schwerpunktpraxis sowie der Pathologie Nordhessen ein MTB, in dem überwiegend Patient/inn/en mit gastrointestinalen Tumoren, aber auch Lymphomen, Kopf-Hals-Tumoren und Lungentumoren diskutiert werden. Bei Bedarf beteiligen sich weitere Kliniken wie beispielsweise die Orthopädie/Unfallchirurgie sowie Plastische Chirurgie an dem MTB. Grundsätzlich hat jede teilnehmende Institution die Möglichkeit, eigene Patientenfälle in das MTB einzubringen. Die beteiligten Kliniken sind immer mindestens durch eine/n Oberarzt/ärztin und/oder Chefarzt/ärztin vertreten, so dass für alle Disziplinen ein oder sogar mehrere kompetente fachärztliche Diskussionspartner/innen vorhanden sind. Zusätzlich nehmen die Ärzt/e/innen in Weiterbildung der beteiligten Institutionen an der Fallkonferenz teil. Für die Studierenden, die an den DRK-Kliniken Nordhessen ihr Praktisches Jahr absolvieren, ist die Fallkonferenz eine verpflichtende Lehrveranstaltung.

Der Prozess von der Anmeldung einer/s konkreten Patient/in/en bis zur Kommunikation der Therapieentscheidung ist in Abb. 6.1 dargestellt.

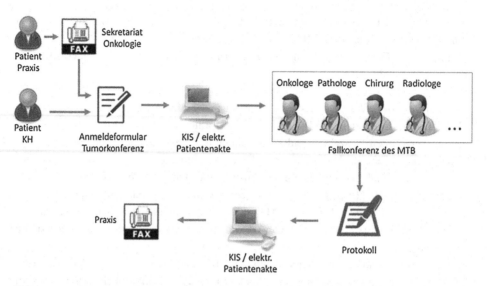

Abb. 6.1 Prozess Fallvorstellung MTB DRK-Kliniken Nordhessen Gem. GmbH

Die Fallkonferenz findet jeweils montags ab 16 Uhr statt. Die Meldung der Patient/inn/
en zur Fallkonferenz muss bis 12 Uhr am Freitag der Vorwoche im Krankenhausinformationssystem M-KIS erfolgt sein. In ein spezielles elektronisches Formular werden die Befunde der durchgeführten Diagnostik sowie eventuelle bisherige Behandlungen und Nebenerkrankungen eingegeben. Durch einfaches Ankreuzen kann die Demonstration
radiologischer Bilddokumente sowie pathologischer Befunde angefordert werden. Bis
13 Uhr am Freitag wird dann die Liste der zur Fallkonferenz gemeldeten Patient/inn/en an
die teilnehmenden Kliniken sowie Kooperationspartner per Fax verschickt, um allen Ex-
pert/inn/en ausreichend Zeit zur Vorbereitung zu geben. Die Fallkonferenz findet in einem
Konferenzraum der DRK-Kliniken Nordhessen statt; die radiologischen Bilddokumente
sowie die pathologischen Befunde werden für alle Teilnehmer/innen sichtbar auf Groß-
leinwand präsentiert (Abb. 6.2). Der/die jeweilige Patient/in wird durch eine/n Arzt/Ärztin
vorgestellt, welche/r den/die Patienten/in kennt und an der bisherigen Behandlung (Diagnosestellung, Staging etc.) beteiligt ist. Eine digitale Zuschaltung externer Kolleg/inn/en
ist, obwohl anderenorts regelhaft praktiziert, bewusst nicht etabliert.

Der Prozess der Entscheidungsfindung ist sehr sensibel. Für eine Vielzahl von Krank-
heitsszenarien existieren klare Leitlinienempfehlungen. So ist beispielsweise bei einem
nicht metastasierten Darmkrebs (ausgenommen Mastdarm) die primäre Operation alterna-
tivlos, sofern der Allgemeinzustand des/der Patienten/in dies erlaubt. Für die Entscheidungsfindung müssen bei einem/r motivierten Patienten/in also lediglich die Begleiterkrankungen diskutiert werden. Der Prozess bis zum Konsens dauert kaum eine Minute.
Bei Patient/inn/en in metastasierten Krankheitsstadien ist der Diskussionsbedarf deutlich
größer, weil hier abhängig von der Tumorentität unterschiedliche Therapiemodalitäten indiziert sein können. Dies begründet eine Diskussion über die spezifischen Vor- und Nach-

Abb. 6.2 Fallkonferenz mit Präsentation von Befunden

teile für den/die konkreten Patienten/in. Hier kann die Entscheidungsfindung durchaus fünf bis zehn Minuten dauern. Je weiter die zu diskutierende Krankheitssituation von der Primärdiagnose entfernt ist (2. Rezidiv, 3. Rezidiv usw.) desto geringer wird die Evidenz aus klinischen Studien und desto höher wird der Diskussionsbedarf. Pro Fallkonferenz werden bis zu 25 Patientenfälle diskutiert.

Fallbeispiel

Eine 76-jährige Patientin stellt sich beim Hausarzt mit Schluckbeschwerden vor. Sie habe in den letzten Wochen mehrfach erbrechen müssen und 4 kg an Gewicht abgenommen. Der Hausarzt veranlasst eine Überweisung an eine Schwerpunktpraxis für Gastroenterologie und Onkologie für eine Magenspiegelung. Bei dieser wird ein Tumor in der unteren Speiseröhre entdeckt, die entnommenen Proben ergaben den Nachweis einer Krebserkrankung, eines sogenannten Adenokarzinoms. Eine Computertomografie von Brustkorb und Bauchraum wird ambulant durchgeführt. Diese zeigt den großen Tumor mit auffälligen Lymphknoten in direkter Nachbarschaft, aber keinen Hinweis auf Fernmetastasen. Die Patientin wird im sektorenübergreifenden MTB der DRK-Kliniken Nordhessen vorgestellt. Die Empfehlung lautet: geriatrisches Assessment, Bauchhöhlenspiegelung zum Ausschluss einer Metastasierung am Bauchfell. Bei gutem Performancestatus und Ausschluss der Metastasierung multimodale Therapie mit Chemotherapie, gefolgt von Operation und erneuter Chemotherapie, bei Metastasierung oder unzureichendem Performancestatus alleinige palliative Chemotherapie. Das geriatrische Assessment ergibt, dass der Patientin eine multimodale Therapie zugemutet werden kann, die Patientin ist entsprechend motiviert. Die Bauchhöhlenspiegelung wird stationär durchgeführt und kann eine Metastasierung in der Bauchhöhle ausschließen. In gleicher Sitzung erhält die Patientin einen Port für die Chemotherapie. Die Chemotherapie wird ambulant in der Schwerpunktpraxis durchgeführt. Nach der erfolgreichen Operation wird die Patientin erneut im MTB der DRK-Kliniken Nordhessen diskutiert und unter Berücksichtigung der jetzt vorliegenden Befunde der Operation sowie der pathologischen Begutachtung der entnommenen Gewebe die Indikation zur nochmaligen Chemotherapie bestätigt. Die Patientin absolviert zunächst eine dreiwöchige Anschlussrehabilitation nach der Operation und wird dann in der Schwerpunktpraxis nochmals chemotherapiert. Die regelmäßige Nachsorge wird auch dort durchgeführt.

Die konsentierte Expertenempfehlung wird ebenfalls in dem speziellen elektronischen Formular dokumentiert. Aufgrund einer derzeit noch bestehenden Hybrid-Dokumentation des Krankenhauses wird eine ausgedruckte und vom internistischen Onkologen als Leiter des MTB unterschriebene Kopie dieses Formulars in der Patientenakte abgelegt. Bei Patient/inn/en, die von den niedergelassenen Kooperationspartnern für die Fallkonferenz angemeldet werden, wird dem anmeldenden Kooperationspartner diese unterschriebene Kopie im Nachgang für seine Dokumentation zugesandt. Das elektronische Formular wird in der elektronischen Patientenakte gespeichert und ist dort jederzeit abrufbar. Die Expertenempfehlung wird abschließend in das Tumordokumentationssystem übertragen für die spätere Meldung an das Hessische Krebsregister bei der Landesärztekammer Hessen.

6.3   Hürden für die sektorenübergreifende Kooperation

MTB sind entstanden, weil Ärzt/e/innen im Interesse ihrer Krebspatient/inn/en die Notwendigkeit für die interdisziplinäre Diskussion und Therapieplanung verstanden haben. Eine detaillierte gesetzliche Normierung fehlt bis heute, daher wurden MTB von den beteiligten Ärzt/inn/en selbst entwickelt. Ärzt/e/innen sind in hohem Maße spezialisierte medizinische Fachexpert/inn/en. Prozessentwicklung, Informationsmanagement, Kommunikationstechnologien und andere für die Etablierung eines MTB relevante Kompetenzen werden weder im Studium noch in der Facharztausbildung regelhaft vermittelt. Die Problematik zeigt sich auch bei den strukturell und prozessual sehr komplexen sektorenübergreifenden MTB. Mittlerweile forschen Medizintechnikunternehmen wie Philips Healthcare an der Entwicklung von smarten MTB-Plattformen. Diese werden möglicherweise in der Lage sein, Befunde aus unterschiedlichen Bereichen wie beispielsweise der Radiologie und/oder Pathologie automatisiert und hochwertig zu verarbeiten, mit Datenbanken abzugleichen und sogar Therapievorschläge auf der Basis von Maschinenlernen zu generieren.

Weitere wesentliche und alltagsrelevante Probleme (siehe unten) gerade von sektoren-übergreifenden MTB werden damit jedoch (noch) nicht adressiert.

6.3.1 Datenschutz

Im Zusammenhang mit dem Datenschutz ergeben sich bei sektorenübergreifenden MTB zwei spezifische Probleme:

a. Die Patient/inn/en des Krankenhauses stimmen im Rahmen ihres Behandlungsvertra-ges für die Krankenhausbehandlung zu, dass ihre Befunde soweit erforderlich anderen Ärzt/inn/en *innerhalb* des Krankenhauses zur Kenntnis gebracht werden. Diese Zu-stimmung ist vom juristisch Verantwortlichen, in der Regel dem Krankenhausvorstand, einsehbar. Bei Verstößen der Mitarbeiter/innen gegen Datenschutz bzw. Schweige-pflicht können disziplinarische Maßnahmen durchgesetzt werden. Bei sektorenüber-greifenden MTB müssen die Patient/inn/en zusätzlich – entweder ebenfalls im Behand-lungsvertrag oder in einer gesonderten Erklärung – zustimmen, dass auch Ärzt/inn/en *außerhalb* des Krankenhauses Befunde zur Kenntnis gebracht werden. Bei Verstößen gegen Datenschutz und Schweigepflicht durch diese nicht am Krankenhaus angestell-ten Ärzt/e/innen sind die Durchgriffsmöglichkeiten des Krankenhauses deutlich einge-schränkter, so dass Krankenhäuser die Einbindung von externen Fachleuten zurückhal-tend beurteilen.

b. Die Patient/inn/en, die von den niedergelassenen Kooperationspartnern in die Fallkon-ferenz des MTB eingebracht werden, müssen durch den anmeldenden niedergelasse-nen Kooperationspartner um ihre Zustimmung zur Befunddiskussion mit anderen Ärzt/inn/en gebeten werden. Bei sektorenübergreifenden MTB unter Beteiligung eines Krankenhauses liegen die Leitung und damit die Verantwortung für die ordnungsge-mäße Durchführung des MTB in aller Regel aber beim Krankenhaus, daher benötigt das Krankenhaus die Zustimmung für eine Befundweitergabe. Dies kann durch Über-sendung einer Kopie der Einwilligungserklärung erfolgen oder durch eine schriftliche Bestätigung des/der anmeldenden Arztes/Ärztin. Die Universitätsmedizin Göttingen, die an einem sektorenübergreifenden MTB mit einem Nachbarkrankenhaus und unter Beteiligung unterschiedlicher niedergelassener Kolleg/inn/en beteiligt ist, hat eine gute Lösung entwickelt. Der/die niedergelassene Arzt/Ärztin bestätigt bei der Anmeldung von Patient/inn/en mit seiner Unterschrift folgenden Passus: „Ich erkläre, dass ich vor der Übermittlung von Patientendaten an das UniversitätsKrebszentrum ‚G-CCC' im Rahmen der Anmeldung zum Tumorboard den Patienten über die Notwendigkeit der Datenübermittlung und deren Umfang im Rahmen der Behandlung aufgeklärt habe. Ich habe den Patienten über die Speicherung und Weiterverarbeitung seiner Daten am G-CCC informiert. Der Patient hat dem daraufhin vollumfänglich zugestimmt." (Uni-versitätsmedizin Göttingen 2015).

6.3.2 Datenverarbeitung

Übliche Krankenhausinformationssysteme wie das an den DRK-Kliniken Nordhessen genutzte M-KIS der Firma Meyerhofer oder aber auch Orbis von Agfa Health Care sind bisher nicht in der Lage, im System vorhandene patientenbezogene Daten wie beispielsweise Diagnosen (ICD-10-Codes), Operationen und Prozeduren (OPS-Codes), Nebenerkrankungen, Medikation oder Histologie bei Anmeldung zur Fallkonferenz automatisiert in das entsprechende Formular zu übernehmen. Damit müssen Daten mehrfach eingegeben werden, was einen enormen Aufwand zur Folge hat sowie eine relevante Fehlerquelle ist. Diese Lücke im Informationsmanagement sollen zukünftige, derzeit in der Entwicklung befindliche Softwarelösungen schließen können. Exemplarisch kann hier die bei dem Kongress der American Society of Clinical Oncology (ASCO) 2017 in einer präliminären Version vorgestellte, cloudbasierte Plattform *Intellispace Precision Medicine Oncology* der Firma Philips genannt werden. Die Software extrahiert automatisiert Daten, auch hochkomplexen Daten aus der Pathologie, und integriert sie in die Anmeldung zur Fallkonferenz. Ganz aktuell ist das Genomlabor des Miami Cancer Institute mit Philips eine Forschungskooperation eingegangen. Ziel ist, mithilfe dieser Plattform zuverlässig und automatisiert komplexe genomische Daten beispielsweise aus dem sogenannten Next-Generation-Sequencing in die onkologische Entscheidungsfindung einzubeziehen und damit noch personalisiertere Behandlungswege für Patient/inn/en mit Krebserkrankungen zu ermöglichen (Philips 2019).

Sobald solche Lösungen in der klinischen Routine ankommen, werden sie sicher zunächst nur in das nach außen abgeschottete Krankenhausinformationssystem eingebunden. Die Anbindung externer, niedergelassener Kooperationspartner an eine solche integrierte Plattform mit automatisierter Datenextraktion und -integration stellt eine weitere komplexe Problematik dar; aus technischer Sicht müssen zusätzlich Schnittstellenprobleme für den Datentransfer gelöst werden. In der sogenannten *Onkologie-Vereinbarung* findet sich in § 6 Abs. 7 hierzu folgende Festlegung: „Es ist durch geeignete Maßnahmen sicherzustellen, dass alle an der Kooperationsgemeinschaft beteiligten Ärzte kurzfristig auf die notwendigen Patientendaten Zugriff haben. Angestrebt wird der gemeinsame EDV-technische Zugriff auf alle für die Patientenbehandlung notwendigen Daten durch die Mitglieder der Kooperationsgemeinschaft. Dabei soll neben der digitalen Patientenakte auch der Zugriff auf die Therapieprotokolle und -leitlinien sowie auf die bildgebende Diagnostik möglich sein. Die Umsetzung des Zieles wird bis zum 1. Januar 2020 angestrebt." (GKV-Spitzenverband und KBV 2018) Dieser Termin scheint aktuell jedoch kaum realistisch.

Die technische Umsetzbarkeit des Datentransfers ist jedoch nur ein Teil der Problematik. Die öffentliche Diskussion zum Transfer von Gesundheitsdaten via Internet/Clouddienste/Gesundheitskarte etc. ist von Fragen des Datenschutzes überlagert, aktuell auch belebt durch die noch neue Datenschutz-Grundverordnung (DS-GVO). Je komplexer die onkologische Therapie aufgrund der Identifikation individueller Tumormerkmale und konsekutiver spezifischer Behandlungsoptionen ist, je umfangreicher Begleiterkrankungen und deren Medikation sind, desto mehr Einzelinformationen müssen zur Wahrung der Patientensicherheit in die Therapieentscheidungen einbezogen werden. Diese Einzelinformationen müssen vorhanden, korrekt und umfassend sein. Je mehr Schnittstellen zwischen Informationssystemen überwunden und je mehr Daten händisch übertragen werden müssen, desto höher ist das Risiko für Übertragungsfehler mit potenziell dramatischen Konsequenzen für den einzelnen Patienten. So kann beispielsweise die fehlerhafte Übertragung aus einem per Fax übermittelten Befund von „*k*ein Adenokarzinom" zu „ein Adenokarzinom" eine gänzlich andere Expertenempfehlung in der Fallkonferenz erzeugen. In ähnlicher Weise kann das fehlende Wissen über eine vorhandene Herzerkrankung oder über Medikamenteninteraktionen ein beträchtliches Risiko für die Patient/inn/en darstellen. Die aktuell einzig mögliche Art der Datenzusammenführung in das Anmeldeformular zur Fallkonferenz ist zwangsläufig risikobehaftet – in der Konsequenz müssen mit hohem personellen Aufwand Sicherheitskontrollen stattfinden, um etwaige Fehler zu identifizieren.

Je komplexer onkologische Behandlungen werden, umso deutlicher werden die Grenzen dieses Vorgehens. Die Erfassung und Berücksichtigung von genomischen Daten aus innovativen Analyseverfahren wie dem Next-Generation-Sequencing sind schon der reale Anfang. Gerade für Patient/inn/en mit seltenen Tumoren oder solchen, bei denen die Standardtherapien ausgereizt sind, wird unter dem Schlagwort des Molekularen MTB mit sehr aufwendigen Analyseverfahren nach möglichen molekularen Targets für eine zielgerichtete individualisierte Therapie gesucht. Die damit verbundenen enormen Datenmengen lassen sich nicht mehr händisch von einem System in ein anderes übertragen. Es wäre von großer Wichtigkeit, in der gesamtgesellschaftlichen Debatte zur Verarbeitung von Gesundheitsdaten neben die Datenhoheit/-sicherheit einen weiteren Fokus auf die Patientensicherheit zu setzen. Ohne einen elektronischen Datentransfer zwischen den vorhandenen Systemen bzw. ein einheitliches sektorenübergreifendes Patienteninformationssystem wird die moderne Onkologie nicht im Sinne der Patient/inn/en agieren können.

6.3.3 Terminierung

Arbeitszeiten und Tagesabläufe von Ärzt/inn/en in Krankenhaus und in Arztpraxis unterscheiden sich auf vielfältige Weise organisationsabhängig und fachspezifisch. Während Krankenhausärzt/e/innen in der Regel durchgehende Arbeitszeiten haben, die lediglich von den gesetzlich vorgeschriebenen Pausen unterbrochen werden, sind die Sprechstundenzeiten der niedergelassenen Kolleg/inn/en oftmals sehr unterschiedlich gelegen und können längere Unterbrechungen aufweisen, die von niedergelassenen Ärzt/inn/en für Hausbesuche, Administration etc. genutzt werden. Im Krankenhaus beginnen chirurgische Disziplinen in der Regel früher als internistisch tätige Ärzt/e/innen, um vor dem Beginn des OP-Betriebs alle Patient/inn/en visitieren zu können. Damit endet die reguläre Arbeitszeit in der Chirurgie auch früher. Dazu kommen fachspezifische Gegebenheiten wie beispielsweise die ökonomisch optimierte Ausnutzung von Großgeräten in Radiologie und Strahlentherapie sowie lokale Wettbewerbsstrategien (z. B. Abendsprechstunden, Schulungsangebote für Patient/inn/en).

Erschwerend kommt die ohnehin hohe arbeitszeitliche Beanspruchung sowohl der im Krankenhaus angestellten als auch der niedergelassenen Ärzt/e/innen hinzu. Im Auftrag des Marburger Bundes führte das Institut für Qualitätsmessung und Evaluation (IQME) GmbH 2017 eine Mitgliederbefragung durch. 6172 der 26.872 Mitglieder nahmen daran teil. Die durchschnittliche Wochenarbeitszeit der Befragten betrug 51,4 Stunden. Von den Befragten gaben 40 % an, 49–59 Stunden pro Woche und 20 % 60–79 Stunden pro Woche zu arbeiten. Da die bevorzugte Arbeitszeit bei durchschnittlich 39,7 Wochenstunden lag, kann vermutet werden, dass die Befragten mit dem Umfang ihrer Arbeitszeit oft nicht zufrieden waren (IQME 2018). Das Zentralinstitut für die kassenärztliche Versorgung in Deutschland (Zi) ermittelte in seinem Zi-Praxis-Panel 2016 mit Daten aus 5397 Praxen eine durchschnittliche Wochenarbeitszeit bei niedergelassenen Ärzten und Psychotherapeuten von 50 Stunden im Jahr 2015; das entspricht der Belastung der Klinikärzt/e/innen. Sieben Stunden pro Woche fielen für ärztliche Tätigkeiten ohne Anwesenheit von Patient/inn/en an (Beispiele: Dokumentation, Gutachtererstellung und eben Fallkonferenzen). Von den befragten Ärzt/inn/en bewerteten knapp 50 % dem Umfang ihrer Arbeitszeit als weniger gut oder schlecht (Zi 2018).

Beginn und Dauer der Fallkonferenzen des sektorenübergreifenden MTB müssen den Bedürfnissen aller beteiligten Ärzt/e/innen gerecht werden, anderenfalls hat das sektorenübergreifende MTB keine langfristige Perspektive. Dabei gilt es neben den fachlichen und organisatorischen Eckdaten die Work-Life-Balance und die arbeitsrechtlichen Rahmenbedingungen zu berücksichtigen. Soll die Fallkonferenz um 18 Uhr nach Praxisschluss starten, könnte ein/e Krankenhaus/arzt/ärztin, der/die um 7:15 Uhr mit seiner/ihrer Arbeit begonnen hat, und demnach maximal inklusive Pause bis 18 Uhr arbeiten darf, aufgrund des Arbeitszeitgesetzes nicht mehr an der Fallkonferenz teilnehmen. Umgekehrt könnte ein/e niedergelassene/r Onkolog/in/e bei noch laufenden Chemotherapie-Behandlungen in ihrer/seiner Praxis aber nicht um 16 Uhr zu einer Fallkonferenz gehen, weil ihre/seine Patient/inn/en dann unversorgt wären. In der Realität sektorenübergreifender MTB werden Kompromisse gefunden, die nur aufgrund des guten Willens der Beteiligten funktionieren. Im Krankenhausalltag lassen die alltäglichen Diskussionen mit den Weiterbildungsassistent/inn/en über Einhaltung der Regelarbeitszeit, Begrenzung der Bereitschaftsdienste etc. erwarten, dass bei den nachkommenden Arztgenerationen dieser Zeitaspekt eine noch größere Bedeutung haben wird.

6.3.4 Qualitätssicherung

Der Qualitätssicherung kommt in der onkologischen Behandlung eine große Bedeutung zu. Qualitätssicherungsmaßnahmen tragen dazu bei, dass den Patient/inn/en eine moderne, an Leitlinien und aktuellen Studienergebnissen orientierte Behandlung angeboten wird, die jeweils den aktuellen Stand der Wissenschaft widerspiegelt und für die Patient/inn/en mit einem größtmöglichen Nutzen in Bezug auf Lebensqualität und/oder Lebenszeit verbunden ist. Qualitätssicherungsmaßnahmen dienen auch dazu, die eigenen Strukturen und

Prozesse zu hinterfragen und (systematische) Fehler zu identifizieren. Je nach Versorgungsumfang, Versorgungsinstrument und Versorgungsebene sind die Anforderungen an Art und Umfang der Qualitätssicherung jedoch unterschiedlich formuliert.

So muss der/die gemäß *Onkologie-Vereinbarung* onkologisch tätige Arzt/Ärztin folgende Fortbildungspflichten erfüllen: kontinuierliche Fortbildung durch regelmäßige Teilnahme an zertifizierten Fortbildungsveranstaltungen und Kongressen onkologischer Fachgesellschaften in einem Umfang von jährlich mindestens 50 Punkten und Teilnahme an mindestens zwei industrieneutralen durch die Ärztekammer zertifizierten Pharmakotherapieberatungen pro Jahr. Im Sinne der Onkologie-Vereinbarung ist ein/e Vertragsarzt/ärztin ein/e onkologisch tätige/r Arzt/Ärztin, wenn er/sie einerseits die ambulante Behandlung ganz oder teilweise selbst durchführt und andererseits die Gesamtbehandlung entsprechend einem einheitlichen Therapieplan – unabhängig von notwendigen Überweisungen – leitet und die durch Überweisung zugezogenen Ärzt/inn/e koordiniert. Diese Anforderungen erfüllen in der Regel niedergelassene Onkolog/inn/en. Über die Qualifikation bzw. Fortbildungspflichten der weiteren an der Behandlung beteiligten Kolleg/inn/en gibt es keine Festlegung (GKV-Spitzenverband und KBV 2018).

Sofern eine ambulante onkologische Behandlung im Rahmen der Richtlinie des Gemeinsamen Bundesausschusses über die ambulante spezialfachärztliche Versorgung (ASV) nach § 116b SGB V in ihrer aktuellen Fassung vom 16.08.2018 erfolgt, müssen zwar nach § 135 Abs. 2 SGB V Anforderungen an die Qualifikation der Ärztinnen/Ärzte, an die apparative Ausstattung sowie an Maßnahmen der Qualitätssicherung eingehalten werden, eine eigene Qualitätssicherungsanlage zu der Richtlinie liegt aber bisher nicht vor (G-BA 2018).

Ein von der Deutschen Krebsgesellschaft (DKG) zertifiziertes stationäres viszeralonkologisches Zentrum muss nach Zertifizierungsanforderungen sicherstellen, dass jeder Hauptkooperationspartner an mindestens zwei Veranstaltungen des Zentrums teilnimmt. Anerkannt werden hierbei Qualitätszirkel, die vom Zentrum viermal jährlich anzubieten sind, Morbiditäts-/Mortalitätskonferenzen, die vom Zentrum zweimal jährlich anzubieten sind sowie weitere Fortbildungen zu onkologischen Themen, die vom Zentrum zweimal jährlich anzubieten sind. Darüber hinaus werden für einzelne Kooperationspartner zusätzliche Qualitätsanforderungen gestellt, so für Endoskopiker/innen Mindestzahlen für Koloskopien und Polypektomien pro Jahr (DKG o. J.).

Für Ärzt/e/innen von Krankenhäusern, die an keinem der genannten Verfahren teilnehmen, reicht der Facharztstandard als Qualitätsvoraussetzung. Wie wenig dieser konkret tauglich ist, zeigt sich am Weiterbildungskatalog für die Viszeralchirurgie. Hier werden bezogen auf die Onkologie beziehungsweise konkret die Kolonchirurgie folgende Inhalte gefordert: Kenntnisse, Erfahrungen und Fertigkeiten in den Grundlagen der gebietsbezogenen Tumortherapie und in der Betreuung palliativmedizinisch zu versorgender Patient/inn/en sowie zehn Kolonresektionen (Landesärztekammer Hessen 2016). Wenn man bedenkt, dass mindestens fünf unterschiedliche Operationsverfahren als Standardresektionen am Kolon definiert werden, dann kann die Durchführung von insgesamt zehn dieser Operationen unter ständiger Anwesenheit und Anleitung eines erfahrenen Chirurgen sicher nicht ausreichen, diese Eingriffe eigenständig durchzuführen und schon gar nicht, als Fachexperte für diesen Bereich die Chirurgie in einem MTB zu vertreten.

Auch bei den Qualitätssicherungskontrollen zeigt sich ein uneinheitliches Bild: bei DKG-zertifizierten Darmkrebszentren wird neben einer Mindestfallzahl eine MTB-Vorstellungsrate von >95 % verlangt (DKG o. J.). In der *Onkologie-Vereinbarung* ist eine solche Kennzahl zur Vorstellungsrate nicht etabliert, hier ist lediglich eine stichproben-weise Überprüfung von jeweils 20 Fälle pro Jahr bei 8 % der teilnehmenden Ärzt/e/innen vorgesehen. Allerdings müssen auch hier Mindestfallzahlen nachgewiesen werden, so die Betreuung von durchschnittlich 120 Patient/inn/en pro Quartal mit soliden oder hämatolo-gischen Neoplasien, darunter 70 Patient/inn/en, die mit medikamentöser Tumortherapie behandelt werden, davon 30 mit intravenöser und/oder intrakavitärer und/oder intraläsio-naler Behandlung (GKV-Spitzenverband und KBV 2018). Für Krankenhäuser, die kein zertifiziertes Zentrum etabliert haben, sind derzeit keinerlei Qualitätssicherungsparameter definiert.

Unter diesen ungleichen Bedingungen ist in einem sektorenübergreifenden MTB eine umfangreiche Qualitätssicherung besonders schwer zu realisieren. Die Leitung des MTB könnte zwar mit allen beteiligten Institutionen verbindliche Qualitätssicherungsmaßnah-men vertraglich vereinbaren. Bei fehlender Vergütung ist dies aber wenig aussichtsreich. Zudem gibt es beispielsweise in der Strahlentherapie regional oftmals nur einen mögli-chen Kooperationspartner, so dass eine Abhängigkeit von dessen Bereitschaft zur Mitwir-kung am MTB besteht. Bei einem derartigen Abhängigkeitsverhältnis wäre die tatsächli-che Durchsetzung von Sanktionen, selbst wenn man diese vorher vertraglich vereinbart hätte, kaum realistisch, weil man befürchten müsste, dass der Kooperationspartner die Zusammenarbeit aufkündigt.

6.3.5 Vergütung

Bei stationär behandelten Patient/inn/en werden die Aufwendungen für Besprechungen im Rahmen einer MTB-Fallkonferenz nicht eigenständig vergütet, sie sind mit den entspre-chenden DRG-Fallpauschalen abgegolten. Ob diese Kosten allerdings in die Ermittlung der DRG-Kalkulation eingeflossen sind, ist weniger klar. Dazu müssten die Kalkulations-krankenhäuser MTB-Fallkonferenzen durchgeführt haben und die Kosten in der Kalkula-tionssystematik auch erfasst werden, was unklar ist. Laut Institut für das Entgeltsystem im Krankenhaus GmbH (InEK) gibt es keinen separaten Ausweis für diese Kosten. Sie sind vielmehr anteilig in verschiedenen Kostenstellengruppen der jeweils beteiligten Berufs-gruppen enthalten (*personal communication*). Die Höhe des jeweiligen Anteils ist dem InEK nicht bekannt, da die Kosten nur kumuliert je Fall und Modul übermittelt werden.

Für ambulante Patient/inn/en, die im Rahmen der *Ambulanten spezialfachärztlichen Versorgung* (ASV) behandelt werden, existiert für die Vorstellung in der Fallkonferenz die EBM-Ziffer 51041. Diese Gebührenordnungsposition ist nur von dem/der vorstellenden Arzt/Ärztin des Kernteams berechnungsfähig und dies auch nur einmal im Kalendervierteljahr. Die Gebührenordnungsposition ist mit 201 Punkten bewertet, entsprechend 21,75 Euro (KBV 2019). Im Rahmen der Onkologie-Vereinbarung gibt es keine spezifische Abrechnungsziffer für die Vorstellung von Patient/inn/en in der Fallkonferenz.

Anders verhält es sich bei der Einholung von Zweitmeinungen. Das deutsche Health-Care-Unternehmen HMO Health Management Online AG, das sich selbst als führenden unabhängigen Anbieter von Krebszweitmeinungen bezeichnet, bietet allen Patient/inn/en mit Krebserkrankungen die Leistungen eines MTB als Zweitmeinung an. Zur Inanspruchnahme können Patient/inn/en sich telefonisch oder per E-Mail mit einem Kundenbetreuer des Unternehmens in Verbindung setzen. Die Begutachtung erfolgt auf der Basis der bereits gestellten Diagnostik. Die entsprechenden Unterlagen (Arztbriefe, Befunde etc.) müssen von den Patient/inn/en zur Verfügung gestellt werden. Für die Formulierung der Fragestellung an das MTB, die Aufbereitung der Unterlagen, die Auswahl des geeigneten MTB, die Fallbesprechung sowie die Übermittlung und Erläuterung des Ergebnisses werden 379,- Euro berechnet. Mit 25 Krankenkassen hat die HMO Health Management Online AG nach eigener Angabe bereits Kostenübernahmevereinbarungen getroffen (HMO AG o. J., *personal communication*). Dass die Vergütung für eine MTB-Diskussion als Regelleistung eines etablierten, qualitätsüberprüften Dienstleisters im öffentlichen Gesundheitssystem so eklatant abweicht von der Kostenerstattung, die vom gleichen Kostenträger an ein privatwirtschaftliches Unternehmen mit viel geringerer (staatlicher) Kontrolle gezahlt wird, ist absolut nicht nachvollziehbar. Noch kostenintensiver ist die Erstellung einer Zweitmeinung durch Ärzt/inn/e der Privatklinikgruppe Hirslanden, die 18 Krankenhäuser in vier Ländern betreibt. Hier werden 900 Schweizer Franken berechnet, die im Fall einer Behandlung in einem der Krankenhäuser der Klinikgruppe auf die dabei entstehenden Kosten angerechnet werden (Hirslanden o. J.).

Welche Kosten tatsächlich mit einer Vorstellung in der Fallkonferenz verbunden sind, ist bisher nicht wissenschaftlich untersucht. Für ein solidarisch finanziertes und ausgabengedeckeltes Gesundheitswesen mit dem Anspruch auf eine transparente und kompetitive Ressourcenallokation besteht hier ein dringender Nachholbedarf.

6.4   Perspektive

MTB sind – trotz aller Begrenzungen – ein wichtiges Instrument in der Behandlung von onkologischen Patient/inn/en. MTB ermöglichen die regelhafte interdisziplinäre Diskussion und verhindern, dass Patient/inn/en Behandlungsoptionen vorenthalten werden. Trotz ihrer Verbreitung sind MTB in vielen Aspekten längst nicht optimal. Eine umfassende, interdisziplinäre wissenschaftliche Auseinandersetzung unter Einbeziehung von spezifischer Expertise in Prozessoptimierung, Informationsmanagement und Kommunikationspsychologie ist notwendig, um den Nutzen von MTB für die Patient/inn/en weiter zu optimieren. Aufbauend auf den wissenschaftlichen Ergebnissen ist eine gesetzliche oder gesetzesähnliche Vorgabe für MTB zu fordern, die bestehende Unterschiede (u. a. z. B. in Bezug auf Qualitätsanforderungen) zwischen den Sektoren und Behandlungsmodellen beseitigt. Dem formulierten Rahmen entsprechend ist eine adäquate Vergütung des Aufwandes aller am MTB beteiligten Ärzt/e/innen und anderen Berufsgruppen in der Regelversorgung mit den Kostenträgern zu vereinbaren.

Literatur

BMG (Bundesministerium für Gesundheit). (2017). Nationaler Krebsplan. Handlungsfelder, Ziele, Umsetzungsempfehlungen und Ergebnisse. https://www.bundesgesundheitsministerium.de/. Zugegriffen am 27.04.2019.

van Cutsem, E., Cervantes, A., Adam, R., Sobrero, A., van Krieken, J. H., Aderka, D., Aranda Aguilar, E., Bardelli, A., Benson, A., Bodoky, G., Ciardiello, F., D'Hoore, A., Diaz-Rubio, E., Douillard, J. Y., Ducreux, M., Falcone, A., Grothey, A., Gruenberger, T., Haustermans, K., Heinemann, V., Hoff, P., Köhne, C. H., Labianca, R., Laurent-Puig, P., Ma, B., Maughan, T., Muro, K., Normanno, N., Österlund, P., Oyen, W. J., Papamichael, D., Pentheroudakis, G., Pfeiffer, P., Price, T. J., Punt, C., Ricke, J., Roth, A., Salazar, R., Scheithauer, W., Schmoll, H. J., Tabernero, J., Taïeb, J., Tejpar, S., Wasan, H., Yoshino, T., Zaanan, A., & Arnold, D. (2016). ESMO consensus guidelines for the management of patients with metastatic colorectal cancer. *Annals of Oncology, 27*, 1386–1422.

DKG (Deutsche Krebsgesellschaft). (o. J.). Zertifizierung – Dokumente im Überblick. https://www.krebsgesellschaft.de. Zugegriffen am 22.08.2016.

DONKO (Dachverband onkologisch tätiger Fachgesellschaften Österreichs). (2013). Leitlinie des DONKO zur Erstellung einer Geschäftsordnung für Tumorboards. http://donko.or.at. Zugegriffen am 22.02.2016.

G-BA (Gemeinsamer Bundesausschuss). (2018). Richtlinie des Gemeinsamen Bundesausschusses über die ambulante spezialfachärztliche Versorgung nach § 116b SGB V zuletzt geändert am 17. Mai 2018, veröffentlicht im Bundesanzeiger (BAnz AT 15.08.2018 B1), in Kraft getreten am 16.08.2018.

GKV-Spitzenverband, & KBV (Kassenärztliche Bundesvereinigung). (2018). Vereinbarung über die qualifizierte ambulante Versorgung krebskranker Patienten „Onkologie-Vereinbarung" (Anlage 7 zum Bundesmantelvertrag-Ärzte). http://kbv.de/media/sp/07_Onkologie.pdf. Zugegriffen am 01.06.2019.

Hirslanden. (o. J.). Zweitmeinungen verschaffen Gewissheit. www.hirslanden.com/de/international/weitere-leistungen/zweitmeinung.html. Zugegriffen am 26.02.2019.

HMO AG (HMO Health Management Online AG). (o. J.). Immer mehr Krankenkassen kooperieren mit Krebszweitmeinung. https://krebszweitmeinung.de/kostenubernahme/. Zugegriffen am 26.02.2019.

Homayounfar, K., Bleckmann, A., Helms, H. J., Lordick, F., Rüschoff, J., Conradi, L. C., Sprenger, T., Ghadimi, M., & Liersch, T. (2014). Discrepancies between medical oncologists and surgeons in assessment of resectability and indication for chemotherapy in patients with colorectal liver metastases. *The British Journal of Surgery, 101*(5), 550–557.

IQME (Institut für Qualitätsmessung und Evaluation). (2018). MB-Monitor 2017. www.iqme.de. Zugegriffen am 26.02.2019.

KBV (Kassenärztliche Bundesvereinigung). (2019). EBM 51041 Vorstellung eines Patienten in einer interdisziplinären Tumorkonferenz durch ein Mitglied des Kernteams. Stand 2019/1, erstellt am 24.01.2019. Berlin. http://www.kbv.de/tools/ebm/html/51041_2901203768012038113312.html. Zugegriffen am 26.02.2019.

Keating, N. L., Landrum, M. B., Lamont, E. B., Bozeman, S. R., Shulman, L. N., & McNeil, B. J. (2013). Tumor boards and the quality of cancer care. *Journal of the National Cancer Institute, 105*, 113–121.

Lamb, B. W., Green, J. S., Benn, J., Brown, K. F., Vincent, C. A., & Sevdalis, N. (2013). Improving decision making in multidisciplinary tumor boards: Prospective longitudinal evaluation of a multicomponent intervention for 1,421 patients. *Journal of the American College of Surgeons, 17*, 412–420.

Landesärztekammer Hessen. (2016). Anlage zum Zeugnis gemäß § 9 der Weiterbildungsordnung für Ärztinnen und Ärzte in Hessen vom 01.11.2005 (WBO) für den Facharzt Viszeralchirurgie, Stand 24.04.2016. www.laekh.de. Zugegriffen am 27.05.2019.

Lowes, M., Kleiss, M., Lueck, R., Detken, S., Koenig, A., Nietert, M., Beissbarth, T., Stanek, K., Langer, C., Ghadimi, M., Conradi, L. C., & Homayounfar, K. (2017). The utilization of multidisciplinary tumor boards (MDT) in clinical routine: Results of a health care research study focusing on patients with metastasized colorectal cancer. *International Journal of Colorectal Disease, 32*, 1463–1469.

NCCN (National Comprehensive Cancer Network). (2013). Clinical practice guidelines in oncology: Rectal cancer. 2013. https://www.nccn.org. Zugegriffen am 22.08.2016.

Philips. (2019). Miami Cancer Institute adopts Philips IntelliSpace Precision Medicine Genomics. www.philips.com. Zugegriffen am 27.04.2019.

Pox, C., Aretz, S., Bischoff, S. C., Graeven, U., Hass, M., Heußner, P., Hohenberger, W., Holstege, A., Hübner, J., Kolligs, F., Kreis, M., Lux, P., Ockenga, J., Porschen, R., Post, S., Rahner, N., Reinacher-Schick, A., Riemann, J. F., Sauer, R., Sieg, A., Scheppach, W., Schmitt, W., Schmoll, H. J., Schulmann, K., Tannapfel, A., & Schmiegel, W. (2013). S3-Leitlinie Kolorektales Karzinom Version 1.0 – Juni 2013 AWMF-Registernummer: 021/007OL. *Zeitschrift für Gastroenterologie, 51*, 753–854.

Universitätsmedizin Göttingen. (2015). Anmeldeformular Tumorboard am Waldweg. www.ccc.med.uni-goettingen.de. Zugegriffen am 26.02.2019.

Zi (Zentralinstitut für die kassenärztliche Versorgung in Deutschland) (Hrsg.). (2018). Zi-Praxis-Panel Jahresbericht 2016 – Wirtschaftliche Situation und Rahmenbedingungen in der vertragsärztlichen Versorgung der Jahre 2012 bis 2015. Berlin.

Dr. med. Kia Homayounfar Jahrgang 1972, Facharzt für Chirurgie, Viszeralchirurgie und Spezielle Viszeralchirurgie, Masterstudium Hospital Management. Studium der Humanmedizin an der Georg-August-Universität Göttingen, Facharztausbildung im Klinikum Kassel, anschließend zehn Jahre an der Universitätsmedizin Göttingen tätig, dort zuletzt leitender Oberarzt und ständiger Vertreter des Direktors der Klinik für Allgemein-, Viszeral- und Kinderchirurgie. Seit Juli 2016 Chefarzt der Klinik für Allgemein-, Viszeral- und Endokrine Chirurgie an den DRK Kliniken Nordhessen Gemeinnützige GmbH. Klinischer und wissenschaftlicher Schwerpunkt in der chirurgischen Onkologie, Publikationen speziell zu Lebermetastasierung und multidisziplinären Tumorboards. Gutachtertätigkeit für die Deutsche Krebshilfe.

Kontakt: kia.homayounfar@klinikum-kassel.de

Intersektorale Versorgung von Patienten mit Fragilitätsfrakturen

Christian Kammerlander, Eric Hesse, Ulla Stumpf,
Carl Neuerburg und Wolfgang Böcker

Zusammenfassung

Die Osteoporose ist eine Skeletterkrankung, die mit steigendem Lebensalter vermehrt auftritt und eine Volkskrankheit ist. In Folge einer fortgeschrittenen Osteoporose treten häufig Fragilitätsfrakturen auf, die mit einer deutlich erhöhten Morbidität und Mortalität einhergehen. Zur Behandlung der Osteoporose und Vermeidung von Fragilitätsfrakturen stehen wirksame Medikamente zur Verfügung. Leider werden in Deutschland nur wenige Patienten medikamentös behandelt. Deshalb liegt ein hohes Risiko für Folgefrakturen vor, was ein Problem im Rahmen der Alterstraumatologie darstellt. Zur Verbesserung dieser Behandlungssituation wurden im Ausland bereits erfolgreich intersektorale Versorgungsstrukturen, sog. Fracture Liaison Services (FLS) etabliert. Im Rahmen eines FLS werden Hochrisikopatienten im stationären Bereich identifiziert und koordiniert einer adäquaten Behandlung der Grunderkrankung im ambulanten Sektor zugeführt. Dadurch können das Risiko für Folgefrakturen, die Morbidität und Mortalität der Patienten sowie die Behandlungskosten insgesamt reduziert werden. In einem Pilotprojekt (FLS-Care) soll die Effizienz eines FLS im deutschen Gesundheitssystem überprüft werden, damit diese intersektorale Versorgungsstruktur flächendeckend in die Regelversorgung eingeführt werden kann.

C. Kammerlander · E. Hesse · U. Stumpf · C. Neuerburg · W. Böcker (✉)
Klinikum der Ludwig-Maximilians-Universität München, München, Deutschland
E-Mail: christian.kammerlander@med.uni-muenchen.de; eric.hesse@med.uni-muenchen.de; ulla.stumpf@med.uni-muenchen.de; carl.neuerburg@med.uni-muenchen.de; wolfgang.boecker@med.uni-muenchen.de

© Springer Fachmedien Wiesbaden GmbH, ein Teil von Springer Nature 2020
U. Hahn, C. Kurscheid (Hrsg.), *Intersektorale Versorgung*,
https://doi.org/10.1007/978-3-658-29015-3_7

7.1 Osteoporose und ihre Folgen für die Patienten und die Gesellschaft

Das Skelett unterliegt einem permanenten und lebenslangen Umbau auf der Gewebeebene (Baron und Hesse 2012). Dadurch wird die mechanische Integrität und infolge die Stützfunktion des Skeletts aufrechterhalten. Im Rahmen des Alterungsprozesses kommt es bei Männern und Frauen zu einem gesteigerten Abbau des Knochengewebes und zu einer Abnahme des Gewebeaufbaus. Dieses Ungleichgewicht führt zu einem Verlust von Knochenmasse, der Mikroarchitektur und der mechanischen Stabilität und mündet oft in einer Osteoporose. Auf dem Boden einer Osteoporose können Fragilitätsfrakturen auftreten, die häufig infolge eines inadäquaten Traumas oder eines banalen Sturzes entstehen (Solomon et al. 2016). Sobald sich eine Fragilitätsfraktur ereignet, liegt eine manifeste Osteoporose vor. Klassische Lokalisationen von Fragilitätsfrakturen sind der proximale Humerus, der distale Unterarm, die Brust- und Lendenwirbelsäule, die Hüfte sowie das Becken (Johnell und Kanis 2006; Sànchez-Riera et al. 2010).

Zu den Osteoporose-Risikofaktoren zählen u. a. Diabetes mellitus Typ 1, chronische obstruktive Lungenerkrankungen, rheumatoide Arthritis, Immobilität, Herzinsuffizienz sowie die chronische Einnahme von Protonenpumpenhemmern oder von Steroiden sowie multiple intrinsische Stürze, insbesondere aber auch bereits erlittene Fragilitätsfrakturen. Deshalb haben viele Patienten, die aufgrund einer Fragilitätsfraktur unfallchirurgisch behandelt werden, ein hohes Risiko eine weitere Fragilitätsfraktur zu erleiden (Gonnelli et al. 2013; Center et al. 2007). Nach einer Wirbelkörperfraktur ist das Risiko, dass sich eine weitere Wirbelkörperfraktur ereignet um den Faktor 4,4 erhöht. Das Risiko, dass sich Patienten nach einer Wirbelkörperfraktur eine Hüftfraktur zuziehen ist um den Faktor 2,5 gesteigert (Klotzbuecher et al. 2000). Die meisten Folgefrakturen ereignen sich innerhalb eines Jahres (Schrøder et al. 1993) und gehen mit einer deutlich erhöhten Morbidität und Mortalität einher (Cummings und Melton 2002). Die Sterblichkeit im ersten Jahr nach einer Hüftfraktur liegt bei 25 %, nach einer Fraktur im Bereich der Wirbelsäule bei 13 % (Leibson et al. 2002; Kanis et al. 2004). Ferner ist die Sterblichkeit dieser Patienten im Vergleich zur nicht von Fragilitätsfrakturen betroffenen Population dauerhaft erhöht (Kanis et al. 2004). Deshalb beeinträchtigt jede Fragilitätsfraktur die Lebensqualität und reduziert die Lebenserwartung der betroffenen Patienten. Dies unterstreicht die Dringlichkeit eines zeitnahen, adäquaten und nachhaltigen therapeutischen Eingreifens.

Bei Frauen über 75 Jahren liegt die Prävalenz der Osteoporose bei 59,1 % (Haasters et al. 2015). Hochrechnungen zufolge sind in Deutschland rund 6,3 Millionen Menschen von einer Osteoporose betroffen und jährlich wird mit 885.000 Neuerkrankungen gerechnet (Hadji et al. 2013). Die Ausgaben zulasten der Kostenträger (GKV/PKV) werden dabei auf rund 4,5 Mrd. Euro pro Jahr geschätzt. Als Folge der Osteoporose kam es beispielsweise im Jahr 2010 in Deutschland zu 725.000 osteoporosebedingten Frakturen mit Behandlungs- und Folgekosten in Höhe von ca. 9 Mrd. Euro. Bis 2025 rechnet man mit einer Zunahme auf 928.000 Fragilitätsfrakturen jährlich.

7.2 Aktuelle Versorgungssituation von Patienten nach einer Fragilitätsfraktur

Im stationären unfallchirurgischen Alltag stehen die Frakturversorgung, eine adäquate Schmerztherapie sowie eine Physiotherapie im Zentrum der therapeutischen Maßnahmen. Die ambulante Weiterbehandlung beschränkt sich jedoch meistens auf das Symptom, die Fraktur, nicht aber auf die ursächliche Grunderkrankung, die Osteoporose. Deshalb besteht ein weiterhin hohes Risiko für eine Folgefraktur. In Deutschland ist die Versorgungslücke besonders eklatant (Hadji et al. 2013). So erhalten beispielsweise 90 % der Frauen sowie 97 % der Männer innerhalb von zwölf Monaten nach der ersten osteoporosebedingten Fraktur keine weitere Behandlung (Svedbom et al. 2013; Smektala et al. 2009). Deutschland befindet sich damit unter den Schlusslichtern in Europa. In Frankreich, Spanien, Italien oder Großbritannien ist die Versorgungssituation deutlich besser und es werden teilweise über 80 % der betroffenen Patienten adäquat behandelt. Ein weiteres Problem ist die unzureichende Compliance, verschriebene spezifische Osteoporose-Medikamente konsequent einzunehmen. So liegt die Therapieadhärenz nach einem Jahr bei unter 30 % (Hadji et al. 2012). Deshalb muss im Sinne der Versorgungsqualität und der Patientensicherheit ein System zur Verfügung stehen, das verlässlich regelt, wann und von wem die Osteoporose behandelt wird. Die Implementierung einer neuen Versorgungsstruktur ist deshalb dringend notwendig, um eine angemessene Diagnostik und multimodale Therapie der Osteoporose zu gewährleisten und dadurch das Risiko für Folgefrakturen mit ihrer hohen Morbidität und Mortalität zu senken (Schray et al. 2016). Dazu bieten sich verschiedene Möglichkeiten an, eine davon ist eine intersektorale Zusammenarbeit mit weiterbehandelnden niedergelassenen Fachärzten. Im Ausland wurden dazu bereits seit längerer Zeit Frakturnetzwerke, sog. *Fracture Liaison Services* (FLS), etabliert (Aizer und Bolster 2014; Miller et al. 2015; Briot 2017).

7.3 Der Fracture Liaison Service als neuer intersektoraler Versorgungsverbund

In Deutschland erfolgt derzeit keine gesicherte poststationäre Anbindung von Patienten mit einer Fragilitätsfraktur an niedergelassene Ärzte, die eine Osteoporose-Therapie durchführen könnten. An dieser Stelle greift ein FLS ein, der das Ziel verfolgt, den stationären Bereich mit dem ambulanten Bereich zu verbinden und dadurch eine intersektorale Versorgung gewährleistet. Die teilnehmenden Krankenhäuser sind Akutkrankenhäuser der Grund- und Regelversorgung mit unfallchirurgischen Abteilungen, aber auch Krankenhäuser der Maximalversorgung. Im ambulanten Sektor können niedergelassene Fachärzte (Orthopäden und Unfallchirurgen, Rheumatologen, Endokrinologen, Gynäkologen oder Allgemeinmediziner) an einem FLS teilnehmen. Die Ausgestaltung des Netzwerks sollte regionale Begebenheiten berücksichtigen. Ein FLS verfolgt dabei das Ziel, möglichst viele Patienten nach einer Fragilitätsfraktur einer Diagnostik und Therapie der Osteoporose zuzuführen.

Zur Etablierung eines FLS bedarf es keiner besonderen äußeren Form. Grundsätzlich hat der Patient aber die freie Arztwahl und eine direkte Zuweisung sollte unterbleiben. Die an einem FLS teilnehmende Ärzte sollten zudem Qualitätskriterien erfüllen, die jeder Arzt erlangen kann und die durch das lokale Netzwerk definiert werden sollten. Ein grundsätzliches Qualitätskriterium ist der Facharztstatus. Ferner können zusätzliche Anforderungen (z. B. Zertifizierung als Osteologe DVO, Teilnahme an Qualitätszirkeln) formuliert werden.

7.4   FLS im internationalen Vergleich

Internationale Studien haben gezeigt, dass die Implementierung eines FLS als intersektorales Versorgungsmodell zu einer signifikanten Steigerung der Behandlungsrate geführt hat und dadurch die Folgefrakturrate deutlich reduzierte (33 % bis 88 % über zwei bis vier Jahre), die Mortalität verringerte (35 % über zwei Jahre) sowie die Adhärenz zur Osteoporose-Therapie maßgeblich verbesserte (65 % bis 88 % nach einem Jahr) (Huntjens et al. 2014; Nakayama et al. 2016). In einer dänischen Studie mit 169.145 Patienten mit Hüftfraktur zeigte sich nach einem Jahr eine kumulative Inzidenz einer erneuten Hüftfraktur von lediglich 9 % (Ryg et al. 2009). Die Implementierung eines FLS kann das Risiko für Folgefrakturen nach zwei Jahren um 91 % senken (Huntjens et al. 2014). Diese Versorgungsmodelle sind zudem kosteneffektiv (Huntjens et al. 2014; Nakayama et al. 2016).

7.5   Das FLS-Care-Programm

Zur Implementierung eines strukturierten FLS-Pilotprojekts in Deutschland hat unsere Arbeitsgruppe das *FLS-Care-Programm* (FLS-**Ca**se-Management zur Vermeidung von **Re**frakturen) im Rahmen des Innovationsfonds initiiert. Ziel des FLS-Care-Programms ist es, die Versorgungslücke zwischen stationärem und ambulantem Sektor durch den Aufbau einer intersektoralen Versorgung zu schließen. In Anlehnung an internationale Programme soll speziell geschultes Personal, sog. FLS-Nurses, eine zentrale Rolle bei der Durchführung der Versorgung sowie als Verbindungspartner zwischen beiden Sektoren einnehmen.

Das zentrale Element zur Verbesserung der Versorgung ist die gesteuerte Diagnostik und Therapie der zugrunde liegenden Osteoporose sowie die Sturzprophylaxe bei Patienten mit Hüftfrakturen über die Sektorengrenzen hinweg. An der Studie nehmen randomisierte Interventionskliniken teil, an denen alle Patienten gemäß den Einschlusskriterien stratifiziert und nach entsprechender Aufklärung in die Versorgungsform eingebunden werden. Eingeschlossen werden Männer ≥60 Jahre und Frauen ≥50 Jahre mit hüftgelenksnahen Oberschenkelfrakturen nach Niedrig-Energie-Trauma. Ausschlusskriterien sind Tumorerkrankungen, Dialyse, vorbestehende Immobilität sowie ein Hochrasanztrauma.

Die FLS-Nurse wird aus der Pflege oder Administration des lokalen Krankenhauses rekrutiert. Analog zu anderen integrierten Versorgungsmodellen wird die FLS-Nurse dabei in einer Managementgesellschaft und nicht im Krankenhaus angestellt und übernimmt eine Management- und Beratungsfunktion für den Patienten. Vor Beginn der Versorgung wird eine ausführliche Schulung der FLS-Nurse durchgeführt, damit diese ihre Aufgaben kompetent übernehmen kann. Die FLS-Nurse klärt offene Fragen des Patienten nach einem ärztlichen Beratungsgespräch zu den Grundlagen der Osteoporose und zu den Zusammenhängen mit der Fraktur. Sie berät und schult die Pflege im stationären und die medizinischen Fachangestellten im ambulanten Bereich, schult die Patienten zur Vermeidung von Stürzen, sorgt für die Anbindung der Patienten an lokale Osteoporose-Selbsthilfegruppen, überwacht die Behandlungstermine für die Patienten und unterstützt die behandelnden Ärzte bei der intersektoralen Koordination. Außerdem werden telefonische Nachkontrollen sowie ein Hausbesuch durch die FLS-Nurse durchgeführt. Darüber hinaus wird die FLS-Nurse durch das *FLS-Care-Modul* unterstützt.

Das FLS-Care-Modul ist eine IT-Plattformlösung und erlaubt den intersektoralen Zugriff auf die Diagnostik-, Therapie- und Verlaufsdaten für alle an der Behandlung des Patienten beteiligten Akteure. Es wird aus Standard-Software-Produkten aufgebaut und ist in dieser Grundarchitektur bereits seit mehreren Jahren für Versorgungsprogramme nach § 140a SGB V im realen Einsatz. Die Software hat offene Schnittstellen zu anderen Systemen und entspricht den Kriterien der Interoperabilität. Die FLS-Care-Datenbank ist an das bestehende Alterstraumatologie-Register der Akademie der Unfallchirurgie (AUC) angeschlossen und sichert die Dokumentation der klinischen Parameter. Zur Evaluation werden die dokumentierten Patientendaten anonymisiert und ohne Rückschlussmöglichkeit in die FLS-Care-Datenbank überführt.

Das Versorgungsprogramm FLS-Care gliedert sich im Wesentlichen in drei Prozessschritte. Im ersten Schritt erfolgt der Einschluss der Patienten mit Hüftfrakturen im stationären Bereich. Die Patienten werden in der Notaufnahme über das Krankenhausinformationssystem der beteiligten Kliniken identifiziert und durch die FLS-Nurse für die Möglichkeit der Teilnahme am Versorgungsprogramm stratifiziert. Die FLS-Nurse informiert bei positivem Screening den behandelnden Arzt, der daraufhin den Patienten ausführlich über das Versorgungsprogramm aufklärt und im Falle einer Zustimmung in das Programm einschreibt und als Fall im FLS-Care-Modul anlegt. Neben Basisdaten erfolgt die Eingabe der festgelegten Anamnese-Parameter, die zur späteren Evaluation des FLS relevant sind. Über die Anbindung des FLS-Care-Moduls an die FLS-Care-Datenbank erfolgt die Dokumentation der Anamneseparameter und spätere wissenschaftliche Evaluation des Programms. Gleichzeitig werden mit dem Einschlussdatum des Patienten die Zeitpunkte der Verlaufskontrollen festgelegt.

Im zweiten Schritt erfolgt die Durchführung und Steuerung der Diagnostik. Nach Einschreibung des Patienten im stationären Bereich beginnt entsprechend der Leitlinie des Dachverbands Osteologie (DVO) die Diagnostik, die im ambulanten Bereich im Rahmen der Routinekontrollen vervollständigt wird. Jedes lokale Netzwerk muss die komplette Diagnostik sicherstellen und legt das gemeinsame Vorgehen entsprechend der lokalen

Gegebenheiten individuell fest. Die im Rahmen der Diagnostik erhobenen Parameter und die ggf. bereits eingeleitete Osteoporose-Therapie werden im FLS-Care-Modul dokumentiert und können intersektoral eingesehen werden. Der zentrale Punkt ist die Kontinuität der Diagnostik, Therapie und Informationsweitergabe zwischen den Sektoren, wodurch Doppeluntersuchungen und relevante Informationsverluste vermieden werden. Im Rahmen des stationären Aufenthaltes erfolgt durch die FLS-Nurse auch die Beratung zur Sturzprävention und der Grunderkrankung Osteoporose sowie die Bereitstellung von Informationen zu lokalen Osteoporose-Selbsthilfegruppen.

Im dritten Schritt werden die Überleitung in den ambulanten Bereich und die Verlaufskontrollen vollzogen. Die Überleitung der Patienten an die teilnehmenden niedergelassenen Ärzte in den FLS-Netzwerken steht am Anfang des dritten Prozessschritts. Dem Patienten wird eine Liste der teilnehmenden Ärzte des FLS-Netzwerkes vorgelegt und er sucht sich hier den Arzt seiner Wahl aus. Die niedergelassenen Ärzte sind Fachärzte mit einer Zusatzqualifikation zur Diagnostik und Therapie der Osteoporose (z. B. zertifizierter DVO-Osteologe oder DVO-Zertifikat A *Expertin/Experte für spezielle Osteoporoseversorgung*). Der vom Patienten gewählte Arzt wird ebenfalls im FLS-Care-Modul hinterlegt. Die Terminvereinbarung übernimmt dabei die FLS-Nurse. Verlaufskontrollen sind im ambulanten Sektor nach drei Monaten (Kontrolle 2), nach einem Jahr (Kontrolle 3) und nach zwei Jahren (Kontrolle 4) geplant. Die Parameter der Verlaufsuntersuchungen werden durch den niedergelassenen Arzt, die medizinischen Fachangestellten in den Praxen bzw. durch die FLS-Nurse erfasst. Das FLS-Care-Modul verfügt auch über eine Erinnerungsfunktion. Erscheint der Patient nicht zum Termin, wird die FLS-Nurse ihn telefonisch kontaktieren. Ist eine Wiedervorstellung nicht möglich oder vom Patienten nicht gewünscht, so wird die FLS-Nurse versuchen, die Parameter des FLS-Care-Moduls telefonisch zu erheben. Weitere Telefonate erfolgen regelhaft alle drei Monate durch die FLS-Nurse, um die Patientenadhärenz sicherzustellen. Zusätzlich führt die FLS-Nurse einen Hausbesuch durch, um potenzielle Stolperfallen im Rahmen der Sturzprophylaxe zu identifizieren. Im Kontext des Sturzpräventionsprogrammes wird auch eine Schulung und Behandlung der Patienten durch Physiotherapeuten durchgeführt. Hierbei werden spezielle Übungen zur Verbesserung der Koordination und Körperkontrolle gemeinsam mit dem Physiotherapeuten eingeübt und dann selbstständig von dem Patienten fortgeführt. Entsprechende Schulungsunterlagen werden dem Patienten ausgehändigt und erstmals beim stationären Aufenthalt durch die FLS-Nurse erklärt. Die Physiotherapie wird im Rahmen der in der Regelversorgung enthaltenen Verordnung bei den Diagnosen *Hüftfraktur* und *Osteoporose* mit dem Therapieziel *Koordinationstraining, Sturzprophylaxe, Heimübungsprogramm* verordnet. Hier sind bei der Erstverordnung sechs und bei den Folgeverordnungen je sechs Anwendungen geplant, wobei die Gesamtfrequenz 18 Anwendungen zweimal wöchentlich beträgt.

7.6 Abgrenzung zur Regelversorgung

Die leitliniengerechte differentialdiagnostische Abklärung und Behandlung einer Osteoporose nach Fragilitätsfraktur ist ein Teil der Regelversorgung, wird derzeit jedoch nur selten stringent und sektorenübergreifend angewendet. Ein klares Konzept zur Versorgung der betroffenen Patienten liegt nicht vor. Weder ist der systematische Einschluss der Patienten in ein Behandlungsprogramm noch deren kontinuierliche Betreuung bzw. Koordination über die Sektorengrenzen hinweg abgebildet. Ein Sturzpräventionsprogramm ist in der derzeitigen Regelversorgung nicht vorgesehen. Wesentliche, nicht in der Regelversorgung enthaltene Aufgaben der FLS-Nurse – der Einschluss der Patienten und deren kontinuierliche Betreuung bzw. Koordination über die Sektorengrenzen hinweg – sind in Abb. 7.1 anhand eines schematischen Patientenverlaufs dargestellt. Es sollen überdies explizit keine (möglicherweise teureren) Medikamente außerhalb der Regelversorgung in diesem Programm zum Einsatz kommen oder gar gefördert werden. Die Wahl der Pharmakotherapie entscheidet allein der behandelnde Arzt anhand der Leitlinie und bleibt durch dieses Versorgungsprogramm unbeeinflusst. Rechtsgrundlage ist ein integrierter Versorgungsvertrag gemäß § 140a SGB V.

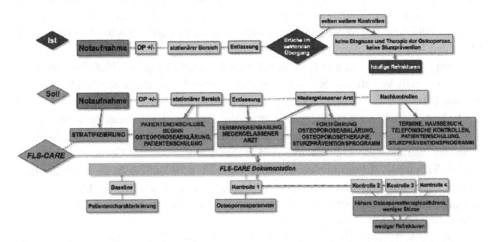

Abb. 7.1 Vergleichende Darstellung des Ist-Zustandes (oben) und des Soll-Zustandes mit FLS-CARE (unten)

7.7 Zu erwartende Verbesserungen und Ausblick

Basierend auf der Erfahrung aus anderen Ländern wird erwartet, dass in der Projektlaufzeit durch Implementierung der beschriebenen Strukturen die Anzahl an Folgefrakturen signifikant gesenkt werden kann. Es ist ebenfalls zu erwarten, dass auch die Mortalität in der FLS-Care-Gruppe deutlich abnimmt. Mit dem Vergleich aus Krankenkassendaten in der Regelversorgung soll am Ende die Wirtschaftlichkeit der neuen Versorgungsform dargestellt werden.

Nach osteoporosebedingter Fraktur erhält im deutschen GKV-System mit den aktuellen Versorgungsstrukturen nur ein geringer Teil der Patienten eine Therapie der Grunderkrankung. Um die Versorgungslücke zu schließen und Folgefrakturen zu vermeiden hat die *International Osteoporosis Foundation* (IOF) und die *American Society for Bone and Mineral Research* (ASBMR) *task force* den Aufbau von FLS-Strukturen empfohlen (Eisman et al. 2012). Das Versorgungsprogramm *FLS-Care* schließt diese Versorgungslücke, indem eine bedarfsgerechte und dem Stand der Wissenschaft entsprechende medizinische Behandlung für Menschen mit hüftgelenksnahen Fragilitätsfrakturen etabliert wird. Diese Maßnahme soll ebenfalls dazu beitragen, die Versorgungsrealität in Deutschland dem internationalen Standard anzugleichen. In verschiedenen Ländern konnten FLS-Modelle die Folgefrakturrate maßgeblich reduzieren (Tab. 7.1).

Das Grundprinzip dieser Versorgung liegt in der intersektoralen Ausrichtung durch Etablierung einer koordinierenden Person (FLS-Nurse), die in beiden Sektoren tätig ist. Entsprechend der beschriebenen Versorgungsstruktur werden die Prozesse bereits unmittelbar nach der Fraktur aus der Klinik heraus von der FLS-Nurse unterstützt, gesteuert und hinsichtlich der Prozessschritte überwacht. Dies ermöglicht eine bisher nicht vorhandene Kontinuität der Behandlung über den stationären Sektor hinaus und verbessert die Anbindung der Patienten. Das Versorgungsprogramm FLS-Care ist als FLS-Care-Modul formalisiert und Bestandteil einer elektronischen Plattformlösung, für deren Betrieb eine Managementgesellschaft verantwortlich ist. Durch die Einführung des FLS-Care-Moduls können wesentliche patientenbezogene Parameter in beiden Sektoren zeitgleich eingesehen werden.

Die Verbesserung der Krankheitseinsicht bei den Patienten ist ein weiterer wesentlicher Faktor und Voraussetzung für eine adäquate Langzeittherapie. Ein Verstehen der eigenen Krankheit und ihrer Zusammenhänge fördert durch Steigerung der Gesundheitskompetenz die Therapie-Adhärenz und damit den erfolgreichen Verlauf der Behandlung des Patienten. Diese wird zum einen durch die Schulung der Patienten durch die FLS-Nurse in verständlicher und zielgerichteter Form sowie z. B. durch die Anbindung an Selbsthilfegruppen mit Patientenveranstaltungen erreicht.

FLS-Care soll dazu beitragen die Selbstständigkeit und Mobilität der Patienten zu erhalten. Durch Unterstützung von Physiotherapeuten wird ein Programm zur Sturzpro-

Tab. 7.1 Reduktion der von Folgefrakturen durch FLS

Land	Reduktion der Folgefrakturen durch FLS	Referenz
Neuseeland	81 % Reduktion nach 4 Jahren	Lih et al. Int 2011
Australien	65 % Reduktion nach 2 Jahren	Van der Kallen 2014
Niederlande	91 % nach Reduktion bei Hüftfrakturen nach 2 Jahren, keine Reduktion n. 1 Jahr	Huntjens et al. 2014
Australien	33 % Reduktion nach 3 Jahren	Nakayama et al. 2016
Schweden	42 % Reduktion nach 6 Jahren	Astrand et al. 2006

phylaxe etabliert. Durch die Einführung einer FLS-Nurse wird auch das Bewusstsein der Pflege für das Krankheitsbild Osteoporose sensibilisiert, indem die Mitarbeiter der Pflege in die Entscheidungs- und Diagnostikpfade eingebunden werden. Zudem bietet diese Funktion die Chance für eine berufliche Weiterentwicklung der Pflegekräfte durch Fortbildung, Kurse, Seminare, Lehrveranstaltungen oder durch die Übernahme dieser intersektoralen Steuerungsfunktion. Darüber hinaus werden Klinikärzte durch die Delegation dieser Aufgaben entlastet. Durch die Verbesserung der Versorgungsqualität wird gleichzeitig die Patientensicherheit erhöht.

Die Implementierung eines FLS führt zu einer Senkung des Ressourcenverbrauchs in der Versorgung. Dies geschieht zum einem aufgrund verbesserter Adhärenz auf Arzt- und Patientenseite und die dadurch entstehende Senkung des Risikos von Folgefrakturen. Dadurch werden stationäre Aufenthalte, Rehabilitationsmaßnahmen und der Verbrauch von Hilfs- und Heilmitteln reduziert. Darüber hinaus wird durch die Vermeidung von Folgefrakturen auch die Pflegebedürftigkeit reduziert. Durch das digitale FLS-Care-Modul stehen die durchgeführten Untersuchungen allen an der Behandlung beteiligten Ärzten und legitimierten Akteuren zur Verfügung und es werden somit Mehrfachuntersuchungen vermieden. In internationalen Studien konnte die Kosteneffektivität des FLS bereits gezeigt werden (Leal et al. 2017). Durch die Implementierung eines FLS kommt es damit auch zu einer Verbesserung der Versorgungseffizienz. Das übergeordnete Ziel ist somit die Vermeidung von osteoporosebedingten Folgefrakturen durch den Aufbau einer integrierten Versorgungsstruktur, die eine leitliniengerechte Diagnostik und Behandlung der Osteoporose sowie eine Sturzprophylaxe sicherstellt.

Literatur

Aizer, J., & Bolster, M. B. (2014). Fracture liaison services: Promoting enhanced bone health care. *Current Rheumatology Reports, 16,* 455.

Astrand, J., Harding, A. K., Aspenberg, P., & Tägil, M. (2006). Systemic zoledronate treatment both prevents resorption of allograft bone and increases the retention of new formed bone during revascularization and remodelling. A bone chamber study in rats. *BMC Musculoskeletal Disorders, 7,* 63.

Baron, R., & Hesse, E. (2012). Update on bone anabolics in osteoporosis treatment: Rationale, current status, and perspectives. *The Journal of Clinical Endocrinology and Metabolism, 97,* 311–325.

Briot, K. (2017). Fracture liaison services. *Current Opinion in Rheumatology, 29,* 416–421.

Center, J. R., Bliuc, D., Nguyen, T. V., & Eisman, J. A. (2007). Risk of subsequent fracture after low-trauma fracture in men and women. *JAMA, 297,* 387.

Cummings, S. R., & Melton, L. J. (2002). Epidemiology and outcomes of osteoporotic fractures. *Lancet, 359,* 1761–1767.

Eisman, J. A., Bogoch, E. R., Dell, R., Harrington, J. T., McKinney, R. E., McLellan, A., Mitchell, P. J., Silverman, S., Singleton, R., & Siris, E. (2012). Making the first fracture the last fracture: ASBMR task force report on secondary fracture prevention. *Journal of Bone and Mineral Research, 27,* 2039–2046.

Gonnelli, S., Caffarelli, C., Maggi, S., Rossi, S., Siviero, P., Gandolini, G., Cisari, C., Rossine, M., Iolascon, G., Letizia Mauro, G., Crepaldi, G., & Nuti, R. (2013). The assessment of vertebral fractures in elderly women with recent hip fractures: The BREAK Study. *Osteoporosis International, 24*, 1151–1159.

Haasters, F., Prall, W. C., Himmler, M., Polzer, H., Schieker, M., & Mutschler, W. (2015). Prevalence and management of osteoporosis in trauma surgery. Implementation of national guidelines during inpatient fracture treatment. *Unfallchirurg, 118*, 138–145.

Hadji, P., Claus, V., Ziller, V., Intorcia, M., Kostev, K., & Steinle, T. (2012). GRAND: The German retrospective cohort analysis on compliance and persistence and the associated risk of fractures in osteoporotic women treated with oral bisphosphonates. *Osteoporosis International, 23*, 223–231.

Hadji, P., Klein, S., Gothe, H., Häussler, B., Kless, T., Schmidt, T., Steinle, T., Verheyen, F., & Linder, R. (2013). The epidemiology of osteoporosis. *Dtsch Aerzteblatt Int, 110*, 52–57.

Huntjens, K. M., van Geel, T. A., van den Bergh, J. P., van Helden, S., Willems, P., Winkens, B., Eisman, J. A., Geusens, P. P., & Brink, P. R. (2014). Fracture liaison service. *Journal of Bone and Joint Surgery, 96*, e29.

Johnell, O., & Kanis, J. A. (2006). An estimate of the worldwide prevalence and disability associated with osteoporotic fractures. *Osteoporosis International, 17*, 1726–1733.

Kanis, J. A., Oden, A., Johnell, O., De Laet, C., & Jonsson, B. (2004). Excess mortality after hospitalisation for vertebral fracture. *Osteoporosis International, 15*, 108–112.

Klotzbuecher, C. M., Ross, P. D., Landsman, P. B., Abbott, T. A., & Berger, M. (2000). Patients with prior fractures have an increased risk of future fractures: A summary of the literature and statistical synthesis. *Journal of Bone and Mineral Research, 15*, 721–739.

Leal, J., Gray, A. M., Hawley, S., Prieto-Alhambra, D., Delmestri, A., Arden, N. K., Cooper, C., Javaid, M. K., Judge, A., & The REFReSH Study Group. (2017). Cost-effectiveness of orthogeriatric and fracture liaison service models of care for hip fracture patients: A population-based study. *Journal of Bone and Mineral Research, 32*, 203–211.

Leibson, C. L., Tosteson, A. N. A., Gabriel, S. E., Ransom, J. E., & Melton, L. J. (2002). Mortality, disability, and nursing home use for persons with and without hip fracture: A population-based study. *Journal of the American Geriatrics Society, 50*, 1644–1650.

Lih, A., Nandapalan, H., Kim, M., Yap, C., Lee, P., Ganda, K., & Seibel, M. J. (2011). Targeted intervention reduces refracture rates in patients with incident non-vertebral osteoporotic fractures: a 4-year prospective controlled study. *Osteoporosis International, 22*(3), 849–858. https://doi.org/10.1007/s00198-010-1477-x. Epub 2010 Nov 24.

Miller, A. N., Lake, A. F., & Emory, C. L. (2015). Establishing a fracture liaison service: An orthopaedic approach. *Journal of Bone and Joint Surgery – American Volume, 97*, 675–681.

Nakayama, A., Major, G., Holliday, E., Attia, J., & Bogduk, N. (2016). Evidence of effectiveness of a fracture liaison service to reduce the re-fracture rate. *Osteoporosis International, 27*, 873–839.

Ryg, J., Rejnmark, L., Overgaard, S., Brixen, K., & Vestergaard, P. (2009). Hip fracture patients at risk of second hip fracture: a nationwide population-based cohort study of 169,145 cases during 1977–2001. *Journal of Bone and Mineral Research, 24*, 1299–1307.

Sànchez-Riera, L., Wilson, N., Kamalaraj, N., Nolla, J. M., Kok, C., Li, Y., Macare, M., Norman, R., Chen, J. S., Smith, E. U., Sambrook, P. N., Hernàndez, C. S., Woolf, A., & March, L. (2010). Osteoporosis and fragility fractures. *Best Practice & Research Clinical Rheumatology, 24*, 793–810.

Schray, D., Neuerburg, C., Stein, J., Gosch, M., Schieker, M., Böcker, W., & Kammerlander, C. (2016). Value of a coordinated management of osteoporosis via Fracture Liaison Service for the treatment of orthogeriatric patients. *European Journal of Trauma and Emergency Surgery, 42*, 559–564.

Schrøder, H. M., Petersen, K. K., & Erlandsen, M. (1993). Occurrence and incidence of the second hip fracture. *Clinical Orthopaedics and Related Research 289*, 166–169.

Smektala, R., Endres, H. G., Dasch, B., Bonnaire, F., Trampisch, H. J., & Pientka, L. (2009). Die stationäre Behandlungsqualität der distalen Radiusfraktur in Deutschland. *Unfallchirurg, 112*, 46–54.

Solomon, C. G., Black, D. M., & Rosen, C. J. (2016). Postmenopausal osteoporosis. *The New England Journal of Medicine, 374*, 254–262.

Svedbom, A., Hernlund, E., Ivergård, M., Compston, J., Cooper, C., Stenmark, J., McCloskey, E. V., Jönsson, B., Kanis, J. A., & The EU Review Panel of the IOF. (2013). Osteoporosis in the European Union: A compendium of country-specific reports. *Archives of Osteoporosis, 8*, 137.

Van der Kallen, J., Giles, M., Cooper, K., Gill, K., Parker, V., Tembo, A., Major, G., Ross, L., & Carter, J. (2014). A fracture prevention service reduces further fractures two years after incident minimal trauma fracture. *International Journal of Rheumatic Diseases, 17*(2), 195–203. https://doi.org/10.1111/1756-185X.12101. Epub 2013 May 28.

Prof. Dr. med. Christian Kammerlander ist Facharzt für Orthopädie und Unfallchirurgie und seit 2015 stellvertretender Direktor der Klinik für Allgemeine-, Unfall- und Wiederherstellungschirurgie am Klinikum der Ludwig-Maximilians-Universität München sowie Leiter der Unfallchirurgie am Campus Großhadern. Zuvor war er an der Universitätsklinik für Unfallchirurgie in Innsbruck tätig und hat dort das Tiroler Zentrum für Altersfrakturen aufgebaut und geleitet. An der Ludwig-Maximilians-Universität München etablierte er auch eine interdisziplinäre Alterstraumatologie und wurde 2018 zum außerplanmäßigen Professor bestellt.
Kontakt: christian.kammerlander@med.uni-muenchen.de

Univ.-Prof. Dr. med. Eric Hesse ist Facharzt für Orthopädie und Unfallchirurgie sowie Osteologe DVO. Er studierte Humanmedizin und Molekulare Medizin an der Medizinischen Hochschule Hannover mit Studienaufenthalten in den USA, Großbritannien, der Schweiz, Südafrika und Neuseeland. Nach einem mehrjährigen Forschungsaufenthalt an den Universitäten Yale und Harvard in den USA erhielt er 2011 einen Ruf auf eine Heisenberg-Professur am Universitätsklinikum Hamburg-Eppendorf. Dort etablierte er das Labor für Molekulare Skelettbiologie, ein FLS sowie die unfallchirurgische Ambulanz für Knochenstoffwechselerkrankungen. Im Mai 2019 wurde er als Gründungsdirektor des Instituts für Molekulare Muskuloskelettale Forschung an das Klinikum der Ludwig-Maximilians-Universität München berufen.
Kontakt: eric.hesse@med.uni-muenchen.de

Dr. med. Ulla Stumpf ist Fachärztin für Orthopädie und Unfallchirurgie sowie Osteologin DVO. Sie arbeitete am Universitätsklinikum in Frankfurt am Main (Orthopädie) und in Düsseldorf (Unfall- und Handchirurgie). Derzeit leitet sie den Bereich Osteologie der Klinik für Allgemeine-, Unfall- und Wiederherstellungschirurgie am Klinikum der Ludwig-Maximilians-Universität München (LMU) und ist stellvertretende Leiterin des Osteologischen Schwerpunktzentrums (OSZ) an der LMU bzw. des Bayerischen Osteoporosezentrums. Ihre klinischen Schwerpunkte sind die Osteologie und die Alterstraumatologie.
Kontakt: ulla.stumpf@med.uni-muenchen.de

Priv.-Doz. Dr. med. Carl Neuerburg ist seit 2017 Oberarzt der Klinik für Allgemeine-, Unfall- und Wiederherstellungschirurgie und seit 2015 Osteologe DVO. Sein klinisch-wissenschaftlicher Schwerpunkt liegt im Bereich der Alterstraumatologie und er ist Schriftführer der AG Alterstraumatologie der Deutschen Gesellschaft für Unfallchirurgie (DGU). Neben dem Facharzt für Orthopädie und Unfallchirurgie hat er die Zusatzbezeichnungen Notfallmedizin und Spezielle Unfallchirurgie inne und bekam im Jahr 2017 die Venia legendi der Ludwig-Maximilians-Universität München verliehen.

Kontakt: carl.neuerburg@med.uni-muenchen.de

Univ.-Prof. Dr. med. Wolfgang Böcker ist Facharzt für Orthopädie und Unfallchirurgie mit den Zusatzbezeichnungen spezielle Unfallchirurgie und Notfallmedizin. Er studierte Humanmedizin an der Freien Universität Berlin und erhielt seine ärztliche Ausbildung an der Universität Regensburg, an der Johns Hopkins Universität in Baltimore, an der Ludwig-Maximilians-Universität München und an der Universitätsklinik Gießen. Zwischen 1988 und 2000 forschte er an der Harvard Medical School in Boston. Am 1. November 2014 übernahm er den Lehrstuhl für Unfallchirurgie und die Leitung der Klinik für Allgemeine-, Unfall- und Wiederherstellungschirurgie am Klinikum der Ludwig-Maximilians-Universität München.

Kontakt: wolfgang.boecker@med.uni-muenchen.de

Intersektorale Versorgung im Kontext der SAPV

Manfred Klemm und Christoph Meyer zu Berstenhorst

Zusammenfassung

Palliative Konzepte zur Versorgung von schwerstkranken und sterbenden Menschen haben sich etabliert. Unter dem Begriff *early integration* wird versucht, so früh wie möglich kurative und palliative Aspekte in Einklang zu bringen. Die „Grauzone" dazwischen ist für viele eine Herausforderung. Das Wissen um die Möglichkeiten, was unsere Gesellschaft medizinisch kurativ alles zu leisten imstande ist, steht manchmal im Widerspruch zu den Wünschen des Patienten. Mit der Spezialisierten ambulanten Palliativversorgung (SAPV) ist ein großer Schritt gelungen, wieder den Menschen und seine Bedarfe auf der letzten Meile des Lebens in den Vordergrund zu stellen.

In Leverkusen wird mit Nachdruck die Entwicklung in der Palliativversorgung ausgebaut und versucht, möglichst viele Partner und Versorger mit an Bord zu nehmen. Entscheidend ist die gemeinsame Koordination der Versorgung am Lebensende. Das Ziel ist klar gesteckt – Leben ermöglichen, aber nicht auf Kosten von Lebensqualität am Ende eines Lebens. Es kommt der Moment, an dem nicht dem Leben mehr Tage, sondern dem Tag mehr Leben geschenkt werden muss.

8.1 Palliativmedizin ist mehr als nur eine letzte Begleitung

Der größte Irrtum des Lebens ist die Annahme, dass wir gesund sterben werden!
In dieser unverblümten Offenheit ausgesprochen von dem Mediziner Dr. Klaus Maria Perrar, Facharzt für Psychiatrie, Psychotherapie und Palliativmedizin, Oberarzt am Zentrum für Palliativmedizin an der Universität zu Köln. (Schlolaut 2013)

M. Klemm (✉) · C. M. z. Berstenhorst
Regionales Gesundheitsnetz Leverkusen eG, Leverkusen, Deutschland
E-Mail: klemm@gesundheitsnetz-leverkusen.de; meyerzb@gesundheitsnetz-leverkusen.de

© Springer Fachmedien Wiesbaden GmbH, ein Teil von Springer Nature 2020
U. Hahn, C. Kurscheid (Hrsg.), *Intersektorale Versorgung*,
https://doi.org/10.1007/978-3-658-29015-3_8

Dieser Illusion gäben sich die meisten Menschen liebend gern hin, obwohl sie es besser wissen müssten. Fakt ist aber: Je älter wir werden, desto größer ist die Gefahr, dass wir krank, ja sogar schwer krank werden, und das Sterben mit Sicherheit kein leichter letzter Schritt sein wird.

Uns Menschen ist das Leben gegeben und wir hängen dran. Es verwundert niemanden, wenn wir kollektiv die Augen vor ernsten Bedrohungen verschließen, solange wir eine Chance dazu sehen. Häufiger besorgtes „Schwarzsehen" wird sogar eher als auffällig erkannt und lässt andere Probleme vermuten. Im Kern bleiben wir lebenslustige Optimisten bis zum Schluss. Diese Einstellung ist auch sicher förderlicher als schädlich, möchte man vermuten. Für ein gelingendes Altern ist es dennoch hilfreich, wenn wir uns bereits in jüngeren Jahren mit Alter, Krankheit und Sterben befassen sowie mit den Möglichkeiten, die die Medizin bietet. Dies gilt auch in Bezug auf die Palliativmedizin, die fälschlicherweise immer nur mit den letzten Wochen und Tagen eines sterbenden Menschen in Verbindung gebracht wird. Die Palliativmedizin widmet sich jedem, egal wie alt er ist, der an einer lebensbedrohlichen Erkrankung leidet. Es werden nicht nur Schmerzen, sondern auch körperliche, psychische und spirituelle Symptome behandelt. Ziel ist es, die Lebensqualität zu erhalten oder zu verbessern.

Es gibt den gesetzlichen Anspruch auf eine spezialisierte ambulante Palliativversorgung! Der behandelnde Haus- oder Facharzt kann sich an ein Palliativteam wenden, das den versorgenden Arzt umfassend unterstützt und berät.

Medizinische, pflegerische, psychosoziale und spirituelle Aspekte sind die vier wesentlichen Gesichtspunkte im Bemühen eines Palliative-Care-Teams. Diese inhaltlichen Aspekte werden durch ein enges Netzwerk von qualifizierten Palliativkräften aus den Bereichen Medizin, Pflege, Hospizdienst, Apotheken, Koordinationsstellen und Verbindungen zu den Krankenhäusern und Pflegeheimen eingebettet. Darüber hinaus besteht eine 24-Stunden-Rufbereitschaft an sieben Tagen in der Woche, um auch zu Zeiten geschlossener Arztpraxen zur Verfügung zu stehen und die Hilfe dann zu leisten, wenn sie am nötigsten gebraucht wird (Kratel 2014).

Die Weltgesundheitsorganisation (WHO o. J) definiert die palliativmedizinische Versorgung (Palliative Care) als einen Weg zur Verbesserung der Lebensqualität von Patientinnen und Patienten und ihren Angehörigen, die mit Problemen konfrontiert sind, die mit einer lebensbedrohlichen Erkrankung einhergehen – und zwar durch Prävention und Linderung von Leiden, durch frühzeitiges Erkennen und zweifelsfreie Einschätzung und Behandlung von Schmerzen sowie anderer Probleme körperlicher, psychosozialer und spiritueller Art. Hiermit wird den Gedanken von Cicely Saunders und ihrem *Total-Pain-Konzept* Rechnung getragen, die als „Mutter" der Hospiz- u. Palliativbewegung u. a. erkannt hat, dass Schmerz nicht allein Ausdruck eines definierten pathophysiologischen Geschehens ist, sondern die Summe verschiedener Faktoren. Ihr viel zitierter Leitspruch, „Nicht dem Leben mehr Tage hinzufügen, sondern den Tagen mehr Leben", unterstreicht die Bemühungen der ambulanten Palliativversorgung hin zu mehr Lebensqualität statt Lebensquantität (Saunders und Baines 1989, S. 66–68).

Mit der **Spezialisierten ambulanten Palliativversorgung** (SAPV) bestehen Organisationsgrundlagen und Mechanismen, die die Grundzüge einer adäquaten ambulanten Versorgung durch sog. Palliative-Care-Teams (PCT) vorsehen. Im Vordergrund steht eine auf die Schmerz- und Symptomkontrolle ausgerichtete Versorgung durch multiprofessionale Teams, die neben den betroffenen Menschen auch die Angehörigen und Ansprechpartner im Lebensmittelpunkt mit einbinden.

Ergänzend zur Basisversorgung durch Hausärzte und Palliativmediziner haben Patienten bei besonderem Pflegebedarf Anspruch auf eine Spezialisierte ambulante Palliativversorgung (SAPV). Diese wird von Hausärzten oder Krankenhausärzten verordnet und von den Krankenkassen übernommen. Voraussetzung ist eine nicht heilbare, weit fortgeschrittene Erkrankung, die die Lebenserwartung begrenzt.

Die Spezialisierte ambulante Palliativversorgung wird durch ein sogenanntes Palliative-Care-Team geleistet. Dieses multiprofessionelle Team besteht aus qualifizierten Palliativärzten und -pflegekräften. Diese kooperieren mit Hausärzten, ambulanten Hospizdiensten, Psychoonkologen, Pflegediensten oder Seelsorgern.

Die Palliativärzte unterstützen den Hausarzt durch intensive Schmerz- und Symptomkontrolle. Die Fachpflegekräfte leisten die spezielle palliative Behandlungspflege zu Hause. Das Team ist rund um die Uhr an sieben Tagen in der Woche erreichbar.

8.2 Wie divers ist die Vertrags- und Versorgungslandschaft der SAPV in Deutschland?

Die SAPV findet auf Grundlage von § 37b SGB V (SAPV) statt. Richtlinie zur Verordnung von Spezialisierter ambulanter Palliativversorgung vom 20. Dezember 2007, veröffentlicht im Bundesanzeiger 2008, S. 911 zuletzt geändert am 15. April 2010, veröffentlicht im Bundesanzeiger, S. 2190, in Kraft getreten am 25. Juni 2010. Die Umsetzung der SAPV erfolgt in regionalen Musterverträgen, die i. d. R. auf Landesebene abgeschlossen werden. Allein mit Blick auf Nordrhein-Westfalen stellt sich die Vertragslage divers da.

Die Umsetzung der SAPV findet im Bereich der Kassenärztlichen Vereinigung Westfalen Lippe durch regionale palliativmedizinische Konsiliardienste (PKD) statt. Die PKD bestehen in erster Linie aus Palliativärzten, die auf Anforderung durch den behandelnden Haus- oder Facharzt konsiliarisch unterstützend tätig werden. Die Leistungen und die Leistungsintensität wird vom koordinierenden Haus- oder Facharzt am Bedarf des betroffenen Patienten sowie seinem eigenen Unterstützungsbedarf ausgerichtet. Der Fokus ist deutlich auf die Erbringung konsiliarischer palliativmedizinisch-ärztlicher Leistungen gesetzt.

Im Bereich der Kassenärztlichen Vereinigung Nordrhein wird die SAPV durch multiprofessionelle Palliative-Care-Teams (PCT) erbracht (Kratel 2014). In den PCT arbeiten qualifizierte Palliativärzte und Palliative-Care-Pflegefachkräfte zusammen. Die PCT koordinieren in Zusammenarbeit mit dem behandelnden Haus- oder Facharzt die gesamte Versorgung im Rahmen der SAPV. Wird vom zuweisenden Haus- oder Facharzt die sog.

Vollversorgung verordnet, ergeben sich daraus und aus der Ausgestaltung des SAPV-Vertrages am Nordrhein mindestens tägliche Besuche beim Patienten durch das PCT sowie die Erreichbarkeit des PCT im Hintergrunddienst 24/7 (Kränzle et al. 2007).

8.3   SAPV im Großraum Leverkusen

Menschen bedürfen der palliativen Versorgung an ihrem Lebensende, damit ein Menschenleben in Würde, unter Wahrung der Autonomie und unter so wenig Leid und Qual wie möglich zu Ende gehen kann.

Die Weltgesundheitsorganisation (WHO) definiert die Palliativmedizin folgendermaßen (WHO o. J):

> „Palliativmedizin ist die ganzheitliche Behandlung, Pflege und Fürsorge für Patienten mit unheilbaren Krankheiten. Die Aufgaben sind, Schmerzen und belastende Symptome zu lindern und eine Stütze bei psychischen, sozialen und existenziellen Problemen zu geben."

Definiert sind vier Säulen der Palliativbetreuung:

- *Schmerztherapie.* Grundvoraussetzung für ein Lebensende in Würde ist die bestmögliche Linderung von körperlichen Schmerzen. Diese treten laut diversen Statistiken und Untersuchungen in ca. 70 % der Fälle bei Tumorerkrankungen auf, aber ebenso bei Nicht-Tumorpatienten.
- *Symptomkontrolle.* Unheilbar Kranke leiden nicht nur unter Schmerzen, sondern ebenso unter diversen weiteren Symptomen, die einerseits durch die Krankheit selbst, andererseits auch durch Therapien entstehen. Diese so gut wie möglich unter Kontrolle zu bringen, ist zentrale Aufgabe ärztlichen und pflegerischen Handelns. Zählt man auch die psychischen Symptome (Angst, Desorientiertheit, Schlafstörungen, Verwirrtheit, delirante Symptomatik) dazu, leiden Menschen am Lebensende unter vier bis sieben verschiedenen Symptomen. Das *komplexe Symptomgeschehen* ist Charakteristikum der palliativen Situation.
- *Soziale Bedürfnisse.* In der Extremsituation menschlichen Seins am Ende des Lebens nicht alleine dem Unbegreifbaren ausgeliefert zu sein, ist Wunsch jedes Sterbenden. Somit sind auch die Unterstützung und Begleitung der meist überforderten Angehörigen eine wesentliche Aufgabe. Hohe Kompetenz in der Kommunikation gepaart mit Empathie und Erfahrung aus einer entsprechenden Haltung heraus durchgeführt, ist Erfordernis einer guten Palliativversorgung.
- *Spirituelle Bedürfnisse.* Die Auseinandersetzung mit der Finalität, dem unweigerlich eintretenden Lebensende, ist Erfordernis und Aufgabe. Hier bedarf es kompetenter Begleitung und Unterstützung, die sich nicht nur auf sog. psychologische Sterbebegleitung beschränkt, sondern auch die Auseinandersetzung mit spirituellen Fragen ermöglicht.

Für jeden Menschen in den letzten Monaten seines Lebens sind diese hier umrissenen Themenbereiche relevant und in unterschiedlicher Intensität als Bedürfnisse vorliegend. Palliativversorgung ermöglicht durch Setzung der Rahmenbedingungen des Sterbens für jeden Sterbenden die Chance, seinen jeweils eigenen Weg in den Tod hinein zu gehen. Nur der Sterbende weiß, was für ihn der richtige Weg ist. Palliativversorgung ist daher nicht standardisierbar, sondern eine höchst individuelle Versorgungsform (Kratel 2014).

Bei manchen Patienten liegen Verhältnisse vor, die besonderen Versorgungsbedarf hervorrufen. Versorgungsbedürftigkeit für SAPV-Leistungen besteht:

- wenn eine nicht heilbare, fortschreitende Erkrankung vorliegt, die so weit fortgeschritten ist, dass die Lebenserwartung nach begründeter Einschätzung des verordnenden Arztes auf Tage, Wochen oder Monate gesunken ist und
- wenn die Ziele nach § 1 Abs. 1 der SAPV-Richtlinie im Rahmen der anderweitigen ambulanten Versorgungsformen nicht oder nur durch besondere Koordination erreicht werden können und
- wenn ein komplexes Symptomgeschehen vorliegt, dessen Behandlung spezifische palliativmedizinische und/oder palliativpflegerische Kenntnisse und Erfahrungen sowie ein interdisziplinäres, insbesondere zwischen Ärzten und Pflegekräften in besonderem Maße abgestimmtes Konzept voraussetzt.

Man kann nach den Erfahrungen der letzten fünf Jahre deutschlandweit davon ausgehen, dass bei ca. 10 bis 15 % der Palliativpatienten diese Voraussetzungen zeitweise erfüllt sind. SAPV-Netze stellen die erforderlichen Qualifikationen und Professionen zur Verfügung und übernehmen gemeinsam mit den Hausärzten die Betreuung dieser Patienten.

Neben weiteren SAPV-Teams im KV-Bereich Nordrhein hat sich unter der Federführung der Ärztegenossenschaft *Regionales Gesundheitsnetz Leverkusen eG* das Ambulante Palliativzentrum in Leverkusen etabliert (Abb. 8.1).

Im Ambulanten Palliativzentrum Leverkusen sind qualifizierte Palliativärzte (QPA), qualifizierte Palliativpflegedienste und der Hospizverein vereint, um die weitere Partner versammelt sind. Dies sind neben den Haus- und Fachärzten sowie Seelsorger und Psychologen vor allem Apotheken. Die Koordination der benötigten Partner erfolgt durch Mitarbeiter der Ärztegenossenschaft des Regionalen Gesundheitsnetz Leverkusen eG.

Die Leitidee des Projektes ist es, schwerstkranken Menschen ein würdevolles Sterben in der gewohnten häuslichen Umgebung zu ermöglichen, ohne auf die Möglichkeiten unseres medizinischen Standards verzichten zu müssen. Im Vordergrund der umfassenden Palliativversorgung stehen hierbei die umfassende Schmerz- und Symptomkontrolle durch ein qualifiziertes Palliative-Care-Team.

Um wieder mehr Menschen ein Sterben im vertrauten Umfeld mit den dafür notwendigen Voraussetzungen zu ermöglichen, müssen folgende Punkte verwirklicht sein:

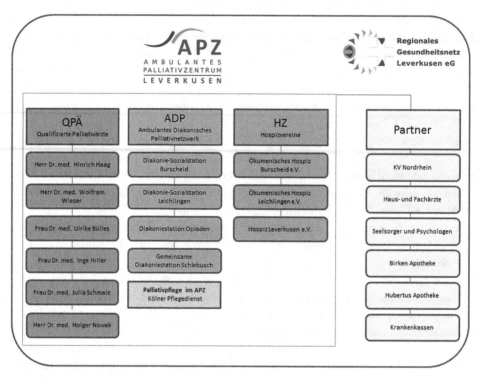

Abb. 8.1 Organigramm des Ambulanten Palliativzentrums in der Koordination der Ärztegenossenschaft, Regionales Gesundheitsnetz Leverkusen eG

- Optimierung der palliativmedizinischen und -pflegerischen Versorgung über 24 Stunden/365 Tage,
- bestmögliche Symptom- und Schmerzkontrolle,
- multiprofessionelles Notfallmanagement 24 Stunden/365 Tage,
- Integration der Patientenversorgung in ein multiprofessionelles, medizinisches Versorgungsnetzwerk,
- Verbesserung und Verbreitung der Fort- und Weiterbildung in Palliative Care.

Im Ambulanten Palliativzentrum Leverkusen (APZ) hat sich ein Palliative-Care-Team (PCT) etabliert, das rund um die Uhr, an 365 Tagen im Jahr ein multiprofessionelles medizinisches Versorgungsnetzwerk führt. Für die Patienten kann so eine hocheffektive Symptom- und Schmerzkontrolle erbracht werden, die es ermöglicht, dass die Patienten in Würde und schmerzfrei in der häuslichen Umgebung sterben können. Die Teampartner im PCT sind in der Regel täglich, bei Bedarf auch mehrmals täglich, bei dem Patienten und deren Angehörigen persönlich anwesend und aktiv. Diese intensive Betreuung, im Einklang mit dem individuellen Bedarf des Patienten, kann unnötige Transporte sowie notfallmäßige stationäre Einweisungen reduzieren helfen und vor allem ein Sterben in der häuslichen Umgebung ermöglichen.

Unser Ziel ist es, so nah wie möglich an eine Quote von 100 % zu gelangen, soweit es von den Patienten und Angehörigen gewünscht und auch umsetzbar ist. Ein weiteres Ziel ist die kontinuierliche Verbesserung in der Qualitätssteigerung und Weiterbildung von Ärzten, qualifiziertem Pflegepersonal sowie engagierten Ehrenamtlichen. Die herausragende Innovation des Konzeptes basiert auf der **koordinierten Kommunikationsstruktur** des multiprofessionellen, medizinischen wie pflegerischen Versorgungsnetzwerkes, das sektorenübergreifend etabliert werden konnte.

8.4 Warum sterben die Menschen in Deutschland zu einem sehr großen Anteil nicht mehr in ihrer gewohnten häuslichen Umgebung?

Aufgrund der Veränderungen in unserer Gesellschaftsstruktur hat sich die *Kernfamilie* in Richtung *Patchworkfamilie* mit dezentralem Familienzentrum entwickelt. Die Lebensarbeitszeiten haben sich verlängert und der Anteil an Frauen und Müttern in der Arbeitswelt hat sich deutlich erhöht. Die interfamiliäre Sorge über mehrere Generationen verlagert sich in Richtung des eigenversorgenden Individuums. Solange eine Eigenversorgung möglich ist, wird die Individualität gestärkt. Mit steigendem Alter und einer zunehmenden Abhängigkeit von Hilfestellungen steigt der Bedarf an unterstützenden Dienstleistungen. Ein besonders hohes Maß an koordinierter und multiprofessioneller Unterstützung ergibt sich für Menschen mit hoher Krankheitslast, die in eine palliative Phase eintreten (Maihofer et al. 2001).

In der Regel erfolgt die konkrete Bedarfserkennung für eine palliative Begleitung bei den behandelnden Ärzten. Ohne Kenntnis über eine verfügbare SAPV-Struktur, verbleibt für den kranken, sterbenden Menschen nur der stationäre Aufenthalt. Die Koordinatoren des APZ nehmen aus dem Umland die SAPV-Verordnungen entgegen, prüfen auf vertragskonforme Richtigkeit und koordinieren umgehend die benötigten Palliativkräfte, die der verordnende Arzt für den Patienten für nötig erachtet hat. Das koordinierte Team aus qualifizierten Palliativärzten, qualifizierten Palliativpflegekräften, dem Hausarzt sowie auf Wunsch Mitarbeitern eines Hospizes etc., besucht umgehend den Patienten und klärt den individuellen Bedarf und alle Notwendigkeiten zur ambulanten Versorgung ab. Über die gemeinsame elektronische Patientenakte sind alle beteiligten Teammitglieder sowie ein Notfallteam und die Netzkoordinatoren jederzeit auf dem aktuellen Versorgungsstand und können barrierefrei Hand in Hand agieren.

In der Regelversorgung ist die Einlieferung ins Krankenhaus zu einem hohen Anteil der fehlenden Kommunikationssystematik geschuldet, gefolgt von Personalengpässen z. B. an Wochenenden. Exakt an diesem Punkt setzt das innovative Konzept an. Durch die koordinierte Kommunikationsstruktur und ein festes Team an qualifizierten Palliativkräften (PCT), wird der bestehende Versorgungskreis nachhaltig geschlossen.

Durch die Verlagerung der Mittel der vermiedenen Krankenhausaufenthalte kann die ambulante Palliativversorgung des Patienten dargestellt werden und zusätzlich die verbleibende Lebensqualität um ein Vielfaches gehoben werden. Der Aspekt der gesteigerten

Lebensqualität, der auch durch die Reduktion vermeidbarer Belastungen, wie z. B. unnötiger Transporte, erfolgt, stellt den besonderen Patientennutzen dar. Hinzu kommen medizinische Parameter. Diese sind in erster Linie die hoch qualifizierte Schmerz- und Symptomkontrollen, die den Patienten ansonsten ganz besonders belasten können.

Bei der Palliativbegleitung steht weniger das medizintechnisch Machbare als der Mensch selbst im Vordergrund. Statt viel Technik und Intensivmedizin, werden der Kontakt und die Begleitung durch Menschen forciert, was durch das PCT nach allen Regeln unseres medizinischen Wissens ambulant ermöglicht wird.

Hinzu kommt die Entlastung der Angehörigen. Befürchtungen von Fehlentscheidungen, die Unkenntnis und fehlende Erfahrung in Sterbeprozessen, die Konfrontation mit starken emotionalen Herausforderungen und die zusätzlichen Belastungen neben der eigenen Lebensbewältigung, sind oft genannte Faktoren. Auch hier steht das PCT zur Seite und trägt Sorge für ein entspanntes Umfeld bei den Angehörigen, die ansonsten von den Ängsten und Aufgaben im Übermaß gefordert sind. Das PCT übernimmt die zentrale Verantwortung für fachliche Entscheidungen und berät die Angehörigen im richtigen Umgang und zur möglichen Unterstützung bis hin zur Übernahme von einfachen Aufgaben in der Versorgung.

8.5 Weiterentwicklung

Vernetzung wird immer gefordert, nirgendwo wird aber gesagt, wer es tun soll!

In allen Positionspapieren wird wiederholt die Vernetzung der Versorgungsangebote und der Leistungserbringer als zentrale Herausforderung genannt, allerdings bleibt in diesen Positionspapieren wie auch der *Charta zur Betreuung schwerstkranker und sterbender Menschen in Deutschland* unklar, wie diese Vernetzung im System verpflichtend von wem umgesetzt werden soll (DGP et al. 2012). Auch mit dem vom 18.03.2015 vorgelegten Referentenentwurf zum Hospiz- und Palliativgesetz (HPG) wird diese zentrale Frage nicht beantwortet, sondern der Selbstverwaltung als zu bearbeitender Sachverhalt übergeben und zwar mit dem unter § 87 SGB V (Bundesmantelvertrag, Einheitlicher Bewertungsmaßstab, bundeseinheitliche Orientierungswerte) neu einzufügenden Absatz 1b:

„Die Kassenärztliche Bundesvereinigung und der Spitzenverband Bund der Krankenkassen vereinbaren im Bundesmantelvertrag erstmals bis spätestens […] die Voraussetzungen für eine besonders qualifizierte und koordinierte palliativ-medizinische Versorgung. Im Bundesmantelvertrag sind insbesondere zu vereinbaren:

1. Inhalte und Ziele der qualifizierten und koordinierenden palliativ-medizinischen Versorgung und deren Abgrenzung zu anderen Leistungen,
2. Qualifikationsanforderungen an die ärztlichen Leistungserbringer,
3. Anforderungen an die Koordination und interprofessionelle Strukturierung der Versorgungsabläufe sowie die aktive Kooperation mit den weiteren an der Palliativversorgung beteiligten Leistungserbringern,
4. Maßnahmen zur Sicherung der Versorgungsqualität.

Der Bundesärztekammer ist vor Abschluss der Vereinbarung Gelegenheit zur Stellungnahme zu geben. Die Stellungnahme ist in den Entscheidungsprozess einzubeziehen. Auf Grundlage der Vereinbarung hat der Bewertungsausschuss den einheitlichen Bewertungsmaßstab für ärztliche Leistungen nach Abs. 2 Satz 2 zu überprüfen und innerhalb von sechs Monaten nach dem in Satz 1 genannten Zeitpunkt anzupassen. Der Bewertungsausschuss hat dem Bundesministerium für Gesundheit erstmals bis zum 31. Dezember 2017 und danach jährlich über die Entwicklung der abgerechneten palliativ-medizinischen Leistungen auch in Kombination mit anderen vertragsärztlichen Leistungen über die Zahl und Qualifikation der ärztlichen Leistungserbringer, über die Versorgungsqualität sowie über die Auswirkungen auf die Verordnung der spezialisierten ambulanten Palliativversorgung zu berichten. Das BMG kann das Nähere zum Inhalt des Berichts und zu den dafür erforderlichen Auswertungen bestimmen."

Zu denkende und zu diskutierende Aspekte:

1. Überdenken und Neuinterpretation des Begriffes *palliativ*

Palliativ zu handeln ist die ureigene Aufgabe ärztlichen Handelns, sprich: den kranken Menschen zu begleiten. Seit Jahren gibt es eine *onkologische Engführung* dieses Begriffes, der auf den Begriff der *begrenzten Lebenserwartung* fixiert ist. Grundsätzlich sollten alle Menschen, die aufgrund einer komplexen Erkrankung einen hohen Versorgungsaufwand haben (z. B. geriatrische Patienten, Patienten mit Pflegeleistungen, Menschen mit spez. Behinderungen etc.), nach den Grundprinzipien palliativer Behandlung versorgt werden: Team, Koordination der Leistungen und Leistungserbringer, Therapie-Priorisierung, vorausschauende Versorgungsplanung, Krisenintervention, Begleitung, besondere fachliche Expertise sowie Struktur- und Prozessvoraussetzungen des behandelnden Teams. Zu den betroffenen Menschen gehören in erster Linie die älteren, multimorbiden Patienten, für die es gegenwärtig in der Regelversorgung keine *koordinierte* Versorgung durch ein Team gibt. Konzepte wie die der indikationsbezogenen Disease-Management-Programme (DMP), die auch auf eine entsprechende aktive Patientenbeteiligung setzen, greifen hier zu kurz.

Der Begriff *palliativ* ist in den bestehenden Versorgungsstrukturen fest installiert und sehr stark an die *nichtkurative* Therapie gekoppelt. Eine Änderung ist ein Kraftakt, der von der hier eigentlichen angestrebten Zielsetzung sehr stark ablenken könnte.

Im Grunde dient die hier favorisierte, teamorientierte und auf Assessment und Koordination basierende Ausrichtung der SAPV als „Vorlage" für die erweiterte Strukturentwicklung.

2. Verankerung in der Regelversorgung/Nutzung bisheriger Entwicklungen

Erster Ansprechpartner der Patienten ist in der Regel der Hausarzt, der eine „überschauende" und koordinierende Funktion hat. Allerdings ist dem Hausarzt nicht damit geholfen, wenn er sich palliativ oder geriatrisch anhand von 45-Stunden-Kursen fortbildet, wenn sich die notwendigen Versorgungsstrukturen nicht „palliativ bzw. geriatrisch fortbilden". Menschen, die nicht innerhalb der über die SAPV definierten Zeiträume (begrenzte Lebenserwartung) versterben, können keine Teamleistung in Anspruch nehmen (in der

Realität ist die harte Abgrenzung zwischen SAPV-Fällen und sogenannten AAPV-Fällen anhand der Lebenserwartung problematisch und auch ethisch fragwürdig). Eine allseits legitimierte und verabschiedete Definition bzw. ausgearbeitete Beschreibung für die Allgemeine Ambulante Palliativversorgung (AAPV) gibt es derzeit nicht, auch wenn dieser Begriff seit einigen Jahren wie selbstverständlich von vielen benutzt wird. Bei der AAPV handelt es sich um die ganz normale Regelversorgung, die eben keine echte Koordination kennt. Es braucht nicht den Fokus auf noch mehr einzelne Versorgungsangebote und es müssen auch nicht noch mehr Stellen Beratung anbieten, es braucht vor allem eine zielgerichtete *Koordination* und Kommunikation der „losen Enden" durch *eine* verantwortliche Stelle. Das deutsche Gesundheitssystem kennt keine Koordinationsleistung in der Regelversorgung. Weder Leistungsbeschreibungen, noch Vergütungszuschläge oder Berichtspflichten in den Legenden des Einheitlichen Bewertungsmaßstabes (EBM) haben etwas an der „lose Enden-Versorgung" geändert.

3. Festlegung des Versorgungsbedarfs

Der Versorgungsbedarf sollte nicht nur an „absehbar Sterbenden" und anhand rein medizinischer Gründe (ICD-Diagnosen) festgemacht werden. Gerade die älteren und multimorbiden Patienten haben keine „krachende Hauptdiagnose", bei ihnen geht es neben einer Vielzahl von Diagnosen vor allem zu 50 % auch um die nachlassende Alltagskompetenz (Ergebnisse geriatrisches Basis-Assessment, Zustand nach Krankenhausentlassung, schwere körperliche Behinderungen etc.). Zur Erfassung dieser Patienten sollten nicht nur ICD-Diagnosen herangezogen werden, eine viel feinere Einschätzung ergibt sich über die ICF-Klassifikation (Funktionsfähigkeit, Behinderung und Gesundheit) (vdek o. J.). Aber auch jüngere Patienten mit zum Teil schweren chronischen Erkrankungen oder Menschen mit Behinderungen benötigen eine koordinierte Versorgungsleistung (um nur einige Beispiele zu nennen). Hierzu wäre eine sich weiterentwickelnde Assessmentstruktur zu etablieren.

Als Basis werden grundsätzliche Facetten zum Versicherten erfasst, die eine einfache Standardisierung ermöglicht. Bereits hier wäre eine Anlehnung an ICF sehr sinnvoll. Je nach „Herausforderung" und individuellem Bedarf werden das persönliche Profil und der Bedarf zu einem Patienten detailliert und so auch der Versorgungsbedarf geschärft. Für Patienten mit geringerem Versorgungs- und Koordinationsdarf bleibt der Umfang des Assessment geringer als für Menschen mit einem besonderen Bedarf, der über ein entsprechendes individuelles Assessment ausgeprägter dargestellt wird. So ist auch sichergestellt, dass die Überprüfung von Leistungen und Versorgungsverläufen transparent über längere Versorgungszeiten dargestellt werden kann.

4. Stufenkonzept des spezialisierten Versorgungsteams

Basisversorger ist **der Hausarzt**. Dieser muss ein *Versorgungsteam* **verordnen** können (er soll es nicht selbst koordinieren, er verordnet Teamleistung). Dieses Versorgungsteam muss:

- ein *Versorgungssituations-Assessment* vornehmen können (Sozialanamnese wie auch medizinische und pflegerische Kriterien);
- Versorgungsangebote vorhalten bzw. einleiten oder koordinieren und zwar immer im „Vor und Zurück" mit dem Hausarzt – wie zum Beispiel weitergehende Assessments, Fallmanagement, Versorgungspläne erstellen, vorausschauendes Versorgungsmanagement, Vernetzung zu den Beratungs- und Versorgungsangeboten anderer Beteiligter (Kassen, Pflegedienste, Heime, Hospize, Entlassmanagement Krankenhaus, Apotheken, Sanitätshäuser, kommunale Hilfeangebote etc.). Eine besondere Schnittstelle ergibt sich zu ambulanten Pflegediensten – rund zwei Drittel der Pflegebedürftigen werden zu Hause gepflegt, was eine verlässliche Unterstützung gerade auch der pflegenden Angehörigen notwendig macht. Der Pflegedienst ist hier sehr wichtig und braucht eine weitaus stärkere Anbindung an die medizinische Versorgung der Hausarztpraxis als bisher;
- die Aufgaben übernehmen, für die eine Hausarztpraxis weder fachlich-inhaltlich noch vergütungstechnisch ausgelegt ist. Der so oft gehörte Satz, „Dafür haben wir keine Zeit, werden wir nicht bezahlt und bekommen wir Regress", kann nicht noch weitere 20 Jahre der Leitsatz der Versorgung sein (um es einmal „böse" zu formulieren). Wer Vernetzung nicht nur als Lippenbekenntnis im Munde führen möchte, muss sagen, wie diese im System der Regelversorgung etabliert werden soll, so dass sie verpflichtend erfolgt und geforderten sowie konsentierten Qualitätsanforderungen entspricht. Die SAPV hat hierfür einen Meilenstein gesetzt.

Spezialisiertes Versorgungsteam. Als „Keimzelle" solcher *Versorgungsteams* könnten die SAPV-Palliative-Care-Teams weiterentwickelt werden. Sie verfügen schon heute über die nötigen Strukturanforderungen hinsichtlich der Vernetzung von Versorgungsangeboten. In den Teams müsste eine fachliche Weiterentwicklung in Richtung Geriatrie, soziales Fallmanagement, Reha etc. erfolgen, wenn Palliativversorgung in einem erweiterten Verständnis erfolgen soll und neue Aufgaben beschrieben werden. Bei spezialisierten Versorgungsteams ist Folgendes zu beachten:

- Der Hausarzt benötigt für die Versorgung von Patienten mit komplexem Versorgungsbedarf über diese Teams Spezialexpertise, die nicht flächendeckend in jeder Praxis vorgehalten werden kann und muss (z. B. Geriatrie, Palliativ, Reha, Polypharmakotherapie, Schmerz, Infektionen, Umgang mit Behinderungen, Onkologie – damit könnte auch das Thema *Entwicklung der Geriatrieversorgung* aufgegriffen werden).
- Das spezialisierte Versorgungsteam stellt ein gezieltes Fallmanagement zur Verfügung (vor allem als Koordinator zwischen ambulant, stationär, Pflegediensten, Hospizen, Angehörigen etc.).
- Das spezialisierte Versorgungsteam verfügt über erweiterte Budgets bei Arznei- und Heilmittel (keine „Verlegenheitsüberweisungen" mehr aus Budgetgründen).
- Benötigt werden gezielte und gesteuerte Reha-Maßnahmen, die in Versorgungskonzepte und geführte Versorgungsabläufe mit Feedback eingebunden sind.

Die dritte und letzte Versorgungsstufe ist immer der stationäre Bereich (wenn ambulante Möglichkeiten nicht mehr reichen), also ein Krankenhaus, Pflegeheim, Hospiz.

8.5.1 Vergütung

Gegenwärtig werden über den EBM Einzelleistungen aufgerufen (Geriatrie- und Palliativziffern, EBM-GOPen für ärztl. angeordnete Hilfeleistungen durch nichtärztliche Praxisassistenten), die ein Ansatz sind, um in den Praxen einem erhöhten Aufwand Rechnung zu tragen, die aber das Problem der fehlenden Koordination sowie explizite Struktur-, Prozess und Qualifikationsanforderungen nicht lösen. Welche „therapeutische Konsequenz" kann ein Hausarzt derzeit aus einem geriatrischen Basis-Assessment ziehen, wenn der Patient absehbar nicht mehr alleine zu Hause zurechtkommt? Es gilt ein Verordnungsverfahren zu etablieren, bei dem der Hausarzt „Lotse" bleibt, komplexe Versorgungsaufwände aber anhand eines Versorgungsteams wahrnehmen lassen kann, das um den Patienten „schwingt".

Überlegt werden sollte, ob und wenn ja, wie die SAPV-Verträge an die Regelversorgung über den Gesamtvertrag angedockt werden sollten (hierzu böte sich an, das Modell der Palliativversorgung in Westfalen-Lippe genauer zu prüfen).

Aus unterschiedlichen Selektivverträgen liegen Erfahrungen mit der Bildung von Vergütungsmodellen/Pauschalen für Fallmanagement und Netzarbeit vor. Diese Expertisen könnten zur Weiterentwicklung genutzt werden. Hinsichtlich der Umsetzung des Fallmanagements liegen auch hierzu aus zahlreichen Modellprojekten und Selektivverträgen Erfahrungen vor.

Die harte Abgrenzung zwischen SAPV und AAPV führt in der Praxis zu sehr schwierigen ethischen Fragen und Problemen. Es sollten Strukturen geschaffen werden, die einen fließenden Übergang der Versorgungsebenen beinhalten und bei denen sichergestellt ist, dass hoch spezialisierte und kostenintensive Leistungen, wie z. B. die SAPV, auch wirklich nur bei den dafür erforderlichen Fällen zur Anwendung kommen (gegenwärtig zeigt der Bewilligungsalltag oftmals ein Auffangen von Nicht-SAPV-Patienten in die SAPV). Es braucht durchlässige und gestaffelte Versorgungsstrukturen nach Bedarf.

Die SAPV ist nie eine Leistung im Versorgungswettbewerb der Krankenkassen gewesen. Soll die etwaige Ausweitung auf eine AAPV eine solche werden, wenn Selektivverträge angestrebt werden? (Siehe Referentenentwurf der neu einzufügende Abs. (3) im § 132d SGB V). Die Probleme der selektivvertraglichen Gestaltung bei diesen komplexen Versorgungskreisen dürften allen bekannt sein.

Es ist zu überlegen, ob für aufwendige Versorgungsaufgaben, die die Verordnung eines Versorgungsteams erforderlich machen, ein eigenes EBM-Kapitel (außerhalb des Punktesystems) einzuführen ist. Die Vergütungslogik des EBM kann die Versorgungsaufgaben und Aufwände aufgrund ihrer Systematik nicht abbilden und honorieren.

8.5.2 Pflegeheimversorgung

Die ärztliche Versorgung in Pflegeheimen ist nicht durch 119 b-Verträge zu lösen. Zu tief sind die strukturellen Probleme, die eine Versorgung sehr schwer machen. Sollen Erreichbarkeit, Kommunikationsstandards, Kooperation, Behandlungskorridore im Zusammengehen mit den Präferenzen und Wünschen der Bewohner und Angehörigen umgesetzt werden (auch vor dem Hintergrund des Pflegenotstands in vielen Heimen), braucht es unter den Ärzten eine regional organisierte Einheit, die sich der Pflegeheimversorgung konsequent und verbindlich annimmt. Der Blick muss hierbei nicht nur auf Ärzte fallen, sondern auch auf das Leistbare (z. B. gemeinsame Visite mit Arzt) von Pflegeseite aus. Untersuchungen zeigen, dass in Heimen mit 80 bis 100 Bewohnern über 30 Ärzte ein- und ausgehen (wobei immer noch nicht alle Patienten zwingend einen Arzt haben).

Pflegeheime sind medizinisch, organisatorisch und rechtlich ein eigener Versorgungskosmos (rechtlich: Betreuerprobleme, medizinisch: vor allem mangelnde Facharztversorgung, Abstimmungsprobleme gerade im neurologischen Bereich etc.) und sollten auch als ein solcher behandelt werden. Neue Versorgungsansätze werden hier in Westfalen-Lippe mit den kassenartenübergreifenden Pflegeheimverträgen (KVWL/Kassen) in fünf Regionen über etablierte Arztnetze (87b-Rahmenvorgabe) erprobt. Ebenso wegweisend ist das Heimarztmodell des Arztnetzes in Lingen (http://www.genial-lingen.com/gesundheitsnetz/aktuelles/projekte/heimarztmodell.html). Eine regional koordinierte Pflegeheimversorgung könnte auch durch von Hausärzten verordnete Versorgungsteams (Abschn. 8.5) erfolgen. Darüber hinaus benötigt eine gute palliative Versorgung in Pflegeheimen eine besondere Koordinationskraft im Heim (Sozialarbeit im Pflegeheim). Für die Gewährung einer hohen Arzneimitteltherapiesicherheit braucht es zudem auch hier eine entsprechend fortgebildete Kraft auf Pflegeheimseite.

8.6 Perspektiven der palliativen und hospizlichen Versorgung am Beispiel PalliLev

Ein SAPV-Team versorgt rund 350 Palliativpatienten pro Jahr in Leverkusen und im Umland. Die palliative Versorgung im ambulanten Bereich wird vom *Regionalen Gesundheitsnetz Leverkusen – Ambulantes Palliativzentrum Leverkusen* zurzeit erfolgreich und auf hohem Qualitätsniveau sichergestellt. Vor dem Hintergrund der aktuellen Versorgungssituation und in Anbetracht der gesundheitspolitischen Diskussion zur Hospiz- und Palliativversorgung in Deutschland ist eine Abrundung des Leistungsangebots für die Region Leverkusen und Umland geplant, um das hospizlich-palliative Leistungsangebot in dieser Region dauerhaft zu gewährleisten. Die drei Ebenen der Palliativversorgung *AAPV, SAPV und Hospiz* müssen alle in der Region vorhanden sein und in Abhängigkeit von der gesundheitlichen Situation, dem individuellen Anspruch und dem sozialen Umfeld des Patienten zur Verfügung gestellt werden. Der Übergang zwischen den drei Ebenen muss jederzeit und in beide Richtungen möglich sein. Der Koordination der Patienten kommt dabei eine herausragende Bedeutung zu. Gleichzeitig ist die medizinische, die pflegerische und die soziale Abstimmung zwischen den Leistungserbringern und mit ehrenamtlichen Helferstrukturen zu leisten, damit keine Versorgungsbrüche entstehen.

Das *PalliLev – Integriertes Hospiz- und Palliativzentrum Leverkusen* entwickelt und implementiert dazu modellhaft eine umfassende integrierte Hospiz- und Palliativversorgung. Einerseits werden dazu die Hausärzte, die häuslichen Pflegedienste und die ehrenamtlichen Helferstrukturen in und um Leverkusen aktiv in das bestehende Netzwerk integriert. Gemeinsame Fortbildungen schaffen die Basis für ein gemeinsames Verständnis von Palliativmedizin. Darüber hinaus wird das Qualitätsmanagement implementiert. Zur Vermeidung ineffizienter Doppelstrukturen erfolgt die Koordination der Patienten über die Koordinationszentrale des SAPV-Teams Leverkusen. Andererseits werden vertragliche Grundlagen zur AAPV mit allen Kostenträgern angestrebt. Damit wird die mittlere Ebene auch vertraglich an die Erfordernisse eines umfassenden palliativen Versorgungsangebotes angepasst. Der gleitende Übergang der Palliativpatienten von einer Versorgungsebene in eine andere wird damit nicht durch komplizierte bürokratische Hürden erschwert.

Weiterhin wird ein stationäres Hospiz errichtet, mit dem das palliative Angebot in Leverkusen vervollständigt wird. Durch die enge Kooperation mit dem SAPV-Team für die Region Leverkusen erhalten die Patienten die Sicherheit, dass sie eine stationäre Versorgung im Hospiz erhalten, wenn die Versorgung zu Hause nicht mehr geleistet werden kann. Stabilisiert sich unter der Versorgung im Hospiz die gesundheitliche Situation, können Patienten auch in ihr häusliches Umfeld zurückkehren. Auch hier stellt das SAPV-Team das Qualitätsmanagement und sorgt damit für einen durchgehenden Ansatz der Qualitätsbeschreibung. Das Qualitätsmanagement beinhaltet eine Transparenz sämtlicher Daten nicht nur nach innen, sondern auch den Kostenträgern gegenüber.

Literatur

DGP (Deutsche Gesellschaft für Palliativmedizin), DHPV (Deutscher Hospiz- und PalliativVerband), & BÄK (Bundesärztekammer) (Hrsg.). (2012). Charta zur Betreuung schwerstkranker und sterbender Menschen in Deutschland. 5. Aufl. Mai 2012, Berlin. www.charta-zur-betreuung-sterbender.de. Zugegriffen am 28.04.2020.

Kränzle, S., Schmid, U., & Seeger, C. (2007). *Palliative Care – Handbuch für Pflege und Begleitung* (2. Aufl.). Heidelberg: Springer Medizin.

Kratel, U. (2014). Fortschritte in der ambulanten Palliative Care-Versorgung in Deutschland – Eine Bestandsaufnahme. *DZO, 46*(01), 8–15. https://doi.org/10.1055/s-0033-1357616.

Maihofer, A., Böhnisch, T., & Wolf, A. (2001). *Wandel der Familie*, Arbeitspapier 48. Düsseldorf: Hans-Böckler-Stiftung. https://www.econstor.eu/bitstream/10419/116504/1/hbs_arbp_048.pdf. Zugegriffen am 28.04.2020.

Saunders, C., & Baines, M. (1989). *Living with dying* (2. Aufl.). Oxford: Oxford University Press.

Schlolaut, M.-A. (2013). Den Tod im Blick – Palliativmedizin ist mehr als nur eine letzte Begleitung. https://www.hf.uni-koeln.de/data/altstud/File/RingVL/Perrar.pdf. Zugegriffen am 28.04.2020.

vdek (Verband der Ersatzkassen). (o. J.). ICF – Internationale Klassifikation der Funktionsfähigkeit, Behinderung und Gesundheit. https://www.vdek.com/vertragspartner/vorsorge-rehabilitation/icf.html. Zugeggriffen am 28.04.2020.

WHO (World Health Organization). (o. J.). WHO-definition of palliative care. www.who.int/cancer/palliative/definition/. Zugeggriffen am 28.04.2020.

Dr. Manfred Klemm absolvierte ein Studium der Genetik im Fachbereich Biologie an der Universität zu Köln und promovierte am Max-Planck-Institut für Züchtungsforschung in Köln. Von 1994 bis 1999 war er in leitender Position und Geschäftsführung eines amerikanischen Diagnostik-Unternehmens auf dem deutschen Markt tätig. Von 1999 bis 2004 Geschäftsführer eines forschenden Unternehmens im Bereich der Biotechnologie, seit 2006 Vorstand des Regionalen Gesundheitsnetzes Leverkusen eG.

Kontakt: klemm@gesundheitsnetz-leverkusen.de

Christoph Meyer zu Berstenhorst ist seit 2013 für das Regionale Gesundheitsnetz Leverkusen im Bereich der Palliativversorgung und seit Mitte 2019 auch als Vorstand tätig. Er ist u. a. für die Umsetzung von PalliLev – das integrierte Palliativ- und Hospizzentrum für Leverkusen – verantwortlich. Er studierte an der Katholischen Hochschule Paderborn Religionspädagogik. Nach einer Anstellung im Bistum Münster folgte eine Ausbildung zum Gesundheits- und Krankenpfleger an der LWL-Klinik für Psychiatrie und Psychotherapie in Münster. Bevor er als stellvertretender Pflegedienstleiter im St. Vinzenz Pallotti Hospiz in Oberhausen arbeitete, war er am St. Nikolaus Hospital, einem psychiatrischen Fachkrankenhaus, in Rheinberg am Niederrhein tätig.

Kontakt: meyerzb@gesundheitsnetz-leverkusen.de

Kooperation selbstständiger Partner: Campuslösung und Belegarztwesen am St. Franziskus-Hospital in Münster

9

Peter Mussinghoff, Jörg M. Koch und Burkhard Nolte

Zusammenfassung

Am Beispiel der Zusammenarbeit zwischen dem St. Franziskus-Hospital Münster und dem Augenzentrum am St. Franziskus-Hospital wird eine seit über 25 Jahren etablierte Struktur einer Kooperation von einem ambulanten und einem stationären Leistungserbringer vorgestellt. Der Ansatz des St. Franziskus-Hospitals, niedergelassene Arztpraxen auf dem Campus des Krankenhauses zu integrieren und die Etablierung eines Augenarztzentrums, das über die Gemeinschaftspraxis ambulante Patienten und über die Belegarztabteilung stationäre Patienten versorgen kann, stellt eine geeignete Konstellation dar, die Sektorengrenze zum Nutzen der Patienten zu überwinden. Weiter bestehende Hinderungsgründe für eine stärkere Durchdringung des ambulant-stationären Gedankens werden diskutiert.

Das St. Franziskus-Hospital Münster ist ein Krankenhaus der Schwerpunktversorgung mit 598 Planbetten in 21 medizinischen Fachbereichen. Im Jahr werden ca. 30.000 Patienten stationär und 50.000 Patienten ambulant behandelt sowie mehr als 28.000 stationäre und ambulante Operationen durchgeführt. Die durchschnittliche Verweildauer liegt mit unter sechs Tagen deutlich niedriger als im Bundesdurchschnitt. Das Umfeld ist durch einen starken Wettbewerb geprägt. Neben einer Universitätsklinik gibt es noch vier weitere konfessionelle Krankenhäuser in der Stadt.

P. Mussinghoff · J. M. Koch (✉)
Augenzentrums am St. Franziskus-Hospital Münster, Münster, Deutschland
E-Mail: peter.mussinghoff@augen-franziskus.de; joerg.koch@augen-franziskus.de

B. Nolte
St. Franziskus-Hospital, Münster, Deutschland
E-Mail: burkhard.nolte@sfh-muenster.de

© Springer Fachmedien Wiesbaden GmbH, ein Teil von Springer Nature 2020
U. Hahn, C. Kurscheid (Hrsg.), *Intersektorale Versorgung*,
https://doi.org/10.1007/978-3-658-29015-3_9

Neben der Differenzierung des vorgehaltenen stationären Leistungsangebots hat das St. Franziskus-Hospital frühzeitig damit begonnen, horizontale wie vertikale Netzwerkstrukturen aufzubauen. Das Ziel war, den gesamten Behandlungsablauf sektorenübergreifend abbilden zu können. Besonderes Augenmerk galt bereits seit Ende der 80er-Jahre der Ausbildung vertikaler Netzwerkstrukturen mit Ansiedlung niedergelassener Ärzte auf dem Klinikgelände.

9.1   Das FranziskusCarré – Struktur und Aufbau

Im August 2007 nahm das FranziskusCarré mit 17 Facharztpraxen und verschiedenen Gesundheitsdienstleistern seinen Betrieb auf. Das Gebäude umfasst insgesamt fünf Ebenen. Auf den oberen drei Ebenen sind die Praxen, der ambulante OP-Bereich sowie die endoskopische Abteilung des Krankenhauses untergebracht. Alle Ebenen des FranziskusCarrés sind über einen gemeinsamen Verkehrsknoten räumlich eng mit dem Krankenhaus verbunden. Die im Facharztzentrum errichteten Operationskapazitäten werden ambulant und stationär (durch Belegärzte) genutzt.

Am Krankenhaus ist somit eine große Anzahl von Spezialisten angesiedelt. In den 17 Facharztpraxen sind mehr als 50 Fachärzte aus den Bereichen Anästhesie, Angiologie, Augenheilkunde, Dermatologie, Diabetologie, Dialyse, Humangenetik, Innere Medizin, Kardiologie, Kinderchirurgie, Kinder- und Jugendpsychiatrie, Nephrologie, Nuklearmedizin, Pränataldiagnostik, Proktologie, Pneumologie, Schmerztherapie, Urologie sowie Zahnmedizin und Oralchirurgie tätig. Im gemeinsamen Zugangsbereich von FranziskusCarré und Hospital befinden sich zudem diverse Gesundheitsdienstanbieter, eine Offizin-Apotheke, Shops sowie die Informations- und Wartezonen.

Mit der Etablierung des FranziskusCarrés verfolgte das St. Franziskus-Hospital als Initialpartner das Ziel, ein medizinisches Kompetenzzentrum mit umfassendem Leistungsangebot am eigenen Standort aufzubauen. Im Fokus stand der Nutzen für die Patienten, d. h. die Optimierung der Patientenversorgung an der Schnittstelle ambulant-stationär. Angestrebt wurden aber auch die Vertiefung und Erweiterung des bestehenden Leistungsspektrums sowie die Stärkung der eigenen Marktposition. Bei der Auswahl der Disziplinen standen neben einer möglichst gemeinsamen Nutzung von Ressourcen (Räumlichkeiten, Personal und medizinische Großgeräte) vor allem die Erweiterung und Spezialisierung der vom Hospital vorgehaltenen Leistungs- und Behandlungsschwerpunkte mit entsprechender inhaltlicher Verzahnung des ambulanten und stationären Versorgungsbereichs im Vordergrund.

Die Fokussierung auf selbstständige spezialisierte Fachärzte als Kooperationspartner sollte maximale Synergien ermöglichen und gleichzeitig eine Konfrontation mit anderen niedergelassenen Ärzten vermeiden. Mit den Ärzten des FranziskusCarrés wurden neben Mietverträgen auch umfangreiche Kooperationsverträge geschlossen. Die Festlegung der gemeinsamen Ziele mit dem Schwerpunkt einer optimalen disziplinen- und sektorenübergreifenden Patientenversorgung erfolgte unter Einbindung der im Hospital tätigen Chefärzte. Diese frühzeitige Einbindung aller Kooperationspartner in die inhaltliche Konzipierung war einer der wesentlichen Erfolgsfaktoren für das Gelingen des Vernetzungsprozesses.

9.2   Augenzentrum am St. Franziskus-Hospital: Kooperation am Krankenhaus und mit Fachkollegen

Am 1. April 1993 gründeten Prof. Daniel Pauleikhoff und Dr. Jörg Koch das heutige Augenzentrum am St. Franziskus-Hospital in Münster als augenärztliche Gemeinschaftspraxis auf dem Gelände des St. Franziskus-Hospitals Münster. In der Klinik übernahmen sie als Belegärzte die dortige Belegabteilung für Augenheilkunde. Durch die rasch wachsende Akzeptanz in Münster und über die Stadtgrenzen hinaus, wuchs die Abteilung schneller als erwartet. So wurden die Operationszahlen bereits im dritten Jahr vierstellig und die Sprechstunden füllten sich spürbar. 1995 wurde die erste Weiterbildungsassistentin eingestellt. Fachärztlich verstärkten Prof. Albrecht Lommatzsch, Prof. Arnd Heiligenhaus, Priv.-Dozent Dr. Suphi Taneri und Dr. Georg Spital sowie Prof. Carsten Heinz sukzessive die Gruppe. Parallel kamen zahlreiche Weiterbildungsassistenten, medizinische Fachangestellte, Auszubildende, Study Nurses, Statistiker, Biologen, IT-Fachleute und Case Manager hinzu. Mit heute ca. 100 Mitarbeiterinnen und Mitarbeitern, darunter allein 35 Augenärzten, über 20.000 ambulanten und stationären Eingriffen im Jahr, 22 Betten und zahlreichen operativ und konservativ, ambulant und stationär zu versorgenden Patienten, gehört das Augenzentrum am St. Franziskus-Hospital zu einer der großen Abteilungen für Augenheilkunde in Nordrhein-Westfalen.

Das Augenzentrum übernimmt als spezialisiertes Tertiärzentrum die Versorgung von Patienten, die von Augenärzten der Region überwiesen werden. Dazu gehört die Versorgung von Makulapatienten (Makula-Zentrum), seltenen Netzhauterkrankungen und Notfallpatienten, insbesondere im Bereich der Netzhautchirurgie, die Versorgung von Patienten mit entzündlichen Augenerkrankungen (Uveitis-Zentrum) und Glaukom- und Hornhauterkrankungen sowie Patienten, die mit modernster Lasertechnologie (Refraktives Zentrum) und im Rahmen der Kataraktchirurgie behandelt werden. Beratungsangebote für vergrößernde Sehhilfen, eine Sehschule und Kontaktlinsensprechstunden erweitern das Angebot nahezu zu einer augenärztlichen Vollversorgung.

Für die stationäre Patientenversorgung ist ein Augenarzt des Zentrums rund um die Uhr, sieben Tage in der Woche verfügbar. Tagsüber erfolgt die Betreuung der stationären Patienten in Form eines Präsenzstationsdienstes, nachts in Form eines Rufbereitschaftsdienstes. Im Hintergrund ist immer ein für die jeweilige Operation spezialisierter Operateur eingeteilt. Dieser führt die jeweiligen Visiten durch und trifft die Entscheidung zur Entlassung und postoperativen Weiterbetreuung und ist im Falle von Komplikationen verfügbar. Die Struktur unterscheidet sich dadurch deutlich vom vielfach angenommenen

Bild eines Belegarztes, dem aufgrund von kleinen Fallzahlen keine Versorgungsrelevanz zugesprochen wird.

Neben der Versorgung der Patienten übernimmt das vertragsärztliche Zentrum auch mittelbare Versorgungsfunktionen: Es arbeitet wissenschaftlich im Bereich der Grundlagenforschung sowie der Versorgungsforschung (vgl. Deutsche Gesellschaft für Ophthalmologie 2019, Forschungslandkarte für die Augenheilkunde in Deutschland) und beteiligt sich mit einem eigenen klinischen Studienzentrum an zahlreichen nationalen und internationalen klinischen Prüfungen.

9.3 Kooperation selbstständiger Partner im FranziskusCarré

Im FranziskusCarré wird der ambulant-stationäre Versorgungsauftrag durch partnerschaftliche Zusammenarbeit niedergelassener Ärzte und des Krankenhauses umgesetzt. Die gemeinsame Struktur – Praxis, Belegarzt, Krankenhaus – ermöglicht ein qualitativ hochstehendes Angebot mit High-End-Medizin bei schlanker, preiswerter und durchgängiger Versorgung der Patienten.

Die Voraussetzungen für eine gelingende Zusammenarbeit zwischen den selbstständigen Partnern *Krankenhaus* und *Augenzentrum* sind jedoch vielfältig. Dipl. Kfm. Burkhard Nolte, der als Geschäftsführer des St. Franziskus-Hospitals Aufbau und Entwicklung des Augenzentrums eng begleitet hat, beschreibt diese so: „Kurz nachdem ich 1991 im Hospital zu arbeiten begonnen hatte, kamen zwei junge Ärzte und erklärten sie wollten unsere stark geschrumpfte augenärztliche Belegabteilung übernehmen. Ihr Vorschlag: Wir bieten der Klinik ein breites Versorgungsspektrum, quasi eine Versorgung auf dem Niveau einer Hauptabteilung. Das hörte sich, vorsichtig formuliert, sehr sportlich an. Aber die Geschäftsführung prüfte den Vorschlag und gab ihr Einverständnis. So fing es an, und so ist es geblieben: Wir haben uns immer abgesprochen, strategische Interessen abgeglichen, uns Schritt für Schritt weiterentwickelt. Rückblickend würde ich sagen: Der wesentliche Erfolgsfaktor war Vertrauen. Mittlerweile steht ein Ärztehaus mit 21 Praxen auf unserem Gelände. Das Augenzentrum war für das Miteinander ambulant-stationär immer ein Vorbild. Natürlich hat man auf Krankenhausseite in so einer Konstellation kein Weisungsrecht gegenüber den Ärzten. Sie sind schließlich selbstständig. Das wurmt viele Kliniken. Deshalb braucht es verschiedene Voraussetzungen, damit solch ein Modell funktioniert. Sehr wichtig ist die hohe Identifikation der Niedergelassenen mit dem Krankenhaus. Außerdem müssen sie großes Verständnis für die dortigen Abläufe und Anforderungen haben. Umgekehrt muss man bereit sein, die Niedergelassenen einzubinden, damit sie sich nicht wie das fünfte Rad am Wagen fühlen. Die Augenärzte sind bei uns in die Berichts- und Planungsstruktur integriert und zudem institutionell verankert: Prof. Daniel Pauleikhoff ist stellvertretender Ärztlicher Direktor. Und: Die gemeinsamen Ziele müssen stimmen. Da halte ich es übrigens für einen Vorteil, dass auf beiden Seiten Unternehmer sitzen. Aber die Chemie muss auch im Team selbst stimmen. Dazu braucht es Leitfiguren, die alles zusammenhalten. Zudem müssen Krankenhaus wie Niedergelassene bereit sein, die Jüngeren einzubinden."

Förderlich für dieses Prinzip einer Kooperation von selbstständigen Partnern sind selektivvertragliche Regelungen. So ermöglicht z. B. ein zwischen der BARMER, der DAK, dem St. Franziskus-Hospital, dem Augenzentrum und nachsorgenden Augenärzten in der Region geschlossener Vertrag zur besonderen Versorgung nach § 140 SGB V, die operative Versorgung von Patienten mit Netzhauterkrankungen, z. B. einer Netzhautablösung, auch ambulant durchzuführen. Über Jahre hinweg kann auf Basis dieses Vertrages ein Anteil von konstant mehr als 40 % der netzhautchirurgisch zu versorgenden Patienten ambulant behandelt werden.

9.4   Kooperation mit „innen" und „außen" – Nutzen für Augenpatienten

Die ambulante und stationäre Versorgung im Fachgebiet Augenheilkunde wird umfassend vom Augenzentrum wahrgenommen. Die Verbindung von Gemeinschaftspraxis und Belegabteilung auf einem Campus bietet die Möglichkeit, die Betreuung von Augenpatienten über die Sektorengrenze hinweg sehr effektiv zu gestalten. Die Entscheidung, ob Patienten ambulant oder stationär versorgt werden, kann in der so beschriebenen besonderen Struktur unabhängiger von den jeweiligen Systemlogiken *Krankenhaus* oder *Vertragsarztpraxis* und deren limitierenden Faktoren getroffen werden. Die Augenärzte mit der etablierten Campuslösung sind als Belegärzte und als Vertragsärzte in beiden Welten zu Hause. Der Grundsatz *ambulant vor stationär* wird aufgrund dieser „Beheimatung" zum gelebten Prinzip.

Fachkollegen überweisen ihre Patienten in das Tertiärzentrum zur Mitbeurteilung oder Weiterbehandlung. Hier erfolgen eine differenzierte Anamnese und Diagnostik mit den modernen Möglichkeiten der multimodalen Bildgebung. Weiterführende konservative medikamentöse oder operative Therapien werden eingeleitet. Doppeluntersuchungen werden vermieden, indem technische Lösungen in Form einer telemedizinischen Portalplattform eingesetzt werden, welche die bidirektionale Übermittlung von Bildbefunden und klinischen Informationen ermöglicht. Überweisende Augenärzte stellen ihre Befunde ein, das Augenzentrum übermittelt Befunde weitergehender Diagnostik. So kann sichergestellt werden, dass die Langzeitbetreuung z. B. bei Patienten mit Makula- oder Glaukomerkrankungen ohne Durchführung von Doppeluntersuchungen durchgeführt werden kann (Rothaus et al. 2019). Die Entscheidung, wann operative oder differenzierte konservative Maßnahmen, stationär oder ambulant, eingesetzt werden, kann so besser abgestimmt werden.

Kurze Wege und enge Abstimmungsmöglichkeiten mit den anderen Fachdisziplinen im Krankenhaus sowie mit den anderen auf dem Franziskus-Campus etablierten Facharztpraxen ermöglichen darüber hinaus eine effiziente interdisziplinäre Versorgung, z. B. bei Patienten mit Diabetes mellitus. Hier wird für Patienten mit Diabeteserkrankungen ein augenärztliches Screening organisiert, das helfen kann, Patienten mit diabetischer Retinopathie frühzeitig zu erkennen und verfügbare Therapiemöglichkeiten einzusetzen. Für Patienten mit entzündlichen Augenerkrankungen (Uveitis) konnte jüngst mit dem Krankenhaus und darüber hinaus in einem regionalen Kooperationskonzept die sog. ambulante spezialärztliche Versorgung (ASV) etabliert werden. Die Uveitis-Patienten des Augenzentrums erhalten so eine Mitbeurteilung und Mitbehandlung durch den am St. Franziskus-Hospital involvierten Rheumatologen, eine koordinierte interdisziplinäre Versorgung an einem Standort. Die Qualität der Versorgung kann damit deutlich gesteigert werden und Patienten erhalten eine gut organisierte Versorgung ohne Informations-, Koordinations- und Zeitverluste an den Schnittstellen.

9.5   Eine Hürde für Ambulantisierung: Erlaubnisvorbehalt

Die Empfehlung des Sachverständigenrates im Gesundheitswesen, „zur Förderung der Ambulantisierung von Krankenhausleistungen (…), einen Katalog ambulanter Prozeduren zu definieren, die im ambulanten und im stationären Sektor in gleicher Höhe abgerechnet werden können", (Sachverständigenrat 2018), beschreibt einen Sachverhalt, der wesentlich für die weiter bestehende Trennung der Sektoren sein dürfte. Der für Vertragsärzte – und damit auch Belegärzte – im Abrechnungssystem des EBM restriktiv geltende Erlaubnisvorbehalt steht dem im Krankenhaus geltenden offenen Verbotsvorbehalt weiter gegenüber. Leistungen, die ein Krankenhaus im Rahmen einer Hauptabteilung erbringen kann, sind damit für einen Belegarzt vielfach nicht abrechnungsfähig (Albrecht und Al-Abadi 2018, S. 18). Der Erlaubnisvorbehalt begrenzt jedoch auch das Spektrum der ambulant erbringbaren Leistungen – das gilt für vertragsärztliche Einrichtungen wie für Krankenhäuser gleichermaßen. So sind jegliche Glaskörperoperationen, sog. Vitrektomien, im EBM und den in Anhang 2 gelisteten Prozeduren nur ohne chirurgische Manipulation an der Netzhaut vorgesehen. Aufgrund heutiger operativer Möglichkeiten ist i. d. R. aber genau die Kombination von Vitrektomie mit chirurgischer Manipulation an der Netzhaut medizinisch indiziert.

Eine weitere Öffnung der Sektorengrenze wird zudem nur auf Basis geeigneter Anreizstrukturen gelingen können, die es wechselseitig erlauben, dass Vertragsärzte stationär und Krankenhäuser ambulant tätig werden können. Die „Ambulantisierung" von stationären Leistungen einseitig aus dem Blickwinkel von Krankenhäusern zu denken, würde leistungsstarke Strukturen, die aus dem vertragsärztlichen Bereich entstanden sind, übersehen und Chancen von effektiver und kostengünstiger Versorgung abschneiden. Der Vertrag zur besonderen Versorgung im Bereich der Netzhautchirurgie, der auf dem Franziskus-Campus seit zehn Jahren gelebt wird, kann als Beispiel einer solchen innovativen Anreizstruktur dienen. Dieser Vertrag könnte sowohl für stationäre Leistungserbringer, die ambulant tätig, als auch für ambulante Leistungserbringer, die stationär tätig werden wollen, angewendet werden.

Die Patienten werden in diesem Vertrag durch Case Manager begleitet, die z. B. bei ambulant durchgeführten Operationen die postoperative Betreuung sicherstellen und sich darum kümmern, dass das Operationsergebnis durch Nachsorgetermine bei den wohnortnah tätigen Augenärzten gesichert wird.

9.6 Ein Hinderungsgrund für Ambulantisierung: fehlende Sachkostenerstattung

Nur auf Basis des Vertrages zur besonderen Versorgung ist die ambulante Durchführung komplexer netzhautchirurgischer Operationen möglich. Hinderungsgrund für weitergehende ambulante Leistungserbringungen ist neben der Thematik des Erlaubnisvorbehaltes und der Limitierung des Leistungsspektrums durch Anlage 2 des EBM vor allem die fehlende Beachtung der Sachkostenproblematik. Operationen, die medizinisch gut vertretbar ambulant durchgeführt werden könnten, werden stationär erbracht, weil Sachkosten bei ambulanter Durchführung nicht oder inadäquat erstattet werden. In der Regel übersteigen die Sachkosten das erzielbare Honorar, eine Querfinanzierung schließt sich aus. Die Abrechnung von Sachkosten in der ambulanten Versorgung und bei ambulanten Operationen ist komplex, verschiedene Regelwerke (Sprechstundenbedarf, Kostenerstattungsregeln in Kap. 7 des EBM, mit dem EBM Honorar abgegoltene Sachkosten wie z. B. OP-Sets, gerätebezogene Einzelkosten, Sterilisationsbedarf, erforderliche Medikamente, Spüllösungen sowie Sonderverträge) greifen ineinander, bilden aber zugleich nicht alle Kosten ab. Zudem gibt es z. T. regional und kassenspezifisch erhebliche Unterschiede. Für den behandelnden Arzt geht die z. T. unklare Ausgestaltung mit dem Risiko von Regressen und Wirtschaftlichkeitsprüfungen einher. Ein Vergleich von Vergütungsniveaus zwischen DRG-Vergütung und EBM-Honorar allein – ohne Beachtung der Sachkosten – würde für zukünftige Ausgestaltungen von neuen Vergütungsstrukturen für medizinisch vertretbare ambulant-operative Leistungserbringungen völlig in die Leere führen. Nur ein konsistentes System der Sachkostenerstattung schafft die erforderlichen Rahmenbedingungen für eine verstärkte Ambulantisierung operativer Leistungen.

9.7 Fazit

Beispiele von gelingender Verbindung bzw. Überwindung der Sektoren existieren. Relevante belegärztliche Versorgungsstrukturen zeigen beispielhaft, wie die Sektorengrenze überwunden werden kann. Erforderlich sind aber geeignete Anreizstrukturen, die Versorgung der Patienten über die Sektorengrenzen hinweg zu organisieren. Hierbei sollten weiter existierende Limitierungen in den jeweiligen Systemen überwunden werden und Möglichkeiten geschaffen werden, dass medizinische Leistungen ambulant oder stationär durchgeführt werden können – abhängig von der medizinischen Notwendigkeit und weniger abhängig von der jeweiligen Systemlogik des ambulanten bzw. stationären Sektors.

Diese Anreizstrukturen und Limitationen in den Systemen sollten bei der weiteren Ausgestaltung der Rahmenbedingungen stärker ins Blickfeld gerückt werden.

Literatur

Albrecht, M., & Al-Abadi, T. (2018). *Perspektiven einer sektorenübergreifenden Vergütung Ärztlicher Leistungen.* IGES Institut. https://www.zi.de/fileadmin/images/content/Gutachten/IGES-Gutachten_Sektorenuebergreifende_Verguetung_2018-06-11.pdf. Zugegriffen am 06.01.2020.
Deutsche Gesellschaft für Ophthalmologie. (2019). *Forschungslandkarte für die Augenheilkunde in Deutschland.* https://www.dog.org/wp-content/uploads/2016/11/DOG_Forschungslandkarte-Klinikauswertung-2019-02_WEB.pdf. Zugegriffen am 06.01.2020.
Rothaus, K., Farecki, M. L., Mussinghoff, P., Faatz, H., Spital, G., Pauleikhoff, D., & Lommatzsch, A. P. (2019). Analysis of the „portal" care model – Examination of the outcome quality of IVOM therapy with regard to latency periods in exudative AMD. *Klin Monbl Augenheilkd.* https://doi.org/10.1055/a-0982-5294 [Epub vor Druck].
Sachverständigenrat zur Begutachtung der Entwicklung im Gesundheitswesen. (2018). *Bedarfsgerechte Steuerung der Gesundheitsversorgung* (S. 764). Gutachten. https://www.svr-gesundheit.de/fileadmin/user_upload/Gutachten/2018/SVR-Gutachten_2018_WEBSEITE.pdf. Zugegriffen am 06.01.2020.

Peter Mussinghoff Dipl. Betriebswirt und Dipl. Theol. ist Geschäftsleiter des Augenzentrums am St. Franziskus-Hospital Münster und der Augenheilkunde Westfalen MVZ GmbH. Seine Schwerpunkte liegen in der Digitalisierung und sektorenübergreifenden Vernetzung. Als Beauftragter der Retinologischen Gesellschaft arbeitet er in der Arbeitsgruppe IT der Deutschen Ophthalmologischen Gesellschaft und kümmert sich als Care Taker der Organisation IHE Deutschland e.V. um die Standardisierung und Interoperabilität in der Ophthalmologie.
    Kontakt:peter.mussinghoff@augen-franziskus.de

Dr. med. Jörg M. Koch ist Facharzt für Augenheilkunde und Mitbegründer des Augenzentrums am St. Franziskus-Hospital. Seine medizinischen Schwerpunkte liegen in der Kataraktchirurgie, der operativen und nichtoperativen Versorgung von Patienten mit Glaukom- und Hornhauterkrankungen sowie infektiösen und nichtinfektiösen Erkrankungen des vorderen Augenabschnittes sowie Benetzungsstörungen. Seit Mai 2015 ist Dr. Koch Vorsitzender des Aufsichtsrates des OcuNet Verbunds.
    Kontakt:joerg.koch@augen-franziskus.de

Burkhard Nolte Dipl. Kfm., ist Regionalgeschäftsführer und zeichnet für verschiedene Krankenhäuser der St. Franziskus-Stiftung in der Region verantwortlich. Die Vernetzung des stationären und ambulanten Bereiches begleitet Herr Nolte von Beginn seiner Tätigkeit an, u. a. durch die Entwicklung des Ärztehauses FranziskusCarré am St. Franziskus-Hospital in Münster.
    Kontakt:burkhard.nolte@sfh-muenster.de

Gemeinsam Gesundheit gestalten

10

Martina Schrage, Rainer Ollmann, Volker Schrage,
Daniela Balloff und Luise Becker

Zusammenfassung

In einer demografisch und strukturell veränderten Gesellschaft sind wir neuen Herausforderungen und Veränderungen ausgesetzt, die zu bewältigen sind. Hier setzt das Projekt *Gemeinsam* an, mit dem Ziel professionsübergreifend zusammenzuarbeiten am Beispiel der Erkrankung Demenz. Durch Interdisziplinarität, Multiprofessionalität und sektorenübergreifende Zusammenarbeit sollen die Versorgung demenziell Erkrankter verbessert sowie das Gesundheitswesen moderner, leistungsfähiger und kosteneffizienter gestaltet werden. Das Projekt *Gemeinsam* setzt über die Zusammenarbeit auch auf Kooperationen im Bereich der Früherkennung und der Prävention zur Identifizierung möglicher Risikofaktoren und im Idealfall auf die aufschiebende Wirkung beim Symptomeintritt. Alle Beteiligten des Projektes *Gemeinsam* haben die Versorgung der Menschen im Blick, die eine besondere Aufmerksamkeit und Hilfestellung benötigen. Demenz ist kein Einzelschicksal sondern es betrifft Angehörige, Freundinnen und Freunde und Menschen im gesamten sozialen Umfeld der Erkrankten.

M. Schrage (✉) · V. Schrage
Gesundheitsnetz Gemeinsam Westmünsterland e.V., Legden, Deutschland
E-Mail: m.schrage@gg-wml.de; v.schrage@gg-wml.de

R. Ollmann
gaus GmbH – medien bildung politikberatung, Dortmund, Deutschland
E-Mail: ollmann@gaus.de

D. Balloff
Hausarzt-Praxis Münsterland, Legden, Deutschland
E-Mail: d.balloff@hausarzt-legden.de

L. Becker
gaus GmbH – medien bildung politikberatung, Dortmund, Deutschland
E-Mail: becker@gaus.de

© Springer Fachmedien Wiesbaden GmbH, ein Teil von Springer Nature 2020
U. Hahn, C. Kurscheid (Hrsg.), *Intersektorale Versorgung*,
https://doi.org/10.1007/978-3-658-29015-3_10

10.1 Multiprofessionelle Versorgung im ländlichen Raum

In Deutschland tritt, wie in weiteren westlichen Ländern auch, seit einigen Jahren eine demografische Entwicklung auf. Die Menschen werden immer älter. Durch den demografischen Faktor steigen die altersbedingten Erkrankungen und ein Mehrbedarf an gesundheitlichen Dienstleistungen entsteht. Dieser Mehrbedarf erfordert nicht nur finanzielle, sondern auch personelle und strukturelle Lösungen. Erschwerend kommt der drohende Hausärzte- und Fachärztemangel, sowie der Pflegemangel im ländlichen Raum und mittlerweile in einigen städtischen Bereichen hinzu. Damit dieser Problematik entgegengesteuert werden kann, ist das Gesundheitsnetz Gemeinsam Westmünsterland (GG. WML) gegründet worden, um gemeinsam Lösungen zu finden und Handlungsstrategien zu definieren.

Das Gesundheitsnetz Gemeinsam Westmünsterland e.V. ist im Kreis Borken verortet mit dem Schwerpunkt professionsübergreifende Zusammenarbeit am Krankheitsbild Demenz. Als Arbeitsgrundlage gilt das *Münsterländer Memorandum*, in welchem eine Zusammenarbeit aller beteiligten Professionen auf Augenhöhe für ein menschlicheres Gesundheitssystem verbindlich vereinbart wird.

Die Behandlung und Betreuung von Menschen mit Demenz stellt die medizinische und pflegerische Versorgungsstruktur vor große Herausforderungen, auch und gerade im ländlichen Raum. Die Versorgung und Betreuung der Erkrankten kann nicht von einzelnen Akteuren der Versorgungskette alleine bewältigt werden, sondern erfordert ein Zusammenspiel aller Kräfte und Kompetenzen. Dr. Wolfgang Dryden, erster Vorsitzender der Kassenärztlichen Vereinigung Westfalen-Lippe betont auf dem 6. Jahreskongress der KVWL: „Netzstrukturen: Ein guter Weg in Richtung Zukunft. Flexibilität, Kreativität und Individualität geben den Ausschlag für funktionierende Netzstrukturen."[1]

Daher werden im GG.WML zukünftig unterschiedliche Professionen zusammenarbeiten und die Kernkompetenzen aller Beteiligten in die Behandlungs- und Versorgungsketten einbinden. Ziel ist eine verbesserte Kooperation und Kommunikation zwischen der Ärzteschaft (Hausärzt_innen, Fachärzt_innen, Krankenhausärzt_innen, Psychotherapeut_ innen etc.) und weiteren Leistungserbringer_innen (Pflege, Physiotherapeut_innen, Egotherapeut_innen, Logopäd_innen usw.) und damit die Versorgungsqualität und die Effizienz der Versorgung sowie die Patientenzufriedenheit in der Region des Gesundheitsnetzes nachhaltig zu erhöhen, denn: „Gute Ideen zur Verbesserung der medizinischen Versorgung entstehen oft im kollegialen Austausch."[2] Neben möglichen Einsparungen, insbesondere bei veranlassten Leistungen wie Arzneimitteln oder Krankenhauseinweisungen, soll auch die Qualität der Versorgung im Interesse der Patient_innen verbessert werden. Diese Qualitätsmerkmale zeichnen das GG.WML aus und machen es damit zu einem „Gesundheitsnetz der Zukunft".

---

[1] Ärztliche Kooperation in Westf.-Lippe, 6. Jahreskongress KVWL.
[2] Versorgungsbericht der KVWL, 2017.

Interdisziplinarität, Multiprofessionalität, sektorenübergreifende Zusammenarbeit: Diese Themen stehen in vielen Branchen mit Recht ganz oben auf der Agenda. Das Gesundheitssystem zeigt hier allerdings erheblichen Nachholbedarf.

Denn es gibt nur ganz wenige Branchen, die ähnlich starre und ab- sowie ausgrenzende Professionsstrukturen vorweisen, wie die Gesundheitsbranche. Berufe sind in einer strengen Hierarchie geordnet, teils auf rechtlicher Basis, teils durch faktische Machtausübung. Selbst die Anerkennung und Wertschätzung der jeweiligen Fachkompetenzen und des beruflichen Erfahrungsschatzes der anderen Disziplinen ist kein Merkmal der Berufskulturen.

All diese Vorbehalte und Grenzziehungen führen zu einer Abschottung der Disziplinen voneinander und einer gestörten Kommunikation untereinander. Manchmal scheint es, dass der Patient bzw. die Patientin (und/oder dessen/deren Angehörige) der/die einzige Akteur_in im Gesundheitswesen ist, der/die mit allen involvierten Professionen spricht – und oft genug ist er/sie die Kommunikationsbrücke zwischen den ärztlichen, therapeutischen und pflegenden „Dienstleister_innen". Statt die Zusammenarbeit zwischen den Fachdisziplinen zu verbessern und zu intensivieren, wird zunehmend den betroffenen Patientinnen und Patienten oder den Angehörigen die aktive Verantwortung für das effiziente Zusammenwirken aller Leistungserbringer aufgebürdet.

Insbesondere für Patientengruppen, die sich in diesem System nicht adäquat mit den Leistungserbringer_innen verständigen und nicht auf die Unterstützung durch Angehörige oder Freund_innen zurückgreifen können, führt dies in der Versorgung zu massiven Problemen.

Bezüglich der Demenzprävention und Demenzfrüherkennung lassen sich bundesweit einige wenige gute Ansätze finden. Allerdings konzentriert man sich auch hier vornehmlich auf „normale" Risikopatient_innen. Viele Anspracheskonzepte und Früherkennungsuntersuchungen greifen beispielsweise aufgrund kultureller Barrieren oder kognitiver Einschränkungen bei bestimmten Gruppen nicht oder nicht im gewünschten Maße. Bei älteren traumatisierten Frauen führen die standardisierten Konzepte häufig dazu, dass psychische Beeinträchtigungen irrtümlich als Demenz gedeutet und entsprechend behandelt werden, obwohl die Symptome auf die Reaktivierung eines Traumas zurückzuführen sind.

Die gendersensible Gesundheitsversorgung steckt derzeit noch „in den Kinderschuhen". Mit dem 2014 gegründeten Kompetenzzentrum Frauen & Gesundheit NRW wurde hier ein erster Schritt gegangen. Trotz dieses ersten Schrittes in NRW sind die Versorgungsangebote nach wie vor zu stark an den Bedarfen der Männer ausgerichtet.

Gerade in der Demenzprävention, -früherkennung und -versorgung ist es aber besonders wichtig, Genderaspekte zu berücksichtigen. Analysen haben gezeigt, dass 29 % der Männer und 47 % der Frauen, die 2009 aus der GEK-Population im Alter von über 60 Jahren verstarben, eine Demenzdiagnose hatten (vgl. Barmer GEK Pflegereport 2010). Abgesehen von der höheren Lebenserwartung von Frauen sind die Ursachen hierfür noch weitestgehend unklar. Da die Alzheimer-Krankheit sowohl in der Häufigkeit als auch in der Schwere überproportional Frauen betrifft, wird eine geschlechtsspezifisch ausgerichtete Medizin von Experten als erforderlich angesehen (vgl. Ärztezeitung online, Dezember 2013).

Die Optimierung einer sektorenübergreifenden gesundheitlichen und pflegerischen Versorgung, insbesondere für Menschen mit Demenzerkrankungen, ist einer von drei Schwerpunkten des Projektes.

In der folgenden Darstellung soll gezeigt werden, wie eine professions- und sektorenübergreifende Zusammenarbeit auf Augenhöhe funktionieren kann. Erste positive Erfahrungen zu einer solchen sektorenübergreifenden Zusammenarbeit wurden im westlichen Münsterland (Legden) bereits mit den laufenden bzw. abgeschlossenen Förderprojekten im Kontext der Regionale 2016 *Gesund älter werden, Teilhabe am Leben* sowie im Projekt *Kultursensible, biografieorientierte Überleitung* gesammelt. Unter dem Label *Gemeinsam ...* stellten die drei Projekte die von ihnen entwickelten Angebote, Instrumente und Erfahrungen in der Öffentlichkeit dar.

In allen drei Projekten wurde deutlich, wie wichtig eine Zusammenarbeit der unterschiedlichen Akteurinnen und Akteure auf Augenhöhe ist. Die praktische professionsübergreifende Zusammenarbeit war allerdings nicht Kern der oben genannten Projekte; sie ergab sich vor allem aus dem Willen der Akteurinnen und Akteure, eine bessere Versorgungsstruktur zu schaffen. Dass sich daraus im Ansatz nachhaltige Strukturen mit Beispielcharakter für ein „neues Gesundheitswesen" entwickelten, war dabei ein unsystematischer, iterativer und in Teilen auch „nicht reproduzierbarer" Prozess.

Darüber hinaus sollen bestehende Instrumente zur Demenzprävention und -früherkennung konzeptionell weiterentwickelt werden. In der praktischen Arbeit hat sich gezeigt, dass insbesondere im Rahmen der Demenzprävention und -früherkennung inklusive, gendergerechte, kultursensible und biografieorientierte Ansätze stärker in den Fokus rücken müssen. So sollen die vorhandenen Ansprachekonzepte und Versorgungspfade stärker auf die Bedarfe demenziell erkrankter oder demenzgefährdeter Migrant_innen, traumatisierter Frauen, sozial benachteiligter Menschen und (geistig) Behinderter abgestimmt werden.

Das Projekt kann somit durch folgende Bausteine zur Schaffung eines menschlicheren Gesundheitssystems beitragen:

- Entwicklung und modellhafte Erprobung von gendergerechten, inklusiven und kultursensiblen Ansprachekonzepten und Behandlungspfaden zur Prävention, Früherkennung und Teilhabe für demenziell erkrankte und demenzgefährdete Menschen durch strukturiertes Gemeinschaftshandeln aller beteiligten Akteurinnen und Akteure,
- Aufbau eines *Studienzentrums zur Förderung der professionsübergreifenden Zusammenarbeit im Gesundheitswesen* zur Entwicklung von Forschungsfragen sowie mit landesweiten Informations-, Sensibilisierungs-, Beratungs- und Schulungsangeboten zur professionsübergreifenden Zusammenarbeit im Gesundheitswesen,
- Darstellung guter Beispiele einer professionsübergreifenden Zusammenarbeit mithilfe eines Schaufensters *Schaffung eines menschlicheren Gesundheitssystems durch professionsübergreifende Zusammenarbeit am Beispiel Demenz* sowie durch eine landesweite Verbreitung von transferfähigen Leitfäden, Handreichungen und Instrumenten,
- geleistete Vorarbeiten.

In der vergangenen Förderperiode arbeiteten drei Projekte bereits eng zusammen, um die Versorgung von Menschen mit Demenz ganzheitlich und auf der Basis einer multiprofessionellen Zusammenarbeit (unter Einbezug auch ehrenamtlicher und informeller Strukturen) zu gestalten:

- *Entwicklung und Etablierung eines biografieorientierten, kultursensiblen Überleitungsmanagements im Kreis Unna* (FKZ 005-GW03-092 A-C),
- Regionale-Projekt *Gesund älter werden – Aufbau eines regionalen Kompetenznetzwerkes Demenz und Entwicklung von Leitlinien zur Demenzfrüherkennung* (FKZ 1230.1.1),
- Regionale-Projekt *Teilhabe am Leben – Integration von demenziell erkrankten Menschen in das dörfliche Leben in Legden* (FKZ GW03-116).

Diese Initiative, die unter dem Label *Gemeinsam …* in der Öffentlichkeit dargestellt wurde, demonstrierte, wie eine professionsübergreifende Zusammenarbeit konzeptionell und operativ gestaltet werden kann. Folgende Bausteine führten dabei zu einer Bündelung der professionellen Kräfte sowie einer intensiveren und qualitätsgesteuerten versorgungsprozessübergreifenden Abstimmung:

- Es wurde ein Kompetenznetzwerk Demenz gegründet, in dem Fach- und Hausärztinnen und -ärzte aus dem stationären und ambulanten Bereich sowie Vertreterinnen und Vertreter aus der Pflege (Pflegemanagement, Pflegepädagogik, Alten- und Krankenpflege) und dem Bereich Physiotherapie und Reha (Physiotherapie, Sportwissenschaft) eng zusammenarbeiten.
- Darüber hinaus wurde eine gemeinsame *Kontaktstelle Demenz* eingerichtet, die als niedrigschwellige, professionsübergreifende Anlaufstelle für Betroffene, Angehörige, Nachbarinnen und Nachbarn, Vereine und Verbände sowie sonstige Interessierte fungiert.
- Zur Sensibilisierung der breiten Öffentlichkeit hinsichtlich des Themas Demenz wurde eine Kampagne durchgeführt. Unter dem Slogan *Gemeinsam …* wurden Roll-ups, Poster, Flyer und Banner, die das gemeinsame und synergetische Leistungsangebot der drei Projekte verdeutlichten, erstellt und zur Sensibilisierung der Region auf gemeinsamen Veranstaltungen eingesetzt.
- Die professionsübergreifende Zusammenarbeit wurde durch ein Memorandum fundiert, das nicht nur jede Akteurin und jeder Akteur der Gemeinschaftsinitiative, sondern mittlerweile viele andere Personen verschiedener Professionen des regionalen Gesundheitswesens unterzeichnet haben. Die Unterzeichnerinnen und Unterzeichner dieses *Münsterländer Memorandums* fordern einen gemeinsam von allen Akteurinnen und Akteuren getragenen neuen Verhaltenskodex innerhalb des deutschen Gesundheitssystems, der die partnerschaftliche Zusammenarbeit aller Professionen unter Berücksichtigung der fachlichen Kompetenz auf Augenhöhe zum Wohl der Patientinnen und Patienten zum Ziel hat.

Der im Münsterländer Memorandum erarbeitete Verhaltenskodex[3] muss jetzt in der praktischen Arbeit strukturiert umgesetzt und evaluiert werden:

- Neue Wege und Formen der Kommunikation müssen entwickelt und erprobt werden; diese müssen durch gendergerechte, inklusive und kultursensible Ansprachekonzepte und motivationale Anreize (insbesondere für bislang nicht genug im Fokus stehende besondere Zielgruppen wie Migrant_innen, traumatisierte Frauen, geistig Behinderte, sozial benachteiligte Menschen) flankiert werden.
- Schnittstellen und Kompetenzen müssen im Detail analysiert und Wege der konkreten professionsübergreifenden Zusammenarbeit auf Augenhöhe evaluiert und ggf. optimiert werden. Hierbei sollen gendergerechte Aspekte der Kommunikation besonders im Fokus stehen. Gerade in der Kommunikation zwischen (älteren) Ärzten und weiblichen Pflegekräften spielen Genderkonflikte immer wieder eine wichtige Rolle.
- Ein *Studien-/Forschungszentrum zur Förderung der professionsübergreifenden Zusammenarbeit im Gesundheitswesen* soll konzipiert werden. Hierzu gehören die Entwicklung entsprechender Forschungsfragen sowie Instrumente zur Sensibilisierung aller Berufsgruppen sowie von Ehrenamtlichen für das Thema. Im Rahmen des Projektes wird für dieses Zentrum ein Nachhaltigkeitskonzept mit Akteurinnen und Akteuren aus dem Gesundheitswesen (Forschungseinrichtungen, Kassenärztliche Vereinigungen, dip, Europäische Seniorenakademie, Bildungsträger etc.) entwickelt. Angestrebt wird die Gründung eines Vereins.
- Durch interdisziplinäre Fortbildungen soll das Verständnis für die Wünsche und Bedarfe der anderen Professionen und Sektoren im Versorgungsprozess weiter aufgebaut werden. Eine entsprechende Bedarfsanalyse sowie geeignete Fortbildungsangebote sollen konzipiert, modellhaft erprobt und in nachhaltige Strukturen überführt werden.
- Durch geeignete mediale und telekommunikative Unterstützungsinstrumente soll die Zusammenarbeit aktiviert und unterstützt werden.
- Durch systematische und standardisierte Beobachtung und Wirkungskontrolle soll erfasst werden, wie dieser multiprofessionelle Versorgungsansatz bei Patient_innen und ihren Angehörigen „ankommt" und inwieweit sich die Versorgungsqualität dadurch verbessert. Entsprechende Forschungsfragen sollen im Rahmen des Projektes entwickelt und beantwortet werden.

Im Projekt sollen zur Verbesserung der professionsübergreifenden Zusammenarbeit gängige und bereits eingeführte Mittel der nutzerorientierten Telekommunikation eingesetzt werden. Die schnelle und möglichst vollständige Übermittlung relevanter Behandlungs- und Patientendaten stellen ein zentrales Element der Professionalisierung in der Zusammenarbeit dar. Soweit einsetzbar, sollen bereits vorhandene Mittel der modernen Telemedizin zum Einsatz kommen. Hierzu zählen z. B. der elektronische Arztbrief, die elektronische Fallakte, der im *Projekt Unna* entwickelte EDV-gestützte

---

[3] Siehe http://www.gemeinsam-nrw.de/das-muensterlaender-memorandum/.

biografieorientierte Überleitungsbogen sowie diverse IT-Kommunikationsanwendungen im professionsübergreifenden Netz.

Die Konzepte zur gendergerechten, inklusiven und kultursensiblen professionsübergreifenden Zusammenarbeit im Bereich der Prävention, Früherkennung und Teilhabe für demenziell Erkrankte und demenzgefährdete Menschen werden im westlichen Münsterland (Raum Legden/Nordkreis Borken) entwickelt und modellhaft erprobt. Zur Verbreiterung des Erfahrungshintergrundes sollen die entwickelten Konzepte in zwei weiteren Regionen in NRW (angedacht sind die Regionen Ostwestfalen und Siegen) ebenfalls modellhaft erprobt werden. So soll gezeigt werden, dass das *Legdener Modell* mit relativ geringem Aufwand auch in anderen Regionen umgesetzt werden kann.

Bestehende Instrumente zur Demenzprävention und -früherkennung sollen konzeptionell weiterentwickelt werden. In der praktischen Arbeit hat sich gezeigt, dass insbesondere im Rahmen der Demenzprävention und -früherkennung inklusive, gendergerechte, kultursensible und biografieorientierte Ansätze stärker in den Fokus rücken müssen. Daher sollen vorhandene Anprachekonzepte und Versorgungspfade im Rahmen von Ideenschmieden mit Expert_innen sowie Betroffenen stärker auf die Bedarfe demenziell erkrankter oder demenzgefährdeter Migrant_innen, traumatisierter Frauen, sozial benachteiligter Menschen und (geistig) Behinderter abgestimmt werden.

Die beteiligten Projektparter_innen arbeiten eng abgestimmt miteinander. In der praktischen Arbeit bedeutet dies, dass zwar immer eine_r der Partner_innen die Hauptverantwortung übernimmt, die anderen Partner_innen sich aber ebenfalls fachlich einbringen, da die Partner_innen aus unterschiedlichen Professionen kommen und somit unterschiedliche Sichtweisen auf die einzelnen Projektbausteine haben. Die beiden Partner_innen sind für die modellhafte Erprobung der entwickelten Instrumente im westlichen Münsterland sowie in zwei weiteren Modellregionen hauptverantwortlich.

Darüber hinaus wird das Projekt durch einen multiprofessionellen Beirat begleitet. In diesen Beirat werden zum einen Expert_innen zur Beratung des Projektes in Fragen der Kultursensibilität, der Gendergerechtigkeit, der Inklusion sowie im Bereich Trauma, zum anderen Expert_innen zur Beratung des Projektes beim Aufbau eines *Studienzentrums zur Förderung der professionsübergreifenden Zusammenarbeit im Gesundheitswesen* eingebunden. Außerdem arbeitet das Projekt eng mit dem im Rahmen des Projektes *Teilhabe am Leben* etablierten *Unterstützungsnetzwerk GEMEINSAM* (bestehend aus Ehrenamtlichen und Hauptamtlichen) sowie dem im Rahmen des Projektes *Gesund älter werden* gegründeten multiprofessionellen *Netzwerk Demenzprävention* (bestehend aus Krankenhäusern, niedergelassenen Allgemein- und Facharztpraxen, Physiotherapiepraxen und Pflegeeinrichtungen sowie weiteren Gesundheitsdienstleistern) zusammen.

Das Zentrum zur Förderung der professionsübergreifenden Zusammenarbeit im Gesundheitswesen soll unter Einbindung der Ärztekammer Westfalen-Lippe, der beiden Kassenärztlichen Vereinigungen in NRW sowie Vertreter_innen der anderen Berufsgruppen wie bspw. dip, KDA, Europäische Seniorenakademie oder Paritätischer Wohlfahrtsverband etabliert werden. Entsprechende Kontakte der Projektpartner_innen zu den genannten Akteur_innen bestehen seit langen Jahren. Diese Kooperation soll zum einen einen nachhaltigen Betrieb des Beratungs- und Weiterbildungszentrums gewährleisten. Zum anderen können diese Akteurinnen und Akteure dazu beitragen, den Gedanken der professionsübergreifenden Zusammenarbeit bei den verschiedenen Berufsgruppen im Land NRW zu verankern.

10.2   Verwertung und Transfer der Ergebnisse

Das Ziel des Projektes ist die Konzeption und Gründung eines Studien-/Forschungszentrums zur Förderung der professionsübergreifenden Zusammenarbeit im Gesundheitswesen. In diesem Studienzentrum sollen alle substanziellen Projektergebnisse sowie alle Beratungs- und Weiterbildungsprodukte nachhaltige Wirkung erzielen. Die Verwertung der Projektergebnisse nach Projektende erfolgt daher auf der Basis dieses Zentrums.

10.2.1 Nachhaltigkeit durch wirtschaftliche Unabhängigkeit

Ziel ist es dabei, nichtprofitorientierte, aber finanziell selbsttragende Strukturen zu schaffen, die die Themen des Projektes auf finanziell unabhängiger Basis weiterverfolgen werden.

Von daher soll das Studien-/Forschungszentrum unter Einbindung institutioneller Akteurinnen und Akteuren wie der Ärztekammer Westfalen-Lippe, der beiden Kassenärztlichen Vereinigungen in NRW sowie Vertreter_innen der anderen Berufsgruppen wie bspw. dip, KDA, Europäische Seniorenakademie oder Paritätischer Wohlfahrtsverband konzipiert und aufgebaut werden. Angedacht ist eine Verstetigung in Form eines Vereins. Diese Kooperation soll den nachhaltigen Betrieb des Studienzentrums gewährleisten.

Es ist geplant, die Angebote des Studienzentrums über Beiträge der Leistungsempfänger zu sichern: regionale Strukturen, Einrichtungen, Krankenhäuser, Arztpraxen, Einzelpersonen etc. Eine langfristige Unterstützung durch institutionelle Strukturen wird im Rahmen des Projektes ausgelotet.

10.2.2 Strukturelle Effekte für das Gesundheitswesen

Bislang sind die Wirkungen einer professionsübergreifenden Zusammenarbeit vereinzelt, punktuell und regional eng umgrenzt. Die Transfer- und Öffentlichkeitswirkung des Zentrums als feste Struktur wird nach Projektende erhebliche Effekte auf das Gesundheitswesen erzeugen. Da eine professionsübergreifende Zusammenarbeit im Projekt durch standardisierte Verfahren und das Memorandum definiert wird und gleichzeitig deren Einführung durch die Leistungen des Zentrums unterstützt wird, erwarten wir vielfältige regionale und lokale Ansätze zur Formierung neuer Netzwerke, die zu einem Paradigmenwechsel in der gesamten Versorgung beitragen können.

Folgende Rückschlüsse aus den Erfahrungen der professionsübergreifenden Zusammenarbeit wurden festgestellt:

Durch das Projekt GEMEINSAM wurden die Grundlagen und Strukturen für eine vertrauensvolle, sektoren- und professionsübergreifende Zusammenarbeit der Gesundheitsdienstleister im Westmünsterland geschaffen. In enger Zusammenarbeit mit den Projekt-Akteurinnen und -Akteuren wurden Schnittstellenprozesse definiert, Netzwerkpartnerinnen und -partner akquiriert und Instrumente für die Zusammenarbeit erprobt. Aber wie geht es ohne den unterstützenden Projektrahmen weiter?

Eine nachhaltige und zukunftsfähige Lösung ist die Überführung des Projektnetzwerkes in das Gesundheitsnetz Gemeinsam Westmünsterland e.V. (GG.WML). Das von der Kassenärztlichen Vereinigung Westfalen-Lippe mittlerweile offiziell zertifizierte Gesundheitsnetz GG.WML ist eines von derzeit 21 anerkannten Praxisnetzen nach § 87b Abs. 4 SGB V in Westfalen-Lippe. Das vereinsmäßig organisierte GG.WML ist ein Zusammenschluss von Haus-/Fachärztinnen und -ärzten aus Praxis, MVZ und Kliniken sowie niedergelassenen Psychotherapeutinnen und -therapeuten in Kooperation mit weiteren nichtärztlichen Leistungserbringern im Gesundheitswesen. Hierzu zählen u. a. ambulante und stationäre Pflegeeinrichtungen, Apotheken, Physiotherapeut_innen und Ergotherapeut_innen zur multiprofessionellen, kooperativen und effizienteren medizinischen Betreuung und Behandlung von Patientinnen und Patienten.

Die Philosophie des zertifizierten GG.WML leitet sich unmittelbar aus dem *Münsterländer Memorandum* ab:

- Alle Beteiligten erkennen die Fachkompetenz anderer Berufsgruppen an und gehen wertschätzend miteinander um.
- Die Kommunikation zwischen den Beteiligten erfolgt direkt und nicht hierarchisch.
- Die Beteiligten suchen aktiv die Abstimmung mit den anderen Professionen.
- Informationen werden im Rahmen der gesetzlichen Vorgaben direkt ausgetauscht und rückgekoppelt.

Das GG.WML verfügt mit der Vereinssatzung, den entsprechenden Kooperationsverträgen und dem Münsterländer Memorandum über eine *gemeinsame Geschäftsgrundlage* sowie ein stabiles Finanzierungsmodell und stellt damit eine wichtige innovative, zukunftsfähige und nachhaltige Säule für die Gesundheitsversorgung der Menschen im Westmünsterland dar. Zudem ist dadurch sichergestellt, dass die wissenschaftlichen und praktischen Vorarbeiten und Ergebnisse des Projektes GEMEINSAM auch weit in die Zukunft hinein wirken.

Dem GG.WML kommt damit eine zentrale Vorbildfunktion für weitere Netzwerke in anderen Regionen zu. In diesem Zusammenhang ist ein *Gütesiegel* geplant, um weitere Gesundheits- und Praxisnetze hinsichtlich ihrer professionsübergreifenden Ausrichtung zu qualifizieren und auszuzeichnen. Hiervon versprechen wir uns eine noch bessere Versorgung von „problematischen" Patientengruppen wie etwa chronisch kranke Patientinnen und Patienten, ältere und demenziell erkrankte Menschen, Menschen mit Migrationshintergrund sowie Patientinnen und Patienten mit psychischen Erkrankungen.

In „Fortführung" der Arbeit des Projektes GEMEINSAM liegt der Fokus des GG. WML auf folgenden Arbeitsaufgaben und -schwerpunkten:

- Strukturierung der Arbeits- und Versorgungsprozesse mittels der im Projekt GEMEIN-SAM entwickelten Instrumente und Verfahren,
- Organisation und Durchführung multiprofessioneller Fallbesprechungen,
- Weiterentwicklung abgestimmter professionsübergreifender Handlungsleitlinien,
- Organisation von Qualitätszirkeln und Weiterbildungen,
- Erprobung von Digitalisierungsansätzen und -formaten in der multiprofessionellen Kooperation.

Alle Netzaktivitäten werden in der im Juli 2018 eröffneten Geschäftsstelle des GG. WML, dem sog. *Gesundheits-Stützpunkt Gemeinsam*, gebündelt und von dort aus koordiniert. So kümmert sich die Netzwerkmanagerin u. a. um das Schnittstellen- und Fehlermanagement, die Organisation der Weiterbildung, den Austausch mit anderen Netzen und den politischen Akteurinnen und Akteuren in der Region und um die Öffentlichkeitsarbeit.

Die Mitglieder und Beschäftigten des GG.WML nehmen regelmäßig an Weiterbildungsworkshops und anderen Qualifizierungsmaßnahmen teil. So sollen die im Projekt GEMEINSAM durchgeführte Workshopreihe zu den wichtigen Themen einer diversitätssensiblen Versorgung sowie Informationsveranstaltungen zur Gendermedizin im GG.WML regelmäßig wiederholt werden.

Eine enge Kooperation hat das GG.WML darüber hinaus mit dem Projekt I/E-Health NRW (zum Projekt I/E-Health NRW siehe www.ie-health.nrw) vereinbart, um die Nutzung der sektorenübergreifenden digitalen Kommunikation für die Versorgung von Menschen mit einer demenziellen Erkrankung zu optimieren. Hier wird eine elektronische Fallakte nach den Vorgaben des im Projekt GEMEINSAM erarbeiteten Handlungsleitfadens entwickelt. Diese technische Lösung soll zukünftig die Zusammenarbeit im GG. WML unterstützen.

Das Gesundheitsnetz Gemeinsam Westmünsterland e.V. verstetigt damit neue Wege der multiprofessionellen Zusammenarbeit für ein menschlicheres Gesundheitssystem mit dem Ziel der langfristigen Sicherstellung der medizinischen Versorgung im Westmünsterland. Das GG.WML stellt durch seine Patientenorientierung, die professionsübergreifende Zusammenarbeit und die Erprobung digitaler Ansätze eine nachhaltige Lösung für eine älter werdende Gesellschaft dar.

Das Projekt GEMEINSAM hat maßgeblich dazu beigetragen, die grundlegenden Strukturen zu erarbeiten, die nun die Basis für die multiprofessionelle Zusammenarbeit im GG.WML darstellen. Das Modell eines nach den GEMEINSAM-Prinzipien strukturierten Gesundheitsnetzes ist eine zukunftsfähige Blaupause für weitere Vernetzungsinitiativen in Nordrhein-Westfalen und darüber hinaus. Der im Projekt GEMEINSAM entwickelte und im GG.WML fortgeführte integrative Ansatz ist eine innovative und nachhaltige Lösung für die medizinische Versorgung einer älter werdenden und sich sozial und kulturell ausdifferenzierenden Bevölkerung in ländlichen Kontexten.

Die Erfahrungen der Patientinnen und Patienten sowie ihrer Angehörigen haben gezeigt, dass die professionsübergreifende Zusammenarbeit positiv wahrgenommen wird.

Mittels eines Kurzfragebogens wurden rund 90 Teilnehmer_innen zu Beginn der Testphase nach ihren bisherigen Erfahrungen und Eindrücken hierzu befragt. Bei den 37 Teilnehmerinnen und Teilnehmern mit einer diagnostizierten Demenz wurden auch die Angehörigen in die Befragung eingebunden. An der Befragung haben rund 85 % der Testpatientinnen und -patienten (77 ausgefüllte Fragebögen) teilgenommen.

Auffällig ist, dass lediglich ein Drittel der Befragten angibt, die multiprofessionelle Zusammenarbeit (außerhalb des Netzwerkes GEMEINSAM) funktioniere im Allgemeinen gut oder sehr gut. So berichten einige Teilnehmer_innen von Informationsverlusten und nicht abgestimmten Behandlungsaktivitäten der beteiligten Gesundheitsdienstleister.

Dementsprechend hoch sind die Erwartungen, die mit einer Aufnahme in das Netzwerk GEMEINSAM verbunden sind. Fast drei Viertel der Teilnehmer_innen erwarten, dass die Zusammenarbeit und Versorgungsqualität innerhalb des Netzwerkes – verglichen mit den bisherigen Erfahrungen – deutlich besser sind. Ganz oben auf der Wunschliste stehen dabei die rasche Übermittlung wichtiger Behandlungsdaten sowie die enge Abstimmung von Diagnose, Therapie und Prävention zwischen den beteiligten Gesundheitsdienstleistern.

Für die meisten Teilnehmer_innen ist der Datenschutz allerdings ein heikles Thema. 25 % der Befragten sind der Meinung, dass nicht alle Dienstleister im Netzwerk durchgehend Zugriff auf ihre Behandlungsdaten haben sollten. Hier erwarten die Teilnehmer_innen und vor allem auch ihre Angehörigen ein hohes Maß an Aufklärung und Transparenz.

Zu ihren ersten Erfahrungen mit dem Netzwerk GEMEINSAM befragt, äußern sich fast 75 % der Teilnehmer_innen sehr positiv, was vor allem auf das ausführliche Erstberatungs- und Informationsgespräch zurückzuführen ist. „Ausreichend Zeit haben", „Klärung der individuellen Situation" und „sehr persönliche Beratung" sind dabei die wichtigsten Anforderungen seitens der Patientinnen und Patienten. Kritisiert werden allerdings die langen Wartezeiten bis zu einem Gesprächstermin.

10.3 Erfahrungen der Beschäftigten

Für das Gelingen und die Qualität der professionsübergreifenden Zusammenarbeit sind die Motivation und Einstellungen der Mitarbeiter_innen der beteiligten Gesundheitsdienstleister zentrale Erfolgsfaktoren.

Eine Befragung der Beschäftigten zu Beginn der zwölfmonatigen Testphase ergab, dass für drei Viertel der Beschäftigten die Zusammenarbeit mit anderen Professionen Alltagsgeschäft ist, dass aber diese Zusammenarbeit sehr kritisch gesehen wird. Fast die Hälfte der befragten Beschäftigten gibt an, dass die traditionelle Zusammenarbeit nicht gut funktioniert. Ihre Kritik richtet sich dabei vor allem auf die nicht rechtzeitige Bereitstellung von wichtigen Informationen, aber auch auf die fehlende „Augenhöhe" in der alltäglichen Interaktion. Als recht gut wurde dagegen die professionsinterne Informationsweitergabe innerhalb der eigenen Einrichtung bewertet (Abb. 10.1).

Abb. 10.1 „Wie häufig haben Sie in den letzten vier Wochen erlebt, dass ..."

Nach etwa einem halben Jahr der praktischen Zusammenarbeit im Netzwerk GEMEIN-
SAM hat sich die kritische Sichtweise seitens der Beschäftigten deutlich verändert. In
vielen Einzelinterviews und einigen Gruppendiskussionen gaben die Beschäftigten nunmehr an, dass sie in der alltäglichen Zusammenarbeit durchweg Anerkennung und Wertschätzung erleben. Diese wahrgenommene Anerkennung und Wertschätzung hat sich nach
Aussagen vieler Beschäftigter im Zeitverlauf gesteigert.

> „Wir sind im Netzwerk GEMEINSAM alle kollegial näher zusammengerückt." (O-Ton:
> MFA aus einer Hausarztpraxis)

Zu den konkreten Arbeitsabläufen im Netzwerk befragt, äußern die meisten Beschäftigten, dass die Fallbesprechungen bzw. -konferenzen extrem wichtig seien; sie seien eine
unverzichtbare Grundlage für einen einheitlichen Informationsstand und für gemeinsam
abgestimmtes und effektives Handeln. Auch das Handbuch und die sog. Patientenmappe
haben sich aus Sicht der Beschäftigten bewährt. Allerdings wäre eine digitale Lösung für
die Patientenmappe sehr hilfreich.

> „In der Netzwerkarbeit ist die Digitalisierung das Wichtigste. Ohne digitale Lösungen und
> telemedizinische Anwendungen ist eine effiziente Netzwerkarbeit kaum möglich. Die Infor-
> mationsweitergabe auf Papier ist nicht mehr zeitgemäß." (O-Ton: beteiligter Hausarzt)

Ein zentraler Anspruch des Netzwerks ist die Realisierung einer adäquaten diversitätssensiblen Versorgung. Zu Beginn der Testphase wurden die Beschäftigten danach befragt,
inwieweit ihre Einrichtung den damit einhergehenden Anforderungen gerecht wird. Die
Ergebnisse zeigen ein sehr unterschiedliches Bild. Während die meisten Einrichtungen die
Zielgruppen „Frauen/Männer" und „Ältere" in ihren Versorgungsformaten ausreichend
berücksichtigen, gibt es bezüglich weitergehender Diversitätskriterien und -anforderun-
gen noch einen erheblichen Nachholbedarf. Dies gilt vor allem für Patientinnen und Patienten mit traumatischen Erfahrungen und/oder mit Migrationshintergrund und unterschiedlichen religiösen Weltanschauungen. Aber auch Menschen mit Behinderung stehen

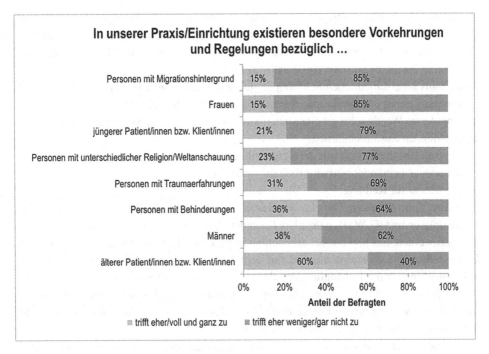

In unserer Praxis/Einrichtung existieren besondere Vorkehrungen und Regelungen bezüglich ...

Abb. 10.2 „In unserer Praxis/Einrichtung existieren besondere Vorkehrungen und Regelungen bezüglich ...“

nicht gerade im Fokus der Gesundheitsdienstleister, wenn es um die Frage der Diversitätssensibilität geht (Abb. 10.2).

In mehreren Workshops wurden die Beschäftigten zu Beginn der Testphase mit den relevanten Diversitätsthemen vertraut gemacht und es wurden ihnen versorgungsrelevante Informationen und Instrumente für die alltägliche Arbeit an die Hand gegeben. Danach gingen die Beschäftigten sehr viel offener und kompetenter mit den individuellen Diversitätsmerkmalen ihrer Patientinnen und Patienten um. Dies zeigt: Durch systematische Weiterbildung und Training lässt sich das Qualitätsniveau diversitätssensibler Versorgung deutlich verbessern und verstetigen.

10.4   Fazit und Limitationen

Aus den Erfahrungen im Projekt Gemeinsam zeigte sich als Hindernis für eine gute Zusammenarbeit die fehlende Akzeptanz für die Leistung der anderen. Auch wenn der feste Wille da ist, prägen Jahrzehnte lange Erfahrungen in der sektororientierten, selbstorientierten Arbeit die Tätigkeit der/des Einzelnen. Die über lange Zeit aufgebauten Verkrustungen und Grenzen können nicht innerhalb kürzester Zeit abgebaut werden.

Nur wenn man in der Netztätigkeit immer wieder die verstärkte Kooperation und Kommunikation der Netzpartner_innen angeht, wird die Zusammenarbeit auf Augenhöhe auf

Dauer zur Gewohnheit. Die fest aufgebauten Strukturen und Prozesse innerhalb des GG.WML fördern ein besseres Zusammenwirken. Alte Gewohnheiten müssen kontinuierlich abgebaut werden und neue bessere Gewohnheiten aufgebaut und konditioniert werden. In der Tat ist es so, dass die Arbeit im Projekt gezeigt hat, dass jetzt eine kleinere Gruppe aus unterschiedlichen Sektoren es sich schon angewöhnt hat, bei Fragestellungen zu kommunizieren und Fallbesprechungen einzuberufen. Nur die strikte prozessuale Einhaltung dieses Weges führt zu einer dauerhaften Gewöhnung im Sinne einer professionsübergreifenden Zusammenarbeit.

Ein Problem ergibt sich aus schlecht definierten Schnittstellen, was häufig Doppelarbeiten und „Aneinander-vorbei-Arbeiten" bedeutet, das kostet Zeit und Geld und sorgt immer wieder für Reibung.

Während die Arbeit im Projekt Gemeinsam sich mehr auf der theoretischen Ebene abspielt, müssen im GG.WML ganz klare Schnittstellen und gemeinsame Tätigkeitsbereiche definiert werden, um praktikabel arbeiten zu können. Als Beispiel kann ein strukturiertes Entlassmanagement genannt werden, mit der Frage, wann genau die stationäre Ebene die Verantwortung für die Behandlung des Patienten an den niedergelassenen Bereich abgibt. Auch beispielhaft sind Fallbesprechungen, in denen die verschiedenen Professionen gemeinsam die Verantwortung für die Behandlung des Patienten übernehmen und sich sehr genau absprechen, wer wann und wo aktiv wird.

Ein weiteres Problem stellt die Akzeptanz des strukturierten Netzes nach außen dar. Während die Patienten grundsätzlich den Gedanken einer vernetzten Arbeit als sehr positiv teilen, sehen sie sich dann mit der Tatsache konfrontiert, dass sie in der Behandlung intensiver gelenkt und geführt werden. Bisher war der Patient gewohnt, sich seine Leistungserbringer selber auszusuchen. Das wird aber in dieser Struktur nicht mehr möglich sein, da erstens nicht alle Leistungserbringer Mitglied im Gesundheitsnetz sind und zweitens nicht alle Praxen die Anforderungen und Qualitätsstandards im GG.WML erfüllen und somit eine Mitgliedschaft nicht möglich ist. Diese sind genau definiert und festgelegt. So können nicht alle Ärztinnen und Ärzte oder nichtärztliche Leistungserbringer Mitglied werden, wenn sie zum Beispiel technische Voraussetzungen (Barrierefreiheit, apparative und räumliche Voraussetzungen) und die erforderlichen Fortbildungen (Qualitätszirkel, Netz-Fortbildungsveranstaltung) erfüllen.

Den Patientinnen und Patienten muss bewusst gemacht werden, dass nur im Rahmen eines solchen Verbundes die abgestimmten Prozesse und die erforderliche Kommunikation abgeleistet werden können. Diese geforderten hohen qualitativen Voraussetzungen kommen ja letztendlich den Patientinnen und Patienten zugute, in Form einer besseren Behandlung seines Krankheitsgeschehens.

Aus den Konsequenzen der dargestellten Problemfelder muss eine qualitativ optimierte Versorgung der Patientinnen und Patienten dargestellt werden. Die erfolgreiche Umsetzung der Projekt-Prozesse im *Gesundheitsnetz Gemeinsam WML e.V.* hängt ab von der Akzeptanz gemeinsamer Zusammenarbeit der unterschiedlichen Akteurinnen und Akteuren, der gegenseitigen Wertschätzung der Kompetenzen und Respekt vor den Mitarbeiterinnen und Mitarbeitern. Eine große Herausforderung werden der Informationsfluss sowie die Kommunikationswege sein. Hier ist eine barrierefreie und einfache Handhabung über digitalisierte Organisations-, Informations- und Kommunikationswege unter Berücksichtigung des Datenschutzes wünschenswert. Durch den elektronischen Austausch wird es eine deutlich schnellere Reaktion auf die Versorgungsbedarfe von vielen Patient_innen führen und eine zeitnahe Behandlung wird dadurch ermöglicht. Wichtig ist, dass die Netzpartner_innen und die jeweiligen Mitarbeiter_innen sowie die Patient_innen informiert sind und entsprechend geschult werden, damit sie im Rahmen der digitalen Prozesskette ihren wichtigen eigenen Beitrag leisten können – und dazu auch bereit und motiviert sind.

Der Gedanke, das Lean-Management im GG.WML zu implementieren, ist eine spannende Herangehensweise und eine Chance, Prozessabläufe gemeinsam zu betrachten und neu zu denken. Strukturierte Prozessabläufe spiegeln sich in der Effektivität und Effizienz der professionsübergreifenden Netzarbeit wider.

Der Erfolg der neuen Ausrichtung in der Gesundheitsversorgung im GG.WML hängt auch von der Öffentlichkeitsarbeit ab. Angedacht ist für die Außendarstellung ein Netz-Siegel zu konzipieren, um die gemeinsame Ausrichtung in der Patientenversorgung darstellen zu können.

Ein Zitat von Thomas Müller, Vorstandsmitglied der KVWL im Versorgungsbericht der KVWL „Innovationen fördern, Versorgung verbessern":[4] „Wir haben in Westfalen-Lippe mit den Praxisnetzen gute Voraussetzungen, Versorgungsinnovationen zu entwickeln und auszuprobieren. Denn diese Zusammenschlüsse sind ein großer Ideenpool. Hier tauschen sich hoch qualifizierte Experten über Themen aus, mit denen sie täglich konfrontiert sind. Sie sehen, was gut läuft, aber auch, was weniger gut funktioniert."[5]

Politik und vor allen Dingen Leistungsträger_innen (Krankenkasse/Versicherungen) müssen informiert und miteinbezogen werden, um für die Netzpartner_innen die Inanspruchnahme von Strukturverträgen zu erlangen. Die Finanzierung dieser neuen innovativen Versorgungsstrukturen muss gesichert bleiben und in entsprechende Abrechnungsmodalitäten geführt werden.

Denn nur die Berücksichtigung der wirtschaftlichen Tragfähigkeit der Ansätze für alle Akteur_innen wird zu den angezielten nachhaltigen Strukturveränderungen im Gesundheitswesen führen können.

Das multiprofessionelle Netzwerk schafft so die Rahmenbedingungen zur Umsetzung innovativer Versorgungslösungen und vertritt die Interessen der Netzmitglieder_innen mit dem Ziel, die Qualität sowie die Effizienz und Effektivität der Versorgung im Rahmen einer intensivierten fachlichen Zusammenarbeit zu steigern. Eine weitere logische Schlussfolgerung ist der Transfer unserer Philosophie in weitere Ärztenetze im Kreis Borken zur Schaffung einer *Gesundheitsregion Westmünsterland*.

---

[4] Versorgungsbericht 2017 der KVWL 2017, https://www.kvwl.de/mediathek/son/pdf/2017/kvwl_versorgungsbericht_2017.pdf.

[5] Zitat Thomas Müller, Versorgungsbericht 2017 der KVWL.

Mit den angedachten und bereits implantierten Strukturen hat das *Gesundheitsnetz Gemeinsam e. V.* im Westmünsterland die Chance, das „Gesundheitsnetz der Zukunft" zu werden, mit Vorbildcharakter in der Gesundheitsversorgung.

10.5 Ausblick in die Zukunft

Der Hausarzt bzw. die Hausärztin der Zukunft muss in vernetzten Strukturen, mit verschiedensten Technologien und mit unterschiedlichsten Professionen arbeiten können. Sie/er muss nicht nur die Grundlagen der Nachbarprofessionen kennen, um im Dialog mit ärztlichen und nichtärztlichen Kolleg_innen handlungs- und sprachfähig zu sein, er/sie muss auch moderne Digitalisierungs- und Vernetzungstechnologien systematisch in die hausärztliche Versorgung einbinden. Die Arbeits- und Organisationsstrukturen müssen sowohl mittels adäquater digitaler Lösungen als auch mittels attraktiver *Personalentwicklungsmodelle* (z. B. im Verbund mit anderen Arztpraxen) modernisiert werden. Und besonders wichtig: Er oder sie muss *Netzwerker_in* sein.

Die „Hausarztpraxis der Zukunft" als Mittelpunkt einer professionsübergreifenden Gesundheitsversorgung mit Moderations- und Steuerungs-/Managementaufgaben wird nicht nur die Versorgungsqualität in einer älter werdenden und sich räumlich und sozial ausdifferenzierenden Gesellschaft verbessern. Sie beinhaltet auch das Potenzial, die medizinische Versorgungsproblematik im ländlichen Raum wirklich nachhaltig lösen zu helfen und damit einen wichtigen Beitrag zur Stärkung ländlicher Regionen zu leisten.

Martina Schrage ist Geschäftsführerin und Projektverantwortliche im Teilprojekt GEMEINSAM in der Hausarzt-Praxis Münsterland.
Kontakt: m.schrage@gg-wml.de

Rainer Ollmann ist Geschäftsführer der gaus gmbh – medien bildung politikberatung in Dortmund.
Kontakt: ollmann@gaus.de

Dr. med. Volker Schrage ist Facharzt für Innere Medizin und Allgemeinmedizin und Experte für Gesundheitsförderung und Prävention. Er ist Leiter der Hausarzt-Praxis Münsterland.
Kontakt: v.schrage@gg-wml.de

Daniela Balloff ist Geschäftsführerin und Projektverantwortliche im Teilprojekt GEMEINSAM in der Hausarzt-Praxis Münsterland.
Kontakt: d.balloff@hausarzt-legden.de

Luise Becker, M.A., ist wissenschaftliche Mitarbeiterin der gaus gmbh – medien bildung politikberatung und beschäftigt sich schwerpunktmäßig mit gerontologischen und demografischen Themen.
Kontakt: becker@gaus.de

IT-gestützte Flächenversorgung, speziell in der Pneumologie

11

Jörg Simpfendörfer, Michael Barczok und Markus Bönig

Zusammenfassung

Das Gesundheitsnetz Süd, der Bundesverband der Pneumologen und das MedTech-Unternehmen vitabook realisieren gemeinsam und mit der Unterstützung des Kabinettsausschusses für Ländlichen Raum des Landes Baden-Württemberg das Modellprojekt *IT-gestützte Flächenversorgung, speziell in der Pneumologie.*

Ziel des Modellprojekts ist die Erhöhung der effektiven Nutzung der Ressource Arztzeit in der primär ambulanten pneumologischen Versorgung. Vor dem Hintergrund, dass bereits bestehende Kapazitätsengpässe durch demografische Faktoren, Verschiebung von Krankheitsbildern und der leidlich bekannten Nachwuchsproblematik im Bereich der niedergelassenen Fachärzte weiter verengt werden.

Patienten mit bestehender pneumologischer Betreuung und chronischer Erkrankung erhalten dabei die elektronische Patientenakte erweitert um das Modul des Pneumotherapiekonfigurators auf Arztseite und der Pneumo-App als Gegenstück auf der Patientenseite. Dies ermöglicht es dem betreuenden Arzt einen verbindlichen und interaktiven Behandlungsplan online an den Patienten zu übergeben. Der daraus entstandene Therapieplan ist zugleich Vorgabe, Leitplanke und Instrument der direkten Kommunikation

J. Simpfendörfer (✉)
Gesundheitsnetz Süd eG (GNS), Ehingen, Deutschland
E-Mail: j.simpfendoerfer@gnsued.de

M. Barczok
Bundesverband der Pneumologen, Ulm, Deutschland
E-Mail: mbarczok@lungenzentrum-ulm.de

M. Bönig
vitabook GmbH, Hamburg, Deutschland
E-Mail: markus.boenig@vitabook.de

© Springer Fachmedien Wiesbaden GmbH, ein Teil von Springer Nature 2020
U. Hahn, C. Kurscheid (Hrsg.), *Intersektorale Versorgung*,
https://doi.org/10.1007/978-3-658-29015-3_11

zwischen Arzt und Patient. Eigene Daten, Angaben und Messwerte können eigenständig via Pneumo-App dem Pneumologen bzw. der gesamten Behandlungskette direkt zugänglich gemacht werden.

Im Weiteren werden diese Funktionalitäten um eine Videosprechstunde und das sogenannte *Virtuelle Experten-Board* ergänzt.

11.1 Projektbeteiligte

11.1.1 Gesundheitsnetz Süd eG

Die Gesundheitsnetz Süd eG ist ein genossenschaftlich organisierter, fachübergreifender Zusammenschluss von niedergelassenen Ärztinnen und Ärzten bzw. Psychotherapeutinnen und Psychotherapeuten in Baden-Württemberg. Seit ihrer Gründung im Jahre 2003 vertritt die Gesundheitsnetz Süd eG die Interessen ihrer Mitglieder im Rahmen von Dienstleistung, Projekttätigkeit und Verbandsarbeit.

Seit nunmehr knapp drei Jahren ist die Gesundheitsnetz Süd eG Trägerin mehrerer Modellprojekte im Kontext der Digitalisierung des Gesundheitswesens im ländlichen Raum, gemeinsam mit dem Ministerium für Ländlichen Raum und Verbraucherschutz, dem Kabinettsausschuss Ländlicher Raum und dem Sozialministerium in Baden-Württemberg.

11.1.2 Bundesverband der Pneumologen

Das Projekt wird getragen vom Gesundheitsnetz Süd, das sich insbesondere für die organisatorischen und logistischen Abläufe verantwortlich zeichnet und dem Berufsverband der Pneumologen in Baden-Württemberg, der für die inhaltlichen Abläufe und die Patientenrekrutierung zuständig ist. Das Projekt beinhaltet eine Patientenakte, die von *vitabook* gestellt und technisch umgesetzt wird.

11.1.3 Vitabook

Das von dem MedTech-Unternehmen vitabook entwickelte Gesundheitsnetzwerk bildet die technische Grundlage für eine ganze Reihe von patientenzentrierten Vernetzungslösungen, die ein neues Miteinander von Arzt und Patient ermöglichen. Das Unternehmen hat die Rechtsform einer GmbH und verfolgt das Ziel, insbesondere Menschen mit chronischen Erkrankungen in allen Teilgebieten der Inneren Medizin umfassend zu unterstützen, ihre Therapie optimal umzusetzen. Knapp 250.000 Patienten nutzen die unterschiedlichen Lösungsangebote bereits.

11.2   Aktuelle Herausforderungen und Entwicklungen/Trends bei der Digitalisierung im Gesundheitswesen

Die deutsche Gesellschaft altert

Der demografische Wandel ist in Deutschland längst eine Tatsache. Schon heute bekommt insbesondere das deutsche Gesundheitswesen die Auswirkungen des demografischen Wandels hin zu demografischer Alterung deutlich zu spüren. Die Situation wird sich weiter verschärfen. Das Statistische Bundesamt prognostiziert einen Anstieg des Anteils der Bevölkerung im Alter von 60 Jahren und darüber von 2013 bis 2030 von 27 Prozent auf 35 Prozent (vgl. Statistisches Bundesamt 2015). Vor allem wird es immer mehr Hochaltrige geben. Die Zahl der Menschen, die 80 Jahre oder älter sind, soll um 48 Prozent von 4,4 Millionen im Jahr 2013 auf 6,0 Millionen im Jahr 2020 und auf 6,5 Millionen im Jahr 2030 steigen.

Die Alterung der deutschen Gesellschaft bedeutet unter anderem, dass Gesundheitsleistungen verstärkt in Anspruch genommen werden – mit weitreichenden Folgen für die sozialen Sicherungssysteme und die Strukturen der gesundheitlichen Versorgung.

Immer mehr chronisch Erkrankte

Gleichzeitig hat eine Verschiebung des Krankheitsspektrums hin zu chronischen, mit dem Altern assoziierten Erkrankungen stattgefunden. Hierzu zählen Herz-Kreislauf-Erkrankungen wie Herzinfarkt oder Schlaganfall, Krebs, chronische Atemwegserkrankungen, Stoffwechselerkrankungen wie Diabetes mellitus oder Krankheiten des Muskel-Skelett-Systems wie Arthrose oder Osteoporose. So wird etwa einer Status-quo-Prognose zufolge die Zahl der Diabetespatienten im Alter von 55 bis 74 Jahren zwischen 2010 und 2030 von 2,4 Millionen auf etwa 3,9 Millionen Personen ansteigen (vgl. Robert-Koch-Institut 2015). Auch diese Entwicklung stellt veränderte Anforderungen an die gesundheitliche Versorgung.

Weitere Herausforderungen der demografischen Alterung sind die Behebung des Fachkräftemangels in der Pflege und der problematischen Versorgungslage bei niedergelassenen Ärzten in strukturschwachen Regionen. Der Ärztemangel trifft in diesen Gebieten vor allem ältere und hochaltrige Menschen, für die der weite Weg zu den verbleibenden Arztpraxen und Krankenhäusern eine erhebliche Belastung darstellt, ebenso chronisch Erkrankte wegen der notwendigen Konsultierungshäufigkeit.

34 Mrd. Euro Ersparnis durch Digitalisierung

Die Digitalisierung des Gesundheitswesens bietet beträchtliche Chancen, um zahlreiche Aufgaben, vor denen die deutsche Gesundheitsversorgung steht, zu meistern. Laut einer Studie von 2018 (vgl. McKinsey 2018) wachsen die Gesundheitsausgaben wegen der demografischen Alterung und teurerer Behandlungsmethoden mit einer Jahresrate von nominal 4,5 Prozent – ein neuer Höchstwert bei ungebrochener Dynamik. Rund 12 Prozent des Gesamtaufwands von etwa 290 Mrd. Euro in 2018 hätten eingespart werden können, hätte das Gesundheitswesen bereits digitalisiert gearbeitet, also 34 Mrd. Euro.

Übrigens räumt die Studie mit dem alten Gegenargument vieler Leistungserbringer auf, sie hätten durch die digitalen Technologien nur zusätzliche Arbeit, würden aber nicht davon profitieren: 70 Prozent des erreichbaren Nutzens fällt demnach bei den Leistungserbringern, also vor allem bei Ärzten und Krankenhäusern, an (vgl. McKinsey 2018).

Deutschland hinkt hinterher

Deutschlands Nachbarn sind in punkto Digitalisierung des Gesundheitswesens um Längen voraus. In Italien, Schweden, Dänemark und Estland senden Ärzte elektronisch Rezepte an Patienten oder direkt an die Apotheke, die anschließend die Medikamente ausliefert. Eine elektronische Gesundheitsakte, die ELGA, ist in Österreich seit Jahren Standard. NHS, der britische staatliche Gesundheitsdienst, macht gemeinsam mit Google per künstlicher Intelligenz den gigantischen Datenschatz über Behandlungserfolge und Krankheitsverläufe nutzbar.

Während in anderen Ländern digitale Technologien Alltag in Praxen und Kliniken sind, tauscht Deutschland Informationen noch auf Papier aus und arbeitet an den Grundlagen der digitalen Vernetzung. Im internationalen Vergleich landet das deutsche Gesundheitswesen abgeschlagen auf Platz 16 von 17 untersuchten Staaten. Die Gründe dafür sind der Studie zufolge nicht in fehlenden Technologien, Datenschutzbedenken oder zu wenig Innovationspotenzial zu suchen. Vielmehr mangelt es an einer Strategie und entschlossenem politischen Handeln. Die Politik habe die Verantwortung für den digitalen Wandel an die Selbstverwaltung im Gesundheitswesen delegiert – und dort hätten sich die Akteure lange Zeit gegenseitig blockiert (vgl. Bertelsmann Stiftung 2018).

Chancen der Digitalisierung

Die McKinsey-Analyse beweist, dass das Nutzungspotenzial im deutschen Gesundheitswesen durch Digitalisierung bei bis zu 34,0 Mrd. Euro liegt (vgl. McKinsey 2018), bestehend einerseits aus Effizienzsteigerungen, andererseits aus Nachfragereduzierungen durch Vermeidung von Doppeluntersuchungen und Minimierung von Folgeschäden durch bessere Qualität der Behandlungen.

Das größte Effizienzpotenzial bieten demnach die Patientenakte, das E-Rezept und vor allem die webbasierte Interaktion zwischen Arzt und Patient. Dabei ist die Patientenakte – anders als von den meisten Akteuren derzeit vermutet und propagiert – lediglich eine notwendige Voraussetzung für die webbasierte Interaktion, kein Selbstzweck. Die Akte ist sozusagen als digitale Verbindung zum Patienten nötig. Das E-Rezept wiederum bringt dem Patienten kaum Vorteile, hier geht es vielmehr darum, die Interaktion zwischen Arzt, Apotheke und Kostenträger zu optimieren.

Die webbasierte Interaktion zwischen Arzt und Patient hat das Potenzial, insbesondere den Umgang mit Chronikern radikal zu verändern. Im Vordergrund stehen die langjährige digitale Überwachung des Gesundheitszustands und die Möglichkeit für den chronisch erkrankten Patienten der digitalen Nachbestellung von Rezept und Medikament.

Außerdem gilt es, Haus-, Fachärzte und Patienten in völlig neuer Form miteinander zu vernetzen. Startet zum Beispiel ein Pneumologe eine Therapie, kann der Hausarzt diese online einsehen. Der Patient wiederum ist in der Lage, sich aktiv in die Therapie einzubringen, etwa indem er selbsterfragte Daten erhebt und dokumentiert.

So wird die seltene Ressource Facharzt geschont und gleichzeitig die Versorgungsqualität verbessert.

„Gegenwärtig existieren in Deutschland bereits zunehmende medizinische Versorgungsengpässe aufgrund der demografischen Entwicklung" (vgl. Nationaler IT-Gipfel 2015, S. 31). Daher ist das Interesse am Potenzial neuer Technologien für eine wohnortnahe, hochqualitative medizinische Versorgung groß: „Es sind jedoch umfangreiche Maßnahmen notwendig, um die Distanz zwischen dem aktuell bestehendem medizinischen Bedarf und den technischen Möglichkeiten einerseits sowie den infrastrukturellen Gegebenheiten andererseits in der Zukunft zu reduzieren" (vgl. Nationaler IT-Gipfel 2015, S. 26), so wird bereits 2015 im Nationalen IT-Gipfel die aktuelle Lage der Gesundheitsversorgung in Deutschland beschrieben (vgl. Nationaler IT-Gipfel 2015).

„Grundsätzlich schafft die Digitalisierung eine strategische Option, existierende strukturelle Versorgungsdefizite auch anderweitig beheben zu können", so ein Resultat der politischen Analyse von Prof. R. Jaeckel und Dr. rer. medic. U. Hahn (vgl. Jaeckel und Hahn 2018, S. 5).

11.3 Herausforderungen in der ambulanten pneumologischen Versorgung

Historisch bedingte, schlechte Voraussetzungen
Die pneumologische Versorgung in Deutschland ist gekennzeichnet dadurch, dass aus historischen Gründen nur sehr wenige Pneumologen überhaupt zur Verfügung stehen.

Die vorhandenen pneumologischen Strukturen in Forschung und Lehre sowie Krankenversorgung weichen in vielen Punkten von den weltweiten Standards ab. Bis zur Mitte des vergangenen Jahrhunderts lag der Schwerpunkt der Lungenheilkunde nahezu ausschließlich bei der Therapie von Tuberkulose und war insofern weitgehend identisch zur Phthisiologie. Aus klimatischen, organisatorischen und seuchenhygienischen Gründen wurde die Behandlung Tuberkuloseerkrankter „ausgelagert" in Lungensanatorien. Die Pneumologie war somit über Jahrzehnte kein selbstständiges Fachgebiet an den medizinischen Universitätsfakultäten und Allgemeinkrankenhäusern. Entsprechende Lehre, Weiterbildung und klinische Forschung fanden kaum statt. Wenigen größeren Lungensanatorien gelang eine Umstrukturierung hin zu Lungenspezialkliniken, mit Zunahmen anderer Lungenerkrankungen: Asthma, Bronchitis und Lungenkrebs (vgl. Deutsche Gesellschaft für Pneumologie 2000).

Geringe Anzahl von Ärzten mit der Fachbezeichnung Innere Medizin und Pneumologie
Die aktuelle Statistik der Bundesärztekammer weist für die Gebietskulisse des Modellprojekts (Baden-Württemberg) zum Stichtag 31.12.2018 174 Ärzte mit der Fachbezeichnung

Innere Medizin und Pneumologie aus, davon 48 ohne ärztliche Tätigkeit. Von 126 ärztlich tätigen Medizinern mit der Fachbezeichnung Innere Medizin und Pneumologie sind 44 ambulant tätig (28 niedergelassen), 72 stationär und zehn in Behörden, Körperschaften und sonstigen Bereichen. Das bedeutet, dass im gesamten Landesgebiet Baden-Württemberg lediglich 116 Ärzte der Fachbezeichnung Innere Medizin und Pneumologie für die medizinische Versorgung der Patienten zur Verfügung stehen (vgl. Ärztestatistik der Bundesärztekammer 2018, Tab. 3.0).

Die aktuell vorherrschende Altersstruktur der Pneumologen spiegelt zudem die Dringlichkeit des Handlungsbedarfs wider. Auf Basis der Daten von 2017 ist ersichtlich, dass 50 % aller niedergelassenen Pneumologen über 55 Jahre alt sind. Der Anteil der jüngeren Mediziner mit dem Schwerpunkt Pneumologie ist im Vergleich zu den Hausärzten sichtbar niedriger, vermutlich auch bedingt durch eine längere Weiterbildungsdauer. Die Grundlage der vorliegenden Statistik (Abb. 11.1) zeigt auf, dass „die Hälfte aller niedergelassenen Pneumologen in den nächsten 10 Jahren in den Ruhestand gehen" (vgl. BdP 2017, S. 50).

Entwicklung pneumologischer Krankheitsbilder und Auswirkungen auf die pneumologische Flächenversorgung

Andererseits sind pneumologische Krankheitsbilder, insbesondere COPD, Lungenfibrose und das Bronchialkarzinom, in geringem Umfang auch das Asthma bronchiale, von stetigem Anstieg begriffen (vgl. Teschler et al. 2010, Abb. 3) .

Dies führt dazu, dass es insbesondere in Flächenstaaten wie Baden-Württemberg immer schwieriger wird, eine angemessene Versorgung bereitzustellen. Hinzu kommt, dass das Model der fachärztlichen Einzelpraxis abgelöst wird durch größere Berufsausübungsgemeinschaften, naturgemäß in städtischen Ballungsgebieten. Dies wiederum hat zur Folge, dass die pneumologische Flächenversorgung, insbesondere im ländlichen Bereich, immer mehr ausgedünnt wird.

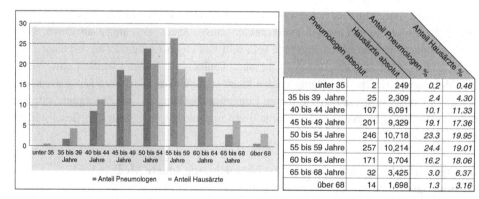

	Pneumologen absolut	Hausärzte absolut	Anteil Pneumologen %	Anteil Hausärzte %
unter 35	2	249	0.2	0.46
35 bis 39 Jahre	25	2,309	2.4	4.30
40 bis 44 Jahre	107	6,091	10.1	11.33
45 bis 49 Jahre	201	9,329	19.1	17.36
50 bis 54 Jahre	246	10,718	23.3	19.95
55 bis 59 Jahre	257	10,214	24.4	19.01
60 bis 64 Jahre	171	9,704	16.2	18.06
65 bis 68 Jahre	32	3,425	3.0	6.37
über 68	14	1,698	1.3	3.16

Abb. 11.1 Altersstruktur der Pneumologen im Vergleich zu Hausärzten 2013 (vgl. Weißbuch ambulante Pneumologie 2017, S. 50)

Insbesondere bei Krankheitsbildern wie Asthma und COPD ist nach einer fachärztlichen Erstdiagnostik und Therapieeinstellung eine wiederholte Vorstellung über Jahre hinweg erforderlich, um die Therapie jeweils optimal leitliniengerecht anzupassen. Ein Teil dieser Kontrollen kann auch in einem telemedizinischen Setting erfolgen, sofern es möglich ist, Behandlungsziele zu definieren und deren Erreichung im Kontakt mit dem Patienten abzufragen.

11.4 Innovative Versorgungslösungen in der Realität am Beispiel des Modellprojekts

Innovative Lösungsansätze beschreiben Möglichkeiten der Erfüllung gestellter Aufgaben und Lösungen von Problemen, um damit eine Optimierung von Arbeitsergebnissen zu erreichen. Die Herausforderung dabei ist, das Spannungsfeld zwischen „Bewahren und Verändern, zwischen Kreativität und Zuverlässigkeit und zwischen Risikobereitschaft und Qualitätsgewährleistung" (vgl. Lehmann et al. 2007, S. 353) nicht aus den Augen zu verlieren.

Bei gegebener Definition und unter Einbeziehung der Möglichkeiten der Digitalisierung zum heutigen Stand wird in diesem Projekt ein höchst innovativer Pfad in der Versorgung eines ausgewählten Patientenklientels, hier Asthma und COPD, beschritten.

Die Möglichkeit des interdisziplinären Austauschs aller an einer Patientenbehandlung beteiligten Gruppen und Ansprechpartner ist das Schlüsselelement, um:

1. eine effektive und zielgerichtete Versorgung der Asthma- und COPD-Patienten darzustellen,
2. die unter Abschn. 11.3 dargestellten Kapazitätsengpässe in der pneumologischen Flächenversorgung abzumildern,
3. zu einer verbesserten Allokation der Ressource Arztzeit zu gelangen.

Als Grundlage, um diesen Austausch zu ermöglichen, ist es zwingend notwendig, dass allen Behandlern die relevanten und identischen Daten zeitgleich vorliegen. Als notwendige Infrastrukturmaßnahme werden daher alle Patienten mit einer dem Patienten gehörenden elektronischen Patientenakte ausgestattet. Der Patient erlaubt seinen Behandlern, unabhängig von Fachrichtung und Sektor, den Zugriff auf diese Akte. Die Behandler kommunizieren mittels der dem Patienten gehörenden Akte.

Neben den Aktenfunktionalitäten wurden im Modellprojekt weitere Module ergänzt:

1. **Der Pneumotherapiekonfigurator**
Hierfür wird mittels eines elektronischen Therapiekonfigurators ein verbindlicher Behandlungsplan des Patienten erstellt, der ebenfalls der sachgerechten Patientensteuerung dient. Basierend auf aktuellen Behandlungspfaden und wissenschaftlichen Leitlinien können verschiedene Behandler fach- und sektorenübergreifend mit einem

Patienten zusammenarbeiten. (Die Ausrichtung des Behandlungsplans ist grundsätzlich und analog zur elektronischen Patientenakte unabhängig von Sektorengrenzen.) Der Patient rückt in den Mittelpunkt und seine Versorgung verzahnt sich auf den unterschiedlichen Versorgungsebenen. Die für alle Behandler einsehbare und gleich gelagerte Dokumentation hilft dabei räumliche Distanzen zu überwinden, die Qualität der Versorgung zu gewährleisten und Effizienzreserven zu heben.

Über den Therapiekonfigurator kann der Facharzt einen Behandlungsplan erstellen. Dieser ist mittel- bis längerfristig ausgerichtet und gibt dem Patienten einen Korridor, in dem er sich sicher bewegt, solange keine Entgleisungen und/oder sich andeutende Ereignisse (z. B. Exazerbation) stattfinden.

2. **Die Pneumo-App**

Das Gegenstück auf der Seite des Patienten stellt die Pneumo-App dar, mittels derer der Patient den vom Arzt erstellten Therapieverlauf via Web oder Smartphone bedient bzw. dokumentiert: eigene Daten, Angaben und Messwerte können eigenständig bzw. mit Unterstützung des betreuenden Hausarztes per Upload der gesamten Behandlungskette zur Verfügung gestellt werden.

Durch die Nutzung der dargestellten Lösung entstehen zahlreiche Mehrwerte. Konkret bezogen auf das Projekt der IT-gestützten Flächenversorgung in der Pneumologie, besteht der Mehrwert in erster Linie in der effizienten Nutzung ärztlicher Ressourcen. Chronisch erkrankte Patienten suchen bei ereignislosem Krankheitsverlauf Fachärzte seltener auf. Dennoch steuert und überwacht der Facharzt mittels des Tools Therapiekonfigurator die Therapie.

Mittels der Hinterlegung der Therapieschemata und des individuellen Behandlungsplans kann die kontinuierliche Überwachung bestimmter pneumologischer Parameter mit einem Notfallmanagement hinterlegt werden, das eingreift, sobald risikobehaftete Veränderungen einen sofortigen Handlungsbedarf signalisieren bzw. notwendig machen und somit gelingt es auch, Wartezeiten beim Arztzugang ggf. entsprechend reduzieren (vgl. Tab. 11.1).

Tab. 11.1 Wartezeit auf Termin nach Dringlichkeit, WINPNEU: eigene Befragung niedergelassener Pneumologen 2014; n = 102. (Quelle: vgl. Weißbuch ambulante Pneumologie 2017, S. 37)

Wartezeiten (in Tagen) auf Termin bei folgenden Konstellationen	Terminanfrage von Patient	Terminanfrage vom Hausarzt
Blut im Auswurf	1	1
akute Thoraxschmerzen	1	1
bekannter COPD-Patient mit Exazerbation	2	1
Atemnot in Ruhe	3	1
Husten seit 8 Wochen	20	9
Husten seit 1 Woche	22	9
allergische Beschwerden	22	18
Atemnot unter Belastung	24	12
Schnarchen	36	30
bekannter Patient zur Kontrolle	54	41

11.4.1 Einordnung des Modellprojekts in der Regelversorgung

Verhältnis der Wartezeiten von Alt-Patienten zu Neu-Patienten
Die Versorgungssituation beschreibt einerseits aktuell ein Patientenklientel, das zunehmend überaltert, und weist andererseits auf Unterschiede hinsichtlich der Leistungserbringung zwischen Alt- und Neu-Patienten hin. Es liegt auf der Hand, dass mit wachsender Zahl älterer Menschen gleichzeitig der Bedarf an einer kontinuierlichen Betreuung beim Pneumologen wächst. Allein der demografische Wandel bedingt eine zunehmende Nachfrage nach ärztlichen Leistungen. Der Bundesverband der Pneumologen zeigt in einer Studie auf, wie sich die Situation zwischen Neu-Patienten und der Inanspruchnahme von pneumologischen Leistungen in den Vorquartalen verhält. Dazu wurden in der Versorgungsforschung die Abrechnungsquartale 1 bis 4 des Jahres 2013 der GKV-Abrechnung analysiert. Abb. 11.2 macht deutlich, dass es sich bei 32 % der Patienten um Neu-Patienten handelt, bei denen sich der Betreuungsaufwand deutlich von dem eines Alt-Patienten unterscheidet. Hierbei ist z. B. die Leistungsdichte bronchialer Provokationen oder Allergietestungen wesentlich höher (vgl. BdP 2017, S. 29).

In den kommenden Jahren wird sich der Betreuungsaufwand in der Pneumologie sukzessive erhöhen. Das hat für die Organisation der Versorgung die praktische Bedeutung, dass eine entsprechende Ressourcenallokation unter der Zuhilfenahme technischer Möglichkeiten geboten ist, um trotz Kapazitätsengpässen den Versorgungszugang für Neu-Patienten regelhaft zu gewährleisten.

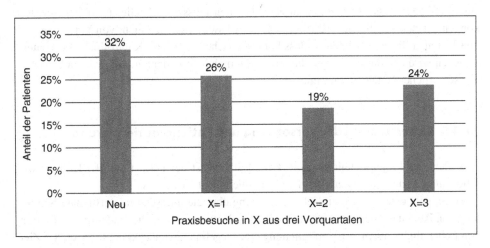

Abb. 11.2 Anteil der Patienten in % nach unterschiedlicher Inanspruchnahme aufgeteilt nach Neu-Patienten und Inanspruchnahme in einem, zwei oder allen drei Vorquartalen (WINPNEU, Versorgungsforschung des BdP, Analyse der GKV-Abrechnung 1. bis 4. Quartal 2013) (vgl. Weißbuch ambulante Pneumologie 2017, S. 29)

11.4.2 Effizienzsteigerung in der Versorgung durch die Optimierung der Ressource Arztzeit

Der effiziente Einsatz der ärztlichen Ressource steht im deutschen Gesundheitswesen im Vordergrund. Die demografische Entwicklung und ein Mangel an ärztlichem Nachwuchs, im Besonderen aus fachärztlicher Sicht, lässt einen Handlungsbedarf erkennen. Dabei ist es umso bedeutender, regionale Netzwerke weiter auszubauen und mit einer Auswahl geeigneter Indikationen klar definierte Versorgungsziele anzustreben und sektorenübergreifend zu koordinieren.

Ziel des Projektes ist es, zu sehen, ob bei Zwischenschaltung telemedizinischer Termine eine Verlängerung der Kontrollintervalle bei Patienten mit Asthma und COPD möglich ist. Bei den in Frage kommenden Patienten wird ein Diagnostik- und Therapieplan über eine Patienten-App vorgegeben, der vom Patienten dann unter regelmäßiger Erinnerung abgearbeitet und in grafisch gut auswertbarer Form für den Arzt jeweils zur Verfügung steht. Wir gehen davon aus, dass dadurch zumindest unproblematische Kontrolltermine entfallen können, was insbesondere für Patienten, die dafür eine weite Anreise benötigen (das Einzugsgebiet vieler pneumologischer Praxen liegt bei 100 bis 150 km) eine definitive Erleichterung bedeutet.

Im Rahmen des Modellprojekts muss jedoch auch deutlich gemacht werden, dass für den Arzt dabei kein unmittelbarer Zeitgewinn entsteht, es sei denn, die Telekommunikation wird über hierfür ausgebildete Mitarbeiter soweit vorbereitet, dass der Arzt sich auf den eigentlichen Kontakt konzentrieren kann. Vorteilhaft für die Versorgung ist aber allemal, dass bei einer Reduktion von Kontrollpatienten vermehrt abklärungsbedürftige Patienten, die jetzt lange Wartezeiten in Kauf nehmen müssen, schneller terminiert werden können. Bisher war dies im EBM-System betriebswirtschaftlich nicht von Vorteil, in Zukunft ist aber davon auszugehen, dass klarer zwischen Neu- und Kontrollpatienten unterschieden wird und damit Praxen, die ihren Anteil an Neu-Patienten erhöhen, ein betriebswirtschaftlicher Nutzen daraus entsteht.

11.4.3 Sicherstellung der Versorgung und Patientenorientierung

Aus Sicht der Projektbeteiligten gilt: Grundsätzlich ist der Patient das Bindeglied zwischen allen Ärzten, mit einem Online-Gesundheitskonto als Basis.

Dabei geht eine telemedizinische Versorgung über die intersektoral verfügbare Sammlung von Patientendaten und Unterlagen hinaus. Notwendig sind die eindeutige Definition von Behandlungszielen, die Ermöglichung einer regelmäßigen Rückkopplung, ob das Ziel erreicht wird bzw. die Weichen dorthin richtig gestellt sind, und die Möglichkeit, ggf. sowohl von Seiten des Arztes eingreifen zu können, wenn die Dinge sich ungünstig entwickeln, als auch von Seiten des Patienten eine unkomplizierte, einfache Intervention des betreuenden Pneumologen zu erreichen.

Das zeichnet das vorliegende Modellprojekt insbesondere und auch vor anderen aus, die lediglich eine „passive" Patientenakte vorhalten. Nützlich ist dabei in der Pneumologie, dass sowohl für Asthma als auch für COPD und für Schlafapnoe, als einem weiteren zunehmenden Problemgebiet in der Pneumologie, Leitlinien zur Verfügung stehen, die einfach und klar die Abläufe beschreiben. Es stehen auch skalierte Fragebögen in Form des ACT (Asthma) und CAT (COPD) zur Verfügung, mit denen der Patient objektiv seine Situation zuverlässig beschreiben kann.

Dies gemeinsam mit dem Medikamenteneinsatz und ggf. einfachen Messwerten, wie beispielsweise dem sogenannten Peakflow bzw. bei der COPD die Messung der täglichen Gehstrecke, ermöglichen einen guten Einblick ins Krankheitsgeschehen. Die Möglichkeit zu einer telemedizinischen Videosprechstunde, die in die Akte integriert wurde, komplettiert die Möglichkeit für beide Seiten, rasch und gezielt aktiv werden zu können, wenn dies erforderlich ist.

11.4.4 Skalierbarkeit

Mithilfe der intersektoralen Versorgungslösung *Therapiekonfigurator* kann der Arzt die perfekte Therapie mit allen relevanten Aspekten festlegen und sie ohne Informationsverluste direkt an den Patienten weitergeben. Dabei liegt dem *Therapiekonfigurator* eine grundsätzliche Mechanik zugrunde, die sich auf alle Bereiche der Inneren Medizin übertragen lässt: Mithilfe von fertigen Templates definiert der Arzt den Therapieinhalt per Mausklick. Dieser Vorgang ist einfach und schnell, erspart zeitraubendes Befassen mit Details und senkt die Fehlerquote. Zudem werden dem Patienten automatisch umfassende Informationen in geprüfter Qualität übermittelt, ohne Zeitaufwand für den Arzt. Darüber hinaus erhält der Arzt einen digitalen Rückkanal, über den der Patient ihm strukturierte Informationen zur Analyse zukommen lässt. Der Arzt erhält diese in seiner Arzt-Ansicht in Form einer grafischen und übersichtlichen Dokumentationsauswertung.

Der Patient bekommt alle Therapieinhalte gebündelt in einer App mit passgenauen Informationen, der Dokumentation von Symptomen und Vitalwerten, Aktivitätserinnerungen sowie Online-Rezepten und -Medikamentenbestellungen. Parallel können weitere Ärzte Therapiekonfigurationen starten. Bindeglied zwischen allen Ärzten ist der Patient mit seinem Online-Gesundheitskonto als Basis. Alle Daten und Konfigurationen sind hier gespeichert. Werden also für verschiedene Therapien von unterschiedlichen Ärzten identische Daten benötigt, reicht es, wenn der Patient zum Beispiel sein Gewicht nur einmal dokumentiert. Seine Daten stellt der Patient seinen Ärzten für den Not- und den Regelfall zur Verfügung. So wird ein Zusammenspiel mehrerer Ärzte unkompliziert und sicher möglich. Auch die Ansicht der Ergebnisse anderer Ärzte funktioniert in diesem System unkompliziert und schnell: Zwar können im Online-Gesundheitskonto Arztbriefe hinterlegt werden, gezeigt wird aber nicht der komplette Arztbrief, sondern nur dessen Ergebnis.

Der **Therapiekonfigurator** ermöglicht ein ganz neues Miteinander von Arzt und Patient. Patienten werden aktiv in die Therapie einbezogen, was den Therapieerfolg deutlich erhöht – bei gleichzeitig erheblich weniger Aufwand für den Arzt.

Über den „Brillenrand" der Pneumologie hinweg, sind in dem Projekt auch zwei Pädiater vertreten, die daran arbeiten, den **Therapiekonfigurator** auf die speziellen Bedürfnisse der Pädiatrie anzupassen. Hierbei ist es wichtig, dass die Angehörigen, in diesem Fall gezielt die Erziehungsberechtigten, einbezogen werden. Die Chance solcher innovativen Projekte liegt drin, eine optimale Ausschöpfung der Lerneffekte für andere Fachbereiche oder andere Regionen zu generieren, die zukünftig dazu beitragen, die regionale Versorgung zu sichern (vgl. Schang et al. 2019) Dabei ist es von großer Bedeutung von vorne herein eine systematische und vergleichbare Evaluation zu hinterlegen, die eine spätere Übertragbarkeit auf andere Regionen ermöglicht und Rückschlüsse über die Nachhaltigkeit aufzeigt.

11.4.5 Regelversorgung und Innovation

„Wir müssen wegkommen von nationalen Insel-Lösungen in einer globalisierten Welt." (Markus Bönig, Geschäftsführer vitabook GmbH)

Die Mechanik aus Online-Gesundheitskonto und *Therapiekonfigurator* ist universell nutzbar und einfach in das Arztinformationssystem (AIS) zu integrieren: Nach dem Aufruf des Patienten im Praxisverwaltungssystem (PVS) wird dieser automatisch erkannt, die relevanten Daten werden extrahiert beziehungsweise die entsprechenden Kacheln angezeigt. Die relevanten zum Patienten gespeicherten Daten inklusive der Stammdaten werden aus dem PVS ausgelesen. Jedes PVS bzw. AIS des Arztes hat damit eine Schnittstelle zur bidirektionalen Kommunikation mit Nutzern des Online-Gesundheitskontos. Die Integration in Krankenhausinformationssystem (KIS) ist ebenso gegeben. Auch Apotheken und Pflege sind eingebunden.

Die eigentliche Innovation der vorgestellten intersektoralen Lösung ist, dass alle Prozesse über die Infrastruktur des Patienten und damit datenschutzkonform laufen – auch über Grenzen hinweg. Damit wird sichergestellt, dass eine Überführung in die Regelversorgung nicht an den (inter)sektoral bedingten Schnittstellen scheitert.

Das bedeutet, dass die technischen Möglichkeiten die Sektorengrenzen theoretisch bereits hinter sich lassen. Der fehlende Weg in die Regelversorgung liegt jedoch oft genug nicht in der technischen Umsetzbarkeit begründet. Die Ergebnisse des Modellprojekts müssen daher ihren Beitrag leisten, Hürden auf dem Weg in die Regelversorgung zu überwinden. Eine auf dieser Basis entstehende und ausdifferenzierte Überarbeitung der ärztlichen Entgeltkataloge zur Schaffung geeigneter Abrechnungsziffern für derartig gelagerte Leistungen, ist aus Sicht der Projektbeteiligten ein erster wichtiger Schritt in die künftige regelhafte Versorgung mit innovativen telemedizinischen Leistungen.

„Im Moment ist das Modellprojekt noch im Laufen, langfristig wird die Einführung einer telemedizinischen Versorgungsebene nur möglich sein, wenn sowohl die organisatorisch-logistische Ebene in Form des Zusammenspiels von Praxisverwaltungssystem und Patientenakte funktioniert und die telemedizinische Betreuung von Patienten vergleichbar honoriert wird wie die normale Regelversorgung, was bislang bei weitem nicht der Fall ist.

Es ist aber zu erwarten, dass eine entsprechende Abbildung im EBM bzw. der GOÄ erfolgen wird, da die betriebswirtschaftlichen und versorgungstechnischen Vorteile belegbar sind." (Dr. med. Michael Barczok, ärztlicher Projektleiter)

11.5   Einbindung des stationären Sektors und perspektivische Skalierbarkeit

Generell bedeutet eine intersektorale Zusammenarbeit eine „anerkannte Beziehung zwischen einem oder mehreren Teilen verschiedener gesellschaftlicher Sektoren, die zur Durchführung bestimmter Aktivitäten entwickelt wurden, um Gesundheitsergebnisse oder intermediäre Gesundheitsergebnisse zu erreichen, – und zwar in einer effektiveren, effizienteren oder nachhaltigeren Weise als es der Gesundheitssektor allein erreichen könnte" (vgl. WHO 1998, S. 18).

Gesundheitsnetzwerk verbindet alle Akteure
Grundsätzlich gilt: Das von vitabook aufgebaute Gesundheitsnetzwerk verbindet alle am Gesundheitssystem Beteiligten. Ziel ist die Verbesserung der sektorenübergreifenden Interaktion. Im Mittelpunkt stehen die Kommunikation zwischen den Akteuren, Transaktionen und der Austausch von Informationen während einer Therapie. Zu diesem Zweck entwickelt das MedTech-Unternehmen parallel zum dargestellten Modellprojekt laufend innovative Lösungen.

Der im Rahmen des Modellprojekts entwickelte Therapiekonfigurator für die pneumologische Versorgung erweitert die „Basis"-Infrastruktur des Gesundheitskontos und weitet die Möglichkeiten der therapiebezogenen Kommunikation über die Sektorengrenzen hinweg aus.

Ausblick und aktueller Stand bei der Vernetzung Arztpraxis – Klinik im Modellprojekt
In Kooperation mit mehreren Unikliniken entstand das *Virtuelle Experten-Board*, eine digitale Plattform, die Arztpraxen mit Klinik-Experten unterschiedlicher Fachrichtungen vernetzt. Von den Vorteilen des Virtuellen Experten-Boards profitieren Arzt und Patient gleichermaßen: Die direkte, digitale Anbindung über das Virtuelle Experten-Board an Experten unterschiedlicher Fachrichtungen bietet Ärzten eine erheblich bessere Diagnosesicherheit – bei weniger Aufwand – und einen beschleunigten diagnostischen Ablauf mit hochwertiger Beurteilung.

Der Arzt sendet seinem Patienten einen digitalen, dynamisch generierten Fragebogen zur Online-Beantwortung in sein Online-Gesundheitskonto. Dieser kann auch ausgedruckt, ausgefüllt und dann eingescannt werden.

Im Verdachts-Assistenten des vitabook-Web-Accounts erfasst der Arzt die relevanten Informationen zum Verdachtsfall, lädt erforderliche Dokumente wie Anamnese, Befunde und CT-Bilder hoch, fügt den Fragebogen hinzu und übermittelt alles mit einem Klick an das Virtuelle Experten-Board. Die jeweiligen Experten können die Daten direkt einsehen und den Fall bewerten.

Im Dashboard hat der Arzt jederzeit Überblick über die Rückmeldung seines Patienten und die Bewertung durch die Experten.

In Zusammenarbeit mit dem Berufsverband der Pneumologen und mit Unterstützung des Pharma-Unternehmens Boehringer-Ingelheim und Microsoft kommt das Virtuelle Experten-Board unter dem Namen ILD-Board zunächst in der Pneumologie zum Einsatz.

Darüber hinaus ist das Virtuelle Experten-Board aktuell verfügbar für die Bereiche Pneumologie, Neurologie und Neonatologie. Voraussichtlich bis Ende des Jahres werden folgende Bereiche hinzukommen: Innere Medizin, Angiologie, Endokrinologie, Diabetologie, Gastroenterologie, Hämatologie, Onkologie, Kardiologie, Nephrologie, Rheumatologie und Ophthalmologie.

Am Universitätsklinikum Schleswig-Holstein (UKSH) wurden gleich zwei intersektorale Versorgungslösungen auf Basis des vitabook-Gesundheitskontos realisiert: Alle Patienten erhalten nach dem Klinikaufenthalt ihre Daten in elektronischer Form in ihrem Online-Gesundheitskonto sowie den passenden Konfigurator. Damit sind die weiterbehandelnden Ärzte unmittelbar und umfassend informiert.

Im Zentrum: Die richtige Information zum richtigen Zeitpunkt

„Information" lautet das Stichwort, um das sich alle Lösungen drehen. Was im Bereich der OPs längst zum Standard zählt, die Standard Operation Procedures zur Steigerung von Effizienz, Qualität und Einheitlichkeit der Leistung, auf alle Gebiete innerhalb der Gesundheitsversorgung auszuweiten, ist das Ziel. Wer wann welche Information erhält, also ein Standard Information Procedure zu entwickeln, den Informationsfluss in eine für jeden verbindliche Struktur zu gießen, hierin besteht die übergeordnete Chance der Digitalisierung im deutschen Gesundheitswesen.

11.6   Hürden und Limitationen bei der intersektoralen Vernetzung

„Wir haben die Möglichkeiten für ein digitales Wirtschaftswunder. Die Frage ist, ob es in Deutschland stattfindet", so die Bundeskanzlerin auf dem IT-Gipfel 2014 (vgl. Merkel 2014). Eine vom Bundesministerium für Wirtschaft und Energie (BMWi) in Auftrag gegebene Studie kommt zum Ergebnis, dass Deutschland beim Digitalisierungsgrad seiner gewerblichen Wirtschaft lediglich 49 von 100 möglichen Indexpunkten erreicht (vgl.

Münchner Kreis 2015). Schlusslichter der einzelnen Branchen sind der Fahrzeugbau und das Gesundheitswesen mit 36 Punkten.

Die Gründe für den geringen Digitalisierungsgrad im Gesundheitswesen sind vielschichtig: Das deutsche Gesundheitswesen ist hoch fragmentiert, sowohl auf Prozessebene (Sektoren) als auch auf Finanzierungsebene (Kostenträgervielfalt, sektoral unterschiedliche Vergütungssystematiken etc.), vor allem jedoch in Bezug auf zahlreiche Interessengruppen. Die hohen regulatorischen Hürden machen eine übergreifende Lösung nur schwer durchsetzbar.

Vor dem Hintergrund eines starken Kostendrucks und fehlender Refinanzierung nähern sich insbesondere Krankenhäuser überwiegend zurückhaltend dem Thema *digitale Vernetzung*. Hier herrscht eine größere Bereitschaft, direkt greifbare medizinische Verbesserungen einzuführen als digitale Technologien und Prozesse, deren Nutzen kaum sofort monetär bewertet werden kann.

Der Kostenfaktor spielt als Entschleuniger bei der digitalen Vernetzung eine wesentliche Rolle. Jeder Akteur, ob im ambulanten oder stationären Bereich, hat primär die Optimierung seiner eigenen Prozesse im Fokus. Da Vernetzung finanziell nicht unmittelbar entlohnt wird, sondern die jeweilige Leistung, findet sie nicht statt.

Auch der Haupt-Nutznießer einer sektoralen Vernetzung, der Patient, gewohnt, dass anfallende Kosten von der Krankenkasse erstattet werden, ist nicht bereit, für Innovationen zu zahlen.

Die traurige Bilanz lautet also, dass der Markt bei der intersektoralen Vernetzung versagt hat. Angezeigt wäre nun ein Eingreifen von Seiten des Staates, was mit dem E-Health-Gesetz bereits initiiert worden ist.

Schneller könnte der Markt selbst agieren: Gefragt sind Lösungen, durch die eine Vernetzung den Akteuren einen direkten Nutzen einbringt, um so die Zahlungsbereitschaft zu gewährleisten. Solche Nutzen sind zum Beispiel: einfachere Aufnahme und Entlassung, einfachere Abwicklung Rezept- und Medikationsbestellungen und bessere Therapieumsetzung. Krankenkassen und speziell Pharmaunternehmen, die hiermit ein zusätzliches Budget generieren könnten, dürften für diese Vorteile zu interessieren sein und somit zum (finanziellen) Motor der intersektoralen Versorgung avancieren.

Literatur

Ärztestatistik der Bundesärztekammer. (2018). *Ärztinnen/Ärzte nach Facharztbezeichnungen und Tätigkeitsarten.* https://www.aerztekammer-bw.de/40presse/05aerztestatistik/02.pdf. Zugegriffen am 06.05.2019.

BdP (Bundesverband der Pneumologen, Schlaf- und Beatmungsmediziner). (2017). *Weißbuch ambulante Pneumologie* (1. Aufl). Verantwortlich Andreas Hellmann mit den Co-Autoren Michael Barczok, Frank Friedrichs, Christian Franke, Thomas Hering, Michael Horst, Jens Steiß, Michael Weber. https://www.pneumologenverband.de/wb2017/index.php. Zugegriffen am 13.05.2019.

Bertelsmann-Stiftung. (2018). *Digitale Gesundheit: Deutschland hinkt hinterher.* https://www.bertelsmann-stiftung.de/de/themen/aktuelle-meldungen/2018/november/digitale-gesundheit-deutschland-hinkt-hinterher/. Zugegriffen am 01.05.2019.

Deutsche Gesellschaft für Pneumologie. (2000). *Stellungnahme der Deutschen Gesellschaft für Pneumologie an den Sachverständigenrat für die Konzertierte Aktion im Gesundheitswesen Über-, Unter- und Fehlversorgung in der Pneumologie.* https://www.svr-gesundheit.de/fileadmin/user_upload/Gutachten/2000-2001/Befragung/155.pdf. Zugegriffen am 06.05.2019.

Jaeckel, R., & Hahn, U. (2018). *Politische Analysen: Weiterentwicklung der sektorenübergreifenden Versorgung.* https://www.bmcev.de/wp-content/uploads/2018_06_Weiterentwicklung-der-sektoren%C3%BCbergreifenden-Versorgung-Observer-Gesundheit_Jaeckel.pdf. Zugegriffen am 13.05.2019.

Lehmann, F., Geene, R., Kaba-Schönstein, L., Brandes, S., Köster, M., Kilian, H., Steinkühler, J., Bartsch, G., & Linden, S. (2007). *Kriterien guter Praxis in der Gesundheitsförderung bei sozial Benachteiligten. Ansatz – Beispiele – Weiterführende Informationen* (Reihe Gesundheitsförderung Konkret, 3., erw. u. überarb. Aufl., Bd. 5). Köln: BZgA.

McKinsey. (2018). *Digitalisierung im Gesundheitswesen: die Chancen für Deutschland.* https://www.mckinsey.de/~/media/mckinsey/locations/europe%20and%20middle%20east/deutschland/news/presse/2018/2018-09-25-digitalisierung%20im%20gesundheitswesen/mckinsey92018digitalisierung%20im%20gesundheitswesendownload.ashx. Zugegriffen am 02.05.2019.

Merkel, A. (2014). *Wirtschaftswunder 4.0.* https://www.wirtschaftsrat.de/wirtschaftsrat.nsf/id/wirtschaftstag-rheinland-pfalz-hessen-und-saarland-de. Zugegriffen am 03.05.2019.

Münchner Kreis. (2015). *Digitalisierung. Die Achillesferse der deutschen Wirtschaft? Wege in die digitale Zukunft.* http://www.tns-infratest.com/Wissensforum/Studien/pdf/Zukunftsstudie-MUENCHNER_KREIS_2014.pdf. Zugegriffen am 03.05.2019.

Nationaler IT-Gipfel. (2015). *Plattform Innovative Digitalisierung der Wirtschaft – Fokusgruppe Intelligente Vernetzung: Stakeholder Peer Review Deutschland intelligent vernetzt – Status- und Fortschritt Intelligenter Gesundheitsnetze 2015.* https://deutschland-intelligent-vernetzt.org/app/uploads/2016/04/160407_FG2_Status_Fortschrittsbericht_zurAnsicht.pdf. Zugegriffen am 13.05.2019.

Robert Koch-Institut. (Hrsg.). (2015). *Gesundheit in Deutschland. Gesundheitsberichterstattung des Bundes. Gemeinsam getragen von RKI und Destatis.* Berlin: RKI. https://www.rki.de/DE/Content/Gesundheitsmonitoring/Gesundheitsberichterstattung/GBEDownloadsGiD/2015/09_gesundheit_in_deutschland.pdf?__blob=publicationFile. Zugegriffen am 02.05.2019.

Schang, L., Sundmacher, L., & Grill, E. (2019). *Neue Formen der Zusammenarbeit im ambulanten und stationären Sektor: ein innovatives Förderkonzept.* https://www.thieme-connect.com/products/ejournals/pdf/10.1055/a-0829-6465.pdf. Zugegriffen am 30.04.2019.

Statistisches Bundesamt. (2015). *Bevölkerung Deutschlands bis 2060. Ergebnisse der 13. koordinierten Bevölkerungsvorausberechnung.* Wiesbaden: Destatis. https://www.destatis.de/DE/Themen/Gesellschaft-Umwelt/Bevoelkerung/Bevoelkerungsvorausberechnung/Publikationen/Downloads-Vorausberechnung/bevoelkerung-deutschland-2060-presse-5124204159004.pdf?__blob=publicationFile&v=3. Zugegriffen am 01.05.2019.

Teschler, H., Seeger, W., & Vogelmeier, C. (2010). Die Lage der Pneumologie in Deutschland: Status Quo und Blick in die Zukunft. *Pneumologie, 64*, 143–148. https://pneumologie.de/fileadmin/user_upload/s-0029-1243920.pdf. Zugegriffen am 07.05.2019.

WHO. (1998). *Glossar zur Gesundheitsförderung* (Deutsche Übersetzung (DVGE) des Glossars von Don Nutbeam). Gamburg: Verlag für Gesundheitsförderung G. Conrad.

Jörg Simpfendörfer ist staatlich anerkannter Physiotherapeut und M.Sc. im Fachbereich Gesundheitsökonomie der Universität Bayreuth. Für die Gesundheitsnetz Süd eG ist er als Prokurist und Leiter der Geschäftsstelle tätig, steht den beiden Tochtergesellschaften Ärzte Service GmbH und G'sundregion Management GmbH als Geschäftsführer vor und begleitet das Projektmanagement des Modellprojekts.

Kontakt: j.simpfendoerfer@gnsued.de

Dr. med. Michael Barczok ist als niedergelassener Pneumologe in einer großen pneumologischen Praxis tätig, die mehrere Betriebsstätten und ein Schlaflabor umfasst. Er ist darüber hinaus in der KV Baden-Württemberg engagiert und im Berufsverband der Pneumologen in verschiedenen Funktionen tätig. Über viele Jahre hinweg war er in leitender Funktion des Gesundheitsnetzes Süd.

Kontakt: mbarczok@lungenzentrum-ulm.de

Markus Bönig. Der MedTech-Unternehmer und KI-Experte Markus Bönig hatte es sich im Jahr 2011 zum Ziel gesetzt, die für eine bessere Versorgung chronisch Erkrankter erforderliche Infrastruktur zu entwickeln und in Deutschland möglichst breit einzuführen. Zuvor war der Autor Manager bei mehreren IT-Konzernen wie GE und Cisco mit dem Schwerpunkt öffentliche Auftraggeber und den Herausforderungen im Gesundheitswesen. Der Diplom-Kaufmann ist Spezialist für virtuelle Organisationsformen und Netzwerkinfrastrukturen.

Kontakt: markus.boenig@vitabook.de

Der gemeinsame Tresen – zentralisierter Notdienst in Schleswig-Holstein am Beispiel Anlaufpraxis Heide/Westküstenklinikum Heide

12

Reimar Vogt

Zusammenfassung

In der Kreisstadt Heide in Dithmarschen besteht seit September 2016 eine Portalpraxis „light" als Instrument der gesundheitlichen Notdienstversorgung, in der alle fußläufig das Krankenhaus aufsuchenden Patienten gesichtet und nach Behandlungsbedürftigkeit in ambulante oder stationäre Behandlungsfälle unterteilt werden. Diese gemeinsame Einrichtung von Kassenärztlicher Vereinigung Schleswig-Holstein (KVSH) und Westküstenklinikum (WKK) Heide wird entsprechend den derzeitigen Vorgaben des Sozialgesetzbuches nur zu sog. sprechstundenfreien Zeiten betrieben (abends, an Wochenenden bzw. Feiertagen), so dass wir augenzwinkernd diese Portalpraxis mit Anführungsstrichen *light* nennen; eine vollwertige Portalpraxis würde ganztags über das gesamte Jahr betrieben werden *(twentyfour-seven)*. Im Rehborn-Gutachten zur sektorenübergreifenden Zusammenarbeit im Notdienst aus 2015 wird eine entsprechende Änderung des § 105 des Sozialgesetzbuches V empfohlen. So oder so haben wir in Heide aber bereits heute einen großen Schritt getan, um die zentrale Notaufnahme des Krankenhauses zu entlasten und dessen Ressourcen für Schwerkranke zu schonen.

R. Vogt (✉)
Arztzentrum Pahlen-Dörpling, Pahlen, Deutschland
E-Mail: docnordsee@t-online.de

© Springer Fachmedien Wiesbaden GmbH, ein Teil von Springer Nature 2020
U. Hahn, C. Kurscheid (Hrsg.), *Intersektorale Versorgung*,
https://doi.org/10.1007/978-3-658-29015-3_12

12.1 Ärztlicher Notdienst

Was ist ärztlicher Notdienst? Das Sozialgesetzbuch definiert ärztlichen Notdienst als

- die Vertretung des Hausarztes (nicht des Gebietsarztes!)
- in der sprechstundenfreien Zeit (abends/nachts, am Wochenende und feiertags)
- für Erkrankungen, deren Behandlung nicht bis zum nächsten Werktag warten kann.

Die sprachliche Unschärfe zwischen *Notdienst* und *Notarzt* ist für den medizinischen Laien, dessen gesundheitlicher Versorgung diese Sektoren letztlich dienen, kaum aufzulösen. Sogar innerhalb der Ärzteschaft besteht keine einheitliche Notation: Ist das nun der vertragsärztliche, der kassenärztliche, einfach nur der ärztliche oder der KV-Notdienst? Oder etwa Bereitschaftsdienst?

Dieses Kapitel beschäftigt sich mit der ambulanten Gesundheitsversorgung durch niedergelassene Ärzte[1] und für diese Tätigkeit benutze ich den Begriff *Ärztlicher Notdienst*. Als solcher besitzt dieser Notdienst sicherlich partielle Überschneidungen mit den zentralen Notaufnahmen der Krankenhäuser sowie dem Rettungsdienst; nichtsdestotrotz ist der Notdienst der niedergelassenen Ärzte mit der Beschreibung des Sozialgesetzbuches umfassend definiert. Diese Feststellung ist insofern wichtig, da sich das Gesundheitswesen seit Jahren zunehmend mit ausuferndem Anspruchsdenken konfrontiert sieht: „Ich fühle mich *jetzt* krank, ich habe nur *jetzt* Zeit und ich will *jetzt* alle Segnungen des Gesundheitswesens *nur für mich* in Anspruch nehmen!" Ärztlicher Notdienst kann und will jedoch niemals eine „Universal-Sprechstunde zu ungünstigen Zeiten" sein!

12.2 Die Region

Dithmarschen ist ein Landkreis im Westen von Schleswig-Holstein, dessen Wurzeln als unabhängige Bauernrepublik bis ins Mittelalter reichen. Auch wenn Dithmarschen ländlich geprägt ist, soll dies nicht darüber hinwegtäuschen, dass Dithmarscher nicht nur mit der Zeit gehen, sondern ihr oftmals sogar voraus sind: Windkraftanlagen und die Aufwertung des Elbehafens Brunsbüttel im Rahmen kommenden LPG-Handels sind hierfür ebenso Beispiele wie die Neuorganisation des ärztlichen Notdienstes in Schleswig-Holstein, die in Dithmarschen angestoßen wurde.

---

[1] Dieses Kapitel verwendet das *generische Maskulinum*; das Fehlen der weiblichen Bezeichnungen (z. B. „Ärzt*innen" oder „Ärztinnen sowie Ärzte") dient der besseren Lesbarkeit und ist keinesfalls abwertend oder chauvinistisch motiviert.

12.3   Historisches: Notdienst in Dithmarschen bis 31.12.2006

Bis zum Jahresende 2006 gab es in Dithmarschen zwölf Notdienstringe, die den ärztlichen Notdienst sicherstellten. Je nach Anzahl der dort niedergelassenen Ärzte brachte dies eine mehr oder weniger intensive Beteiligung des Einzelnen am ärztlichen Notdienst mit sich. Es ergab sich aus vielen Gründen überdeutlich, dass diese frühere Regelung einer Überarbeitung bedurfte: Auf Landesebene waren dies die stetig wachsenden Ausgaben für Notdienstleistungen als Vorabvergütung aus gedeckelten Geldtöpfen, auf Kreisebene eine Niederlassungsunwilligkeit gerade in Gebieten geringer Niederlassungsdichte mit entsprechend hoher individueller Dienstbelastung der Ärzte sowie auf Ebene der Notdienstringe eine immense zeitliche Inanspruchnahme, z. B. durch 48 Stunden andauernde Wochenenddienste oder gar Dienste über eine ganze Woche mit entsprechender Fragmentierung der Nachtruhe. In vielen Regionen Schleswig-Holsteins wurden daher Alternativkonzepte ersonnen; die ursprünglich als *Dithmarscher Modell* entwickelte regionale Neuorganisation des Notdienstes erhielt schließlich den Vorzug und wurde nach intensiver Vorbereitung mit Jahresbeginn 2007 für das gesamte Bundesland realisiert.

12.4   Zentralisierter Notdienst seit 01.01.2007

Die Abgeordnetenversammlung der KVSH sowie die Ärztekammer Schleswig-Holstein (ÄKSH) haben als Körperschaften öffentlichen Rechts eine *Satzung über die Durchführung des Notdienstes* beschlossen (aktuelle Fassung vom 19.02.2014), die Aufgaben, Zuständigkeiten und Durchführung des Notdienstes regelt, Rechte und Pflichten klarstellt und Sanktionen bei Verstößen androht. Der zentralisierte Notdienst ist in dieser Notdienstsatzung geregelt, wesentliche Aspekte möchte ich hier herausstellen:

Schleswig-Holstein ist anstelle der vormals rund 140 Notdienstringe seit dem 01.01.2007 in 27 Notdienstbezirke eingeteilt, die die wohnortnahe Gesundheitsversorgung der Bevölkerung sicherstellen. Aufgrund seiner Fläche als viertgrößter Landkreis Schleswig-Holsteins wurde Dithmarschen dabei in einen Nord- sowie einen Südkreis unterteilt; diese Abgrenzung wurde so vorgenommen, dass ein hilfesuchender Bürger innerhalb von 30 Minuten eine Notdienstpraxis erreichen kann.

Zentrales Bindeglied der zentralisierten Notdienststruktur ist die KVSH-Leitstelle, die heutzutage unter der kostenfreien Rufnummer 116 117 aus Fest-, VoIP- oder Mobilnetz erreichbar ist. Dort anhängig ist unter anderem eine ärztliche Telefonberatung, die einerseits in Zweifelsfällen den Disponenten zur Seite steht, um dem hilfesuchenden Anrufer den richtigen Versorgungssektor zuzuweisen; andererseits leistet der ärztliche Telefonberater auch direkt Hilfe, wenn das Anliegen des Patienten lediglich eine kurze, fernmündliche Beratung erfordert, z. B. zum Verhalten nach Vergessen einer Tabletteneinnahme o. ä.

In jedem der 27 Notdienstbezirke Schleswig-Holsteins werden *Anlaufpraxis* (AP) genannte Notdienstzentren vorgehalten, die bevorzugt an Krankenhäusern der Regel- und

Schwerpunktversorgung eingerichtet sind. Für Norderdithmarschen ist dies das Westküstenklinikum Heide, für den Südkreis die Westküstenklinik Brunsbüttel. Als Besonderheit in Dithmarschen gibt es ferner im Nordkreis eine saisonale Anlaufpraxis in Büsum; während der Monate Mai bis Oktober wächst die Bewohnerzahl Büsums aus touristischen Gründen etwa auf das Maß der Kreisstadt Heide.

Die Standorte der Anlaufpraxen sind im nunmehr 13. Jahr der Realisierung dem breiten Teil der Bevölkerung gut bekannt und werden über Internet, Printmedien und in den Praxen der niedergelassenen Ärzte ausliegende Info-Flyer aktuell gehalten.

Für immobile Patienten, die den Arzt nicht in der Anlaufpraxis aufsuchen können, steht darüber hinaus ein *Fahrdienst* genannter Hausbesuchsservice bereit. Seine Einsätze erhält der Fahrdienst direkt von der KVSH-Leistelle zugewiesen.

In einigen Regionen – so auch in Dithmarschen – werden zu bestimmten Zeiten Hintergrunddienste vorgehalten, die bei unerwartet hohem Patientenaufkommen oder bei Erkrankung bzw. Ausfall eines Diensthabenden binnen 30 Minuten aktiviert werden können.

Aus den Reihen der Niedergelassenen vor Ort wird ein Kollege für den Posten eines Notdienstbeauftragten vorgeschlagen und vom KVSH-Vorstand bestellt; diese Notdienstbeauftragten haben die Aufgabe, den ärztlichen Notdienst entsprechend den Weisungen der Notdienstsatzung vor Ort zu gestalten. Sie sind Ansprechpartner und Bindeglied für die KVSH mit der Region; dies beinhaltet nicht nur die Notdienstärzte und das Krankenhaus, sondern kann auch Presse, Lokalpolitik oder Patientenorganisationen einschließen.

Neben dem hier skizzierten allgemeinärztlichen Bereitschaftsdienst ist weiterhin ein gebietsärztlicher Notdienst installiert: An zwölf A-Krankenhäusern in Schleswig-Holstein – unter anderem auch am WKK Heide – sind kinderärztliche Anlaufpraxen eingerichtet; ferner existiert ein augenärztlicher bzw. HNO-fachärztlicher Notdienst in Schleswig-Holstein mittwochs, freitags, an Wochenenden und Feiertagen für mehrere Stunden dezentral in den Praxen der jeweils diensthabenden Ärzte. Ort und Sprechstundendauer erfährt man über die KVSH-Leitstelle, je nach Standort der Praxen bzw. Wohnort des Hilfesuchenden können sich zum Teil auch längere Anfahrtswege ergeben. Hier in Dithmarschen schätzen wir uns der Besonderheit glücklich, für die Indikationen Blutung, Fremdkörper und Luftnot an jedem Tag und zu jeder Zeit auf einen fachärztlichen HNO-Notdienst zurückgreifen zu können.

12.5 Zentralisierter Notdienst in Dithmarschen: Die Anlaufpraxis Heide am WKK Heide vom 01.01.2007 bis 04.09.2016

Die Anlaufpraxis (AP) Heide war in ihrer ursprünglichen Realisation seit dem 1. Januar 2007 barrierefrei im Erdgeschoss des WKK Heide untergebracht. Die räumliche Gliederung bestand aus einem vom Empfangstresen her überschaubaren Wartebereich sowie zwei Sprechzimmern, von denen eines als Infusions- und Wundversorgungsraum vorgesehen war. Die Dienstzeiten waren:

Anlaufpraxis
- Mo, Di, Do: 19–21 Uhr
- Mi, Fr: 17–21 Uhr
- Sa, So, Feiertage: 10–14 Uhr sowie 18–21 Uhr

Fahrdienst
- Mo, Di, Do: 19–8 Uhr
- Mi, Fr: 14–8 Uhr
- Sa, So, Feiertage: 8–8 Uhr

Da während der Öffnungszeiten der AP Heide zumeist parallel auch die kinderärztliche Anlaufpraxis am WKK Heide geöffnet hatte, verwundert es kaum, dass lediglich 5 % der behandelten Patienten jünger als 18 Jahre waren. Die Eltern der Kinder entschieden dabei selbst, ob sie den Kinderärzten oder den Allgemeinärzten den Behandlungsvorzug geben; eine restriktive Steuerung fand nicht statt.

Die apparative Ausstattung der AP Heide beinhaltete die absolute Basisausstattung einer Notdienstpraxis: Ein 12-Kanal-EKG, Wundversorgungsmaterial einschließlich Leuchte, Laborwerte als sog. Trockenchemie (z. B. Troponin, D-Dimere), das übliche Untersuchungsinstrumentarium wie Stethoskop, Oto- und Ophthalmoskop, Verbrauchs-material/-spender sowie ein autonomes PC-Netzwerk als Insellösung innerhalb der Da-tenstruktur des WKK Heide. Anfangs wurde über die Möglichkeit diskutiert, ein Sono-grafie-Gerät in der AP Heide vorzuhalten; dies wurde jedoch aus mehrerlei Gründen wieder verworfen. Nicht jeder niedergelassene Arzt verfügte über die Fähigkeit und Ab-rechnungsgenehmigung zur Abdomen-Sonografie. Andere Ärzte wiederum beherrsch-ten zwar die Sonografie, benutzten aber ein anderes Gerät und lehnten das Erlernen eines neuen Modells ab. Einerseits rechnete es sich wirtschaftlich nicht, ein Sonogra-fie-Gerät von nur einigen wenigen Ärzten betreiben zu lassen, andererseits sollten die Leistungen der Anlaufpraxis in ihrer Außenwirkung nach Möglichkeit einheitlich sein.

Die Organisation der Anlaufpraxis obliegt dem Notdienstbeauftragten bzw. seinem Stellvertreter. Prinzipiell umfasst dies alle Aspekte, um die sich ein Niedergelassener auch in seiner eigenen Praxis zu kümmern hat wie zum Beispiel:

- die Dienstplanerstellung und Konfliktlösung im kurzfristigen Verhinderungsfall,
- die Festlegung und Verantwortung des Sprechstundenbedarfs,
- das Qualitätsmanagement der Datenerfassung, ggf. Korrektur,
- die Organisation von Informations- und Fortbildungsveranstaltungen für Ärzte,
- die Bearbeitung von Eingaben oder Beschwerden,
- die Einweisung neuer Ärzte in die Gepflogenheiten vor Ort.

Dem Notdienstbeauftragten zur Seite steht das Team der Medizinischen Fachangestell-ten, allen voran die leitende Arzthelferin. Das medizinische Assistenzpersonal sind An-gestellte der KVSH und mit Ausnahme deren Leitung geringfügig Beschäftigte.

Auch wenn noch keine gesetzliche Verpflichtung besteht, sind alle Anlaufpraxen in Schleswig-Holstein – somit auch die AP Heide – mittels QEP-Zertifizierung ausgezeichnet. Dies wurde maßgeblich betrieben von der Notdienstabteilung der KVSH, die die Notdienstbeauftragten auch bei allen Fragen und Problemen tatkräftig unterstützt. Diese Unterstützung umfasst ebenfalls persönliches Engagement vor Ort, z. B. im Rahmen von Notdiensttreffen.

Das zentralisierte Notdienstkonzept wurde von der Bevölkerung in Dithmarschen zügig akzeptiert und erfreute sich in Befragungen (zuletzt Ende 2015) einer weit überwiegenden Zustimmung. Als Vorteile wurden u. a. genannt:

- Bekanntheit des Ortes und der Öffnungszeiten (80 % der Befragten),
- Bekanntheit der zentralen Notrufnummer (90 % der Befragten),
- Zufriedenheit mit der Behandlung (95 % der Befragten).

Zumindest der letzte Punkt bedarf einer näheren Betrachtung: Wieso nimmt die Zufriedenheit zu angesichts Neuerungen an Ort, Akteuren und verdichteten Dienstzeiten? Aufgrund der zentralisierten Notdienststruktur werden personelle Ressourcen geschont; an einem x-beliebigen Tag in Dithmarschen waren vor der zentralen Notdienststruktur zwölf Ärzte beschäftigt, in der neuen Struktur vier bis fünf (zwei Ärzte in den Anlaufpraxen, zwei Fahrdienstärzte, in der Saison Mai bis Oktober ein Anlaufpraxis-Arzt zusätzlich in Büsum). Dadurch schätzen wir uns glücklich, den Notdienst grundsätzlich mit einem „Mandat der Freiwilligkeit" durchführen zu können. Wer im ärztlichen Notdienst in Schleswig-Holstein tätig wird, besitzt nicht nur die fachliche Kompetenz (ganz überwiegend als Allgemeinmediziner), sondern auch die Lust auf diese wichtige Arbeit. Motivierte, freiwillig arbeitende Ärzte bringen sicherlich bessere Voraussetzungen mit für eine als zufriedenstellend empfundene Behandlung als zum Dienst Verpflichtete.

Nach anfänglicher Skepsis in Teilen der Ärzteschaft setzte sich eine große Akzeptanz des zentralisierten Notdienstes durch. Kollegen, die am liebsten zur alten Struktur zurückkehren würden, sind eine absolute Ausnahmeerscheinung und stellen ein Randphänomen dar, das bei stark individualisierten Berufsgruppen wie den niedergelassenen Ärzten nicht ungewöhnlich ist. Als wesentliche Vorteile werden folgende Punkte genannt:

- Reduktion der Häufigkeit von Notdiensten,
- Reduktion der zeitlichen Inanspruchnahme durch feste Sprechzeiten,
- Planbarkeit der Dienste hinsichtlich Zeit und Ort,
- kalkulierbares Honorar,
- Schonung der eigenen Praxisressourcen.

Für sein Engagement erhielt der Notdienstarzt 50 Euro pro Dienststunde; im Laufe der Jahre wurde eine Anpassung auf 55 Euro pro Stunde etabliert sowie eine Fallpauschale von 3 Euro pro behandeltem Patienten in der Anlaufpraxis vergütet.

Es wurden in der AP Heide während der ersten zehn Jahre relativ konstant durchschnittlich 5000 Patienten pro Jahr in der Anlaufpraxis und etwa 800 Patienten im Fahrdienst behandelt. Über die Jahre zeigt sich ein leichter Anstieg der Anlaufpraxis-Kontakte bei parallel nachlassenden Fahrdiensteinsätzen. Das mag auf den ersten Blick verwundern, zumal die in der Anlaufpraxis oftmals unvermeidliche Wartezeit als unkomfortabler Aspekt dem allgemein wachsenden Anspruch der Bevölkerung auf Bequemlichkeit widerspricht. Die Ursache hierfür liegt sicherlich auch in der Steuerung durch die Leitstelle begründet; eine dort auflaufende Anforderung eines Hausbesuches, z. B. für einen jungen Erwachsenen wegen eines minderschwer geschilderten Gesundheitsproblems, wird vom ärztlichen Telefonberater hinterfragt. Das z. B. oftmals von Patienten benutzte Argument, nicht über ein eigenes Kraftfahrzeug zu verfügen, stellt auf keinen Fall eine Indikation für einen Hausbesuch dar! Auf diese Weise konnten ungerechtfertigte Hausbesuchsanforderungen in Anlaufpraxis-Kontakte umgewandelt werden.

Die geschaffene Notdienststruktur wurde mit KV-Geldern hergestellt, somit letztlich mit Mitteln der gesetzlichen Krankenversicherungen; die Privatkassen haben die Versorgungsstruktur finanziell nicht unterstützt. Nichtsdestotrotz werden selbstverständlich auch hilfesuchende Privatversicherte in den Anlaufpraxen behandelt. Die Liquidation dieser Honorare übernimmt der Notdienstarzt selbst. Um die Privathonorare zumindest zu einem Teil zur Finanzierung der Notdienststruktur heranzuziehen, wurde lange gerungen. Da eine prozentuale Abgabe juristisch nicht haltbar sein würde, wurde folgender Kompromiss geschaffen: Jeder Notdienstarzt zahlt von seinem KV-Notdiensthonorar pro Dienststunde in der Anlaufpraxis 0,50 Euro bzw. pro Stunde im Fahrdienst 1,00 Euro in einen Strukturfonds. Dieser Strukturfonds kann benutzt werden zur Anschaffung besserer Ausstattung, einer einheitlichen Notdienstwäsche (insbesondere Oberbekleidung wie Jacken, Sweatshirts, Poloshirts) oder zur Finanzierung eines Notdiensttreffens (Raummiete, Speisen, Getränke). Theoretisch wäre sogar die Anschaffung eines Leasingfahrzeugs für den Fahrdienst denkbar; aber versuchen Sie einmal, eine Gruppe von etwa 30–40 Notdienstärzten auf *ein* Fahrzeugmodell, *eine* Motorisierung und *eine* Ausstattung zu vereinen … ein aussichtsloses Unterfangen!

12.6 Der zentralisierte Notdienst – die eierlegende Wollmilchsau?

Die Antwort ist ein klassisches Jein. Charakteristische Merkmale und Vorzüge der zentralen Struktur haben sich der früheren Organisation als so überlegen gezeigt, dass viele Bundesländer das Schleswig-Holsteinische Notdienstmodell übernommen haben. Nichtsdestotrotz gibt es Schwierigkeiten:

In den vergangenen Jahren präsentierte sich trotz der erfolgten Entlastung der Klinikärzte durch die an Krankenhäusern installierten Anlaufpraxen zunehmend das Problem der Fehlsteuerung von Patienten, die gezielt die Notaufnahmen der Krankenhäuser mit gesundheitlichen Problemen aufsuchen, die nicht in den stationären Sektor gehören. In vielen wissenschaftlichen Erhebungen wird diese Fehlläuferquote zwischen 33 und

50 Prozent beziffert. Aus juristischen Gründen darf ein Krankenhaus eine Behandlung nicht von vornherein verweigern; um zu klären, ob nicht vielleicht doch eine behandlungsbedürftige Gesundheitsstörung vorliegt, werden personelle und materielle Ressourcen gebunden bzw. verbraucht. In dem Moment, in dem sich die vom Patienten beklagten Beschwerden als minderschweres Krankheitsbild erklären, kann zwar die Behandlung beendet werden; jedoch sind bis zu diesem Zeitpunkt Kosten aufgelaufen, deren Vergütung als ambulanter Fall nur einen Bruchteil der Leistung deckt. Ähnlich sieht es im Rettungsdienst aus, der immer wieder von Bagatellerkrankten als eine Art „Patienten-Taxi" missbraucht wird. Diese zunehmende Fehlsteuerung – selbst zu Sprechstundenzeiten der niedergelassenen Ärzte – stellt eine Erscheinung dar, die Gesundheitsökonomen seit Jahren beschäftigt. Vergleiche von Bundesländern ohne zentralisierten Notdienst und Schleswig-Holstein zeigten, dass die Fehlsteuerungsproblematik kein spezifisches Problem des zentralisierten Notdienstes, sondern sogar ein gesamteuropäisches Phänomen ist. Auf jeden Fall sorgt diese Fehlsteuerung neben den skizzierten Kosten für Frust beim Personal mit den typischen Folgen wie Fehlzeiten und in letzter Konsequenz Berufsflucht.

In einer Umfrage des Marktforschungsinstituts FORSA vom Januar 2019 im Auftrag der Krankenkasse KKH (KKH Kaufmännische Krankenkasse 2019) äußerten sich von 1003 Befragten im Alter zwischen 18 und 70 Jahren, die gezielt eine Krankenhaus-Notaufnahme anstelle des ärztlichen Notdienstes aufsuchten wie folgt (mehrere Antworten waren möglich, daher Summe > 100 %):

- 41 % gaben an, sich in einer Krankenhaus-Notaufnahme besser medizinisch versorgt zu fühlen,
- 25 % berichteten, ein niedergelassener Arzt habe sie an die Notaufnahme verwiesen,
- 24 % meinten, sie müssten in der Notaufnahme nicht auf einen Termin warten, sondern würden sofort behandelt werden,
- 13 % sagten aus, sie hätten keinen zeitnahen Termin in einer Arztpraxis erhalten,
- 12 % waren der Auffassung, ihre Beschwerden könnten gar nicht in einer Arztpraxis behandelt werden,
- 2 % schließlich erzählten, dass das Krankenhaus näher sei als die Arztpraxis.

Dieser Tage wurde das Terminservice- und Versorgungsgesetz (TSVG) der Regierungskoalition in Berlin beschlossen; eine der Stoßrichtungen dieses Gesetzes ist die Beseitigung der Fehlsteuerung durch zeitnahe Terminvergabe in den Arztpraxen. Wenn aber nur ein geringer Prozentsatz der Fehlläufer (in der FORSA-Umfrage 13 %) aus Gründen eines zu zeitfernen Termins in den Arztpraxen gezielt die Notaufnahme eines Krankenhauses ansteuern, relativiert dies die Erfolgsaussichten des TSVG erheblich. Dieses Gesetz allein wird die Fehlsteuerung nicht beseitigen; es wird eine der Herausforderungen der zukünftigen Sozialpolitik sein, z. B. durch Aufklärungskampagnen und/oder Sanktionen weitere Anstrengungen zu unternehmen.

Auf jeden Fall beschäftigt uns bis zum heutigen Tage diese Fehlsteuerungsthematik in Dithmarschen in gleicher Weise. In vielen Treffen mit der Leitung der Notaufnahme sowie der Geschäftsführung des WKK Heide einerseits und der Notdienstabteilung bzw. Kreisstelle der KVSH andererseits einigten wir uns daher auf die Lösung, die AP Heide in eine Portalpraxis „light" zu überführen.

12.7   Anlaufpraxis Heide ab 05.09.2016: Portalpraxis „light"

Zum 05.09.2016 migrierte die Anlaufpraxis Heide in die Räumlichkeiten der WKK-Notaufnahme und verfügt seitdem über einen gemeinsamen Empfangstresen. Während der zunächst unveränderten Dienstzeiten räumt die WKK-Notaufnahme stets dieselben zwei Untersuchungszimmer, die dann von der AP Heide benutzt werden. Diese Räume sind ausgestattet mit Untersuchungsliege, Schreibtisch, Bestuhlung, Instrumentarium und Stauraum-Mobiliar; ein Raum dient dem Notdienstarzt als primäres Untersuchungs- und Behandlungszimmer, der zweite Raum als Backup-Sprechzimmer (z. B. bei Kontamination des Primärsprechzimmers), bei hoher Inanspruchnahme bzw. nach Aktivierung des Hintergrunddienstes als paralleler Behandlungsraum oder für die direkte Vorstellung erheblich kranker Patienten unter Umgehung des Wartebereiches (*privilegierte Visite*, siehe unten).

Alle Patienten, die das WKK Heide nicht mit einem Einweisungsschein oder in einem erkennbar schwerkranken Allgemeinzustand aufsuchen, werden direkt dem Notdienstarzt in der AP Heide zugeführt. Ambulant beherrschbare Krankheitsbilder werden direkt behandelt einschließlich der Verordnung von Arzneien bzw. Verbandstoffen in der kleinstmöglichen Packungseinheit sowie notwendigem Formularwesen wie Arbeitsunfähigkeitsbescheinigungen (AU), die maximal bis zum Tag reichen, an dem der Hausarzt bzw. dessen Vertreter wieder erreichbar ist. Entscheidet der KV-Notdienstarzt, dass eine stationäre Einweisung erforderlich ist, nimmt er direkt oder indirekt (z. B. durch Delegation an das Assistenzpersonal) Kontakt mit den Kollegen der Notaufnahme auf.

Dies liest sich recht einfach, klar und zügig, jedoch bedurfte es erheblicher Anstrengungen und Überzeugungsarbeit bei allen Akteuren; teilweise sehr irrational imponierende Bedenken mussten zuvor ausgeräumt werden. Einige Berufsgruppen ahnten eine fachliche Überforderung, andere befürchteten langfristig die Arbeitslosigkeit. Ich empfehle allen Planern eines Portalpraxis-Projektes den in Heide beschrittenen Weg einer frühzeitigen Schaffung von Arbeitsgruppen und regelmäßiger Projekttreffen mit allen Beteiligten, um Ängste und Unklarheiten abzubauen und das zukünftige Prozedere abzustimmen. Insbesondere ist es eine Herausforderung, das sektorale Denken einer Trennung stationär-ambulant aufzulösen und aus der Vergangenheit stammende Vorurteile zu klären, wie: „Die Niedergelassenen weisen alles ein" oder „Das Krankenhaus macht nur blutige Entlassungen."

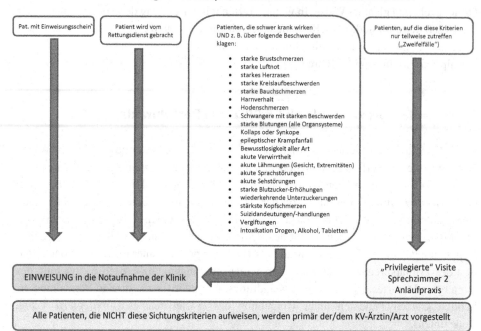

Patientensichtung: KV-Anlaufpraxis oder Krankenhaus-Notaufnahme?

Pat. mit Einweisungsschein

Patient wird vom Rettungsdienst gebracht

Patienten, die schwer krank wirken UND z. B. über folgende Beschwerden klagen:

- starke Brustschmerzen
- starke Luftnot
- starkes Herzrasen
- starke Kreislaufbeschwerden
- starke Bauchschmerzen
- Harnverhalt
- Hodenschmerzen
- Schwangere mit starken Beschwerden
- starke Blutungen (alle Organsysteme)
- Kollaps oder Synkope
- epileptischer Krampfanfall
- Bewusstlosigkeit aller Art
- akute Verwirrtheit
- akute Lähmungen (Gesicht, Extremitäten)
- akute Sprachstörungen
- akute Sehstörungen
- starke Blutzucker-Erhöhungen
- wiederkehrende Unterzuckerungen
- stärkste Kopfschmerzen
- Suizidandeutungen/-handlungen
- Vergiftungen
- Intoxikation Drogen, Alkohol, Tabletten

Patienten, auf die diese Kriterien nur teilweise zutreffen („Zweifelfälle")

EINWEISUNG in die Notaufnahme der Klinik

„Privilegierte" Visite Sprechzimmer 2 Anlaufpraxis

Alle Patienten, die NICHT diese Sichtungskriterien aufweisen, werden primär der/dem KV-Ärztin/Arzt vorgestellt

Abb. 12.1 Patientensichtung gemeinsamer Tresen

Um die Zustimmung insbesondere bei den Notdienstärzten auf eine breite Basis zu stellen, wurde eine Arbeitsgruppe ins Leben gerufen, die das in Abb. 12.1 dargestellte Flussdiagramm der Patientensichtung am gemeinsamen Tresen erarbeitete:

- Patienten, die bereits von einem Niedergelassenen begutachtet und mit einem Einweisungsschein ins Krankenhaus geschickt wurden, werden direkt dem Krankenhausarzt vorgestellt,
- Patienten, die vom Rettungsdienst in die Notaufnahme transportiert wurden, werden primär dem Krankenhausarzt zugeführt,
- Patienten, die offensichtlich an einer erheblichen Gesundheitsstörung leiden, wie z. B. einer klassischen Angina-Pectoris-Symptomatik, einer massiven Blutzucker-Entgleisung oder einem anderen Beschwerdebild, das z. B. den Einsatz einer bildgebenden Diagnostik („unklarer Bauch"), den Einsatz von Gebietsärzten (z. B. Schwangerschaftsprobleme) oder die Notwendigkeit einer Überwachung (z. B. Herzrhythmusstörungen, psychische Probleme) erfordert, werden ebenfalls direkt in die Notaufnahme eingewiesen,
- Patienten, auf die diese Sichtungskriterien nicht oder nur teilweise zutreffen, werden dem Notdienstarzt in der AP Heide – zum Teil „privilegiert", d. h. unter Umgehung der Wartezone, vorgestellt.

Diese Sichtung bitte ich nicht als strikte Weisung zu verstehen. Die gesamte Notdienststruktur ist ein „lernendes System", Abwandlungen und Modifikationen werden ganz selbstverständlich – manchmal von Stunde zu Stunde – praktiziert. Beispiele:

- Rettungsassistenten und Notfallsanitäter mit jahrelanger Berufserfahrung stellen transportierte Patienten mit lediglich subjektiv als schwerwiegend beurteilten Krankheitsbildern (Klassiker: „Männergrippe") durchaus direkt in der AP Heide vor.
- Bei hohem Maß der Inanspruchnahme auf der Notaufnahme werden Patienten mit z. B. Angina-Symptomatik auch schon einmal als privilegierte Behandlungsfälle direkt dem KV-Notdienstarzt zugeführt und bei positivem Befund aus der AP Heide unmittelbar ins Herzkatheterlabor verlegt.
- Neben der Notaufnahme hält das WKK Heide noch eine chirurgische Notfallambulanz vor, die sich um traumatologische Krankheitsbilder und Wunden kümmert. Die intersektorale Kooperation besteht dann z. B. bei starker Inanspruchnahme der Chirurgen darin, dass Notdienstler der AP Heide die Sichtung bzw. Wundversorgung soweit möglich übernehmen.
- Die Kooperation zwischen der AP Heide und dem WKK Heide umfasst vor allem eine Kommunikation auf Augenhöhe, d. h. bei jeglichen Dissonanzen kennen wir unsere Ansprechpartner zur Problemlösung. Die Strukturen sind transparent organisiert, d. h. die WKK-Mitarbeiter kennen unsere Sichtungskriterien, wir kennen die Arbeitsweise des Krankenhauses. Gemeinsame Fortbildungen, u. a. eine sehr gut besuchte jährliche DMP-Schulung von den Klinikern für die Niedergelassenen, sind gelebtes Beispiel einer profunden Zusammenarbeit.

Die Fehlleitungsquote von der AP Heide ins WKK Heide oder umgekehrt wird im persönlichen Kontakt mit den Verantwortlichen als sehr gering eingestuft. Es war bereits eine Evaluation geplant, um das prozentuale Maß der Fehlleitung wissenschaftlich exakt und unterteilt nach organbezogenen Krankheitsbildern aufzuzeigen; bedauerlicherweise ließ sich dieses Vorhaben durch einen stattgefundenen Chefarztwechsel der WKK-Notaufnahme noch nicht verwirklichen.

Die Dienstzeiten der AP Heide wurden vor allem an den Wochenend- und Feiertagen zwischenzeitig angepasst, da Patienten nach Beobachtungen des WKK Heide die Mittagspause von 14–18 Uhr gezielt nutzten, um direkt die WKK-Notaufnahme aufzusuchen. Bei unveränderten Dienstzeiten des Fahrdienstes ist die AP Heide derzeit wie folgt geöffnet:

Anlaufpraxis
- Mo, Di, Do: 19–21 Uhr
- Mi, Fr: 17–21 Uhr
- Sa, So, Feiertage: 10–20 Uhr

Wie bei jeder Neuerung in allen Bevölkerungsgruppen üblich, wurde den verlängerten Öffnungszeiten an den Wochenenden und Feiertagen seitens der Notdienstärzte mit großer Skepsis begegnet. Es wurden daher Notdiensttreffen einberufen und Konsequenzen diskutiert; so wurde als Kompromiss die Möglichkeit geschaffen, die auf zehn Stunden verlängerten Sprechzeiten generell in zwei fünf Stunden dauernde Schichten zu teilen. Während zuvor die Dienste an Wochenenden und Feiertagen vier Stunden am Vormittag und drei Stunden am Abend dauerten, wurde durch die vierstündige Mittagspause praktisch ein ganzer Tag für den Notdienst blockiert; durch die jetzt lediglich fünf Stunden dauernden Schichten erfreuen sich diese Dienste zunehmender Beliebtheit, da die „gefühlte Dienstbelastung" nunmehr lediglich einen halben Tag beträgt.

In den letzten fünf Quartalen – und somit dem Zeitraum seit Einrichtung eines gemeinsamen Tresens – lag die durchschnittliche Behandlungszahl um ca. 200 Fälle höher als im langjährigen Mittel, so dass derzeit rund 5800 Patienten pro Jahr behandelt werden, plus etwa 700 Fahrdiensteinsätze per anno. Dies entspricht einer Steigerung der Inanspruchnahme der AP Heide um 16 Prozent, gemessen an der über die vorangehenden zehn Jahre ermittelten durchschnittlichen Belastung. Um exakt diese 800 Patienten im Jahr wird die Notaufnahme des WKK Heide entlastet. Zugegeben: Mit diesem Ergebnis können wir noch nicht zufrieden sein. Es ist aber zumindest ein guter Anfang!

Zur Vereinheitlichung des Sichtungsergebnisses wurden für ausgewählte Krankheitsbilder mittlerweile Algorithmen initiiert, die Assistenzpersonal und Notdienstärzten bestimmte Aufgaben zuweisen, eine vollständige Diagnostik unterstützen und Strategien vorschlagen (Abb. 12.2).

Die Verzahnung zwischen dem ambulanten und stationären Versorgungssektor könnte aus Sicht des Autors noch wesentlich weiter gehen, z. B. gemeinsamen Sprechstundenbedarf bzw. Verbrauchsmaterial umfassen. Leider gibt es hier erneut juristische Probleme, da die sektorale Unterscheidung in ambulant/stationär eine „Quer-Substitution" verbietet.

12.8 Aktuelle Probleme des Notdienstes

Grundsätzlich sind alle niedergelassenen Ärzte sowie jeder bei einem Vertragsarzt oder in einem MVZ angestellte Arzt entsprechend des zeitlichen Umfangs seiner Tätigkeit zur Teilnahme am Notdienst verpflichtet. Nicht verpflichtet sind hingegen ermächtigte Ärzte oder Jobsharing-Partner. Anders ausgedrückt wird der weit überwiegende Teil der niedergelassenen Ärzte als geeignet für den Notdienst angesehen, unabhängig davon, ob diese als Haus- oder Gebietsärzte tätig sind. Begründet wird diese Diensteignung damit, dass die Krankheitsbilder, mit denen ein Arzt im Notdienst konfrontiert wird, jeder Mediziner im Rahmen seiner Ausbildung gelernt hat und deren Beherrschung als selbstverständlich erwartet werden darf. Ob in Zeiten zunehmender Spezialisierung und Superspezialisierung diese Auffassung noch immer volle Gültigkeit besitzt, ist anzuzweifeln. Die bloße Beschäftigung während des Studiums mit einem klassischen Krankheitsbild wie z. B. dem Herzinfarkt bedingt nicht zwangsläufig die Beherrschung aller, auch atypischer Varianten

Sichtung Thoraxschmerzen / Privilegierte Visite: _____

Vitalwerte	RR L-Arm		Puls		rhythmisch	SaO2	%
	RR R-Arm				arrhythmisch	Temp.	°C
	Troponin	positiv	D-Dimere		positiv	12-Kanal-EKG angefertigt:	
		negativ			negativ		

Anamnese	Risikoprofil:	Nikotin	Vorerkrankungen:	KHK
		Hypertonie		Vitium / Aneurysma
		Diabetes		Lungenembolie
		HLP		Asthma / COPD
	Zeitl. Auftreten:	akut	Charakter:	dumpf
		intermitt.		stechend
		chronisch		brennend
	Lokalisation:	retrosternal	Ausstrahlung:	Hals
		li.-thorakal		Arm li. re.
		re.-thorakal		Oberbauch
		BWS		Rücken
	Intensität	VAS 1 - 10	Abhängigkeit:	Bewegungen
				Anstrengung
				Atmung

Untersuchung	Inspektion:	normal	Palpation/ Druckschmerzen:	Nachhinken
		faßförmig		parasternal
		Trichterbrust		Rippenbogen
		Gibbus		BWS
	Perkussion:	sonor	Auskultation:	vesikulär
		hypersonor		unsauber/verschärft
		abgeschwächt		leise
	Hautkolorit:	normal		aufgehoben
		blass		feuchte RG's
		zyanotisch		trockene NG's
		gerötet		verlängerte Exsp.

Arbeitsdiagnose	Kardiovaskuläre Ursache (KHK, AKS, LAE, RR, HRST, Vitium, Dissektion …)	
	Pulmonale Ursache (Pleuritis, Pneumonie, Pneumothorax …)	
	Muskuloskelettale Ursache (BWS, Blockierung, Myalgie, BSV, Fraktur, Tietze …)	
	Nicht-thorakale Ursache (PSY, Zoster, Reflux, Roemheld, Spasmus, Ulcus, Galle, Pankreas …)	

Ther.	Ambulante Weiterbehandlung	
	Wiedervorstellung beim Hausarzt	Stationäre Einweisung

Abb. 12.2 Sichtung Thoraxschmerz

eines akuten Koronarsyndroms durch etwa einen Facharzt für Psychiatrie, Radiologie oder einen ausschließlich psychotherapeutisch tätigen Arzt. Es macht durchaus Sinn, mindestens mittelfristig eine Grundqualifikation für den ärztlichen Notdienst zu definieren und deren Erhaltung zu fördern. Gerade im Hinblick auf das Zusammenwachsen der Versorgungssektoren im Gesundheitswesen erscheint es geboten, über diesbezügliche Änderungen der Musterweiterbildungsordnung nachzudenken. Um die Qualifikation zum Notdienst zu steigern, bietet die KVSH am Notdienst interessierten Ärzten die Teilnahme an ärztlichen Fortbildungsveranstaltungen an, in denen typische Krankheitsbilder des Notdienstes rekapituliert und Behandlungsstrategien aufgezeigt werden; die Hälfte der Kosten übernimmt dabei die KVSH.

Bedauerlicherweise verzeichnen wir in ganz Schleswig-Holstein in den letzten Jahren eine nachlassende Dienstbereitschaft, die sogar im Notdienstbezirk Flensburg zu einer entsprechend der Notdienstsatzung verpflichtenden Dienstzuweisung führte. Die Gründe hierfür sind vielfältig: Das Problem der gesellschaftlichen Überalterung betrifft auch die niedergelassene Ärzteschaft und ältere Kollegen weisen oftmals darauf hin, sich nicht mehr den körperlichen Anforderungen gewachsen zu fühlen. Von Medizinern der *Generation Y* (Bevölkerungskohorte der 1980er- bis späten 1990er-Jahre) hört man hingegen oftmals den Hinweis auf den von dieser Bevölkerungsgruppe geprägten Slogan der *Work-Life-Balance*, die einer Teilnahme im Notdienst entgegenstehe. Auch ein Status als Alleinerziehender stellt oftmals ein Hemmnis zur Teilnahme am Notdienst dar. Insbesondere bei Gebietsärzten sieht man sich zum Teil mit dem Argument konfrontiert, fachlich nicht mehr den Anforderungen des allgemeinärztlichen Notdienstes gewachsen zu sein.

In dieser Situation sind vor allem die Notdienstbeauftragten gefordert, die niedergelassenen Kollegen zum Notdienst zu motivieren. Man kann zwar einige, jedoch nicht alle Argumente entkräften: Die Hürden für eine dauerhafte Befreiung vom Notdienst sind hoch gesetzt; wer sich gesundheitlich nicht für den Notdienst in der Lage fühlt, muss beweisen, dass er noch kompetent für die werktägliche Sprechstunde ist. Hier macht es zum Beispiel Sinn, ältere Kollegen für solche Dienste einzuteilen, die erfahrungsgemäß keine besonders starke Patienten-Frequentierung aufweisen. Schließlich mag auch die Bezahlung ein wichtiges Argument zur Begeisterung für den Notdienst sein. Nach jahrelangem Stillstand in der Honorierung wurden zum 01.01.2019 die Notdiensthonorare erheblich gesteigert. Nunmehr werden in der Anlaufpraxis zwischen 90 und 130 Euro, im Fahrdienst zwischen 50 und 100 Euro pro Dienststunde verdient. Gerade die zitierten jüngeren Kollegen der Generation Y pflegen oftmals aufwendige Hobbys, die sich bei Stundenlöhnen zwischen 50 und 130 Euro besser realisieren lassen.

12.9 Fazit

Der zentralisierte Notdienst schont personelle und materielle Ressourcen sowohl der niedergelassenen Ärzte als auch des Krankenhauses bei gleichzeitig hoher Dienstzufriedenheit: Die klassische Win-win-Situation! Der zentralisierte Notdienst sowie der Betrieb einer gemeinsamen Notdiensteinrichtung von Krankenhaus und Niedergelassenen lösen jedoch nur einige Konflikte; sie sind nicht das Allheilmittel für alle Probleme des Gesundheitswesens. Zentralisierter Notdienst begreift sich als „lernendes System", als ein Werkzeug, das den Aufgabestellungen folgt und sich modifizieren lässt. Vermutlich kann das Problem der Fehlsteuerung der Patientenströme als Dauerproblem nicht nur in Deutschland, sondern in ganz Europa erst durch den Betrieb von ganzjährig betriebenen 24/7-Portalpraxen in den Griff bekommen werden. In der von uns gelebten Struktur einer intersektoralen Versorgung haben wir die politische gewollte Trennung in ambulant/stationär sowie Hausarzt/Gebietsarzt praktisch aufgehoben. *Wir Ärzte* (generisches Maskulinum!) versorgen die gleichen Patienten, wenn auch aus verschiedenen Perspektiven. Hinsichtlich der vom Gesetzgeber zu erwartenden Freigabe von 24/7-Portalpraxen als intersektoraler Versorgungspfeiler sehen wir uns mit dem gemeinsamen Tresen in Heide gut aufgestellt.

Literatur

KKH Kaufmännische Krankenkasse. (2019). *Ohne Not in die Notaufnahme?* Pressemitteilung KKH Kaufmännische Krankenkasse (11.03.2019). Hannover.

Dr. Reimar Vogt ist seit dem 1. Oktober 1998 niedergelassener Facharzt für Allgemeinmedizin in Dithmarschen, nimmt seit dieser Zeit am vertragsärztlichen Notdienst teil, ist darüber hinaus als Notarzt im Rettungsdienst tätig und in einer weiteren ärztlichen Nebentätigkeit als Reservist für die Bundeswehr u. a. im Rahmen von Auslandsdienstverwendungen. Er übt seit 2006 die Funktion einer Akademischen Lehrpraxis des Universitätsklinikums Schleswig-Holstein aus und wurde 2017 zum Lehrbeauftragten des Instituts für Allgemeinmedizin ernannt. Mit Neuorganisation des ärztlichen Notdienstes in Schleswig-Holstein zum 1. Januar 2007 wurde er von der KVSH zum Notdienstbeauftragten für den Notdienstbezirk Heide mit den Anlaufpraxen in Heide und Büsum bestellt; im Rahmen dieser Aufgabe setzte er auch den gemeinsamen Aufnahmetresen mit dem WKK Heide um. Ferner ist er seit 2009 Mitglied der Arbeitsgruppe Notdienst der KVSH und trägt so zur Weiterentwicklung des Notdienstes in Schleswig-Holstein bei.
Kontakt: docnordsee@t-online.de

Rhön-Campus-Konzept: Sektorenübergreifende Gesundheitsversorgung im ländlichen Raum

Regionale integrierte Vollversorgung aus einem Guss

Dominik Walter, Johannes Marte, Harald Auner, Lisa Müller und Bernd Griewing

Zusammenfassung

Das RHÖN-Campus-Konzept bietet seinen Patienten eine sektorenübergreifende Versorgung durch die Zentralisierung verschiedener medizinischer und nichtmedizinischer Leistungsanbieter an einem Ort. Die an der Versorgung Beteiligten werden so zu neuen Formen der Zusammenarbeit motiviert. Das einrichtungsübergreifende Flussprinzip hat, mit einer optimierten Patientennavigation, positive Effekte auf die Kontinuität, Qualität und Wirtschaftlichkeit der Versorgung. Für sektorenübergreifende Behandlungspfade insbesondere bei komplexen Krankheitsbildern braucht es die passenden Aufbau- und Ablaufstrukturen, den gezielten Einsatz digitaler Technologien, gemeinsam festgelegte Qualitätsindikatoren sowie in der letzten Ausbaustufe ein regionales Vergütungssystem, mit dem heutige systemische Fehlanreize vermieden werden können. Der ländliche Raum bietet dazu die oft unterschätzten Gestaltungsmöglichkeiten.

13.1 Campus Bad Neustadt a. d. Saale

Mit dem *Rhön-Campus-Konzept* verfolgt die Rhön-Klinikum AG als erfahrenes Gesundheitsunternehmen ein Konzept für eine umfassende regionale, sektorenübergreifende Versorgung mit Spitzenmedizin, mit einer direkten Anbindung zur Universitätsmedizin. Der

D. Walter (✉) · J. Marte · H. Auner · L. Müller · B. Griewing
RHÖN-KLINIKUM AG, Bad Neustadt a. d. Saale, Deutschland
E-Mail: dominik.walter@rhoen-klinikum-ag.com; johannes.marte@rhoen-klinikum-ag.com; harald.auner@rhoen-klinikum-ag.com; lisa.mueller@rhoen-klinikum-ag.com; vorstand.medizin@rhoen-klinikum-ag.com

© Springer Fachmedien Wiesbaden GmbH, ein Teil von Springer Nature 2020
U. Hahn, C. Kurscheid (Hrsg.), *Intersektorale Versorgung*,
https://doi.org/10.1007/978-3-658-29015-3_13

mittelgroße Verbund besteht aus fünf Standorten mit rd. 5.500 stationären Planbetten und insgesamt rd. 17.000 Mitarbeitern.

Der Grundgedanke des vorzustellenden Konzeptes beinhaltet drei wesentliche Aspekte: Die an der Versorgung beteiligten Akteure rücken örtlich eng zusammen, sie sind über digitale Medien miteinander und mit dem Patienten vernetzt und gestalten die Versorgung über sektorenübergreifende Behandlungspfade mit einer zentralen Koordination und Steuerung (Münch und Scheytt 2014).

Der Standort Bad Neustadt hat ein überregionales Einzugsgebiet aus dem nördlichen Bayern, aus Osthessen und Südthüringen mit insgesamt etwa 1.000.000 Einwohnern. Aus Eigenmitteln entstand hier aus den ehemals sieben einzelnen Fachkliniken der neue Mustercampus, der Anfang des Jahres 2019 in Betrieb genommen wurde. Ein Zentrum für klinische Medizin (ZkM), ein Zentrum für ambulante Medizin (ZaM) und ein Zentrum für rehabilitative Medizin (ZrM) vereinen die Leistungserbringer aus allen Sektoren an einem Ort und bieten mit rund 1.700 Planbetten auf dem Niveau eines Schwerpunktversorgers und etwa 30 niedergelassenen Fachärzten des Kernlandkreises die Möglichkeit für eine umfassende medizinische Grund- und Regel- sowie hoch spezialisierte Versorgung. Die Hausärzte fungieren hierbei als wichtige, dezentral organisierte lokale Anlaufstellen im Landkreis. Traditionell müssen die klinischen Fachgebiete *Herz, Hirn und Hand* den internationalen Vergleich nicht scheuen (Walter et al. 2017).

Das ZaM ist so angelegt, dass alle vorstellbaren Varianten und Ausbaustufen, von der selbstständigen Einzelpraxis bis hin zu kooperativen oder kollektiven Verbundpraxen im partizipativen oder Fremdbetrieb vereinigt sind. Dieser Mix ist gewollt und notwendig für ein tragendes Gesamtkonzept. Das eigene MVZ befindet sich in der Trägerschaft des Krankenhauses, wobei auch hier unterschiedliche Arbeits- und Vertragsmodelle angeboten werden. Dies schließt Teilzeit-, Rotations- (zwischen Klinik und Praxis) und Nebentätigkeitsmodelle mit ein.

Alles basiert auf dem Grundgedanken der Netzwerkmedizin. Im Kern handelt es sich dabei um ein unternehmerisches Konzept zur Bewältigung einer Gesundheitsversorgung einer alternden Bevölkerung im ländlichen Raum ohne Rationierung (Augurzky und Holzinger 2015). Die Reihenfolge der fünf Bestandteile zeigt ebenso die Gewichtung und Ausbaustufen.

Die fünf Bestandteile des Rhön-Campus-Konzepts:

- ambulante und stationäre Akut Versorgung/rehabilitative Versorgung,
- ambulante und stationäre Pflege, Versorgung chronisch Kranker,
- Tourismus, Wellness und Services,
- Prävention und Gesundheitsmanagement,
- altersgerechte Wohnkonzepte.

Ziel des Konzepts ist die Optimierung der Versorgung ländlicher Regionen mit Gesundheitsleistungen. Deshalb sind insbesondere folgende Aspekte in das Rhön-Campus-Konzept impliziert:

- Steuerung ab Beginn eines Versorgungsbedarfs (z. B. digitale Anamnese),
- Bedarfs- und fachgerechte Patientennavigation vor Ort (z. B. Zentralisierung der Angebote),
- Kontinuität der Versorgung auch virtuell (z. B. Tele-Monitoring),
- zentrale Anlaufstelle (24/7/365),
- differenziertes medizinisches Angebot und grundlegende medizinische Daseinsvorsorge (z. B. Geburtshilfe und Palliativmedizin),
- stringentes Gesamtangebot durch weitere externe Dienstleister und Partner (z. B. ambulante Physiotherapie, Hörakustiker, Heil- u. Hilfsmittelanbieter usw.).

13.2 Strategische Elemente

13.2.1 Individuelle Anforderungen der Ärzteschaft und kooperative Voraussetzungen

Das Campus-Konzept berücksichtigt wie oben beschrieben mit dem ZaM die unterschiedlichsten und sich wandelnden Bedürfnisse insbesondere der niedergelassenen Ärzteschaft. Die Option, vollausgestattete Praxisräumlichkeiten mit einem möglichst geringen wirtschaftlichen Risiko anzumieten, soll die Versorgung der Patienten durch niedergelassene Ärzte, die in der Peripherie keinen Praxisnachfolger in Aussicht haben, auch in Zukunft sichern.

Das Konzept bietet jungen Ärztinnen und Ärzten eine attraktive Ausbildungs- und Arbeitsumgebung, da der fachliche Austausch zwischen ambulanter und stationärer Medizin intensiv durch die direkte Anbindung und Kommunikation gefördert wird. Flexible Arbeitszeiten und interdisziplinäre Teams gewährleisten dabei eine optimale Organisation der Patientensteuerung und -versorgung.

13.2.2 Ökonomische Bewertungen

Langfristig wird von einer wirtschaftlich günstigeren Versorgung ausgegangen, da Kosten für Fehlallokationen reduziert und Vorhalte- sowie Infrastrukturkosten geteilt werden können. Skalen- und Lerneffekte tragen hierzu einen entscheidenden Anteil bei. Großes Potenzial hätte eine regionale Gesamtvergütung mit transparenten Qualitätskriterien, die insbesondere Bürokratiekosten (z. B. MDK-Prüfungen) reduzieren könnten. Abgestimmte Versorgungsketten bringen in Zukunft den größten Vorteil für alle Beteiligten (von Eiff und Müller 2015).

Eine transsektorale, regionalbezogene sowie populationsbezogene Kopfpauschale, die eine Shared-Savings-Komponente enthalten soll, wird angestrebt. Um Fehlanreizen einer Kopfpauschale entgegenzuwirken, soll eine retrospektive variable Zusatzvergütung auf Basis eines Pay-for-Performance-Ansatzes in den Versorgungsvertrag mit aufgenommen werden (FMC 2017). Eine langfristige Vertragslaufzeit (mindestens sieben Jahre) ist notwendig, um die Refinanzierung der Anschubinvestitionen sicherzustellen und einen Anreiz für eine dauerhaft bessere Versorgung zu schaffen (Mühlbacher 2013). In bereits geführten Gesprächen mit unterschiedlichen Kostenträgern wird diese Vorstellung nicht mehr kategorisch ausgeschlossen. Um diesen Vorschlag zu erproben, wurde ein Innovationsfondsprojekt in der fünften Förderwelle des G-BA beantragt. Derzeit sind alle Akteure am Campus noch an die gewöhnlichen Vergütungsstrukturen gebunden und rechnen ebenso nach diesen ab (Preusker 2015).

13.2.3 Digitale Transformation und digitale Vernetzung

Basis-IT und strategische Ausrichtung
Der medizinisch-technologische Fortschritt, die zunehmende medizinische Spezialisierung und die sich ändernde Erwartungshaltung von Patienten erhöhen den Druck, neue digitale Werkzeuge und Serviceleistungen einzusetzen und Prozesse neu auszurichten (Zwerenz et al. 2017).

Die standortbezogene Digitalisierungsstrategie am Mustercampus umfasst dabei unterschiedliche Anwendungsfelder. Dabei sind drei elementare Ebenen – Basis-Infrastruktur, klinische Funktionalitäten im Kontext des Klinischen Arbeitsplatzsystems (KAS) und Umgang mit IT-Innovationen – zu unterscheiden.

Die technische Infrastruktur und Hardware-Ausstattung wurden im Zuge des Neubaus grundlegend erneuert. Beispielsweise bietet eine flächendeckende WLAN-Abdeckung die Voraussetzung für mobiles Arbeiten (z. B. bei Visiten). Die Vermeidung papierbasierter Prozesse, die automatisierte Einbindung von Medical Devices und die Verfügbarkeit einer sektorenübergreifenden Patientenakte sind wesentliche Voraussetzungen für eine reibungsarme Kommunikation zwischen den stationären und ambulanten medizinischen Leistungserbringern (ZkM und ZaM) (Rashid et al. 2017).

Innovationen und Telemedizin
Ein weiteres Handlungsfeld ist die Telemedizin, die den Rhön-Klinikum-Campus Bad Neustadt mit anderen Kliniken, niedergelassenen Haus- und Fachärzten, Rettungsdiensten und weiteren ambulanten Partnern in der Region und darüber hinaus vernetzt. Neben den fast schon als klassisch zu bezeichnenden telemedizinischen Ansätzen Teleradiologie und telemedizinische Voranmeldung im Rettungsdienst werden folgende Werkzeuge zur Vernetzung bereits eingesetzt bzw. befinden sich in der Pilotierung- und Einführungsphase:

- **Elektronische Patientenakte** für den medizinischen Dokumenten- und Nachrichtenaustausch zwischen ZkM und ZaM: Derzeit wird eine webbasierte (arztgeführte) elektronische Patientenakte in Bad Neustadt eingeführt und ein Gesundheitsnetzwerk aufgebaut (Herzlinger 2014). Klinikseitig (Krankenhausinformationssystem (KIS)) und im eigenen MVZ (Praxisinformationssystem (PVS)) ist die Kommunikationsplattform tiefenintegriert. Den niedergelassenen Ärzten (bspw. im ZaM) und Partnerkliniken steht ein webbasierter Zugang zur Plattform zur Verfügung. Die Nutzung der Plattform ist vertraglich geregelt und unterliegt den im Gesundheitswesen herkömmlichen hohen Datenschutz- und Sicherheitsstandards. Die fallbezogene schriftliche Einwilligung des Patienten ist stets erforderlich.

- **Videokonsile** zwischen Fachkliniken und niedergelassenen Ärzten (dermatologische Telekonsile zwischen Universitätsklinikum Marburg und Rhön-Campus Bad Neustadt). Für die Übertragung der Konsilscheine wird ergänzend das Nachrichten- und Konsilmodul der oben erwähnten elektronischen Patientenakte verwendet.
- **Online-Terminmanagement** für Patienten und Zuweiser (Fachklinik für Fußchirurgie und weitere einzelne Sprechstunden): Bei bestimmten Indikationen können von Patienten und/oder medizinischen Leistungserbringern zukünftig über das Online-Terminmanagement sinnvolle Terminketten gebucht werden, die den gesamten Behandlungsweg der ambulanten, stationären und post-stationären Versorgung abdecken. In der Klinik für Handchirurgie wurde das System erfolgreich pilotiert, mehr als 500 Termine wurden in der Pilotierungsphase bereits online gebucht. Der Ausbau ist geplant, unter anderem auch die Anbindung der ZaM-Praxispartner.
- **Telemonitoring** von Herzinsuffizienzpatienten (Fachklinik für Kardiologie).
- **Videosprechstunde** für Patienten (telemedizinische Versorgung des Mutter-Kind-Zentrums Bad Königshofen).

Medical Cockpit

Die Zunahme der verfügbaren Daten und die gleichzeitige Arbeitsverdichtung macht es fast unmöglich, alle Informationen zu sichten und irrelevante Informationen auszuschließen (Deutscher Ethikrat 2017). Intelligente Suchinstrumente und Werkzeuge zur patientenbezogenen Datenaufbereitung können Abhilfe schaffen. Das *Medical Cockpit* ist ein Instrument zur Recherche in umfangreichen Patientendokumenten und wurde am Campus Bad Neustadt erstmalig eingeführt. Das Ziel des Medical Cockpit ist es, dem Arzt die behandlungsrelevanten insbesondere auch historischen Informationen aus vorhandenen digitalen Dokumenten mittels Software aufbereitet darzustellen. Hierzu aggregiert es die vorwiegend unstrukturierten, heterogenen Daten (z. B. Arztbriefe, Laborbefunde, Röntgenbefunde, OP-Berichte, Medikationspläne etc.) aus dem Universalarchiv. Des Weiteren kommen Werkzeuge zum Einsatz, die dazu beitragen, dass die Anamnese strukturierter abläuft (digitale Anamnese), Leistungen effizienter erfasst werden und unsere Ärzte und Pflegekräfte bei ihrer Arbeit unterstützt werden (digitale Verlaufsdokumentation).

Kommunikation, Ausbildung und Sensibilisierung

Mit innovativer Technologie allein ist jedoch keine digitale Transformation zu realisieren (Christensen et al. 2000). Die Basis bilden neugierige Mitarbeiter, die die Bereitschaft zeigen, neue Technologien im Alltag einzusetzen.

In der interaktiven *Digitalen Erlebniswelt* am Campus werden in der Klinik verwendete digitale Werkzeuge vorgestellt und können von Besuchern, Patienten und den eigenen Mitarbeitern aktiv ausprobiert werden (Walter et al. 2019). Viele dieser Werkzeuge werden zum Nutzen des Patienten in Verbundpartnerschaften entwickelt (bspw. Online-Therapieplattform in Zusammenarbeit mit der Fachklinik für Neurologie) (Rashid et al. 2017).

Die Digitale Erlebniswelt ist in zwei Bereiche aufgeteilt: Im *Showroom* werden die digitalen Werkzeuge (bspw. Medical Cockpit, Videokommunikation, digitale Anamnese) interaktiv und realitätsnah Mitarbeitern und Kooperationspartnern in Form von Workshops präsentiert. Hier sollen Innovationen erlebbar gemacht und neue Ideen und Konzepte zukunftsorientierter Medizin entstehen bzw. weiterentwickelt werden.

In der freizugänglichen *Aktivwelt* können sich Patienten jederzeit über bestehende Werkzeuge informieren und diese aktiv ausprobieren. Sie sollen dort unter anderem dazu befähigt werden, mit Gesundheitsinformation oder digitalen Werkzeugen (bspw. digitale Anamnese, digitale Aufklärung, Online-Terminmanagement) souveräner umzugehen und die Hintergründe zu verstehen. Die digitale Gesundheitskompetenz gilt als eine Schlüsselqualifikation für den mündigen Patienten und hat einen großen Einfluss auf den Erfolg moderner Behandlungsabläufe (Schaeffler et al. 2016; Porter und Guth 2012).

Zur Ausbildungsergänzung wird in Kooperation mit der Justus-Liebig-Universität Gießen (JLU), der Technischen Hochschule Mittelhessen (THM) und dem Zentrum für Telemedizin Bad Kissingen (ZTM) den Medizinstudierenden ab dem Sommersemester 2019 eine 30-tägige Famulatur mit dem Schwerpunkt Digitale Medizin, eHealth und Telemedizin angeboten.

13.3　Modell zur sektorenübergreifenden Versorgung (süV) am Beispiel Herzinsuffizienz

Zum Rhön-Campus-Konzept gehört ein eigenes Modell für eine sektorenübergreifende Versorgung (süV-Modell) im Sinne einer engen Verzahnung aller an der Gesundheitsversorgung beteiligten Sektoren und Leistungserbringer (Sachverständigenrat 2014).

Bei den etablierten Modellen zur intersektoralen/integrierten Versorgung wird der Fokus oft nur auf den ambulanten (ärztlichen) und auf den stationären (Krankenhaus-)Sektor gelegt. Entlang des Grundsatzes *ambulant vor stationär* soll(t)en notwendige Gesundheitsleistungen zur Diagnostik und Therapie primär allgemein- und fachärztlich im ambulanten Bereich erbracht werden. Weiterhin kommt es aber in beiden Sektoren zu Fehlanreizen und zu Fehlallokation (Albach et al. 2016).

Unser Begriff *sektorenübergreifend* erweitert den Betrachtungswinkel. Sektoren und die für die dazugehörigen Leistungen jeweils Zuständigen im süV Modell sind:

- **Prävention (Primär- und Sekundärprävention lt. Präventionsgesetz (PrävG)):** Kostenträger,

- **ambulante Versorgung:** Hausärzte, Fachärzte, Therapeuten,
- **Notfallversorgung:** Rettungsdienst, KV-Bereitschaftsdienst, Integrierte Notfallzentren (INZ),
- **stationäre Versorgung:** Krankenhäuser,
- **Rehabilitation (Tertiärprävention):** ambulante und stationäre Rehabilitationseinrichtungen,
- **Gesundheitsförderung:** Monitoring (Telemedizin), Therapeuten (Gesundheitsedukation),
- **Pflege:** ambulante und stationäre Pflegeeinrichtungen, Care Management.

Mit dieser ganzheitlichen Definition der Sektoren werden folgende Ziele verfolgt:

- regionale, sektorenübergreifende, bedarfsgerechtere Versorgung von Patienten,
- Vermeidung von unnötigen Hospitalisierungen oder Mehrfachuntersuchungen,
- Vernetzung der Leistungserbringer untereinander und mit dem Patienten,
- langfristige telemedizinische Überwachung,
- zentrale, bedarfsgerechte Steuerung innerhalb eines regionalen Kooperationsnetzwerkes,
- jederzeit aktuell verfügbare Patienteninformationen über eine gemeinsam genutzte elektronische Patientenakte,
- Verbesserung der Lebensqualität und Selbstfürsorge,
- Verbesserung der Selbstpflegefähigkeit mit Verringerung des Pflegeunterstützungsbedarfs.

Die sektorenübergreifende Versorgung orientiert sich, soweit existent, an medizinischen Leitlinien (z. B. S3-Leitlinien, nationalen Versorgungsleitlinien u. a.). In daraus abgeleiteten sektorenübergreifenden Behandlungsleitfäden sind die Aufgaben und Zuständigkeiten aller Akteure, vom Hausarzt bis zur Krankenversicherung, träger- und sektorenübergreifend konkret zugewiesen.

Ziel ist es, zu ausgewählten Indikationen mit komplexem Versorgungsbedarf einen Katalog mit transparenten und strukturierten Behandlungspfaden zusammenzustellen.

Netzwerkzentrale und elektronische Patientenakte in der süV

Die Netzwerkzentrale und die elektronische Patientenakte haben zentrale Rollen in dem sektorenübergreifenden kooperativen Netzwerk.

Die Patienten werden grundsätzlich im Rahmen eines Arzt- oder Facharztbesuches, einer Notfalleinweisung oder Krankenhauseinweisung, in das allgemeine regionale Netzwerk aufgenommen und es wird eine Patientenakte angelegt. Diese Patientenakte ist modular aufgebaut, d. h. neben einem allgemeinen Modul werden – je nach indikationsbezogenem Versorgungsbedarf – für jede Indikation Module angelegt. Im allgemeinen Modul werden indikationsunspezifische Informationen gesammelt, hierzu zählen auch Ergebnisse aus dem gesetzlich geregelten Gesundheits-Check-up. Wenn im Verlauf zuletzt genannter Ergebnisse beim Patienten erstmalig eine Diagnose entsprechend der definierten

Indikation (z. B. Herzinsuffizienz) bestätigt wird, wird er neben dem generellen, allgemeinen Versorgungsnetzwerk in ein indikationsspezifisches Fachnetzwerk aufgenommen und es wird ein (indikations-)spezifisches Modul in der elektronischen Patientenakte angelegt, in welches sämtliche Informationen aus Anamnese(n), klinischen und diagnostischen Untersuchungen, sowie therapie- und pflegerelevante Informationen aus den beteiligten Sektoren zusammengeführt werden. Daraus leitet sich ein konkretes Betreuungskonzept für den Patienten ab. Die freie Arztwahl bleibt davon unberührt.

Die via telemedizinischen Anwendungen oder bei Gesundheitsförderungsmaßnahmen erhobenen Daten werden in der Netzwerkzentrale gesammelt, koordiniert und überwacht. Besonders qualifizierte medizinische Fachangestellte, sogenannte Netzwerkassistentinnen und -assistenten, sind damit befasst. Die Befunde werden von einem Netzwerkmanager, einem Facharzt, auf medizinischen Handlungsbedarf hin bewertet, ggf. erforderliche Maßnahmen werden in die Wege geleitet. Das süV-Modell bietet Effektivitätsvorteile: Befunde werden allen an der Versorgung Beteiligten frühzeitig und umfassend zugänglich gemacht. Therapieentscheidungen können auf breiter Informationsbasis getroffen werden, Therapien werden ggf. frühzeitiger eingeleitet.

Der Patient hat jederzeit elektronischen Zugang zu seinen Informationen und kann Eintragungen selbst vornehmen, die ebenfalls für jeden Berechtigten zweifelsfrei ersichtlich sind.

Ergebnis- und Prozessqualität

Entsprechend der Ziele des süV-Modells wurden intra- und transsektorale Kennzahlen zur Messung der Effektivität der Versorgungsform und zur Qualitätssicherung definiert.

Ergebnisqualität:

- Patient Reported Outcomes (PROs): Ergebnisse aus diversen, indikationsbezogenen Scores aus Befragungen/Anamnesen, Lebensqualität, Selbstpflegefähigkeit,
- Anzahl Arztbesuche/Rettungsdiensteinsätze/Hospitalisierungen,
- medizinische Parameter, z. B. Herzauswurfleistung, Laborparameter,
- sektorenspezifische und -übergreifende Qualitätsergebnisse: Qualitätssicherungsrichtlinie Krankenhaus (QSKH-RL), Richtlinie zur datengestützten einrichtungsübergreifenden Qualitätssicherung (DeQS-RL),
- Patient Safety Indicators (PSI): Hygienedaten und Komplikationen.

Prozessqualität:

- Patient Reported Experiences (PREs): Ergebnisse aus Befragungen der Patienten zu ihrer Einbindung in die Versorgung,
- Prozessaudits (zu den wesentlichen Prozessen in der Versorgung, wie z. B. Aufnahmemanagement, Diagnosesicherung, Therapieeinleitung, Entlassmanagement u. a.).

Ergebnisse aus der Auswertung der Kennzahlen dienen neben einem regelmäßigen fachbereichsbezogenen und -übergreifenden strukturierten Dialog auch als Grundlage für Mortalitäts- und Morbiditäts-Konferenzen (M&MK) und Peer Reviews.

Externe Daten (z. B. zur gesetzlichen Qualitätssicherung) ermöglichen den Qualitätsvergleich mit anderen Gesundheitsdienstleistern. Über interaktive Patientenportale werden Patienten einerseits in die Bewertung der Qualität eingebunden und andererseits wird ihnen die Möglichkeit geboten, sich umfassend zu informieren und sich bereits bei der Planung der Versorgung aktiv zu beteiligen.

Skalier- und Übertragbarkeit des süV-Modells und des Rhön-Campus-Konzeptes

Das süV-Modell ist grundsätzlich auf andere Versorgungsorganisationen übertragbar, im Detail muss eine Anpassung an die Indikation, die Populationen und die Struktur der regionalen Leistungsangebote erfolgen. Da indikationsspezifisch die Aufgaben der beteiligten Sektoren über Leitlinien definiert sind, lässt sich der Aufwand für die Versorgung in den ambulanten und stationären Versorgungsstrukturen und der zu versorgenden Population besser abschätzen und planen.

Um zu sehen, welche Regionen vom Rhön-Campus-Konzept in Deutschland profitieren könnten, wurde eine differenzierte Analyse sämtlicher Landkreise nach generellen Strukturdaten (z. B. Alters- und Siedlungsstruktur, Ärztedichte, Anzahl der Krankenhausbetten, Trägerstruktur, die politische Situation, Arbeitsplätze sowie Angebote der primären, sekundären und tertiären Gesundheitsversorgung) durchgeführt (Klauber et al. 2017). Dabei wurden bspw. auch die Entfernungen zu Maximalversorgern berücksichtigt. Maximalversorger sind mutmaßlich in der Lage, die enorme Komplexität und den Investitionsbedarf zentralisierter Vollversorgungskonzepte zu bewältigen (McClellan et al. 2014).

Im Ergebnis wären rund ein Dutzend Regionen für die Umsetzung eines Rhön-Campus-Konzepts prädestiniert. Im Grundsatz sollte Gesundheitsversorgung stets regional organisiert werden. Dies ist aber nicht immer deckungsgleich mit den politischen Grenzen von Ländern, Bezirken oder Landkreisen.

13.4   Herausforderungen und Implikationen

13.4.1 Versorgungsstruktur

Nach unserer Erfahrung sind Kostenträgern einerseits grundsätzlich offen für individuell abgestimmte Versorgungsverträge, andererseits gibt es Skepsis und Zurückhaltung. Die gegenwärtigen Rahmenbedingungen unterstützen das Rhön-Campus-Konzept nur bedingt, da Systemanreize fast ausschließlich auf einzelne medizinische Leistungen ausgerichtet sind und die wichtige Kompetenz *Koordination* im derzeitigen Gesundheitssystem nicht explizit vergütet wird. Es fehlen zudem eine koordinierte Bedarfs- bzw. Versorgungsplanung, die Förderung zentraler Strukturen und digitale Prozessketten in der Versorgung. Ein Hindernis ist zudem der zu langsame Angleichungsprozess der Qualitäts-management- bzw. Managementphilosophien der verschiedenen Sektoren.

13.4.2 Politische Weichenstellungen sind flankierend gefordert

Dieser Beitrag plädiert für die Erprobung von neuen regionalen und populationsbezoge-nen Vergütungssystemen im Sinne einer *Capitation*, um die Schaffung regionaler Netz-werke zu befördern, die aufgrund ihrer Größe und ihrer lokal motivierten Einstellungs- und Reaktionsmöglichkeiten eher optimal arbeiten können als unkoordinierte, separierte kleinere Einheiten (Bloomberg 2014). Gleichzeitig braucht es einen Qualitätswettbewerb zwischen Regionen, um den Patienten stets Ausweichmöglichkeiten bei unzureichender Leistung bieten zu können.

Will man sich als Krankenhausträger verbessern und seiner regionalen Verantwortung gerecht werden, ist es ratsam, sich mit den vor- und nachgelagerten Partnern in der ambu-lanten Versorgung intensiv zu beschäftigen (Graf von Stillfried et al. 2015). Das gilt vor allem in ländlichen Regionen. Die zunehmenden gesetzlichen und sonstigen Anforderun-gen (z. B. sektorenübergreifende Qualitätssicherung) lassen sich nur so sinnvoll erfüllen. Prozesse (wie z. B. das Überleitungsmanagement) können an einem Campus leichter op-timiert und vereinfacht werden. Dem Kooperations- und Vertragsmanagement sollte ein besonderes Augenmerk gelten (Brandhorst et al. 2017). Jeder sollte sich auf seine Kern-kompetenzen konzentrieren und kooperationsbereit sein.

Um die Versorgungslandschaft in Deutschland auf dem heutigen Niveau langfristig erhalten zu können, wird grundsätzlich ein politischer Wille zur Veränderung benötigt, der Rückhalt und Vertrauen durch die Bevölkerung und die Bereitschaft zur Netzwerk-bildung erfordert. Ausreichendes Kapital für innovative Investitionen, die Reform der Vergütungssysteme in der Gesundheitswirtschaft, die Deregulierung komplizierter Zutei-lungs- und Planungsmechanismen, eine offene Gesprächskultur zwischen Kosten- und Leistungsträgern sowie die Liberalisierung der medizinischen Fernbehandlung für ge-setzlich Versicherte würden zu Fortschritten in der gesundheitlichen Versorgung führen.

Literatur

Albach, H., Meffert, H., Pinkwart, A., Reichwald, R., & von Eiff, W. (2016). *Boundaryless hospital: Rethink and redefine health care management.* Berlin/Heidelberg: Springer.
Augurzky, B., & Holzinger, S. (2015). *Netzwerkmedizin – Fakten. Diskurs. Perspektiven für die praktische Umsetzung* (1. Aufl.). Heidelberg: medhochzwei.
Bloomberg. (2014). *Where do you get the most for your health care dollar?* http://www.bloomberg. com/infographics/2014-09-15/most-efficient-health-care-around-the-world.html. Zugegriffen am 01.09.2017.

Brandhorst, A., Hildebrandt, H., & Luthe, E.-W. (Hrsg.). (2017). *Kooperation und Integration – das unvollendete Projekt des Gesundheitssystems* (Gesundheit. Politik – Gesellschaft – Wirtschaft). Wiesbaden: VS Verlag für Sozialwissenschaften.

Christensen, C., Bohmer, R. M. J., & Kenagy, J. (2000). Will disruptive innovations cure health care? *Harvard Business Review, 78*(5), 102–112.

Deutscher Ethikrat. (Hrsg.). (2017). *Big Data und Gesundheit – Datensouveränität als informationelle Freiheitsgestaltung.* https://www.ethikrat.org/fileadmin/Publikationen/Stellungnahmen/deutsch/stellungnahme-big-data-und-gesundheit.pdf. Zugegriffen am 01.03.2018.

von Eiff, W., & Müller M. (2015). Campus-Konzept Kerckhoff-Klinik – Ganzheitlich und individuell. *f&w*, 872–876. Melsungen: Bibliomed-V.

FMC (fmc Schweizer Forum für Integrierte Versorgung). (2017). Qualität statt Mengen belohnen – (wie) geht das? Performance- orientierte Vergütungsmodelle 2025. Denkstoff N°3.

Graf von Stillfried, D., Erhart, M., & Czihal, T. (2015). Ambulante Versorgung. In C. Thielscher (Hrsg.), *Medizinökonomie 1* (2. Aufl., S. 431–452). Wiesbaden: Springer Gabler.

Herzlinger, R. E. (2014). Innovating in health care – Framework. *Harvard Business Review*, 1–54. Background Note 314-017, July 2013. (Revised July 2015.)

Klauber, J., Geraedts, M., Friedrich, J., & Wasem, G. (2017). *Krankenhaus-Report 2017: Schwerpunkt: Zukunft gestalten. Mit Online-Zugang.* Stuttgart: Schattauer.

McClellan, M., Kent, J., Beales, S. J., Cohen, S. I. A., Macdonnell, M., Thoumi, A., Abdulmalik, M., & Darzi, A. (2014). Accountable care around the world: A framework to guide reform strategies. *Health Affairs, 33*(9), 1507–1515. https://doi.org/10.1377/hlthaff.2014.0373.

Mühlbacher, A. (2013). Finanzmanagement in der integrierten Versorgung. In R. Busse, J. Schreyögg & T. Stargardt (Hrsg.), *Management im Gesundheitswesen* (3. Aufl., S. 312–321). Heidelberg: Springer.

Münch, E., & Scheytt, S. (2014). *Netzwerkmedizin – Ein unternehmerisches Konzept für die altersdominierte Gesundheitsversorgung.* Wiesbaden: Springer Gabler.

Porter, M. E., & Guth, C. (2012). *Chancen für das Deutsche Gesundheitssystem: Von Partikularinteressen zu mehr Patientennutzen.* Berlin/Heidelberg: Springer.

Preusker, U. (2015). *Das deutsche Gesundheitssystem verstehen. Strukturen und Funktionen im Wandel* (2. Aufl.). Heidelberg: Medhochzwei.

Rashid, A., Laufer, J., Shammas, L., Marquardt, K., Griewing, B., & Soda, H. (2017). Digitalisierte Gesundheitsnetzwerke mit Telemedizin: Produktive Netzwerkmedizin am Beispiel Schlaganfall. In M. A. Pfannstiel, P. Da-Cruz & H. Mehlich (Hrsg.), *Digitale Transformation von Dienstleistungen im Gesundheitswesen I* (S. 41–57). Wiesbaden: Springer Gabler.

SACHVERSTÄNDIGENRAT zur Begutachtung der Entwicklung im Gesundheitswesen. (2014). *Bedarfsgerechte Versorgung Perspektiven für ländliche Regionen und ausgewählte Leistungsbereiche.* Langfassung. Bonn/Berlin. http://www.svr-gesundheit.de. Zugegriffen am 01.09.2017.

Schaeffler, D., Vogt, D., Berens, V. M., & Hurrelmann, K. (2016). *Gesundheitskompetenz der Bevölkerung in Deutschland.* www.uni-bielefeld.de/gesundhw/ag6/downloads/Ergebnisbericht_HLS-GER.pdf. Zugegriffen am 01.04.2017.

Walter, D., Auner, H., & Griewing, B. (2017). Und der Patient entscheidet doch! Campusmodell der Rhön-Klinikum AG: Ansätze zur Bewältigung einer altersdominierten Gesundheitsversorgung ohne Rationierung. *KU Gesundheitsmanagement, 86*(1), 53–56.

Walter, D., Jörg, L., Marte, J., & Griewing, B. (2019). RHÖN-Campus-concept – Digital theme park to improve digital literacy to different stakeholders. In: EHMA (European Health Management Association) (Hrsg.), *Abstract Book 2019* (S. 63), EHMA Annual Conference 2019.

Zwerenz, R., Becker, J., Knickenberg, R. J., Siepmann, M., Hagen, K., & Beutel, M. E. (2017). Online self-help as an add-on to inpatient psychotherapy: Efficacy of a new blended treatment approach. *Psychotherapy and Psychosomatics, 86*(6), 341–350. https://doi.org/10.1159/000481177.

Dominik Walter, Dipl. Betriebswirt (FH), **M. A.**, hat erfolgreich Betriebswirtschaft in Gießen mit den Schwerpunkten *Gesundheits-/Personalwesen* (2008) sowie *Krankenhausprozessmanagement* (2010) studiert. Seitdem ist er bei der RHÖN-KLINIKUM AG als Manager tätig. Derzeit verantwortet er den Konzernbereich Medizinisches Prozessmanagement innerhalb des Vorstandsbereichs Medizin. Er beschäftigt sich intensiv mit regionalen Versorgungs- und Vergütungsmodellen.
    Kontakt: dominik.walter@rhoen-klinikum-ag.com

Johannes Marte M. Sc. arbeitet im Fachbereich Netzwerkmedizin und Innovation des Vorstandsbereichs Medizin der RHÖN-KLINIKUM AG. Er absolvierte 2016 erfolgreich seinen M. Sc. in Public Health mit den Schwerpunkten E-Health und Health Technology Assessment in Fulda.
    Kontakt: johannes.marte@rhoen-klinikum-ag.com

Harald Auner arbeitete von 1989 bis 1998 als Fachkrankenpfleger für Anästhesie, Innere Medizin und Intensivpflege, von 2004 bis 2008 als stellvertretender Pflegedirektor sowie bis 2016 als leitender Auditor für Zertifizierungen im Gesundheitswesen. Seit Juli 2016 ist er Leiter des Konzernbereichs Patientensicherheit, Qualitätsmanagement und Hygiene der RHÖN-KLINIKUM AG und befasst sich mit der Entwicklung und Weiterentwicklung von Qualitätsindikatoren, insbesondere sektorenübergreifend.
    Kontakt: harald.auner@rhoen-klinikum-ag.com

Lisa Müller MHBA hat Gesundheitswirtschaft an der DHBW in Bad Mergentheim studiert (2012). Nach ihrem Abschluss konzentrierte sie sich auf Projektmanagement in nationalen und internationalen Projekten, Qualitätsmanagement und Personalmanagement. 2016 hat sie ihren Master of Health Business Administration erfolgreich abgeschlossen. Seit 2016 ist sie im Vorstandsbereich Medizin der RHÖN-KLINIKUM AG mit den Schwerpunkten Netzwerkmedizin, Patientenservice und neue Versorgungsmodelle tätig.
    Kontakt: lisa.mueller@rhoen-klinikum-ag.com

Prof. Dr. med. Bernd Griewing promovierte an der Universität Münster. Von 1998 bis 2015 war er Chefarzt der Neurologischen Klinik GmbH in Bad Neustadt a. d. Saale sowie seit 2002 ärztlicher Direktor. Seit 2016 ist er Vorstand Medizin der RHÖN-KLNINIKUM AG. Zudem ist er Vorstand der Stiftung Münch sowie Aufsichtsrat der Universitätskliniken Gießen und Marburg (UKGM)
    Kontakt: vorstand.medizin@rhoen-klinikum-ag.com

Arztnetz, Krankenhaus und KV – Akteure eines regionalen und intersektoralen Versorgungskonzeptes

14

Versorgungsmodelle zur sektorenübergreifenden Versorgung geriatrischer Patienten in der Region Westfalen-Lippe

Diane Weber, Jeannine Dreyer, Constanze Liebe und Dietrich Junker

Zusammenfassung

Die medizinische Versorgung geriatrischer Patienten ist komplex, da diese häufig von Multimorbidität betroffen sind und sich medizinische und soziale Problematiken bei ihnen oft überlagern. Die berufs- und sektorenübergreifende Zusammenarbeit, u. a. von Ärzten und Case Managern, ist daher für die Versorgung geriatrischer Patienten von großer Bedeutung.

In der Region Westfalen-Lippe existieren bereits seit etwa zehn Jahren spezifische Modelle zur Versorgung geriatrischer Patienten. Der Beitrag stellt die Projekte *Regionales Versorgungskonzept Geriatrie: Gesundheitshelfer in Lippe* sowie *Koordinierte, ambulante geriatrische Versorgung* in Bielefeld und Lippe vor. Kernelemente der beiden Projekte sind ein Case Management in enger Zusammenarbeit mit den behandelnden Ärzten und eine sektorenübergreifende Kooperation zwischen den ambulanten Leistungserbringern und dem stationären Sektor.

Der Beitrag befasst sich außerdem mit den Herausforderungen innovativer (geriatrischer) Versorgungsmodelle. Projekte wie die beschriebenen geriatrischen Versorgungskonzepte finanzieren sich häufig eine lange Zeit über variierende Projektmittel, da eine Übertragung in die Regelversorgung u. a. aufgrund von finanziellen und rechtlichen Hürden derzeit nicht möglich ist.

D. Weber (✉) · J. Dreyer
Kassenärztliche Vereinigung Westfalen-Lippe, Dortmund, Deutschland
E-Mail: diane.weber@kvwl.de; jeannine.dreyer@kvwl.de

C. Liebe · D. Junker
Ärztenetz Lippe GmbH, Detmold, Deutschland
E-Mail: liebe@aerztenetz-lippe.de; management@aerztenetz-bielefeld.de

© Springer Fachmedien Wiesbaden GmbH, ein Teil von Springer Nature 2020
U. Hahn, C. Kurscheid (Hrsg.), *Intersektorale Versorgung*,
https://doi.org/10.1007/978-3-658-29015-3_14

14.1   Hintergrund

Geriatrische Patienten sind meist 65 Jahre und älter (Deutsche Gesellschaft für Geriatrie e.V. o. J.). In Deutschland wird die Anzahl an Personen über 65 Jahren in den kommenden Jahrzehnten sowohl absolut als auch prozentual ansteigen (Statistisches Bundesamt 2017). Es ist daher von einer Zunahme des Bedarfs sowohl an medizinischer als auch an pflegerischer Versorgung auszugehen (Kassenärztliche Bundesvereinigung 2016). Von 2006 bis 2015 erhöhte sich die Zahl an geriatrischen Patienten bereits um 80 Prozent, auf 2 Millionen Patienten (BARMER 2017). Da diese häufig von mehreren, zum Teil chronischen Erkrankungen betroffen sind, ist die Versorgung geriatrischer Patienten komplex (Deutsche Gesellschaft für Geriatrie e.V. o. J.). Hinzu kommt, dass sich bei älteren Patienten medizinische sowie soziale Problematiken oftmals überlagern, was die Berücksichtigung des häuslichen Umfelds notwendig macht (Hower et al. 2019).

Die berufs- und sektorenübergreifende Kooperation, u. a. von Ärzten und Case Managern, ist daher bei der Versorgung geriatrischer Patienten von großer Bedeutung.

14.2   Geriatrische Versorgungsmodelle in Westfalen-Lippe

In Westfalen-Lippe existieren bereits seit knapp zehn Jahren spezifische Modelle zur Versorgung geriatrischer Patienten. Diese zielen darauf ab, die Mobilität und Selbstständigkeit der Patienten möglichst lange zu erhalten, die häusliche Versorgungssituation zu stabilisieren und den Patienten eine möglichst hohe Lebensqualität zu ermöglichen.

In der Region Lippe wurde im Zeitraum von 2010 bis 2013 das Projekt *Regionales Versorgungskonzept Geriatrie: Gesundheitshelfer (GH) in Lippe* durchgeführt. Eine Besonderheit dieses Projektes stellte die enge Zusammenarbeit des Klinikums Lippe und des Ärztenetzes Lippe dar, die das Projekt gemeinsam entwickelten (Assmann et al. 2013). Die wissenschaftliche Begleitung und Evaluation des Projektes erfolgte durch das Zentrum für Innovation in der Gesundheitswirtschaft (ZIG) Ost-Westfalen-Lippe (OWL). Das Projekt wurde zur Hälfte aus Fördermitteln des Landes Nordrhein-Westfalen finanziert, die übrigen finanziellen Mittel wurden durch die Projektpartner bereitgestellt (IGES Institut 2018).

Das Projektkonzept zielte unter anderem darauf ab, ein sektorenübergreifendes Case Management zu etablieren (Assmann et al. 2013).

Case Management ist eine Methode, mithilfe derer erforderliche Unterstützungs-, Behandlungs- und Versorgungsmaßnahmen sowie die Zusammenarbeit verschiedener Akteure auch sektorenübergreifend organisiert werden können. Case Management ist insbesondere in komplexen Fällen sinnvoll, wenn eine Vielzahl von Akteuren beteiligt ist (Wendt 2015).

Durch das Case Management, d. h. durch eine zeitnahe Koordination und Umsetzung notwendiger Maßnahmen, sollten der sektorenübergreifende Informationsaustausch und die Versorgungskontinuität verbessert, die Selbstständigkeit der Patienten und deren Verbleib in der eigenen Häuslichkeit möglichst lange bewahrt und die Ärzte entlastet werden (Assmann et al. 2013).

Eine besondere Bedeutung kam daher in diesem Versorgungskonzept den nichtärztlichen Case Managerinnen, den sogenannten *Gesundheitshelferinnen* zu. Nach der Einschreibung in das Projekt, die ausschließlich durch niedergelassene Ärzte oder durch Klinikärzte erfolgte, führten die Gesundheitshelferinnen ein obligatorisches Eingangsassessment durch. Dies beinhaltete u. a. ein Screening nach Lachs, eine Ermittlung der instrumentellen Aktivitäten des täglichen Lebens (IADL), eine Ermittlung der Einschätzung des subjektiven Gesundheitszustandes, einen Medikamentencheck, eine Analyse des Sturzrisikos im häuslichen Umfeld und eine Einschätzung der sozialen Situation. Mithilfe dieser Ergebnisse wurden Versorgungsbedarfe identifiziert und daraus ein Hilfeplan abgeleitet. Die Maßnahmen des Hilfeplans wurden in Kooperation mit den Haus- und Fachärzten umgesetzt. Nach etwa vier Wochen erfolgte ein telefonisches Monitoring beim Patienten, um zu ermitteln, ob der Hilfeplan angemessen war. Im halbjährlichen Turnus erfolgte zudem ein Hausbesuch beim Patienten. Ein erneutes Assessment fand nach zwölf Monaten statt. Sofern ein höherer Bedarf an Koordination bestand, fand ein Hausbesuch bereits nach weiteren drei bis vier Wochen statt, im Bedarfsfall erfolgten im Anschluss weitere Hausbesuche. Auch die Häufigkeit der telefonischen Kontaktaufnahme variierte bedarfsorientiert. Darüber hinaus waren die Gesundheitshelferinnen Ansprechpartner für die beteiligten Ärzte und andere Leistungserbringer sowie für die Patienten und deren Angehörige. Sie koordinierten die gesundheitliche Versorgung der Patienten, unterstützten unter anderem das Entlassmanagement und informierten die Patienten und ggfs. deren Angehörige u. a. über Leistungsansprüche. Hierbei ist bedeutend, dass die Gesundheitshelferinnen keine spezifischen Beratungen wie etwa eine Pflegeberatung übernahmen, sondern im Bedarfsfall den Kontakt zu regionalen Institutionen wie psychosozialen Beratungsstellen oder dem Pflegestützpunkt herstellten. Während des Projektes wurden alle Leistungen der Gesundheitshelferinnen digital auf der Oberfläche des Krankenhausinformationssystems erfasst. Dies ermöglichte, dass die Gesundheitshelferinnen sämtliche Informationen über Krankenhausaufenthalte der Patienten erhielten und ohne Zeitverzug über etwaige Krankenhauseinweisungen der Patienten informiert wurden. Nachteilig war jedoch, dass bei dieser Form der elektronischen Dokumentation der ambulante Sektor nicht miteingeschlossen wurde (Assmann et al. 2013).

Die Gesundheitshelferinnen waren Pflegekräfte oder medizinische Fachangestellte mit mehrjähriger Berufserfahrung. Darüber hinaus verfügten sie über verschiedene Zusatzqualifikationen, unter anderem einen Bachelorabschluss im Bereich Pflege, eine Qualifikation zur Case Managerin oder zur Kauffrau im Gesundheitswesen. Diejenigen, die keine Kenntnisse hinsichtlich Case Management hatten, wurden durch die Projektleitung geschult. In Abhängigkeit der Qualifikation und Vorerfahrungen hospitierten die Gesundheitshelferinnen u. a. im Kliniksozialdienst, auf einer geriatrischen Station sowie in haus- und fachärztlichen Praxen (Assmann et al. 2013).

Das Projekt wurde durch das ZIG einer formativen Evaluation sowie einer quantitativen Analyse hinsichtlich versorgungsrelevanter Aspekte unterzogen. Der Evaluation zufolge erreichte das Case Management durch die Gesundheitshelferinnen eine hohe Akzeptanz und Zufriedenheit bei den Patienten. Die Patienten profitierten durch eine bessere

Versorgungskontinuität und von einer festen, bekannten Ansprechpartnerin in gesundheitlichen Belangen. Der Gesundheitszustand sowie die subjektiv empfundene Lebensqualität der Patienten blieben im Projektzeitraum mehrheitlich konstant oder verbesserten sich sogar teilweise. Auch das psychische Wohlbefinden der Patienten verbesserte sich im Interventionszeitraum statistisch signifikant. Eine Ausnahme bildete die körperliche Funktionsfähigkeit (Assmann et al. 2013).

Als positiv wurde hervorgehoben, dass die Hausbesuche der Gesundheitshelferinnen zudem Zusatzinformationen über das Leben der Patienten in der eigenen Häuslichkeit ermöglichten, die sowohl für die ambulante als auch für die stationäre Versorgung von hoher Relevanz sind. Unklar bleibt, ob durch das Projekt auch eine Verringerung unnötiger Leistungsinanspruchnahme erreicht werden konnte. Zur Beantwortung dieser Fragestellung müsste eine Längsschnittanalyse anhand von Routinedaten (Sozialgesetzbuch (SGB) V und SGB XI) der gesetzlichen Krankenversicherung (GKV) bzw. Pflegeversicherung erfolgen. Die Autoren der Evaluation empfahlen eine Weiterführung des Geriatrie-Modells (Assmann et al. 2013).

Im Anschluss an das Modellprojekt gründeten das Klinikum Lippe und das Ärztenetz Lippe eine gemeinsame Versorgungsgesellschaft, die Case Management Gesellschaft *Regionales Versorgungskonzept Lippe – RVL*. Diese enge Kooperation zwischen ambulanter und stationärer Versorgung unterstützt eine patientenorientierte Versorgung „aus einer Hand" und gewährleistet eine hohe Versorgungskontinuität sowie eine verlässliche Kommunikation zwischen den beiden Sektoren. Im Fokus des Versorgungskonzeptes stehen multimorbide Patienten aller Altersstufen (Regionales Versorgungskonzept Lippe Casemanagement o. J.).

14.3 *Koordinierte, ambulante geriatrische Versorgung* in Bielefeld und Lippe

Von diesem Modellprojekt abzugrenzen ist das Projekt zur *koordinierten, ambulanten geriatrischen Versorgung*, das aktuell in den Regionen Bielefeld und Lippe durchgeführt wird. Dieses Projekt entstand aus einer Initiative von Praxisnetzen, der gesetzlichen Krankenkassen und der Kassenärztlichen Vereinigung Westfalen-Lippe (KVWL). Bereits im Jahr 2013 wurde ein Konzept für einen Pflegeheimvertrag zur Verbesserung der medizinischen Versorgung von Pflegeheimbewohnern erarbeitet und in das gemeinsame Landesgremium nach § 90a SGB V eingebracht, das aus dem Ministerium für Gesundheit, Emanzipation, Pflege und Alter des Landes NRW, Krankenkassen, der Krankenhausgesellschaft sowie der Kassenärztlichen Vereinigung Nordrhein und der KVWL bestand.

Auf Basis der guten Erfahrung erfolgten mit den zehn zum damaligen Zeitpunkt anerkannten Praxisnetzen unter der Moderation der KVWL mehrere Workshops, um Themen zu ermitteln, die analog zur Pflegeheimversorgung mithilfe des Gremiums verbessert werden können.

Zusammen mit der Kassenärztlichen Vereinigung Westfalen-Lippe haben die Praxisnetze im Jahr 2015 ein Gesamtkonzept für ein regional orientiertes, sektorenübergreifendes Versorgungskonzept für geriatrische Patienten erarbeitet. Das erarbeitete Konzept wurde anschließend in das 90a-Gremium eingebracht. Im Jahr 2016 wurde eine Arbeitsgruppe installiert, die beschloss, dass das Konzept im ambulanten Bereich in drei Regionen in Westfalen-Lippe umgesetzt werden soll. Die Arbeitsgruppe legte zudem Kriterien für die Auswahl der drei Regionen fest. Zwei Regionen sollten nach § 87b SGB V anerkannte Praxisnetze sein, eine weitere Region als Vergleichsregion ohne ein Praxisnetz starten. Im Landesteil Nordrhein sollte die Umsetzung im stationären Bereich erfolgen.

Die folgenden Ausführungen beziehen sich lediglich auf die Umsetzung in der KV-Region Westfalen-Lippe.

Anfang 2017 gab das 90a-Gremium den Auftrag zur Umsetzung. Die Umsetzung in der ausgewählten Region ohne Praxisnetz konnte leider nicht erfolgen, da keine schnelle Einigkeit zu der Thematik geriatrische Versorgung in der Ärzteschaft erzielt werden konnte.

Das Projekt startete daraufhin am 01.11.2017 in Lippe und am 01.01.2018 in Bielefeld und endet nach 30-monatiger Laufzeit. In Bielefeld nehmen derzeit 34 Ärzte an dem Projekt teil, die bislang 118 Patienten eingeschrieben haben. In Lippe sind aktuell 28 Ärzte beteiligt, die Zahl der eingeschriebenen Patienten beträgt 200 (Stand Mai 2019). Das Projekt wird aus Mitteln zur Förderung von anerkannten Praxisnetzen gem. § 87b SGB V über die KVWL finanziert, welche die Krankenkassen zur Verfügung stellten. Bei der Kalkulation des Projektbudgets wurden neben den Personalkosten für die Case Manager und den Ausgaben für die medizinischen Leistungen der Ärzte ebenfalls weitere Nebenkosten wie Bürokosten, Telefonkosten oder Kosten für ein Kraftfahrzeug berücksichtigt.

Die Projektpartner verfolgen das Ziel, die Qualität und Wirschaftlichkeit der medizinischen Versorgung von älteren, geriatrischen Patienten weiter zu erhöhen und die Lebensqualität der Patienten zu verbessern.

Um diese Ziele zu erreichen, wird auch in diesem Projekt auf den Aufbau und den Einsatz eines Case Managements sowie die berufsgruppen- und sektorenübergreifende Kooperation u. a. zwischen Ärzten und Case Managern gesetzt.

Die ganzheitliche Betrachtung der Patienten ermöglicht eine bessere Koordination und Erfolgskontrolle bei den Patienten, die wiederum zu einem möglichst langen Verbleib der Patienten in der ambulanten medizinischen Versorgung beiträgt. Neben der ambulanten Versorgung beinhaltet das Versorgungskonzept soziale sowie stationäre Elemente. Die medizinische Versorgung wird verbessert, indem den Patienten ein besseres Wissen vermittelt wird, das häusliche und soziale Umfeld der Patienten umfangreich erhoben und daraus ein gezielter Maßnahmenplan abgeleitet wird.

In dem Versorgungsmodell werden drei verschiedene Versorgungsebenen unterschieden.

Innerhalb der ersten Versorgungsebene identifiziert der Hausarzt Patienten, die ein Case Management benötigen und führt ein Screening bei Patienten durch, die an drei oder mehr Erkrankungen leiden, die als relevante Diagnosen für den Risikostrukturausgleich zwischen den Krankenkassen zählen. Ein weiteres Kriterium für das Screening ist die Einnahme von fünf oder mehr unterschiedlichen Wirkstoffen in Dauermedikation. Darüber hinaus stellen ein Alter von 70 Jahren oder älter sowie eine Hilfsbedürftigkeit, Immobilität oder nachgewiesene soziale sowie vermutete intellektuelle Defizite weitere Kriterien dar.

Hauptkriterien für eine Einschreibung der Patienten in das Projekt sind eine Überforderung des Familiensystems bzw. der drohende Verlust der Selbstständigkeit oder ein drohender Krankenhaus- oder Pflegeheimaufenthalt.

Im Bedarfsfall fordert der Hausarzt im Anschluss die Case Manager (in Lippe nach wie vor *Gesundheitshelferin* genannt) an. Die Case Manager sind in Bielefeld am Ärztenetz angestellt. In Lippe ist eine Gesundheitshelferin in Teilzeit am Ärztenetz Lippe angestellt, eine weitere am Klinikum Lippe. In beiden Regionen erfassen die Case Manager/Gesundheitshelferinnen die Versorgungssituation, erstellen einen Maßnahmenplan und setzen diesen in Zusammenarbeit mit dem Hausarzt und dem sogenannten Versorgerteam um. Ein Versorgerteam besteht aus dem behandelnden Hausarzt, einer Gesundheitshelferin/Case Manager sowie dem Praxisnetz. Die Koordination erfolgt durch die Gesundheitshelferin/Case Manager in Abstimmung mit dem behandelnden Hausarzt. Darüber hinaus werden bei der Umsetzung des Maßnahmenplans bei Bedarf weitere Beteiligte, u. a. Pflegekräfte, Fachärzte und Physiotherapeuten, einbezogen. Die Gesundheitshelferin/Case Manager sowie der Arzt führen regelmäßige Erfolgskontrollen und Dokumentationen durch. Eine grundsätzliche Statuserhebung erfolgt einmal pro Jahr.

Die notwendige Qualitätssicherung wird durch einen Feedbackmechanismus zwischen den Teammitgliedern ermöglicht.

Das Versorgungskonzept enthält außerdem eine zweite Versorgungsebene, den geriatrischen Konsiliardienst, der weitere Versorgungsschritte definiert. Hier können spezialisierte Fachärzte eingebunden werden, die als kollegiale Versorgungsinstanz mit Unterstützungsfunktion fungieren und sektorenübergreifende Maßnahmen einleiten. Die Anforderung des geriatrischen Konsiliardienstes erfolgt durch den Hausarzt. Dieser übermittelt dem Geriater alle notwendigen Informationen und vorliegenden Untersuchungsbefunde.

Im Kreis Lippe besteht die Besonderheit, dass die zweite Versorgungsebene aufgrund eines fehlenden niedergelassenen Geriaters nicht existiert. Der stationäre Sektor übernimmt hier die Funktion des geriatrischen Konsiliardienstes.

Wie bereits erwähnt, beinhaltet das Versorgungsmodell auch stationäre Elemente. Neben der professionsübergreifenden Zusammenarbeit, u. a. zwischen Case Managern, Hausärzten und Geriatern, findet im geriatrischen Versorgungsmodell im Bedarfsfall auch eine sektorenübergreifende Behandlung der Patienten in der dritten Versorgungsstufe statt. Diese Versorgungsstufe bildet der stationäre Sektor ab. Bei Bedarf erfolgt eine Überweisung in eine geriatrische Ambulanz, eine geriatrische Tagesklinik, ein geriatrisches Akutkrankenhaus oder eine stationäre Rehabilitationseinrichtung.

Die beiden beschriebenen geriatrischen Versorgungsmodelle sind jeweils an die Gegebenheiten der entsprechenden Region und an die dort vorhandenen Versorgungsangebote angepasst. Prinzipiell ist eine Übertragung des Konzeptes auf andere Regionen denkbar. Unabdingbar für die gelingende Implementierung des Konzeptes ist jedoch eine enge Kooperation sowohl zwischen den ambulanten Leistungserbringern als auch mit den stationären Versorgungseinrichtungen. Aufgrund der vorhandenen Netzwerkstrukturen ist eine Übertragung auf eine Region mit vorhandenem Praxisnetz unter Umständen effizienter umsetzbar. Je nach regional vorhandenen Versorgungskapazitäten müsste das Modell entsprechend angepasst werden.

14.4 Herausforderungen innovativer (geriatrischer) Versorgungsmodelle

Das langfristige Ziel innovativer, sektorenübergreifender Versorgungskonzepte besteht darin, bei positiver Evaluation dauerhaft in die Regelversorgung überführt zu werden. Innovative Versorgungsmodelle wie die beschriebenen Modelle zur Versorgung geriatrischer Patienten, finanzieren sich jedoch bislang häufig mehrere Jahre über variierende Projektmittel.

Eine Vielzahl finanzieller und rechtlicher Hürden verhindert derzeit eine Etablierung in der Regelversorgung.

Wie bereits beschrieben, wird das derzeit laufende Geriatrie-Projekt in Bielefeld und Lippe aus Mitteln zur Förderung von anerkannten Praxisnetzen gem. § 87b SGB V über die KVWL finanziert. Diese Gelder sind zur Förderung von Modellprojekten vorgesehen, ermöglichen jedoch keine dauerhafte Finanzierung.

Die beteiligten Praxisnetze erhalten eine pauschale Summe für die Finanzierung der Case Manager. Die teilnehmenden Ärzte rechnen ihre Leistungen über eigens geschaffene Symbolziffern mit der KVWL ab.

In der Regelversorgung erfolgt die Abrechnung medizinischer Leistungen über Ziffern des Einheitlichen Bewertungsmaßstabs (EBM). Dieser listet abrechnungsfähige Leistungen und deren Vergütungshöhe auf. Viele Leistungen werden mithilfe verschiedener Pauschalen vergütet, die der Arzt je Patient und Quartal erhält. Dazu zählen beispielsweise Leistungen zur Versorgungskoordination des Patienten, auch unter Einbezug weiterer Ärzte und nichtärztlicher Leistungserbringer. Zwar beinhalten auch einzelne EBM-Ziffern die Beratung des Patienten über Unterstützungsangebote und den Austausch mit überweisenden Ärzten, diese Leistungen sind jedoch nicht mit einem umfassenden Case Management gleichzusetzen. Beispielsweise fehlen die Informationen über das häusliche Umfeld der Patienten, da Ärzte für ausführliche Hausbesuche und Bedarfserfassungen im häuslichen Umfeld keine ausreichenden zeitlichen Ressourcen haben. Zudem sind die genannten Leistungen, anders als Einzelleistungen, nicht direkt monetär abbildbar. Der EBM bietet demnach keine ausreichende Finanzierungsgrundlage für Case-Management-Leistungen.

Der drohende Ärztemangel in vielen Regionen Deutschlands verschärft die Notwendigkeit, die tätigen Ärzte zu entlasten.

Die Anstellung von Case Managern oder anderen nichtärztlichen Mitarbeitern an einem Praxisnetz, wie es in dem beschriebenen Projekt praktiziert wird, ist jedoch außerhalb von Projekten oder Selektivverträgen problematisch. Eine Anstellung von Case Managern bei Ärzten oder Praxisnetzen ist bislang in der Regelversorgung auch nicht vorgesehen, da umfassende Case-Management-Leistungen wie erläutert nicht zu den originär

ärztlichen Leistungen gehören. Zwar dürfen Praxisnetze neuerdings laut Terminservice-
und Versorgungsgesetz medizinische Versorgungszentren gründen und innerhalb dieser
Versorgungsstruktur Ärzte und nichtärztliches Personal anstellen. Jedoch ist ein arztpra-
xenübergreifender Einsatz dieses Personals, u. a. aufgrund unklarer Haftungsfragen und
ungeklärter rechtlicher Fragen (z. B. zur Arbeitnehmerüberlassung), bislang schwierig.

Zur nachhaltigen Etablierung innovativer Projekte wie dem beschriebenen geriatrischen Versorgungsmodell in die Regelversorgung sind daher folgende Veränderungen und
Strukturreformen notwendig:

Es müssen Möglichkeiten ermittelt werden, wie eine Finanzierung innovativer Modelle
auch außerhalb von Projektfinanzierungen und Selektivverträgen gelingen kann. Das beschriebene Projekt wurde bei der Entwicklung im Jahr 2015 auch deshalb in das 90a-
Gremium eingebracht, um eine spätere Überleitung in die Regelversorgung zu vereinfa-
chen bzw. hierüber weitere Unterstützung zu erhalten. Aktuell erarbeitet die Kassenärztliche
Vereinigung Westfalen-Lippe in einer Arbeitsgruppe mit Praxisnetzen und Krankenkassen-
vertretern Strategien, wie eine Überführung in die Regelversorgung und eine nachhaltige
Finanzierung ermöglicht werden kann.

Zusätzlich zu Finanzierungsmöglichkeiten sollten Optionen zur rechtssicheren Anstellung von Mitarbeitern wie Case Managern an Praxisnetzen geschaffen werden. Hierzu
muss unter anderem geklärt werden, wer die Haftung für die Handlungen der Case Manager übernimmt.

Das Ärztenetz Lippe nimmt derzeit am Innovationsfonds-Projekt RubiN (regional un-
unterbrochen betreut im Netz) teil, in dem der Frage nachgegangen wird, inwiefern ein
multiprofessionelles, sektorenübergreifendes und assessmentgestütztes Case Management
geriatrischen Patienten hilft und wie dieses in Versorgungsnetzwerken rechtssicher erbracht werden kann.

Literatur

Assmann, C., Borchers, U., Iseringhausen, O., Körner, H.-C., Liebe, C., Rethmeier-Hanke, A., &
  Wedmann, B. (2013). *Regionales Versorgungskonzept Geriatrie. Vernetzte Versorgung – regional
  erprobt. Mit neuen Fachkräften nutzerorientiert und sektorübergreifend versorgen.* https://www.
  lzg.nrw.de/_php/login/dl.php?u=/_media/pdf/versorgung/140922_RVG_Kurzbericht_end.pdf.
  Zugegriffen am 14.05.2019.
BARMER. (Hrsg.). (2017). *Krankenhausreport 2017.* Schriftenreihe zur Gesundheitsanalyse, Bd. 4.
  Siegburg: Asgard-Verlagsservice GmbH. https://www.barmer.de/blob/124290/fd51cb989f2db
  52180beea2846cc0076/data/dl-report.pdf. Zugegriffen am 03.05.2019.
Deutsche Gesellschaft für Geriatrie e.V. (o. J.). Was ist Geriatrie? https://www.dggeriatrie.de/nach-
  wuchs/91-was-ist-geriatrie.html. Zugegriffen am 03.05.2019.
Hower, K. I., Sahin, C., Stock, S., & Pfaff, H. (2019). Medizinisch-pflegerische Versorgung älterer
  Menschen in Deutschland. *Altersforschung. Handbuch für Wissenschaft und Praxis,* 285–313.
IGES Institut GmbH. (Hrsg.). (2018). *Studie zum Versorgungsmanagement durch Patientenlotsen. Ab-
  schlussbericht für die Beauftragte der Bundesregierung für die Belange der Patientinnen und Patienten.* https://www.bundesgesundheitsministerium.de/fileadmin/Dateien/5_Publikationen/Prae-
  vention/Berichte/IGES_Versorgungsmanagement_durch_Patientenlotsen_042018.pdf.
  Zugegriffen am 03.05.2019.

KBV (Kassenärztliche Bundesvereinigung). (2016). *Spezifische geriatrische Versorgung durch ein interdisziplinäres Team. Innovative Lösungen der Vertragswerkstatt der KBV zur kooperativen und qualitätsgesicherten Versorgung von Patientinnen und Patienten.* http://www.kbv.de/media/sp/KBV_Eckpunkte_SGV.pdf. Zugegriffen am 03.05.2019.

Regionales Versorgungskonzept Lippe Casemanagement. (o. J.). Gemeinsam stark für die Patienten in unserer Region. http://www.casemanagement-lippe.de/#einleitung. Zugegriffen am 03.05.2019.

Statistisches Bundesamt. (2017). *Bevölkerungsentwicklung bis 2060. Ergebnisse der 13. koordinierten Bevölkerungsvorausberechnung. Aktualisierte Rechnung auf Basis 2015.* https://www.destatis.de/DE/Themen/Gesellschaft-Umwelt/Bevoelkerung/Bevoelkerungsvorausberechnung/Publikationen/Downloads-Vorausberechnung/bevoelkerung-bundeslaender-2060-aktualisiert-5124207179004.pdf?__blob=publicationFile&v=3. Zugegriffen am 03.05.2019.

Wendt, W. R. (2015). *Case Management im Sozial- und Gesundheitswesen. Eine Einführung.* Freiburg i. Br.: Lambertus.

Diane Weber ist seit 2000 bei der Kassenärztlichen Vereinigung Westfalen-Lippe (KVWL) tätig. Seit 2011 beschäftigt sie sich hauptsächlich mit den Themen Praxisnetze und Kooperation. Von 2014 bis 2017 leitete sie die Geschäftsstelle Neue Versorgungsformen und Praxisnetze. Seit 2017 ist sie Stabsbereichsleiterin des Stabsbereichs Praxisnetze und kooperative Versorgungsmodelle der KVWL.
Kontakt: diane.weber@kvwl.de

Jeannine Dreyer (MPH) ist bei der Kassenärztlichen Vereinigung Westfalen-Lippe im Stabsbereich Praxisnetze und kooperative Versorgungsmodelle tätig.
Kontakt: jeannine.dreyer@kvwl.de

Constanze Liebe (Dipl.-Kff.) ist die kaufmännische Geschäftsführerin der Ärztenetz Lippe GmbH.
Kontakt: liebe@aerztenetz-lippe.de

Dietrich Junker (Dipl.-Kfm. und MPH) ist als Netzmanager des Ärztenetzes Bielefeld e.V. tätig.
Kontakt: management@aerztenetz-bielefeld.de

Das Belegarztkrankenhaus

15

Sektorenübergreifende Behandlung in Reinkultur

Michael Werner und Gerald Meyes

Zusammenfassung

Das Belegarztsystem bietet eine sektorenübergreifende Behandlung der Patienten in Reinkultur – im Belegarztwesen wird die politisch geforderte Kontinuität der medizinischen Behandlung über die Sektorengrenze hinweg gelebt. Patienten werden vom Erstkontakt, im Rahmen der stationären Behandlung, bis hin zur ambulanten Nachuntersuchung vom gleichen Arzt behandelt. Am Beispiel des Belegarztkrankenhauses Kaiserin-Auguste-Victoria werden Strukturen und Prozesse in dieser intersektorale Versorgungsform erläutert. Das Belegarztwesen an sich und Belegarztkrankenhäuser sind gute Blaupausen für mehr intersektorale Versorgung, allerdings müssen die bestehenden Vergütungsstrukturen angepasst werden. Belegarztabteilungen dürfen auch ökonomisch nicht gegenüber Hauptabteilungen benachteiligt werden, damit die Rahmenbedingungen einer qualitativ hochwertigen Gesundheitsversorgung auch fortan in beiden Systemen finanziert werden können.

M. Werner (✉)
Kaiserin-Auguste-Victoria-Krankenhaus GmbH, Ehringshausen, Deutschland
E-Mail: michael.werner@kav-krankenhaus.de

G. Meyes
Klinik Dr. Winkler, Husum, Deutschland
E-Mail: mey@klinik-winkler.de

© Springer Fachmedien Wiesbaden GmbH, ein Teil von Springer Nature 2020
U. Hahn, C. Kurscheid (Hrsg.), *Intersektorale Versorgung*,
https://doi.org/10.1007/978-3-658-29015-3_15

15.1 Beschreibung der Versorgungsstruktur

Das Kaiserin-Auguste-Victoria-Krankenhaus (KAV) im hessischen Ehringshausen ist ein Belegarztkrankenhaus, das nach dem Leitbild *Näher am Menschen* versorgt. Die Besonderheit der Klinik besteht darin, dass alle bettenführenden Fachabteilungen medizinisch von Belegärzten geleitet werden. Bei der Aufnahme des Patienten in einem Belegarztkrankenhaus oder einer entsprechenden Abteilung schließt er einen zweiseitigen Vertrag ab: Der Vertrag mit dem Krankenhaus umfasst die Pflege- und Hotelleistung, der medizinische Behandlungsvertrag umfasst die Versorgung durch den Belegarzt. Patienten werden optimalerweise vom Erstkontakt, im Rahmen der stationären Behandlung, bis hin zur ambulanten Nachuntersuchung vom gleichen Arzt behandelt. Fast alle im KAV-Krankenhaus tätigen Belegarztpraxen unterhalten zumindest eine Zweigstelle in der Klinik. Ambulante Operationen werden häufig in Operationssälen der Belegarztpraxen durchgeführt. In Einzelfällen finden auch ambulante Operationen in Sälen der Klinik statt. Hier nutzt der Belegarzt das vorhandene Funktionspersonal und die Einrichtung und zahlt dafür ein vertraglich verhandeltes Nutzungsentgelt an die Klinik.

Das KAV-Krankenhaus liegt inmitten des idyllischen und eher ländlich geprägten Lahn-Dill-Kreises in Mittelhessen. Nicht weit von den Universitätsstädten Gießen und Marburg entfernt, versorgt es als Krankenhaus der Grundversorgung mit 89 Planbetten im Krankenhausplan des Landes Hessen. Ausgestattet ist die Klinik, die bereits seit 1913 besteht, mit den Fachrichtungen Chirurgie, Innere Medizin und einer Abteilung für Gynäkologie und Geburtshilfe. Bis zum Jahr 2007 war das Krankenhaus eine Einrichtung der Evangelischen Frauenhilfe im Rheinland, zunächst als Eigenbetrieb, ab dem Jahr 2000 wurde es als gemeinnützige GmbH geführt. Seit 2008 wird die Klinik in unterschiedlicher Trägerschaft privat in der Gesellschaftsform einer GmbH geführt. Stationär werden in den Fachabteilungen ca. 4700 Patienten jährlich behandelt. In den Praxen der kooperierenden Belegärzte werden in Summe jährlich mehrere 10.000 Patienten versorgt und falls nötig ins stationäre Setting überführt.

15.1.1 Chirurgie

Im chirurgischen Bereich sind vier verschiedene Facharztpraxen mit folgenden medizinischen Schwerpunkten tätig:

- Allgemein- und Viszeralchirurgie,
- Gefäßchirurgie,
- Unfallchirurgie,
- Fußchirurgie,
- Orthopädie,
- neurochirurgische Schmerztherapie.

15.1.2 Innere Medizin

Die internistische Fachabteilung wird von zwei unterschiedlichen Gemeinschaftspraxen belegt. Die insgesamt fünf Fachärzte bieten die stationäre Behandlung ihrer Patientinnen und Patienten neben der allgemeinen Inneren Medizin in nachfolgenden Schwerpunkten an:

- Gastroenterologie,
- Kardiologie,
- Diabetologie.

15.1.3 Gynäkologie und Geburtshilfe

Das Krankenhaus selbst unterhält ein medizinisches Versorgungszentrum mit den Fachbereichen Gynäkologie, Allgemeinmedizin und Anästhesie. Das MVZ[1] fungiert im Bereich der Abteilung Gynäkologie und Geburtshilfe als Belegarzt (zum Hintergrund Abschn. 15.8.1). Die dort angestellten Fachärzte sichern neben ihrer ambulanten Tätigkeit rund um die Uhr die stationäre Behandlung der Patientinnen. Die Versorgung und Betreuung der Schwangeren und Wöchnerinnen erfolgt durch sieben Beleghebammen. Schwerpunkte der Versorgung bilden hier folgende Bereiche:

- Geburtshilfe,
- minimalinvasive (laparoskopische) Eingriffe,
- alle Operationsmethoden zur Beseitigung der Harninkontinenz der Frau,
- alle Operationsmethoden zur Beseitigung der Endometriose und Myome,
- „ambulantes Operieren" bei kleineren gynäkologischen Eingriffen und Bauchspiegelungen.

15.1.4 Anästhesie

Die anästhesiologische Versorgung wird primär von zwei am Krankenhaus angestellten Fachärzten im Rahmen einer Chefarztstruktur sichergestellt. Ergänzt wird diese Struktur durch zwei Fachärztinnen, die über kassenärztliche Sitze verfügen. Auch das bereits angesprochene MVZ verfügt über einen halben kassenärztlichen anästhesiologischen Sitz, so dass auch ambulante Leistungen durch angestellte Anästhesisten abgerechnet werden können. Zum Leistungsspektrum gehören:

---

[1] Medizinisches Versorgungszentrum.

- Betreuung der operativ zu versorgenden Patienten mit unterschiedlichen Narkoseformen,
- Angebot der gängigen Schmerztherapieverfahren unter der Geburt,
- Koordinierung des Notfallmanagements.

15.2 Besonderheiten der intersektoralen Versorgungslösung

Das Belegarztsystem ist der „Klassiker" der intersektoralen Versorgungsformen (Kalbe 2018). Aufgrund der Rolle des Belegarztes findet in diesem Versorgungssystem ein nahtloser Übergang zwischen einer ambulanten und stationären Versorgung in Reinkultur statt.

„Der Belegarzt ist ein Vertragsarzt, der im Rahmen seiner ambulanten Tätigkeit auch die Möglichkeit hat, seine Patienten in einem Krankenhaus stationär zu behandeln. Dazu ist kein arbeitnehmerähnliches Verhältnis zu einem Krankenhausträger notwendig. Er schließt entsprechende Vereinbarungen mit Krankenhäusern, die ihm gegen Entgelt Belegbetten (inkl. der Versorgung durch Pflegekräfte) zur Verfügung stellen." (KBV 2019)

Die primäre Besonderheit liegt sicherlich in der patientennahen Versorgung über die bestehenden sektoralen Grenzen des deutschen Gesundheitswesens hinaus (Abschn. 15.4). Darüber hinaus finden sich jedoch weitere, wertschöpfende Besonderheiten in der Versorgungsart, die unmittelbar nicht nur dem Patienten, sondern auch allen anderen an der Patientenversorgung beteiligten Institutionen zugutekommen.

15.2.1 Teamarbeit und Interdisziplinarität in der Belegarztstruktur

In der Klinik kommt das sogenannte kooperative Belegarztsystem zum Einsatz. Innerhalb einer Fachabteilung wird sichergestellt, dass alle stationären Patienten rund um die Uhr eine adäquate medizinische Behandlung erfahren. Die Belegärzte vereinbaren dazu bspw. einen Bereitschaftsdienst, der meist in Form einer Hintergrundbereitschaft umgesetzt wird. Ergänzt wird dieses System durch einen approbierten Assistenzarzt, der im Anwesenheitsdienst der erste Ansprechpartner für den Patienten und das Pflegepersonal ist. Fachübergreifend weisen sich die Belegärzte bei entsprechenden medizinischen Fragestellungen die Patienten gegenseitig zu, das Konsilsystem funktioniert hier mit dem klassisch üblichen Überweisungsverfahren.

Eine besondere Herausforderung besteht in der Zusammenarbeit zwischen belegärztlich tätigen Fachärzten, Allgemeinmedizinern und nicht belegärztlich tätigen Fachärzten derselben Fachrichtung. Hier müssen in besonderer Art und Weise vertrauensvolle Strukturen geschaffen werden, was in langjährig bestehenden regionalen Gesundheitssystemen gut gelingt. Dem kommt auch zugute, dass nicht selten niedergelassene Fachärzte für Allgemeinmedizin zuvor ihre Weiterbildung zumindest in Teilen innerhalb der stationären Versorgung in belegärztlich geführten Einrichtungen absolviert haben. Zumindest in der

Versorgungsstruktur des Kaiserin-Auguste-Victoria-Krankenhauses in Ehringshausen hat dieser Umstand einen wesentlichen positiven Faktor in der vertrauensvollen Zusammenarbeit geleistet.

15.2.2 Effizienzgewinn durch gemeinsame technische Infrastruktur

Speziell notwendige medizinische Infrastruktur ist häufig sehr preisintensiv in der Anschaffung und Instandhaltung. Oftmals steigen die Anforderungen an die medizinischen Gerätschaften durch die technische Weiterentwicklung, gesetzliche Maßnahmen (bspw. Vorgaben aus dem Medizinproduktegesetz) oder hygienische Vorgaben. In diesem Kontext ist es für viele Praxen nicht mehr ökonomisch sinnvoll, Röntgenanlagen vorzuhalten oder aufgrund der komplexen Vorgaben eine eigene Aufbereitung von Medizinprodukten vorzunehmen (bspw. Sterilisation von Instrumenten oder Aufbereitung von Endoskopen). Durch die Nutzung der Infrastruktur einer Klinik durch mehrere Praxen ist es für alle Beteiligten leichter, diese zu finanzieren. Folgende Praxisbeispiele finden sich im KAV-Krankenhaus:[2]

- Nutzung der digitalen Röntgenanlage sowohl für stationäre als auch für ambulante Patienten aller Fachpraxen (Darüber hinaus wird diese Technik auch von einem Rheumatologen genutzt, der im angrenzenden Ärztehaus tätig ist.);
- gemeinsame Nutzung einer labortechnischen Infrastruktur, die im Point-of-care-System sehr schnell definierte Notfallwerte ermittelt;
- Durchführung von Untersuchungen, für die spezielle Gerätschaften (bspw. in der Kardiologie) notwendig sind;
- gemeinsame Nutzung von Reinigungs- und Desinfektionsmaschinen zur Aufbereitung von Endoskopen;
- Nutzung der zentralen Sterilgutversorgungsabteilung der Klinik durch die Praxen zur hygienekonformen Aufbereitung der Instrumente.

15.2.3 Effizienzgewinn durch räumliche Nähe

Die räumliche Nähe von Belegerpraxen und Krankenhaus haben Vorteile im Versorgungsmanagement, auch über die Notfallversorgung hinaus. Außerdem können Belegärzte ggf. auch die klinikinterne Infrastruktur, z. B. im Rahmen von ambulanten Operationen, nutzen. Im optimalen Fall betreiben belegärztlich tätige Fachärzte ihre Praxis in den Räumen der Klinik oder in unmittelbarer Nähe zu dieser. Eine Variante kann darin bestehen, eine Zweigpraxis in den Klinikräumen einzurichten, um hier zielgerichtet und risikoadaptiert auch entsprechende ambulante Eingriffe vornehmen zu können. Fast alle im KAV-Krankenhaus tätigen Belegarztpraxen unterhalten zumindest eine Zweigstelle in der Klinik.

---

[2] Kaiserin-Auguste-Victoria-Krankenhaus.

In unmittelbarer Nähe der Klinik wurde zudem vor einigen Jahren ein Ärztehaus errichtet. Hier haben sich fast alle Allgemeinmediziner der Großgemeinde Ehringshausen und auch einige Internisten (Rheumatologe, Pneumologen und Kardiologe) in einer gemeinsam geführten Praxis niedergelassen. Zwischen Praxis und KAV wurde eine bilaterale Zusammenarbeit vereinbart: so werden Patienten bei speziellen Fragestellungen vom Krankenhaus zu den Fachexperten im Ärztehaus oder umgekehrt überwiesen. Der Rheumatologe des Ärztehauses nutzt die radiologische Infrastruktur des Krankenhauses. Seine Praxis ist datenschutzkonform an das PACS[3]-System der Klinik angeschlossen.

15.2.4 Reduzierung von Doppeluntersuchungen

Die Kontinuität der ärztlichen Betreuung im Übergang von ambulanter zu stationärer Versorgung und zurück hilft Doppeluntersuchungen im wesentlichen Umfang zu reduzieren. Trotz großer Bemühungen gelingt es bei der Aufnahme stationärer Patienten in Krankenhäusern ohne belegärztliche Strukturen häufig nicht, dass alle notwendigen ambulanten Befunde vom Patienten mitgebracht werden. In der belegärztlichen Struktur ist das jedoch regelhaft gar nicht notwendig, da die ambulanten Befunde bereits vorab in der Praxis des Belegarztes erhoben wurden und so auch im Rahmen der stationären Behandlung zur Verfügung stehen.

15.3   Übertragbarkeit der intersektoralen Versorgungslösung

Das Belegarztsystem ist in Deutschland die älteste intersektorale Versorgungsform. In den letzten Jahren ist die Zahl der belegärztlich tätigen niedergelassenen Ärzte jedoch deutlich zurück gegangen (Abb. 15.1).

Die Gründe dafür sind vielfältig, sie führen jedoch zwangsläufig zu einem Abbau der Kapazitäten dieser intersektoralen Versorgungslösung.

Dabei wäre es im Anbetracht der Vorteile eher angezeigt, stärker auf Belegarztstrukturen zu setzen. Insbesondere kleinere Kliniken in einer ländlichen Struktur können dazu beitragen, eine wirtschaftliche Lösung (Bundesverband der Belegärzte 2019) in der stationären Versorgung von Patienten zu realisieren. Der Ausbau dieses Systems ist durchaus möglich. In einigen Bundesländern (bspw. auch Hessen) kann der Krankenhausträger selber über die Art der stationären Versorgung entscheiden. So können bestehende A-Abteilungen (mit angestellten Ärzten) in Belegabteilungen umgewandelt werden. Notwendig sind niedergelassene Fachärzte, die bereit sind, ihre Patienten zusätzlich zur ambulanten Behandlung auch unter stationären Bedingungen zu versorgen.

---

[3] Picture Archiving and Communication System.

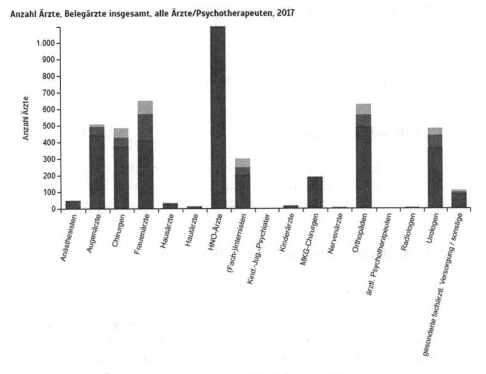

Abb. 15.1 Anzahl Ärzte, Belegärzte insgesamt, 2017. (Quelle: Statistische Informationen aus dem Bundesarztregister, KBV)

15.4 Patientenorientierung

Patienten im Belegarztkrankenhaus werden regelhaft und durchgehend persönlich von „ihrem" Belegarzt fachärztlich betreut.

Der Belegarzt führt selbst die täglichen Visiten bei seinen Patienten durch. Das geschieht in vielen Fällen sogar mehrfach am Tag und auch an Wochenenden und Feiertagen. Im Vergleich zum klinischen Alltag in den meisten deutschen Krankenhausabteilungen erfährt auch der gesetzlich versicherte Patient durchgehend eine medizinische Betreuung durch „seinen" Belegarzt.

Das mit erheblichem Aufwand in den deutschen Kliniken eingeführte Entlassmanagement, das zu einer besseren Überleitung von Patienten in den postklinischen Verlauf sorgen soll, stellt Belegärzte vor keine besondere Herausforderung. Wesentliche Teile davon (bspw. die Rezeptierung von Medikamenten und Hilfsmitteln) wurden in diesem System schon immer durchgeführt.

15.5 Ergebnisqualität der Versorgungsform

Auch Belegarztkliniken unterliegen den gesetzlichen Rahmenbedingungen zur Qualitätssicherung. Gerade aufgrund der bestehenden Systematik innerhalb des Belegarztsystems ist es möglich, dieser Verpflichtung in besonderer Art und Weise gerecht zu werden.

15.5.1 Fortbildung des Belegarztes

Der Belegarzt ist als niedergelassener Arzt zur Fortbildung verpflichtet. Im Gegensatz zum in der Klinik angestellten Arzt führt hier ein fehlender Nachweis von Fortbildungspunkten zu einer Budgetkürzung innerhalb des Vergütungssystems.

15.5.2 Externe, vergleichende Qualitätssicherung

Die stationären Leistungen der Belegärzte unterliegen im Bereich der externen Qualitätssicherung der gleichen Systematik wie in A-Krankenhäusern (Verband der Ersatzkassen 2019). Eine Herausforderung im Belegarztkrankenhaus besteht in der Zusammenarbeit zwischen dem Belegarzt und der Klinik, um die entsprechenden Ergebnisse im Rahmen eines kontinuierlichen Verbesserungsprozesses zur qualitativen Weiterentwicklung zu nutzen. Im KAV-Krankenhaus stellt die Klinik die Infrastruktur zur Dokumentation der erforderlichen Qualitätssicherungsbögen im Krankenhausinformationssystem. Die inhaltliche Dokumentation verantwortet der Belegarzt, den Versand der Bögen übernimmt wiederum die Klinik. Ergebnisse werden professionsübergreifend besprochen, erforderliche Maßnahmen abgeleitet und umgesetzt. Nach Vorgaben der Geschäftsstelle Qualitätssicherung in Hessen (GQH) und der Landesärztekammer Hessen wurde im KAV-Krankenhaus in einem Teilbereich ein freiwilliges Peer-Review-Verfahren durchgeführt. In diesem Verfahren wurden externe Fachexperten eingeladen, um sich die Prozesse zur Behandlung der Gallenblasenentfernung vor Ort anzuschauen. Darüber hinaus wurde die Dokumentation exemplarisch überprüft. Festgestellt wurde eine sehr gute Ergebnisqualität, die ursächlich in der belegärztlichen Versorgung zu finden ist. In vielen vor allem operativen Bereichen erbringen Belegärzte sehr viele gleiche und sehr spezialisierte Leistungen, damit einher geht eine hohe Ergebnisqualität.

15.5.3 Einrichtungsinterne Qualitätssicherung

Das KAV-Krankenhaus hat sich bereits Anfang der 2000er-Jahre entschieden, eine Qualitätszertifizierung einzuführen. Die Wahl fiel hier auf ein Zertifizierungsverfahren nach

KTQ®,[4] nach dem die Klinik mittlerweile durchgängig seit dem Jahr 2006 zertifiziert ist. In der professionsübergreifenden Arbeit an Behandlungspfaden und Standards haben sich über die Jahre auch extern gut nachvollziehbare Prozesse etabliert, die zu einer deutlichen Steigerung der Patientenzufriedenheit und -sicherheit geführt haben. Das Personal der Klinik bildet hier zusammen mit den Belegärzten ein qualitätsorientiertes Team.

15.5.4 Evaluation der Patientenzufriedenheit

Das Leitbild *Näher am Menschen* reflektiert die intersektorale Aufstellung der Belegarztklinik, bei der der Patient in einem besonderen Maße im Mittelpunkt der ärztlichen und pflegerischen Handlungen auch über den reinen stationären Aufenthalt hinaus steht. Um den Fokus der Patientenorientierung, der sich die Belegarztklinik verpflichtet sieht, zielgerichtet zu evaluieren, findet eine permanente Patientenbefragung statt. Durch vielfältige interne Maßnahmen ist es gelungen, die Teilnahmequote dauerhaft auf einen Wert von über 60 % (in 2018 = 61,66 %) zu stabilisieren. Die erzielten Ergebnisse sind über Jahre hinweg so hervorragend, dass sich die Klinik bereits im Jahr 2011 entschieden hat, diese durchgängig auf der Klinikhomepage zu veröffentlichen.

15.6   Professionen innerhalb der Belegarztklinik

Wie in jedem Krankenhaus wird auch im Belegarztkrankenhaus die Patientenversorgung durch unterschiedliche Professionen sichergestellt. Der Unterschied zu Krankenhäusern mit angestellten Ärzten (A-Krankenhäuser) besteht primär in der medizinischen Versorgung durch die Belegärzte. Jedoch finden sich auch bei den anderen Professionen Unterschiede zur Organisation einer Klinik mit ausschließlich angestellten Ärzten.

15.6.1 Der ärztliche Dienst

Das Belegarztwesen kennt die ansonsten in deutschen Krankenhäusern übliche Hierarchie zwischen Chefarzt, Oberarzt und Assistenzarzt nicht. Vielmehr befindet sich der Belegarzt selbst in der Funktion des sektorenübergreifenden persönlich verantwortlichen Ansprechpartners für den Patienten, im Rahmen des hierarchischen Systems mit dem Chefarzt vergleichbar. Eine Oberarztebene ist selten. Zwar ist es durchaus arbeitsrechtlich denkbar, dass der Belegarzt einen Facharzt anstellt, problematisch wird der Einsatz des angestellten Arztes aber immer dann, wenn er Leistungen erbringt, die gegenüber der Kassenärztlichen Vereinigung abgerechnet werden sollen. Dies ist aufgrund der notwendigen persönlichen Leistungserbringung immer dem Belegarzt selbst vorbehalten. Durch diese Regelung sind

---

[4] Kooperation für Transparenz und Qualität im Gesundheitswesen.

die Belegarzthäuser im Vergleich zu den Hauptabteilungskrankenhäusern klar im Nachteil, denn hier sind alle Arztkosten durch die Hauptabteilungs-Fallpauschale gegenfinanziert. Diese Vorgabe beschränkt auch den sinnvollen Einsatz von Assistenzärzten außerhalb der Weiterbildung in den meisten Abteilungen.

15.6.2 Weiterbildungsassistenten

Im KAV-Krankenhaus verfügen Belegärzte in den Abteilungen Chirurgie und Innere Medizin über eine Weiterbildungsermächtigung, die sie jedoch aufgrund der Strukturbedingungen nicht in vollem Maße ausschöpfen können. In den letzten Jahren konzentrierte sich aus unterschiedlichen Gründen der Fokus der Weiterbildung auf den allgemeinmedizinischen Bereich. Ein wesentlicher Grund dafür besteht in der monetären Förderung der Weiterbildung durch die Kassenärztliche Vereinigung, die im Bereich der Krankenhäuser über die Deutsche Krankenhausgesellschaft (Koordinierungsstelle Weiterbildung Allgemeinmedizin 2019) abgewickelt wird. Allerdings schränkt die Weiterbildungsordnung die Einsatzgebiete innerhalb der Facharztausbildung ein. Innerhalb des klinischen Teils, der 36 Monate in Vollzeit dauert, müssen mindestens 18 Monate im Bereich der Inneren Medizin absolviert werden. Die restliche Zeit kann in der unmittelbaren Patientenversorgung absolviert werden (Landesärztekammer 2017), also auch in den vorhandenen anderen Fachabteilungen. Dieser Einsatz muss dann eine Mindestdauer von drei Monaten haben. Zahlreiche Beispiele der Vergangenheit zeigen, dass sich ehemalige Assistenzärzte nach der Fachweiterbildung in der näheren Umgebung niederlassen und damit zu den Einweisern in die Klinik gehören.

15.6.3 Der Pflegedienst mit besonderer Verantwortung

Der Pflegedienst in Kliniken, die schon lange Zeit belegärztlich geprägt sind, hat eine im Vergleich zu anderen Kliniken besondere Rolle.

- Da sich der für den Patienten zuständige Belegarzt nicht durchgängig in der Klinik befindet und die klassische Oberarztfunktion selten vorhanden ist, bedarf es einer besonders ausgeprägten Kommunikation zwischen dem Pflegedienst und dem ärztlichen Dienst. Juristisch befindet sich der Pflegedienst – ähnlich wie die Assistenzärzte – in der Situation eines Erfüllungsgehilfen des Belegarztes, der dann in bestimmten Fällen für die Durchführung von Tätigkeiten von Pflegepersonal endverantwortlich ist.
- Auf Station existieren besondere an die Situation angepasste Notfallpläne. Im KAV-Krankenhaus verständigt das Pflegepersonal in einer Notfallsituation zunächst den Anästhesisten, der sich zusammen mit einem Assistenzarzt und einem Facharzt für Gynäkologie in Bereitschaft befindet.

- Im KAV-Krankenhaus wird die Visite im Regelfall durch die Pflege begleitet, ebenfalls ein Umstand, der in einem A-Abteilungskrankenhaus immer seltener ist. Da täglich mehrfach und auch an Wochenenden und Feiertagen Visiten stattfinden, ist diese patientenorientierte Maßnahme regelhaft mit einem größeren zeitlichen und administrativen Aufwand für die Pflegekräfte verbunden.
- Das Pflegepersonal ist in einem hohen Umfang in die Bestimmung von Laborwerten eingebunden. Wurden früher Schnelltests im Labor angefordert, werden die Werte heute aus Gründen der Effektivität von geschultem Pflegepersonal vor Ort ermittelt. Diese Regelung gilt auch für die Ermittlung von Blutzuckerwerten. Dazu wurde ein POCT[5]-Labor eingerichtet, in dem definierte Blutwerte in einer sehr kurzen Zeitspanne bestimmt werden können. Die Leistungen werden primär durch den Pflegedienst erbracht, die leitende medizinisch-technische Assistentin zeichnet sich jedoch entsprechend der gesetzlichen Vorgaben verantwortlich für die Qualitätssicherung der Geräte.

Pflegeentlastend werden die Mitarbeiterinnen des Hauswirtschaftsdienstes eingesetzt. Sie übernehmen den zeitlich aufwendigen Teil der Speisenverteilung und -entsorgung. Der Prozess der patientengerechten Essensanreichung ist dem Pflegepersonal vorbehalten und in einer SOP[6] geregelt.

Die größere Verantwortung des Pflegepersonals wird von den Pflegekräften selbst positiv wahrgenommen. Die Klinik reagiert auf diesen systembedingten Umstand mit einer hohen Quote von dreijährig examiniertem Personal, hierzu wurde im Qualitätsmanagement eine entsprechende Quote als Zielwert definiert.

15.6.4 Der medizinisch-technische Dienst

Einige Prozesse unterscheiden sich in Belegarztkrankenhäusern von denen in A-Abteilungskrankenhäusern. Im Belegarztsystem werden alle ärztlich verordneten Leistungen mit einem Überweisungsschein angefordert. Dazu gehören bspw. CT- oder MRT-Untersuchungen genauso wie Laboruntersuchungen. Diese Vorgehensweise bedeutet eine nicht unerhebliche Entlastung des Krankenhausbudgets.

Im KAV-Krankenhaus werden für die Laboruntersuchung gewonnene Proben außerhalb der Notfallversorgung von einem externen Labor zu unterschiedlichen Zeiten bis zu fünf Mal täglich auf den Stationen abgeholt. Die Befunde werden in der Regel am gleichen Tag elektronisch zurückgemeldet. Notfallwerte werden in einem eigenen Rumpflabor erbracht.

---

[5] Point of Care.

[6] Standard Operation Procedure.

15.6.5 Medizinisches Fachangestellte unterstützen

In vielen klinischen Bereichen und auch auf den Stationen übernehmen medizinische Fachangestellte (MFA) der Belegarztpraxen zusätzlich Verantwortung. Gerade in der Stationsassistenz sind sie heute in einigen Bereichen nicht mehr wegzudenken, was auch an der stetig wachsenden Administration der Fachbereiche liegt. Sie übernehmen nach entsprechender Qualifikation auch Assistenz in den Operationssälen.

15.6.6 Kooperationspartner

Belegarztkrankenhäuser sind kleinere Krankenhäuser, die jedoch den gleichen (anspruchsvollen) gesetzlichen Rahmenbedingungen unterliegen wie große Häuser. Zur Erfüllung dieser Rahmenbedingungen sind oft besondere Professionen und Expertisen erforderlich, die aufgrund der Unternehmensgröße nicht vor Ort im Rahmen eines Angestelltenverhältnisses vorgehalten werden können. Daher pflegt das KAV-Krankenhaus eine Reihe unterschiedlicher Kooperationen mit externen Anbietern.

15.6.6.1 Transfusionsmedizin

In der Transfusionsmedizin werden die personellen gesetzlichen Vorgaben zum großen Teil durch die Belegärzte selbst erfüllt. Für die bettenführenden Abteilungen ist jeweils ein qualifizierter Facharzt als transfusionsbeauftragter Arzt tätig. Der qualitätsbeauftragte Arzt für Hämotherapie wird durch einen Belegarzt der Inneren Medizin wahrgenommen. Im Bereich der Anästhesie übernimmt der Oberarzt der Abteilung die Funktion des transfusionsbeauftragten Arztes. Eine externe Kooperation besteht zu einer Transfusionsmedizinerin, die in der Blutbank einer benachbarten Klinik tätig ist. Diese übernimmt die Funktion der transfusionsverantwortlichen Ärztin.

15.6.6.2 Labormedizin

In der Labormedizin fungiert ein leitender Mitarbeiter des externen kooperierenden Labors im Rahmen der Kooperation als ärztlicher Laborleiter. In dieser Funktion führt er regelmäßige Audits durch und unterstützt bei den labormedizinischen Prozessen in der Klinik, bspw. auch in der Erstellung notwendiger Dokumentationen (bspw. POCT Handbuch) oder im Bereich der Qualitätssicherung.

15.6.6.3 Hygiene

Obwohl die Klinik mittlerweile in der Zusammenarbeit mit einem an einer Belegarztpraxis angestellten Facharzt die Funktion des Krankenhaushygienikers abgedeckt hat, besteht auch hier eine externe Kooperation zu einem Hygieneinstitut, das auch den Krankenhaushygieniker stellt. Neben notwendigen hygienischen Audits berät er die Klinik in hygienischen Fragestellungen in Absprache mit seinem „internen" Kollegen und dem pflegerischen Hygieneteam (Hygienefachkraft, pflegerische Hygienebeauftragte der Stationen).

Entsprechend der KRINKO[7]-Vorgaben werden regelmäßige Hygienekommissionssitzungen durchgeführt.

15.6.6.4 EDV

Die Klinik verfügt über eine kleine EDV-Abteilung; im Sinn der Redundanz ist jedoch zusätzlich die Kooperation mit einem externen Unternehmen notwendig. In Urlaubs- und/oder Krankheitszeiten übernimmt der externe Dienstleister notwendige EDV-Aufgaben. Darüber hinaus besteht ein regelmäßiger Austausch zwischen den Unternehmen. Sowohl interne als auch externe EDV-Mitarbeiter setzen intersektorale Aufgaben, wie die Anbindung der Belegarztpraxen an die elektronische Patientenakte der Klinik, um.

15.6.6.5 Apotheke

Die medizinischen Abteilungen werden von einer externen Apotheke beliefert. Die elektronische Bestellung wird von den Pflegekräften vorbereitet und von den Belegärzten per Kennwort freigegeben. Die Belegärzte nehmen an den regelmäßig stattfindenden Arzneimittelkommissionssitzungen teil.

15.7 Monetäre Aspekte der Versorgungsform

Im Belegarztwesen kommen parallel verschiedene Vergütungssysteme zum Einsatz. Sehr vereinfacht gilt, dass die Leistungen des Krankenhauses im Rahmen des Krankenhausbudgets nach Diagnosis Related Groups (DRG) von den Krankenkassen finanziert werden, die Leistungen des Belegarztes werden hingegen aus dem vertragsärztlichen Einheitlichen Bewertungsmaßstab (EBM) über die Kassenärztlichen Vereinigungen vergütet. Die belegärztliche DRG ist regelhaft deutlich niedriger als die DRG der Hauptabteilung. Ob das Belegarztsystem durchweg günstiger ist als die Hauptabteilungsstruktur, ist aufgrund der vielfältigen Versorgungsformen und Verzahnungen schwer zu belegen. Es liegen jedoch sehr viele Hinweise und nachvollziehbare Einzelbeispiele vor, in denen die Fallkosten im Belegarztsystem (also die Summe aus Belegarzt-DRG und Honorar des Belegarztes nach EBM) deutlich günstiger sind als in der vergleichbaren Hauptabteilungsstruktur (Abschn. 15.1.4). Das liegt jedoch auch an dem vergleichbar geringen Honorar, das der Belegarzt für seine ärztliche Leistung über die Kassenärztliche Vereinigung abrechnen kann (Fraghal 2017).

Die interne Finanzierung ist oftmals geprägt durch die Quersubventionierung der Belegärzte (Urbanski et al. 2016) und der Klinik. Beispielsweise ist es in vielen Fachbereichen aus Gründen der Reputation für einen niedergelassenen Arzt von Vorteil, Belegarzt zu sein. Damit hat er die Möglichkeit, „seine" Patienten, wenn notwendig, auch stationär zu behandeln. Zudem sind die stationären Leistungen in der Regel für die Belegarztpraxis nicht budgetiert. Diese Gründe sprechen aus dem Blickwinkel des Belegarztes für eine

---

[7] Kommission für Krankenhaushygiene und Infektionsprävention.

stationäre Tätigkeit, selbst wenn die Leistungen im Einzelfall nicht ausreichend honoriert werden.

Auch in der Klinik sind oftmals Quersubventionierungen aus dem laufenden Geschäft notwendig. So bekommt bspw. der Belegarzt seit einigen Jahren keine monetäre Unterstützung mehr zur Vergütung seiner Assistenten, die mitunter auch regelhaft den ärztlichen Bereitschaftsdienst geleistet haben, durch die Kassenärztliche Vereinigung. Hier leistet die Klinik personelle Unterstützung, damit der Notfalldienst mit ärztlichem Personal vor Ort gesichert werden kann. Und das, obwohl sie keine ärztliche Leistung innerhalb der B-DRG abrechnen kann.

In einigen Bereichen kommt es zu sachlich nicht begründbarer Schlechterstellung gegenüber der Hauptabteilung: So können beispielsweise Kliniken mit A-Abteilungen Honorarärzte per Vertrag an sich binden und deren Leistungen im Rahmen der Hauptabteilungs-DRG abrechnen. Belegarztkliniken können ebenfalls mit Ärzten auf Honorararztbasis zusammenarbeiten, jedoch wird hier die Hauptabteilungs-DRG um pauschal 20 % gekürzt; aus diesem reduzierten Entgelt muss noch der Honorararzt bezahlt werden.

15.8 Herausforderungen der Versorgungsstruktur

Aufgrund der Komplexität der Patientenversorgung innerhalb der unterschiedlichen Sektoren und der Verschmelzung des ambulanten und stationären Sektors innerhalb des Belegarztsystems, ergeben sich vielfältige Herausforderungen und Aufgaben, denen sich sowohl der Belegarzt als auch die kooperierende Klinik stellen muss.

15.8.1 Unzureichendes Leistungsspektrum des EBM, Erlaubnisvorbehalt und Honorarärzte

Die bestehende teilweise unzureichende (beleg-)ärztliche Vergütung im EBM[8] zeigt vor allen Dingen in der Inneren Medizin ihre Wirkung (Schroeder 2019). Internistisch geführte Belegabteilungen mit nicht invasivem Versorgungsschwerpunkt – ein wichtiger Versorgungsbereich innerhalb von Belegarztkliniken – sind zur Seltenheit geworden. Sie treten meist nur noch in Verbindung mit einer invasiven Tätigkeit (bspw. Herzkatheteruntersuchungen in der Kardiologie) auf. Gerade in diesem Bereich ist eine vernünftige Finanzierungslösung durch Weiterentwicklung des EBM oder durch Vereinheitlichung der unterschiedlichen Vergütungssysteme von besonderer Dringlichkeit. Eine mögliche Lösung könnte sein, konservative Leistungen in das belegärztliche Kapitel des EBM (Kap. 36) aufzunehmen und eine Beratungsgebühr vorzusehen. Alternativ dazu wird in Belegarztkreisen oftmals die naheliegende Anlehnung an die DRGs[9] gefordert. In einem solchen

---

[8] Einheitlicher Bewertungsmaßstab.

[9] Diagnosis Related Groups, Fallpauschalensystem.

Modell würde die Klinik die Hauptabteilungs-DRG abrechnen und den Arztanteil der DRG an den Belegarzt weiterleiten, der diese Leistungen dann nicht mehr mit der KV abrechnen würde.

Der Belegarzt ist an den EBM gebunden und kann nur Operationen und Prozeduren abrechnen (und damit durchführen), die im EBM gelistet sind. Dieser sogenannte Erlaubnisvorbehalt führt dazu, dass er medizinisch sinnvolle Leistungen nicht erbringen kann Eine mögliche Lösung nach entsprechender Rücksprache mit dem Hessischen Sozialministerium besteht darin, dass der Belegarzt diese Leistung als Honorararzt erbringt und sie dann mit dem Krankenhaus abrechnet. Die Klinik kann nun diese Leistung abrechnen, bekommt aber aufgrund der gesetzlichen Regelung einen Abschlag von 20 % auf die Hauptabteilungs-DRG (Bundesärztekammer 2016). Diese Vorgabe ist aus Sicht der Klinik nicht nachvollziehbar, da aus dem reduzierten Entgelt auch noch die Leistung des Facharztes bezahlt werden muss.

15.8.2 Fehlende Wahrnehmung der Politik und Selbstverwaltung

Es gibt zahlreiche Beispiele dafür, dass Gesundheitspolitik, aber auch die Selbstverwaltung Entscheidungen treffen, ohne das Belegarztsystem zu berücksichtigen. So wurde beispielsweise im Jahr 2018 der Rahmenvertrag über das Entlassmanagement verabschiedet, ohne zu beachten, dass das Belegarztsystem die geforderten Standards strukturbedingt bereits umsetzt. Das liegt sicherlich auch daran, dass im deutschen Gesundheitsmarkt relativ wenige, in manchen Bundesländern gar keine Belegarztkliniken vorhanden sind.

15.8.3 Inkompatibilität der Systeme

Belegarztkliniken müssen die bestehenden Unterschiede in Gesetzgebungen und Finanzierungsvorgaben der Sektoren und die damit einher gehenden systembedingten Inkompatibilitäten mit Hilfe kreativer „Workarounds" umschiffen. Beispielhaft kann hier die elektronische Patientenakte angeführt werden. Sowohl die Praxis des Belegarztes als auch das Krankenhaus sind schon aus Abrechnungs-, aber auch aus Datenschutzgründen dazu verpflichtet, eigene (getrennte) EDV-Systeme zu verwenden. Schnittstellen zwischen den Systemen werden nicht angeboten. Somit kommen elementare Inhalte der elektronischen Patientenakte (EPA), wie beispielsweise Arztbriefe oder Operationsberichte, nicht automatisiert in die EPA[10] der Klinik.

Es sind erhebliche datenschutzrechtliche Hürden zu nehmen, um sicherzustellen, dass ein entsprechend legitimierter Zugriff der Belegärzte auf ausgewählte Systembereiche ihrer Patienten aus der Praxis erfolgen kann.

---

[10] Elektronische Patientenakte.

15.8.4 Kooperation statt Arbeitsrecht

Die konstruktive Zusammenarbeit zwischen dem Belegarzt und der Geschäftsführung einer Klinik muss im besonderen Maße von einer Atmosphäre der gegenseitigen Wertschätzung und des Vertrauens geprägt sein, wenn sie auf Dauer gelingen soll. Restriktionsmaßnahmen des Arbeitsrechts, wie sie A-Kliniken einsetzen können, sind in der Belegarztklinik keine Option. Daher besteht eine besondere Herausforderung darin, sich trotz unterschiedlicher Interessen immer wieder zu verständigen und nach individuellen und manchmal unkonventionellen Lösungen zu suchen, mit denen dann sowohl der Belegarzt als auch die Klinik leben können.

15.8.5 Unterschiedlichkeit in der Vergütung

Die bereits ausgeführten unterschiedlichen Vergütungsformen von Krankenhaus einerseits und Belegärzten andererseits führen immer wieder zu nicht vereinbarenden Anreizen innerhalb der Abrechnungsstruktur. So leiden derzeit Kliniken im verstärkten Maß unter einer deutlichen Steigerung von Rechnungsprüfungen durch den Medizinischen Dienst der Krankenkassen (Bensch 2018). Im Rahmen der Prüfungen kommt es regelhaft zu einer durch den MDK attestierten Fehlbelegung und einer damit verbundenen Rechnungskürzung durch die Krankenkassen. Aktuell kann sich die Klinik aufgrund der Gesetzgebung dagegen nachhaltig nur juristisch zur Wehr setzen – was langwierig, teuer und personalintensiv und damit für kleinere intersektoral arbeitende Krankenhäuser eine kräftezehrende und existenzbedrohende Herausforderung ist. Eine monetäre Kürzung oder gar eine Ausbuchung des Krankenhausfalls betrifft allerdings lediglich die Klinik und nicht den Belegarzt, der seine Leistung in der Regel unstrittig mit der Kassenärztlichen Vereinigung abrechnet.

15.8.6 Notfallversorgung

Durch den G-BA-Beschluss inkl. der *Tragenden Gründe* über die Erstfassung der Regelungen zu einem gestuften System von Notfallstrukturen in Krankenhäusern gemäß § 136c Abs. 4 SGB V, § 5 Abs. 2 vom 19.04.2018 werden die Belegkrankenhäuser von der Teilnahme an der Notfallversorgung grundsätzlich ausgeschlossen und stattdessen verpflichtet, einen Abschlag für die Nichtteilnahme an der Notfallversorgung hinzunehmen. Bei einem Abschlag i. H. v. 60 Euro je Fall verlieren Belegkrankenhäuser je nach Leistungsspektrum ca. 3,0 bzw. 6,0 Prozent (Beleghäuser mit Geburtshilfe, da Mutter und Kind als zwei Fälle gelten) ihres Erlösbudgets. Dieses ist eine kritische Größe für die wirtschaftliche Stabilität der Belegkrankenhäuser.

Die DRGs für Belegkrankenhäuser sind ohne Personalkosten für den ärztlichen Dienst und weiter auch ohne Strukturkosten für die Notfallbehandlung/-versorgung vom Institut für Entgeltsysteme im Krankenhaus (InEK) kalkuliert. Die Belegkrankenhäuser verfügen über keinen eigenen ärztlichen Dienst, vielmehr sind die Belegärzte in den jeweiligen KVen niedergelassen und in der dortigen Notfallstruktur eingebunden. Die Notfallversorgung gem. G-BA-Beschluss ist ein System, in das die Belegkliniken per Definition nicht eingebunden sind und somit in logischer Konsequenz auch nicht finanziell unterstützen können.

Belegkrankenhäuser nehmen grundsätzlich an der allgemeinen Notfallversorgung aufgrund ihres krankenhausplanerisch vorgegebenen Auftrags, personellen sowie infrastrukturellen Rahmens als Belegarztkrankenhaus teil. Zum Teil auch darüber hinaus, obwohl dafür keine Vergütung erfolgt. Hier sei beispielhaft die nicht vergütete Anstellung von Assistenzärzten genannt, die die ärztliche Anwesenheit im Modus „24/7" auf den Stationen sicherstellen.

Das Belegarztsystem ist ein sehr gutes und wirtschaftliches Modell der sektorenübergreifenden Patientenversorgung. Es bietet eine ausgezeichnete Möglichkeit, dem Facharztemangel (doppelte Facharztschiene in der ambulanten und stationären Versorgung) zu begegnen und ein probates Versorgungsmodell, insbesondere für strukturschwache, unterversorgte Regionen. Des Weiteren können Belegkrankenhäuser aufgrund ihrer schlanken Strukturen und Prozesse ökonomisch gering bewertete stationäre Leistungen i. d. R. wirtschaftlicher erbringen als Hauptabteilungskrankenhäuser einer höheren Versorgungsstufe, z. B. der Schwerpunkt- bzw. Maximalversorgung.

15.8.7 Geburtshilfliche Versorgung

Im Bereich der Geburtshilfe leisten sektorenübergreifende Versorgungsstrukturen seit Jahrzehnten einen elementaren Beitrag in der Gesundheitsversorgung. Viele Kreißsäle werden durch Belegärzte und -hebammen betreut. Seit Jahren sehen sich beide Professionen explodierenden Haftpflichtprämien gegenüber (Deutsches Ärzteblatt 2017). Aus Compliancegründen sind die niedergelassenen Gynäkologen und Hebammen gezwungen, die Haftpflichtprämien selbst zu tragen, was eine monetär auskömmliche Betriebssteuerung zunehmend unmöglich macht. Trotz einiger Regulierungsversuche in Teilbereichen, führt diese ungelöste Problematik zu einem Sterben belegärztlich geführter geburtshilflicher Abteilungen.

Literatur

Bensch, H. (2018). MDK-Prüfquote steigt kontinuierlich an. https://www.bibliomedmanager.de/news-des-tages/detailansicht/36381-mdk-pruefquote-steigt-kontinuierlich-an/. Zugegriffen am 16.03.2019.

Bundesärztekammer. (2016). Hinweise und Erläuterungen zu Kooperationen zwischen Krankenhäusern und niedergelassenen Ärztinnen und Ärzten. https://www.bundesaerztekammer.de/fileadmin/user_upload/downloads/pdf-Ordner/Recht/Kooperationen.pdf. Zugegriffen am 16.03.2019.

Bundesverband der Belegärzte. (2019). Vorteile des Belegarztes. https://www.bundesverband-bele-gaerzte.de/positionen/vorteile-des-belegarztes/. Zugegriffen am 09.03.2019.

Deutsches Ärzteblatt. (2017). Haftpflichtprämien von Belegärzten in der Geburtshilfe überschreiten 60.000-Euro-Grenze. https://www.aerzteblatt.de/nachrichten/83114/Haftpflichtpraemien-von-Be-legaerzten-in-der-Geburtshilfe-ueberschreiten-60-000-Euro-Grenze. Zugegriffen am 16.03.2019.

Fraghal, D. (2017). Belegarzt neu denken. https://www.bdc.de/belegarzt-neu-denken/. Zugegriffen am 16.03.2019.

Kalbe, P. (2018). Das Belegarztsystem: Der Klassiker der intersektoralen Versorgung. https://www.bdc.de/das-belegarztsystem-der-klassiker-der-intersektoralen-versorgung/. Zugegriffen am 09.03.2019

KBV (Kassenärztliche Bundesvereinigung). (2019). Vertragsärztliche Versorgung. http://gesund-heitsdaten.kbv.de/cms/html/16401.php. Zugegriffen am 09.03.2019.

Koordinierungsstelle Weiterbildung Allgemeinmedizin. (2019). Fördern lassen: Geld für die Weiter-bildung. https://www.allgemeinmedizinhessen.de/foerderung/. Zugegriffen am 16.03.2019.

Landesärztekammer. (2017). Weiterbildungsordnung für Ärztinnen und Ärzte in Hessen. https://www.laekh.de/images/Aerzte/Weiterbildung/WBO_2005_10.pdf. Zugegriffen am 16.03.2019.

Schroeder, D. A. (2019). Hybrid-Facharzt verbindet die Sektoren. *BDI aktuell, 3*(3), 1.

Urbanski, D., Hahn, U., Gerstmeyer, K., Püschner, F., & Amelung, V. E. (2016). Das Belegarztwe-sen: Eine Einschätzung aus dem Blickwinkel von Arzt und Krankenhaus am Beispiel der Augen-heilkunde. *Monitor Versorgungsforschung, 02*, 41–47. https://www.researchgate.net/publica-tion/303344041_Das_Belegarztwesen_Eine_Einschatzung_aus_dem_Blickwinkel_von_Arzt_und_Krankenhaus_am_Beispiel_der_Augenheilkunde. Zugegriffen am 16.03.2019.

Verband der Ersatzkassen. (2019). Qualitätssicherung im Krankenhaus. https://www.vdek.com/ver-tragspartner/Krankenhaeuser/Qualitaetssicherung.html. Zugegriffen am 09.03.2019.

Michael Werner ist Geschäftsführer des Kaiserin-Auguste-Victoria-Krankenhauses in Ehrings-hausen. Er verfügt über eine 30-jährige Expertise im deutschen Krankenhauswesen, speziell im Belegarztsystem. Zunächst absolvierte er eine Krankenpflegeausbildung, er war im Pflegedienst in unterschiedlichen Kliniken, auch in Leitungspositionen tätig. Neben einem akademischen Abschluss als Health Care Manager verfügt er über zwei weitere akademische Abschlüsse als Master in Ma-nagement und Master of Business Administration. Als Qualitäts- und (klinischer und ökonomischer) Risikomanager ist er für die Prozesse in der eigenen Klinik verantwortlich, darüber hinaus führt er auch externe Zertifizierungen nach KTQ® durch.

Kontakt: michael.werner@kav-krankenhaus.de

Gerald Meyes ist als Verwaltungsleiter und Kaufmännischer Leiter der Klinik Dr. Winkler, des MVZ Klinik Dr. Winkler und des Reha-Zentrums Westküste seit 15 Jahren in Husum tätig. Er ist auf Vorstandsebene in den Selbstverwaltungsgremien der Krankenhausgesellschaft Schleswig-Holstein e. V. (KGSH), des Verbandes der Privatkliniken in Schleswig-Holstein e. V. (VPKSH) und dem Verband der Klinikdirektoren-Nord (VKD-Nord) e. V. aktiv tätig. Im VKD-Nord leitet er die Ar-beitsgruppe der Belegkrankenhäuser und Krankenhäuser mit Belegabteilungen. Für den VPKSH vertritt er die Interessen in der AG Krankenhausplanung sowie in der Beteiligtenrunde zur Kranken-hausplanung und -investitionsförderung des Landessozialministeriums. Des Weiteren leitet er die Interessengemeinschaft der neun B-Kliniken, die sich für die Belegkrankenhäuser einsetzt.

Kontakt: mey@klinik-winkler.de

Teil III

Best Practice: Diagonale Kooperationen

Dimini – Diabetes mellitus? Ich nicht!

16

Best Practice Beispiel anhand eines Diabetespräventionsprogrammes im Rahmen des Innovationsfonds

Nick Bertram, Franziska Püschner, Sebastian Binder,
Monika Schliffke, Martin Göhl und Carsten Petersen

Zusammenfassung

Der Prävention von Diabetes mellitus Typ 2 als einer der ernsthaftesten Zivilisationskrankheiten unserer Zeit mit einem großen Krankheitskostenanteil kommt eine immer entschiedenere Bedeutung zu. Da die gegenwärtigen Präventionsbemühungen in Deutschland noch zu kurz greifen, adressiert das Innovationsfondsprojekt Dimini *(Diabetes mellitus? Ich nicht!)*, das als randomisierte kontrollierte Studie vom 1. Juli 2017 bis 30. November 2020 in Hessen und Schleswig-Holstein durchgeführt wird, Versicherte mit besonders hohem Risiko an Diabetes mellitus Typ 2 zu erkranken. Dies geschieht durch innovative (Delegation von Aufgaben an nichtärztliches Personal, Zugangswege u. a. über die Bundesagentur für Arbeit, Diabetes-Präventions-App DiP) und gesundheitskompetenzsteigernde (standardisierte, strukturierte, leicht verständliche, niedrigschwellige, bedarfsgerechte und individuell angepasste Ausgestaltung des Versorgungsprogramms und des Dimini-Startsets) Maßnahmen. Es konnten 3344

N. Bertram · F. Püschner (✉) · S. Binder
inav – privates Institut für angewandte Versorgungsforschung GmbH, Berlin, Deutschland
E-Mail: bertram@inav-berlin.de; pueschner@inav-berlin.de; binder@inav-berlin.de

M. Schliffke
Kassenärztliche Vereinigung Schleswig-Holstein (KVSH), Bad Segeberg, Deutschland
E-Mail: monika.schliffke@kvsh.de

M. Göhl
MSD SHARP & DOHME GmbH, Haar, Deutschland
E-Mail: martin.goehl@msd.de

C. Petersen
Docevent GmbH, Schleswig, Deutschland
E-Mail: c.petersen@internisten-schleswig.de

© Springer Fachmedien Wiesbaden GmbH, ein Teil von Springer Nature 2020
U. Hahn, C. Kurscheid (Hrsg.), *Intersektorale Versorgung*,
https://doi.org/10.1007/978-3-658-29015-3_16

Personen mit Einwilligungserklärung gescreent und 1170 Risikopersonen in die Studie eingeschlossen werden. Es wurden 70 Versicherte mit zuvor nicht detektiertem Diabetes mellitus identifiziert. Die ersten Zwischenergebnisse des Projektes konnten bereits aufzeigen, wie dringend notwendig die Implementation eines flächendeckenden Risikoscreenings in der Regelversorgung in Deutschland ist.

16.1 Hintergrund

Begrifflichkeiten wie *Volks-* oder *Zivilisationserkrankungen* beschreiben nichtübertragbare Krankheiten, die von großer gesellschaftlicher und insbesondere gesundheitspolitischer Bedeutung sind, denn Herz-Kreislauf-Erkrankungen (u. a. chronische ischämische Herzkrankheit oder akuter Myokardinfarkt), Krebserkrankungen (u. a. Bronchial- oder Mammakarzinome), psychische Erkrankungen (u. a. Demenz oder Alzheimer) oder Komplikationen im Zusammenhang mit Diabetes mellitus (u. a. Schlaganfälle, Retinopathien, Nephropathien, Nierenversagen, diabetischer Fuß oder Amputationen unterer Extremitäten) stellen nicht nur die häufigsten Todesursachen in Deutschland dar, sondern sind für über die Hälfte der Krankheitskosten in der Bundesrepublik verantwortlich (Altin et al. 2012; Conwell und Boult 2008; Du et al. 2013; Kähm et al. 2018; NAKO e.V. 2019). Insbesondere der Diabetes mellitus Typ 2 (DMT2) stellt in diesem Zusammenhang bei einer geschätzten Prävalenz von sieben bis acht Prozent in der erwachsenen Bevölkerung einen entscheidenden Faktor dar, wobei vermutet wird, dass die wahre Prävalenz viel höher liegt und nahezu jeder zweite an DMT2-Erkrankte noch unerkannt ist (Danaei et al. 2011; diabetesDE und Deutsche Diabetes Gesellschaft 2016; International Diabetes Federation 2015). Es ist mittlerweile bekannt, dass neben genetischen Gründen vor allem vermeidbare Risikofaktoren Ursache von DMT2 in den sog. Industrienationen darstellen. Zu diesen Risikofaktoren zählen ein durch einen ungesunden Lebensstil bedingtes Übergewicht (Adipositas) beispielsweise aufgrund einer ungünstigen Ernährungsweise, Bewegungsmangel, Alkohol-, Nikotin- und Substanzabusus und Stress genauso wie eine soziale Benachteiligung oder eingeschränkte *Work-Life-Balance* (Altin et al. 2012; American Diabetes Association 2004; Compston 2017; Ley et al. 2016).

Diese genannten Risikofaktoren implizieren, dass chronische Erkrankungen – und hier DMT2 insbesondere – ein hohes Präventionspotenzial aufweisen. So konnten unterschiedliche Studien aufzeigen, dass durch eine Reduktion von Übergewicht (Adipositas) und/oder Bewegungsmangel bei Personen mit einem erhöhten Risiko an DMT2 zu erkranken, mittelfristig eine Erkrankung an DMT2 hinausgezögert, wenn nicht gar verhindert werden konnte (Altin et al. 2012; Hemmingsen et al. 2017).

Problematisch dabei ist jedoch, dass es insbesondere in der Versorgungsrealität außerhalb von Studiensettings neben der Motivation von Leistungserbringern, Präventionsangebote anzubieten, insbesondere auch an Attraktivität für mögliche Risikopersonen mangelt, diese Angebote tatsächlich wahrzunehmen (Schwarz und Landgraf 2015). In der Stärkung der patienteneigenen Gesundheitskompetenz (*Health Literacy*) wird ein Schlüssel seitens der Forschung und Politik darin gesehen, dieses Präventionspotenzial zu nutzen (Gesellschaft für Versicherungswissenschaft und -gestaltung e.V. 2003; Lindström et al. 2013), wobei Gesundheitskompetenz als die Fähigkeit bezeichnet wird, gesundheitsrelevante Informationen zu beschaffen (oder zu erhalten), zu verstehen, zu bewerten, zu beurteilen, zu gewichten und schlussendlich anwenden zu können (Sørensen et al. 2012).

Zwar trat das *Gesetz zur Stärkung der Gesundheitsförderung und der Prävention* (Präventionsgesetz – PrävG) in wesentlichen Teilen am 25. Juli 2015 in Kraft (Bundesministerium für Gesundheit 2018), doch wir vom Dimini-Konsortium glauben, dass dieses zu kurz und global greift. So ist es in Deutschland noch immer nicht gelungen, eine nationale Präventionsstrategie für DMT2 zu entwickeln – geschweige denn umzusetzen. Deshalb haben wir uns entschlossen, zu der im Jahr 2016 ausgeschriebenen zweiten Förderwelle der neuen Versorgungsformen des Innovationsfonds beim Gemeinsamen Bundesausschuss (G-BA) einen Förderantrag einzureichen, der speziell auf Versicherte fokussiert, die ein besonders hohes Risiko aufweisen, an DMT2 zu erkranken. Durch entsprechende präventive und gesundheitskompetenzsteigernde Maßnahmen sollen diese Risikofaktoren nachhaltig abgebaut und die Gesundheitskompetenz der Teilnehmenden gestärkt werden. Dieser Antrag war erfolgreich (Gemeinsamer Bundesausschuss 2017) und das Projekt wird seit dem 1. Juli 2017 bis voraussichtlich 30. November 2020 in den Bundesländern Hessen und Schleswig-Holstein unter dem Akronym **Dimini** (**Di**abetes **m**ellitus? **I**ch **ni**cht!) mit der Projektnummer 01NVF17012 durchgeführt. Die Rekrutierung von Probanden für die Teilnahme am Projekt findet seit dem 1. Januar 2018 statt.

16.2 Das Innovationsfondsprojekt Dimini

Im Folgenden soll das Projekt Dimini kurz mit seinen wesentlichen Inhalten vorgestellt werden, wobei ein entscheidender Fokus insbesondere auf den innovativen Komponenten des Versorgungskonzeptes liegen wird.

16.2.1 Akteure, Partner und Rechtsform

Das Innovationsfondsprojekt Dimini wurde als Nachfolger der Pilotprojekte **aha!** (**a**b **h**eute **a**nders!) und aha!2.0 (Petersen 2015) – die ausschließlich im Bundesland Schleswig-Holstein durchgeführt wurden – von verschiedensten Partnern auf den Weg gebracht. Die Kassenärztliche Vereinigung Schleswig-Holstein (KVSH) übernahm hierbei die Konsortialführung bei Dimini. Als Konsortialpartner fungieren die Docevent GmbH vertreten durch Geschäftsführer Dr. Carsten Petersen als Ideengeber und ärztlicher Leiter des Projektes, die Kassenärztliche Vereinigung Hessen (KVH), das private Institut für angewandte Versorgungsforschung (inav GmbH) als Evaluator sowie die gesetzlichen Sozialversicherungsträger AOK NORDWEST, AOK Hessen, BARMER, DAK-Gesundheit und Techniker Krankenkasse. Besonderheit am Projekt sind die Kooperationspartner, die neben der Deutschen Diabetes Gesellschaft e.V. (DDG) und der Deutschen Gesellschaft für Präven-

Abb. 16.1 Die Konsortial- und Kooperationspartner von Dimini

tion und Rehabilitation e.V. (DGPR) auch – als intersektorale Schnittstelle – die Bundesagentur für Arbeit sowie das forschende pharmazeutische Unternehmen MSD Sharp &
Dohme GmbH (MSD) umfassen (Abb. 16.1).

Die zugrunde liegende Vertragsform des Projektes bildet die *Besondere Versorgung*
nach § 140a SGB V (AOK-Bundesverband 2019).

16.2.2 Studiendesign

Weil Hausärzte für viele Menschen nach wie vor die wichtigste Anlaufstelle bei der Suche
nach gesundheitsrelevanten Informationen darstellen, wurde das Projekt bewusst im hausärztlichen Setting implementiert. Dies geschah auch in dem Wissen, dass es für viele Personen mit mangelhafter Gesundheitskompetenz häufig nicht ausreicht, einfach nur Informationen zur Verfügung gestellt zu bekommen. Vielmehr bedarf es einer Instanz – dies
muss nicht zwangsläufig ein Arzt, sondern kann beispielsweise auch eine Medizinische
Fachangestellte (MFA) sein –, die zu helfen vermag, diese Informationen nachhaltig zu
besprechen, zu reflektieren, einzuordnen und einzuschätzen (Schaeffer et al. 2016; Weishaar et al. 2018).

Das Projekt Dimini, welches primär Risikopersonen von DMT2 (augenscheinliches
Übergewicht – Adipositas, geringe körperliche Aktivität, familiäre Prädisposition für
DMT2 oder zurückliegend festgestellter, erhöhter Blutglukosewert z. B. nach einem Ges-
tationsdiabetes) adressiert, ist modular und bewusst skalierbar aufgebaut (vgl. Abb. 16.2).

Um Hausärzte und MFAs auf die Durchführung des Dimini-Projektes vorzubereiten, durchlaufen diese zuvor ein Online-Schulungstool. In diesem Tool erhalten sie
allgemeine Informationen zum Projekt und dessen Ablauf. Darüber hinaus wird Grund-
lagenwissen zur Prävention des DMT2 vermittelt. Anhand einer Lernerfolgskontrolle
wird die erfolgreiche Vermittlung des Wissens geprüft. Ärzte erhalten nach der Teilnahme an dieser Schulung Fortbildungspunkte gutgeschrieben. Neben durchführenden
Hausärzten können auch weitere Fachärzte (Gynäkologen, Kardiologen oder Orthopäden) und weitere Berufsgruppen wie Mitarbeiter von Rehabilitationszentren oder der
Bundesagentur für Arbeit das Schulungstool nutzen. Ziel ist es auch hier, grundlegende
Informationen zu vermitteln, damit diese Berufsgruppen gezielt Personen mit möglicherweise erhöhtem DMT2-Risiko identifizieren und an teilnehmende Hausärzte überweisen können.

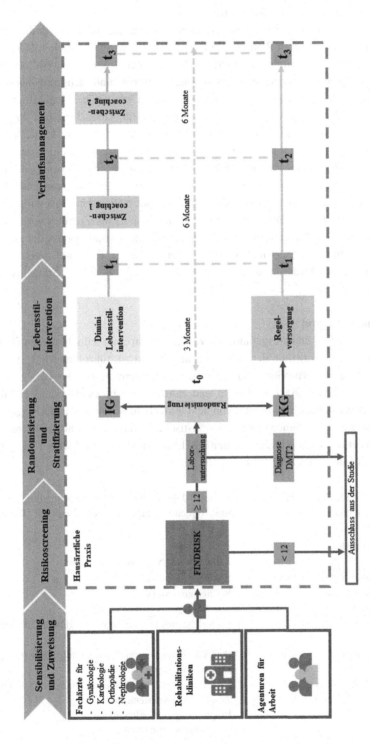

Abb. 16.2 Studiendesign und Evaluationszeitpunkte von Dimini. (Quelle: eigene Darstellung)
Legende: DMT2: Diabetes mellitus Typ 2; IG: Interventionsgruppe; KG: Kontrollgruppe; tx: Erhebungszeitpunkt.

Modul 1: Sensibilisierung und Zuweisung

Dimini verfügt über vielfältige Zugangswege, potenzielle Risikoversicherte für das Projekt zu sensibilisieren und zu einem Risikoscreening für DMT2 sowie eventuell späterer Teilnahme an der eigentlichen Studie zu ermutigen. Neben einer Rekrutierung im hausärztlichen Setting findet darüber hinaus eine institutions-, sektoren- und fachgruppenübergreifende Zuweisung durch Fachärzte für Gynäkologie, Orthopädie, Nephrologie und Kardiologie, über Rehabilitationszentren sowie Agenturen für Arbeit/Jobcenter zu an Dimini teilnehmenden Arztpraxen statt. Diese innovativen Zugangswege wurden deshalb gewählt, weil Personen mit einem hohen Diabetesrisiko nicht zwangsläufig einen regelmäßigen Kontakt zu einem Hausarzt oder anderen Einrichtungen des Gesundheitswesens aufweisen müssen und somit partiell auch durch nichtärztliche Institutionen sensibilisiert werden können. Laut den Bundesrahmenempfehlungen der Nationalen Präventionskonferenz (2016) bieten sich „Jobcenter und Arbeitsagenturen […] als Zugangswege für die freiwillige Nutzung von Präventions- und Gesundheitsförderungsangeboten der gesetzlichen Krankenkassen an", denn insbesondere arbeitssuchende Personen weisen einen besonderen Gesundheitsförderungs- und Präventionsbedarf auf (GKV Spitzenverband et al. 2016).

Modul 2: Risikoscreening

Findet sich ein potenziell diabetesgefährdeter Versicherter in einer teilnehmenden Dimini-Praxis ein und stimmt schriftlich der Teilnahme am Projekt zu, führt eine MFA zunächst ein Risikoscreening zur Ermittlung des individuellen Diabetesrisikos der Person durch. Hierzu wird der im Jahr 2007 evaluierte und mittlerweile in Deutschland etablierte FINDRISK-Test verwendet, der anhand von acht einfach zu beantwortenden Fragen und durch die Bildung eines Summenscores das statistische Risiko darüber abzuschätzen vermag, innerhalb der nächsten zehn Jahre einen DMT2 zu entwickeln (vgl. Tab. 16.1) (Deutsche Diabetes-Stiftung 2007, 2018; Li et al. 2008).

Tab. 16.1 FINDRISK-Scores, individuelles sowie 10-Jahres-Risiko an Diabetes zu erkranken und Lebensstilinterventionsbestandteile bei Dimini. (Quelle: adaptiert nach Deutsche Diabetes-Stiftung 2007)

Score	Individuelles Risiko	10-Jahres-Risiko	Lebensstilinterventionsbestandteile
Unter 7	Geringes Risiko	1 %	Studienausschluss
7 bis 11	Leicht erhöhtes Risiko	4 %	Studienausschluss
12 bis 14	Mittleres Risiko	17 %	Papierbasiertes Dimini-Startset und/oder DiP-App
15 bis 20	Hohes Risiko	33 %	Papierbasiertes Dimini-Startset und/oder DiP-App Zusätzliche Expertentipps
Über 20	Sehr hohes Risiko	50 %	Papierbasiertes Dimini-Startset und/oder DiP-App Zusätzliche Expertentipps Empfehlung zur Teilnahme an Schulungsprogrammen

Gescreente Personen mit einem Summenscore ≥ 12 werden in Dimini weiterversorgt, diejenigen mit geringerem und entsprechend vernachlässigbar geringem Risikoscore werden aus der Studie verabschiedet.

Insgesamt erlaubt der Förderumfang des Projektes ein Screening von bis zu 5000 Risikopersonen.

Modul 3: Randomisierung und Stratifizierung
Bei allen Versicherten mit einem Score ≥ 12 findet im Anschluss eine Labordiagnostik (Bestimmung des HbA1c-Wertes) statt, um das Vorliegen eines manifesten DMT2 auszuschließen. Über eine Webanwendung werden die Probanden anschließend via 1:1-Randomisierung in die Interventions- (IG) oder Kontrollgruppe (KG) eingeteilt.

Diejenigen, die bereits an DMT2 erkrankt sind, werden aus dem Projekt verabschiedet und die Teilnahme an einem *Disease-Management-Programm* (DMP) für DMT2 empfohlen.

Modul 4: Lebensstilintervention
IG und KG erhalten im weiteren Verlauf unterschiedliche Betreuungen für eine Dauer von zunächst drei Monaten:

a) Kontrollgruppe

Die Behandlung der Versicherten in der KG erfolgt entsprechend der Regelversorgung, welche gemäß § 2 der Verfahrensordnung des Innovationsausschusses als „Versorgung, auf die alle Versicherten unabhängig von ihrer Krankenkassenzugehörigkeit, ihrem Wohnort oder ihrer Zustimmung zu einem Vorhaben oder Programm Anspruch haben" (Gemeinsamer Bundesausschuss 2015) wie folgt definiert ist: Die Personen der KG erhalten laut Richtlinie des G-BA die Gesundheitsuntersuchungen zur Früherkennung von Krankheiten (Gemeinsamer Bundesausschuss 2016) und – bei Versicherten mit einem Alter über 35 Jahren – kann die Durchführung einer Gesundheitsuntersuchung (sog. *Check-up* 35) erfolgen (Deutsches Ärzteblatt 2018). Auch können Versicherte eine Empfehlung nach den Präventionsrichtlinien gemäß Muster 36 für Leistungen zur verhaltensbezogenen Prävention nach § 20 Absatz 5 SGB V erhalten (Kassenärztliche Bundesvereinigung 2017).

b) Interventionsgruppe

Die Probanden der IG schließen zunächst mit dem behandelnden Arzt eine sog. Zielvereinbarung (z. B. Gewichtsverlust von ca. 5 %, Verringerung des Taillenumfanges um 5 % oder Steigerung der Bewegung auf mindestens 150 Minuten pro Woche) ab.

In Abhängigkeit zu dem FINDRISK-Ergebnis erhalten diese dann eine in der Intensität unterschiedlich ausgeprägte Lebensstilintervention (Tab. 16.1).

Durch die individuelle Lebensstilintervention sollen die persönlichen Gesundheitsressourcen jedes Einzelnen nach Bedarf und Fähigkeit gestärkt und bestenfalls langfristige verhaltenspräventiv wirksame Veränderungen angestoßen werden.

Modul 5: Verlaufsmanagement

Im Anschluss an die Interventionsphase werden die Probanden engmaschig betreut. Eine kontinuierliche Kommunikation drei, neun und 15 Monate nach Studienbeginn soll dabei Motivation sowohl zur Compliance als auch zur Zielerreichung sicherstellen. In der IG erhalten die Teilnehmer darüber hinaus zwischen diesen Kontrollterminen weitere persönliche oder telefonische, ärztlich gestützte Coachings nach sechs und zwölf Monaten. Vor dem letzten Kontrolltermin findet eine neuerliche Laborkontrolle (Bestimmung des HbA1c) in beiden Gruppen statt, bevor die Probanden nach insgesamt 15 Monaten Laufzeit aus Dimini verabschiedet werden.

16.2.3 Innovative Versorgungsbestandteile

Die innovativen Versorgungsbestandteile von Dimini umfassen die intrasektoralen sowie intersektoralen Zugangswege zum Programm. Die Versicherten werden über die Hausärzte hinaus von verschiedenen Professionen auf Dimini aufmerksam gemacht und somit in das hausarztzentrierte Programm gesteuert. Dazu gehört unter anderem der Weg über die Jobcenter und Agenturen für Arbeit als intersektoraler Zugangsweg, wo geeignete Kunden durch eine gezielte und vorteilsübersetzende Ansprache auf das Dimini-Programm aufmerksam gemacht und zur freiwilligen Teilnahme motiviert werden können. Dies geschieht z. B., wenn jemand selbst im Beratungsgespräch das Thema offen anspricht und von sich aus gesundheitliche Einschränkungen aufgrund eines zu hohen Körpergewichts oder Bewegungsmangels äußert oder aber die Integrations-/Beratungs-/Vermittlungsfachkraft offenkundige Risikofaktoren wahrnimmt (z. B. Übergewicht) und den Kunden aktiv anspricht. Anhand von verschiedenen Informationen lassen sich die Kunden informieren und motivieren: durch Hintergrundinformation zur *Volkskrankheit* Diabetes, durch die Vermittlung einer möglichen Hilfestellung durch das Dimini-Projekt oder durch die Aushändigung eines Dimini-Flyers, verbunden mit der Bitte, den Flyer zum Arztbesuch mitzunehmen. Bei der Ansprache der Kunden gelten die gültigen datenschutzrechtlichen Bestimmungen. Es werden keine Diagnosen und Befunde erhoben.

Neben den Zugangswegen enthält Dimini weitere innovative Versorgungsbestandteile. Hierzu kann zunächst die Delegation von Aufgaben (administrative Tätigkeiten, Aufklärung, Beratung, Information, allgemeine Labordiagnostik, Datenerfassung oder Dokumentation) an nichtärztliches Personal (MFA) – unter Berücksichtigung der Bestimmungen der Anlage 24 Bundesmantelvertrag (GKV-Spitzenverband 2017) – gezählt werden, in deren Zuge die Tätigkeiten des nichtärztlichen Personals gleichzeitig aufgewertet werden.

Ferner fokussiert das gesamte Projekt die Stärkung der Gesundheitskompetenz der Teilnehmenden und versucht durch eine standardisierte, strukturierte, leicht verständliche, niedrigschwellige, bedarfsgerechte und individuell angepasste Ausgestaltung des Versorgungsprogramms und der Vermittlung gesundheitsrelevanter Informationen niemanden zu exkludieren und möglichst individuell die Bedarfe und Bedürfnisse der Teilnehmenden zu adressieren.

In Weiterentwicklung zum Vorgängerprojekt aha!2.0 wird den Versicherten bei Dimini ein *Startset* als Lebensstilintervention optional in zwei verschiedenen Ausführungen angeboten: papierbasiert oder als sog. DiP-(Diabetes Prävention)-App, die in Zusammenarbeit mit der Deutschen Diabetes-Stiftung entwickelt wurde (Polok 2018).

Sowohl das papierbasierte Startset als auch die App enthalten neben gesundheitsrelevanten Informationen folgende Inhalte:

- Dimini-Leitfaden mit Tipps zu Ernährungs- und Bewegungsverhalten,
- Lebensmittelliste mit Informationen über Portionsgröße (sog. Alltagsmaß), Portionsgewicht und Kalorienpunkte zu 450 Nahrungsmitteln und Getränken im Sinne eines leicht verständlichen Ampelschemas,
- Tagebuch zur Dokumentation von Kalorienzufuhr und -verbrauch, Bewegungsverhalten (zurückgelegte Schritte) oder Taillenumfang.

Zu den haptischen Bestandteilen des Startsets zählen dabei:

- Fitnessband mit Übungsposter zur gezielten Kräftigung von Muskelgruppen zu Hause,
- Maßband zum Messen des Taillenumfanges,
- Pedometer zum Zählen zurückgelegter Schritte.

Die DiP-App wiederum führt den Nutzer in zwölf Schritten hin zu einem gesünderen Lebensstil, die er innerhalb der ersten drei Monate der App-Nutzung durchläuft. Die App baut auf einem multimodalen Konzept auf, welches sich leitlinienkonform aus den Komponenten Ernährung, Bewegung und Verhaltensmodifikation zusammensetzt. Funktionen der App, die bei der Lebensstilumstellung unterstützen, sind beispielsweise die Durchführung des FINDRISK-Tests zur Bestimmung des DMT2-Risikos, das Setzen von leitlinienkonformen Zielen, die sowohl von der App automatisch berechnet als auch individuell angepasst werden können, das Überprüfen der täglichen Energiebilanz, das Führen eines Ernährungs- und Bewegungstagebuchs und das regelmäßige Ausspielen von Artikeln zur Wissensvermittlung, die sich inhaltlich an den zwölf Schritten orientieren. Die Tipps und Hinweise, die mithilfe der Artikel vermittelt werden, sind in den Alltag integrierbar und durch anschauliche Beispiele beschrieben. Automatische Nachrichten motivieren den Nutzer, auf seine Ziele hinzuarbeiten und regelmäßig seine Daten einzugeben. Ein wichtiger Bestandteil des Konzeptes ist die Einbindung von Ärzten: Der Nutzer kann über ein Webportal seine gesammelten Daten einer weiteren Person wie seinem behandelnden Arzt freigeben. Dadurch kann der Arzt einen Einblick in den Lebensstil des Patienten erhalten, der ihm im derzeitigen Praxisalltag verwehrt bleibt, und kann den Patienten besser bei einer Umstellung des Lebensstils unterstützen.

Insbesondere durch die Nutzung der App wird erhofft, die Compliance zur Verhaltens-änderung in erhöhtem Maße zu steigern und langfristig sogar aufrechtzuerhalten. In An-betracht der Tatsache, dass sich etwa 5 % aller in den gängigen Appstores vorhandenen, größtenteils kommerziellen Apps mit den Themen Gesundheit/Medizin und Fitness be-schäftigen, ist es für die potenziellen Anwender oftmals schwierig bzw. nahezu unmöglich, in diesem Dickicht im Vorhinein Sinnhaftigkeit oder gar inhaltliche Richtigkeit der angebo-tenen Anwendungen abschätzen zu können (Kulzer und Heinemann 2019). Durch die kon-zertierte Erstellung der DiP-App konnte hier ein Produkt gestaltet werden, das sowohl me-dizinischen Ansprüchen als auch anwenderseitigen Bedürfnissen adäquat Rechnung trägt.

16.2.4 Evaluationskonzept

Trotz des Wissens, dass die Evaluation einer komplexen Intervention wie Dimini aufgrund ethischer, praktischer, wirtschaftlicher oder methodischer Aspekte mittels randomisierter kontrollierter Studie (*Randomized Controlled Trial*; RCT), die trotz vielversprechender anderer Forschungsansätze nach wie vor als „Goldstandard" bei der Evidenzgenerierung gilt, schwierig ist und es durchaus Alternativen gäbe, ist es gelungen, Dimini als klassische RCT zu konzipieren. Die Zuteilung der Probanden von Dimini in IG oder KG erfolgt da-bei über eine Webanwendung durch eine 1:1-Randomisierung. Dadurch soll sichergestellt werden, dass potenzielle Störgrößen (*Confounder*) wie Alter, Geschlecht oder Gewicht in zu vergleichenden Patientengruppen identisch verteilt sind, um eine Strukturgleichheit zu generieren und einen Selektionsbias entsprechend zu vermeiden (Bertram et al. 2018; Blettner et al. 2018; Campbell et al. 2000).

Dimini erhielt am 8. Januar 2018 ein positives Votum seitens der Ethikkommission der Ärztekammer von Schleswig-Holstein und wurde retrospektiv am 29. März 2018 bei Cli-nicalTrials.gov mit der ID-Nummer NCT03482674 (abrufbar unter: https://clinicaltrials. gov/ct2/show/NCT03482674) als Studie registriert.

Die Erhebungszeitpunkte der Evaluation finden sich – analog zum Studiendesign (vgl. Abb. 16.2) – nach Modul 2 (Risikoscreening) und 3 (Randomisierung und Stratifizierung) mit t_0 sowie innerhalb von Modul 5 (Verlaufsmanagement) mit den Follow-up-Terminen drei (t_1), neun (t_2) und 15 Monate (t_3) nach dem Einschluss in Dimini. Die jeweils zu den vier Messzeitpunkten erhobenen Outcome-Parameter können der Tabelle Tab. 16.2 ent-nommen werden.

Diese Outcome-Parameter werden genutzt zur Klärung folgender primärer Frage-stellungen:

Reduziert die Intervention von Dimini das Körpergewicht bei Versicherten mit erhöhtem Ri-siko für DMT2 wirksamer als die Regelversorgung nach 15 Monaten?

sowie folgender sekundärer Fragestellungen:

Tab. 16.2 Outcome-Parameter und Erhebungszeitpunkte der Evaluation von Dimini. (Quelle: eigene Darstellung)

Outcome-Parameter	Erhebungszeitpunkt
Gewicht (primäres Outcome)	t_0, t_1, t_2, t_3
Größe	t_0
BMI	t_0, t_1, t_2, t_3
Taillenumfang	t_0, t_1, t_2, t_3
HbA1c	t_0, t_3
HLS-EU-Q16	t_0, t_3
FEV	t_0, t_3
IPAQ	t_0, t_3
SF-12	t_0, t_3

Legende: BMI: Body-Mass-Index; FEV: Fragebogen zum Essverhalten; HLS-EU-Q16: European Health Literacy Survey Questionnaire 16; IPAQ: International Physical Activity Questionnaire; SF-12: Short Form 12; t_x: Erhebungszeitpunkt

Führt die Intervention von Dimini bei Versicherten mit erhöhtem Risiko für DMT2 im Vergleich zur Regelversorgung nach 15 Monaten zu einer Verbesserung

- der Gesundheitskompetenz gemessen mit HLS-EU-Q16 (HLS-EU Consortium 2015)?
- des Essverhaltens gemessen mit FEV (Pudel und Westenhöfer 1989)?
- der Lebensqualität gemessen mit SF-12 (Morfeld et al. 2011)?
- des Bewegungsverhaltens gemessen mit IPAQ (IPAQ group 2002)?

Basierend auf den Ergebnissen des Vorgängerprojektes aha!2.0 und unter Verwendung eigener Daten (Bertram 2017) wurde in G∗Power eine Stichprobenschätzung auf den primären Endpunkt (Reduktion des Körpergewichts) durchgeführt. Für diese Berechnung wurden ein durchschnittliches Körpergewicht von 131,0 kg (SD 21,0 kg) zu Beginn und eine durchschnittliche Gewichtsreduktion auf 97,0 kg (SD 20,0 kg) in der IG zum Zeitpunkt t_3 und keine Gewichtsveränderung in der KG angenommen. Dies ergab eine Effektgröße von 0,24. Bei einem zweiseitigen Alphafehler von 0,05 und einer Power von 0,80 wird demnach eine Nettostichprobe von 530 Personen benötigt (265 pro Gruppe). Aufgrund der vergleichsweise hohen Drop-out-Rate des Vorgängerprojektes aha!2.0 von 60% wird entsprechend eine Bruttostichprobe von 1325 Studienteilnehmern (663 pro Gruppe) als Zielwert formuliert, um auch bei einem Verlust von bis zu 60 % der zu Beginn eingeschriebenen Versicherten die Identifikation eines Effektes mit einer Power von 80 % zu ermöglichen.

16.3 Zwischenergebnisse nach einem Jahr Patientenrekrutierung

Im Folgenden sollen auszugsweise die ersten Erkenntnisse der Baselineuntersuchungen (t_0) nach abgeschlossener Probandenrekrutierung von Dimini präsentiert werden. Stand der vorliegenden Daten ist dabei der 27. Februar 2020.

Tab. 16.3 Zugangswege der 3344 Probanden zum Dimini-Projekt. (Quelle: eigene Daten und Darstellung)

Überweiser	n (%)
kein Überweiser	3160 (94,5)
Gynäkologe	80 (2,4)
Kardiologe	13 (0,4)
Orthopäde	4 (0,1)
Nephrologe	0 (0)
sonstige Ärzte	19 (0,6)
Rehazentrum	0 (0)
Jobcenter	2 (0,1)
anderer Überweiser	66 (2,0)

Legende: n: Anzahl

Insgesamt haben sich 257 Ärzte für die Teilnahme an Dimini registriert, davon 140 (54,5%) in Hessen und 117 (45,5%) in Schleswig-Holstein. Allerdings rekrutierten von diesen nur 138 (53,7%) Ärzte in unterschiedlich starkem Maße auch tatsächlich Probanden (66 (47,8%) hessische und 72 (52,2%) schleswig-holsteinische Ärzte).

Insgesamt wurden 3344 Probanden mit Einwilligungserklärung mittels FINDRISK in den teilnehmenden hausärztlichen Praxen gescreent. Diese wurden über verschiedene Zugangswege auf das Dimini-Projekt aufmerksam gemacht, wie der nachfolgenden Tabelle Tab. 16.3 entnommen werden kann.

1915 (57,3%) der gescreenten Personen hatten ein FINDRISK-Ergebnis <12 und wurden gemäß Studienprotokoll aus dem Projekt entlassen. Die übrigen 1429 (42,7%) Probanden erfüllten die Einschlusskriterien als Risikopersonen für DMT2 mit einem FINDRISK-Score ≥12 und wurden in der Studie weiter versorgt. Bei der anschließenden Laborkontrolle dieser FINDRISK-Risikogruppe konnten 70 (4,9%) Personen mit zuvor noch nicht diagnostiziertem Diabetes mellitus identifiziert werden. Insgesamt konnten 1170 Probanden in die IG (590 Personen) und KG (580 Personen) randomisiert werden. In der nachfolgenden Tabelle Tab. 16.4 sind die wichtigsten Baseline-Charakteristika der 1170 in IG und KG randomisierten Patienten deskriptiv zusammengefasst.

Von den 590 Personen der IG wählten 378 (64,1%) für die Durchführung der Lebensstilintervention die Option eines papier- und 149 (25,3%) die eines appbasierten Dimini-Startsets aus. Während die Personen der papierbasierten Variante durchschnittlich 55,4 Jahre (*SD* 14,4) alt waren, waren diejenigen, die sich für die App entschieden, fast zehn Jahre jünger bei einem durchschnittlichen Alter von 46,7 Jahre (*SD* 13,5). 60 (10,2%) Teilnehmende der IG erhielten kein Startset. Diese Kohorte ist mit einem Alter von durchschnittlich 57,9 (*SD* 14,1) Jahren die älteste. Von weiteren drei (0,1%) Personen fehlen Informationen das Startset betreffend.

Tab. 16.4 Baseline-Charakteristika der 1170 in die Studie eingeschlossenen Probanden. (Quelle: eigene Daten und Darstellung)

Charakteristikum		Gesamt (1170)	IG (590)	KG (580)
Geschlecht in n (%)	m	398 (34,0)	197 (33,4)	201 (34,7)
	w	772 (66,0)	393 (66,6)	379 (65,3)
Alter in Jahren	MW (SD)	54,5 (14,3)	53,6 (14,4)	55,4 (14,2)
	x_{min}	18	18	18
	x_{max}	93	88	93
Größe in Metern	MW (SD)	1,69 (0,09)	1,69 (0,09)	1,69 (0,10)
	x_{min}	1,45	1,46	1,45
	x_{max}	2,00	1,97	2,00
Gewicht in Kilogramm	MW (SD)	94,8 (20,5)	95,7 (20,5)	93,8 (20,5)
	x_{min}	48	48	51
	x_{max}	200	200	195
BMI in kg/m^2	MW (SD)	33,0 (6,3)	33,4 (6,4)	32,6 (6,0)
	x_{min}	17,8	17,8	18,7
	x_{max}	74,4	74,4	55,8
Taillenumfang in Zentimetern	MW (SD)	107,8 (14,6)	108,5 (14,7)	107,2 (14,6)
	x_{min}	64	72	64
	x_{max}	195	195	170

Legende: BMI: Body-Mass-Index; IG: Interventionsgruppe; KG: Kontrollgruppe; kg/m^2: Kilogramm pro Quadratmeter; m: männlich; MW: Mittelwert; n: Anzahl; SD: Standardabweichung; w: weiblich; x_{max}: größter Messwert; x_{min}: kleinster Messwert

16.4 Herausforderungen und Ausblick

3344 gescreente und 1170 in die Studie eingeschlossene Probanden klingen zunächst nach hohen Rekrutierungszahlen, doch an dieser Stelle sei angemerkt, dass man in den ersten beiden Quartalen des Jahres 2018 mit teilweise enormen Rekrutierungsschwierigkeiten zu kämpfen hatte, wie Abb. 16.3 entnommen werden kann.

Gründe hierfür waren unter anderem die üblichen Start- und Kommunikationsschwierigkeiten, wie sie bei Projekten dieser Größenordnung häufig auftreten, wie z. B. verspätete Fertigstellung von wichtigen Unterlagen, Nachbesserungen bei digitalen Lösungen oder Zeitverzug bei der Herstellung, Programmierung und Testung der App. Ferner war insbesondere das erste Quartal des Jahres 2018 durch teilweise enorme Witterungsbedingungen sowie eine außergewöhnliche *Influenzawelle* gekennzeichnet, sodass auch hierin Gründe für eine zunächst zurückhaltende Patientenrekrutierung liegen könnten. Mit großem Konsens seitens Konsortiums sowie in Abstimmung mit dem Fördermittelgeber wurden deshalb Gelder im Projekt umgewidmet, die Laufzeit der Patientenrekrutierung um sechs Monate ausgeweitet und seit dem 1. Juli 2018 fand deswegen die sog. *MFA-Aktion* von Dimini statt. Diejenigen MFA und Auszubildenden, die pro teilnehmender Praxis 20 Versicherte rekrutieren, durch das Programm begleiten und digital dokumentieren, werden entsprechend dieser

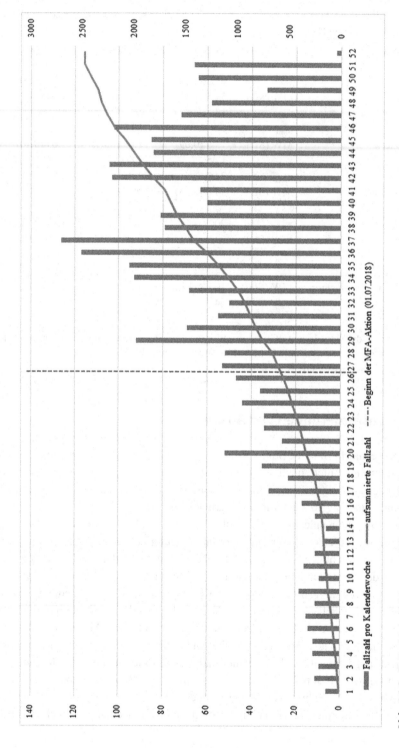

Abb. 16.3 Fallzahlentwicklung von Dimini pro Kalenderwoche des Jahres 2018. (Quelle: eigene Daten und Darstellung)

Legende: MFA: Medizinische Fachangestellte

Leistung monetär honoriert. Wie Abb. 16.3 ebenfalls zu entnehmen ist, löste dies einen regelrechten Motivationsschub in den teilnehmenden Studienzentren aus. An dieser Stelle soll nicht die Tätigkeit des Außendienstes vom Kooperationspartner MSD unerwähnt bleiben, der bei Praxisbesuchen stets dabei unterstützt, weiterhin einen aktiven Beitrag am Gelingen von Dimini zu leisten.

Insbesondere auch in Anbetracht der Tatsache dass, wie in Tab. 16.3 eindrucksvoll aufgezeigt, das Reservoir der innovativen, intersektoralen Zugangswege nicht annähernd ausgeschöpft ist, sondern vielmehr Patienten in der Hausarztpraxis an sich rekrutiert werden bzw. von anderen, ambulanten Fachärzten auf das Programm aufmerksam gemacht werden, lassen das Potenzial erkennen, welches insbesondere unter anderem noch bei den Kunden der Jobcenter/Agenturen für Arbeit zu erwarten ist. Gerade diesen häufig langzeitarbeitssuchenden Personen wird eine seltenere Inanspruchnahme präventiver Angebote bei gleichzeitig häufig schlechterem Gesundheitszustand attestiert (GKV Spitzenverband et al. 2016; Lampert et al. 2017). Durch eine Intensivierung der Zusammenarbeit der gesetzlichen Krankenkassen mit verschiedenen Arztprofessionen, weiteren Einrichtungen der medizinischen Versorgung sowie mit Jobcentern und Agenturen für Arbeit sollen neue Wege erschlossen werden, langzeitarbeitslosen Menschen einen besseren Zugang zur Gesundheitsförderung und medizinischen Versorgung zu ermöglichen, von der alle Beteiligten profitieren.

Da die Dimini-Population überwiegend weiblich ist und sich mit einem durchschnittlichen Alter von 54,5 Jahren eher als fortgeschritten präsentiert, zeigt sich einmal mehr, dass sowohl Studien im Allgemeinen als auch Lebensstilinterventionen im Speziellen eher von älteren, vorwiegend weiblichen Personen wahrgenommen werden (Galaviz et al. 2018; Hemmingsen et al. 2017). Deshalb kann bereits das Fazit gezogen werden, dass es angemessen war, die Lebensstilintervention sowohl in Papierform als auch als App anzubieten. Denn wie unsere Daten gezeigt haben, neigt insbesondere die ältere Probandenkohorte dazu, sich für die analoge Variante des Dimini-Startsets zu entscheiden. Dass sich lediglich 25,3 %, im Durchschnitt ca. zehn Jahre jüngere Probanden für das appbasierte Dimini-Startset entschieden haben, deckt sich mit den Ergebnissen einer Umfrage von Kulzer und Heinemann (2019), an der insgesamt 422 Ärzte aus allen 17 KV-Bezirken Deutschlands teilnahmen. Denn diese ergab auf die Frage *Wie viel Prozent Ihrer Patienten nutzen aktuell Diabetes-Apps?*, dass die befragten Diabetologen den Anteil ihrer appnutzenden Patienten auf 23,9 % schätzten – mit einem wachsenden Potenzial in den kommenden fünf Jahren (Zuwachs auf 44,5 %). Dies bedeutet entweder, dass die DiP-App im Projekt in dem Maße diejenigen Versicherten erreicht, die prinzipiell technikaffin sind. Oder dass ein prinzipiell höherer Bedarf an technischem Support bei der Diabetesprävention dadurch unterbunden wird, dass die an Dimini teilnehmenden Ärzte eher dazu neigen, das papierbasierte Startset zu empfehlen. Denn die o.g. Umfrage kam auch zu dem Schluss, dass lediglich 35,9 % der befragten Ärzte digitale Angebote zur Prävention für Personen mit erhöhtem Risiko für DMT2 für sinnvoll erachten (Kulzer und Heinemann 2019). Sicherlich wird die Evaluation am Ende des Dimini-Projekts hier einen weiteren wichtigen Erkenntnisbaustein liefern können. Dass das Startset in Appform angeboten wird, ist insbesondere auch in Anbetracht des demografischen Wandels und dadurch, dass bereits seit Langem bekannt ist, dass DMT2-Risikopersonen immer jünger werden (Frey 2005), wichtig, richtig und als zukunftsweisend einzuordnen.

Allein die Diagnose eines zuvor unentdeckten Diabetes mellitus Typ II bei 70 (4,9 %) Personen mit FINDRISK-Score $\geq$12 stellt aus gesundheitssystemischer Sicht einen beachtlichen Erfolg im Vergleich zur Regelversorgung dar, der eindrücklich unterstreicht, wie wichtig auch die Implementation eines flächendeckenden Risikoscreenings in der Regelversorgung in Deutschland ist.

Literatur

Altin, S., Tebest, R., Kautz-Freimuth, S., & Stock, S. (2012). Volkskrankheiten: Mehr Prävention erforderlich. *ersatzkasse magazin, 92*(9/10), 27–29.

American Diabetes Association (2004). Screening for type 2 diabetes. *Diabetes Care, 27*(1), 11–14.

AOK-Bundesverband. (2019). Besondere Versorgung. https://www.aok-gesundheitspartner.de/bund/arztundpraxis/vertraege/index_14660.html. Zugegriffen am 07.01.2019.

Bertram, N. (2017). Diabetes Präventionsprogramm aha!2.0 – Interimsauswertungen für teilnehmende Arztpraxen und das aha! Konsortium. http://www.ab-heute-anders.de/publikationen.html. Zugegriffen am 15.01.2019.

Bertram, N., Binder, S., Kerkemeyer, L., & Amelung, V. (2018). Entwicklung und Evaluation komplexer Interventionen weiterdenken. *G&S Gesundheits- und Sozialpolitik, 72*(6), 44–51.

Blettner, M., Dierks, M.-L., Donner-Banzhoff, N., Hertrampf, K., Klusen, N., Köpke, S., Masanneck, M., Pfaff, H., Richter, R., & Sundmacher, L. (2018). Überlegungen des Expertenbeirats zu Anträgen im Rahmen des Innovationsfonds. *Z Evid Fortbild Qual Gesundhwes, 130*, 42–48.

Bundesministerium für Gesundheit. (2018). Präventionsgesetz. https://www.bundesgesundheitsministerium.de/service/begriffe-von-a-z/p/praeventionsgesetz.html. Zugegriffen am 18.02.2019.

Campbell, M., Fitzpatrick, R., Haines, A., Kinmonth, A., Sandercock, P., Spiegelhalter, D., & Tyrer, P. (2000). Framework for design and evaluation of complex interventions to improve health. *British Medical Journal, 321*(7262), 694–696.

Compston, J. (2017). Type 2 diabetes mellitus and bone. *Journal of Internal Medicine, 283*(2), 140–153.

Conwell, L., & Boult, C. (2008). The effects of complications and comorbidities on the quality of preventive diabetes care: A literature review. *Population Health Management, 11*(4), 217–228.

Danaei, G., Finucane, M., Lu, Y., Singh, G., Cowan, M., Paciorek, C., Lin, J. K., Farzadfar, F., Khang, Y. H., Stevens, G. A., Rao, M., Ali, M. K., Riley, L. M., Robinson, C. A., & Ezzati, M. (2011). National, regional, and global trends in fasting plasma glucose and diabetes prevalence since 1980: Systematic analysis of health examination surveys and epidemiological studies with 370 country-years and 2·7 million participants. *Lancet, 378*(9785), 31–40.

Deutsche Diabetes-Stiftung. (2007). GesundheitsCheck DIABETES. https://www.diabetesportal.at/fileadmin/user_upload/Services/FindRisk_01.pdf. Zugegriffen am 11.02.2019.

Deutsche Diabetes-Stiftung. (2018). GesundheitsCheck DIABETES (FINDRISK). http://www.diabetesstiftung.de/gesundheitscheck-diabetes-findrisk. Zugegriffen am 11.02.2019.

Deutsches Ärzteblatt. (2018). Änderungen beim Check-up 35 beschlossen. https://www.aerzteblatt.de/nachrichten/96971/Aenderungen-beim-Check-up-35-beschlossen. Zugegriffen am 11.02.2019.

diabetesDE, Deutsche Diabetes Gesellschaft. (2016). Deutscher Gesundheitsbericht – Diabetes 2016 – Die Bestandsaufnahme. www.diabetesde.org/system/files/documents/fileadmin/users/Patientenseite/PDFs_und_TEXTE/Infomaterial/Gesundheitsbericht_2016.pdf. Zugegriffen am 13.02.2019.

Du, Y., Heidemann, C., Gößwald, A., Schmich, P., & Scheidt-Nave, C. (2013). Prevalence and co-morbidity of diabetes mellitus among non-institutionalized older adults in Germany – results of the national telephone health interview survey ,German Health Update (GEDA)' 2009. *BMC Public Health, 13*(166), 1–13.

Frey, C. (2005). Immer mehr Jugendliche mit Typ-2-Diabetes. https://www.pharmazeutische-zeitung.de/ausgabe-462005/immer-mehr-jugendliche-mit-typ-2-diabetes/. Zugegriffen am 14.01.2019.

Galaviz, K., Weber, M., Straus, A., Haw, J., Narayan, K., & Ali, M. (2018). Global diabetes prevention interventions: A systematic review and network meta-analysis of the real-world impact on incidence, weight, and glucose. *Diabetes Care, 41*(7), 1526–1534.

Gemeinsamer Bundesausschuss. (2015). Verfahrensordnung des Innovationsausschusses nach § 92b SGB V (VerfO IA). https://innovationsfonds.g-ba.de/downloads/media/6/Verfahrensordnung_Innovationsausschuss_2015-12-14.pdf. Zugegriffen am 18.02.2019.

Gemeinsamer Bundesausschuss. (2016). Richtlinie des Gemeinsamen Bundesausschusses über die Gesundheitsuntersuchungen zur Früherkennung von Krankheiten (Gesundheitsuntersuchungs-Richtlinie). https://www.g-ba.de/downloads/62-492-1268/GU-RL_2016-07-21_iK-2017-01-01.pdf. Zugegriffen am 18.02.2019.

Gemeinsamer Bundesausschuss. (2017). Innovationsausschuss veröffentlicht weitere Förderprojekte. https://www.g-ba.de/institution/presse/pressemitteilungen/682/. Zugegriffen am 18.02.2019.

Gesellschaft für Versicherungswissenschaft und -gestaltung e.V. (2003). gesundheitsziele.de – Forum zur Entwicklung und Umsetzung von Gesundheitszielen in Deutschland – Bericht – Auszug der Ergebnisse von AG 8 Gesundheitliche Kompetenz erhöhen, Patientensouveränität stärken. http://gesundheitsziele.de//cms/medium/256/030214_bericht_final1_ag8.pdf. Zugegriffen am 20.02.2019.

GKV Spitzenverband, Deutsche Gesetzliche Unfallversicherung, Sozialversicherung für Landwirtschaft Forsten und Gartenbau, & Deutsche Rentenversicherung Bund. (2016). Bundesrahmenempfehlungen der Nationalen Präventionskonferenz nach § 20d Abs. 3 SGB V. https://www.gkv-spitzenverband.de/media/dokumente/presse/pressemitteilungen/2016/Praevention_NPK_BRE_verabschiedet_am_19022016.pdf. Zugegriffen am 20.02.2019.

GKV-Spitzenverband. (2017). Bundesmantelvertrag – Anlagen – Anlage 24 – Delegation ärztlicher Leistungen. https://www.gkv-spitzenverband.de/krankenversicherung/aerztliche_versorgung/bundesmantelvertrag/anlagen_zum_bundesmantelvertrag/einzelne_anlagen_zum_bmv/bmv_anlage_24_delegation.jsp. Zugegriffen am 05.02.2019.

Hemmingsen, B., Gimenez-Perez, G., Mauricio, D., Roqué i Figuls, M., Metzendorf, M., & Richter, B. (2017). Diet, physical activity or both for prevention or delay of type 2 diabetes mellitus and its associated complications in people at increased risk of developing type 2 diabetes mellitus. *Cochrane Database of Systematic Reviews, 12*, CD003054.

HLS-EU Consortium (2015). HLS-EU-Q16. The European Health Literacy Survey Questionnaire – short version. Deutsche Übersetzung von Jordan S, Hoebel J. Gesundheitskompetenz von Erwachsenen in Deutschland. *Bundesgesundheitsblatt-Gesundheitsforschung-Gesundheitsschutz, 58*(9), 942–950.

International Diabetes Federation. (2015). IDF Diabetes Atlas – Seventh Edition. www.idf.org/e-library/epidemiology-research/diabetes-atlas.html. Zugegriffen am 20.02.2019.

IPAQ group. (2002). *International physical activity questionnaire – short last 7 days 396 self-administered format.* German Version.

Kähm, K., Holle, R., & Laxy, M. (2018). Diabetes mellitus: Kosten von Komplikationen erstmals detailliert berechnet. *Dtsch Arztebl International, 115*(17), 14–16.

Kassenärztliche Bundesvereinigung. (2017). Präventionsempfehlungen. https://www.kbv.de/html/29550.php. Zugegriffen am 20.02.2019.

Kulzer, B., & Heinemann, L. (2019). Digitalisierungs- und Technologiereport Diabetes 2019. https://www.dut-report.de/. Zugegriffen am 15.02.2019.

Lampert, T., Hoebel, J., Kuntz, B., Müters, S., & Kroll, L. (2017). Gesundheitliche Ungleichheit in verschiedenen Lebensphasen. https://www.rki.de/DE/Content/Gesundheitsmonitoring/Gesundheitsberichterstattung/GBEDownloadsB/gesundheitliche_ungleichheit_lebensphasen.pdf;jsessionid=2ED38 9E1932CA74002E0400900AFF550.2_cid390?__blob=publicationFile. Zugegriffen am 16.01.2019.

Ley, S., Ardisson Korat, A. V., Sun, Q., Tobias, D. K., Zhang, C., Qi, L., Willet, C. W., Manson, J. E., & Hu, F. B. (2016). Contribution of the Nurses' Health Studies to uncovering risk factors for type 2 diabetes: Diet, lifestyle, biomarkers, and genetics. *American Journal of Public Health, 106*(9), 1624–1630.

Li, J., Hoffmann, R., & Schwarz, P. (2008). Diabetesrisiko früh erkennen – FINDRISK für Hausärzte. *Diabetes aktuell, 6*(2), 58–64.

Lindström, J., Peltonen, M., Eriksson, J., Ilanne-Parikka, P., Aunola, S., Keinänen-Kiukaanniemi, S., Uusitupa, M., & Tuomilehto, J. (2013). Improved lifestyle and decreased diabetes risk over 13 years: Long-term follow-up of the randomised Finnish Diabetes Prevention Study (DPS). *Diabetologia, 56*(2), 284–293.

Morfeld, M., Kirchberger, I., & Bullinger, M. (2011). *SF-36 bzw. SF-12 Fragebogen zum Gesundheitszustand* (2. erg. u. überarb. Aufl.). Göttingen: Hogrefe Verlag GmbH & Co. KG.

NAKO e.V. (2019). Volkskrankheiten im Fokus. https://nako.de/allgemeines/volkskrankheiten-im-fokus/. Zugegriffen am 15.01.2019.

Petersen, C. (2015). aha!® – ab heute anders! – Prävention des Typ-2-Diabetes im hausärztlichen Alltag. *Diabetes aktuell, 13*, 22–26.

Polok, A. (2018). Einsatz von Technologie in Präventionsprogrammen – Diabetes-Prävention digital – mit der DIP-App. *Diabetes aktuell, 16*(06), 218–219.

Pudel, V., & Westenhöfer, J. (1989). *Fragebogen zum Eßverhalten (FEV).* Göttingen: Hogrefe Verlag GmbH & Co. KG.

Schaeffer, D., Vogt, D., Berens, E.-M., & Hurrelmann, K. (2016). Gesundheitskompetenz der Bevölkerung in Deutschland – Ergebnisbericht. http://www.uni-bielefeld.de/gesundhw/ag6/downloads/Ergebnisbericht_HLS-GER.pdf. Zugegriffen am 18.01.2019.

Schwarz, P., & Landgraf, R. (2015). Prävention des Diabetes – kann Deutschland von Europa lernen? In diabetesDE & Deutsche Diabetes Gesellschaft (Hrsg.), *Deutscher Gesundheitsbericht – Diabetes 2015 – Die Bestandsaufnahme* (S. 17–28). Verlag Kirchheim + Co GmbH.

Sørensen, K., Van den Broucke, S., Fullam, J., Doyle, G., Pelikan, J., Slonska, Z., Brand, H., & (HLS-EU) Consortium Health Literacy Project European (2012). Health literacy and public health: A systematic review and integration of definitions and models. *BMC Public Health, 12*(80), 1–13.

Weishaar, H., Berens, E., Vogt, D., Gille, S., Horn, A., Schmidt-Kaehler, S., & Schaeffer, D. (2018). Mangelware Gesundheitskompetenz – Physiotherapeuten als wichtige Berater. *physiopraxis, 16*(01), 12–14.

Dr. med. dent. Nick Bertram, MPH. Nach dem Studium der Zahnmedizin an der Georg-August-Universität Göttingen sowie der Promotion an der dortigen Klinik für Hämatologie und Onkologie erlangte Dr. Bertram den Master of Public Health (MPH) an Berlin School of Public Health der Charité – Universitätsmedizin Berlin. Schwerpunkte des Studiums waren Gesundheitssysteme und Gesundheitssystemforschung. Neben dem Studium war Dr. Bertram wesentlich durch seine Projektmanagementtätigkeit bei Gesundheit Berlin-Brandenburg e.V. an Organisation und Durchführung des 21. Kongresses Armut und Gesundheit 2016 beteiligt. Herr Dr. Bertram ist seit 2016 Projektmanager Versorgungsforschung am privaten Institut für angewandte Versorgungsforschung (inav GmbH) und schwerpunktmäßig verantwortlich für die Konzeption und Durchführung von Versorgungsforschungsstudien und Evaluationen sowie für die Erstellung wissenschaftlicher Publikationen.

Kontakt: bertram@inav-berlin.de

Dr. rer. pol. Franziska Püschner, Studium der Gesundheitsökonomie an der Universität zu Köln. Von 2007 bis 2010 tätig im Bereich Health Economics und Market Access bei Janssen-Cilag mit den Schwerpunkten Versorgungsforschung und gesundheitsökonomische Evaluationen. Im Anschluss Promotion an der Universität zu Köln zum Thema der psychiatrischen Versorgungsforschung mit Forschungsschwerpunkt auf der Erfassung sektorenübergreifender Patientenwege. 2011 bis 2012 tätig als Business Project Manager bei Shanghai Roche Pharmaceuticals Ltd. mit den Schwerpunkten Optimierung von Business Prozessen sowie Koordination der Strategieentwicklung des Unternehmens in China. Seit 2013 Senior Manager Gesundheitsökonomie am privaten Institut für angewandte Versorgungsforschung (inav GmbH) schwerpunktmäßig verantwortlich für die Konzeption und Durchführung von Versorgungsforschungsstudien und gesundheitsökonomischen Evaluationen, Erstellung wissenschaftlicher Publikationen sowie Beratung bei der Erstellung von innovativen Versorgungskonzepten.
Kontakt: pueschner@inav-berlin.de

Sebastian Binder studierte Gesundheitsökonomie (M.Sc.) an der Universität Bayreuth und absolviert derzeit berufsbegleitend einen postgradualen Master (M.Sc.) in Epidemiologie an der Johannes-Gutenberg-Universität Mainz. Sebastian Binder arbeitet seit Januar 2016 als Projektmanager Versorgungsforschung am privaten Institut für angewandte Versorgungsforschung (inav GmbH) in Berlin. Der Schwerpunkt seiner Arbeit liegt in der Konzeption und Evaluation von Versorgungsforschungsstudien. Unter anderem ist er Co-Autor des Buches *Die elektronische Patientenakte: Fundament einer effektiven und effizienten Gesundheitsversorgung.*
Kontakt: binder@inav-berlin.de

Dr. med. Dipl. oec. med. Monika Schliffke. Studium der Medizin an der MHH, Promotion im Fach Unfallchirurgie. Nach sechsjähriger klinischer Weiterbildung niedergelassene Fachärztin für Allgemeinmedizin bis 2012. Studium der Gesundheitsökonomie 2000–2003, Diplomabschluss. Seit 2012 Vorstandsvorsitzende der KVSH.
Kontakt: monika.schliffke@kvsh.de

Martin Göhl arbeitet als Senior Manager Versorgungsprogramme & Kooperationen bei der MSD Sharp & Dohme GmbH in Haar.
Kontakt: martin.goehl@msd.de

Dr. med. Carsten Petersen Studium der Medizin in Kiel, Lübeck und Sydney. Promotion im Institut für Physiologie der Med. Uni. Lübeck. Klinische Weiterbildung zum Facharzt für Innere Medizin in Hamburg und Bremen. Zusatzbezeichnungen: Diabetologe/DDG & AEKSH, Ernährungsmedizin und Sportmedizin. Seit 1995 Partner einer Internistischen Gemeinschaftspraxis in Schleswig, Diabetes-Schwerpunktpraxis, Diabetes-Zentrum/DDG. Seit 2014 Geschäftsführer der docevent GmbH.
Kontakt: c.petersen@internisten-schleswig.de

Vom Integrator der Versorgung zum Steuermann des Systems: Wie man mit Schlaganfall-Lotsen Innovationen triggert

17

Michael Brinkmeier

„Erschütterung forderte die Kur, nicht Einschmeichelung und Ueberredung; und je härter der Abstich war, den der Grundsatz der Wahrheit mit den herrschenden Maximen machte, desto mehr konnte er hoffen, Nachdenken darüber zu erregen."

(Friedrich Schiller, Ueber Anmuth und Würde)

Zusammenfassung

Schlaganfall-Betroffene erleben im Kleinen, woran es in unserem Gesundheitssystem im Großen mangelt: an einer zielgerichteten, durchgehend koordinierten und nachfragezentrierten Versorgung. Die mangelnde Steuerungsfähigkeit innerhalb der Versorgungskette führt zu schlechten Outcomes. Mit dem Konzept der Schlaganfall-Lotsen wird im vom Innovationsfonds geförderten Projekt STROKE OWL eine neue Versorgungsform implementiert, die mithilfe eines kombinierten Case- und Care-Managements die Gesundheits- und Teilhabeziele der Betroffenen zu erreichen hilft. Wegen des universellen Aufbaus des Lotsenprinzips eignet sich diese Methodik auch für andere Indikationen. Aus Public-Health-Sicht wird darüber hinaus allen professionell Beteiligten eine neue Möglichkeit zur Verfügung stehen, ihre jeweiligen Ziele und Handlungen entlang der gesamten Versorgungskette zu monitoren und zu steuern.

M. Brinkmeier (✉)
Stiftung Deutsche Schlaganfall-Hilfe, Gütersloh, Deutschland
E-Mail: michael.brinkmeier@schlaganfall-hilfe.de

© Springer Fachmedien Wiesbaden GmbH, ein Teil von Springer Nature 2020
U. Hahn, C. Kurscheid (Hrsg.), *Intersektorale Versorgung*,
https://doi.org/10.1007/978-3-658-29015-3_17

17.1   Was Sie bei dieser Lektüre erwartet

Auf den folgenden Seiten dürfen Sie keinen wissenschaftlichen Artikel erwarten, sondern
eher eine Art Motivationsschreiben. Drei Ziele will ich mit diesem Beitrag verfolgen: Zum
einen – ganz profan – sollen Sie diesen Text bis zum Ende als lesenswert erachten; ganz
besonders diejenigen von Ihnen, die meinen, dass sie mit Schlaganfall nichts zu tun hätten.
In der Hauptsache steht natürlich das Ziel, Ihnen einen konzisen, dennoch umfassenden
Überblick darüber zu vermitteln, was in STROKE OWL, dem Innovationsfondsprojekt
der Stiftung zur Etablierung der *Schlaganfall-Lotsen*, eigentlich gemacht wird, welchen
Nutzen es hat – und wie wir dieses Projekt als Hebel nutzen, noch ganz andere Ziele anzustreben. Falls es gelingt, dieses zweite Ziel bei Ihnen zu erreichen, vielleicht verbunden
mit einem kleinen Funken Begeisterung für die Sache oder auch nur Interesse, gehen wir
gemeinsam das dritte Ziel an: Sie schließen sich der Lotsen-Bewegung an – dazu möchte
ich Sie ermuntern.

Für ein instruktives Lesevergnügen gibt es eigentlich nur eine Voraussetzung, die wir
aus dem ärztlichen Alltag entnehmen: „Machen Sie sich doch bitte frei." Diese Aufforde-
rung ist weniger textil gemeint als eher kontextual. Die Bitte ist, dass Sie sich von all den
gedanklichen Zwängen freimachen, die Sie als professionelles Mitglied des deutschen
Gesundheitssystems beim Lesen dieses Textes belasten können. Es hilft dem innovativen
Impetus, wenn Sie sich quasi laienhaft verhalten: Damit können Sie das Denken und die
Wünsche des größten Teils der Bevölkerung, wenn es um die Versorgung nach dem
Schlaganfall geht, zielführender nachvollziehen.

17.2   Versorgung findet statt! Ja – aber die richtige?

17.2.1 Die Lage

Kommt Ihnen das langjährige Bemühen um die Verwirklichung einer funktionierenden
intersektoralen Versorgung nicht auch wie eine unendliche Geschichte vor? Abgesehen
davon, dass die Bemühungen um eine integrierte Versorgung (IV) tatsächlich ziemlich
genau so alt sind wie Michael Endes Roman *Die unendliche Geschichte*: Man könnte auch
hier und da zu dem Schluss kommen, dass all die vielen Dysfunktionalitäten im Gesundheitssystem sich auszubreiten drohen wie das Nichts in dem Roman, jedoch es vielleicht
anders als in der Erzählung nicht zu einem guten Ende kommen könnte.

Nun müssen wir nicht Angst haben, dass sich diese Dysfunktionalitäten so rasend
schnell ausbreiten, dass sie das gesamte Versorgungssystem ins Nichts stürzen. Dafür sind
die selbst in wirtschaftlich schlechteren Zeiten noch gut sprudelnden Finanzquellen und
die Beharrungskräfte der Akteure zu groß. Versorgung findet also statt. Bloß: Reicht diese
Feststellung? Ist die Aussage „Versorgung findet statt" für eine siebzigjährige Witwe, die
nach einem mittelschweren Schlaganfall mit Hemiparese und leichter Aphasie nach vier

Wochen Aufenthalt auf der Stroke Unit und in der stationären Reha nach Hause kommt, eine für sie werthaltige Aussage? Antwort: Nein, das ist sie nicht.

Vielmehr merkt diese Betroffene – eine Patientin ist sie eigentlich nun nicht mehr, allenfalls für ihren Hausarzt –, nachdem sie seit dem Akutfall gut und leitliniengerecht versorgt wurde, jetzt erst in den eigenen vier Wänden richtig, dass sich ihr Leben für den Rest ihrer Zeit grundlegend ändert. Und wer dann keine nahen Angehörigen in räumlicher Nähe hat oder Freunde, die helfen, oder eben den engagierten Hausarzt, der zu einem nach Hause kommt und alles organisiert, dann findet Versorgung, so wie sie nötig wäre, eben nicht statt. So kommt dann für diese Person doch wieder das Nichts in ihre Welt, mit all seinen Folgen.

Diese Folgen sind oft fatal. Viele vom Schlaganfall Betroffene lassen sich hängen, wenn sie nach ein paar Wochen merken, dass es nicht wieder so wird wie vor dem Schlaganfall. Nicht wenige bekommen eine Depression (PSD, Post Stroke Depression) oder depressive Phasen (Paolucci et al. 2006). Freunde ziehen sich zurück. Man traut sich nicht mehr raus mit seiner verwaschenen, lallenden Sprache oder dem nachziehenden Bein. Irgendwann lässt die Adhärenz nach: „Ich habe ja keinen Schlaganfall mehr."

Spätestens hier wird es gefährlich. Von den etwa 270.000 Schlaganfällen jährlich in Deutschland sind 70.000 Rezidive. Zwischen 16 Prozent und 30 Prozent – die Zahlen sind nicht eindeutig – erleiden innerhalb von fünf Jahren einen Folgeanfall. Der wiederholte Schlaganfall führt deutlich schneller in eine schwere Pflegebedürftigkeit oder zum Tod. 30 Prozent aller Betroffenen sterben im ersten Jahr nach dem Schlaganfall; fast zwei Drittel der Betroffenen sind pflegebedürftig. Den Überlebenden droht die Tatsache, dass Schlaganfall die häufigste Ursache von Behinderungen im Erwachsenenalter darstellt. Aus Sicht der Kostenträger schlägt diese Krankheit mit etwa 40.000 bis 50.000 Euro Gesamtkosten vom Schlaganfallereignis bis zum Tod zu Buche. Damit liegen wir in der Größenordnung von 10 Milliarden Euro direkter Kosten durch Schlaganfälle pro Jahr in Deutschland. Hinzu kommen noch die indirekten Kosten, wenn z. B. (zumeist) die Tochter in Teilzeitarbeit gehen muss, um zu pflegen. So ist der Vermeidung von Schlaganfällen allein gesundheitsökonomisch eine erhebliche Versorgungsrelevanz zuzuschreiben, ganz abgesehen von den unglaublich hohen persönlichen Herausforderungen und dem mit der Krankheit verbundenen Leid. Gerade Letzteres ist für die Stiftung Deutsche Schlaganfall-Hilfe ein Anlass, den Schlaganfall aus dem Schatten der Gesellschaft zu holen.

17.2.2 Strukturen der Schlaganfall-Versorgung

Betrachtet man bei der Indikation Schlaganfall die Versorgungskette Akutbehandlung-Rehabilitation-Nachsorge, so steht die Akutversorgung mit ihren über 300 von der Deutschen Schlaganfall-Gesellschaft (DSG) und der Stiftung Deutsche Schlaganfall-Hilfe zertifizierten Schlaganfall-Spezialstationen, den sogenannten Stroke Units, auf sehr hohem Niveau. Die Lysetherapie hat in den neunziger Jahren den Durchbruch gebracht. Durch die erst seit wenigen Jahren bestehende Möglichkeit der Thrombektomie – der Entfernung des

Blutpfropfens mittels Katheder direkt aus dem Gehirn – wird geschätzt einigen tausend Menschen zusätzlich pro Jahr in Deutschland das Leben gerettet.

Es war die Stiftung Deutsche Schlaganfall-Hilfe, die zusammen mit der Fachwelt die Etablierung dieser flächendeckenden Akutversorgung ermöglicht hat. Diese auch im weltweiten Vergleich hervorragende Versorgungsstruktur nützt den Menschen natürlich nur, wenn der Schlaganfall auch innerhalb des kurzen Zeitfensters von etwa fünf Stunden erkannt und behandelt wird. Deswegen ist es das tägliche Brot der Stiftung, mittels Presseveröffentlichungen, Informationsbereitstellungen und Öffentlichkeitskampagnen die Bevölkerung darauf hinzuweisen, dass jeder Schlaganfall ein Notfall ist und darum auch bei Unsicherheit die 112 gewählt werden muss. Solch eine Kampagnenfähigkeit, die Teil der DNA der Stiftung ist, kann den Unterschied machen zwischen einem erfolglosen und einem erfolgreichen Projekt. Und – dies sei erwähnt – darum setzen wir sie auch für die in diesem Beitrag beschriebenen Ziele ein.

Auch die Rehabilitation kann ebenfalls in hohem Maße auf evidenzbasierte, wissenschaftlich fundierte Therapiekonzepte setzen. Diese bedeuten für Betroffene eine qualitativ hochwertige Basis zur Vorbereitung auf die Rückkehr in den Alltag. In ganz Deutschland gibt es zusätzlich ehrenamtlich tätige Regionalbeauftragte der Schlaganfall-Hilfe, die in ihrem Umfeld Ansprechpartner für Betroffene sind und z. B. durch Vortragsveranstaltungen Aufklärung betreiben. Meist sind dies Neurologen aus den Akut- und Rehakliniken, aber auch niedergelassene Ärzte. Hinzu kommen noch etwa 30 sogenannte Schlaganfall-Büros, die vor Ort einen Anlaufpunkt für Betroffene darstellen.

Wenn man für eine Indikation eine gute Versorgungsstruktur haben will, darf man die Selbsthilfe nicht vergessen. Die Stiftung Deutsche Schlaganfall-Hilfe betreut etwa 400 Schlaganfall-Selbsthilfegruppen in Deutschland und unterstützt diese bei ihrer Arbeit. Umgekehrt geben die Mitglieder dieser Selbsthilfegruppen uns wertvolle Informationen darüber, wie es an der Basis wirklich aussieht. Und *eine* Rückmeldung bekommen wir in diesen oder ähnlichen Worten immer, immer wieder: „Als es in die Nachsorge ging, wurde es ganz schwierig. Als käme man von der Autobahn auf einen Feldweg."

17.2.3 Die Probleme

Die größten Probleme in der Schlaganfall-Versorgung gibt es an den Schnittstellen zur und innerhalb der Nachsorge. Hier besteht nach wie vor viel Potenzial für Verbesserungen und neue Versorgungskonzepte. Einige Beispiele:

* Lange Therapiepausen nach der Klinik sorgen dafür, dass erste Erfolge wieder verloren gehen – schlimm für den Betroffenen, sehr teuer für das System.[1]

---

[1] Mehr als ein Drittel der Patienten hatte 14 Tage nach Entlassung aus der stationären Reha noch keine Verordnung für weitere Therapien, ergab eine stiftungseigene Online-Befragung von 300 Betroffenen im Jahr 2013.

- Die weitere Rehabilitation der Patienten ist abhängig vom sozialen Status und von den familiären Verhältnissen. Ein großer Teil der Patienten ist mit der selbstständigen Organisation der weiteren Behandlung schlichtweg überfordert (Baumann 2015).
- Nach kurzer Zeit verhalten sich nur noch etwa die Hälfte aller chronisch kranken Patienten therapietreu, dies zeigte eine große WHO-Studie aus dem Jahr 2003 (World Health Organization 2003). Insbesondere Schlaganfall-Patienten brauchen Anleitung, Beratung und Motivation, sonst ist die Gefahr für einen zweiten, oft deutlich schwereren Schlaganfall sehr groß.
- Rund ein Drittel der Betroffenen, so schätzen Ärzte und Psychologen, entwickelt nach dem Schlaganfall eine depressive Erkrankung. Häufig wird sie nicht erkannt und behandelt.[2]

Der tiefere Grund, dass es zu diesen Fehlentwicklungen gekommen ist – und das muss man immer wieder wiederholen –, liegt *nicht* in erster Linie an einem zu geringen Angebot von potenziell vorhandenen Versorgungsleistungen zur Schlaganfall-Therapie in Deutschland, sondern an der mangelnden gemeinsamen Zielsetzung der vielen involvierten Akteursgruppen, was man denn eigentlich mit der Schlaganfall-Behandlung letztendlich erreichen will. Und er liegt an der verbindlichen kollektiven Verantwortung für eben diese Zielerreichung.

Nun leben aber in Deutschland etwa 1,8 Millionen Menschen, die bereits einen Schlaganfall erlitten haben und ein Interesse daran haben (müssten), nicht noch einen weiteren zu bekommen. Hier setzen die Schlaganfall-Lotsen an.

17.3   Schlaganfall-Lotsen als Koordinatoren der Versorgung

17.3.1 Wer die Lotsen sind und wie sie arbeiten

Die Schlaganfall-Lotsen, von denen es derzeit (Frühjahr 2020) erst etwa zwei Dutzend in ganz Deutschland gibt, haben meist bereits vorher schon Erfahrungen in der Behandlung von Schlaganfall-Patienten gesammelt. Sie haben einen pflegerischen oder therapeutischen Hintergrund und zusätzlich eine Case-Management-Ausbildung absolviert. Case-Management (Fallbegleitung) ist eine im Sozial- und Gesundheitswesen anerkannte Methodik, die zum Einsatz kommt, wenn es komplexe Versorgungspläne mit vielen Dienstleistern zu organisieren gilt.

Schlaganfall-Lotsen sind professionelle Kräfte, die nach den Regeln der Deutschen Gesellschaft für Case- und Care-Management (DGCC), mit der die Stiftung zusammenarbeitet, ausgebildet und zertifiziert sind. Das Curriculum, welches gemeinsam erarbeitet

---

[2] Die Inzidenz von einem Drittel aller Schlaganfallpatienten mit einer Post Stroke Depression wird in der wissenschaftlichen Literatur am häufigsten genannt. Praktiker gehen davon aus, dass die PSD mindestens ein Drittel der Patienten trifft.

wurde, beträgt 160 Unterrichtsstunden und ist so konzipiert, dass es für andere Indikationen grundsätzlich übertragbar ist, ebenso wie das Interventionsschema an sich.

Der typische Schlaganfall-Lotse selbst ist meistens eine Lotsin, um die 50 Jahre alt, erfahrene Pflegekraft oft von einer neurologischen Station und interessiert daran, Menschen nach der Stroke Unit nicht aus den Augen zu verlieren und einen Beitrag dazu zu leisten, dass die Patienten nachhaltig von der Akutbehandlung profitieren. Zur Wahrheit gehört auch, dass Lotsen keinen Schichtdienst machen müssen, was im Allgemeinen einen kräftigenden Effekt auf die Bewerberlage nach sich zieht.[3]

Was sollen die Schlaganfall-Lotsen erreichen? Im Prinzip sollen die Lotsen die oben genannten Fehlfunktionen des Systems ausbügeln, also konkret:

- die Therapietreue erhöhen und dadurch das Rehabilitationsergebnis und die Lebensqualität des Betroffenen nachhaltig verbessern,
- Pflege verhindern oder Pflegeaufwände verringern,
- einen längeren Verbleib in der eigenen Wohnung ermöglichen,
- durch intensive Unterstützung in der Sekundärprävention einen wiederholten Schlaganfall oder eine andere Folgeerkrankung wie z. B. eine PSD verhindern.

Wir betrachten die Arbeitsweise des Lotsen zunächst aus der Perspektive der oben vorgestellten siebzigjährigen Witwe: Der Schlag hat sich am Vortag ereignet und sie liegt nun mit einem typischerweise mittelschweren Schlaganfall auf der Stroke Unit. Die Patientin hat Glück gehabt, dass sie noch im relevanten Zeitfenster auf die Stroke Unit gebracht und erfolgreich behandelt wurde. Die schweren Funktionalitätsstörungen vom Vortag haben sich bereits gemildert, wenngleich noch nicht abzusehen ist, welche Folgen auf Dauer bleiben werden. Der behandelnde Arzt rät ihr, sich dem Lotsenprogramm anzuschließen: „Die Lotsin kommt gleich zu Ihnen ans Bett und erklärt Ihnen, wie sie Ihnen helfen kann. Ihre Teilnahme ist freiwillig und kostenfrei für Sie."

Der Schlaganfall-Lotse nimmt also nach dem Prinzip der aufsuchenden Hilfe die Patientin bereits auf der Stroke Unit in sein einjähriges Betreuungsprogramm auf. Er besucht sie anschließend in der Reha-Klinik und im ersten Quartal zu Hause, um die Wohnraumsituation und die familiäre Situation mit zu berücksichtigen. Dem folgt ein regelmäßiger Telefonkontakt; die notwendigen digital hinterlegten Dokumentationen gehen damit einher. Wichtig für die Betroffene ist das Angebot der Lotsen, im Bedarfsfall diese selbst anrufen zu können.

---

[3] Wir werden oft gefragt, ob wir mit dem Lotsenberuf zukünftig nicht die Pflegekräfte vom Markt saugen würden. Umgekehrt wird ein Schuh daraus: Gerade weil kaum jemand Schichtdienst in der Pflege bis zur Rente toll findet, ist eine Exit-Option im höheren Berufsalter in einen artverwandten Beruf wie den Lotsen für junge Menschen sicherlich eher ein Grund, doch in den Pflegeberuf einzusteigen. Und bis es flächendeckend Lotsen in Deutschland gibt, fließt erfahrungsgemäß noch viel Wasser die Spree hinab.

Der Lotse ist ein professioneller Case- und Care-Manager für die Sekundärprävention. Er ersetzt keinen Arzt und keinen Sozialdienst und übernimmt keinen Job, den es nicht schon gibt. Er achtet nur darauf, dass sich ein roter Faden durch den gesamten Versorgungsprozess zieht. Er informiert und berät die Betroffenen und seine Angehörigen, dokumentiert die Behandlungen und koordiniert die Maßnahmen, unterstützt bei der Beantragung von Hilfsmitteln, der Suche nach einem Pflegedienst oder bei notwendigen Umbaumaßnahmen zu Hause. Er achtet auf die Therapietreue der Patienten, auf die Kontrolle von Risikofaktoren wie z. B. Bluthochdruck und motiviert sie zur Änderung ihres Lebensstils (z. B. durch ein Raucherentwöhnungsprogramm). All dies geschieht nicht unstrukturiert oder wie in einer Vollkaskoversorgung für den Patienten, sondern professionell, einfühlsam, aber auch recht resolut: Der Lotse vereinbart mit dem Patienten konkrete Ziele, z. B. die Teilnahme an Bewegungsprogrammen, eine Ernährungsberatung oder den Rauchverzicht. Diese Ziele werden gemonitort, ebenso wie sichtbare Veränderungen des persönlichen Verhaltens („Die Gardinen sind gelb!? Nicht mehr lange."). Am Ende des Lotsenjahres sollen die Betroffenen

- immer noch leben, und zwar therapietreu leben,
- kein Rezidiv oder andere Folgeerkrankung haben,
- ihre weitere Versorgung selbst (bzw. durch ihre Angehörigen) organisieren können,
- gemäß ihrer Möglichkeiten aktiv am sozialen Leben teilnehmen.

Die Primärziele sind also aus Betroffensicht die Vermeidung von Folgeschlaganfällen und Begleiterkrankungen sowie eine Erhöhung bzw. Stabilisierung der Lebensqualität im Sinne der Teilhabe. Wir gehen davon aus, dass mit einer Begleitung durch Schlaganfall-Lotsen die Folgeerkrankungen um bis zu 30 Prozent verringert werden können.

17.3.2 Zur Historie der Schlaganfall-Lotsen

Die ersten Schlaganfall-Lotsen nahmen 2012 ihre Arbeit auf. Vorher hatte die Stiftung Deutsche Schlaganfall-Hilfe ein weitreichendes Konzept zum qualitätsgesicherten Case-Management (qCM) für die Schlaganfallversorgung erarbeitet, welches durch die ersten Lotsen in ihrem jeweiligen Umfeld erprobt wurden. Diesen ersten Schritten folgte 2013 ein vom NRW-Gesundheitsministerium gefördertes Pilotprojekt mit 300 Patienten in Ostwestfalen-Lippe, welche von fünf Lotsinnen betreut wurden. Hier konnten wir wertvolle Erfahrungen über die Tätigkeit der Lotsen im Alltag in der Fläche sammeln, die wir in das Innovationsfondsprojekt STROKE OWL eingebracht haben.

Der Innovationsfonds war natürlich ein Segen für die frustrationsgeplagte IV-Szene. Durch seine schiere Größe, aber auch durch die durch ihn erzeugte Aufmerksamkeit bietet er die Chance, wirkliche Fortschritte in der Gesundheitsversorgung in Deutschland anzustoßen und auch zu verankern. Zwar hat er, wie viele andere gesundheitspolitische Projekte auch, so manchen Geburtsfehler (der größte ist die SGB V-Lastigkeit an sich), aber man muss eben aus dem, was man bekommt, das Beste machen. Und bei allen verwaltungspolitisch und kulturell bedingten Selbstbeschränkungen der im Innovationsfonds tätigen Akteure (in Bezug auf die Möglichkeit, einmal aus der Kiste herausspringen zu dürfen und sich wirklichen Innovationen hinzugeben) darf man allen Beteiligten doch nachsagen, dass sie sich ernsthaft darum bemühen, die Dinge zum Erfolg zu bringen.

Auf dieser Basis hat die Stiftung Deutsche Schlaganfall-Hilfe die Chance beim Schopf ergriffen und zusammen mit ihren Partnern 2016 den Antrag STROKE OWL beim Innovationsfonds eingereicht. Bewilligt wurde der Antrag Anfang 2017, offizieller Projektstart war Oktober 2017.[4]

17.3.3 STROKE OWL

Das Projekt STROKE OWL ist ein Akronym für *Sektorenübergreifend organisiertes Versorgungsmanagement komplexer chronischer Erkrankungen in Ostwestfalen-Lippe*. Es hat zum Ziel, bis zu 2000 Schlaganfallbetroffene im NRW-Regierungsbezirk Detmold („OWL") durch Lotsen zu betreuen und zu prüfen, inwieweit die oben genannten Ziele erreicht werden. Wird eine deutlich geringere Rate von Rezidiven bzw. Folgekrankheiten sowie eine erhöhte Teilhabe der Betroffenen erreicht, soll das Lotsenprinzip Teil der Regelversorgung werden. (Zu den Einzelheiten des Studiendesigns und der Evaluation wird auf unseren Antrag und auf unsere Projektwebsite www.stroke-owl.de verwiesen.)

Konsortialpartner sind die Universität Bielefeld (Prof. Wolfgang Greiner), das OFFIS – Institut für Informatik in Oldenburg, die IKK classic und die Techniker Krankenkasse. Tatsächlich sind mit der AOK NordWest, der Barmer, der DAK und den Betriebskrankenkassen in OWL alle relevanten gesetzlichen Krankenkassen operativ mit im Boot. Dies kommt den berechtigten Wünschen insbesondere der niedergelassenen Ärzte entgegen, bei ihren Patienten nicht Aschenputtel spielen zu müssen, und ist ein großer Vorteil im Vergleich zu anderen Projekten im Innovationsfonds. Die beteiligten Krankenversicherungen möchten dadurch auch ausdrücklich ihren Willen dokumentieren, dass die geordnete Versorgung von Schlaganfall-Patienten auf einem ganz neuen Niveau gemeinsam, also außerhalb des üblichen Wettbewerbes, auf den Weg gebracht werden soll.

Eine ähnliche Gemeinsamkeit finden wir bei den Leistungserbringern. Sowohl mit den Akutkliniken mit Stroke Units, wo die Lotsen meist ihr Büro haben, als auch mit den in OWL stark vertretenen neurologischen Rehabilitationseinrichtungen und den niedergelassenen Ärzten gibt es eine fast flächendeckende Zusammenarbeit. Dies wurde erreicht durch zahlreiche geduldig geführte Gespräche. Weil für Innovationsprojekte das Prinzip der freiwilligen Mitarbeit gilt, muss das Konzept natürlich inhaltlich überzeugen. Aber das allein reicht nicht. In dem Konzept müssen sich auch die Interessen der Beteiligten dahingehend wiederfinden, dass die Projektziele ebenso wie die Durchführung zumindest nicht schädlich für die jeweiligen Mitglieder im Projekt sind.

---

[4] Den Antrag zu STROKE OWL stellen wir auf Nachfrage gerne zur Verfügung.

Stiftungen können hier aufgrund ihrer Gemeinnützigkeit, ihrer Neutralität und ihrer Möglichkeit, mit langem Atem an einem Ziel festzuhalten, eine produktive Funktion einnehmen. In der Tat war dies für STROKE OWL von Vorteil: Die anderen Projektpartner können sich auf ihren fachlich-operativen Beitrag konzentrieren, und die Stiftung organisiert und setzt den Rahmen, wobei zur Rahmensetzung auch die Einbringung der inhaltlichen Expertise gehört.

Ein Wort zum Rechtsrahmen: Während der Antragstellung wurde natürlich breit diskutiert, unter welchem Rechtsrahmen das Projekt laufen sollte. Am Ende entschied man sich für den § 140 SGB V, wobei eine Krankenkasse nicht ganz zu Unrecht auch den § 63 SGB V ins Spiel brachte. Aber für die meisten Kassen war es in den internen Genehmigungsprozessen einfacher, sich auf den 140er zu beziehen. Wir stimmten zu, nicht ahnend, was das alles für Folgeprozesse nach sich zog. Ich will hier nicht auf die Einzelheiten unseres langen Marsches durch die Sozialbürokratie eingehen, sondern nur andeuten, dass wir in der formativen Evaluation unseres Projektes *eines* relativ schonungslos darstellen werden: Die üblichen Paragrafen, die die Erlebens- und Denkwelt der im Gesundheitswesen tätigen Gruppen formen, haben mit Innovations- und Gestaltungsfähigkeit wenig zu tun. Das dürfte zwar den meisten bekannt sein, aber als Nutznießer des Innovationsfonds sehen wir uns auch in der Pflicht, diese Fehlkonstruktionen nicht mit einem resignierenden Schulterzucken zu quittieren, sondern Lehren daraus zu ziehen.

Insofern sind die bereits angelaufenen Bemühungen im politischen Raum zur vernünftigen Implementierung erfolgreicher Innovationsfondsprojekte lobenswert. Dennoch bleibt die Frage offen, ob man wirklich den Mut haben wird, muffige Gesetzeskonstruktionen mit den Erkenntnissen aus den Projekten einzureißen, um den großen Sprung nach vorn in Sachen Public Health zu schaffen. Genau das werden wir testen.

Wie dem auch sei: Nach neun Monaten Vorlaufphase (geplant waren fünf) betreuen seit Sommer 2018 mittlerweile 17 Schlaganfall-Lotsen Betroffene in OWL. Die abgeschlossenen Selektivverträge bilden einen validen Rechtsrahmen für das Projekt, den man auch für Übergangs- und Brückenprojekte nutzen kann; dies gilt auch für die Vereinbarungen der Konsortial- und Projektpartner untereinander. Auf einem hohen qualitativen, DSGVO-widrigkeitsfesten und transferierbaren Niveau sind auch die Festlegungen zum Datentransfer und Datenschutz – und haben somit eine Wertigkeit, die sich über das Projekt hinaus als nützlich erweisen kann. (Das sollten sie besser auch, die Juristen waren echt teuer.) Nicht zuletzt wird die digitale Abbildung unseres Lotsenprozesses, die sogenannte Lotsen-App, es für den späteren Regelbetrieb ermöglichen, Workflow-Software zu entwickeln, die alltagstauglich und skalierbar ist und dabei noch in der Lage ist, wissenschaftlich wertvolle Daten zu erzeugen.

Zählt man dann noch die vielen einzelnen formalen Vereinbarungen und sonstigen Übereinkünfte dazu, so können wir feststellen, dass das Projekt STROKE OWL in seinem Aktionsgebiet eine vernetzte intersektorale Struktur von etwa zwei Dutzend Kernakteuren und von über einhundert Mitakteuren (z. B. die niedergelassenen Ärzte und die Therapeuten) geschaffen hat, die selbst bei einer Nichtweiterführung des Projektes in sich Bestand haben wird. Aber der Nutzen dieser Struktur wird von den Lotsen auf ein ganz anderes Niveau gebracht.

Die Lotsen können nach derzeitiger Erfahrung etwa 70 bis 80 Betroffene gleichzeitig betreuen. In der groben Planung werden darum etwa 1000 Patienten pro Projektjahr betreut (von 6000 bis 7000 Schlaganfällen pro Jahr in Ostwestfalen-Lippe). Bedingt durch Lernkurven, Hochlauf- und Runterfahrkurven und die üblichen Kinderkrankheiten wird die operative Projektphase aber eher drei als zwei Jahre dauern.

Zum Zeitpunkt der Erstellung dieses Artikels (Frühjahr 2020) werden 1500 Betroffene betreut. Davon sind bereits 1000 Patienten erfolgreich von den Lotsen in die eigenständige Nachsorge entlassen worden. Erst danach wird es die ersten validen Ergebnisse in Bezug auf die Primärziele geben. Bereits jetzt – und auch aus den Auswertungen des Vorläuferprojektes – wissen wir aber um die extrem hohe Akzeptanz der Lotsentätigkeit: Bis jetzt haben nur etwa 40 Patienten das Lotsenprojekt wieder verlassen (ein Drittel davon durch Tod). Im Gegensatz dazu haben Rückmeldungen, die die Betroffenen und ihre Angehörigen der STROKE OWL-Patientenbeauftragten gegeben haben, enorm hohe Zustimmungswerte. Man kann dies in einem Zitat wiedergeben: „Was hätten wir bloß ohne Sie gemacht?" Und genauso wichtig und vermutlich für den Genesungsfortschritt relevant ist die Aussage einer Betroffenen: „Allein das Gefühl, dass immer jemand da ist, an den ich mich wenden kann: Das ist für mich unglaublich wichtig."

Dieses Zitat muss zu diesem Zeitpunkt, also im Jahr 2020, noch kein Beleg dafür sein, dass die betreuten Schlaganfall-Betroffenen gesundheitlich besser dastehen als die nicht von Lotsen Betreuten. Es wäre jedoch naiv anzunehmen, dass dies nicht so wäre. Aber ganz entscheidend, und damit kommen wir langsam zum politischen Part, ist etwas anderes: In einer existenziellen, meist plötzlich eingetretenen Notlage tritt jemand an den Betroffenen heran und sagt: „Ich kümmere mich um Sie."

17.4 Das Kümmererprinzip und wem es nützt

Dieses Samariterprinzip oder eben Kümmererprinzip ist die eigentliche Innovation bei den Schlaganfall-Lotsen. Die Lotsen sind nicht nur Case-Manager und bearbeiten „den Fall". Sie sind auch aufsuchende Care-Manager und sind in diesem Wortsinn aus Sicht der Betroffenen karitativ tätig. Die Lotsen sind „Führ-Sprecher" der Betroffenen: Sie führen/ lotsen diese durch die Tiefen des deutschen Versorgungssystems, aber gleichzeitig sind sie die neutrale Ombudsperson der Patienten, die im Namen dieser bei den Akteuren im System vorspricht. Dieser Umstand verleiht den Lotsen einen besonderen Status, den sich die Betroffenen auch genau so wünschen.

Das ist umso bemerkenswerter, als dass die Lotsen keinerlei Weisungsrechte haben. Sie können keine Rezepte ausstellen, keine Heilmittel verordnen und erst recht keinem Arzt etwas vorschreiben. Im Kern vermitteln sie aus der Sicht von Leistungserbringern und Kostenträgern eigentlich nur Informationen. Sie erhalten Daten und geben sie weiter.

Und hier deutet sich schon die wahre Macht an, die in dem Lotsenprinzip verborgen liegt. Der Lotse ist Träger der Daten des Patienten, und zwar im Auftrag des Patienten. Der

Lotse kennt alles, was in der Versorgungskette relevant ist. Und er setzt dieses Wissen in der real existierenden Versorgungsregion seiner Schutzbefohlenen konsequent ein – im Sinne der Zielsetzung. Und so ist der Lotse in unserer fragmentierten Versorgungslandschaft gleichsam als Avatar des Patienten der Einzige, der den gesamten Überblick hat und sich gleichzeitig auch alle Ziele und Bedürfnisse des Betroffenen zu eigen macht: vom Koordinator zum Integrator der Versorgung.

Noch mal zur Verdeutlichung: Die Wirkmächtigkeit des Lotsenprinzips liegt darin, dass der Lotse paradoxerweise eigentlich keine Macht hat – in Bezug auf die klassischen Akteure –, aber dennoch eine faktische Gestaltungshoheit vom eigentlichen Subjekt der Gesundheitsversorgung übertragen bekommt: vom Betroffenen selbst.

Weil das so ist, weicht bei den Funktionären unter uns die in den Anfangsjahren überwiegend diskutierte Frage „Bringt das denn dem Patienten überhaupt etwas?" mittlerweile mehr und mehr der Frage: „Wer soll denn eigentlich in Zukunft der Arbeitgeber der Lotsen sein?"

Bevor hierauf eine Antwort gegeben wird, werfen wir einen Blick auf die Ökonomie und auf das Stakeholdermanagement.

Wie beschrieben kann der Lotse etwa 70 bis 80 Schlaganfall-Betroffene gleichzeitig betreuen. Das heißt, im laufenden Betrieb werden etwa ein bis zwei Patienten pro Woche aus dem Betreuungsprogramm entlassen, und ebenso viele werden vom Lotsen neu in die Betreuung aufgenommen. Die Kosten für einen Lotsen beschränken sich im Wesentlichen auf dessen Personalkosten sowie Büro/IT und Mobilitätskosten. Mit den angegebenen Betreuungsrelationen kommt man dann auf einen Kostenwert pro Patient von etwa 1000 Euro. Diese Zahl ist eine grobe Schätzung und könnte auch 700 Euro oder 1500 Euro sein.

Für die weitere Argumentation ist der genaue Wert tatsächlich nicht entscheidend. Denn man muss ihn den gesamten direkten Kosten eines Schlaganfalls gegenüberstellen. Die genauesten Zahlen stammen aus dem Jahre 2006: Im ersten Jahr belaufen sich die Kosten nach dem Schlaganfall im Durchschnitt auf knapp 20.000 Euro, für die ganze Zeit danach kommen noch über 20.000 Euro hinzu (Kolominsky-Rabas et al. 2006). Die Wahrscheinlichkeit eines Rezidivs ohne strukturierte Nachsorge liegt bei etwa 25 Prozent. Aus Sicht der Lotsin hat diese also immer etwa knapp 20 „sichere" zu erwartende Rezidivpatienten unter ihren Fittichen. Diese Zahl will sie idealerweise auf null setzen.

Angenommen, man wolle bei Verhinderung eines Rezidivs „nur" die Kosten des ersten Versorgungsjahres sparen, so würde man bei einer Rezidivratensenkung um 30 Prozent bereits fünf oder sechs Betroffene vor ihrem Folgeschicksal bewahren, was nach dieser einfachen Rechnung die Lotsenkosten bereits aufwiegt. Kostenersparnisse durch weitere vermiedene Erkrankungen sind hier nicht mit eingerechnet, ebenso wenig die vermiedenen indirekten Kosten wie z. B. die Aufgabe des Berufes des Ehepartners. Diese mögen für die Krankenkasse nicht relevant sein, sehr wohl aber für die Gesamtgesellschaft.

Und hier taucht das klassische Problem auf, welches bei sektorenübergreifenden Versorgungslösungen oft das Haupthindernis darstellt: Wer spart hier genau? Dazu die Antwort eines Kassenvorstandes aus den Anfangsjahren: „Kann schon sein, dass die Lotsen

sogar Kosten sparen. Aber doch wohl eher bei der Pflegekasse. Durchlaufender Posten –
interessiert mich nicht."

Man kann ja fast schon dankbar für diese entwaffnende Antwort sein. Denn der Kassen-
vorstand hat das spieltheoretische Problem auf den Tisch gelegt: Wie kann man erreichen,
dass selbst bei erkanntem Public-Health-Nutzen einer neuen sektorenübergreifenden Versorgungsform sich nicht einer der Akteure verweigert (einer reicht!), im Spiel mitzuspie-
len, weil er gemessen an seinem Einsatz eine negative Rendite befürchtet? Dieses Problem
zu lösen ist in vielen Innovationsfondsprojekten die eigentliche Herausforderung – und
nicht die Fachlichkeit an sich.

17.5 Mitstreiter gewinnen

Eine notwendige Bedingung für eine Beteiligung der verschiedenen Akteure ist Offenheit,
eine umfassende Betrachtungsweise und eine proaktive Informationskultur. Niemand darf
sich außen vor fühlen, vor allem nicht, wenn wichtige Punkte noch nicht konsentiert wurden. Dem Kommunikationsmanagement vor und in einem solchen Projekt muss viel Ressource gewidmet werden; meist wird dies unterschätzt.

Außerdem gibt es gerade im ebenso meist unterschätzten gesellschaftspolitischen Umfeld eines großen Projekts noch manche Tricks und Kniffe, welche auf das Erfolgskonto
einzahlen.

Ein Beispiel: Ein sehr nützliches Instrument sind Projektpaten. Im Projekt STROKE
OWL haben die Lotsen in jedem Kreis einen Paten aus der Politik: einen Landrat, eine
Bundestagsabgeordnete oder ein Mitglied des Landtages. Die Paten treffen sich ein- oder
zweimal im Jahr presseöffentlich mit den Lotsen, fragen, wie es läuft, sprechen gemeinsam mit betreuten Patienten oder machen sogar einen Praktikantentag bei ihren Lotsinnen.
Die politischen Patenschaften haben den Zweck, solche oft sehr medizinisch-wissen-
schaftlich orientierten Projekte aus dem gesellschaftspolitischen Dornröschenschlaf zu
holen. Dies nützt in mehrfacher Hinsicht: Zum einen wird aus dem fachlichen Projekt ein
regionales Wir-Projekt. Das vergrößert das Spielfeld, auf dem Sie agieren, und ermöglicht
zum anderen ein, sagen wir, „flexibleres" Vorgehen bei der Abarbeitung von Hindernissen:
Einen Landrat, der Schlaganfall-Lotsen für die Menschen in seinem Kreis haben will,
möchte man als Akteur vor Ort eher unterstützen als ihm widersprechen: Das öffnet in der
Folge so manche Türen.

Dazu gehört ebenso die Netzwerkarbeit. Ein sehr brauchbares Instrument dafür ist ein
Projektbeirat. In STROKE OWL haben wir sogar derer zwei: Zum einen gibt es einen
wissenschaftlichen Beirat aus fünf Professoren, die das Studiendesign und die Evaluation
im Blick behalten. Das sichert die fachliche Qualität des Projektes. Nicht minder wichtig
ist der zweite Beirat, der aus einem Dutzend Vertreter gesellschaftlich relevanter Gruppen
besteht. Hier finden sich Angehörige verschiedener Berufsverbände aus den Bereichen
Gesundheit und Soziales wieder sowie Fachpolitiker, Regionalpolitiker und Vertreter der
Gesundheitswirtschaft. Das entscheidende Auswahlkriterium ist auch hier die grundsätz-

liche Bereitschaft, das Projekt zum Erfolg zu bringen und neben der konstruktiv-kritischen Begleitung die eigenen Netzwerke mit einzubeziehen.

Das alles lässt sich leicht sagen und ist auch schnell hinzuschreiben, aber die Durchführung ist die harte Kärrnerarbeit des politischen Lobbyismus. Natürlich müssen Sie das alles nicht machen, wenn Sie die dreiundzwanzigste Blutverdünner-Tablettenstudie planen. Aber Sie würden dieses Buch nicht in der Hand haben, wenn Sie nicht das Interesse und den Willen hätten, sektorenübergreifende Versorgungsformen an den Start zu bringen. Und weil die sektorenübergreifende Versorgung im Deutschland des bald großjährigen 21. Jahrhunderts leider immer noch unter der Rubrik „etwas Neues wagen" fällt, ist das geschickte Zusammenbringen der relevanten Stakeholder nicht nur eine sehr empfohlene freiwillige Leistung, sondern eine Pflicht.

17.6   Sektorenübergreifende Versorgung neu denken und umsetzen

17.6.1   Ein Gedankenspiel quer durch die Sozialgesetzgebung

Eigentlich ist die Begrifflichkeit *sektorenübergreifende Versorgung* in Bezug auf das Lotsenprinzip doppelt falsch gewählt. Lotsen versorgen ja niemanden mit einer Gesundheitsleistung im klassischen Sinne, sondern sie **koordinieren** solche Leistungen. Und ja, diese Koordination ist sektorenübergreifend, viel sektorenübergreifender als in der meist gedachten Version ambulant-stationär. Aber die Lotsen selbst sind sektor**unabhängig**, und das bedeutet viel mehr: Sie entkoppeln für den Betroffenen den Zwang, sich mit den verschiedenen Sektoren unseres Gesundheitssystems – Laie vs. Profis – auseinanderzusetzen, von der Erreichung des eigentlichen Gesundheitsziels. Das eigentliche Gesundheitsziel lässt sich einfacher erreichen, wenn ein *Case- und Care-Manager* sich um die Verbindungen zu den Leistungserbringern kümmert.

Diese Funktion einer One-Stop-Agency bezieht sich nicht nur auf die Bereiche Akut-Rehabilitation-ärztliche Nachsorge mit ihren Schnittstellen, sondern auf alle Bereiche, die aus sozialversicherungsrechtlicher Sicht die Lebenswelt der Betroffenen berühren, also z. B. die Pflege und die Rente. Und deswegen ist es für die rechtliche Ausgestaltung des Lotsenprinzips von grundsätzlicher Bedeutung, dass dieses Prinzip notwendigerweise in allen betroffenen Sozialgesetzbüchern, also neben dem SGB V auch in IX, XI und sogar VI kongruent verankert wird: Ein Lotsengesetz wäre eine Art „SGB Null", quasi ein Deckblatt über alle Sozialgesetzbücher, zur Manifestierung dieses übergeordneten Prinzips.

Spätestens ab hier muss man sich wirklich frei machen von den althergebrachten sektoralen Denkschemata. Bevor sich jetzt gleich alle in Stellung bringen, beschreibe ich im Folgenden, wie ein Versorgungsmanagement mit Lotsenunterstützung praktisch ablaufen sollte. Ich beschreibe das wieder am Beispiel des Schlaganfalls, es ist aber leicht übertragbar auf alle andere Indikationen mit komplexen Versorgungsbedarf.

Eine Person erleidet einen Schlaganfall. Der behandelnde Arzt, in diesem Fall ein Aku-
tarzt, sieht hier regelhaft einen komplexen Versorgungsbedarf und stellt ein Lotsenrezept
aus. Auf diesem Rezept kreuzt er den Lotsengrad an, den wir der Einfachheit halber analog zu den Pflegegraden unterteilen, also in fünf Abstufungen. Der Arzt verschreibt den
Lotsengrad 4, das ist ein Lotse für mittelschwere Schlaganfälle mit einem Ressourcenwert
von etwa 1000 Euro. Bei einem leichten Schlaganfall oder einer TIA (oder auch einem
Diabetes als Beispiel für eine andere Indikation) hätte er vielleicht den Lotsengrad 2 ver-
schrieben mit einem Wert von, sagen wir, 300 Euro (alles extrabudgetär). Der Sinn der
Unterteilung in Lotsengrade ist der gleiche wie bei den Pflegegraden, also die Kanalisie-
rung in Kostenkategorien je nach Komplexität des Koordinationsbedarfs. Dies macht es
einfacher, die verschiedenen Indikationen mit ihren unterschiedlichen Koordinationsauf-
wänden in die Erstattungs- und Betreuungssystematik aufzunehmen.

17.6.2 Das Lotsenprinzip umsetzen

Der Patient kann nun die Unterstützung eines Lotsen in Anspruch nehmen. Dieser Lotse
hat dann die oben beschriebenen Aufgaben und Kompetenzen. So ein Lotse könnte
z. B. ein Freiberufler sein, oder er ist angestellt bei einer regionalen Case-Management-
Gesellschaft. Solche regionalen CM-Gesellschaften, von denen es z. B. im Kreis Lippe
(www.casemanagement-lippe.de) eine gibt, hätten die Aufgabe, Lotsenleistungen bereitzustellen und abzuwickeln. Wichtig: Die üblichen Leistungen in der Versorgungskette
bleiben unberührt.

An dieser Stelle möchte ich die oben gestellte Arbeitgeberfrage wieder aufgreifen.
Könnten die Lotsen nicht auch bei den bestehenden Leistungserbringern angesiedelt werden? Es müsste doch nur der vorgeschriebene Interventionspfad eingehalten werden. Rein
ablauftechnisch könnte man das bejahen. In der Tat sagen die Akutkrankenhäuser, man
möge die Lotsen bei ihnen ansiedeln. Denn dort gehe die Reise des Patienten los, und dort
fallen viele erste Daten an. Die Rehakliniken argumentieren wiederum, dass sie gute Lot-
senarbeitgeber wären, weil dort zum ersten Mal in Ruhe und strukturiert die Nachsorge-
phase eingeleitet wird. Die niedergelassenen Ärzte betonen demgegenüber, dass das lange
Ende der Patienten-Journey bei ihnen liege, und darum die Lotsenträgerschaft bei ihnen
gut aufgehoben wäre; außerdem käme ihnen doch ohnehin die Lotsenfunktion im Gesundheitssystem zu. Nebenbei legen die Krankenkassen Wert auf den Umstand, dass sie die
Lotsen bezahlen – dann könnte man sie vielleicht auch gleich selbst einstellen.

Hieran kann man erkennen, dass man schnell in Gefahr gerät, wieder in die üblichen
Verteilungskämpfe zu geraten. Denn auf die strukturpolitische Ebene, weniger auf den
Einzelfall bezogen, gilt die Aussage:

▶ Weil mit den Lotsen das Wissen über den kompletten Behandlungspfad verbunden ist, hat derjenige, der die Lotsen sein eigen nennt, die Trümpfe in der Hand: Mit den Lotsen steuert man faktisch das System.

Darum kann die Lösung nur eine neutrale Instanz sein, welche die bestehenden Schieflagen des Gesundheitssystems nicht noch weiter zementiert und die (wichtig!) regional organisiert ist. Neutral bedeutet nicht, dass die oben genannten Stakeholder nicht beteiligt wären. Im Gegenteil: Die Lipper CM-Gesellschaft befindet sich in gemeinsamer Trägerschaft von Kreisklinikum und dortigem Ärztenetz. Mit dieser Kombination ist schon fast der größte Schritt getan, wobei man danach trachten sollte, noch mehr Akteure des Versorgungsprozesses hier mit einzubinden. Erfolgskritisch ist die Einigkeit darüber, dass man eine gemeinsame regionale Koordination von Menschen mit komplexen Versorgungsbedarfen sicherstellen will. Notwendig ist auch, dass die regionale Politik (z. B. der Kreistag) mit eingebunden wird.

„Sicherstellen" heißt dann aber auch, dass der Sicherstellungsanspruch von dieser Gesellschaft erfüllt wird und nicht von den Kostenträgern. Das ist auch wichtig, denn die regionalen Akteure haben ein höheres Incentive als die einzelnen Kostenträger fernab in der Zentrale: eine aus Sicht der Betroffenen in seinem Lebensumfeld durchgehende Versorgung zu gewährleisten. Da nun aber im Kern – nicht ausschließlich – die Versichertengemeinschaft für diese neue Lotsenleistung wird aufkommen müssen, sind auch die Interessen der Kostenträger zu berücksichtigen. Das kann z. B. in der Art eines *Dashboard-Controllings* geschehen: Regionen, die ihre zugeteilten Lotsenmittel in Hinblick auf Zielerreichungskriterien unterdurchschnittlich gut eingesetzt haben, erhalten eine niedrigere Pauschale als die besser agierenden Regionen. Entstehende Unterfinanzierungen müssen dann von der Region, z. B. von dem zuständigen Kreis bzw. der CM-Gesellschaft, zugeschossen werden. So teilen auch die kommunalen Gebietskörperschaften das Ziel der Kostenträger, die eingesetzten Mittel möglichst effizient einzusetzen. In diese Logik kann man auch die Ebene der Länder mit einbeziehen.

Diese Beschreibung dürfte deutlich machen, dass auch die Finanzierungslogik nicht der üblichen Systematik folgen darf, will man eine public-health-orientierte Steuerungsmöglichkeit auf allen Ebenen erhalten.

17.6.3 Und noch weiterdenken!

Den ultimativen Fortschritt mithilfe des Lotsenprinzips werden vor allem diejenigen schnell verstehen, die schon mal selbst in der Kommunalpolitik tätig waren. Dort gibt es bereits im Bereich der Jugendhilfe oder der familiären Hilfe Unterstützungsangebote mittels Case-Management oder zumindest Vorläuferstrukturen in der sozialen Arbeit. Sie sind aber auch noch nicht in eine übergreifende Logik gefasst worden. Im Kern muss man tatsächlich darauf hinarbeiten, dass der rechtliche Rahmen für eine Lotsentätigkeit sowohl für den Gesundheitsbereich als auch für die soziale Arbeit derselbe ist, denn viele soziale Notlagen entstehen aus medizinischen Notlagen. Dieser Herausforderung sollte sich der Gesetzgeber annehmen.

17.7 Fazit

Zusammengefasst besteht die Innovation des Lotsenprinzips aus der Kombination von

- aufsuchender Hilfe,
- strikter Patientenzentrierung,
- Unabhängigkeit von sektoralen Einzelinteressen,
- Datenhoheit im Auftrag der Betroffenen,
- Orientierung an definierten anzustrebende langfristigen Outcomes.

Wesentliche Voraussetzungen für eine erfolgreiche Implementierung sind

- Einigkeit der Akteure entlang der Versorgungskette,
- konstruktive Mitarbeit: „Open doors, open data, open mind",
- regionale Organisationshoheit inkl. Sicherstellung der Lotsenleistung,
- sektorenübergreifende Finanzierung,
- Incentives für alle beteiligten Interessengruppen.

Mit diesen Ausführungen ist hoffentlich das eingangs genannte zweite Ziel erreicht und wir nähern uns dem dritten Ziel. All das oben Beschriebene ist kein *Phantásien*, sind keine wirren Gedankenspiele.

Die Lotsentätigkeit ist mittlerweile real, und nicht nur bei Schlaganfall. Allein, beim Schlaganfall haben wir jetzt bereits funktionierende Strukturen geschaffen. Überdies werden wir mit einem Patientenpanel im vierstelligen Bereich auswertbare Informationen über den gesamten Versorgungsprozess erhalten, so wie es sie noch nie gegeben hat. Dieses Panel werden wir, die *Stiftung Deutsche Schlaganfall-Hilfe*, zusammen mit gleichgesinnten Partnern[5] über den *Innovationsfonds* hinaus vergrößern und zwar sowohl zeitlich, von der Anzahl der Patienten, von der Geografie als auch von den Indikationen.

Die Patientenbeauftragte der Bundesregierung hat im März 2019 die Implementierung von Patientenlotsen zum politischen Ziel erklärt; verbindliche Beschlüsse rücken nun näher.

Gleichzeitig werden wir nicht warten, bis einmal viele Monate nach dem „Last patient out" in unserem Projekt STROKE OWL eine vollständige Auswertung in einem Evaluationsbericht auf dem Tisch liegt, bevor man mit der allgemeinen Umsetzung des Projektziels beginnt. Vielmehr sind wir bereits jetzt dabei, mit den verschiedenen Entscheidern die oben skizzierten Grundzüge eines lotsenbasierten Versorgungsmanagements zu diskutieren. Dazu gehören nicht nur die Vertreter der im Projekt beteiligten Stakeholder –

---

[5] Das dürfen Sie als Einladung verstehen.

und an erster Stelle sind hier die Betroffenen selbst genannt – und der Innovationsausschuss im G-BA, sondern auch die Exekutive und die Mitglieder der Parlamente. Denn am Ende wird es ein *Lotsengesetz* geben, das den Rahmen vorgibt. Und natürlich wird es nicht genau so sein wie in dieser Denkschrift beschrieben, aber doch vielleicht sehr ähnlich oder zumindest genauso fortschrittlich. Und deshalb sollten wir den Wagemut eines Christoph Kolumbus in uns aufnehmen: Er wollte Indien auf innovativen Wegen erreichen, hat aber Amerika entdeckt: War auch nicht so schlecht.

Wenn Sie nun nach dieser Reise durch einige sicherlich ungewöhnliche gedankliche Landschaften nicht der Versuchung erlegen waren, an jeder Ecke auszurufen „Das geht doch nicht!", sondern im Gegenteil selbst ein wenig Entdeckerfreude in sich aufkommen spüren, dann lade ich Sie ein, bei einem der weitreichendsten gesundheits- und sozialpolitischen Vorhaben der nächsten Jahre, der flächendeckenden Einführung von Gesundheitslotsen, mitzumachen. Viele Menschen werden es Ihnen danken.

So ein Text kann nur ersonnen werden, wenn jemand ganz früh schon den Mut zu neuen Ideen hat (vorausschauend: Brigitte Mohn); wenn man Ideen niederschreibt, erprobt (pionierhaft: das Team der Schlaganfall-Hilfe), diskutiert (Lotsengrade: Volker Amelung; SGB Null: Sebastian Schmidt-Kaehler und Andreas von Schell) und groß und stark macht (auf der Santa Maria, Niña und Pinta: die Lotsinnen, die Lotsen und das STROKE OWL-Projektteam). So ein Schriftstück wird nur dann nachhaltige Wirklichkeit, wenn die Basis (die Wichtigsten: alle Schlaganfall-Betroffenen) mit den Entscheidern (auch am wichtigsten: die Politiker) verknüpft wird. Und am Ende kommt so ein Text nur rechtzeitig in den Druck, wenn der Autor sanften Druck bekommt (hartnäckig: Vanessa Dreibrodt). Danke an die Herausgeberinnen für dieses Buch!

Literatur

Baumann, M. (2015). Situation nach Schlaganfall. Deutsche Medizinische Auskunft. http://orbilu. uni.lu/handle/10993/19752. Zugegriffen am 05.03.2019.

Kolominsky-Rabas, P., et al. (2006). Lifetime Cost of Ischemic Stroke in Germany. *Stroke, 37,* 1179–1183.

Paolucci, S., Gandolfo, C., Provinciali, L., Torta, R., Toso, V., & DESTRO Study Group (2006). The Italian multicenter observational study on post-stroke depression (DESTRO). *Journal of Neurology, 253,* 556–562.

World Health Organization (Hrsg.). (2003). Adherence to long-term therapies – Evidence for action. http://www.who.int/chp/knowledge/publications/adherence_full_report.pdf. Zugegriffen am 05.03.2019.

Michael Brinkmeier (Jahrgang 1968) leitet seit 2013 die Stiftung Deutsche Schlaganfall-Hilfe mit Sitz in Gütersloh. Der promovierte Physiker arbeitete am Max-Planck-Institut für biophysikalische

Chemie in Göttingen und am Karolinska-Institut in Stockholm, bevor er für drei Jahre zum Beratungsunternehmen McKinsey&Co, Inc. wechselte. Im Jahre 2000 wurde er als direkt gewählter Abgeordneter Mitglied des Landtags von Nordrhein-Westfalen; dies blieb er drei Wahlperioden lang. Im Landtag NRW war er u. a. Sprecher für Wissenschaftspolitik der CDU-Fraktion und brachte die Hochschulreform unter der Regierung Rüttgers/Pinkwart verantwortlich durch das Parlament.

Kontakt: michael.brinkmeier@schlaganfall-hilfe.de

20 Jahre Integrierte Versorgung bei der Knappschaft-Bahn-See

18

Dieter Castrup, Stefan Hörter und Ines Rückhardt

Zusammenfassung

Kurz vor der Einführung der integrierten Versorgung durch den Gesetzgeber wurde das erste prosper-Netz der Knappschaft-Bahn-See auf Grundlage des knappschaftlichen Verbundsystems in Bottrop gegründet. Im Jahr 2019 feiert nun die *Integrierte Versorgung prosper* 20-jähriges Jubiläum. Mittlerweile engagieren sich in acht Vollversorgungsnetzen rund 2000 niedergelassene Mediziner sowie die Ärzte in 20 Krankenhäusern für die Wirtschaftlichkeit und Qualität der Versorgung von fast einer Viertelmillion teilnehmenden Versicherten. Die regelmäßigen Evaluationen bestätigen eine funktionierende sektorenübergreifende Zusammenarbeit, die sich in deutlichen Einsparungen gegenüber der Regelversorgung sowie in einer sicheren und wirtschaftlichen Arzneimittelversorgung spiegelt. Ein Ausruhen auf dem Erreichten ist aber keine Option. Mit Offenheit wird an innovativen Ideen und Konzepten zur Weiterentwicklung von prosper/proGesund gearbeitet. Die Hauptaktivitäten konzentrieren sich auf die verstärkte Förderung der Versorgungsqualität, auf die Stabilisierung des Versichertenbestandes sowie auf die Weiterentwicklung des Kampagnenmanagements.

D. Castrup · S. Hörter (✉) · I. Rückhardt
Knappschaft Bahn See, Bochum, Deutschland
E-Mail: dieter.castrup@kbs.de; stefan.hoerter@kbs.de; ines.rueckhardt@kbs.de

18.1   Die Ursprünge der integrierten Versorgung

Im Jahre 2019 feiert die *Integrierte Versorgung prosper* 20-jähriges Jubiläum. Die Netz-arbeit wird getragen von derzeit rund 2000 niedergelassenen Medizinern, den Ärzten in 20 Krankenhäusern sowie von fast einer Viertelmillion teilnehmenden Versicherten: Gelegen-heit für einen Blick zurück und einen Blick in die Zukunft.

Knappschaftliches Verbundsystem
Besonderheit der Knappschaft-Bahn-See und Grundlage der knappschaftlichen integrier-ten Versorgung ist das knappschaftliche Verbundsystem. Dazu gehören heute die Kran-ken-, die Pflege- und die Rentenversicherung, die Knappschaftskrankenhäuser bezie-hungsweise Beteiligungsgesellschaften und die Reha-Kliniken, der Sozialmedizinische Dienst, das Knappschaftsarztsystem, für das die Knappschaft-Bahn-See zudem die Funk-tion der Kassenärztlichen Vereinigung übernimmt, sowie die Minijob-Zentrale und die Bundesfachstelle Barrierefreiheit.

Versorgungsnetz prosper gegründet
Mitte der 1990er-Jahre stand das Verbundsystem in seiner damaligen Konstellation vor großen Herausforderungen. Zum einen war die früher enge Zusammenarbeit, vor allem zwischen der knappschaftlichen Krankenversicherung, den Knappschaftsärzten sowie den Knappschaftskrankenhäusern, eingeschlafen. Zum anderen sorgte die ungünstige Morbi-ditäts- und Kostenentwicklung in der knappschaftlichen Krankenversicherung für eine an-gespannte Finanzlage, in erster Linie ausgelöst durch das hohe Durchschnittsalter des Versichertenbestandes der geschlossenen, berufsständischen Versicherung des auslaufen-den Bergbaus, die in einen erheblich über dem Durchschnitt der anderen gesetzlichen Krankenversicherungen liegenden Beitragssatz deutlich wurde (vgl. Greve 2000, S. 200). „Als Gegenmaßnahme wurde beschlossen, […] die auseinander driftenden Sektoren des knappschaftlichen Verbundsystems wieder zusammenzufügen, das heißt, integrierte Ver-sorgung zu etablieren" (Greve 2000, S. 200). Mit dem Projekt *Re-Vitalisierung des Ver-bundsystems* wurde im Jahre 1999, knapp vor der Einführung der integrierten Versorgung durch den Gesetzgeber, das erste *Integrierte Versorgungsnetz prosper Bottrop* gegründet (vgl. Müller und Vössing 2004, S. 76).

Verknüpfung von Versicherung und Versorgung
Im knappschaftlichen Verbundsystem finden sich viele gemeinsame Merkmale mit den Health Maintenance Organizations des amerikanischen Gesundheitswesens, die als Blau-pause für die heutige populationsbezogene integrierte Versorgung gelten. Grundgedanke der Health Maintenance Organizations ist eine engere Verknüpfung von Versicherung und Versorgung (sozusagen „Versicherung und Versorgung aus einer Hand") und damit auch von Finanzierung und Leistungserbringung *(Integration)* durch vertragliche Regelungen und Vergütungssysteme (vgl. Kühn 1997, S. 6; Amelung 2012, S. 20 und 65 f.). In der *Integrierten Versorgung* des deutschen Gesundheitswesens schließen sich Krankenkassen

und Leistungserbringer verschiedener Versorgungsbereiche sektorenübergreifend zusammen.[1] Durch eine intensivierte Kommunikation, Kooperation und Koordination sollen die an den Sektorengrenzen entstehenden Versorgungsbrüche überwunden werden. Ziel ist es, die Versorgungsqualität für die teilnehmenden Versicherten zu verbessern und gleichzeitig Wirtschaftlichkeitsreserven zu erschließen (vgl. Amelung et al. 2006, S. 25).

Die Grundidee einer integrierten Versorgung ist viel älter als der § 140a Fünftes Buch Sozialgesetzbuch (SGB V), mit dem die *Integrierte Versorgung* im Jahre 2000 im deutschen Gesundheitswesen eingeführt wurde. Anleihen finden sich, wie aufgezeigt, sowohl im amerikanischen Gesundheitswesen als auch im knappschaftlichen Verbundsystem.[2] Bei Gründung des ersten prosper-Netzes wurde die enge Kooperation zwischen Kassen und Ärzten allerdings noch mit Argwohn in der Öffentlichkeit betrachtet und in der Presse hitzig diskutiert.

18.2   Struktur der Netze und Rahmenparameter für die Netzgründung

Die prosper/proGesund-Netze sind als regional klar abgegrenzte Vollversorgungsnetze konzipiert, die eingeschriebene Versicherte, Netzärzte und Netzkrankenhäuser sektorenübergreifend verbinden. Da alle Netze vor 2015 gegründet wurden, bilden die §§ 140a bis d SGB V in der damals geltenden Fassung die vertragliche Grundlage.[3]

Versicherte und Ärzte schreiben sich freiwillig in das Netz ein. Ziel ist es, Netzversicherte vornehmlich innerhalb des Netzes zu versorgen, das heißt durch Netz(fach)ärzte und im Netzkrankenhaus zu behandeln. Der Netzhausarzt steuert die Versorgung innerhalb des Netzes. Sind individuell erforderliche fachärztliche Disziplinen oder Fachabteilungen im Netz(Krankenhaus) nicht vorhanden, werden Netzversicherte auf Überweisung des Arztes hin außerhalb der Netzstrukturen versorgt (vgl. Müller und Vössing 2004, S. 76).

Netzstruktur
Seit 1999 wurden nach und nach acht prosper-Vollversorgungsnetze gegründet (Abb. 18.1). Die Netze befinden sich in Versichertenschwerpunkten der Knappschaft-Bahn-See im Ruhrgebiet, in der Region Aachen, im Saarland sowie in der Lausitz. Im April 2019 waren rund 240.000 Versicherte in die *Integrierte Versorgung prosper* eingeschrieben. Sie werden von rund 2000 Netzärzten – rund ein Drittel sind Knappschaftsärzte – ambulant be-

---

[1] Der Zusammenschluss kann sowohl eine (regional begrenzte) Vollversorgung als auch eine interdisziplinär fachübergreifende medizinische Versorgung zum Inhalt haben (§ 140a SGB V).

[2] Obwohl die integrierte Versorgung im deutschen Gesundheitswesen bereits im Jahre 2000 mit dem GKV-Gesundheitsreformgesetz eingeführt wurde, erlebte sie ihren Aufschwung erst durch die zwischen den Jahren 2004 und 2008 bestehende Anschubfinanzierung sowie weitere Reformen der Jahre 2004 und 2007.

[3] Seit 2015 ist die *Integrierte Versorgung* gemeinsam mit einigen anderen Versorgungsformen außerhalb der Regelversorgung im neuen § 140a SGB V *besondere Versorgungsformen* geregelt.

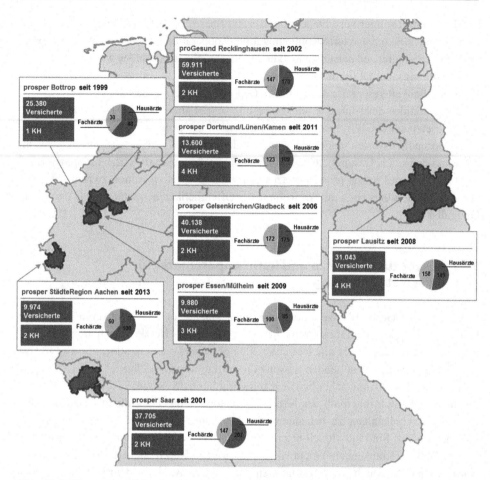

Abb. 18.1 Verortung und Struktur der prosper/proGesund-Netze (Knappschaft-Bahn-See)

treut. Zu den Netzen gehören 20 Netzkrankenhäuser, bei denen es sich zum Großteil um knappschaftseigene Einrichtungen beziehungsweise Beteiligungsgesellschaften handelt, sowie zwei Reha-Kliniken. Die Netze unterscheiden sich mitunter stark in der Zahl der eingeschriebenen Netzversicherten sowie in der Relation von teilnehmenden Haus- und Fachärzten zur Zahl der jeweiligen Netzversicherten.

Rahmenparameter für die Netzgründung

Aus der Erfahrung mit den Netzgründungen haben sich strukturelle Grundvoraussetzungen herauskristallisiert, die für die Gründung eines neuen, tragfähigen integrierten Vollversorgungsnetzes erfüllt sein müssen. Diese Standortfaktoren betreffen die Versichertenkonzentration, die Größe der Hausarztpraxen und den Belegungsanteil im Netzkrankenhaus.

- Die Mindestgröße für eine methodisch gesicherte statistische Evaluation beträgt 5000 teilnehmende Versicherte. Auch aus betriebswirtschaftlicher Sicht ist eine Mindestteilnehmerzahl zur Refinanzierung der Netzwerkadministration erforderlich. Da für ein aktives Netz überschaubare Entfernungen notwendig sind, sollte das Netzkrankenhaus innerhalb von 45 Minuten Fahrzeit zu erreichen und eine regionale Versichertenkonzentration von rund 70 Versicherten pro Quadratkilometer gegeben sein.

- Grundlage für den Netzerfolg sind Investitionen in die Netzarbeit wie die Teilnahme an Arbeitszirkeln, die Mitwirkung an Qualitätssicherungsmaßnahmen sowie die Durchführung von Patientenschulungen, die sich besonders für größere Hausarztpraxen lohnen. Als Richtgröße für einen positiven Kosten-Nutzen-Saldo gelten rund 50 Praxen mit einer kritischen Größe von mindestens 300 Behandlungsfällen von Knappschaftsversicherten im Quartal.
- Die wirkungsvolle Zusammenarbeit mit dem Netzkrankenhaus erfordert einen „Marktanteil" von rund 3000 Krankenhauseinweisungen im Jahr in das geplante Netzkrankenhaus.

Diese Faktoren sind zwar Basis für die Funktion und Tragfähigkeit eines Netzes. Ihre Erfüllung garantiert aber kein erfolgreiches Netz. Denn es sind zwar in jedem Netz die gleichen Akteursgruppen beteiligt, regional unterschiedliche Interessenslagen und -konstellationen sorgen aber dafür, dass in jedem Netz auch unterschiedliche Kräfte wirken. Der Aufbau eines jeden neuen Netzes und auch sein dauerhafter Betrieb erfordern sehr viel (Vor-)Arbeit. So werden z. B. die Netzgründung, der Neuaufbau sowie die Einrichtung der Controllingmaßnahmen von der KNAPPSCHAFT geplant, organisiert und finanziert.

18.3   Inhalte und Ziele von prosper

Sektorenübergreifende Zusammenarbeit
Die inhaltliche Arbeit der prosper/proGesund-Netze erfolgt in Gremien, Arbeitsgruppen und Qualitätszirkeln, in denen die Netzärzte Therapie- und Medikamentenempfehlungen erarbeiten und Behandlungspfade abstimmen. Vertraglich festgehalten ist der Einsatz folgender Instrumente:

- Die regelmäßigen Netzwerkkonferenzen aller Netzbeteiligten dienen dem interdisziplinär-fachübergreifenden Erfahrungsaustausch, der Erörterung aktueller medizinischer Themen sowie der Abstimmung der regionalen Zusammenarbeit im Versorgungsalltag.
- In Schnittstellen-Arbeitsgruppen werden Optimierungsfragen zwischen ambulantem und stationärem Bereich sowie Probleme in den jeweiligen Sektoren diskutiert und Vorschläge zur Qualitätssicherung und -verbesserung entwickelt, um die transsektorale Kommunikation und Zusammenarbeit sicherzustellen und zu verbessern.
- Die Arzneimittel-Arbeitsgruppen erarbeiten gemeinsame Pharmakotherapieempfehlungen für häufige Indikationen und erstellen Substitutionslisten oft verordneter Wirkstoffe für die Netze und sichern so ein gemeinsames sowie nebenwirkungsarmes, wirtschaftliches und wirksames Verordnungsverhalten im ambulanten und stationären Bereich.

- In Fallkonferenzen werden im Behandlungsverlauf auftretende Probleme grundsätzlicher Natur z. B. bei Diagnostik, Therapie oder Kommunikation von den ambulanten und stationären Behandlern bearbeitet und Maßnahmen zur deren Behebung bzw. Abschaltung entwickelt.

Daneben sind zahlreiche zusätzliche, über die Regelversorgung hinausgehende Pflichten mit den Haus- und Fachärzten des Netzes sowie den Netzkrankenhäusern vertraglich vereinbart. Diese sektorenübergreifende Zusammenarbeit der ambulant und stationär tätigen Mediziner des Netzes ermöglicht es, die ambulante Versorgung zu optimieren und Krankenhausfälle zu vermeiden. Die Knappschaft-Bahn-See unterstützt das Netz organisatorisch in seiner Arbeit, zum Beispiel durch die Netzwerkkoordinatoren. Gemeinsam mit den Netzärzten werden medizinisch und wirtschaftlich sinnvolle Versorgungskonzepte entwickelt. Wichtig ist hierbei, dass Qualität und Wirtschaftlichkeit der Versorgung immer gleichrangige Ziele sind (vgl. Müller und Vössing 2004, S. 76).

Erfolgsmessung

Die Wirtschaftlichkeit der Netze wird im Rahmen der Erfolgsmessung regelmäßig durch die Knappschaft-Bahn-See überprüft. Die jährliche Erfolgsrechnung ist nach wissenschaftlich anerkanntem, internationalem Standard konzipiert, dementsprechend erfolgt sie risikoadjustiert und regionalisiert. Die Kosten der Netzversicherten einer Region werden dabei mit einer risikogleichen, das heißt in ihrer Alters- und Morbiditätsstruktur übereinstimmenden Kontrollgruppe von nicht ins Netz eingeschriebenen Versicherten aus der Netzregion verglichen. Zwar ist der Netzerfolg Schwankungen unterlegen (Abb. 18.2). Die *Integrierte Versorgung prosper* konnte aber in den vergangenen Jahren mit geringeren Kosten (zwischen rund 70 und rund 120 Euro je Versicherten) deutliche Einsparungen gegenüber der Regelversorgung erzielen.

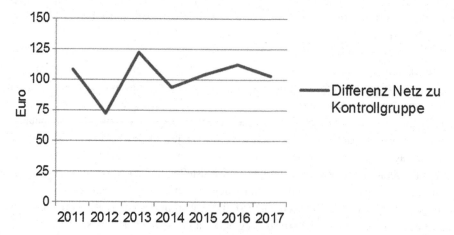

Abb. 18.2 Erfolg pro Teilnehmer in Euro (Knappschaft-Bahn-See)

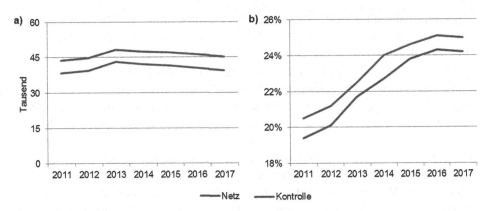

Abb. 18.3 Versicherte der Altersgruppe 65+ mit Influenzaimpfung und Anteil der Altersgruppe 65+ mit Polymedikation (Knappschaft-Bahn-See)

Verbesserte Versorgungsqualität

Dass diese wirtschaftlichen Erfolge auch auf eine verbesserte Versorgungsqualität zurückzuführen sind, verdeutlicht der Blick auf verschiedene Kennzahlen. So zeigt die Impfquote der Influenzaschutzimpfungen bei 65-jährigen und älteren Versicherten – ein anerkanntes Kriterium für Versorgungsqualität (vgl. Ludt et al. 2009, S. 74 f.) – in der Gruppe der Netzversicherten deutlich höhere Werte im Vergleich zur Regelversorgung (Abb. 18.3a). Die Netzversicherten profitieren hier von der Investition in die Prävention schwerer Grippeerkrankungen.

Sichere und wirtschaftliche Arzneimittelversorgung

Die verbesserte ambulante Versorgung soll am Beispiel der qualitätsvollen und wirtschaftlichen Arzneimittelversorgung aufgezeigt werden, denn hier liegt auch ein besonderes Augenmerk der Kampagnen innerhalb der Netze. Im Rahmen des von Pharmazeuten der Knappschaft-Bahn-See entwickelten Medikations-Checks werden unter Einverständnis des Versicherten die Verordnungen auf Probleme wie Wechselwirkungen, Über- und Unterdosierungen, Kontraindikationen sowie auf nicht altersadäquate Präparate der PRISCUS-Liste (Holt et al. 2010) hin überprüft. Der Arzt erhält Hinweise auf Anpassungsmöglichkeiten in der Medikation, ohne dass dabei in seine Therapiefreiheit eingegriffen wird. Durch die Vermeidung von Medikationsfehlern wird die Arzneimittelversorgung für die Versicherten deutlich sicherer gestaltet und damit die Versorgungsqualität erhöht. Diese höhere Versorgungsqualität spiegelt sich auch in einer größeren allgemeinen Aufmerksamkeit der Mediziner für das Thema Arzneimittelsicherheit. So ist der Anteil der 65-Jährigen und Älteren mit Polymedikation, die allein schon aufgrund der hohen Zahl dauerhaft parallel verordneter Arzneimittel das Risiko für schädliche Arzneimittelwirkungen erhöht, bei den Netzversicherten deutlich geringer (Abb. 18.3b).[4]

---

[4] Polymedikation ist hier definiert mit fünf und mehr dauerhaft, das heißt über 183 Tage im Jahr, parallel verordneten Arzneimitteln.

Bei der Arztberatung steht die Optimierung der Wirtschaftlichkeit der Versorgung im Vordergrund. Im Rahmen verschiedener Kampagnen werden Netzärzte bezüglich einer wirtschaftlicheren Arzneimittelversorgung beraten, ebenfalls unter Wahrung der Therapiefreiheit. Ein Beispiel sind die Arzneimittelgruppen der Me-too-Präparate[5] und Altoriginale.[6] Sie lassen sich durch preiswertere Alternativen austauschen, ohne dass die Versorgungssicherheit gefährdet oder die Qualität der Arzneimittelversorgung beeinträchtigt würde. Diese bedeutenden Wirtschaftlichkeitspotenziale kann die Knappschaft-Bahn-See gemeinsam mit den Netzärzten in der *Integrierten Versorgung prosper* tatsächlich heben: Netzteilnehmern werden im Schnitt deutlich weniger unwirtschaftliche Me-too-Präparate und Altoriginale verordnet als Versicherten in der Regelversorgung.

Der größere Abstimmungsbedarf und die vermehrte Kommunikation, die die integrierte Versorgung von den Netzärzten fordert, werden auch entlohnt. Die leistungsorientierte zusätzliche Vergütung wird aus den erzielten Einsparungen finanziert. Die Ausschüttung erfolgt individuell an die teilnehmenden Praxen anhand eines objektiven Kennzahlensystems, das die Leistung der Netzärzte für die wirtschaftlich und qualitativ optimierte Versorgung widerspiegelt.

18.4 Perspektiven

Die Knappschaft-Bahn-See hat mit dem Aufbau ihrer integrierten Vollversorgungsnetze eine Besonderheit geschaffen. In der GKV gibt es nur wenige vergleichbar große Projekte, wie zum Beispiel das *Gesunde Kinzigtal* der AOK Baden-Württemberg. Die aktuelle Entwicklung der Teilnehmerzahlen der *Integrierten Versorgung prosper* zeigt aber, dass ein Ausruhen auf dem Erreichten keine Option ist. Denn seit der Abschaffung der Praxisgebühr, die zwischen 2004 und 2012 zu einem Zustrom in die Netze geführt hatte, stagniert die Entwicklung der Teilnehmerzahlen und das, obwohl Versicherte seit 2013 für die Teilnahme an prosper/proGesund eine neue Prämie für ihr netztreues Verhalten empfangen.

Zur Beibehaltung des Erfolges und zur Stabilisierung der Versichertenzahl in den Netzen werden sich künftig die Hauptaktivitäten auf verschiedene Themenbereiche konzentrieren: auf die Förderung der Versorgungsqualität, auf die Stabilisierung des Versichertenbestandes sowie auf die Weiterentwicklung des Kampagnenmanagements.

Die Stärkung der Versorgungsqualität ist neben der wirtschaftlicheren Versorgung Hauptaufgabe der besonderen beziehungsweise der Integrierten Versorgung nach § 140a SGB V. Nachhaltige Einsparungen lassen sich langfristig nur durch eine bessere Qualität erzielen. Die Messung der Versorgungsqualität und deren transparente Darstellung und Kommunikation sind anspruchsvolle Aufgaben. Die Knappschaft-Bahn-See hat dazu ein Kennzahlensystem entwickelt, das über die aktuell für die qualitätsorientierte Vergütung

---

[5]Me-too-Präparate stehen zwar unter Patentschutz, stellen häufig aber keine wirkliche Innovation dar.

[6]Präparate, deren Patentschutz ausgelaufen ist.

der Netzärzte verwendeten Performance-Kennzahlen hinausgeht. Mithilfe dieses Kennzahlensystems wird das klare Ziel einer verbesserten Versorgungsqualität in der Netzarbeit weiter gestärkt werden.

Basis des Kennzahlensystems für die prosper/proGesund-Netze sind bereits bestehende Indikatorensets: Zum einen wurden die vom AQUA Institut im Auftrag des AOK Bundesverbandes für die ambulanten Versorgung entwickelten QISA-Indikatoren herangezogen (hrsg. von Szecsenyi et al. 2009a und spätere Bände). Sie werden in den Praxisnetzen der AOK und in der *Hausarztzentrierten Versorgung* angewandt (Ebert-Rall 2016). Zum anderen wurde auf Indikatoren der Disease-Management-Programme (DMP) zurückgegriffen. Diese werden den DMP-Ärzten für ihre eingeschriebenen Patienten regelmäßig von Kassenärztlichen Vereinigungen zur Verfügung gestellt (zuletzt Groos et al. 2017).

Diese Qualitätskennzahlensysteme greifen größtenteils auf Routine- und DMP-Daten zurück. Das bringt verschiedene Vorteile mit sich, die sich auch für die prosper/proGesund-Netze nutzen lassen: Sie werden bereits – mit bekannter Datenqualität – erhoben, zusätzlicher Dokumentationsaufwand wird somit vermieden. Die Nachbildung der Kennzahlen ist mit überschaubarem Aufwand möglich. Zudem orientieren sich die QISA- und DMP-Indikatoren an konsentierten medizinischen Leitlinien, basieren also auf etablierter wissenschaftlicher Evidenz und sind von Experten entwickelt. Sie sind transparent, abgestimmt, in der Praxis erprobt und anerkannt (vgl. Szecsenyi et al. 2009b).

Ein Teil dieser Indikatoren wird für die Qualitätsentwicklung in den Netzen aufgegriffen. Da die Gruppe der chronisch erkrankten Versicherten bei der Knappschaft-Bahn-See groß ist und ihre Versorgung in hausärztlichen Praxen einen herausgehobenen Stellenwert einnimmt, stand bei der Auswahl der Indikatoren die Versorgung von Chronikern im Mittelpunkt. Neben allgemeinen Netzindikatoren auf Basis der QISA-Indikatoren zur Bewertung der regionalen Bedeutung des Netzes, des Qualitätsmanagements sowie der Steuerung und Koordinierung der Versorgung – wie z. B. dem Anteil der eingeschriebenen Patienten an allen einschreibefähigen Patienten, dem Anteil der Netzärzte mit regelmäßiger Teilnahme an Qualitätszirkeltreffen, dem Anteil der Facharztkonsultationen mit hausärztlicher Überweisung an allen Facharztkonsultationen oder der Zahl der stationären Notfallaufnahmen je 1000 eingeschriebenen Versicherten (Broge et al. 2009) – umfasst das Indikatorenset daher vor allem Kennzahlen zur Pharmakotherapie und zu bedeutenden chronischen Erkrankungen wie Herzinsuffizienz, Diabetes mellitus Typ 2, koronare Herzkrankheit, Rückenschmerzen, Depressionen sowie COPD und Asthma sowie darüber hinaus auch zur Prävention von Influenza, Stürzen und zur Früherkennung von Darmkrebs. Weitere Voraussetzung für die Auswahl der Indikatoren war deren Kommunizierbarkeit – Netzmanagement und Ärzte sollen sich darüber austauschen und diskutieren können – und deren Beeinflussbarkeit durch die Netzärzte, um tatsächliche Verbesserungen auch erzielen und aufzeigen zu können. In regelmäßig zu erstellenden Qualitätsberichten können die Indikatoren auf unterschiedlichen Betrachtungsebenen (Praxis, Fachgruppe, Netz, Regelversorgung) sowie im Zeitverlauf dargestellt und so Transparenz geschaffen werden.

Ziel des Einsatzes der Qualitätsindikatoren in integrierten Versorgungsnetzen der Knappschaft-Bahn-See soll es sein, durch Analyse und Darstellung der Versorgungssituation in den Praxen Ansatzpunkte für die Verbesserung der Qualität zu identifizieren. Maßnahmen zur Verbesserung der Qualität und Zielvereinbarungen lassen sich auf Netzebene in Qualitätszirkeln verbindlich abstimmen, aber auch für die Erfolgsmessung nutzen. Die Erkenntnisse können ggf. in andere Netze transferiert werden. Die Ärzte können sich mit für ihre Patienten, ihre Praxis oder ihr Netz besonders relevanten Themen auch einbringen. Vorschläge aus den Netzen können aufgegriffen und für die Weiterentwicklung des Systems genutzt werden. Der Austausch zwischen und die Zusammenarbeit von Ärzten, Netzmanagement und der Knappschaft-Bahn-See wird so deutlich intensiviert. Durch die Bündelung der Indikatoren nach Versorgungsaspekten und Erkrankungen eignen sie sich auch als Grundlage für Kampagnen mit unterschiedlichen thematischen Schwerpunkten und können so sukzessive in die Versorgung übertragen werden.

Das Konzept steht. Nun geht es an die Umsetzung. Gelingt es – nach einer gewissen Einführungsphase – die bestehenden Performance-Kennzahlen um die neuen Qualitätsindikatoren zu erweitern, profitieren nicht nur die Versicherten von der besseren Versorgungsqualität, auch die Netzärzte können für ihre Erfolge in der Qualitätsentwicklung angemessen vergütet werden.

Eine nachgewiesen höhere Versorgungsqualität wird auch die Versicherten überzeugen und sich in steigenden Netz-Teilnehmerzahlen spiegeln. Mit ordentlicher, nachgewiesener und transparent gemachter Qualität als Mehrwert lässt sich prosper/proGesund auch stärker als Marketinginstrument für potenzielle Kunden einsetzen.

Bei der Entwicklung und Umsetzung von Kampagnen wurde bisher der Fokus auf den Arzneimittelbereich gelegt, denn Einsparpotenziale sind hier relativ einfach zu identifizieren, zu kommunizieren und auch zu realisieren. Solch erfolgreiche Konzepte müssen nun auch zur Optimierung anderer Leistungsbereiche entwickelt werden.

Neben der integrierten Versorgung bietet das deutsche Gesundheitswesen weitere Instrumente, die auf die Verbesserung der Versorgungsqualität abzielen und die sich für die Weiterentwicklung der Versorgungsstrukturen gemeinsam nutzen ließen: Disease-Management-Programme (DMP) und telemedizinische Angebote.

DMP sind strukturierte Behandlungsprogramme zur koordinierten und leistungserbringerübergreifenden Behandlung chronisch kranker Patienten. Sie zielen darauf ab, die Abläufe und die Qualität der medizinischen Versorgung bei bestimmten chronischen Erkrankungen zu verbessern. Die Behandlung innerhalb der DMP erfolgt unter Berücksichtigung von evidenzbasierten Leitlinien oder nach aktueller medizinischer Evidenz (§ 137 f SGB V). Kern vieler DMP ist eine engmaschige Betreuung der Patienten nach erkrankungsspezifisch festgelegten und durch den DMP-(Haus-)Arzt koordinierten jeweils einheitlichen und regelmäßig einzuhaltenden Behandlungsabläufen: Untersuchungen beim Hausarzt, Überprüfung von Laborwerten, festgelegte Untersuchungen bei Fachärzten, Teilnahme an Patientenschulungen. Die verpflichtenden regelmäßigen Patientenschulungen sollen zudem die Betroffenen in ihren auf ihre chronische Erkrankung bezogenen Selbstmanagementfähigkeiten stärken. Ziel ist es, Komplikationen und Folgeerkrankungen zu vermeiden (vgl. BVA 2018; G-BA 2019).

Einige chronische Erkrankungen erfordern eine intensivere Kontrolle, z. B. von Laborwerten und Begleitung des Patienten, z. B. durch Coachings. So ist bei Diabetes mellitus häufig erforderlich, den Blutzucker mehrmals am Tag zu messen, um die korrekte Medikamentendosis bestimmen zu können. Bei Herzinsuffizienzpatienten muss täglich das Gewicht kontrolliert werden, um frühzeitig eine Verschlechterung des Gesundheitszustands zu erkennen. Die meisten Patienten sind dazu selbst in der Lage, bei einigen kann aber eine intensive Betreuung und Begleitung den Krankheitsverlauf deutlich positiv beeinflussen. In der ambulanten Versorgung zielen telemedizinische Projekte häufig darauf ab, die Laborwerte engmaschig mit entsprechend vernetzten Geräten zu kontrollieren und den Gesundheitszustand der Patienten durch geschulte Pflegekräfte zu erfragen. Eine Verschlechterung der gesundheitlichen Situation kann so frühzeitig erkannt und entsprechend eine ärztliche Intervention eingeleitet werden.

Derzeit werden telemedizinische Projekte häufig von Pharmafirmen oder Dienstleistern angeboten, während die Steuerung innerhalb der DMP durch niedergelassene Ärzte erfolgt. Würden nun die standardisierten Behandlungsabläufe der DMP unterstützt mit der hohen Betreuungsfrequenz telemedizinischer Elemente innerhalb der integrierten Versorgung angeboten, könnte die Versorgungsqualität weiter optimiert werden. Dann könnten z. B. Versorgungsbedarfe auf Netzebene bestimmt und telemedizinische Dienstleistungen und DMP-Prozesse zentral vom Netz erbracht und die Erfolge in der Netzvergütung berücksichtigt werden.

Gerade vor dem Hintergrund der demografischen Alterung wird mit einer wachsenden Zahl älterer Patienten mit chronischen Erkrankungen und wahrscheinlich hohem Versorgungsbedarf gerechnet. Während in den städtischen Zentren die medizinische Versorgung gesichert ist, dünnen die Strukturen in peripheren ländlichen Räumen weiter aus. Für die Versorgung der Bevölkerung werden ganz unterschiedliche, den jeweiligen Bedingungen angepasste Konzepte erforderlich sein.

In Anbetracht dessen kann das 20-jährige Bestehen der *Integrierten Versorgung prosper/ proGesund* Anlass geben, altbekannte Strukturen und Prozesse zu hinterfragen, um auch künftig offen zu sein für die Entwicklung und Umsetzung von innovativen Ideen und Konzepten zur Weiterentwicklung von prosper/proGesund. Rund um die *Integrierte Versorgung prosper* verfügt die Knappschaft-Bahn-See über umfangreiches Wissen und Erfahrung im operativen Management sowie im wissenschaftlich-analytischen Bereich, das zusammen mit dem medizinisch-pharmazeutischen Fachwissen und der juristischen Expertise in der Vertragsgestaltung sinnvoll und nutzenbringend für eine hochwertigere Versorgung zu günstigeren Kosten und damit zum Vorteil der Versicherten eingesetzt werden kann.

Literatur

Amelung, V. E. (2012). *Managed Care. Neue Wege im Gesundheitsmanagement* (5. Aufl.). Wiesbaden: Springer Gabler.

Amelung, V. E., Meyer-Lutterloh, K., Schmid, E., Seiler, R., & Weatherly, J. N. (2006). *Integrierte Versorgung und Medizinische Versorgungszentren. Von der Idee zur Umsetzung.* Berlin: Medizinische Wissenschaftliche Verlagsgesellschaft.

Broge, B., Stock, J., & Szecsenyi, J. (2009). Allgemeine Indikatoren. Messgrößen für die Qualität regionaler Versorgungsmodelle. In J. Szecsenyi, B. Broge & J. Stock (Hrsg.), *Qisa – Das Quali-*

tätsindikatorensystem für die ambulante Versorgung (Bd. B, Version 1.0). Berlin: KomPart Verlagsgesellschaft mbH & Co. KG.

Bundesversicherungsamt (BVA). (2018). Zulassung der strukturierten Behandlungsprogramme (Disease Management Programme – DMP) durch das Bundesversicherungsamt. Stand: September 2018. https://www.bundesversicherungsamt.de/weiteres/disease-management-programme/zulassung-disease-management-programme-dmp.html. Zugegriffen am 17.04.2019.

Ebert-Rall, T. (2016). So wird Versorgungsqualität messbar. Ärztezeitung vom 17./18. Juni 2016. Nr. 67-115D.

Gemeinsamer Bundesausschuss (G-BA). (2019). Richtlinie des Gemeinsamen Bundesausschusses zur Zusammenführung der Anforderungen an strukturierte Behandlungsprogramme nach § 137 f Absatz 2 SGB V DMP-Anforderungen-Richtlinie/DMP-A-RL. Zuletzt geändert am 17.01.2019.

Greve, G. (2000). Kooperation „ambulant-stationär". Das Praxisnetz Bottrop. *Kompass, 110*(7), 198–202.

Groos, S., Kretschmann, J., Macare, C., Weber, A., & Hagen, B. (2017). *Qualitätsbericht 2017 Disease-Management-Programme in Nordrhein*. Düsseldorf: Nordrheinische Gemeinsame Einrichtung Disease-Management-Programme GbR.

Holt, S., Schmiedl, S., & Thürmann, P. A. (2010). Potenziell inadäquate Medikation für ältere Menschen. Die PRISCUS-Liste. *Deutsches Ärzteblatt International, 107*(31–32), 543–551.

Kühn, H. (1997). *Managed Care. Medizin zwischen kommerzieller Bürokratie und integrierter Versorgung. Am Beispiel USA*. Wissenschaftszentrum Berlin Discussion Paper P97-202.

Ludt, S., Glassen, K., Wiesemann, A., & Szecsenyi, J. (2009). Prävention. Qualitätsindikatoren für die Vermeidung von Krankheiten. In J. Szecsenyi, B. Broge & J. Stock (Hrsg.), *Qisa – Das Qualitätsindikatorensystem für die ambulante Versorgung* (Bd. E1, Version 1.0). Berlin: KomPart Verlagsgesellschaft mbH & Co. KG.

Müller, H. A., & Vössing, C. (2004). Das Knappschafts-Projekt „prosper – Gesund im Verbund". Integrierte Versorgung stellt Patienten zufrieden und spart Millionen. *Soziale Sicherheit, 74*(3), 74–80.

Szecsenyi, J., Broge, B., & Stock, J. (Hrsg.). (2009a). *Qisa – Das Qualitätsindikatorensystem für die ambulante Versorgung*. Diverse Bände.

Szecsenyi, J., Stock, J., & Chenot, R. (2009b). QISA stellt sich vor. In J. Szecsenyi, B. Broge & J. Stock (Hrsg.), *Qisa – Das Qualitätsindikatorensystem für die ambulante Versorgung* (Bd. A, Version 1.0). Berlin: KomPart Verlagsgesellschaft mbH & Co. KG.

Dieter Castrup, Jahrgang 1958, seit 1978 bei der DRV Knappschaft-Bahn-See tätig. Verschiedene Leitungsfunktionen in den letzten Jahren, seit 2013 Leiter der Abteilung Vertrags- und Versorgungs-management der Kranken- und Pflegeversicherung.
  Kontakt: dieter.castrup@kbs.de

Dr. Stefan Hörter, Jahrgang 1972, hat Volkswirtschaftslehre an der Universität Trier studiert und am dortigen Zentrum für Gesundheitsökonomik (ZfG) promoviert. Seit 2005 ist er bei der DRV Knappschaft-Bahn-See tätig. Zunächst als Referent im Bereich Krankenhäuser und Beteiligungsgesellschaften, seit 2010 als Leiter des Instituts für Versorgungsforschung.
  Kontakt: stefan.hoerter@kbs.de

Ines Rückhardt, Jahrgang 1979, hat Geografie (Diplom) mit dem Schwerpunkt Anthropogeografie an der Freien Universität Berlin studiert. Sie ist seit 2010 als Referentin im Institut für Versorgungsforschung der DRV Knappschaft-Bahn-See tätig.
  Kontakt: ines.rueckhardt@kbs.de

Hybrid-DRG – neue Wege im Gesundheitswesen

19

Jörg Manthey und Göran Lehmann

Zusammenfassung

Die deutsche Gesundheitsversorgung ist streng sektoral gegliedert. Daraus ergeben sich Fehlsteuerungen, die u. a. in den sektoral unterschiedlichen Vergütungsstrukturen begründet sind. Mit dem Hybrid-DRG-Projekt wird versucht, den vergütungsstrukturellen Fehlanreiz zwischen ambulanter und stationärer Versorgung zu beseitigen. Die unabhängig von Ort und Art der Leistungserbringung einheitliche Vergütung *(Hybrid-DRG)* trägt dazu bei, dass die Entscheidung für die Art der Behandlung nicht auf Basis betriebswirtschaftlicher Erwägungen getroffen wird. Eine vollstationäre Behandlung, die aufwendigste Form einer medizinischen Behandlung, soll nur bei medizinischer Notwendigkeit gewählt werden. Um dies zu gewährleisten, umfasst die neue Versorgungsform spezifisch entwickelte Maßnahmen zur Qualitätssicherung und Patientenorientierung.

19.1 Ausgangslage

Der Sachverständigenrat verweist in seinem Gutachten (Sachverständigenrat zur Begutachtung der Entwicklung im Gesundheitswesen 2012) aus dem Jahr 2012 darauf, dass eine Verlagerung medizinischer Leistungen vom stationären in den ambulanten Bereich dazu beiträgt, Zielkonflikte, die bei begrenzten Ressourcen aus einer steigenden Nachfrage nach Gesundheitsleistungen entstehen, zu entschärfen. In seinem Sondergutachten zu den Schnittstellenproblemen zwischen ambulanter und stationärer Versorgung stellt er fest,

J. Manthey (✉) · G. Lehmann
Techniker Krankenkasse, Fachbereich Stationäre Versorgung, Hamburg, Deutschland
E-Mail: joerg.manthey@tk.de; goeran.lehmann@tk.de

dass der Anteil ambulanter Operationen in Deutschland im internationalen Vergleich gering ist (besonders auffällig z. B. bei Leistenhernien), ohne dass dies mit Patientenpräferenzen erklärt werden kann. Als ein wesentlicher Grund hierfür gelten freie Behandlungskapazitäten im stationären Bereich verbunden mit einer im Vergleich zur ambulanten Leistungserbringung höheren Vergütung. Am Beispiel der Hernienchirurgie zeigen sich zudem deutliche Unterschiede in der Wahl der Operationsverfahren, die sich medizinisch kaum begründen lassen und daher auf die – im Gegensatz zu vielen anderen europäischen Ländern – größeren Vergütungsunterschiede zwischen ambulanter und stationärer Versorgung zurückgeführt werden.

Dass de facto identische Leistungen sektorenspezifisch in Höhe und Systematik divergierend vergütet werden, wird als ein zentrales Steuerungsdefizit in der Versorgung in Deutschland gewertet. Von wissenschaftlicher Seite wird daher eine Vereinheitlichung des Ordnungsrahmens, insbesondere des Vergütungssystems für ambulant erbringbare Leistungen und damit verbunden für den Bereich der Qualitätssicherung, gefordert. Das Vergütungssystem der sogenannten Hybrid Diagnosis Related Group (Hybrid-DRG) könnte ein Mittel zur Lösung der Probleme an der Schnittstelle der Sektoren darstellen. Seit 2017 wird in einem ersten Modellprojekt versucht, mithilfe von Hybrid-DRG neuartige Vergütungsstrukturen in Kombination mit spezifisch entwickelten Dokumentations- und Qualitätssicherungsmaßnahmen zu erproben und so die Versorgungseffizienz an der Schnittstelle ambulant/stationär zu erhöhen. Im Rahmen einer selektivvertraglichen Versorgung im Bundesland Thüringen werden ausgewählte sektorengleiche Leistungskomplexe einheitlich vergütet. In Verbindung mit qualitätsgesicherten Behandlungspfaden kann so das Potenzial ambulanter Leistungserbringung umfassender erschlossen werden. Das Projekt umfasst weiterhin eigens entwickelte Maßnahmen zur Patientenaufklärung und partizipativen Entscheidungsfindung mit dem Ziel, dass die Entscheidung über den Behandlungsart – ambulant oder stationär – nicht nur medizinisch vertretbar, sondern stets auch patientenorientiert getroffen wird.

19.2   Die neue Versorgungsform im Detail

Die Hybrid-DRG werden modellhaft in Thüringen im Rahmen einer besonderen Versorgung mithilfe eines Vertrages nach § 140a Sozialgesetzbuch V (SGB V) erprobt. Vertragspartner sind niedergelassene Ärzte, Krankenhäuser und die Techniker Krankenkasse. Der Vertrag wird über das Netzwerk ambulantes Operieren GmbH (NAO GmbH), das als Managementgesellschaft fungiert, abgewickelt und koordiniert. Derzeit sind die operativen Indikationen Karpaltunnelsyndrom, Leistenhernie, Ruptur vorderes Kreuzband (Knie) und Stammvarikosis eingeschlossen. Für diese Indikationen wurden von den Vertragspartnern mithilfe des Bundesverbandes der deutschen Chirurgen (BDC e.V.) einheitliche verbindliche Behandlungspfade entwickelt (Abb. 19.1).

Hybrid-DRG bezeichnet eine Leistung und deren Vergütung, die unabhängig davon, ob die Leistung ambulant oder stationär erbracht wird, identisch ist. An dem Versorgungsver-

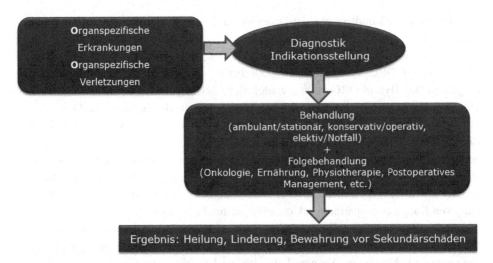

Abb. 19.1 Schematische allgemeine Darstellung eines Behandlungspfades. (Quelle: In Anlehnung an Dr. Stephan Dittrich, Präsentation gehalten bei der Tagung des Zentralinstitutes für die kassenärztliche Vereinigung, September 2017, http://www.zi-hsrc-berlin.de/presentations/14%20September/B2-32%20Dittrich.pdf)

trag können alle geeigneten Leistungserbringer (Krankenhäuser, Praxiskliniken, Vertragsarztpraxen, Medizinische Versorgung Zentren (MVZ) u. a.) teilnehmen, Versicherte erklären ihre freiwillige Teilnahme schriftlich. Für alle teilnehmenden Leistungserbringer gelten identische Leistungsdefinitionen sowie Regelungen zur Vergütung, Dokumentation und Qualitätssicherung. Die Behandlungsdauer im Modell in Thüringen schließt regelhaft nach einem Jahr mit einer postoperativen Nachuntersuchung mit Erfassung der Ergebnisqualität auf Basis von Routinedaten sowie des subjektiven (Arzt- und Patientensicht) und objektiv-klinischen Behandlungsergebnisses ab. Flankiert wird der gesamte Behandlungspfad von Indikations-, Befund- und Ergebnisdokumentationen sowie Maßnahmen zur Sicherung der Struktur-, Prozess- und Ergebnisqualität einschließlich Patientenbefragung und Stichprobenprüfung durch den Medizinischen Dienst der Krankenkassen (MDK).

Der Ansatz der hybriden Vergütung eignet sich nicht nur für operative Behandlungen. Auch konservative Behandlungen, die derzeit sowohl stationär (Eintagesfall, teilstationär, kurzstationär) als auch ambulant im Krankenhaus (§§ 115b, 117–120 SGB V, Ermächtigung etc.) oder vertragsärztlich erbracht wurden, könnten auf Basis von *Hybrid-DRGs* abgebildet werden. Die Abgrenzung der einzelnen Teilkomplexe ist hier jedoch ungleich schwieriger als bei Operationen. Aus diesem Grund wurden in das Modell zunächst ausschließlich operative Leistungen einbezogen.

Innerhalb des Modelles wird die Vergütung in Form einer Mischkalkulation aus Einheitlichem Bewertungsmaßstab (EBM) und DRG gebildet. Sachkosten wurden in Höhe der in der DRG-Kalkulation verwendeten Sachkosten mit in die Kalkulation einbezogen und nicht wie bisher zusätzlich vergütet. Diese Form erschien als die zunächst einzig praktikable und stellt eine Übergangslösung dar. Zielbild ist, eine Analogie zur DRG-Kalkulation

zu schaffen. Auf Grundlage von Ist-Daten der ambulanten und stationären Leistungserbringer könnte durch ein Institut wie das Institut für das Entgeltsystem im Krankenhaus
(InEK) eine Kalkulation durchgeführt werden. Eine objektive Bewertung sollte ähnlich
dem bekannten DRG-System Schweregrade berücksichtigen. In der zukünftigen Vergü-
tungsform der Hybrid-DRG sollten analog der Leistungsinhalte des Modells Behand-
lungskomplexe der Nachbetreuung inkl. adjuvanter Heilmaßnahmen (z. B. Physiotherapie) enthalten sein. So bleibt die Verantwortung des Operateurs bzw. der behandelnden
Einrichtung bis zum vereinbarten Behandlungsabschluss erhalten. Aus Sicht des Patienten
und des Kostenträgers trägt die dadurch zu erreichende größere Behandlungskontinuität
zur Qualität und Transparenz bei. Dabei bleibt es dem die Kernleistung erbringenden Behandler überlassen, nach medizinischer Notwendigkeit, im Einzelfall über die Einbeziehung von Kooperationspartnern sektorenübergreifend zu entscheiden.

Mit den Hybrid-DRG soll unmittelbar eine veränderte Zuordnung von Patienten nach
Ort (Krankenhaus oder vertragsärztliche Praxis o. ä.) und Art der Behandlung (ambulant/
stationär) erreicht werden. Als eine Folge könnte langfristig die Kostenwirksamkeit der
Versorgung bei sektorengleichen Verfahren in der Regelversorgung erhöht werden.

19.3   Relevanz für die Versorgung

Die im internationalen Vergleich hohe stationäre Fallhäufigkeit, der hohe Anteil von Kurzliegern verbunden mit einer vergleichsweise geringen durchschnittlichen Schwere der
Fälle in Deutschland deuten auf ein erhebliches ambulantes Potenzial in der stationären
Krankenhausversorgung hin. Für diesen Zustand gibt es mehrere Gründe. Neben der zum
größten Teil historisch gewachsenen deutschen Versorgungsstruktur zählen dazu vor allem
die durch die bestehenden Vergütungssysteme gesetzten Anreizmechanismen. Vergleichbare Behandlungsfälle werden in Deutschland vollstationär über das DRG-System im Vergleich zur ambulanten Vergütung über EBM verhältnismäßig hoch vergütet. Somit besteht
vor allem für die Kliniken kein Anreiz mehr ambulante Behandlungsfälle zu erbringen.
Noch dazu können sie mit diesen als stationär deklarierten Fällen die ansonsten ungenutz-
ten bestehenden Überkapazitäten einer Nutzung zuführen. Im Hybrid-DRG-Projekt wird
der für diese Fehlsteuerung in der Versorgung als maßgeblich angesehene vergütungs-
strukturelle Fehlanreiz beseitigt. Die unabhängig von Ort und Art der Leistungserbringung
einheitliche Vergütung *(Hybrid-DRG)* trägt dazu bei, dass die Entscheidung für die Art der
Behandlung nicht auf Basis betriebswirtschaftlicher Erwägungen getroffen wird. Eine
vollstationäre Behandlung, die aufwendigste Form einer medizinischen Behandlung, soll
nur bei medizinischer Notwendigkeit gewählt werden. Um dies zu gewährleisten, umfasst
die neue Versorgungsform spezifisch entwickelte Maßnahmen zur Qualitätssicherung und
Patientenorientierung.

Ziel des Pilotprojektes in Thüringen ist, zu zeigen, in welchem Ausmaß der Ansatz einheitlicher Leistungs- und Wettbewerbsbedingungen für alle Leistungserbringer bei sektorengleichen Verfahren die Versorgungseffizienz verbessert. Die Erreichung dieses Ziels wird an
den Faktoren Ressourcenverbrauch (Leistungsausgaben, Bürokratiekosten durch entfallende

Überprüfung der stationären Behandlungsbedürftigkeit), Struktur-, Prozess- und Ergebnisqualität sowie stärkerer Patientenorientierung festgemacht. Im Fall positiver Evaluationsergebnisse könnten aus dem Projekt konkrete Gestaltungsempfehlungen zur Verbesserung der Regelversorgung an der Schnittstelle ambulant/stationär abgeleitet werden.

19.4   Beitrag zur Weiterentwicklung der Versorgung

Im Rahmen der neuen Versorgungsform soll die Effizienz der Versorgung von Patienten mit sektorengleichen Behandlungsverfahren erhöht werden. Ausgangspunkt sind Hinweise darauf, dass sich infolge ausgeprägter Vergütungsunterschiede zwischen den Sektoren die Wahl des Orts, der Art und des Verfahrens der Behandlung gegenwärtig nicht stringent an medizinisch-therapeutischen Kriterien orientiert. Ziel ist die Verbesserung des Kosten-Wirksamkeits-Verhältnisses für die Leistungskomplexe, die unter den Bedingungen der neuen Versorgungsform erbracht werden. Gemessen wird diese Wirkung an Veränderungen ausgewählter Qualitätsindikatoren, der erhobenen Patientenzufriedenheit und der Ausgaben der Krankenkassen. Unter der Annahme, dass die durch die neue Versorgungsform ausgelösten Verschiebungen von Ort und Art der Leistungserbringung insgesamt zu einem steigenden ambulanten Anteil führen, ist in Summe ein geringerer Ressourcenverbrauch zu erwarten.

19.5   Betrachtung des Nutzens aus Sicht der Beteiligten

19.5.1 Patientensicht

Der Nutzen für teilnehmende Patienten ergibt sich aus der Optimierung der medizinischen Behandlung durch Vorgabe einheitlicher Behandlungspfade in Kombination mit spezifisch entwickelten Dokumentationsstandards und Maßnahmen zur Qualitätssicherung. Durch Einbeziehung von Behandlungsmodulen wie nachstationärer physiotherapeutischer Behandlungen, die von den beteiligten Leistungserbringern selbst erbracht oder koordiniert werden, ergibt sich ebenfalls ein Nutzen für den Patienten. Weiterhin kann der Patient sicher sein, dass sich die Entscheidung über Ort und Art der Behandlung ausschließlich an der medizinischen Notwendigkeit orientiert. Der tatsächliche Mehrnutzen für den Patienten sollte sich auch in einer höheren Patientenzufriedenheit bei mindestens gleicher Ergebnisqualität widerspiegeln. Beide Aspekte sind Bestandteil der Evaluation.

19.5.2 Aus Sicht der Leistungserbringer

Für die an dem Hybrid-DRG-Projekt teilnehmenden Leistungserbringer, also ambulant tätige Ärzte in verschiedenen Organisationsformen und Kliniken, bleibt es bei der vollen Therapiefreiheit. Für die einzelnen Indikationen werden allerdings Behandlungspfade vorgegeben. Die Behandlungspfade für die derzeit vereinbarten vier Indikationen sind zusammen mit dem Berufsverband der Deutschen Chirurgen (BDC) erarbeitet worden. Die Wahl der Behandlungsform obliegt ausschließlich dem Behandler. Durch die sektorengleiche Vergütung ist er dabei frei von betriebswirtschaftlichen Erwägungen. In die Behandlungspfade und die Kalkulation sind postoperative Behandlungen wie die Physiotherapie eingeschlossen. Die Abrechnung der Leistungen erfolgt auch für die niedergelassenen Ärzte im direkten Vertragsverhältnis. In dem Modellprojekt leistet die NAO (Netzwerk ambulantes Operieren Thüringen GmbH) als Managementgesellschaft die Koordination der Abrechnung, daneben werden neue Leistungserbringer einbezogen, eine gemeinsame Dokumentationsplattform zur Verfügung gestellt und die Zusammenarbeit aller Beteiligten koordiniert. Da das Modell in Form eines Vertrags zur Integrierten Versorgung nach § 140 a SGB V etabliert wurde, entfallen für die beteiligten Leistungserbringer sämtliche Budgetzwänge.

19.5.3 Aus Sicht der Kostenträger

Der Nutzengewinn aus Sicht der Kostenträger besteht in einer Steigerung der Versorgungseffizienz, die durch drei Parameter determiniert wird: medizinische Behandlungsqualität, Patientenzufriedenheit und Ausgaben/Kosten. Ein Mehrnutzen wird erreicht, wenn sich aus Kostenträgersicht mindestens ein Parameter verbessert (d. h. höhere Qualität/Patientenzufriedenheit, geringere Ausgaben) und sich keiner verschlechtert. Eine weitere Nutzensteigerung ergibt sich aus der Senkung von Bürokratiekosten. Aufgrund einheitlicher Vergütungen kann auf Überprüfungen der stationären Behandlungsbedürftigkeit verzichtet werden. Hierdurch verringern sich Bürokratiekosten für Leistungserbringer und auf Systemebene (MDK). Es wird erwartet, dass sich das Kosten-Wirksamkeits-Verhältnis für die sektorengleichen Behandlungsverfahren gegenüber der Regelversorgung signifikant verbessert. Dies kann, muss aber nicht notwendigerweise mit geringeren Leistungsausgaben je Fall einhergehen, zumal sich durch den Selektivvertrag disproportionale Verschiebungen im Verhältnis von ambulanter zu stationärer Leistungserbringung ergeben können. Zu erwarten sind in jedem Fall geringere Prüfkosten.

Neben der Festlegung eines durch den Patienten nachvollziehbaren Behandlungspfades ist die Etablierung einer sektorenunabhängigen Qualitätssicherung ein wichtiger Baustein des Hybrid-DRG-Ansatzes.

Diese Qualitätssicherung sollte auf drei Säulen ruhen:

1. Strukturqualität gemäß:
   - Leitlinien,
   - Verträge zum ambulanten Operieren,
   - Zulassungen.
2. Prozessqualität:
   - Definition des Behandlungspfades mit Indikation, Verlaufs- und Ergebnisdokumentation.

3. Ergebnisqualität:
- Patientenbefragung,
- subjektives und objektives klinische Ergebnis,
- Kennzahlen aus Routinedaten.

19.6   Potenzial der neuen Versorgungsform

Die systematischen Vergütungsunterschiede, die heute zwischen ambulanter und stationärer Leistungserbringung bei sektorengleichen Verfahren bestehen, gelten als die zentrale Ursache für die o. g. Versorgungsdefizite an der Schnittstelle ambulant/stationär.

Die neue Versorgungsform wird zeigen, ob und inwieweit diese Defizite durch eine einheitliche Vergütung sowie flankierende Maßnahmen beseitigt werden können. Dies geschieht zunächst in einer Modellregion auf Basis eines Selektivvertrags. Bei einer Überführung in die Regelversorgung würde der Rahmen selektivvertraglicher Vereinbarungen verlassen. Das wäre nur unter der Voraussetzung umfangreicher gesetzlicher Änderungen zur Schaffung entsprechender Rahmenbedingungen möglich. Dabei wären notwendige Veränderungen nicht nur auf den Bereich der Leistungsvergütung beschränkt. Auch die derzeit in den Sektoren völlig unterschiedlich geregelten Vorgaben zur Qualitätssicherung, zur Anwendung innovativer Behandlungsmethoden (Erlaubnis- vs. Verbotsvorbehalt), der Investitionsfinanzierung (Dual vs. Monistik) sowie der Bedarfsplanung bedingen umfangreichen gesetzlichen Änderungsbedarf bzw. Aktivitäten durch die Selbstverwaltung. Bei diesen Aspekten werden auch die politischen Interessen der Länder stark tangiert. Als Beispiel sei hier die Bedarfsplanung genannt, die sich aus dem Sicherstellungsauftrag ergibt. Die Zuständigkeit für die ambulante Versorgung liegt bei den Kassenärztlichen Vereinigungen, dagegen ist sie für die stationäre Versorgung den Ländern zugeordnet. Eine sektorenübergreifende koordinierte Bedarfsplanung scheitert in Deutschland bislang an den Partikularinteressen der Player in den einzelnen Sektoren.

Eine sektorenübergreifende Vergütungsstruktur in der Regelversorgung könnte sich am Verfahren der DRG orientieren. Wie seinerzeit bei der DRG-Einführung sollten zunächst einheitliche Kalkulationsgrundlagen definiert werden. Auf dieser Grundlage könnten dann die Ist-Kosten der teilnehmenden Leistungserbringer gleichermaßen aus ambulanten und stationären Settings erhoben und für die Entwicklung einer neuen Kalkulationssystematik genutzt werden. Die Kalkulation sollte als stetiger Prozess ausgestaltet werden, da die Kosten, sowie deren inhaltliche Definition bezogen auf den Behandlungsinhalt und deren Abgrenzung stetigen Veränderungen unterworfen sind.

Die Häufigkeit, mit der Hybrid-DRG in der Regelversorgung zum Einsatz kommen könnten, wurde wie folgt ermittelt: Grundlage bildete das ambulante Potenzial der zum Erhebungszeitraum nach DRG vergüteten Leistungen. Aus dieser wurde die DRG, in denen Leistungen des § 115b SGB V Katalogs (ambulantes Operieren) enthalten sind, ermittelt und eingegrenzt auf die Fälle, bei denen die Patienten unter 75 Jahren alt sind, einen Patient Clinical Complexity Level (PCCL-Level) von null sowie weniger als vier Tage Verweildauer im Krankenhaus aufweisen. Auf der Basis der §-21-Krankenhausentgeltgesetz-Daten wurden so in Summe über alle Haupt- und Belegabteilungen insgesamt 1,781 Mio. stationäre Fälle identifiziert. Unterstellt man für künftige Hybrid-DRG-Indikationen dasselbe Häufigkeitsverhältnis von ambulanten zu stationären Fällen wie für die vier initialen Leistungskomplexe des Projekts ermittelt (25 % stationär und 75 % ambulant) ergeben sich insgesamt 7,135 Mio. Behandlungsfälle. Das entspricht einer Prävalenz von rd. 10 % bezogen auf die rd. 70,7 Mio. gesetzlich Versicherten (Jahresdurchschnitt 2015).

Dabei ist diese Schätzung eher konservativ. Die Möglichkeiten der Substitution von stationären und ambulanten Operationen durch konservative Leistungen bleiben zunächst ebenso unberücksichtigt, wie der Umstand, dass ambulante Operationen nur im Umfang des aktuell vorliegenden Katalogs nach § 115 b SGB V einbezogen wurden. Dieser Katalog entspricht in seiner aktuellen Ausprägung nicht mehr dem Stand der medizinischen Möglichkeiten. Da er seit Jahren nicht mehr angepasst wurde, spiegelt er nicht den als Folge des medizinischen Fortschritts möglichen Umfang an ambulanten Leistungen wider.

Ebenfalls in eine Nutzenbetrachtung eingehen müsste der Abbau von Bürokratie inkl. der damit verbundenen Kosten. Aufgrund einheitlicher Behandlungspfade und Vergütungen kann auf Überprüfungen der stationären Behandlungsbedürftigkeit gänzlich verzichtet werden. Ebenso entfällt eine Überprüfung hinsichtlich der unteren Grenzverweildauer wie der Verweildauer generell. Im Ergebnis ergäbe sich ein erhebliches Einsparpotenzial bei allen Beteiligten inkl. des MDK.

Dem gegenüber würden sich für den Bereich der niedergelassenen Ärzte Mehraufwände wegen der notwendigen Datenübermittlung in elektronischer Form ergeben. Diese könnten allerdings aus den Einsparungen mehr als kompensiert werden. Neben dem Anpassungsbedarf in übergeordneten Regelungsbereichen würden weitere Kosten für die Entwicklung der Kalkulationsgrundlagen, Behandlungspfade, Dokumentationsstandards und Qualitätssicherungsmaßnahmen für alle einbezogenen sektorengleichen Leistungskomplexe entstehen.

19.7 Thüringer Modell als Blaupause

Prinzipiell lassen sich die Hybrid-DRG auf alle Indikationen von sektorengleichen Behandlungsverfahren übertragen. Aus den Erfahrungen vor allem bei der Definition und Implementierung der Behandlungspfade in dem Modellprojekt ist zu konstatieren, dass operative Behandlungen weitaus leichter abzugrenzen sind als konservative. Deshalb beschränkt sich das Modellvorhaben auf vier operative Indikationen.

Grundsätzlich können Hybrid-DRG in allen Patientenpopulationen und Versorgungsregionen zum Einsatz kommen. Priorität für die Auswahl von Thüringen als Modellregion war der dort vorhandene hohe Organisationsgrad der niedergelassenen Chirurgen und deren Bereitschaft, an dieser Innovation aktiv mitzuwirken. Ebenso waren zumindest ein Teil der Krankenhäuser zur Mitwirkung trotz massiver Kritik ihrer eigenen Landeskrankenhausgesellschaft bereit.

Die Implementierung eines solchen Modells ist zunächst mit hohen Aufwänden für Information der potenziell Beteiligten und für die Vertragsgestaltung verbunden. Zudem sind Abstimmungen zur Budgetbereinigung mit der KV, Informationen der Patienten, Sicherung aller Anforderungen zum Datenschutz u.v.m. zu leisten.

19.8 Umsetzungsschwierigkeiten

Ein zentrales Risiko in der Umsetzung eines solchen Modells besteht in der möglichen Nichterreichung der angestrebten Fallzahlen und damit einer unzureichenden Datenbasis für die Evaluation des Projektes. Voraussetzung für eine ausreichende Rekrutierung ist, dass Leistungserbringer und Kostenträger dem Selektivvertrag beitreten. Die Erfahrungen der Projektbeteiligten zeigen, dass die massive Kritik der Deutschen Krankenhaus Gesellschaft (DKG) und der Landeskrankenhausgesellschaft Thüringen ihre Wirkung leider nicht verfehlt hat. So sind Kliniken, trotz bereits erfolgter Zusage, letztlich dann doch nicht dem Projekt beigetreten.

Auch die sich im Wettbewerb untereinander befindlichen Krankenkassen tun sich schwer, dem Projekt beizutreten. Hierbei steht allerdings eher im Vordergrund, dass sich die Investitionen in dieses Modell nicht kurzfristig amortisieren. Die Rahmenbedingungen, denen Kostenträger unterliegen, zielen jedoch eher auf kurzfristig zu realisierende wirtschaftliche Vorteile ab.

Der im Verlauf des Projektes erfolgte Versuch, das Zentralinstitut der Kassenärztlichen Bundesvereinigung als wissenschaftlichen Partner einzubinden, ist leider gescheitert. Dies verwundert, da durch das Hybridmodell gerade die Stellung der niedergelassenen Ärzte gegenüber den Kliniken eher aufgewertet würde. Die KBV setzt mit ihrem Modell zu den intersektorale Gesundheitszentren weiterhin auf Abschottung des ambulanten Bereichs gegenüber der stationären Leistungserbringung. Das Konzept basiert auf der Annahme, dass alle Leistungen eindeutig einem bestimmten Sektor zugeordnet werden können. Diese Zuordnung wird immer konfliktbehaftet sein, hier geht das Hybrid-DRG-Konzept deutlich weiter, indem die Zuordnung der Leistung zu einem bestimmten Sektor aufgehoben wird.

Im Ergebnis muss zum jetzigen Zeitpunkt resümiert werden, dass eine erfolgreiche Umsetzung der Hybrid-DRG auf der Basis der heutigen Rahmenbedingungen trotz der dargestellten Potenziale nicht möglich ist.

Dass der Grundgedanke einer sektorenverbindenden Vergütungslogik mit damit verbundenen Qualitätsstandards richtig und auch umsetzbar ist, zeigen die derzeit durchgeführten Modellvorhaben nach § 64b SGB V in der psychiatrischen Versorgung. Die Grundidee dieser Modelle besteht in der Bildung eines gemeinsamen Krankenhausbudgets über stationäre und ambulante Leistungen. Die Wahl der Leistung wird dem Krankenhaus überlassen und richtet sich im Wesentlichen nach der Indikation der Patienten.

Diese Idee wurde auch bei der Konzeption der Hybrid-DRG zugrunde gelegt. Statt sektorenübergreifendem Gesamtbudget werden einzelne Leistungen sektorengleich vergütet, der finanzielle Anreiz ist dabei identisch.

Für die Evaluation der Modellvorhaben nach § 64b SGB V haben sich bundesweit in einem einzigartigen Projekt über 100 Krankenkassen zusammengeschlossen; auf der Basis eines einheitlichen Evaluationskonzepts wurden 18 Modellvorhaben evaluiert. Die Laufzeit der Modelle beträgt acht Jahre, die Startzeitpunkte für die Umsetzung lagen in den Jahren zwischen 2013 und 2016. Die ersten Zwischenergebnisse aus den im Jahr 2013 und 2014 gestarteten Modellen zeigen, dass der veränderte finanzielle Anreiz bereits Wirkung entfaltet hat.

Die Ergebnisse der in den Jahren 2013 und 2014 begonnenen Modellvorhaben wurden in einem modellübergreifenden Gesamtbericht zusammengefasst.

Auf der Grundlage von über 12.000 Patienten wurden folgende Outcomes untersucht:

1. stationär-psychiatrische Behandlungsdauer (primär),
2. ambulante Leistungen,
3. Kontinuität der Behandlung (nach Entlassung aus Klinik),
4. Abbrüche des Kontakts (schwer psychisch Kranker),
5. Arzt- und/oder Krankenhaus-Hopping,
6. Arbeitsunfähigkeit (primär),
7. Wiederaufnahmeraten,
8. Komorbidität,
9. Mortalität,
10. Progression der psychischen Erkrankung,
11. Leitlinienadhärenz.

Diese Untersuchungsparameter wurden auf der Basis einer sekundärdatenbasierten kontrollierten Kohortenstudie durchgeführt. Dabei wurden die Ergebnisse der Interventionskliniken denen von vergleichbaren Kontrollkliniken gegenübergestellt. Neben der Definition von vergleichbaren Kliniken auf der Basis aller verfügbaren Informationen wurde auf der Ebene der Patienten ein entsprechendes Mapping (Adjustierung) vorgenommen (Abb. 19.2).

Am Beispiel der Dauer der stationären Behandlung von Patienten, die erstmalig in der Klinik behandelt wurden, soll die Wirksamkeit der Modellvorhaben erläutert werden.

Die Übersicht Abb. 19.3 zeigt, dass es den Modellkliniken gelungen ist, vergleichbare Patienten deutlich kürzer stationär zu behandeln als vergleichbare Kontrollkliniken. Über alle Modelle hinweg wurden bei dieser Kohorte 5,43 stationäre Behandlungstage je Patient weniger benötigt. Je nach Behandlungskonzept der einzelnen Kliniken wurden diese Leistungen in den tagesklinischen oder ambulanten Bereich (Psychiatrische Institutsambulanz) verlagert.

Mit diesem Ergebnis soll illustriert werden, wie veränderte Anreize in einer positiven Art und Weise auf die Versorgung der Patienten wirken. Abweichend zum Hybrid-

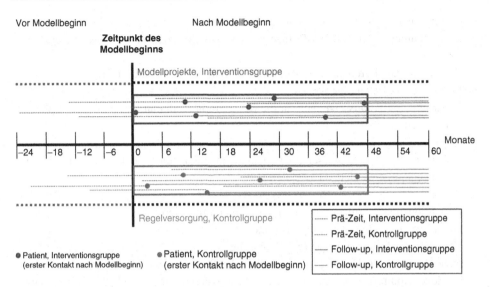

Abb. 19.2 Feinkonzept zur Umsetzung der bundesweiten Evaluation von Modellvorhaben nach § 64 b SGB V – Anlage zur Rahmenvereinbarung zur bundesweiten und einheitlichen Evaluation von Modellprojekten nach § 64b SGB V (Evaluationsvereinbarung)

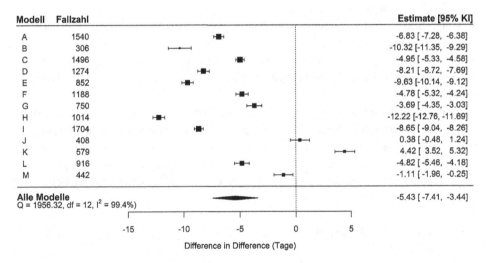

Abb. 19.3 Forest Plot für Metaanalyse mit Random Effect – Vortrag zur Evaluation der Modellvorhaben nach § 64 b SGB V anlässlich eines Workshops am 07.03.2019 in Dresden. (Quelle: adaptiert von Neumann et al.)

DRG-Ansatz ist bei den Modellen nach § 64b SGB V allerdings nur eine Art von Leistungserbringern, nämlich die Krankenhäuser, involviert.

Die Erfahrungen aus der erfolgreichen Umsetzung der Modellvorhaben nach § 64 b zeigen, dass zur Übertragung auf den Ansatz der Hybrid-DRG die nachfolgend genannten Rahmenbedingungen geschaffen werden müssen:

- einheitlicher gesetzlicher Rahmen inkl. Synchronisierung unterschiedlicher Vorschriften (Dokumentation, Fallbegriff, Investitionskostenfinanzierung etc.) aus den einzelnen Sektoren,
- Definition klar abgrenzbarer Leistungen mit klarem Beginn und Ende,
- Definition der Behandlungspfade,
- Schaffung von Voraussetzungen für die Kalkulation (Kalkulationshandbuch, Probekalkulation etc.).

Neben diesen Punkten müssen die vorhandenen Unterschiede in der Ausgestaltung der Sektoren angepasst werden, dazu zählen z. B.

- Investitionsfinanzierung (Monistik kontra duale Finanzierung),
- Organisationsgrad der Leistungserbringer,
- Vorgaben zur Dokumentation und Kodierung,
- Nebeneinander von Leistungen innerhalb und außerhalb von Budgets und die damit verbundenen komplizierten Regelungen zur Ausgliederung, insbesondere im vertragsärztlichen Bereich,
- Erlaubnis- und Verbotsvorbehalt,
- Sachkostenfinanzierung,
- Falldefinitionen im ambulanten und stationären Setting,
- Unterschiede in der Vergütungssystematik (DRG-Pauschalvergütung kontra EBM-Einzelleistungsvergütung),
- Abrechnungswege und Datenträgeraustausch (Direktabrechnung kontra Umlagefinanzierung über Kassenärztliche Vereinigungen).

Nur wenn in allen Sektoren einheitliche Rahmenbedingungen herrschen, kann ein sinnvoller Wettbewerb um die besten Versorgungskonzepte entstehen. Diese inhaltlichen Aspekte, sind darüber hinaus durch Anwendung digitaler Instrumente für Kommunikation und Kooperation zu unterstützen. Die Einführung innovativer Versorgungs- und Vergütungsmodelle muss durch die Nutzung des digitalen Fortschritts unterstützt werden.

19.9   Aktueller Ausblick

Nachdem verschiedene Akteure, darunter unter anderem der Sachverständigenrat für die Begutachtung der Entwicklung im Gesundheitswesen, auf die unbefriedigende Situation in der deutschen Versorgungslandschaft hinsichtlich der Ambulantisierung von Leistungen hingewiesen haben, scheint jetzt auch der Gesetzgeber die Handlungsnotwendigkeit zu erkennen. In dem am 03.05.2019 veröffentlichten Referentenentwurf eines Gesetzes zur Reform der MDK sind unter Artikel 1 umfangreiche Änderungen der Regelungen des § 115 b SGB V zu ambulanten Behandlungen vorgesehen. Der bisherige Katalog der ambulanten Operationen soll um stationsersetzende Eingriffe und stationsersetzende Behandlungen erweitert werden. Die Leistungen sollen zukünftig unabhängig davon, ob sie von Vertragsärzten oder Krankenhäusern erbracht werden, gleichartig und in gleicher Höhe vergütet werden. Erfreulich ist auch, dass eine Differenzierung nach Schweregraden vorgesehen ist, was der Gewährleistung der Leistungs- und damit der Vergütungsgerechtigkeit Rechnung trägt.

Im Gegensatz zum hier beschriebenen Ansatz der Hybrid-DRG wird mit diesen Vorschlägen die Grenze zwischen ambulant und stationär nicht aufgehoben. Die Hybrid-DRG ist eine Mischung aus stationären und ambulanten Fällen. Dieser Ansatz überlässt dem Leistungserbringer die Wahl der Behandlungsart, darüber hinaus werden durch diesen Ansatz auch neue Versorgungsangebote (z. B. ambulante OP mit integrierten Nachsorgekonzepten) möglich.

Eine einheitliche Vergütung ist grundsätzlich zu befürworten. Dazu muss aber Vergütungsgerechtigkeit sichergestellt sein. Exemplarisch sei an dieser Stelle auf die unterschiedlichen Investitions- und Sachkostenfinanzierungen in den jeweiligen Sektoren verwiesen. Es stellt sich die Frage, ob die im vorliegenden Referentenentwurf gewählte sehr offene Formulierung hinsichtlich der Findung einer solchen Vergütung letzten Endes tatsächlich zu einem befriedigenden Ergebnis führen wird. Ein klares Bekenntnis zu einer auf Ist-Kosten basierenden Kalkulation wäre hier sehr hilfreich.

Ein weiterer Kritikpunkt an dem Vorschlag aus dem Bundesministerium für Gesundheit ist der Ausschluss von Überprüfungen durch den Medizinischen Dienst. Um eine ökonomisch indizierte Mengenausweitung zu verhindern, sind die Vorgaben für eine eindeutige Indikationsstellung und die stichprobenartige Überprüfung der Einhaltung dieser Vorgaben unerlässlich.

Wenn auch die vorgesehenen Regelungen im Gesetzentwurf hinter denen des Hybrid-DRG-Projekts zurückbleiben, so gehen die Vorschläge doch in die richtige Richtung. Es bleibt jedoch zu hoffen, dass im Rahmen des Gesetzgebungsverfahrens noch Änderungen erfolgen.

Literatur

Sachverständigenrat zur Begutachtung der Entwicklung im Gesundheitswesen. (2012). Wettbewerb an der Schnittstelle zwischen ambulanter und stationärer Gesundheitsversorgung – Sondergutachten 2012. https://www.svr-gesundheit.de/fileadmin/user_upload/Gutachten/2012/GA2012_Langfassung.pdf. Zugegriffen am 28.04.2020.

Jörg Manthey ist Fachreferatsleiter Krankenhausstrategie bei der Techniker Krankenkasse in Hamburg. Er verantwortet das kollektive und selektive Vertrags- und Budgetgeschäft der Techniker Krankenkasse für den stationären Bereich. Vor seiner Tätigkeit bei der TK war er für die BARMER und die IKK tätig.

Kontakt: joerg.manthey@tk.de

Göran Lehmann ist Spezialist für Krankenhausfinanzierung und sektorenübergreifende Versorgungsmodelle. Den Schwerpunkt bildet die Steuerung der psychiatrischen Versorgung im stationären Kontext. Die aktive Begleitung und Evaluation von Modellvorhaben nach § 64 b SGB V und die Weiterentwicklung des Versorgungs- und Vergütungssystems bilden einen wesentlichen Inhalt der Arbeit ab. Darüber hinaus ist Herr Lehmann im Rahmen einer Arbeitsgruppe im GBA mit der Frage der Personalmindestausstattung in der Psychiatrie und Psychosomatik befasst. Weitere Inhalte der Tätigkeiten sind der Abschluss sektorenübergreifender Versorgungsverträge, beispielhaft sei hier die Entwicklung des Hybrid-DRG-Ansatzes zu nennen oder die Etablierung einer Qualitätsinitiative zur Cochlea Implantat Versorgung.

Kontakt: goeran.lehmann@tk.de

Versorgungsherausforderungen innovativ begegnen: das Modell der Ober Scharrer Gruppe

20

Ein intersektoraler Ansatz in der Augenheilkunde

Sibylle Stauch-Eckmann und Thomas Will

Zusammenfassung

Die Ober Scharrer Gruppe (OSG) ist ein großer ambulanter Versorger in der Augenheilkunde. Die Unternehmensstruktur der OSG mit zahlreichen Praxisstandorten, ambulanten OP-Zentren und mehreren stationären Haupt- und Belegabteilungen ermöglicht es, den Patientinnen und Patienten eine nahtlose Versorgung über alle Sektoren hinweg zur Verfügung zu stellen. Damit begegnet die OSG den wesentlichen Herausforderungen, vor denen das Gesundheitswesen aktuell steht. Nach einer kurzen Vorstellung der Unternehmensstruktur der OSG werden die genannten Herausforderungen näher beleuchtet und die Antworten, die die OSG darauf gefunden hat, ausführlich dargestellt. Diese Lösungsansätze können möglicherweise auch anderen ambulanten Versorgern und Netzwerken als Modell dienen.

20.1 Versorgungsstruktur der Ober Scharrer Gruppe

Die Ober Scharrer Gruppe GmbH ist ein Grund- und Spezialversorger in der Augenheilkunde mit Hauptsitz in Fürth. Von Dr. Manuel Ober und Dr. Armin Scharrer im Jahr 1982 als Gemeinschaftspraxis gegründet, ist die Ober Scharrer Gruppe (OSG) heute an rund 80 Standorten in Bayern, Baden-Württemberg, Brandenburg, Niedersachsen, Nordrhein-Westfalen, Sachsen-Anhalt und Thüringen vertreten. Neben 41 Praxen für konservative Augenheilkunde betreibt die OSG 41 OP-Standorte, teilweise mit angegliederten Beleg- oder Hauptabteilungen sowie zwei augenheilkundlichen Fachkliniken.

S. Stauch-Eckmann (✉) · T. Will
Ober Scharrer Gruppe GmbH, Fürth, Deutschland
E-Mail: s.stauch-eckmann@osg.de; t.will@osg.de

© Springer Fachmedien Wiesbaden GmbH, ein Teil von Springer Nature 2020
U. Hahn, C. Kurscheid (Hrsg.), *Intersektorale Versorgung*,
https://doi.org/10.1007/978-3-658-29015-3_20

Abb. 20.1 Die OSG im Überblick. (Quelle: eigene Darstellung)

Aktuell beschäftigt die OSG rund 300 Ärztinnen und Ärzte sowie weitere 1.200 Mitarbeiterinnen und Mitarbeiter. Pro Jahr versorgt das Team der OSG etwa 740.000 konservative Behandlungsfälle. Die Anzahl der operativen Eingriffe beläuft sich jährlich zudem auf ca. 120.000. Dabei handelt es sich in der Mehrzahl jeweils zur Hälfte um Katarakt-Operationen (grauer Star, Trübung der Augenlinse) und um sogenannte IVOM[1]-Behandlungen bei feuchter Makuladegeneration (Netzhauterkrankungen) sowie Netzhaut- und Glaukomoperationen. Somit werden Patientinnen und Patienten mit insgesamt fast 870.000 Behandlungsfällen im Jahr betreut (vgl. Abb. 20.1).[2]

Die Bandbreite der Versorgungssettings umfasst somit sowohl die rein konservative als auch die ambulant-operative und stationär-operative Behandlung. Im Rahmen dieser Struktur kann zum einen eine Kontinuität der gesamten Versorgungskette gewährleistet werden. Zum anderen schafft sie die Voraussetzung für die – nicht zuletzt von der Politik angestrebte – weitere Ambulantisierung.

Im Hinblick auf die Rechtsform agieren alle OSG-Einrichtungen unter dem Dach der Ober Scharrer Gruppe GmbH. Während es in einigen Bundesländern, etwa in Bayern, möglich ist, Zweigpraxen oder Medizinische Versorgungszentren (MVZ) als Nebenbe-

---

[1] IVOM steht für intravitreale operative Medikamenteneingabe.
[2] Alle Zahlen: Stand März 2019.

triebsstätten des Hauptsitzes zu betreiben, war es in anderen Bundesländern bzw. KV-Regionen aufgrund der Rechtslage erforderlich, eigene GmbHs unter der Trägerschaft der Ober Scharrer Gruppe GmbH zu gründen, beispielsweise in den KV-Bereichen Baden-Württemberg oder Nordrhein.

2011 haben sich die OSG-Gründer entschieden, einen Finanzpartner am Unternehmen zu beteiligen, um Spielraum für wichtige Investitionen und das weitere Wachstum zu gewinnen. Der britische Investor Palamon Capital Partners wurde 2018 vom skandinavischen Private-Equity-Unternehmen Nordic Capital abgelöst.

Fokus: Intersektorale Versorgung am Standort Fürth
Die Aufstellung der OSG erlaubt es, den Patientinnen und Patienten nicht nur das gesamte Spektrum der augenheilkundlichen Leistungen anbieten zu können, sondern sie auch über die Sektorengrenzen hinweg in die für sie sinnvollen Behandlungspfade zu steuern. Dies ist insbesondere vor dem Hintergrund von Bedeutung, dass wir es in der Augenheilkunde häufig mit chronischen Erkrankungen zu tun haben (z. B. Makuladegeneration, diabetische Retinopathie, Glaukom). Eine enge Zusammenarbeit der Augenärzte aller Subspezialisierungen und Versorgungssettings sowie eine intersektorale Verzahnung ist für die Betreuung dieser Patientinnen und Patienten gleichsam unverzichtbar.

Vorbildcharakter hat hier der Standort Fürth: Das dort ansässige MVZ umfasst eine klassische augenärztliche Praxis mit moderner Geräteausstattung, ein ambulantes OP-Zentrum, eine Kontaktlinsenabteilung sowie eine orthoptische[3] Abteilung. Die Fachärztinnen und Fachärzte des MVZ betreuen zudem eine Belegabteilung mit 32 Betten am Klinikum Fürth. Die pflegerische Versorgung im OP und außerhalb des OPs erfolgt dort durch das Krankenhauspersonal, während die chirurgischen Eingriffe und alle weiteren ärztlichen Leistungen von den Medizinerinnen und Medizinern des MVZ abgedeckt werden. In dieser Struktur können die Patientinnen und Patienten nahtlos über alle Abteilungen und Einrichtungen hinweg begleitet werden. Neben der fachlichen Qualität der therapeutischen Maßnahmen profitieren sie auch vom hohen Koordinationsgrad der Behandlung.

An anderen Standorten, an denen die OSG-Einrichtungen nicht das gesamte Spektrum der Augenheilkunde bzw. eigene Standorte vorhalten können, bestehen vielfältige Kooperationsformen mit Krankenhäusern, kooperierenden augenheilkundlichen Praxen und anderen Einrichtungen im augenheilkundlichen Umfeld bis hin zu Selbsthilfeinitiativen. Selbstverständlich wird dadurch die freie Arztwahl nach § 76 Abs. 1 SGB V für die Patientinnen und Patienten in keiner Weise eingeschränkt, sofern diese nicht in entsprechende Versorgungsverträge eingeschrieben sind.

---

[3] Die Orthoptik beschäftigt sich schwerpunktmäßig mit Schielerkrankungen (Strabologie), die im Kindesalter noch relativ gut behandelt werden können. Zudem gehört der Bereich der Blicklähmungen nach Schlaganfällen zum Aufgabengebiet der Orthoptik.

20.2   Warum Intersektoralität wichtiger ist denn je

Die Gesundheitsversorgung in Deutschland ist seit einigen Jahren von vier großen Entwicklungen geprägt:

- demografischer Wandel,
- Wandel des Berufsbildes Arzt sowie Ärztemangel in ländlichen Regionen,
- rasanter medizinischer Fortschritt,
- zunehmende Ambulantisierung und damit wachsende Bedeutung der Qualitätssicherung im ambulanten Bereich.

Diese Herausforderungen zu meistern, ist eine gemeinsame Aufgabe aller Akteure im System. Sie erfordert umfangreiche Maßnahmen auf allen Ebenen von rechtlichen Anpassungen über eine Reform der Leistungsvergütung bis hin zur Einführung einer nationalen Digitalisierungsstrategie für das Gesundheitswesen. Gleichwohl liegt es auch in der Verantwortung jedes einzelnen Akteurs und Leistungserbringers, seinen Beitrag dazu zu leisten, dass für die Menschen in Deutschland auch langfristig eine Versorgung auf hohem Niveau zu angemessenen Kosten sichergestellt werden kann.

Die Ober Scharrer Gruppe hält für alle vier oben genannten Problematiken Lösungsansätze bereit, die möglicherweise für andere Leistungserbringer bzw. Netzwerke, auch in anderen Fachrichtungen, als Modell dienen können. Sie geben zudem einen Ausblick darauf, wie eine Modernisierung der ambulanten Versorgungsstrukturen gelingen kann, die die gute, flächendeckende Versorgung der Patientinnen und Patienten mit den Wünschen und Anforderungen einer neuen Ärztegeneration und dem medizinischen Fortschritt in Einklang bringt.

Im Folgenden werden die aktuellen Versorgungsherausforderungen noch einmal näher beleuchtet und im Anschluss wird beschrieben, welche Antworten die Ober Scharrer Gruppe auf diese Entwicklungen gefunden hat. Im Vordergrund steht dabei nicht allein das Thema Intersektoralität, also die bessere Verzahnung der Sektoren. Es geht dabei auch um eine Entwicklung, die man – als Äquivalent zum Begriff Intersektoralität – vielleicht als Intrasektoralität bezeichnen könnte: Wenn Operationen ambulant durchgeführt werden, was in der Augenheilkunde heute in sehr weiten Teilen möglich ist, erfolgt die Erbringung aller Leistungen im ambulanten Sektor. Die Verzahnung mit dem stationären Sektor bleibt dort wichtig, wo eine stationäre Aufnahme der Patientin/des Patienten indiziert ist. Absolut gesehen nimmt die Anzahl der Patientinnen und Patienten, auf die dies zutrifft, aber eher ab.

Im Hinblick darauf, Effizienzreserven im System zu heben, stellt die Verlagerung von vormals stationären Leistungen in den ambulanten Sektor eine der wichtigsten Maßnahmen dar, denn in der Regel ist ambulante Medizin kostengünstiger als die stationäre Versorgung. Diese Entwicklung ist in der Augenheilkunde im Vergleich zu anderen Disziplinen bereits relativ weit fortgeschritten. Die OSG-Gründer Ober und Scharrer gehören zu den Wegbereitern der ambulanten Augenchirurgie in Deutschland. Schon im Jahr 1988 schlossen sie in Bayern einen entsprechenden Versorgungsvertrag. Heute betreibt die OSG 27 ambulante OP-Zentren.

Bei den Diskussionen rund um das Thema Intersektoralität darf aber ein Aspekt nicht aus dem Blick geraten: Für die Patientinnen und Patienten stehen nicht nur die reibungslosen Übergänge zwischen den Sektoren bzw. zwischen einer ambulanten Operation und der konservativen Vor- und Nachsorge im Vordergrund, sondern schlicht auch der Wunsch, die für sie beste medizinische Behandlung zu erhalten – und zwar sektorenunabhängig. Der große Paradigmenwechsel für eine zukunftsfähige Versorgung ist aber nicht der von der Sektoralität zur Intersektoralität. Die Aufgabe besteht vielmehr darin, Versorgung nicht länger schwerpunktmäßig von der Leistungserbringerseite her zu denken, sondern von der Patientenseite.

20.2.1 Demografischer Wandel

Die Herausforderung
Die deutsche Bevölkerung befindet sich in einem demografischen Wandel: In den vergangenen 70 Jahren ist die allgemeine Lebenserwartung um rund 15 Jahre angestiegen. Zudem bleibt die Geburtenrate anhaltend niedrig. Daraus ergibt sich, dass heute im Gesundheitssystem unter allen GKV-Versicherten wesentlich mehr ältere Menschen zu versorgen sind als noch vor 40 Jahren. Mit zunehmendem Alter steigt allerdings auch das Risiko für chronische Erkrankungen, was in einem erhöhten Versorgungsbedarf resultiert. Die Folgen dieser Entwicklungen sind in zweierlei Hinsicht von Bedeutung:

1. Für die Patientinnen und Patienten wird die **Qualität der Versorgung** wichtiger: Gehen wir davon aus, dass Menschen ab 65 Jahren zu den sogenannten „alten Menschen" gehören, so umfasst diese Lebensphase heute vielfach drei Jahrzehnte. Dies hat auch Implikationen für die Entscheidungsfindung in der Medizin, wo es stets abzuwägen gilt, in welchem Verhältnis beispielsweise umfangreiche chirurgische Eingriffe zum individuellen Nutzen für die Patient/den Patienten stehen. 1970 mag man eine 75-jährige Patientin als hochbetagt und entsprechend gebrechlich betrachtet haben. Heute stehen viele 75-Jährige noch mitten im Leben. Umso wichtiger ist eine medizinische Versorgung auf hohem Niveau, denn sie trägt wesentlich dazu bei, dass alte Menschen möglichst lange ein selbstbestimmtes und lebenswertes Leben führen können.

2. Für das Gesundheitssystem gewinnt die **Effizienz der Versorgung** zunehmend an Bedeutung: Ein höherer Versorgungsbedarf durch mehr ältere Menschen (und teilweise auch durch neue kostenintensivere Behandlungsmethoden), führt zwangsläufig zu höheren Kosten im System. Gleichzeitig liegt es im Interesse der Politik und der Versicherten, dass die Beiträge zur gesetzlichen Krankenversicherung auch langfristig stabil bleiben. Beide Forderungen zu bedienen, wird nur gelingen, wenn Effizienzpotenziale im System ausgeschöpft werden.

Das Lösungsmodell der Ober Scharrer Gruppe

Gerade weil viele augenmedizinische Erkrankungen im Alter gehäuft auftreten, kann der Aspekt des demografischen Wandels in der Augenheilkunde nicht vernachlässigt werden. Verliert ein Mensch die Sehkraft, ist er in vielen Lebensbereichen auf (pflegerische) Unterstützung angewiesen. Umgekehrt trägt der Erhalt der Sehkraft im Alter also wesentlich dazu bei, das Gesundheitssystem (und andere Sozialversicherungssysteme) zu entlasten.

Die Augenheilkunde konnte hier in den letzten zwei Jahrzehnten einige bahnbrechende Innovationen vorweisen, beispielsweise die großen Fortschritte bei der Behandlung des grauen Stars, den Einsatz von Lasertechnologie bei Operationen und die sogenannte IVOM-Therapie. Die Technologie für Katarakt-Operationen ist in den letzten Jahrzehnten zudem erheblich präziser geworden. Ergebnis dieser Weiterentwicklung ist, dass damit ein breiteres Indikationsspektrum abgedeckt werden kann. Wurden solche OPs früher erst durchgeführt, wenn die Sehkraft bereits wesentlich eingeschränkt war, so kann heute frühzeitig gegengesteuert werden. Dies trägt selbstredend zu einer höheren Lebensqualität der Patientinnen und Patienten bei, zumal diese vielfach länger mobil sein wollen – ob mit dem Auto oder auf dem Fahrrad. Während 1970 in der Bundesrepublik ca. 30.000 Katarakt-OPs durchgeführt wurden, waren es 2017 etwa 900.000. Ambulante OP-Zentren sind deshalb inzwischen ein wichtiger Bestandteil der medizinischen Infrastruktur, da die Patientinnen und Patienten andernfalls erheblich länger auf einen OP-Termin warten müssten.

Von diesen Errungenschaften können Patientinnen und Patienten aber nur profitieren, wenn sie eine entsprechende Infrastruktur vorfinden. Ältere Menschen – insbesondere diejenigen mit Einschränkungen der Sehkraft – benötigen eine wohnortnahe Versorgung. Schon früh haben Dr. Manuel Ober und Dr. Armin Scharrer auch damit begonnen, Praxissitze im ländlichen Raum zu übernehmen, denn es trieb sie die Sorge um, dass die Patientinnen und Patienten in den betreffenden Regionen andernfalls augenärztlich nicht mehr adäquat versorgt werden. Heute befinden sich etwa zwei Drittel aller OSG-Praxen in den Bedarfsplanungsregionstypen 4 und 5, also in Gebieten mit geringer Arztdichte. Zudem liegt die Hälfte aller stationären Standorte im Regionstyp 5. Um Ärztinnen und Ärzte für diese Standorte zu gewinnen, hat die OSG spezielle Rotationsmodelle entwickelt. So sind einige Medizinerinnen und Mediziner beispielsweise zwei Tage pro Woche in einer ländlichen Praxis tätig und können an den anderen Tagen an einem größeren Standort arbeiten, wo sie für sich und ihre Familien eine entsprechende Infrastruktur vorfinden.

Für zwei Standorte, die zunächst nicht besetzt werden konnten, wurden schließlich Ärztinnen und Ärzte gefunden, denen eine Operateursausbildung ermöglicht wurde. Sie operieren mittlerweile an einem Tag pro Woche in einem ambulanten OP-Zentrum der OSG die Patientinnen und Patienten, die sie auch an ihrem Haupttätigkeitsort konservativ betreuen.

Die Verzahnung mit den ambulanten OP-Zentren und den Möglichkeiten zur stationären Behandlung stellt auch hier wieder einen wesentlichen Vorteil für die Kontinuität der Versorgung dar. Ist ein operativer Eingriff angezeigt, so werden die Patientinnen und Patienten sinnvoll aus der konservativen Praxis in den entsprechenden Versorgungspfad gesteuert und anschließend ohne Versorgungsbruch an ihrem Wohnort nachbetreut.

Alle zwei Jahre führt die OSG außerdem gemeinsam mit einem externen Institut eine Patientenbefragung durch, um die Patientenzufriedenheit zu messen. Hier gab es in der Vergangenheit beispielsweise an einigen Standorten Verbesserungspotenzial in Bezug auf die Wartezeiten vor Ort. Als Maßnahme wurden die Termine anders getaktet und die internen Prozesse verbessert. Ein anderes Feedback aus einer Befragung war, dass Patientinnen und Patienten sich an einigen Standorten, an denen mehrere fremdsprachige Ärztinnen und Ärzte beschäftigt sind, über Sprachbarrieren beklagten. Dort wurden daraufhin Deutschkurse für die Kolleginnen und Kollegen angeboten. Umgekehrt stellt die Multinationalität des Teams aber durchaus auch einen Vorteil dar. So bietet eine griechische Ärztin bereits seit Jahren regelmäßig eine griechische Sprechstunde an, die sehr gut angenommen wird.

20.2.2 Berufsbild Arzt/Ärztin

Die Herausforderung

Lange Zeit dominierte das Bild vom niedergelassenen Arzt in der Einzelpraxis die Zukunftsvorstellung von Medizinstudierenden. Dieses Verständnis des Arztberufes hat sich mittlerweile stark gewandelt. Die Vereinbarkeit von Familie und Beruf sowie geregelte Arbeitszeiten sind für angehende Ärztinnen und Ärzte heute so wichtig, dass die meisten von ihnen eine angestellte Tätigkeit bevorzugen würden – entweder in einer Klinik oder in einem MVZ bzw. einer Praxis. Auch die Arbeit im Team wird im Rahmen einer Anstellung als positiver Faktor bewertet. Zudem scheuen die Nachwuchsmedizinerinnen und -mediziner einerseits den hohen bürokratischen Aufwand und andererseits das finanzielle Risiko einer Niederlassung, zumal Letzteres auch mit einer langfristigen örtlichen Festlegung einhergine. Zu diesen Ergebnissen gelangte eine Umfrage des Hartmannbundes unter rund 4.400 Medizinstudierenden aus dem Jahr 2015 (Hartmannbund 2015) sowie eine gemeinsame Studie von KBV, MFT und bvmd aus dem Jahr 2018, an der mehr als 13.000 Studierende teilnahmen (Jacob et al. 2019).

Weiterhin zeigt die Erfahrung, dass angehende Fachärztinnen und -ärzte zunächst die gesamte Breite ihres Fachen kennenlernen möchten, um sich anschließend auf einen Bereich zu spezialisieren.

Die Strukturen im Gesundheitswesen haben sich aber bei Weitem noch nicht durchgängig auf die gewandelten Wertvorstellungen der jungen Medizinergeneration eingestellt. Ein Nebeneffekt dieser Entwicklung ist die viel beklagte ärztliche „Landflucht": In ländlichen Regionen gibt es in der Regel noch weniger Möglichkeiten, eine angestellte Tätigkeit aufzunehmen als im urbanen Umfeld. Es muss dabei auch berücksichtigt werden, dass heute wesentlich mehr Frauen berufstätig sind, als dies in früheren Jahrzehnten der Fall war. Die Entscheidung, aufs Land zu ziehen, hängt für viele nicht zuletzt davon ab, ob der Partner oder die Partnerin dort ebenfalls eine Arbeitsstelle findet.

Das Lösungsmodell der Ober Scharrer Gruppe

Als ambulanter Arbeitgeber für 300 Ärzte und Ärztinnen sowie für 1.200 Medizinische Fachangestellte und weitere Professionen ist die OSG in der Lage, an fast allen Standorten zeitgemäße Arbeitsmodelle anzubieten. Der Anteil der Frauen im Unternehmen liegt insgesamt bei mehr als 80 Prozent und der Anteil an Teilzeitbeschäftigungen unter allen Angestellten beträgt 70 Prozent. Im ärztlichen Bereich sind zu 60 Prozent Frauen beschäftigt und von den Medizinerinnen und Medizinern arbeiten rund zwei Drittel in Teilzeit.

Weiterhin bringt die Unternehmensgröße auch den Vorteil mit sich, dass nahezu allen Berufsgruppen interessante Entwicklungsmöglichkeiten angeboten werden können. Zudem stellt dies ist einen wichtigen Aspekt dar, um für die Patientinnen und Patienten langfristig eine hohe Versorgungsqualität sicherzustellen.

Als eines von wenigen ambulanten Versorgungsunternehmen in Deutschland verfügt die OSG an verschiedenen Standorten über die Berechtigung, die Weiterbildung zum Facharzt bzw. zur Fachärztin für Augenheilkunde über das gesamte fünfjährige Curriculum anzubieten. Assistenzärzte und -ärztinnen können also die Facharztausbildung mit allen Bestandteilen von der konservativen Augenheilkunde bis hin zu den verschiedenen operativen Anwendungsfeldern vollständig bei der OSG absolvieren. Dies ist sonst nur in Fach- oder Universitätskliniken möglich.

Doch auch nach der bestandenen Facharztprüfung können sich die Ärztinnen und Ärzten auf Wunsch weiter spezialisieren. So ist im konservativen Bereich beispielsweise eine Weiterbildung im Bereich Medical Retina (Netzhauterkrankungen) möglich, im operativen Bereich sind u. a. Spezialisierungen auf den vorderen Augenabschnitt (z. B. refraktive Laserchirurgie und refraktive Linsenchirurgie) oder den hinteren Augenabschnitt (z. B. Netzhaut-Glaskörper-Chirurgie) möglich. Zudem können die Fachärztinnen und Fachärzte beispielsweise Weiterbildungen im Bereich der Schieloperationen und in der Lidchirurgie absolvieren.

Bei den nichtärztlichen Professionen bietet die OSG Ausbildungsplätze zur bzw. zum Medizinischen Fachangestellten (MFA) an. Zudem haben erfahrene MFA sowie Fachpflegekräfte im Operationsdienst bzw. Operationstechnische Assistentinnen und Assistenten (OTA) die Möglichkeit, sich entsprechend ihren Stärken und Wünschen weiterzuentwickeln und größere Verantwortungsbereiche zu übernehmen. So hat beispielsweise eine Mitarbeiterin zunächst als OP-Fachpflegekraft gearbeitet, bevor sie die Leitung des örtlichen OPs übernommen hat. Einige Jahre später wurde sie in die Position der überregionalen Leitung des OP-Bereichs befördert. Heute ist sie darüber hinaus im Rahmen von verschiedenen strategischen Projekten direkt der Geschäftsführung zugeordnet. Einen ähnlichen Werdegang hat die aktuelle Leiterin des Bereichs Praxismanagement durchlaufen.

Neben der ärztlichen Führungsriege, in der ein Drittel der Positionen mit Frauen besetzt ist, wurde unternehmensweit eine zweite Führungsebene für das Standort- bzw. Praxismanagement eingeführt. Für diese Positionen wurden MFA zu Führungskräften mit personeller Führungskompetenz, betriebswirtschaftlichen Kenntnissen und Projektmanagementfähigkeiten weiterentwickelt. Beide Führungsebenen begegnen sich auf Augenhöhe. Dies trägt auch zu einem guten Arbeitsklima und einer hohen gegenseitigen Wertschätzung bei.

Im Hinblick auf das Arbeitsklima, stellt ein Unternehmen wie die OSG für viele Arbeitnehmerinnen und Arbeitnehmer eine sehr gute Alternative zum Krankenhaus dar. Teamwork in kleinen und größeren Teams, die Entwicklungs- und Spezialisierungsmöglichkeiten sowie der Austausch und das Arbeiten auf dem neuesten Stand des Faches sind hier ebenso gegeben wie in einer Klinik, aber ohne die starren Hierarchien und die oftmals permanente Arbeitsüberlastung.

Vor diesem Hintergrund wurden auch Ansätze wie Shared Decision Making, die in Deutschland vielfach erst seit wenigen Jahren in der Diskussion sind, bei der OSG schon immer gelebt. Das Credo der Gründer Ober und Scharrer war stets, dass jedes Handeln mit Respekt vor der Würde des Einzelnen erfolgen muss. Dies gilt sowohl für den Umgang mit Mitarbeiterinnen und Mitarbeitern als auch für die Interaktion mit Patientinnen und Patienten. Das Zuhören und das Eingehen auf individuelle Bedürfnisse stellt dabei einen zentralen Aspekt dar. Die Erfahrung zeigt, dass die Patientinnen und Patienten diese positive Atmosphäre wahrnehmen und wertschätzen.

20.2.3 Technologischer Fortschritt und Wissenszuwachs in der Medizin

Die Herausforderung

Das Wissen der Menschheit vergrößert sich nicht nur permanent, es vergrößert sich auch immer schneller. Dies gilt in besonderem Maße für den Bereich der Medizin. Für den einzelnen Arzt bzw. die einzelne Ärztin ist es selbst in einem einzigen Fachgebiet heute kaum noch möglich, permanent mit der Wissensentwicklung Schritt zu halten. Die U.S. National Library of Medicine MEDLINE verzeichnet seit 2015 jährlich mehr als 800.000 neue akademische Publikationen mit Medizin- oder Gesundheitsbezug (NLM o. J.). Wollte man sich als einzelne Medizinerin bzw. einzelner Mediziner auch nur ansatzweise über alle neuen Studien und wichtigen Fachpublikationen auf dem Laufenden halten, bliebe einem keine Zeit mehr, seine Patientinnen und Patienten zu behandeln. Nicht nur Leitlinien und softwaregestützte Entscheidungshilfen gewinnen deshalb immer mehr an Bedeutung, sondern vor allem regelmäßige Fortbildungen sowie der Austausch und der gezielte Wissenstransfer unter Kolleginnen und Kollegen (vgl. hierzu auch Lux 2017).

Mehr Forschung und Wissen bringen in der Medizin auch mehr Innovationen hervor, vielfach in Form von Hochpräzisionstechnologie, die ihren entsprechenden Preis hat. Die meisten Ärztinnen und Ärzte würden ihren Patientinnen und Patienten gern die Diagnose und Behandlung auf dem neuesten Stand der Technik zuteilwerden lassen. Gerade im ambulanten Bereich ist das für viele aus Kostengründen aber nicht möglich. Hier sind eine gewisse Versorgergröße und eine entsprechende Finanzkraft nötig, um einerseits die Investitionen in die Ausstattung bewältigen zu können und andererseits eine ökonomische Auslastung der Geräte und OPs zu gewährleisten. Die OSG verfügt hier über die erforderliche Infrastruktur.

Das Lösungsmodell der Ober Scharrer Gruppe

Die OSG-Gründer Ober und Scharrer sind davon überzeugt, dass Exzellenz vor allem durch Spezialisierung erreicht werden kann. Dies ist in der arbeitsteiligen Organisation der OSG sehr gut abbildbar. Spezialisierung hat überdies den Vorteil, dass das Fachgebiet des Spezialisten kleiner ist als das des Generalisten. Doch selbst in den Spezialdisziplinen ist die Menge an Fachpublikationen heute immens.

Die OSG stellt sich dieser Herausforderung, indem sie auf verschiedenen Ebenen Gremien installiert hat, die einen fachlichen Austausch fördern und durch Arbeitsteiligkeit Synergieeffekte zeitigen. Dazu gehört u. a. der Medizinische Fachbeirat, dem alle ärztlichen Leiterinnen und Leiter der verschiedenen Standorte angehören. Neben einem jährlichen Präsenztreffen, das einem kleinen augenheilkundlichen Kongress gleicht, finden die Sitzungen des Medizinischen Fachbeirats monatlich im Rahmen einer Telefonkonferenz statt. Der fachliche Austausch steht bei diesen Sitzungen im Mittelpunkt. So werden dort beispielsweise neue Linsentypen, unterschiedliche Operationstechniken oder wichtige augenheilkundliche Publikationen diskutiert.

Zur Verbesserung der Fort- und Weiterbildungsqualität hat die OSG am Standort Fürth außerdem ein Schulungszentrum eingerichtet. Dort steht den Assistenzärztinnen und -ärzten u. a. ein Eyesi-OP-Simulator zur Verfügung. Solche Simulatoren sind, nicht zuletzt wegen des hohen Anschaffungspreises, ansonsten meist nur in Universitätskliniken vorhanden. Der OSG war es jedoch wichtig, junge Operateurinnen und Operateure optimal auf die OP-Tätigkeit am Patienten vorzubereiten. Mittlerweile haben die ersten Kolleginnen und Kollegen ihre Ausbildung am Eyesi-Simulator absolviert und schon jetzt lässt sich festhalten, dass diese Ärztinnen und Ärzte über mehr Fingerfertigkeit verfügen und wesentlich sicherer sind, wenn sie ihre ersten Eingriffe am echten menschlichen Auge durchführen. Auf diese Weise wird letztlich auch die Ergebnisqualität für die Patientinnen und Patienten erhöht und die Komplikationsrate reduziert.

Weiterhin wird innerhalb der OSG für alle Ärztinnen und Ärzte eine monatliche Fortbildung angeboten, in der jeweils ein bestimmtes augenheilkundliches Thema erläutert wird. Die Teilnahme ist entweder in Fürth vor Ort oder online über Teamviewer möglich. In diesem Rahmen können die Kolleginnen und Kollegen auch Fortbildungspunkte erwerben.

Ein wichtiges Medium, um einen fortlaufenden Überblick über aktuelle Studien und Publikationen zu behalten, ist zudem der monatliche Newsletter des international renommierten Münchner Augenarztes Prof. Dr. Thomas Neuhann. Seine Einschätzungen zu den neuesten Erkenntnissen und Entwicklungen des Faches werden von den Ärztinnen und Ärzten der OSG sehr geschätzt.

Nicht zu vernachlässigen ist überdies der informelle Austausch, insbesondere an den größeren Standorten. In Fürth wird beispielsweise in der Bibliothek mittags ein Catering angeboten. Das spart für den Einzelnen nicht nur Zeit, es fördert auch die persönlichen Gespräche unter den Kolleginnen und Kollegen, die sich meist um Fachfragen drehen.

Darüber hinaus trägt die OSG auch selbst zur Generierung des medizinischen Fortschritts bei, indem sie mit einzelnen Zentren an wissenschaftlichen Forschungsprojekten teilnimmt und entsprechende Initiativen der Ärzte und Ärztinnen begrüßt. Hier stehen besonders ambulante Krankheitsbilder im Mittelpunkt, die in der klinischen Forschung meist wenig Aufmerksamkeit erhalten. Der Vorteil der großen ambulanten Struktur der OSG liegt dabei nicht zuletzt darin, dass der unmittelbare Zugang zu einer relativ großen Anzahl potenzieller Studienteilnehmerinnen und -teilnehmer gegeben ist.

20.2.4 Qualitätssicherung und Transparenz innerhalb zersplitterter ambulanter Strukturen

Die Herausforderung

Die historisch gewachsenen Strukturen im Gesundheitswesen sind geprägt von der starken Trennung zwischen ambulantem und stationärem Sektor. Die bereits Jahrzehnte währenden Bemühungen der Politik, beide Sektoren besser miteinander zu verzahnen, verlaufen zäh. Dafür gibt es mehrere Gründe. Einer davon ist die extreme Kleinteiligkeit innerhalb der ambulanten Versorgungslandschaft. Diese Zersplitterung erschwert einerseits den Aufbau belastbarer Kooperationen mit stationären Einrichtungen. Andererseits stellt sie ein Problem für die Messung von Qualität im ambulanten Sektor dar.

Die im System bereits seit Langem ausgerufene Devise *ambulant vor stationär* ist sinnvoll. Sie trägt zur Kosteneffizienz bei und – was noch wichtiger ist – sie erspart vielen Patientinnen und Patienten den ungeliebten Krankenhausaufenthalt. Doch je mehr medizinische Leistungen in den ambulanten Sektor verlagert werden, umso wichtiger wird es, auch dort Qualität zu messen und zu sichern. Für Krankenhäuser ist die jährliche Veröffentlichung von Qualitätsberichten seit 2005 verpflichtend. Im ambulanten Bereich fehlen bisher geeignete Instrumente, zumal der Aufwand dafür in den ohnehin bürokratiegeplagten Praxen in einem vertretbaren Maß gehalten werden muss.

Das Lösungsmodell der Ober Scharrer Gruppe

Medizinische Leistungserbringer mit Investoren-Beteiligung werden häufig mit dem Vorwurf konfrontiert, dass diese Beteiligung zulasten der Versorgungsqualität gehe. Aus Sicht der OSG ist diese Argumentation allerdings zu kurz gegriffen. Erfahrungen aus dem unregulierten US-amerikanischen Markt zeigen, dass gerade die Institutionen, die Spitzenmedizin hervorbringen, ohne privates Kapital gar nicht denkbar wären. Beispiele hierfür sind die Mayo Clinic und Partners HealthCare.

Zu Recht mag man einwenden, dass das deutsche System damit nicht vergleichbar ist. Die Logik der Finanzpartner bleibt aber dieselbe: Für sie sind nicht solche Unternehmen attraktiv, die schlechte Leistungen erbringen und keine nennenswerte Positionierung im Markt haben, sondern diejenigen, die eine hohe Leistungsfähigkeit und ein gutes Wachstumspotenzial mitbringen. Da es im deutschen Gesundheitsmarkt keinen Wettbewerb über den Preis gibt, ist die einzige Möglichkeit, sich im Vergleich zu anderen Anbietern zu profilieren, eine höhere Versorgungsqualität zu erbringen. Marktführer kann nur werden, wer Qualitätsführer ist, zumal sich gute Ergebnis- und Prozessqualität am Ende nicht zulasten, sondern zugunsten der Kostenstrukturen auswirken. Das Investment in die OSG ist zudem nicht auf kurzfristige Renditen ausgerichtet, sondern auf eine langfristige, auf das gesamte Unternehmen bezogene Wertentwicklung. Diese Wertentwicklung bemisst sich letztendlich ebenfalls an Qualitätsparametern. Somit steht die Beteiligung eines Finanzpartners dem Qualitätsstreben der OSG nicht entgegen. Sie ist im Gegenteil ein umso größerer Ansporn, Qualitätsdaten zu erheben, sie auszuwerten und daraus Maßnahmen zur Qualitätssicherung und -verbesserung abzuleiten.

Bei den OSG-Gründern Ober und Scharrer nahm Qualität bereits von Beginn an die höchste Position in der Wertehierarchie ein. Im Zuge des Wachstums war es sinnvoll, Unternehmensstrukturen aufzubauen, die eine Aufgliederung zwischen dem medizinisch-fachlichen Bereich und Bereichen wie Finanzen, Personal, Einkauf und Verwaltung vorsahen. Natürlich kann eine nichtärztliche Geschäftsführung keine medizinischen Entscheidungen treffen. Deshalb wurden die Organisationsstrukturen so angepasst, dass Entscheidungen stets dort getroffen werden, wo die entsprechende Kompetenz vorhanden ist.

Für den medizinischen Bereich wurde ein ärztliches Direktorium eingerichtet, dem neben Dr. Manuel Ober und Dr. Armin Scharrer aktuell drei weitere Ärzte bzw. Ärztinnen angehören. In diesem Gremium werden Qualitätsziele festgelegt. Sofern die allgemeinen Leitlinien der Augenheilkunde nicht weitreichend genug sind, werden dort auch eigene Leitlinien bzw. Behandlungspfade entwickelt. Ziel ist es dabei, unternehmensweite Standards zu etablieren, die gleichsam die Voraussetzung für die Messung von Qualität darstellen (vgl. Abb. 20.2).

Teil der OSG-Philosophie ist es aber auch, dem einzelnen Arzt bzw. der einzelnen Ärztin den größtmöglichen Handlungsspielraum zu erhalten, sofern dieser nicht zulasten der Qualitätsanforderungen geht. Hierzu gehört beispielsweise, dass die Operateurinnen und Operateure bei der Wahl von Linsen nicht auf einen einzigen Hersteller beschränkt sind.

Ein Kernelement des Qualitätsansatzes in der OSG ist eine konstruktive Fehlerkultur. Verbessern kann sich nur, wer Fehler erkennt, sie offenlegt und bereit ist, daraus zu lernen. Deshalb werden alle Mitarbeiterinnen und Mitarbeiter der OSG dazu ermuntert, Fehler zu melden. Niemand braucht dafür Sanktionen zu befürchten.

Um die Qualität von Operationen zu erfassen, wurde in den OPs der OSG schon sehr früh ein Vier-Augen-Prinzip implementiert. Dabei spielen die OP-Fachpflegekräfte eine zentrale Rolle. Sie dokumentieren verschiedene Daten, aus denen sich ableiten lässt, ob eine OP genau nach Plan abgelaufen ist oder ob es Abweichungen gab. Parameter sind beispielsweise die Dauer der OP sowie die Art und Anzahl der Instrumente, die die Ärztin bzw. der Arzt im Verlauf der Operation verwendet hat. Dieses Vorgehen stellt eine möglichst große Objektivität in der Qualitätssicherung her und dient dazu, eine einheitliche Bewertungssystematik über alle Standorte zu entwickeln. Es verhindert z. B., dass bestimmte Vorfälle an einem Standort als Komplikation beurteilt werden, an einem anderen jedoch nicht.

Abb. 20.2 Maßnahmen zur Qualitätssicherung. (Quelle: eigene Darstellung)

Aktuell läuft ein Pilotprojekt, in dem die erfassten Parameter in ein Bewertungssystem überführt werden. Dies lässt Rückschlüsse auf die Qualität der Diagnose, der Operation und der Nachbehandlung zu. Die Ärztinnen und Ärzte erhalten damit auch wichtige Anhaltspunkte, an welchen Stellen sie sich noch verbessern können oder müssen. Die Erfahrung zeigt, dass die Veränderungs- und Lernbereitschaft der Medizinerinnen und Mediziner größer ist, wenn eine Vergleichbarkeit auf der Basis von Daten gegeben ist (vgl. Abb. 20.3).

Wichtig ist in diesem Zusammenhang die gute Zusammenarbeit mit den zuweisenden Praxen. Sie werden ebenfalls ermuntert, das jeweilige OP-Zentrum zu informieren, falls nach einer OP eine Komplikation aufgetreten ist. Auch diese Meldungen werden statistisch erfasst.

Fortlaufend wird die Patientenzufriedenheit zudem über drei Feedback-Terminals erfasst, die rotierend in den OSG-Praxen eingesetzt werden. Mithilfe eines Smiley-Ampel-Systems wird etwa die Zufriedenheit hinsichtlich der Wartezeit auf einen Termin, der Wartezeit in der Praxis und der Freundlichkeit des Praxispersonals abgefragt.

Zukünftig will die OSG auch Evaluationen zur Prozessqualität im Unternehmen durchführen und sich im Rahmen des Qualitätsverbandes OcuNet an größeren ambulanten Studien- und Evaluationsprojekten beteiligen.

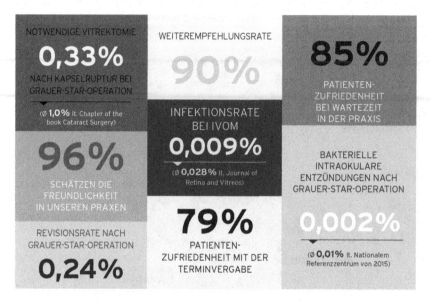

Abb. 20.3 Parameter der Prozess- und Ergebnisqualität. (Quelle: eigene Darstellung)

Ziel aller Qualitätsbestrebungen ist es, dass jede Patientin und jeder Patient zum richtigen Zeitpunkt die für sie bzw. ihn richtige Behandlung erhält.

20.3   Fazit und Ausblick

Die Herausforderungen, vor denen die Versorgungsstrukturen in Deutschland stehen, sind groß – aber die Erfahrungen der OSG zeigen auch, dass sie bewältigt werden können. Ein wichtiger Dreh- und Angelpunkt ist dabei die Unternehmensgröße. Fast alle oben beschriebenen Lösungsansätze sind nur im Rahmen größerer Strukturen umsetzbar. Dazu gehören beispielsweise der Aufbau einer arbeitsteiligen Organisationsstruktur, die Fähigkeit, größere Investitionen zu tätigen, sowie die zahlreichen Angebote für Mitarbeiterinnen und Mitarbeiter von Teilzeitmodellen über kostenlose Fortbildungen bis hin zu den vielfältigen Spezialisierungsmöglichkeiten. Die hohe Zufriedenheit der Patientinnen und Patienten, aber auch der Mitarbeiterinnen und Mitarbeiter, bestätigt, dass die OSG hier auf dem richtigen Weg ist.

Gleichwohl wird sich wohl kein Versorgungsunternehmen auf dem Erreichten ausruhen können. Die Errungenschaften, auf die die Medizin in den letzten Jahrzehnten zurückblicken kann, sind enorm. Vor dem Hintergrund der Digitalisierung sind aber zukünftig noch viel weitreichendere Umwälzungen zu erwarten. Gesundheitsbezogene Apps gewinnen immer mehr an Bedeutung. Schon heute ist es möglich, mit einem leistungsfähigen Smartphone den eigenen Augenhintergrund zu fotografieren oder den vorderen Augenabschnitt bildlich darzustellen. Wenn wir nicht wollen, dass Gesundheitsleistungen zukünftig von globalen Playern wie Google oder Apple übernommen werden, gilt es, sich zeitnah auch in diesem Segment zu positionieren. Dies wird nur innerhalb größerer, vernetzter Versorgungseinheiten gelingen. In erster Linie ist hier aber der Gesetzgeber gefragt, der im Rahmen einer nationalen Digitalisierungsstrategie entsprechende Rahmenbedingungen für das Gesundheitswesen schaffen muss.

Überdies wäre es wünschenswert, wenn die Handlungsspielräume in der ambulanten Versorgung weiter harmonisiert würden. Dies bedeutet, dass allen Leistungserbringern unabhängig von ihrer jeweiligen Rechtsform (Einzelpraxis, Gemeinschaftspraxis bzw. Praxisgemeinschaft, MVZ) die gleichen Rechte eingeräumt werden müssen. Im Fokus von Politik und Selbstverwaltung sollten die Versorgungsqualität und der Nutzen für die Patientinnen und Patienten stehen, nicht die Interessenlagen einzelner Akteursgruppen.

Literatur

Hartmannbund. (2015). „Wie sehen Sie Ihre Zukunft als Arzt oder Ärztin?" Umfrage unter den Medizinstudierenden des Hartmannbundes. https://www.hartmannbund.de/fileadmin/user_upload/Downloads/Umfragen/2012_Umfrage-Medizinstudierende.pdf. Zugegriffen am 07.03.2019.

Jacob, R., Kopp, J., & Fellinger, P. (2019). Berufsmonitoring Medizinstudierende. 3. Welle 2018. Ergebnisse einer bundesweiten Befragung. https://www.kbv.de/media/sp/Ergebnisse_Berufsmonitoring_2018_KBV_30.1._2019.pdf. Zugegriffen am 07.03.2019.

Lux, H. (2017). Regulierter Wissenstransfer in der Medizin. *Bayerisches Ärzteblatt, 4*, 139.

NLM (U.S. National Library of Medicine). (o. J.). Citations Added to MEDLINE® by Fiscal Year. https://www.nlm.nih.gov/bsd/stats/cit_added.html. Zugegriffen am 07.03.2019.

Sibylle Stauch-Eckmann ist seit Januar 2016 als Vorsitzende der Geschäftsführung für die Ober Scharrer Gruppe verantwortlich. Die studierte Diplom-Wirtschaftsingenieurin war zuvor über zehn Jahre Geschäftsführerin der weltweit renommierten ENDO-Klinik, einer Spezialklinik für Orthopädie und künstlichen Gelenkersatz. Frühere berufliche Stationen führten sie von Dräger Medizintechnik zur Klinikgruppe der Damp Holding.
      Kontakt: s.stauch-eckmann@osg.de

Dr. med. Thomas Will ist Facharzt für Augenheilkunde. Sein Medizinstudium absolvierte er an den Universitäten Regensburg und München. Seine Facharztausbildung führte ihn zur Gemeinschaftspraxis Dr. Ober – Dr. Scharrer & Partner in Fürth, der heutigen Ober Scharrer Gruppe. Seit 2004 ist er dort. Ärztlicher Leiter des MVZ Fürth.
      Kontakt: t.will@osg.de

Intersektorale Versorgung durch integrierte Zentren

21

Wie B. Braun dazu beiträgt, die medizinische Versorgung im ländlichen Raum zu sichern

Markus Strotmann und Christian Clarus

Zusammenfassung

B. Braun erweitert sein klassisches Geschäft als Anbieter von Medizintechnik- und Pharmaprodukten zunehmend um Versorgungskonzepte im Bereich medizinischer und pflegerischer Dienstleistungen. Ein Beispiel dafür sind die derzeit 41 eigenen Zentren, zumeist in Form von Medizinischen Versorgungszentren (MVZ) in Deutschland. Ihr Kern ist die umfassende Betreuung nephrologischer multimorbider Patienten. In den Zentren können sie zusätzlich zur Nephrologie auch kardiologisch, diabetologisch, urologisch oder hausärztlich versorgt werden. Dieser interdisziplinäre Ansatz erfüllt die spezifischen Anforderungen vieler chronisch Kranker, die neben der Behandlung der Nierenerkrankung in der Regel weitere fachärztliche Unterstützung benötigen – kontinuierlich und lebenslang. Dafür passende Strukturen zu schaffen, ist vor allem in ländlichen Regionen eine Herausforderung, besonders im Spannungsfeld des anstehenden Generationsübergangs: Viele niedergelassene Mediziner werden altersbedingt ihre Praxen abgeben wollen oder aufgeben müssen bei fehlendem Nachfolger. Mit seinen MVZ möchte B. Braun diese Lücke füllen. Es geht darum, die Versorgung langfristig auf hohem Niveau zu sichern und die sektorenübergreifende Vernetzung zu intensivieren.

M. Strotmann (✉) · C. Clarus
B. Braun Melsungen AG, Melsungen, Deutschland
E-Mail: presse@bbraun.com

© Springer Fachmedien Wiesbaden GmbH, ein Teil von Springer Nature 2020
U. Hahn, C. Kurscheid (Hrsg.), *Intersektorale Versorgung*,
https://doi.org/10.1007/978-3-658-29015-3_21

21.1 Ausgangslage

Ambulante Strukturen und Behandlungsformen spielen eine wachsende Rolle in der Gesundheitsversorgung. Diese Entwicklung sehen wir in vielen Ländern auf der Welt – auch in Deutschland. Dadurch entstehen Chancen: Krankenhäuser können sich auf ihre Kernkompetenzen in der stationären Versorgung konzentrieren und Patienten flexibler und individueller behandeln. Zudem geben intelligente Modelle, zum Beispiel durch interdisziplinär ausgerichtete medizinische Zentren, die auch Patienten mit komplexen Krankheitsbildern versorgen und damit Kliniken entlasten können, der gesamten Gesundheitsversorgung einen Schub und heben Effizienzreserven. Auf der anderen Seite gilt es durchaus, Herausforderungen zu meistern. So bleiben leistungsfähige Krankenhäuser auch bei wachsender Zahl ambulanter Behandlungen entscheidend für eine durchgehend hochwertige Versorgung und sind unabdingbar der Kern einer qualitativ ausgereiften ärztlichen und pflegerischen Aus- und Weiterbildung. Nephrologische Patienten haben im Durchschnitt jährlich etwa zwei Krankenhausaufenthalte von acht bis zehn Tagen. Um Patienten optimal zu unterstützen, ist eine gute Verzahnung von stationären und ambulanten Einrichtungen sowie eine integrierte Versorgung der Patientinnen und Patienten entlang einheitlicher und sektorenübergreifender Behandlungspfade essenziell. Dazu kommen die ambulanten Strukturen selbst. Sie sind, wie das gesamte Gesundheitswesen, im Wandel und müssen sich weiterentwickeln, um den Anforderungen an Qualität und Leistungsfähigkeit auch künftig gerecht zu werden. Das Terminservice- und Versorgungsgesetz,

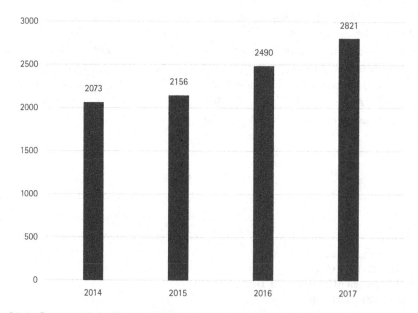

Abb. 21.1 Gesamtzahl der Human-MVZ in Deutschland. (Quelle: KBV)

das im April 2019 verabschiedet wurde, setzt dort an und bringt zahlreiche Neuerungen ins System, die insbesondere den ambulanten Bereich betreffen

Ein Beispiel für die Veränderungen im ambulanten Sektor ist die stetige Zunahme der Medizinischen Versorgungszentren (MVZ) in Deutschland. Allein die Zahl der Human-MVZ ist den vergangenen Jahren deutlich gewachsen und lag Ende 2018 bei 3.173 (Abb. 21.1).

Die Zentren bündeln ambulante ärztliche Leistungen und sind als Leistungserbringer im Gesundheitswesen inzwischen fest etabliert. Betrieben werden sie zumeist von Vertragsärzten und Krankenhäusern, dazu kommen gemeinnützige Träger. Unter bestimmten Bedingungen können sich zudem Unternehmen der Privatwirtschaft auf diesem Feld engagieren. Dazu gehört auch B. Braun.

Ziel der Einführung von MVZ im Jahr 2004 war die Integration verschiedener Fachbereiche, die den Patienten darüber hinaus durch Flexibilität, geringe Wartezeiten, moderne Ausstattung sowie Kooperationen mit Krankenhäusern und Partnern aus nichtärztlichen Heilberufen gute Versorgungslösungen aus einer Hand bieten können. Dabei für kurze Wege zu sorgen, ist vor allem in ländlichen Regionen kein unerheblicher Aspekt. Auch für (angehende) Ärzte sind MVZ interessant: Sie bieten eine zusätzliche Perspektive als Arbeitgeber neben der Tätigkeit im Krankenhaus oder als selbstständiger Arzt. Nicht zuletzt können die Zentren ein wichtiges Bindeglied bei der Vernetzung von stationärem und ambulantem Sektor darstellen, z. B. durch geregelte gemeinsame Nutzung von und Zugriff auf Patientendaten bei Einweisungen und Entlassungen (z. B. Campus-Projekt Rhön).

Besonders auf dem Land spielen MVZ schon heute eine wichtige Rolle, wenn es um die Sicherung der Versorgung geht. Denn vor allem außerhalb der großen Städte und Metropolregionen schlägt der Fachkräftemangel im medizinischen Bereich bereits stark zu Buche. Das hat auch die Politik erkannt und versucht zumindest auf Landesebene, Anreize für die ärztliche Niederlassung im ländlichen Raum zu schaffen. Zudem wird im Rahmen des Pflegepersonal-Stärkungsgesetzes diskutiert, wie der zusätzliche Bedarf von Fachkräften in der Pflege gedeckt werden kann. Dazu kommt eine sinkende Bereitschaft, Risiko und Verantwortung eines eigenen Betriebes zu tragen, zumal die Anforderungen an niedergelassene Ärzte und ihre Praxen steigen. MVZ können hier strukturell entgegenwirken und Lücken schließen – durch ihre eigenen Ressourcen, ihre Möglichkeiten Standards innerhalb und außerhalb des MVZ zu setzen. MVZ bieten dem ärztlichen und pflegerischen Personal die Möglichkeit, sich auf den Kern ihrer Tätigkeit zu konzentrieren und von administrativen Aufgaben entlastet zu werden.

Zu diesen Faktoren kommt ein weiterer, dem wir in unserer täglichen Arbeit häufig begegnen: Bei niedergelassenen Ärzten in Deutschland steht ein Generationsübergang an und oft sind keine Nachfolger verfügbar. B. Braun sieht das zum Beispiel an regelmäßigen Anfragen zur Übernahme bestehender Nieren- und Dialysezentren. Diese werden in Deutschland bislang vornehmlich von gemeinnützigen Organisationen wie dem KfH Kuratorium für Dialyse und Nierentransplantationen (circa ein Drittel der Zentren, Marktanteil rund 34 %) sowie von niedergelassenen Nephrologen (circa die Hälfte der Zentren, Marktanteil rund 50 %) betrieben. Wir haben zu vielen Ärzten langjährige Geschäftsbeziehungen als Produktlieferant. Nun stehen wir regelmäßig vor der Frage, die Dialysezentren innerhalb unserer eigenen Strukturen fortzuführen. Dabei geht es natürlich um Konditionen, und die Einrichtungen müssen zu uns passen. Aber es geht auch um Verantwortung. Denn als Familienunternehmen ist es uns ein Anliegen, Qualität und Sicherheit der Versorgung an unserem Heimatstandort Deutschland zu sichern. Gerade auf dem Land sehen wir die Herausforderung, das bestehende Niveau zu halten und so weiterzuentwickeln, dass es den Bedürfnissen der Gesellschaft auch künftig gerecht wird. Genau dazu möchte B. Braun mit eigenen MVZ und in Kooperation mit Partnern beitragen.

21.1.1 Rahmenbedingungen

Die Gründung von MVZ ist in Deutschland seit dem Jahr 2004 möglich. Damals wurde das Prinzip der früheren DDR-Polikliniken aufgegriffen: räumliche Integration verschiedener medizinischer Fachbereiche für kurze Wege und zum Wohle des Patienten. 2006 wurde die via medis GmbH gegründet – seit 2013 eine hundertprozentige B. Braun-Tochtergesellschaft und die Keimzelle unseres Engagements bei ambulanten Zentren.

Früher konnten MVZ auch von Heil- und Hilfsmittelerbringern gegründet werden. Dadurch wurde die Möglichkeit geschaffen, dass reine Finanzinvestoren sich an der Versorgung beteiligten. Es war ihnen möglich, durch die Übernahme etwa eines Pflegedienstes die Voraussetzung zur Gründung eines MVZ zu erlangen. Diese Möglichkeit wurde mit dem 2012 in Kraft getretenen GKV-Versorgungsstrukturgesetz zurückgenommen. Seitdem sind ausschließlich Vertragsärzte, Krankenhäuser, gemeinnützige Träger sowie die Trägergruppe sogenannter Erbringer nichtärztlicher Dialyseleistungen zur Gründung von MVZ berechtigt. Nichtärztliche Dialyse-Leistungserbringer wurden durch den Gesetzgeber zusätzlich zu den Vertragsärzten und Krankenhäuser insbesondere für die Erbringung der Dialyseleistungen definiert. Diese Leistungserbringer nehmen ebenso wie Vertragsärzte regulär an der ambulanten ärztlichen Versorgung der gesetzlichen Krankenversicherung teil. Für MVZ und somit mittelbar für die in diesen Zentren arbeitenden Ärzte gelten sämtliche Vorschriften der vertragsärztlichen Versorgung (insbesondere Qualitätsrichtlinien etc.). Zudem müssen die Zentren von Ärzten geleitet werden, die selbst dort arbeiten und in medizinischen Fragen weisungsfrei sind. Im Zuge des aktuellen Terminservice- und Versorgungsgesetzes (TSVG) wird gesichert, dass privatwirtschaftliche Erbringer nichtärztlicher Dialyseleistungen weiterhin MVZ gründen und alle mit der Dialyse zusammenhängenden medizinischen Leistungen anbieten dürfen – also erfolgreiche bestehende Modelle fortführen können.

Die gesetzlichen Regelungen sollen dafür sorgen, dass die Gesundheitsversorgung kein Spielfeld für Investoren mit rein finanziellen und eher kurzfristigen Interessen ist. Das Interesse von B. Braun liegt vielmehr in einem langfristigen und nachhaltigen Engagement bei der Patientenversorgung in unseren Nierenzentren. Wir sind ein deutsches mittelständisch geprägtes Familienunternehmen mit einer mehr als 180-jährigen Geschichte, das in den vergangenen sechs Jahren mehr als fünf Mrd. Euro in Forschung, Entwicklung und den Ausbau unserer Produktionsstandorte investiert hat.

Die gesetzlichen Regelungen ermöglichen zudem ein gutes Zusammenspiel verschiedener bewährter medizinischer Disziplinen wie zum Beispiel Nephrologie, Kardiologie, Allgemeinmedizin, Diabetologie und Urologie mit klarem Fokus auf hochwertige Versorgung. Es geht darum, sich dauerhaft zu engagieren und langfristig tragende Lösungen und transparente Strukturen zu bieten. Dafür braucht es alle Kräfte, die dazu einen Beitrag leisten wollen und das entsprechende Know-how mitbringen, Versorgung internistisch-interdisziplinär für chronisch Kranke zu organisieren.

21.2 Die MVZ von B. Braun

B. Braun betreibt in Deutschland aktuell 41 Zentren, meist in der Form von MVZ und in der Rechtsform der GmbH. Beginnend im Jahr 2013 ist die Zahl in den vergangenen Jahren stark gestiegen und wir gehen davon aus, diesen Bereich weiter ausbauen zu können. In den Zentren arbeiten insgesamt circa 1.300 Mitarbeiter. Darunter sind mehr als 100 Mediziner, vor allem Nephrologen und Kardiologen. Sie versorgen derzeit über 3000 Dialyse- und 19.000 weitere Patienten.

Der Großteil unserer Zentren liegt in ländlichen Regionen und eher dünn besiedelten Landkreisen. Daran wird deutlich, dass die dortige Versorgung der Menschen einen Schwerpunkt unserer Arbeit bildet (Abb. 21.2).

Die Zentren sind unterschiedlich ausgestattet. Kern sind immer die Nephrologie, also Prävention chronischer Nierenerkrankungen, alle Dialysemodalitäten, Transplantationsvor- und nachsorge. Dazu kommen, je nach Bedarf und Gegebenheiten, weitere fachärztliche Themen wie Kardiologie, Geriatrie, Diabetologie, Allgemeinmedizin, Psychotherapie, Urologie und Gynäkologie. Dieser interdisziplinäre Ansatz orientiert sich am Bedarf der meisten Patienten: Ein nephrologischer Patient hat in der Regel unterschiedliche Zusatzerkrankungen (Komorbiditäten). Er benötigt eine umfassende Versorgung, die weit über die reine Nierenbehandlung hinausgeht. Die Zentren sind entsprechend interdisziplinär ausgestattet, um den Patientenbedarfen nachzukommen. Dies erfolgt über das vorgehaltene Leistungsspektrum und durch die Zusammenarbeit mit lokal ansässigen Ärzten, Krankenhäusern und sonstigen Einrichtungen. Zusätzlich werden weitere Fachgebiete, die eine extrakorporale Blutreinigungsbehandlung erfordern, wie die Lipidologie, angeboten. Dies beinhaltet die Ausbildung unserer Ärzte zum Lipidologen mit der Etablierung einer lipidologischen Ambulanz und der Apheresetherapie (Entfernung von Blutfetten durch maschinelle Reinigung des Blutes).

21.2.1 Beispiele Schwerin und Saarbrücken

Besonders umfassend ist das Versorgungsmodell unseres MVZ in Schwerin. Es besteht aus fünf Standorten und bietet neben Nephrologie/Dialyse diverse weitere medizinisch-

Abb. 21.2 Die MVZ von B. Braun in Deutschland. (Quelle: B. Braun, Stand April 2020)

pflegerische Leistungen. Dazu gehören derzeit hausärztliche Versorgung, Kardiologie, Geriatrie, Diabetologie, aber auch Ernährung und eine Tagespflegeeinrichtung sowie ein ambulanter Pflegedienst. 25 Ärzte sind dort im Einsatz. Ebenfalls gut ausgebaut ist die Versorgung in der Region Saarbrücken. Dort werden die Patienten an zwei Standorten von neun Ärzten nephrologisch, kardiologisch, urologisch sowie ernährungsberatend betreut.

Beide Zentren verfügen über Strukturen, die ein ganzheitliches Angebot im Sinne der Patienten ermöglichen. Sie stehen exemplarisch für das Konzept von B. Braun, wie ein multidisziplinär ausgerichtetes MVZ seiner Tätigkeit nachkommen kann.

21.2.2 Arbeit in den Zentren

Die medizinische Freiheit der an den MVZ praktizierenden Ärzte spielt für B. Braun eine wichtige Rolle. Die partnerschaftlich zwischen Ärzten und Unternehmen entwickelten Modelle der Zentren bieten Entfaltungsmöglichkeit und persönliche Weiterentwicklung der angestellten Mediziner bei ökonomischer Sicherheit. Es geht uns darum, einen Rahmen zu schaffen, in dem Ärzte sich auf ihre medizinischen Themen konzentrieren, Schwerpunkte setzen, Entscheidungen treffen und Verantwortung übernehmen können. Administrative und organisatorische Aufgaben werden von weiteren Mitarbeitern übernommen, wodurch die Ärzte wertvolle Zeit für die Patientenversorgung gewinnen. Die partnerschaftliche Kooperation sehen wir als wichtige Voraussetzung, um jeden Patienten optimal zu versorgen und insgesamt Qualität ohne Wenn und Aber zu liefern.

Neben der Aufstellung mit angestellten Ärzten im MVZ arbeiten wir auch in Kooperationsmodellen mit Kliniken und niedergelassenen Ärzten, zum Beispiel bei der Ausgestaltung ärztlicher Generationswechsel. Es geht hier darum, regional gewachsene Versorgungsstrukturen und Besonderheiten gemeinsam weiterzuentwickeln und individuelle Expertise zu unterstützen.

Fester Bestandteil der MVZ in Trägerschaft von B. Braun ist die Aus- und Weiterbildung. 80 Prozent der Standorte bilden medizinisches Fachpersonal (MFA) aus, fördern die Weiterbildung in der jeweiligen Fachdisziplin, z. B. als Fachkrankenschwester für Dialyse, und sind darüber hinaus Teil ärztlicher Weiterbildungsverbünde. Ziel ist hier, Aus-, Weiter- und Fortbildungen übergreifend so zu gestalten, dass die Anforderungen der verschiedenen Bereiche erfüllt und medizinischen Fachkräften möglichst vielfältige Perspektiven geboten werden können.

Besonders im ländlichen Raum steht B. Braun vor denselben Herausforderungen wie alle Leistungserbringer: Es gilt, trotz des bestehenden Fachkräftemangels geeignetes Personal zu finden und dauerhaft zu binden. Unter Umständen dauert es recht lange, bis wir beispielsweise eine vakante Arztposition besetzen können. Dennoch sehen wir uns hier in einer vergleichsweise guten Position. Zum einen haben wir aus unseren großen Industrieproduktionen viel Erfahrung mit Personalplanung, Gestaltung von Arbeitsplätzen und Arbeitszeitmodellen. Das kommt uns in den MVZ zugute, da wir auch hier flexible

Modelle bieten und Schwankungen durch das Netzwerk der Zentren ausgleichen können. Die MVZ können sich zum Beispiel bei Bedarf gegenseitig mit Personal aushelfen und Engpässe abfedern. Die Unterstützung im Netzwerk der MVZ erfolgt sowohl im pflegerischen als auch im ärztlichen Bereich durch einheitliche Standards und Prozesse im Rahmen der kollegialen Zusammenarbeit im Sinne der Patientenversorgung. Der Einsatz von dezidierten Springerkräften ermöglicht zudem die Schließung von Personallücken.

Im Kontext einer modernen Arbeitgeberstrategie ist es unser Anliegen, den Mitarbeitern einen sicheren und attraktiven Arbeitsplatz zu bieten, an dem sie sich wohl fühlen und sich gerne mit Engagement einbringen. Die angestellten Ärzte profitieren davon, dass sie neben ihrer medizinischen Tätigkeit keine unternehmerische Verantwortung übernehmen müssen und von vielen administrativen Aufgaben entlastet werden. Im Verbund können *Best Practices* in allen Aspekten von medizinisch bis organisatorisch ausgetauscht werden. Zudem profitieren wir vom guten Ruf unserer Marke und der Reputation als Familienunternehmen: Langfristiges Denken und verantwortungsvolles Handeln, hoher Qualitätsanspruch, Fairness und gute Zusammenarbeit sind feste Leitlinien unserer Arbeit. In zahlreichen Umfragen (z. B. Focus, Kununu) wurde B. Braun als beliebter Arbeitgeber bewertet. Diese gelebten Werte helfen uns auch beim Werben um gute und motivierte Mitarbeiter für unsere MVZ.

21.2.3 Intersektorale Kooperation

Die Strukturen im deutschen Gesundheitswesen müssen sich weiterentwickeln, um den Herausforderungen einer älter werdenden Gesellschaft und dem Anstieg von Volkskrankheiten bei gleichzeitigem Kostendruck im System zu begegnen. Es gilt, herkömmliche Vorgehensweisen auf die Probe zu stellen und vor allem die Vernetzung der Sektoren und Akteure weiter voranzutreiben. Hier liegt viel Potenzial für Zusammenarbeit, Effizienz und Entwicklung – zum Wohle aller Beteiligter. Bei den MVZ von B. Braun kommt dieser Ansatz bereits zum Tragen: Jedes Zentrum arbeitet mit Partnern zusammen, um die Patienten mit ihren komplexen Krankheitsbildern optimal zu versorgen. Der Nephrologe fungiert hier als Koordinator, Lotse und Kristallisationspunkt für die Vernetzung mit anderen Disziplinen und Sektoren.

Eine wichtige Rolle spielen dabei Krankenhäuser. Hier ist gute Kooperation aus mehreren Gründen entscheidend. Unsere Patienten sind in der Regel älter, multimorbid und zum Teil dialysepflichtig. Viele von ihnen müssen von Zeit zu Zeit in die Klinik, zum Beispiel zu Revisionen von Dialyseshunts oder wegen anderer stationärer Behandlungen. Aus Sicht unserer Zentren gilt, die Patienten im Vor- und Nachgang umfassend ambulant zu versorgen, so dass die Transition zwischen ambulant und stationär optimal organisiert ist und Klinikaufenthalte kurz und nachhaltig sind oder – noch besser – reduziert oder vermieden werden können. Wenn der behandelnde Arzt die Einweisung in das Krankenhaus für indiziert hält, ist in einem Prozess geregelt, welche Dokumente hier begleitend mitgegeben werden. Das erreichen wir durch kontinuierliche, individuelle und oft langjährige Begleitung sowie durch enge Abstimmung: MVZ und Krankenhaus tauschen sich über den jeweiligen Patienten aus, stellen relevante Informationen zur Verfügung und sorgen so für möglichst reibungslose Übergänge zwischen Station und Ambulanz.

Ein Beispiel für den Austausch ist das neue Ärzteportal des Rhön-Klinikums Campus Bad Neustadt. Dort können verschiedene medizinische Akteure zusammenkommen und Daten zu den Patienten einbringen. Es lassen sich auch Zweitmeinungen anfordern. So entsteht ein stimmiges Bild, das sowohl der Klinik als auch den ambulanten Versorgern dient. Noch steht das Portal, an dem sich auch B. Braun beteiligt, relativ am Anfang. Aber es lässt sich bereits sagen: Der Austausch wird die Arbeit aller verbessern und damit unmittelbar den Patienten zugutekommen.

Ein weiterer Ansatzpunkt der Zusammenarbeit sind die nephrologischen Leistungen selbst. Da nicht jedes Krankenhaus über eigene Dialyse-Strukturen sowie nephrologische Fachkenntnis verfügt, stehen wir hier bei Bedarf mit Know-how, Ressourcen und eigenen Mitarbeitern zur Seite. Dabei werden insbesondere die Versorgung mit Akutdialysen und die nephrologische Konsultation auf den Krankenhausstationen als Leistungen angeboten. Auch von dieser Kooperation profitieren beide Seiten, da sie sich auf ihre jeweiligen Kernkompetenzen konzentrieren.

Wichtig bleiben zudem die gemeinsamen Weiterbildungsverbünde zur Ausbildung von Ärzten und Pflegekräften. Sie sichern das Wissen zur gesamten nephrologischen Versorgungskette, von der Prävention über die Dialyse mit allen Verfahren (inklusive Heimverfahren) bis zur Transplantationsvorbereitung und -nachsorge. Um dem Fachkräftemangel entgegenzuwirken, ist eine Ausweitung dieser Verbünde sinnvoll.

21.2.4 Qualität und Entwicklung

Bei der Arbeit in den MVZ bringt B. Braun seine Expertise als Konzern mit vielfältigem und langjährig entwickeltem Know-how ein. Das bedeutet: Wir setzen auf Qualitätsmanagement und Standards, strukturieren Arbeitsabläufe und Prozesse und beziehen dabei auch unsere Erfahrungen aus produzierenden Unternehmensteilen mit ein. Standard Operating Procedures helfen uns, die Zentren nach einheitlichen Qualitätsregeln zu führen. Ein ärztlicher Beirat sorgt für medizinische Begleitung.

Ein wichtiger Teil unserer Arbeit ist das Teilen von Wissen. Wir sind weltweit in 18 Therapiefeldern tätig und verfügen über eine entsprechend umfangreiche Produktpalette. Dazu gehört auch ein Komplettsortiment für alle Prozessschritte der Dialyse. Zudem versorgen wir derzeit insgesamt circa 33.000 Patienten in Europa, Asien-Pazifik, Lateinamerika sowie Afrika in mehr als 380 eigenen Dialysezentren. Von diesem globalen Netzwerk profitieren auch unsere MVZ in Deutschland. Es gilt, Wissen und *Best Practices* auszutauschen, voneinander zu lernen und sich stetig weiterzuentwickeln. Im Benchmark werden medizinische Daten besprochen und z. B. Ansätze in der Ernährungsberatung, Anämietherapie sowie Monitoring der Dialysedosis verglichen und nach *Best Practices* umgesetzt.

Durch dieses Umfeld aus ambulanten und stationären Produktbereichen unseres Portfolios entsteht ein fruchtbarer Boden für Innovationen. Das ist nicht nur für unsere Patienten interessant, sondern auch für unsere Mitarbeiter. Wir können eine Arbeitsumgebung mit Zugang zu Forschung und Entwicklung inklusive klinischer Studien, Neuerungen und verschiedenen Perspektiven bieten. Diese Voraussetzungen nutzen wir bereits heute, um unsere MVZ zu stärken und weiterzuentwickeln.

Dabei spielen unsere eigenen Produkte natürlich eine wichtige Rolle. Es geht hier jedoch primär um das beschriebene Versorgungsmodell. Dieses muss sich mit all den genannten Faktoren tragen, die Produkte sind ein vergleichsweise kleiner Teil davon. Deshalb geht es auch nicht um die möglichst zügige Umstellung auf unser Sortiment, wenn wir ein Zentrum übernehmen. Sie kann sukzessive erfolgen, wenn dadurch ein Plus an Liefersicherheit und Qualität entsteht. Aber aus rein betriebswirtschaftlicher Sicht macht es keinen Sinn, ein Zentrum aus diesem Zweck zu übernehmen.

21.2.5 Flexibel durch Heimhämodialyse

Der Anspruch von B. Braun ist klar definiert: Wir wollen die Gesundheit von Menschen auf der ganzen Welt schützen und verbessern. Daran messen wir auch unsere Arbeit für Patienten mit Nierenleiden. Diese sind zwar heute dank der verfügbaren Therapiemöglichkeiten gut behandelbar, aber für die Betroffenen dennoch mit gewaltigen Einschränkungen verbunden: Bei mehreren festen Terminen pro Woche im Dialysezentrum und einem vollständig auf die medizinische Behandlung ausgerichteten Alltag, muss sich Berufs- wie Privatleben komplett dem Rhythmus der Therapie unterordnen.

An diesem Punkt setzt unser Konzept der Heimhämodialyse an. Damit können Dialysepflichtige ihre Behandlung selbstständig zu Hause vornehmen und ganz anders in ihren Alltag integrieren. Als innovativer Vorreiter begleitet B. Braun die Patienten dabei gemeinsam mit dem behandelnden Arzt und übernimmt die Schulung, die Planung sowie die Installation des Dialyseplatzes. Die Kommunikation mit unserem Serviceteam wird über moderne digitale Medien sichergestellt. Die Vorteile: Die Patienten können viel selbstbestimmter agieren, sie gewinnen an Flexibilität und Lebensqualität. Sie steigern ihr Wohlbefinden, was auch der Therapiewirkung zugutekommt. Zudem kann die Anzahl der Behandlungen in Abstimmung mit dem Arzt flexibel erhöht werden. Dadurch lassen sich die Behandlungsergebnisse weiter verbessern.

Für die Dialyse daheim müssen die Patienten fit genug und motiviert sein, sich selber zu behandeln. Auch sonst gibt es einige Voraussetzungen, zum Beispiel für die Wohnungsausstattung. Sind diese erfüllt, kann das Konzept ein großer Schritt zu mehr Eigenständigkeit für die Betroffenen sein. Deshalb treiben wir das Thema als Alternative zur Therapie in den Zentren weiter voran. Es gilt, das jeweils individuell beste Verfahren zu wählen. Dabei wird die Heimhämodialyse künftig eine wichtige Rolle spielen. Wir wünschen uns das, weil sie im Interesse vieler Patienten sein dürfte und ihnen mehr persönliche Freiheit trotz komplexer Krankheit bietet.

21.3 Herausforderungen

Demografische Entwicklung, Fachkräftemangel, tragfähige Strukturen besonders für ländliche Regionen schaffen: Die zentralen Herausforderungen unserer MVZ unterscheiden sich nicht von denen anderer Akteure im Gesundheitswesen. Dazu kommen steigende medizinische und administrative Anforderungen an Themen wie Dokumentation, Datenschutz, IT und Digitalisierung. Es geht zum Beispiel darum, Prozesse zu automatisieren, ohne die Individualität jeder Behandlung zu vernachlässigen.

Unser holistischer Ansatz mit interdisziplinärer Versorgung rund um die Nephrologie bietet auch für die Zukunft viele Chancen. Dialyse-Patienten können an einem Ort gezielt behandelt und versorgt werden, unnötige Wartezeiten auf Facharzttermine bei gängigen Begleiterkrankungen und damit möglicherweise verbundene stationäre Aufenthalte fallen weg. Darüber hinaus bietet das Konzept der Heimhämodialyse geeigneten Patienten einen deutlichen Gewinn an Lebensqualität. Um die Expertise der Nephrologen in unseren MVZ optimal einzusetzen, setzen wir auf Arbeitsteilung, Kooperation und Weiterentwicklung der Fachkräfte und der organisatorischen Strukturen. Im Sinne einer bestmöglichen Patientenversorgung ist es im gesamten Gesundheitswesen entscheidend, zu einer besseren Vernetzung der Akteure und Sektoren beizutragen. Wenn es hier gelingt, Wissen, Kompetenzen und Aufgaben besser zu verzahnen, profitieren alle davon – nicht zuletzt die Patienten. Wir werden uns auf jeden Fall weiterhin dafür engagieren.

Darüber hinaus gilt es, langfristig verlässliche Rahmenbedingungen für die Arbeit in der ambulanten Versorgung zu schaffen. Hier ist auch die Politik gefragt. Es geht um Planungssicherheiten und eine angemessene finanzielle Ausstattung der Sektoren sowie einzelner Therapien. So sind zum Beispiel die Rückerstattungen in der Dialyse seit vielen Jahren nicht erhöht worden und es besteht häufig ein hoher Investitionsbedarf für die zukunftsfähige Ausrüstung ambulanter Zentren. Nicht zuletzt liegt es in der Verantwortung aller Beteiligten, für attraktive Berufsfelder und Arbeitsplätze zu sorgen, um ausreichend Personal zu gewinnen.

21.4 Ausblick

B. Braun kommt klassischerweise aus der Produktion und dem Vertrieb seiner Medizintechnik- und Pharmaprodukte. Die Arbeit im medizinisch-pflegerischen Bereich ist dagegen ein relativ neues Feld für uns. Wir haben uns für ein Engagement entschieden, weil wir Potenzial in ambulanten Versorgungsstrukturen sehen – und weil wir gemäß unserer Unternehmensphilosophie Verantwortung, auch unter herausfordernden Rahmenbedingungen, übernehmen wollen. So ist es uns gelungen, innerhalb kurzer Zeit ein fester Teil lokaler medizinischer Netzwerke zu werden. Diese Rolle wollen wir ausbauen.

Entscheidend für B. Braun ist die Perspektive des Familienunternehmens: Wir engagieren uns langfristig und tragen dazu bei, das hohe Niveau der medizinischen Versorgung dauerhaft zu sichern. Es geht hier nicht um rasantes Wachstum, sondern um stetige Entwicklung mit Bedacht. Dabei setzen wir auf unseren eigenen Verbund, die Zusammenarbeit mit Partnern und wünschen uns einen ausgewogenen Mix aus niedergelassenen Ärzten, staatlichen, gemeinnützigen und privatwirtschaftlichen Akteuren. Im Austausch untereinander und im Wettbewerb der verschiedenen Träger um Qualität lassen sich Lösungen weiter verbessern und Innovationen vorantreiben. Mit dieser Überzeugung sind wir an den Start gegangen und so wollen wir unseren Versorgungsauftrag auch künftig erfüllen. Fest steht: Die Anpassung des Gesundheitswesens vor dem Hintergrund der zentralen Herausforderungen ist im Gange und die Bedeutung ambulanter Versorgung wird weiter zunehmen. Um die Versorgung im ländlichen Bereich in Zukunft sicherzustellen, bedarf es auch privatwirtschaftlicher Partner, die bereit und in der Lage sind, die damit verbundenen Risiken zu tragen.

Alle Beteiligten tragen Verantwortung dafür, diesen Wandel konstruktiv und positiv zu gestalten. Im Sinne von Qualität und Wirtschaftlichkeit, und im Sinne der Patienten.

Markus Strotmann ist im Konzernvorstand der B. Braun Melsungen AG für die Dialysesparte B. Braun Avitum verantwortlich. Der diplomierte Physiker und Betriebswirtschaftler begann seinen beruflichen Weg als Entwicklungsingenieur und Produktmanager bei Beiersdorf. 2002 wechselte er als Marketingspezialist zu B. Braun.
   Kontakt: presse@bbraun.com

Christian Clarus ist als Director Government Affairs für die politische Kommunikation der B. Braun Melsungen AG verantwortlich. Vor seinem Wechsel 2013 zu B. Braun arbeitete der Diplom-Politologe u. a. für ein amerikanisches Medizintechnikunternehmen und eine Unternehmensberatung.
   Kontakt: presse@bbraun.com

Teil IV

Best Practice: Unternehmerische Integration

Rheumatologische Versorgung im Rheumazentrum Ruhrgebiet

Jürgen Braun

Zusammenfassung

Das Rheumazentrum Ruhrgebiet ist die größte deutsche Rheumaspezialklinik: Im Jahr 2018 wurden mehr als 7500 Patienten stationär versorgt, über § 116b (zukünftig ASV) nahezu 25.000 ambulant. In einem Frühsichtungsprogramm (Triage) werden Patienten mit muskuloskeletalen Beschwerden auf potenziell entzündlich rheumatischer Grundlage im Sinne einer Frühdiagnose und -therapie gemäß des Treat-to-Target-Konzepts innerhalb von vier Wochen gesichtet, um die Dringlichkeit einschätzen zu können. Dies gelang 2017 und 2018 in mehr als 90 % der Fälle. Ca. 60 % der stationären Patienten waren Kurzlieger (im Mittel ca. drei Tage), knapp ein Drittel entfiel auf rheumatologische Komplextherapie (14 Tage), ca. 7 % auf Schmerzkomplextherapie (sieben Tage) und etwa 2 % auf geriatrische Komplextherapie (15 Tage). Die Gesamtstruktur des Rheumazentrums Ruhrgebiet stellt in Kooperation mit niedergelassenen Rheumatologen, zahlreichen Kooperationspartnern, Zuweisern und Patienten ein gutes Modell für rheumatologische Versorgung in großen Ballungsgebieten dar. Sie ermöglicht auch die Weiterbildung von vielen Assistenten und den Transfer des wissenschaftlichen Fortschritts durch Basis-, klinische und Versorgungsforschung im universitären, aber auch im nichtuniversitären Rahmen. So wurden im Rheumazentrum Ruhrgebiet in Kooperation mit niedergelassenen Rheumatologen mehrere wissenschaftliche zum Teil vom BMBF bzw. vom Innovationsfonds geförderte Projekte erfolgreich durchgeführt.

J. Braun (✉)
Rheumazentrum Ruhrgebiet, Herne, Deutschland
E-Mail: j.braun@rheumazentrum-ruhrgebiet.de

© Springer Fachmedien Wiesbaden GmbH, ein Teil von Springer Nature 2020
U. Hahn, C. Kurscheid (Hrsg.), *Intersektorale Versorgung*,
https://doi.org/10.1007/978-3-658-29015-3_22

22.1 Einleitung

Internistische Rheumatologen versorgen, leiten, steuern und begleiten Personen mit rheumatischen und muskuloskeletalen Erkrankungen, insbesondere mit entzündlich-rheumatischen Gelenkerkrankungen, inflammatorischen/immunologischen Systemerkrankungen, endokrinen und metabolischen Erkrankungen mit rheumatischer Symptomatologie sowie schweren Verlaufsformen anderer muskuloskeletaler Erkrankungen (Zink et al. 2017). Die fachärztliche Qualifikation erlaubt es ihnen, komplexe Krankheitsbilder mit vielfältigen Organbeteiligungen, einem erhöhten Risiko lebensbedrohlicher Komorbiditäten (Braun et al. 2017) und den möglichen Komplikationen etablierter und innovativer immunsuppressiver Therapien zu erkennen und optimal zu versorgen. Der internistische Rheumatologe handelt in Abstimmung mit dem Hausarzt und mit fallspezifisch hinzuzuziehenden Vertretern weiterer ärztlicher Fachrichtungen, nichtärztlichen Heilberufen wie Physio- und Ergotherapeuten, Orthopädietechnikern und Psychologen bzw. Psychotherapeuten. Patientenorganisationen sind dabei wichtige Kooperationspartner.

Die pharmakologischen Möglichkeiten einer antientzündlichen, antirheumatischen und dann zunehmend immunologisch geprägten Behandlung sind zunächst durch die Entdeckung und Entwicklung von Acetylsalicylsäure (Aspirin) und Kortison (Nobelpreis 1949) sowie weitere nicht-steroidale Antiphlogistika wie Indometacin und Diclofenac geprägt. Nach und nach kamen andere Therapieansätze (Basistherapien wie Methotrexat und Sulfasalazin, Molekulartechnologie, Biologika und Substanzen, die T- und B-Zellaktivität gezielt begrenzen können, sowie Nachahmerprodukte (Biosimilars)) dazu. Das wichtigste Ziel in der Behandlung der chronisch verlaufenden Erkrankungen ist die Remission, das heißt die möglichst weitgehende Abwesenheit von Krankheitszeichen und -symptomen. Das betrifft auch die Erhaltung und Verbesserung von Funktionen, Aktivität und Partizipation sowie die Lebensqualität. Der strategische Einsatz der aktuellen Vielfalt der therapeutischen Möglichkeiten bei den chronischen rheumatologischen Krankheitsbildern erfolgt nach zwei Prinzipien. Erstens: Behandlungen sollen frühzeitig einsetzen. Und zweitens: Es wird nach dem sogenannten Treat-to-Target-Prinzip behandelt. Der behandelnde Arzt einigt sich zusammen mit dem Patienten auf Behandlungsziele, werden diese nicht erreicht, wird die Therapie geändert. Die Herausforderung der Rheumatologen bzw. der rheumatologischen Versorgung ist es einerseits, Patienten früh zu sehen, und ihnen andererseits die Möglichkeit zu bieten, sich akut vorstellen zu können, wenn Probleme vorliegen.

Die internistische Rheumatologie ist ein vergleichsweise junges Fach. Aus der *Deutschen Gesellschaft zur Rheumabekämpfung* entstand nach dem Zweiten Weltkrieg die *Deutsche Gesellschaft für Rheumatologie (DGRh)*. Ein sehr wichtiger Schritt für die Rheumatologie war die Entscheidung des deutschen Ärztetags 1980, einen internistischen Facharzt für Rheumatologie als Weiterbildungsmöglichkeit anzuerkennen. Die Entwicklung von einer mehr rehabilitativen Versorgung zu einer akutmedizinischen pharmakologisch geprägten war dann ein langsamer Prozess, der aber letztlich sowohl die stationäre als auch die ambulante Versorgung wesentlich beeinflusst hat. Die Gründung des *Verbands der rheumatologischen Akutkliniken (VRA)* als Interessengemeinschaft der rheumatologischen Akutkliniken Deutschlands im Jahr 1998 war ein Ausdruck dieser Entwicklung. Zweck des Verbands ist die Verbesserung der Versorgungssituation der an rheumatischen Beschwerden erkrankten Patienten durch Qualitätssicherung und -management in den rheumatologischen Fachkrankenhäusern und rheumatologischen Fachabteilungen in Deutschland (Lakomek et al. 2011, 2008, 2007, 2002a, b; Roeder und Lakomek 2011). Mit der Initiierung des *obra-Projektes (Outcome Benchmarking in der Rheumatologischen Akutversorgung)* in 2003 durch den VRA und dessen erfolgreichem Abschluss in 2006 im Rahmen des vom Bundesministerium für Gesundheit (BMG) ausgeschriebenen Förderschwerpunktes BIG (Benchmarking im Gesundheitswesen) erfolgte ein erster Schritt in der akut-stationären Rheumatologie. Mit der Fortsetzung dieser Qualitätsoffensive im Rahmen des *Kobra-Projektes (Kontinuierliches Outcome Benchmarking in der Rheumatologischen Akutversorgung)* ist die kontinuierliche Qualitätsmessung in der akut-stationären Rheumatologie gelungen.

Für eine gute rheumatologische Versorgung ist ein gut funktionierender Übergang von ambulant nach stationär und zurück essenziell. Deshalb ist die gute Kooperation einer spezialisierten Rheumaklinik mit niedergelassenen Fachärzten, Hausärzten und Orthopäden von besonderer Bedeutung. Durch die Öffnung der Krankenhäuser für bestimmte ambulante Leistungen im Rahmen von persönlichen Ermächtigungen, Hochschulambulanzen, dem § 116b und jetzt der *ambulanten spezialfachärztlichen Versorgung (ASV)* ist die intersektorale Versorgung von Rheumapatienten auch im Krankenhaus direkt möglich. Hinsichtlich der Frage, welche Patienten stationär versorgt werden müssen und welche ambulant versorgt werden können, gibt es einen Vorschlag des VRA, der den Rahmen für diese Differenzierung beschreibt:

Mögliche Indikationen für eine akut-stationäre rheumatologische Versorgung

- Patienten mit komplexer Krankheitssymptomatik und Verdacht auf eine rheumatische Erkrankung bei bislang ambulant nicht gelungener Diagnosestellung
- Entzündlich-rheumatische Erkrankungen im akuten Schub
- Entzündlich-rheumatische Erkrankungen mit drohender oder potenziell fortschreitender Organbeteiligung
- Ambulant nicht beherrschbare Schmerzzustände muskuloskeletaler Erkrankungen zur multimodalen konservativen Behandlung
- Behandlung gravierender Therapiekomplikationen, z. B. Organtoxizität
- Reevaluation bei komplexem Krankheitsverlauf mit Verschlechterungstendenz zur möglichen Neufestlegung einer differenzierten immunsuppressiven Therapie
- Stationäre Versorgung von Patienten mit rheumatischen Erkrankungen zur akuten Verbesserung funktioneller Defizite
- Spezielle systemische und lokale Gelenk- und Wirbelsäulentherapien, z. B. überwachungspflichtige Infusionen und Injektionen, auch bei relevanter funktioneller Beeinträchtigung

- Patienten mit rheumatischen Erkrankungen und klinisch relevanten Komorbiditäten, z. B. kardiovaskulären Erkrankungen oder Diabetes mellitus
- Akutstationäre Versorgung multimorbider geriatrisch-rheumatologischer Patienten zur Funktionsverbesserung und Optimierung der Therapieeinstellung

Grundsätzlich könnten mit früher Diagnose und Therapieeinleitung sowie guter Patientenführung stationäre Aufenthalte vermieden werden. Verschiedene prozessbedingte, strukturelle, biopsychosoziale und zum Teil pragmatische Hürden stehen dem nicht selten entgegen, weswegen die Versorgung aus einer Hand in einem großen Zentrum Vorteile hat.

22.2 Das Rheumazentrum Ruhrgebiet

Das Rheumazentrum Ruhrgebiet in Herne, Abteilung für Rheumatologie am Universitätsklinikum Marienhospital Herne der Ruhr-Universität Bochum, bietet Patienten mit muskuloskeletalen Beschwerden und rheumatischen Symptomen und Befunden ambulante und stationäre, diagnostische und therapeutische Versorgungsoptionen. Als langjähriger Leiter dieser Einrichtung kann ich darüber berichten, wie sich die Versorgungssituation entwickelt hat und wie sie sich aktuell darstellt.

Das Rheumazentrum Ruhrgebiet erfüllt seit vielen Jahren alle Voraussetzungen für die vom VRA geforderte Strukturqualität und nimmt regelmäßig am Benchmarkingprojekt *Kobra* teil. Das Zentrum führt das VRA-Gütesiegel für gute stationäre Versorgung seit der Ersteinführung des Prädikats. Ambulante Versorgung hat hier auch schon seit der Gründung des Zentrums vor 40 Jahren stattgefunden, initial im Rahmen von persönlicher Ermächtigung, später über § 116b und seit Mai 2019 über die ASV.

22.3 Stationäre Versorgung im Rheumazentrum

Im Jahr 2001 wurden im Rheumazentrum Ruhrgebiet 2000 Patienten stationär versorgt, im Jahr 2018 waren es 7600 Patienten. Was ist in der Zwischenzeit passiert? Ein wichtiger Faktor war die Einführung des DRG-Systems im Jahr 2003 mit Fallpauschalen für Patienten mit einer bestimmten ICD-Diagnose wie etwa rheumatoide Arthritis. Das in der Rheumatologie zunehmend wichtige Behandlungskonzept Treat-to-Target (T2T) beinhaltet eine möglichst schnelle frühzeitige Diagnose und Therapie. Neben seinen Kenntnissen und seiner Erfahrung braucht der Rheumatologe dafür die Erkenntnisse des Labors und der Bildgebung sowie die Mithilfe anderer medizinischer Expertisen wie die anderer Spezialisierungen der Inneren Medizin und Neurologie, Dermatologie, Ophthalmologie, HNO-Heilkunde, Gynäkologie, Urologie sowie ggf. weiterer Fächer. In einem Kurzaufenthalt im Krankenhaus lässt sich die interdisziplinäre Diagnostik am kompaktesten und schnellsten realisieren – vorausgesetzt, dass die kooperierenden Abteilungen Termine zügig und ohne längere Wartezeiten anbieten. Im Rahmen der stationären Versorgung entfielen in den letzten Jahren ca. 60 % auf Patienten, die kurzfristig die erforderliche Diagnostik und Therapie stationär erhielten (Kurzlieger für im Mittel ca. drei Tage), knapp ein Drittel entfiel auf rheumatologische Komplextherapie (14 Tage), ca. 7 % auf Schmerzkomplextherapie (7 Tage) und etwa 2 % auf geriatrische Komplextherapie (15 Tage). Die Vorteile der rheumatologischen Komplextherapie sind kürzlich beschrieben worden (Klemm et al. 2019). Auch der inzwischen etablierte (Kiltz et al. 2017a) kurzfristige Therapieversuch mit Prednisolon kann innerhalb von wenigen Tagen – nicht selten auch mit poststationärer Überprüfung – realisiert werden.

Das Fallpauschalensystem mit den verschiedenen Grenzverweildauern, die bekanntermaßen vergütungsrelevant sind, erfordert einen erheblichen organisatorischen Aufwand mit klar definierten Patientenwegen (clinical pathways), Prozessen (Lang et al. 2003) und Strukturen, um die vielen Patienten, die trotz der zu geringen Zahl internistischer Rheumatologen rheumatologisch versorgt werden müssen, einer rechtzeitigen Diagnose und Therapie zuführen zu können. Diese Situation impliziert auch, dass man kaum rechtfertigen kann, stationäre Patienten länger als medizinisch nötig, z. B. aus organisatorischen Gründen (wie z. B. Warten auf Untersuchungstermine), im Bett zu halten.

Für eine effektive rheumatologische Versorgung ist die 24-Stunden-Bereitschaft einer rheumatologischen Akutklinik essenzielles Strukturmerkmal, da es rheumatologische Notfälle gibt, die einer unmittelbaren Intervention bedürfen. Klassische Beispiele sind die Arteriitis temporalis, bei der eine Therapieverzögerung zur Erblindung führen kann, die Myelonkompression bei atlanto-axialer Dislokation bei rheumatoider Arthritis oder ankylosierender Spondylitis oder die rapid-progressive Glomerulonephritis bei Lupus. Schwere Sehnenscheidenentzündungen, die zu bleibenden Kontrakturen führen können (z. B. Jaccoud-Deformität) werden in ihrem Akutcharakter oft unterschätzt.

22.4 Ambulante Versorgung im Rheumazentrum

Für die ambulante Versorgung im Rheumazentrum stand bis zum Jahr 2006 eine fallzahlbegrenzte persönliche Ermächtigung des Chefarztes für die Versorgung von etwa 1000 bis 1200 gesetzlich krankenversicherten Menschen pro Quartal zur Verfügung. Im Jahr 2007 wurde das GKV-Wettbewerbsstärkungsgesetz mit dem § 116b (alt) verabschiedet. Krankenkassen konnten demnach mit zugelassenen Krankenhäusern Versorgungsverträge über die ambulante Erbringung hoch spezialisierter Leistungen sowie zur Behandlung seltener Erkrankungen und Erkrankungen mit besonderen Krankheitsverläufen ohne Fallzahlbegrenzung (stattdessen mit Mindestmengen) schließen. Verhandlungen mit Krankenkassen, der Kassenärztlichen Vereinigung sowie den in der Umgebung tätigen niedergelassenen Fachärzten waren erfolgreich. Gleichzeitig gab der Leiter des Rheumazentrums seine Ermächtigung zurück. Mit der KV wurde vereinbart, dass ein Oberarzt des Rheumazentrums

einen zusätzlichen rheumatologischen Kassensitz bekam, den er in eine Gemeinschaftspraxis, die jetzt im Rheumazentrum ist, einbrachte. Die niedergelassenen Kollegen des
Umfelds waren über alle Maßnahmen umfassend informiert und einverstanden. Wie erwartet, hat das auf die von ihnen versorgten Patienten und Fallzahlen keinen Einfluss gehabt.

Am 01.01.2008 begann die ambulante Versorgung im Rheumazentrum Ruhrgebiet
nach § 116b. Im ersten Jahr wurden schon über 1000 ambulante Patienten versorgt. Das
neue Rheumazentrum, das am 14.03.2014 bezogen wurde, war größer, schöner und moderner – damit wurden auch mehr ambulante Behandlungsmöglichkeiten geschaffen. Im
Jahr 2018 wurden 15.000 ambulante Patienten bei im Mittel drei Arztkontakten pro Patient
und Jahr versorgt.

Obwohl seit dem Jahr 2014 erst zwei, dann drei (und inzwischen fünf) Rheumatologen, partiell unterstützt durch in der Ausbildung weit fortgeschrittene Weiterbildungsassistenten für die ambulante Versorgung zuständig waren, entstand eine Warteliste.
Deshalb wurde im Jahr 2014 ein *Triage-System* eingeführt: Patienten sollen direkt in die
richtige Versorgungsebene eingeschleust werden. Diese Maßnahme ist übrigens sehr im
Einklang mit dem politisch motivierten und bereits verabschiedeten Terminservicege-
setz. Das Prinzip besteht darin, dass Patienten einem erfahrenen Arzt, in der Regel einem Facharzt, kurz im Rahmen einer Sichtung vorgestellt werden. Diese Sichtung ist
ausdrücklich keine Sprechstunde und kann eine komplette fachärztliche Untersuchung
per definitionem nicht ersetzen. Bei dieser Sichtung wird (und das ist das wesentliche
Ziel!) festgestellt, wie schnell bzw. dringend die rheumatologische Versorgung stattfinden soll. Ergebnis der Sichtung ist auch, ob Patienten sofort, elektiv bald oder später
stationär aufgenommen werden oder ambulant im Hause, bei anderen Rheumatologen
oder Orthopäden bzw. beim Hausarzt weiter versorgt werden können. Die konkreten
Ergebnisse (Patientenzahlen, (Verdachts-)Diagnosen, Zeit bis zur Vorstellung etc.) wurden 2018 im Rahmen einer Doktorarbeit ermittelt, die Auswertung ist noch nicht abgeschlossen. Die Sichtung wurde früher auf Basis der vom Patienten vorgelegten Einweisung prästationär abgerechnet. Jetzt erfolgt die Abrechnung in der Regel über die ASV,
denn hier sind auch entzündlich rheumatische Verdachtsfälle in den ersten beiden Quartalen eingeschlossen (das war in der § 116b-Regelung nicht so). Leider sind einige häufige Erkrankungen wie die Polymyalgia rheumatica und die Gicht noch nicht in die Dia-
gnosenliste der ASV aufgenommen worden.

Die Gesamtstruktur des Rheumazentrums, die Kooperation mit niedergelassenen
Rheumatologen, vielen Kooperationspartnern, Zuweisern und Patienten stellt nach unse-
rer Ansicht ein praktikables gutes Modell für die rheumatologische Versorgung in großen
Ballungsgebieten dar. Die Versorgung von großen Patientenzahlen ermöglicht auch die
Weiterbildung von vielen Assistenten – eine wichtige Voraussetzung für auch in Zukunft
gute rheumatologische Medizin – auf der Grundlage einer soliden internistischen Ausbildung. In Kooperation mit vielen niedergelassenen Rheumatologen sind in den letzten
Jahren einige erfolgreiche wissenschaftliche Projekte im Rheumazentrum Ruhrgebiet realisiert worden (Braun et al. 2017).

22.5   Ambulante Perspektiven der Rheumatologie

Das Rheumazentrum Ruhrgebiet hat gemeinsam mit verschiedenen niedergelassenen Fachärzten einen Antrag auf Versorgung auf ASV-Basis gestellt, der nach Prüfung durch den zuständigen erweiterten Landesausschuss (ELA) am 10. Mai 2019 genehmigt wurde. Nach Überwindung von bürokratischen und anderen Hürden, funktioniert inzwischen schon fast alles wieder.

Eine der Möglichkeiten die rheumatologische Versorgung zumindest quantitativ, potenziell aber auch qualitativ zu verbessern, besteht in der stärkeren Einbindung rheumatologischer Fachassistenten (RFA) in der Patientenbetreuung. Die Rheumaforschungsgruppe Ruhr, ein Zusammenschluss wissenschaftlich interessierter Rheumatologen aus Klinik und Praxis, hat das Projekt *StärkeR, Strukturierte Delegation ärztlicher Leistungen im Rahmen konzeptionsgeregelter Kooperation in der Versorgung von Patienten mit entzündlichem Rheuma* beim Innovationsfonds erfolgreich beantragt (Förderkennzeichen: 01NVF17004). Zuvor hatte die Gruppe bereits das vom BMFT geförderte Projekt *CORRA (Comparison of the efficacy and safety of two starting dosages of prednisolone in early active rheumatoid arthritis – an investigator-initiated, randomized, double-blind, placebo-controlled trial)* gemeinsam durchgeführt (Registrierungsnr. NCT02000336).

Der Bundesärztekammer liegt ein Vorschlag für ein Curriculum für RFA vor. Die erwartete Anerkennung wird die Weiterbildung zur RFA auf eine Stufe mit den in anderen Fächern wie Diabetes ausgebildeten Fachassistenten stellen. Diese sollten dann auch besser bezahlt werden.

22.6   Kurzbeschreibung des StärkeR-Projekts: Strukturierte Delegation

Mit *StärkeR* soll die Zusammenarbeit verschiedener Berufsgruppen in der Rheumatologie effektiver und effizienter gestaltet werden, um die Versorgung der betroffenen Patienten zu verbessern. Das Projekt geht von der Hypothese aus, dass qualifizierte RFA Teile der Patientenbetreuung übernehmen können. Hierfür gibt es aus persönlichen Erfahrungen von deutschen Rheumatologen und aus internationalen Erfahrungen, z. B. in den Niederlanden, einige zum Teil klare Anhaltspunkte. Zu dem geplanten Projektvorhaben gehören u. a. auch eine aktualisierte Patientenschulung (mit Evaluation der aktuellen Patientenschulung des DGRh), die Ermittlung von Komorbiditäten und eine Impfberatung. Das Vorhaben soll zeigen, dass RFA durch die standardisierte Erfassung von Krankheitsaktivität und Krankheitsfolgen die Behandlung durch Rheumatologen vorbereiten, effektiv unterstützen und partiell ersetzen können. Außerdem sollen die RFA den Patientinnen und Patienten als direkte Ansprechpartner zwischen den Untersuchungsterminen in der Praxis zur Verfügung stehen.

Die strukturierte Übertragung ärztlicher Leistungen an RFA wird für drei Jahre mit insgesamt ca. 2,1 Millionen Euro vom Innovationsfonds gefördert, sie wird an 20 rheumatologischen Schwerpunktpraxen und Krankenhausambulanzen in Westfalen-Lippe, Nordrhein und Niedersachsen durchgeführt. Dazu wurden neue Strukturen und Prozesse in der Patientenbetreuung geschaffen, die in einem speziellen zweitägigen Kurs der Rheumaakademie den beteiligten RFA vorgestellt wurden. Der Kurs beinhaltete außerdem eine kompakte Wiederholung des RFA-Grundkurses und einen Gelenkuntersuchungskurs. Diese neue Versorgungsform wird seit dem 01.09.2018 mit insgesamt je 400 Patienten mit rheumatoider Arthritis im Vergleich zu der aktuellen Standardversorgung evaluiert. Zielgrößen sind die Krankheitsaktivität und die gesundheitsbezogene Lebensqualität. Im Erfolgsfall erzielt die neue Versorgungsform bei den Patienten eine sogar noch bessere gesundheitsbezogene Lebensqualität als die Standardversorgung bei vergleichbarer Krankheitsaktivität. Das Team der rheumatologischen Schwerpunktpraxis soll für Patientinnen und Patienten besser erreichbar werden. Die Übertragung von Dokumentations- und Beratungsaufgaben an die RFA soll die Qualität der Versorgung insgesamt verbessern.

Die Konsortialführung liegt bei Prof. J. Braun, Koordinator ist PD Dr. D. Krause, internistische und rheumatologische Gemeinschaftspraxis Gladbeck. Konsortialpartner sind die Philipps-Universität Marburg, die Ruhr-Universität Bochum und die Krankenkasse Barmer GEK.

22.7 Interdisziplinärer Behandlungsansatz

Die rheumatologische Versorgung ist interdisziplinär. Dabei ist nicht nur die optimale Kooperation mit den anderen Fachgebieten wie Nephrologie und Pulmologie entscheidend, auch Hausärzte und Orthopäden als verantwortliche Zuweiser spielen eine wichtige Rolle. Der enge Kontakt zur universitären Maximalversorgung ist für schwer erkrankte Patienten z. B. mit schwerem Organbefall bei Kollagenosen und Vaskulitiden wichtig. Eine gute Kooperation ist auch im Hinblick auf die Koordination der Weiterbildung und der Lehre gefragt.

Die Kooperation mit Patientenvereinigungen wie der deutschen Rheumaliga, der deutschen Vereinigung Morbus Bechterew und vielen anderen ist eine wichtige Grundlage für gute rheumatologische Versorgung (Braun et al. 2016a). Das gilt auch für die Fort- und Weiterbildung (Braun et al. 2011) und die Patientenschulung (Reusch et al. 2016). Neben den Medikamenten, von denen in den letzten Jahren erfreulicherweise immer mehr zur Verfügung standen, ist die Physiotherapie ein besonders wichtiger Grundstein rheumatologischer Versorgung (Lange 2015).

22.8 Bedeutung der physikalischen Therapie und anderer Gesundheitsberufe für die rheumatologische Versorgung

Dieser Absatz fokussiert auf die Bedeutung der Physiotherapie und anderer Gesundheitsberufe für die rheumatologische Versorgung und gibt ferner einen Überblick über die Krankheitsfolgen, die Versorgungsrealität, die Grundlagen und therapeutischen Möglichkeiten sowie zur vorhandenen Evidenz.

Entzündlich-rheumatische Erkrankungen bedingen aufgrund ihres progredienten Verlaufs oft Einschränkungen der funktionellen und funktionalen Gesundheit. Gerade hierdurch ergibt sich eine elementare Indikation für den Einsatz von Physiotherapie. Konkret funktioniert die Zusammenarbeit zwischen Rheumatologen und Physiotherapeuten im Rheumazentrum sowohl auf der Basis etablierter diagnosebasierter Patientenpfade, aber auch durch individuelle Rücksprache und gemeinsam abgestimmte Verordnung.

Durch die therapeutischen Erfolge von konventionellen und biologischen *disease-modifying antirheumatic drugs* (DMARDs) in den letzten 20 Jahren hat sich die physikalische Medizin zwei wesentlichen Herausforderungen zu stellen. Zum einen ist es notwendig, nicht mehr allein auf Tradition und Erfahrung zu setzen, sondern dem Anspruch der modernen evidenzbasierten Medizin soweit möglich Rechnung zu tragen und entsprechende wissenschaftliche Erkenntnisse und Wirksamkeitsnachweise selbst zu erbringen bzw. internationalen Empfehlungen z. B. der EULAR (European League against Rheumatism) zu folgen. Zum anderen bleibt in einer Zeit zunehmender Ökonomisierung bei gleichzeitig steigenden Kosten nur ein begrenzter finanzieller Spielraum, sodass die wirtschaftliche Verordnung einen hohen Stellenwert hat.

Vor allem im Rahmen der rheumatologischen Komplextherapie hat neben der Physiotherapie die Patientenschulung einen hohen Stellenwert. Die guten Behandlungsergebnisse können durch regelmäßige Gruppenbesprechungen optimiert werden. Nicht nur hierbei ist die Mitarbeit von Psycholog(inn)en von großer Bedeutung, die insbesondere bei Patienten mit Problemen bei der Krankheitsbewältigung, der Schmerzverarbeitung und bei Depressionen unverzichtbar sind. Auch iIn der Behandlung von Patient(inn)en mit Fibromyalgie sind sie essentiell.

Wichtig für eine gute Patientenversorgung ist auch die rheumatologische Ergotherapie, bei der zuerst eine eingehende Funktionsdiagnostik, schwerpunktmäßig unter dem Gesichtspunkt der alltäglichen Tätigkeiten in Haushalt, Beruf und Freizeit sowie der Alltagsbelastungen, stattfindet. Darüber hinaus geht es um Maßnahmen zum Gelenkschutz, einschließlich der Vorbeugung verhinderbarer Gelenkschädigungen, funktionelle Therapien, d. h. das Training von Bewegungsabläufen, bei vorliegenden Störungen und Einschränkungen, oder zur Verbesserung von Präzision, Ausdauer und Kraft. Bei bereits eingetretenem Schaden hat die Hilfsmittelversorgung, z. B. zum Gelenkschutz oder zur Kompensation von Behinderungen, einen wichtigen Stellenwert in der Versorgung. Dazu gehört unter anderem auch die Anfertigung und Anpassung von Schienen oder anderen orthopädietechnischen Hilfsmitteln.

Trotz deutlicher Fortschritte der medikamentösen Behandlung in den letzten Jahren kommt es bei etwa einem Drittel der Patienten mit rheumatoider Arthritis zu alltagsrelevanten Einschränkungen der Funktionsfähigkeit und der Teilhabe am sozialen Leben, zu Arbeitsunfähigkeit und/oder Minderung der Erwerbsfähigkeit. Insbesondere für bewegungstherapeutische Verfahren sowie andere funktionsorientierte Interventionen haben randomisierte kontrollierte Studien, systematische Reviews und Meta-Analysen in den letzten Jahren die Evidenz der Wirksamkeit sowohl nach klinischen Befunden als auch nach *Patient-reported Outcomes* gestärkt.

Zu den wichtigsten Erkenntnissen (Mau 2016) gehört der nachgewiesene Nutzen von:

- kardiovaskulären Trainingsprogrammen bei stabiler rheumatoider Arthritis,
- Physiotherapie der Hände bei Arthritiden,
- Sport- und Trainingstherapie, professional supervisiertem Gruppentraining, vor allem bei Spondyloarthritiden,
- aerobes Ausdauertraining, z. B. bei Patienten mit rheumatoider Arthritis,
- Schienenversorgung der Hände bei Arthritiden,
- Kryotherapie bei Arthritis.

Insgesamt gibt es Evidenz, dass sich mit befundorientierten Therapieplänen gute Effekte bei rheumatischen Erkrankungen erzielen lassen. Dieses Potenzial wird im Praxisalltag oft nicht genügend ausgeschöpft. Insbesondere seit dem durch die demografische Entwicklung gehäuft auftretenden Problem der Sarkopenie (altersbedingter Abbau von Muskelkraft und Masse) hat die Physiotherapie eher zunehmende Bedeutung für die rheumatologische Versorgung (Lange 2018). Dies gelingt in manchen Gebieten aber nicht oder nur unzureichend, d. h. es gibt zum Teil lange Wartezeiten. Nichtsdestoweniger gibt es verschiedene Entwicklungen, die geeignet sind, die Situation von Patienten mit entzündlich rheumatischen Erkrankungen erheblich zu verbessern. Ein wichtiger Aspekt für eine gute Versorgung ist die Bereitstellung von aktuellen evidenzbasierten Leitlinien, die eine wichtige Grundlage für eine qualitätsorientierte Behandlung von Patienten darstellt.

Bedeutung von Leitlinien
Die rheumatologische Fachgesellschaft hat in den letzten Jahren evidenzbasierte Leitlinien und Empfehlungen für wichtige entzündliche rheumatische Erkrankungen wie rheumatoide Arthritis (Fiehn et al. 2018), axiale Spondyloarthritis (Kiltz et al. 2017a), Gicht (Kiltz et al. 2017b), Vaskulitiden (Schirmer et al. 2017), Polymyalgia rheumatica (Buttgereit et al. 2018), zum Gebrauch von Biosimilars (Braun et al. 2018) und zum Colchizin-refraktären familiären Mittelmeerfieber (Kallinich et al. 2019) auf den Weg gebracht. Weitere qualitätsorientierte Aktivitäten sind in Vorbereitung.

22.9 Herausforderungen der Rheumatologie und des Rheumazentrums in Deutschland im dritten Millenium

Zu den für die rheumatologische Versorgung bekannten Problemen gehören: zu wenig Rheumatologen, zu wenig eigenständige universitäre Rheumatologie *(Lehrstühle)*, zu wenig Fachkräfte (Ärzte und Pflegepersonal), Zulassungsbeschränkungen, zu lange Wartezeiten, keine gute Kooperation zwischen ambulanter und stationärer Versorgung und zum Teil eine zu geringe Vergütung. Auf die Bedeutung einer ausreichenden Zahl rheumatologischer Lehrstühle bzw. eigenständiger universitärer rheumatologischer Abteilungen ist vielfach hingewiesen worden (Braun et al. 2012a, b).

Die Versorgungsqualität hat auch in der Rheumatologie die Hauptaspekte Struktur, Prozess und Ergebnis (Braun et al. 2016b). Dabei wurden vor allem die Indikatoren der Strukturqualität vom Verband der rheumatologischen Akutkliniken (VRA) gut definiert (Braun et al. 2016c) und in Benchmarking-Projekten weiterentwickelt. Die Qualifizierung von RFA für das Monitoring von bislang nicht problematischen Patienten ist ein wichtiger Schritt für die bessere Versorgung von mehr Patienten mit entzündlich rheumatischen Erkrankungen.

Zu den aktuellen Herausforderungen für die Leitung einer großen rheumatologischen Fachklinik gehören neben der medizinischen Versorgung (Patientenzentriertheit, Leitlinien) wissenschaftliche Aktivitäten (kontinuierliche Aktualisierung der Kenntnisse auf allen Gebieten, Doktorarbeiten, klinische und eigene Studien, Advisory Boards), Mitarbeiterführung, Weiter- und Fortbildung (Ziel: guter rheumatologischer Facharzt), Organisation (Patientenpfade, Kooperationen, Liegezeiten), Ökonomie (Patientenzahlen, Case-Mix-Index/Tag, Medikamentenkosten) und Politik (Fachgesellschaft, Berufsverband, Verband der Akutkliniken, Presse). Die Durchführung von klinischen Studien in großen Versorgungseinrichtungen ist insbesondere für die Versorgungsforschung essenziell (Braun et al. 2019).

Der Strauß der Probleme der Versorgung – aktuell und perspektivisch – ist aber noch größer. Diese Schwierigkeiten – die hier nur skizziert werden können – resultieren aus dem tendenziell nachlassenden wissenschaftlichen Interesse der jungen Ärzte, der Digitalisierung mit ihren Vorteilen aber auch Gefahren, der immer weiter zunehmenden Bürokratisierung, immer neuer Versorgungsformen (das Disease-Management-Programm (DMP) rheumatoide Arthritis ist in Vorbereitung), den zum Teil ausufernden Kontrollen des Medizinischen Dienstes der Krankenkassen (MDK), der Notwendigkeit, seltene Erkrankungen mit nicht dafür zugelassenen potenziell wirksamen aber hochpreisigen Medikamenten behandeln zu müssen, dem noch unzureichenden ASV-Katalog und letztlich der „Kriminalisierung" von Ärzten aufgrund vermeintlicher Korruption.

22.10 Fachkräftemangel

Aufgrund sehr konkreter detaillierter Berechnungen ist ein internistischer Rheumatologe für die Versorgung von 50.000 Einwohnern über 18 Jahre erforderlich, dabei wird eine Prävalenz von entzündlich rheumatischen Erkrankungen im Bereich von 1–2 % angenommen (Zink et al. 2017). Dazu kommen allerdings die sehr zahlreichen Abklärungen, ob überhaupt eine entzündlich rheumatische Erkrankung vorliegt – diese komplexe Unterscheidung ist eine weitere wichtige Aufgabe für Rheumatologen. Im und um das Ruhrgebiet leben ca. zehn Millionen Menschen. Wenn es stimmt, dass bis zu 2 % der Bevölkerung rheumatische Erkrankungen haben – und da sind die vielen Menschen mit Arthrosen nicht eingerechnet – lebt dort eine Größenordnung von 200.000 Menschen, die einer internistisch rheumatologischen Versorgung bedürfen. Dafür sind nach dem Memorandum der DGRh etwa 200 rheumatologische Fachärzte erforderlich. Aktuell sind in der Region – die sich in zwei KV-Bezirke (Westfalen-Lippe und Nordrhein) und in fünf Regierungsbezirke aufteilt und ein riesiges Umfeld hat – aber in nicht mehr als zehn spezialisierten Kliniken bzw. Abteilungen und fast 50 Praxen insgesamt weniger als 100 rheumatologische Fachärzte tätig. Die Konsequenz sind zum Teil lange Wartezeiten für betroffene Patienten, Patienten werden nicht frühzeitig gesehen und das Treat-to-Target-Prinzip ist nicht realisierbar.

Dieser Fachkräftemangel ist eine besondere Herausforderung. Alle im Rheumazentrum tätigen Oberärzte wurden auch hier ausgebildet und erlangten hier ihre Facharztanerkennung. Weiterbildungsassistenten, die in Deutschland geboren sind, und Männer sind schon lange in der Minderheit. Die Organisation der Weiterbildung und Sicherstellung der Versorgung steht durch den Wunsch nach flexiblen Arbeitszeiten und den Ausfall von Mitarbeitern durch Schwangerschaft/Elternzeit vor großen Herausforderungen. Das Rheumazentrum bietet (Fach-)Ärztinnen mit Kindern flexible Arbeitszeiten, was vor allem in der ambulanten Versorgung möglich ist. Ohne die große Zahl nicht in Deutschland geborener Weiterbildungsassistenten hätte die Versorgung der Patienten mit rheumatischen Erkrankungen in den letzten 15 Jahren nicht immer aufrechterhalten werden können. Unsere Weiterbildungsassistenten kamen aus Griechenland, Türkei, Polen, Rumänien, Albanien, Russland, Ukraine, Georgien, Iran, Afghanistan, Ägypten, Palästina, Syrien, Tunesien, Sudan, Indien und China. Insgesamt schaffen 90 % der Weiterbildungsassistenten die Facharztprüfung. In Duisburg, Oberhausen, Bochum, Essen, Ratingen und Dortmund sind im Rheumazentrum weitergebildete Rheumatologen in ambulanten Praxen und Kliniken tätig.

22.11 Bedarfsplanung

Erschwerend kommt hinzu, dass die ambulante Versorgung durch rheumatologische Fachärzte in der Vergangenheit durch Zulassungs- und Fallzahlbeschränkungen behindert wurde. Internistische Rheumatologen wurden bis jetzt zusammen mit allen anderen internistischen Fachgebieten „in einem Topf" beplant, d. h. die Bedarfsplanung war nicht gezielt – so konnte z. B. ein Kardiologe einen rheumatologischen Sitz in einen kardiologischen umwandeln. Als Folge haben sich rheumatologische Fachärzte oft einfach als Hausarzt niedergelassen. Von den insgesamt fast 50 im Rheumazentrum seit 2001 weitergebildeten Rheumatologen haben vier eine Chefarztposition (davon war einer schon vor 2001 Facharzt) und zwölf sind als rheumatologische Fachärzte in NRW oder in anderen Bundesländern niedergelassen. In dem Entwurf zum Terminservice- und Versorgungsgesetz (TSVG) war vorgesehen, dass sich Rheumatologen für sechs Monate frei niederlassen können. Das ist zwar so nicht umgesetzt worden, was sich aber durch das TVSG zum Vorteil der Rheumatologie geändert hat, ist, dass es jetzt eine vorläufige Quote gibt, die besagt, dass 8 % aller internistischen Facharztsitze in einem KV-Gebiet durch Rheumatologen zu besetzen sind. Das ist m.E. eine sehr wichtige Maßnahme, die gerade erst langsam zu greifen beginnt. Ein neu aufgetretenes Problem ist, dass es leider im Moment in NRW schwierig ist, rheumatologische Facharztsitze zu besetzen: In Siegen und Rheine wird ein Nachfolger gesucht.

Auch die Vergütung der ambulanten Versorgung stellt uns zum Teil vor Schwierigkeiten. Während die Vergütung der stationären Versorgung durch das DRG-System geprägt ist und die Anzahl der zukünftig zu versorgenden Patienten auf Basis der Anzahl der im Vorjahr versorgten direkt mit den Kassen verhandelt wird, deckelt das vertragsärztliche Budget und der sogenannte Einheitliche Bewertungsmaßstab die Anzahl von Patients im ambulanten Bereich. Zudem werden ambulante Leistungen in der Regel nur pauschal und oft nicht aufwandsgerecht finanziert.

Mit dem TVSG wird nun versucht, den Weg für potenziell an einer rheumatischen Erkrankung neu erkrankte Patienten insofern besser zu gestalten, als Vertragsärzte dazu verpflichtet werden, einen größeren Anteil neuer Patienten zu versorgen. Das ist für die rheumatologische Versorgung aber voraussichtlich nur eine Scheinlösung, denn – bei gleicher Arbeitskraft eines Rheumatologen – wird das Problem der Erstversorgung auf Kosten eines anderen – nämlich der Versorgung der Bestandspatienten – gelöst. Denn entzündlich rheumatische Erkrankungen haben meist einen chronischen Verlauf, d. h. die Patienten erhalten in der Regel initial eine Diagnose und eine Therapie, deren Erfolg muss dann aber regelmäßig überprüft (T2T-Prinzip), die Sicherheitsuntersuchungen gemacht, Röntgenbefunde im Verlauf veranlasst und bewertet werden, Komorbiditäten wie Osteoporose beachtet und Rezidive gemanagt werden. Wandelt man die Zeiten für diese „alten" Patienten in größerem Umfang verpflichtend für neue um, verschiebt man letztlich nur das Versorgungsdefizit.

22.12 Ambulante spezialfachärztliche Versorgung

Für die rheumatologische Versorgung ist es notwendig, Patienten in nicht bürokratisch begrenzter, aber noch machbarer Zahl ambulant sehen zu können. Die bereits 2012 verabschiedete und 2018 dann umgesetzte ASV beinhaltet, dass die erbrachten Versorgungsleistungen direkt mit den Kassen abgerechnet werden. Das bedeutet auch, dass Leistungen grundsätzlich nicht pauschal und nicht nur bis zu einer Budgetobergrenze, sondern nach erbrachter Leistung vergütet werden (zurzeit noch). Besonders wichtig ist auch, dass es in der ASV keine Obergrenze für die Anzahl versorgter Patienten gibt, es geht stattdessen um Mindestmengen, um die Qualität zu sichern. Eine Bedarfsplanung im Sinne von einer begrenzten Anzahl von Kassenarztsitzen spielt hierbei keine Rolle mehr. Die ASV kann damit potenziell zu einer Verbesserung der Versorgung im Ruhrgebiet führen. Es bleibt zu hoffen, dass eine ausreichende Anzahl von rheumatologischen Fachärzten dafür zur Verfügung steht.

22.13 Fazit für die rheumatologische Patientenversorgung

Der große rheumatologische Versorgungsbedarf im Ruhrgebiet stellt bei einer Einwohnerzahl von ca. zehn Millionen (18 Millionen in NRW) für das überregionale intersektorale Rheumazentrum in Herne eine dauernde Herausforderung dar, da die Zahl an Versorgungseinrichtungen im Verhältnis zum Bedarf zu gering ist. Dies ist z. T. auf den inzwischen schon chronisch zu nennenden Fachkräftemangel zurückzuführen, so können zwei rheumatologische Kassenarztsitze in NRW z. T. nicht besetzt werden.

Für die Versorgung großer Patientenzahlen in einem Ballungsraum wie dem Ruhrgebiet ist ein zentrales hoch spezialisiertes Fachkrankenhaus mit Anbindung an eine universitäre Maximalversorgung ebenso essenziell wie eine optimale Kooperation des Zentrums mit den niedergelassenen Rheumatologen im Umfeld, den kooperierenden Fachärzten und -abteilungen und auch mit den Zuweisern wie Orthopäden und Hausärzten. Im Rheumazentrum Ruhrgebiet stehen alle stationären und ambulanten Versorgungsmöglichkeiten zur Verfügung, um eine zeitnahe Differenzialdiagnostik und alle möglichen Therapien durchführen zu können. Das beinhaltet alle stationären Versorgungsformen, d. h. neben den Kurzliegern, die vor allem eine kurze, aber intensive Diagnostik erhalten, gibt es dank der großen Physiotherapieabteilung inkl. Ergotherapie, dem Psychologischen Dienst und der Sozialmedizin die Versorgungsmöglichkeit der rheumatologischen Komplextherapie. Stationäre multimodale Schmerztherapie und geriatrische Komplextherapie werden angeboten. Behandlungsgrundsätze sind, akute Patienten innerhalb weniger Tage zu sehen, die Ersteinschätzung der Dringlichkeit steht dabei im Vordergrund. Im Sinne des Treat-to-Target-Konzepts werden Patienten nach Ersteinstellung innerhalb von sechs bis acht Wochen zur Überprüfung des Therapieerfolgs erneut gesehen. Eine 24-stündige Aufnahmebereitschaft und Notfallversorgung bleibt für eine gute Versorgungsqualität essenziell.

Literatur

Braun, J., Wollenhaupt, J., & Genth, E. (2011). Further education: A core responsibility of the German Society for Rheumatology and the Rheuma Academy. *Zeitschrift für Rheumatologie, 70*(8), 701–711.

Braun, J., Schneider, M., & Genth, E. (2012a). Rheumatology – Current and future treatment of inflammatory and non-inflammatory musculoskeletal diseases in Germany. An assessment by the board of the German Society for Rheumatology. *Zeitschrift für Rheumatologie, 71*(7), 544–549.

Braun, J., Schneider, M., & Genth, E. (2012b). Quo vadis rheumatology: Closed conference of the executive board and advisory committee of the German Society for Rheumatology 2011. *Zeitschrift für Rheumatologie, 71*(6), 456–458.

Braun, J., Krause, A., Aringer, M., Burmester, G., Bessler, F., Engel, J. M., Faubel, U., Fischer-Betz, R., Genth, E., Gromnica-Ihle, E., Hellmich, B., Kötter, I., Krüger, K., Lakomek, J., Lorenz, H. M., Manger, B., Märker-Hermann, E., Minden, K., Müller-Ladner, U., Rautenstrauch, J., Rehart, S., Riemekasten, G., Rudwaleit, M., Rüther, W., Schett, G., Schuch, F., Schulze-Koops, H., Specker, C., Wassenberg, S., Wiek, D., Zink, A., & Schneider, M. (2016a). Standards of care for people with rheumatoid arthritis in Europe: Translation and comments of the eumusc.net recommendations supported by EULAR performed by a national task force of the professional organisations DGRh and VRA supported by „Deutsche Rheumaliga". *Zeitschrift für Rheumatologie, 75*(4), 416–428.

Braun, J., Schneider, M., & Lakomek, H. J. (2016b). Cornerstones of quality assurance in medicine in Germany. Important impulse for the situation in treatment of rheumatism. *Zeitschrift für Rheumatologie, 75*(2), 203–212.

Braun, J., Robbers, J., & Lakomek, H. J. (2016c). Quality of German medical services: A review. *Zeitschrift für Rheumatologie, 75*(1), 97–102.

Braun, J., Krüger, K., Manger, B., Schneider, M., Specker, C., & Trappe, H. J. (2017). Cardiovascular comorbidity in inflammatory rheumatological conditions. *Deutsches Ärzteblatt international, 114*(12), 197–203.

Braun, J., Baraliakos, X., Kiltz, U., Schmitz-Bortz, E., Kalthoff, L., & Krause, D. (2018a). Research networks-Rheumatism research group Ruhr. *Zeitschrift für Rheumatologie, 77*(Suppl 1), 31–33. https://doi.org/10.1007/s00393-018-0457-y.

Braun, J., Lorenz, H. M., Müller-Ladner, U., Schneider, M., Schulze-Koops, H., Specker, C., Strangfeld, A., Wagner, U., & Dörner, T. (2018b). Revised version of the statement by the DGRh on biosimilars-update 2017. *Zeitschrift für Rheumatologie, 77*(1), 81–90.

Braun, J., Kiltz, U., Andreica, I., Buehring, B., Guminski, B., Häusler, U., Kavruk, H., Kiefer, D., Lochowski, R., Mintrop, B., & Baraliakos, X. (2019). Rheumatological care in the Rheumazentrum Ruhrgebiet Rheumatism Center – A model for conurbations. *Zeitschrift für Rheumatologie, 78*(8), 753–764. [Epub ahead of print].

Buttgereit, F., Brabant, T., Dinges, H., Hiemer, I., Kaplani, M., Kiltz, U., Kyburz, D., Reißhauer, A., Schneider, M., Weseloh, C., & Dejaco, C. (2018). S3 guidelines on treatment of polymyalgia rheumatica : Evidence-based guidelines of the German Society of Rheumatology (DGRh), the Austrian Society of Rheumatology and Rehabilitation (ÖGR) and the Swiss Society of Rheumatology (SGT) and participating medical scientific specialist societies and other organizations. *Zeitschrift für Rheumatologie, 77*(5), 429–441.

Fiehn, C., Holle, J., Iking-Konert, C., Leipe, J., Weseloh, C., Frerix, M., Alten, R., Behrens, F., Baerwald, C., Braun, J., Burkhardt, H., Burmester, G., Detert, J., Gaubitz, M., Gause, A., Gromnica-Ihle, E., Kellner, H., Krause, A., Kuipers, J., Lorenz, H. M., Müller-Ladner, U., Nothacker, M., Nüsslein, H., Rubbert-Roth, A., Schneider, M., Schulze-Koops, H., Seitz, S., Sitter, H., Specker, C., Tony, H. P., Wassenberg, S., Wollenhaupt, J., & Krüger, K. (2018). S2e guideline: Treatment of rheumatoid arthritis with disease-modifying drugs. *Zeitschrift für Rheumatologie, 77*(Suppl 2), 35–53.

Kallinich, T., Blank, N., Braun, T., Feist, E., Kiltz, U., Neudorf, U., Oommen, P. T., Weseloh, C., Wittkowski, H., & Braun, J. (2019). Evidence-based treatment recommendations for familial Mediterranean fever : A joint statement by the Society for Pediatric and Adolescent Rheumatology and the German Society for Rheumatology. *Zeitschrift für Rheumatologie, 78*, 91–101.

Kiltz, U., von Zabern, C., Baraliakos, X., Heldmann, F., Mintrop, B., Sarholz, M., Krause, D., Dybowski, F., Kalthoff, L., & Braun, J. (2017a). Diagnostic value of a 3-day course of prednisolone in patients with possible rheumatoid arthritis – the TryCort study. *Arthritis Research & Therapy, 19*(1), 73.

Kiltz, U., Rudwaleit, M., Sieper, J., & Braun, J. (2017b). Evidence-based recommendations on diagnostics and therapy of axial spondyloarthritis: S3 guidelines of the German Society of Rheumatology (DGRh) in cooperation with the Association of the Scientific Medical Societies in Germany (AWMF)]. *Zeitschrift für Rheumatologie, 76*(2), 111–117.

Kiltz, U., Alten, R., Fleck, M., Krüger, K., Manger, B., Müller-Ladner, U., Nüsslein, H., Reuss-Borst, M., Schwarting, A., Schulze-Koops, H., Tausche, A. K., & Braun, J. (2017c). Evidence-based recommendations for diagnostics and treatment of gouty arthritis in the specialist sector : S2e guidelines of the German Society of Rheumatology in cooperation with the AWMF. *Zeitschrift für Rheumatologie, 76*(2), 118–124.

Klemm, P., Hudowenz, O., Asendorf, T., Müller-Ladner, U., Lange, U., & Tarner, I. H. (2019 Mar). Multimodal rheumatologic complex treatment of rheumatoid arthritis-a monocentric retrospective analysis. *Zeitschrift für Rheumatologie, 78*(2), 136–142.

Lakomek, H. J., Hülsemann, J. L., Koeneke, N., Lehmann, H., Bergerhausen, H. J., Fiori, W., Loskamp, N., & Roeder, N. (2002a). Rheumatology coding guideline. A guideline for clinical practice. *Zeitschrift für Rheumatologie, 61*(3), 311–335.

Lakomek, H. J., Neeck, G., Lang, B., & Jung, J. (2002b). Structural quality of acute internal medicine rheumatology clinics – Project Group of the Association of Rheumatologic Acute Clinics. *Zeitschrift für Rheumatologie, 61*(4), 405–414.

Lakomek, H. J., Hülsemann, J. L., Küttner, T., Buscham, K., & Roeder, N. (2007). Clinical pathways in rheumatological inpatient treatment – A structured process management. *Zeitschrift für Rheumatologie, 66*(3), 247–254.

Lakomek, H. J., Fiori, W., & Gross, W. L. (2008). Standardized case reimbursement system (G-DRG) acute inpatient rheumatology. *Zeitschrift für Rheumatologie, 67*(3), 239–240.

Lakomek, H. J., Braun, J., Gromnica-Ihle, E., Fiehn, C., Claus, S., Specker, C., Jung, J., Krause, A., Lorenz, H. M., & Robbers, J. (2011). Amendment of the structural quality for inpatient rheumatology. A forward-looking concept. *Zeitschrift für Rheumatologie, 70*(7), 615–619.

Lang, A., Braun, J., & Aleff, G. (2003). Prozessmanagement in der Rheumatologie. In E. Zapp (Hrsg.), *Prozessgestaltung im Krankenhaus* (S. 257–275). Heidelberg: Economica.

Lange, U. (2015). Bedeutung der physikalischen Therapie für die Rheumatologie. *Zeitschrift für Rheumatologie, 74*(8), 701–708.

Lange, U. (2018). Sarcopenia and frailty in older patients with rheumatism. *Zeitschrift für Rheumatologie, 77*(5), 379–384.

Mau, W. (2016). Evidenzbasierte Physikalische Therapie bei rheumatischen Krankheiten. *Deutsche Medizinische Wochenschrift, 141*, 1470–1472.

Reusch, A., Braun, J., Ehlebracht-König, I., Lind-Albrecht, G., Jäniche, H., Lakomek, H. J., Lakomek, M., Rautenstrauch, J., & Küffner, R. (2016). Framework concept for education of patients with rheumatism. *Zeitschrift für Rheumatologie, 75*(10), 950–953.

Roeder, N., & Lakomek, H. J. (2011). The „outcome benchmarking in rheumatologic acute care" project of the Association of Rheumatologic Acute Care Clinics (VRA e.V.) in Germany. *Zeitschrift für Evidenz, Fortbildung und Qualität im Gesundheitswesen, 105*(5), 343–349.

Schirmer, J. H., Aries, P. M., de Groot, K., Hellmich, B., Holle, J. U., Kneitz, C., Kötter, I., Lamprecht, P., Müller-Ladner, U., Reinhold-Keller, E., Specker, C., Zänker, M., & Moosig, F. (2017). S1 guidelines Diagnostics and treatment of ANCA-associated vasculitis. *Zeitschrift für Rheumatologie, 76*(Suppl 3), 77–104.

Zink, A., Braun, J., Gromnica-Ihle, E., Krause, D., Lakomek, H. J., Mau, W., Müller-Ladner, U., Rautenstrauch, J., Specker, C., & Schneider, M. (2017). Memorandum of the German Society for Rheumatology on the quality of treatment in rheumatology – Update 2016. *Zeitschrift für Rheumatologie, 76*(3), 195–207.

Prof. Jürgen Braun – derzeit tätig im Rheumazentrum Ruhrgebiet, Marienhospital Herne und an der Ruhr-Universität Bochum – ist seit 1985 approbierter Arzt, seit 1992 Facharzt für Innere Medizin, seit 1993 Oberarzt, seit 1995 Facharzt für Rheumatologie und habilitiert und seit 2000 außerordentlicher Professor für Medizin. Seit 2001 ist er Ärztlicher Direktor des Rheumazentrums Ruhrgebiet in Herne und lehrt seit 2004 an der Ruhr-Universität Bochum. Im Jahr 2003 erhielt er einen Ruf an die Universität Regensburg. Seit 2018 ist er Inhaber des Lehrstuhls Rheumatologie an der Ruhr-Universität Bochum. Von 2011 bis 2012 war er Präsident der Deutschen Gesellschaft für Rheumatologie (DGRh). Prof. Braun war seit 2003 insgesamt zwölf Jahre Mitglied des ASAS-Lenkungsausschusses. Im Jahr 2008 war er Präsident des 6. Internationalen SpA-Kongresses in Gent. In 2000 erhielt er den Carol-Nachman-Preis und 2003 den EULAR-Preis, und im Jahr 2014 die Franziskus-Blondel-Medaille der Stadt Aachen. Prof. Braun veröffentlichte bis jetzt 6360 referierte Artikel in verschiedenen Bereichen seines Fachwissens.

Kontakt: j.braun@rheumazentrum-ruhrgebiet.de

Sektoren – was ist das? Die Pathologie als primär intersektorales Fach in der Medizin am Beispiel der Mindener Pathologie

23

Udo Kellner und Raihanatou Danebrock

Zusammenfassung

Sektoren in der Pathologie? Die Pathologie ist ein diagnostisches Fach, welches primär im Bereich der klinischen Medizin entstanden ist. Mit der technischen Entwicklung in der Medizin und der Möglichkeit, Gewebe auch für diagnostische Zwecke ambulant zu gewinnen, begann die Pathologie sektorenübergreifend tätig zu werden. Da die Untersuchungsmethode unabhängig davon ist, aus welchem Sektor die Proben stammen, gab es für die Pathologie nie wirklich Sektorgrenzen. Die intersektorale Pathologiediagnostik wurde und wird im Rahmen verschiedener Konstrukte umgesetzt. Der folgende Artikel vertieft dabei das von den Autoren gelebte sog. *Reutlinger Modell* mit all seinen Facetten. In diesem Rahmen erfolgen ein Vergleich mit anderen Versorgungsmodellen und die Erörterung der Vor- und Nachteile.

23.1 Die Pathologie im Deutschen Gesundheitssystem

In diesem Beitrag[1] wird die Pathologie beispielhaft durch das sog. *Reutlinger Modell* des Institutes für Pathologie am Johannes Wesling Klinikum Minden dargestellt. Es handelt sich um ein Parademodell der intersektoralen Diagnostik, wie sie auch in anderen Model-

---

[1] Gedankt sei hier ausdrücklich Frau Kempny, Geschäftsführerin des Bundesverbandes deutscher

---

U. Kellner (✉) · R. Danebrock
Johannes Wesling Klinikum Minden, Institut für Pathologie, Minden, Deutschland
E-Mail: udo.kellner@muehlenkreiskliniken.de; raihanatou.danebrock@muehlenkreiskliniken.de

© Springer Fachmedien Wiesbaden GmbH, ein Teil von Springer Nature 2020
U. Hahn, C. Kurscheid (Hrsg.), *Intersektorale Versorgung*,
https://doi.org/10.1007/978-3-658-29015-3_23

len des Faches Pathologie durchgängig und in praktisch allen Rechtsformen der Niederlassungen, in Klinik- sowie Universitätsinstituten und mittlerweile auch in Medizinischen Versorgungszentren (MVZs) im ärztlichen und Firmenbesitz deutschlandweit existieren. Auf vergleichbare Modelle wird nach der ausführlichen Darstellung des *Reutlinger Modells*, im Folgenden *Mindener Modell* genannt, später eingegangen und es werden die verschiedenen Rechtsformen mit ihrer sehr ähnlichen intersektoralen Versorgung diskutiert und erörtert.

23.1.1 Tätigkeit der Pathologie als Fach der diagnostischen Medizin

Entgegen der weit verbreiteten Meinung ist die Pathologie nicht das Fach, in welchem ausschließlich Leichen obduziert werden. Auch die Gleichsetzung Rechtsmedizin („Tatort") ist falsch, da es einen eigenen Facharzt für die Rechtsmedizin (forensische Pathologie) gibt. Vielmehr besteht die Aufgabe der Ärzte/innen für Pathologie darin, verschiedenste Erkrankungen (insbesondere Tumorerkrankungen) am Gewebe zu diagnostizieren. Dabei spielt es keine Rolle, ob es sich um kleine Gewebeproben, zytologische (Zell-) Ausstriche/Abstriche oder um große Operationspräparate handelt. Ergänzt wird diese gewebebasierende Diagnostik seit nunmehr über zwei Jahrzehnten und mit deutlich zunehmender Frequenz in den letzten Jahren durch die Molekularpathologie. Auch klinische Obduktionen werden von Pathologen/innen durchgeführt, jedoch nur mit klinischen, nicht forensischen Fragestellungen. Ein sektoraler Unterschied dieser Tätigkeiten besteht im Prinzip nicht, wenngleich die klinischen Obduktionen, wie der Name besagt, mehr dem stationären Sektor zuzuordnen sind.

23.1.2 Grundlage der (intersektoralen) Arbeit von Pathologen/innen

Im Vordergrund steht der Patient. Für die Behandlung seiner Erkrankung ist der erste Schritt eine zuverlässige Diagnose. Diese wird bei Tumorerkrankungen als definitive Diagnose fast ausschließlich von den Pathologen erstellt und nur im Falle von hämatologischen Erkrankungen auch von den Hämato-Onkologen. Dabei spielt es keine Rolle, ob der Patient stationär oder ambulant untersucht wird, in der Regel ist sowieso immer beides der Fall. Entscheidend für den Patienten ist eine zuverlässige Diagnose, die im Rahmen ambulanter Tumorkonferenzen (z. B. im Rahmen des Mammografie-Screenings), stationärer Tumorkonferenzen und molekularer Tumorboards speziell zertifizierter Tumorzentren erstellt wird und in eine für den Patienten individuell richtige Therapie mündet. Der Pathologe steht hier immer im Mittelpunkt der Diagnostik, von der die weitere Therapie unmit-

Pathologen, für ihre Ideengebung und Unterstützung mit Material und Literatur, kritischen Anmerkungen und Korrekturen. Für Letzteres auch vielen Dank an Frau Dr. Schnells, ebenfalls Mitarbeiterin in der Geschäftsstelle des BV.

telbar abhängt. Dies gilt insbesondere in der Zeit der sogenannten individualisierten Therapie, die als Grundlage die Kenntnis umfangreicher spezifischer molekularer Veränderungen im Tumor benötigt – Stichpunkt: Molekularpathologie.

Diagnostik und Therapie von Patienten mit einer Krebserkrankung, aber auch bei zahlreichen anderen Erkrankungen, findet sowohl vertragsärztlich als auch im Krankenhaus statt. Patienten werden häufig zunächst ambulant diagnostiziert (Probeexzision), im Krankenhaus behandelt (z. B. Operation, Chemotherapie, Strahlentherapie) und anschließend wieder ambulant nachversorgt oder weiterbehandelt. Immer ist der Pathologe der diagnostische Begleiter des Patienten und zwar sektorenübergreifend. Unter optimalen Bedingungen steht dazu immer der gleiche Pathologe oder zumindest das gleiche Institut vor Ort zur Verfügung. Nicht nur der Patient ist intersektoral, die Pathologie ist es auch.

23.1.3 Historische Entwicklung der Sektoren in der Pathologie

In früheren Zeiten gab es für die Pathologie nur einen Sektor: die klinische/stationäre Medizin. Bis in die frühen 1970er-Jahre wurden Biopsie-Proben praktisch ausschließlich stationär gewonnen und auch die anschließende Behandlung wurde im Krankenhaus durchgeführt. Pathologie-Institute waren immer Krankenhaus-Hauptabteilungen oder Universitäts-Institute. Kleinere Krankenhäuser ohne eine eigene Pathologie wurden von Instituten größerer Häuser mit Hauptabteilungen (mit-)versorgt. Erst mit der Möglichkeit, die diagnostische Gewebsgewinnung auch ambulant durchzuführen, begannen sich Pathologen „niederzulassen". Pathologen folgten anderen Facharztberufen in die Praxis. Dabei haben sich viele Fachärzte in die Nachbarschaft oder direkt in kleinere Krankenhäuser ohne eine eigene Abteilung für Pathologie begeben. Auf der anderen Seite wurden Pathologie-Chefärzte über die Kassenärztlichen Vereinigungen ermächtigt, an der ambulanten Versorgung teilzunehmen. Zunächst wurde die Ermächtigung lebenslang, seit mindestens 20 Jahren zeitlich befristet ausgesprochen. Fachärzte beider Bereiche, Praxis und Klinik, haben weiterhin sektorenübergreifend gearbeitet. Sektoren in der Pathologie stellen ein besonderes berufspolitisches Thema dar und werden in der Zeitschrift des Bundesverbandes (BV) deutscher Pathologen, *Patho.*, umfangreich behandelt (Schlake 2014; Kempny 2014; Bundesverband Deutscher Pathologen 2014).

23.1.4 Unterschiede der „Sektoren" in der Pathologie

Wenn man in der Pathologie unbedingt von Sektoren sprechen will, wie unterscheiden sich also der ambulante vom stationären/Klinik-Sektor?

Die Tätigkeit in der vertragsärztlichen „Zone" oder dem vertragsärztlichen ambulanten Sektor umfasst die Befundungen der Einsendungen von vertragsärztlichen Praxen bzw. von anderen Krankenhäusern, mit denen die Praxis für Pathologie eine entsprechende Vereinbarung hat. Eine Pathologie-Praxis am Krankenhaus kann zudem spezielle klinisch-

diagnostische Bereiche wie z. B. die Obduktionen abdecken. Die überwiegend vertragsärztlichen Leistungen einer Praxis werden nach EBM vergütet. In der vertragsärztlichen
Tätigkeit sind Ärzte arbeitsrechtlich selbstständig oder entsprechend angestellt; sie nutzen
die üblichen Rechtsformen Einzelpraxis, Gemeinschaftspraxis, Berufsausübungsgemeinschaft oder MVZ.

Die Tätigkeit in der stationären Klinikzone umfasst die Befundung von Präparaten des
Krankenhauses bzw. von Verbundkrankenhäusern. Die Vergütung erfolgt im Rahmen der
DRG über den Krankenhausträger.

23.2   Das *Mindener Modell*

23.2.1 Rechtliche Grundlagen

Die Pathologie im Reutlinger und damit auch Mindener Modell gehört gleichzeitig zur
vertragsärztlichen Welt wie zum Krankenhaus; die Rechte und Pflichten werden zwischen
Praxis und Krankenhaus vertraglich geregelt: Nachdem Ermächtigungen für Chefärzte nur
noch für zwei Jahre vergeben wurden (jeweils auf Antrag verlängerbar), wurde nach anderen, moderneren Möglichkeiten der sektorenübergreifenden Tätigkeit gesucht. In Reutlingen wurde diesbezüglich ein neues Modell etabliert. Mit Urteil des Bundessozialgerichts
(BSG) vom 05.11.1997 (Az.: 6 RKa 52/97) erhielt es den Namen *Reutlinger Modell*. Dabei wurde dem Chefarzt neben einer hälftigen angestellten Beschäftigung am Klinikum
für die andere Hälfte seiner Arbeitszeit (zzt. 19,5 Stunden) die Möglichkeit einer Niederlassung mit Kassensitz ermöglicht.

Ein anders gelagertes Urteil für Psychotherapeuten, bei denen die Arbeitszeit im Ange-
stelltenverhältnis auf ein Drittel (15 Stunden) reduziert werden muss (30.01.2002; Az.: B6
KA 20/01 R), änderte nichts an der Bestandskraft des Urteils für Pathologen; denn im
Gegensatz zu Psychotherapeuten haben Pathologen keinen direkten Arzt-Patienten-
Kontakt. Das BSG-Urteil gilt auch für andere Fächer ohne direkten Patientenkontakt wie
z. B. Labormediziner, Mikrobiologen und Humangenetiker. Entscheidend ist dabei, ob
eine Interessen- und/oder Pflichtenkollision ausgeschlossen ist, die zum Nachteil der Kostenträger und Patienten wäre. Ein Arzt, der stationäre Patienten klinisch betreut und anschließend ambulant weiterbehandeln will, steht nach Auffassung des BSG in einem solchen Interessenskonflikt (BSG-Urteil vom 5. Februar 2003 Az: B 6 KA 22/02 R; Betreff
eines Anästhesisten). Interessant ist, dass das BSG hier eine Vermengung der vertragsärztlichen mit der stationären Tätigkeit sieht (Frehse et al. 2004; Bäune et al. 2008).

23.2.2 Umsetzung des Reutlinger Modells in Minden

Aufbauend auf den Vorgaben aus Reutlingen war es, trotz eines kurzen Zeitfensters von
weniger als zwei Monaten, ohne Probleme möglich, beim Zulassungsausschuss der

Kassenärztlichen Vereinigung Westfalen-Lippe (KVWL) eine Zulassung zu erhalten. Damals gab es noch keine Bedarfsplanung für das Fach Pathologie. Mit Eintritt des Autors als Chefarzt des Klinikums Minden und der Umsetzung des Reutlinger Modells stand somit ein voller Kassensitz zur Verfügung: Statt über eine Ermächtigung, mit denen die beiden Chefarzt-Vorgänger gearbeitet hatten, wurde die Pathologie Minden für die vertragsärztlichen Einsender jetzt im Rahmen einer regulären vertragsärztlichen Zulassung tätig.

Bedingungen waren dabei:

- Der Kassensitzinhaber (zugleich Chefarzt) darf, wie in Reutlingen, zu maximal 50 % der gesetzlichen Arbeitszeit am Klinikum beschäftigt sein.
- Die Praxis des Kassensitzinhabers mit seiner vertragsärztlichen Tätigkeit kann mit den Ressourcen des Klinik-Instituts und auch den im Klinikum angestellten medizinisch-technischen Assistenten (MTAs) und Schreibkräften betrieben werden. Die Einsendungen müssen aber kenntlich von denen des Klinikums getrennt werden. Dieses betrifft die Laborkennzeichnung, die Briefköpfe der Befunde mit eigenem Nummernkreis und die Buchhaltung. Eine vertragliche Regelung des Verfahrens ist Grundlage für diese Tätigkeit.
- Der Praxisanteil des Kassensitzinhabers benötigt einen separaten Eingang, der als KV-Praxis-Eingang bezeichnet werden kann.

Die Umsetzung dieser Vorgaben war relativ einfach. Der Arbeitsvertrag wurde von Anfang an auf 50 % der gesetzlichen Arbeitszeit begrenzt. Ein separater Eingang war vorhanden, und die getrennte Bearbeitung aus dem ambulanten/KV-Sektor wurde durch die Einführung von eigenen Antragsformularen und Brief- und Befundbögen, Einführung eines eigenen Nummernkreises sowie Verwendung von eigenen Farben der Gewebekapseln geregelt.

Bei gemeinsamen Aufgaben (und Finanzierungen) von Praxis und Krankenhaus waren einige Schnittstellen zu regeln. Das nichtärztliche Personal des Krankenhauses ist auch für die Praxisaufgaben tätig. Für deren Arbeitsleistung führt die Praxis einen vertraglich festgelegten Anteil der KV-Einnahmen und der Einnahmen aus dem Privatbereich an die Klinik ab. Die Buchhaltung wird wegen der verschiedenen Nummernkreise getrennt. Die Abrechnung kann aber vom Personal über das Klinikum durchgeführt werden (hierfür die Abgaben des Praxisinhabers). Die Geschäftskonten für Praxis einerseits und Krankenhausabteilung andererseits sind getrennt. Der Fahrdienst für den Probentransport wurde in den ersten Jahren vom Klinikum gestellt, dann aber später – um einen besseren und persönlicheren Service bieten zu können – über die Praxis organisiert, finanziert und zwar mit eigenem Personal und eigenem Elektroauto. Das Klinikum beteiligt sich diesbezüglich an den anfallenden Kosten, zumal auch externe Krankenhäuser und Verbundkrankenhäuser angefahren werden.

Sektorenspezifische Aufgaben wie der KV-Notdienst müssen komplett selbst vom Praxisinhaber organisiert, finanziert und/oder durchgeführt werden. Das gilt auch für die Molekularpathologie: Der Praxisteil des Instituts führt die Diagnostik mit praxiseigenem

Personal und eigenen Geräten in gemieteten Räumlichkeiten des Klinikums durch. Die Abrechnung wird durch die Praxis auf einem eigenen Geschäftskonto durchgeführt; entsprechende Leistungen für stationäre Patienten des Hauses müssen vom Klinikum zusätzlich vergütet werden.

23.2.3 Versorgung im Mindener Modell

Wie wird die intersektorale Medizin am Beispiel der Pathologie Minden gelebt? Das Johannes Wesling Klinikum Minden (JWK), Universitätsklinikum der Ruhr-Universität Bochum, ist in der Region mit allen Fächern ein Maximalversorger und ein überregionales Klinikum. Allgemeinärzte und Fachärzte in der Niederlassung haben in der Regel eine Präferenz in der klinischen Versorgung ihrer Patienten. Unter anderem verfügt eine Praxis für Augenheilkunde über Belegbetten im Klinikum, sie ist also stark mit dem JWK verbunden. Gleichzeitig gehört das JWK zu einem Verbund von Kliniken, den sog. Mühlenkreiskliniken mit insges. fünf Standorten im Kreis. Auch in den Verbundkliniken gibt es Belegärzte.

Das Institut für Pathologie Minden bedient diese Kliniken und Belegärzte sowie darüber hinaus auch weitere Kliniken der Umgebung. Es liegt somit nahe, dass niedergelassene Kollegen mit Präferenz in der Behandlung ihrer Patienten in einer dieser Kliniken u. a. auch eine diagnostische Kooperation innerhalb dieser Versorgungsstruktur(en) anstreben.

23.2.3.1 Intersektoraler Versorgung am Beispiel von Tumorkonferenzen

Gerade im Bereich der Krebsmedizin ist die Verzahnung der Sektoren sinnvoll. In zertifizierten Krebszentren durchlaufen die Patienten im Rahmen ihrer Erkrankung einen diagnostischen und therapeutischen Kreis, der naturgemäß intersektoral sein muss (s. Abschn. 23.1.1 und 23.1.2). Zentral ist dabei die jeweilige ortsgebundene (Organ-)Zentrums-Tumorkonferenz. Um lange Strecken zu vermeiden, ist der regionale Bezug eines Pathologen essenziell; die Voraussetzungen für eine computerbasierte telemedizinische Konferenzteilnahme sind bislang nur in Ausnahmefällen gegeben. Die Pathologie ist aufgrund ihrer Bedeutung in der Erkrankungsdiagnostik immer ein Kernfach von Tumorzentren. Dieses betrifft auch Fächer wie die Dermatologie, in denen Dermatologen mit Zusatzbezeichnung Dermatopathologie (bis 2018 Dermatohistologie) ebenfalls histologische Leistungen erbringen. In Hauttumorzentren ist es erforderlich, dass zusätzlich mindestens ein Facharzt für Pathologie integriert ist, da natürlich auch die Dermato-Onkologie u. a. mit Metastasen und anderen hautfremden Erkrankungen in Berührung kommt. Darüber hinaus ist die Dermatohistologie ein integraler Bestandteil des Faches Pathologie (Ärztekammer Westfalen-Lippe 2018). Zudem können ggf. erforderliche weiterführende diagnostische Methoden wie z. B. Molekularpathologie, die nur vom Pathologen mit seiner Fachexpertise erbracht werden können, zum Einsatz kommen.

In Tumorzentren finden immer auch interdisziplinäre Tumorkonferenzen statt. In diesen Tumorkonferenzen, z. B. visceralonkologischen Konferenzen, werden die individuellen Krankheitsdiagnosen und Therapieoptionen der einzelnen Patienten/innen besprochen. Dabei hängt die individuelle Krebstherapie von der speziellen Expertise der Konferenzteilnehmer auf dem Gebiet der integrativen Krebsdiagnostik ab. Neben den klinisch tätigen Kollegen/innen wie Chirurgen, Onkologen, Internisten und Strahlentherapeuten gehören zu einer Tumorkonferenz immer Pathologen und Radiologen. Auch die häufigen organtypischen Krebsarten wie Lungenkrebs oder Dickdarmkrebs gliedern sich in zahlreiche verschiedene, z. T. sehr seltene Entitäten auf. Darüber hinaus können einzelne Entitäten aufgrund ihrer molekularen Struktur in Bezug auf eine individualisierte Therapie, Stichwort: Companion Diagnostik, für die Therapie weiter stratifiziert werden. Der Pathologe ist der Facharzt, der als Einziger (wenige Ausnahmen, u. a. Hämatologen) eine definitive Krebsdiagnose stellen kann. Relevant für die Beurteilung des Pathologen in der Tumorkonferenz ist der Gesamtbefund des Patienten. Hierzu gehören wie selbstverständlich die genauen Befunde aus dem ambulanten Sektor, zumal der Patient initial noch keine Operation durchlaufen hat.

Intersektorale pathologische Diagnostik, vor Ort und aus einer Hand ist hier von großem Vorteil; externe pathologische Fremdbefunde sind häufig nicht bekannt oder nicht verfügbar. Auch können Befunddetails für die weitere Behandlung des Patienten notwendig sein, die aus „Fremdbefunden" nicht hervorgehen! Die Zusammenführung von Befunden – unabhängig davon, ob die Probengewinnung und Therapie ambulant oder stationär erfolgte – ist ein wichtiger Vorteil des Mindener und Reutlinger Modells. Ohne den ambulanten Sektor ist die Diagnostik aus einer Hand nicht möglich. Das Mindener Modell hat hier klar Vorteile für den Patienten!

23.2.3.2   Service
Die Verzahnung des Mindener Modells reicht auch über die medizinischen Kernaufgaben hinaus. Dazu gehört ein eigener Fahrdienst, der die Zusendung für ambulante Kollegen und externe Kliniken vereinfacht. Zur Optimierung einer zügigen Diagnostik werden die Probeentnahmen an die Abfahrtzeiten des Fahrdienstes angepasst. Die Oberärzte des Krankenhauses können im Rahmen der KV-Regularien bis zu drei Monate den Praxisinhaber vertreten.

23.2.3.3   Größeres Leistungsspektrum
Darüber hinaus kann für die Diagnostik von Krankenhauspatienten auf die molekularpathologischen Leistungen der Praxis zurückgegriffen werden. Der Betrieb über die Praxis hat darüber hinaus den Vorteil, dass gerade auf diesem innovativen Gebiet mit ständig hinzukommenden neuen Methoden und Anwendungsmöglichkeiten in der Diagnostik schnell und flexibel reagiert werden kann!

23.2.3.4   Weiterbildung
Im Rahmen der Weiterbildung dürfen mit Genehmigung der KV auch Assistenzärzte unter Aufsicht des Praxisinhabers diagnostisch tätig sein. Grundsätzlich wird jeder Fall in der Pathologie immer von einem Facharzt gesehen. Über die Praxis können die Weiterbil-

dungsassistenten auch auf den integralen Gebieten der Molekularpathologie und gynäkologischen Vorsorgezytologie gemäß der Weiterbildungsordnung angelernt werden. Die Problematik einer auch für die Pathologie eingeführten Bedarfsplanung kann zu einer Sektor-Abschottung und damit zu eingeschränkten Weiterbildungsmöglichkeiten führen. Die kritischen Folgen für die Weiterbildung zum Facharzt für Pathologie wurden ausführlich berufspolitisch debattiert (Bundesverband Deutscher Pathologen 2014).

23.2.3.5 Mindener Modell auf Wachstumskurs

Der Erfolg dieser intersektoralen Arbeit zeigt sich auch in der Arztzahl in der Praxis: Zur Entlastung des Kassensitzinhabers wurde in einem ersten Schritt der Kassensitz geteilt. Damit bleibt mehr Zeit für die stationären Patienten und andere Tätigkeiten. Mit Änderung der Bedarfsplanung Ende 2018 in Westfalen-Lippe konnte für die Pathologie am Mindener Klinikum ein weiterer Kassensitz akquiriert werden. Zukünftig werden vier Fachärzte, drei davon angestellt beim Praxisinhaber, im Reutlinger Modell tätig sein, wobei alle Fachärzte, ebenso wie der Chefarzt, zusätzlich im Klinikum angestellt arbeiten. Dieses bedeutet eine intersektorale Versorgung zum Nutzen der Patienten, aber auch zur Stärkung des Standortes. Angestellte Fachärzte sind eng mit der Praxis verbunden und haben eine zusätzliche Verdienstmöglichkeit. Gerade in Zeiten des Arztmangels ein gutes Argument, in ein solches Modell einzusteigen.

23.3 Vorteile des Mindener Modells gegenüber anderen

Die Vorteile des Modells gliedern sich in Vorteile für die Patienten und für das Institut bzw. den Klinikträger sowie seine Mitarbeiter. Diese werden hier stichpunktartig aufgelistet:
   Vorteile für die Patienten und die Krankenkassen:

- Diagnostik aus einer Hand, ob stationär oder ambulant,
- umfassende Betreuung durch den Pathologen in den Tumorkonferenzen, da die ambulanten und die stationären Untersuchungsergebnisse zusammengebracht werden können,
- ein Ansprechpartner,
- systembedingt größeres Institut mit umfassender Erfahrung und breiter gefächerten methodologischen Möglichkeiten,
- molekulare Diagnostik up to date (flexibel über die Praxis),
- Kosten durch Doppeluntersuchungen bzw. Untersuchungswiederholungen entstehen nicht.

   Vorteile für den Träger und das Institut:

- eigene Ambulanzen können selbst bedient werden,
- größere Fallzahl, damit per se wirtschaftlicher (insbes. bessere Geräteausnutzung und wegen höherem Personalschlüssel auch flexibler bei krankheitsbedingten Personalausfällen),

- Vorhalten einer Molekularpathologie ohne eigene Investition (wird in Minden selbstständig privat von der Praxis in gemieteten Räumlichkeiten des Klinikums angeboten),
- attraktiver Standort für die Gewinnung des Chefarztes und von ärztlichen Mitarbeitern,
- weitere Einnahmequelle,
- die Molekularpathologie kann angeboten werden, ohne hierfür wirtschaftlich verantworten zu müssen.

Vorteile für die Mitarbeiter:

- attraktiver Arbeitsplatz, da interessanteres und umfangreicheres Probengut,
- im Falle des zusätzlichen Arbeitens auf einem Kassensitz etwas Eigenes und
- zusätzlicher Verdienst,
- breiteres Ausbildungsangebot insbesondere für die Facharztweiterbildung (die KV ermöglicht es Assistenzärzten, auch im ambulanten Sektor diagnostisch „fit" zu werden. Dies muss allerdings jeweils bei der KV beantragt werden),
- Möglichkeit der Teilnahme an der Vorsorgezytologie (nur über die KV möglich) und integraler Bestandteil der Facharztweiterbildung!;
- Molekularpathologie in der Weiterbildung (integraler Bestandteil).

23.3.1 Ist das Mindener Modell innovativ?

Ja! Im Gegensatz zu klassischen Klinik- und Universitäts-Instituten ist der ambulante Sektor viel flexibler mitzuversorgen. Das Mindener Modell ist aber auch gegenüber (vertragsärztlichen) Ermächtigungen von Vorteil: Ermächtigungen bedürfen der fortwirkenden Verlängerung durch die Kassenärztlichen Vereinigungen, eine Garantie für die erneute Zuteilung einer Ermächtigung besteht nicht. Die volle Integration des Faches Pathologie in die Sektoren ist gegeben und zwar ohne Einschränkungen. Oberärzte können die Vorteile einer Klinikanstellung mit wirtschaftlich eigenverantwortlichem Handeln verbinden. Die Zusammenarbeit mit anderen niedergelassenen (Fach-)Ärzten anderer Fächer ist vollkommen unproblematisch. Wirtschaftliche Bedürfnisse können besser verwirklicht werden, da Synergien genutzt werden können. Kosten durch Doppeluntersuchungen werden vermieden.

23.3.2 Interprofessionalität

Durch die Einführung der sogenannten zielgerichteten Krebstherapie ist die Molekularpathologie immer weiter in den Vordergrund gerückt. Aus diesem Grund arbeiten in einem Institut für Pathologie neben Pathologen auch andere akademische Berufe, insbesondere Biologen und Molekularbiologen. Auch hier findet eine intersektorale Arbeit statt.

Im Mindener Modell werden einigen Untersuchungsverfahren – konkret die Liquid-Biopsie sowie die Molekularpathologie – ausschließlich über den Praxis-Teil angeboten. Bei der Molekularpathologie spielt das Zusammenbringen der Morphologie, Heraussuchen und Markieren der zu untersuchenden Tumoranteile sowie Abschätzung des Tumor-DNA-Anteils für die Diagnostik eine entscheidende Rolle. Die Korrelation des molekularen Ergebnisses mit der Morphologie als Basis für die Therapieentscheidung ist Aufgabe des Pathologen. Der Biologe ist selbstständig für die Etablierung der speziellen biotechnischen Verfahren und die Durchführung zuständig. Auch die Interpretation der Rohdaten und Suche in den Datenbanken ist in der Regel Aufgabe des Biologen. Die eigentlichen technischen Untersuchungen werden wie auch in der Histologie ggf. auch von MTA (medizinisch-technische Assistenten, ein examinierter Lehrberuf) durchgeführt, in Minden sind allerdings nur Biologen tätig.

Die Präparate dafür werden aus beiden Sektoren eingeschickt. Zumeist werden die molekularen Untersuchungen am Operationspräparat durchgeführt. Die Untersuchung fällt somit häufig für Patienten von Krankenhäusern an, vielfach werden aber auch ambulant gewonnene Probeexzisionen (PE) diagnostiziert. Das Arbeiten in einem Reutlinger oder Mindener Modell erfolgt somit sowohl intersektoral als auch interdisziplinär mit mehreren Berufsgruppen (Ärzten, Biologen, MTA und Schreibkräften). Nur die Sektionshelfer bzw. Präparatoren dienen praktisch ausschließlich dem alten Sektor der stationären klinischen Medizin.

23.4 Probleme und Nachteile

Modelle, die nur Vorteile beinhalten, gibt es natürlich nicht. Folgende Probleme gab es mit dem Vertragskonstrukt zwischen dem Klinikträger und der Praxis.

23.4.1 Schnittstelle Praxis und Klinik

Nach ruhestandsbedingter personeller Umstellung der Buchhaltung im Mindener Klinikum sollte die Buchhaltung der Zentralverwaltung übertragen werden. Für den Praxisinhaber ein Problem der Abrechnungstransparenz. Außerdem gab es anfänglich Probleme mit der Interpretation, welche Einsendungen zur Praxis gehören. U. a. war der Krankenhausträger der Meinung, dass Privatpatienten aus Praxen vertragsärztlicher Kollegen/innen Teil der Privatambulanz sind, also dem Klinikum gehören. Nach längeren Verhandlungen konnte man sich jedoch im Interesse beider Parteien einigen und vertragliche Unschärfen beseitigen.

Ein wirtschaftlich selbstständiges Handeln ist dem leitenden Pathologen nur eingeschränkt möglich. Die Beschaffung innovativer neuer Verfahren muss von der Klinik-Administration genehmigt werden, die Verfahrenswege sind langwierig und häufig wird gegen die ärztliche Sichtweise entschieden. Die Konsequenzen sind, dass die Praxis alleine tätig werden muss (in Minden wurde für die Molekularpathologie so entschieden) oder Innovationen nicht eingeführt und damit der Patientenversorgung nicht zugänglich gemacht werden.

Die Integration der Weiterzubildenden in die Praxis war einfacher regelbar. Assistenzärzte, die in der Praxis ausgebildet werden, müssen der KV gemeldet werden. Da für Weiterbildungsassistenten der Pathologie unabhängig vom Einsatzort der Grundsatz gilt, dass sie nicht selbstständig arbeiten dürfen, d. h. die Diagnose immer von einem Facharzt gestellt bzw. überprüft werden muss, hatte aber weder die KV noch die Ärztekammer Einwände gegen die Ausdehnung der Weiterbildungsermächtigung auf die Praxis.

In den Köpfen vieler niedergelassener und am Krankenhaus tätiger Kollegen ist das Sektorendenken noch stark verankert. Das führt immer mal wieder zu Irritationen bei der Zuordnung: Chefarzt oder Niedergelassener? Naturgemäß wird man je nach gerade zutreffender Sichtweise z. B. von Seiten der Niedergelassenen meist als Chefarzt, von den Chefärzten als Niedergelassener wahrgenommen.

23.4.2 Schnittstelle Mindener Modell und Kassenärztliche Vereinigung

Aktuell können Ärzte, die nur über einen Anstellungsvertrag mit dem Krankenhaus verfügen, aber keinen Kassensitz innehaben, zwar für eine gewisse Zeit (max. drei Monate im Jahr) die Vertragsärzte vertreten, aber nicht regulär im ambulanten Sektor mitarbeiten. Wünschenswert wäre eine größere Flexibilität beim Einsatz von Fachärzten der Pathologie im gleichen Haus. Eine Adaptation der Möglichkeiten von Medizinischen Versorgungszentren (MVZ) für das Reutlinger Modell wäre ein Lösungsansatz. Angestellte Ärzte könnten vertragsärztlich arbeiten, ohne dass eine personengebundene Benennung erfolgen muss.

Pathologen mit vertragsärztlicher Zulassung müssen unabhängig von einem Beschäftigungsverhältnis am KV-Notdienst teilnehmen. Pathologen sind spezialisiert auf dem Gebiet der histologischen und molekularen Diagnostik. Die Erfahrung in der Akutmedizin und klinischen Medizin ist hingegen eingeschränkt, auch wenn gute Fortbildungskurse auf diesem Gebiet angeboten werden. Wenn man sich also nicht im KV-Notfalldienst vertreten lässt (und man sollte dieses besser tun!) so würden wegen der fehlenden klinischen Erfahrung die Patienten darunter leiden. Die Teilnahme am KV-Notfalldienst sollte für Pathologen maximal freiwillig sein oder sollte im optimalen Fall abgeschafft werden, wie es in einigen wenigen Regionen in Deutschland bereits gängige Praxis ist.

Die Implementierung des Konstruktes eines Profitcenters würde die wirtschaftliche Selbstständigkeit eines Reutlinger Modells fördern. So könnte vor Ort entschieden werden, ob die Aufstockung des Personals oder Anschaffung neuer Geräte wirtschaftlich sinnvoll ist und sich rechnet. Schnellere Handlungsoptionen in einer immer schneller werdenden Zeit würden so auch zum Vorteil des Trägers beitragen. Der Chef des Reutlinger Modells, in der Regel der Chefarzt, sollte auch sein eigener Geschäftsführer sein, wenngleich natürlich immer unter wirtschaftlicher Abstimmung mit dem Träger. Der Einblick in die Sinnhaftigkeit von investiven Maßnahmen ist vor Ort viel besser ermittelbar und vor Ort sollte diese Maßnahme dann aber auch verantwortet werden.

23.4.3 Bedarfsplanung

Die Bedarfsplanung, die allgemein 1993 eingeführt wurde, ist seit 2014 auch im Fach Pathologie wirksam (Kempny 2014). Mit der Bedarfsplanung soll Überversorgung vermieden werden, wobei das Fach Pathologie jedoch nicht die Leistungsmengen steuert, sie ergeben sich aus der Menge und Art der Zuweisungen; daher stellt die Bedarfsplanung die Pathologie insgesamt und auch das Reutlinger Modell vor besondere Herausforderungen. Ein flexibles Reagieren auf Veränderungen der angefragten Leistungen ist so nicht möglich. Bei steigenden Untersuchungszahlen im ambulanten oder stationären Sektor kommt der jeweils andere Sektor zu kurz; der Pathologe kann keine Patienten in Form von Einsendungen abweisen. In der Pathologie wird jeder Patient, ob Privat- oder Kassenpatient, qualitativ gleichwertig und zügig untersucht.

Die Bedarfsplanung wirkt sich noch in einer weiteren Hinsicht kontraproduktiv aus: Sie verhindert, dass sich weitere Reutlinger Modelle etablieren können. Damit können die beschriebenen Vorteile in der Patientenversorgung nicht an mehr Standorten genutzt werden.

23.5   Andere sektorenübergreifende Modelle in der Pathologie

Wie im Abschn. 23.1 bereits beschreiben, arbeitet praktisch jeder in der Diagnostik tätige Pathologe intersektoral. Welche anderen Modelle gibt es, und wie sind diese aufgebaut? Hier eine kurze Übersicht:

- **Klinik Hauptabteilungen und universitäre Institute:**
  Über den § 116b – ambulante spezialfachärztliche Versorgung (ASV) – kann auch von Seiten des klinischen Bereiches, hauptabteilungen- und universitätsinstitutsunabhängig von der KV ambulant versorgt werden. Daneben besteht in der Regel eine Ermächtigung, häufig mit spezialisiertem Eingang (Probenzuweisungen), insbesondere für Patienten mit selteneren Erkrankungen: z. B. hämatopathologische Untersuchungen, Glomerulonephritis-Diagnostik. An Universitätsinstituten wird nicht selten eine Variante des Reutlinger Modells umgesetzt. Probleme bereitet dabei oft der Beamtenstatus des Ordinarius, weswegen nicht selten Oberärzte dem Reutlinger Modell vorstehen.

- **Medizinische Versorgungszentren (MVZ):**
  Nicht selten sind MVZ an Klinikinstitute für Pathologie angedockt. Im Prinzip funktionieren diese wie ein Reutlinger Modell, nur eben auf anderer rechtlicher Grundlage (BMG 2019). Auch niedergelassene Pathologen arbeiten häufig in einem MVZ.
- **Praxen für Pathologie:**
  Niedergelassene Pathologen bedienen fast immer den stationären Sektor! Kleine Krankenhäuser, die über keine eigene Pathologie-Abteilung verfügen, lassen häufig ihre Diagnostik über Praxen für Pathologie durchführen. In der Regel handelt es sich um Gemeinschaftspraxen mit mehreren Fachärzten. Häufig sitzen die Pathologen in der entsprechenden Klinik und mieten die Räumlichkeiten. Nicht selten handelt es sich auch um outgesourcte Klinikabteilungen.
- **Industrie-Pathologien:**
  Mit dem gerade auch in der Pathologie zunehmenden Nachwuchsmangel, kommt es immer häufiger zum Verkauf von Praxen an die Industrie oder andere Großinvestoren. Auch hier wird wie unter *Praxen* beschrieben neben dem ambulanten auch im Bereich des stationären Sektors gearbeitet. Spezielle Konstrukte sind auch speziell in der Molekularpathologie tätig. Verwiesen sei hier u. a. auf FoundationOne®, Myriad und New Oncology (Roche o. J.; Myriad Genetics o. J.; NEO New Oncology o. J.). Zitierte Firmen sind dabei nur Beispiele und haben sich jeweils auf spezielle Fragestellungen fokussiert. Teils arbeiten Praxen für Pathologie in Kooperation für eine Firma, teils werden „nur Dienstleistungen" ausgelagert bzw. unterstützend angeboten, teils findet die Diagnostik allein bei der Firma statt. Aber auch hier gilt: gearbeitet wird mit Tumormaterial aus beiden Sektoren.

Literatur

Ärztekammer Westfalen-Lippe. (2018). Weiterbildungsordnung vom 9. April 2005 in Kraft getreten am 1. Januar 2019. http://www.aekwl.de/index.php?id=2773. Zugegriffen am 26.07.2019.

Bäune, S., Meschke, A., & Rothfuß, S. (2008). *Kommentar zur Zulassungsverordnung für Vertragsärzte und Vertragszahnärzte (Ärzte-ZV, Zahnärzte-ZV)*. Berlin/Heidelberg: Springer.

Bundesministerium für Gesundheit. (2019). Medizinische Versorgungszentren – Alles unter einem Dach. https://www.bundesgesundheitsministerium.de/themen/krankenversicherung/ambulante-versorgung/medizinische-versorgungszentren.html.

Bundesverband Deutscher Pathologen e.V. (2014). Sektorengrenzen im Fach(-wissen) – Sprengstoff für Pathologie und Patientenversorgung. *patho, 4*, 4–7.

Frehse, M., Wigge, P., & Sczuka, S. (2004). Gleichzeitige Tätigkeit als Chefarzt und Vertragsarzt nur in Ausnahmefällen möglich. https://www.iww.de/cb/archiv/recht-gleichzeitige-taetigkeit-als-chefarzt-und-vertragsarzt-nur-in-ausnahmefaellen-moeglich-f36086. Zugegriffen am 28.04.2020.

Kempny, G. (2014). Es gibt nur EINE Pathologie – Ergebnisse Bundekongress 2014. *patho, 2*, 4–8.

Myriad Genetics. (o. J.). https://myriad.com. Zugegriffen am 28.04.2020.

NEO New Oncology. (o. J.). http://www.newoncology.com. Zugegriffen am 28.04.2020.

Roche. (o. J.). FoundationOne®. https://www.roche.com/de/products/product-details.htm?productId=9f2fe5f0-baf4-434f-9bca-1e03c8c2b6e1. Zugegriffen am 28.04.2020.

Schlake, W. (2014). Sektorengrenzen schaden – jetzt auch der Pathologie. *patho, 2*, 3.

Prof. Dr. Udo Kellner ist seit Mitte 2002 als Chefarzt am Institut für Pathologie am Johannes Wesling Klinikum in Minden tätig. Das Reutlinger Modell wurde in Abstimmung mit dem Klinikum von Anfang an umgesetzt. Ab 2005 wurde auch die Molekularpathologie eingeführt und als unabhängige, privat geführte Abteilung installiert. Seine Ausbildung begann er 1992 zunächst als AIP in der Universitäts-Pathologie der Universität Kiel. Mit seinem Wechsel an die Pathologie der Universität Magdeburg im Jahr 2000 schloss er seine Facharztweiterbildung mit Facharztanerkennung im Jahr 2001 ab.

Kontakt: udo.kellner@muehlenkreiskliniken.de

Priv. Dozentin Dr. med. Raihanatou Danebrock ist seit dem 01.05.2017 als Oberärztin am Institut für Pathologie am Johannes Wesling Klinikum in Minden tätig. Ihre Ausbildung zur Fachärztin für Pathologie absolvierte sie von 1995 bis 2002 im Institut für Pathologie der Westfälischen Wilhelms-Universitätsklinik Münster. Dann wechselte sie zum Institut für Pathologie der Universitätsklinik Düsseldorf und habilitierte sich dort 2007 mit dem Thema *Untersuchungen zu prognostischen und prädiktiven Faktoren des invasiven Mammakarzinoms und des duktalen Carcinoma in situ.*

Kontakt: raihanatou.danebrock@muehlenkreiskliniken.de

Algesiologikum – intersektorale Versorgung von Patienten mit chronischen Schmerzen in integrierten Behandlungseinheiten

24

Anna-Maria Langenmaier und Reinhard Thoma

Zusammenfassung

Bei der Versorgung von Patienten mit chronischen Schmerzen hat sich Algesiologikum eine Steigerung des Patientennutzen bei gleichzeitiger Wirtschaftlichkeit zum Ziel gesetzt. Hierzu wurde ein durchgängiges intersektorales Therapiekonzept nach dem Prinzip der *Integrierten Behandlungseinheit* (IBE) konzipiert. Durch den intersektoralen Einsatz von vollständigen therapeutischen Teams aus Ärzten, Psychotherapeuten und Bewegungstherapeuten gewährleistet Algesiologikum eine Behandlerkonstanz über die Sektorengrenzen hinweg. Therapiebrüche und Mehrfachuntersuchungen können auf diese Weise vermieden und gleichzeitig Kosten sowie Zeit gespart werden. Zugleich wird das Risiko fortschreitender Chronifizierung der Schmerzen reduziert. Leider ist es bislang nur möglich, die IBE als Hybridlösung umzusetzen, da die gesetzlichen Rahmenbedingungen für eine intersektorale Versorgung und Vergütung insbesondere für Patientinnen und Patienten mit chronischen Erkrankungen wie chronische Schmerzen nicht ausreichend sind. Anhand kontinuierlicher Qualitätssicherung werden Effektivität und Nachhaltigkeit einer intersektoralen Versorgung aus einer Hand nachgewiesen. An Politik und Selbstverwaltung ergeht die Forderung, bei der Neukonzipierung intersektoraler Versorgung insbesondere chronische Erkrankungen zu berücksichtigen.

A.-M. Langenmaier · R. Thoma (✉)
Algesiologikum MVZ GmbH – Zentrum für Schmerzmedizin, München, Deutschland
E-Mail: langenmaier@algesiologikum.de; thoma@algesiologikum.de

© Springer Fachmedien Wiesbaden GmbH, ein Teil von Springer Nature 2020
U. Hahn, C. Kurscheid (Hrsg.), *Intersektorale Versorgung*,
https://doi.org/10.1007/978-3-658-29015-3_24

337

24.1   Einleitung

Die Gründer von Algesiologikum haben langjährige Erfahrung in der voll- und teilstationären interdisziplinären multimodalen Therapie (IMST) von Patienten mit chronischen
Schmerzen. Ursprünglich waren sie in leitenden Positionen als Ärzte, psychologische Psychotherapeuten und Bewegungstherapeuten eines großen Schmerzzentrums mit einer voll-
und einer teilstationären Therapieeinheit tätig. Der Chefarzt war zur Teilnahme an der
vertragsärztlichen Versorgung ermächtigt. Sie machten immer wieder die Erfahrung, dass
chronische Schmerzpatienten weder alleine im ambulanten noch im stationären Setting
ausreichend behandelbar sind. Im ambulanten Setting fehlen Versorgungs- und Vergütungsstrukturen, die ein interdisziplinäres Therapiesetting mit Ärzten verschiedener Fachrichtungen, psychologischen Psychotherapeuten und Bewegungstherapeuten (Physio-,
Ergotherapeuten und Sportwissenschaftlern) ermöglichten. Teilstationär können durch die
lange Therapiedauer und die begrenzte Gruppengröße nur wenige Patienten behandelt werden.

Der hohe Versorgungsbedarf, die nicht ausreichende ambulante Versorgung chronischer Schmerzpatienten sowie die fehlende intersektorale Versorgungsstruktur gaben den
Anstoß zur Gründung von Algesiologikum im Jahr 2008. Die ärztlichen, psycho- und bewegungstherapeutischen Schmerzexperten implementierten zunächst eine Managementgesellschaft für die Kooperation mit zwei Krankenhäusern in München zur stationären
schmerztherapeutischen Behandlung und ein Medizinisches Versorgungszentrum (MVZ)
zur ambulanten Versorgung.

Wichtig war vor allem die interdisziplinäre und multiprofessionelle Zusammenarbeit
im Rahmen der IMST, die Ermöglichung einer ambulanten interdisziplinären Zusammenarbeit, das Durchbrechen der therapeutischen Grenzen durch die Beschränkung der Sektorengrenzen sowie die Loslösung aus der Nischensituation der Schmerztherapie in Krankenhäusern und bei niedergelassenen Ärzten. Die Idee der Versorgung mit höherem
Patientennutzen und größerer Wirtschaftlichkeit durch ein Therapiekonzept, das durchgängig über die Sektorengrenzen hinweg den chronischen Schmerzpatienten versorgt, war
und ist der Motor für die Weiterentwicklung der Unternehmen des Algesiologikum-
Verbunds. Dazu wurde eine neue Versorgungslösung nach dem Prinzip der *Integrierten
Behandlungseinheit* (IBE) konzipiert. Die Herausforderung, dieses Konzept im Rahmen
der Regelversorgung umzusetzen, ist bis heute groß.

24.2   Versorgungssituation von Patienten mit chronischen
Schmerzen in Deutschland

Der akute Schmerz hat eine sinnvolle Warn- und Schutzfunktion. Chronischer Schmerz
hat diese verloren und besitzt dadurch einen eigenständigen Krankheitswert. Von chroni-
schem Schmerz spricht man, wenn ein Schmerz länger als drei bis sechs Monate anhält.

Dabei spielen neurobiologische Prozesse sowie psychische und soziale Faktoren für die fortschreitende Chronifizierung eine erhebliche Rolle. Aufgrund dieser bio-psycho-sozialen Bedingungen ist chronischer Schmerz ein hochkomplexes Krankheitsbild, das ein interdisziplinäres Herangehen unter Einbezug von ärztlichen, psycho- und bewegungstherapeutischen Professionen erfordert (Nobis und Rolke o. J.).

Deutschlandweit ist davon auszugehen, dass etwa 6,1 Mio. Menschen die Kriterien für eine ambulante spezialisierte Schmerztherapie erfüllen. Das entspricht etwa 7,4 % der Gesamtbevölkerung. Weitere 2,3 Mio. Menschen (2,8 %) benötigen aufgrund der fortgeschrittenen Chronifizierung eine interdisziplinäre multimodale Schmerztherapie (IMST) Darüber hinaus müssten ca. 450.000 Kinder und Jugendliche in Deutschland eine IMST erhalten (Häuser et al. 2014). Chronischer Schmerz ist damit eine der großen Volkskrankheiten in Deutschland.

Viele Betroffene sind in Deutschland bislang fehlbehandelt. Sei es, weil eine Schmerzchronifizierung nicht frühzeitig erkannt und IMST zu spät eingesetzt wurde, weil Sektorengrenzen zu „Therapiebrüchen" führen oder vor Ort keine schmerztherapeutische Infrastruktur vorhanden ist. Patientenkarrieren wie die eines 51-jährigen Softwarebetreuers in einer Einrichtung des Gesundheitswesens sind deshalb keine Seltenheit (Abb. 24.1). Die psychosozialen Belastungen des Patienten wurden nicht als Chronifizierungsrisiken wahrgenommen. Die monodisziplinären Behandlungen blieben erfolglos. Der Schmerz wurde zur chronischen Schmerzkrankheit mit bio-psycho-sozialen Faktoren. Erst spät wurde eine IMST begonnen, die den dann stabilisieren konnte.

Eine frühzeitige spezielle ambulante Schmerztherapie und ein intersektorales Versorgungskonzept könnten gerade für chronisch Schmerzkranke, die über Jahre hinweg eine engmaschige Betreuung benötigen, zusätzlichen Nutzen bringen und die Ressourcen des Gesundheitssystems entlasten.

24.3 Idee, Umsetzung und Anpassung des Konzepts

Die grundsätzliche Vision von Algesiologikum ist eine intersektorale Versorgung von Schmerzpatienten aus der Regelversorgung heraus durch verbundene oder kooperierende Unternehmen (Schneider et al. 2013). Das Konzept der IBE ermöglicht den intersektoralen Einsatz von Ärzten, psychologischen Psychotherapeuten, Physio-, Ergo- und Trainingstherapeuten im ambulanten, teilstationären und stationären Behandlungssetting. Therapie- und Informationsbrüche wie auch Mehrfachuntersuchungen können so vermieden werden. Die Möglichkeit der langfristigen und intersektoralen Betreuung kann zudem die Arzt-Patienten-Bindung fördern und sog. Doctor-Hopping vermeiden.

Im Folgenden werden die Regelversorgung und die intersektoralen Strukturen einer IBE dargestellt.

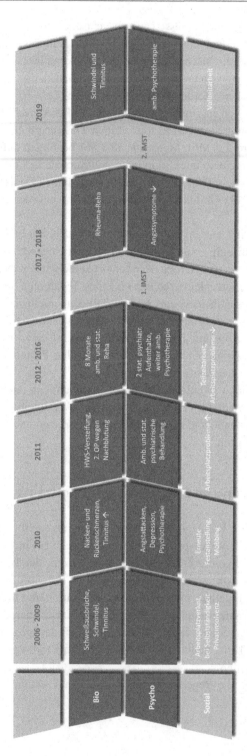

Abb. 24.1 Patientenkarriere: 51 J., M., Softwarebetreuer in Einrichtung des Gesundheitswesens. (Quelle: eigene Darstellung)

24.3.1 Regelversorgung

24.3.1.1 Algesiologikum MVZ München

Im Algesiologikum MVZ München versorgen derzeit 14 Ärzte verschiedener Fachrichtungen, vier Psychologen und vier Bewegungstherapeuten pro Quartal etwa 5600 ambulante Patienten mit chronischen Schmerzen. Einige dieser Patienten werden in den MVZ-Filialen Neurochirurgie Innenstadt, in einer allgemeinmedizinischen Praxis in Sauerlach und im Ärztehaus Pöltnerstraße in Weilheim versorgt.

Für den Erstkontakt zwischen Arzt und Patient wird jeweils eine volle Stunde anberaumt, damit der Behandler ausreichend Zeit hat, sich entsprechend des bio-psycho-sozialen Krankheitsmodells ein umfassendes Gesamtbild des Betroffenen zu machen. Bei Bedarf können jederzeit Psychologen und/oder Bewegungstherapeuten hinzugezogen werden. Anschließend werden gemeinsam mit dem Patienten weitere Behandlungsmaßnahmen und notwendige Untersuchungen, die weitere ambulante Versorgung oder eine Empfehlung zur teil- oder vollstationären Schmerztherapie abgestimmt.

Seit 2018 bietet das Algesiologikum MVZ im Rahmen eines Pilotprojektes eine ambulante IMST mit dem Ziel der Vermeidung der weiteren Chronifizierung an. Nach einem multiprofessionellen Assessment werden die Patienten, multiprofessionell und interdisziplinär ärztlich, psychotherapeutisch und bewegungstherapeutisch in Gruppen und einzeln behandelt. Die Ergebnisse weisen darauf hin, dass durch eine frühzeitige IMST das Fortschreiten der Chronifizierung in vielen Fällen verhindert werden kann. Die Forderung nach einer ambulanten IMST in der Regelversorgung (Thoma 2018) wurde von der Vertragswerkstatt der Kassenärztlichen Bundesvereinigung aufgenommen und in einer Vereinbarung zur interdisziplinären schmerzmedizinischen Versorgung umgesetzt (Kassenärztliche Bundesvereinigung 2019), die aber bisher von den Vertragsparteien nicht unterzeichnet wurde. Die Deutsche Schmerzgesellschaft fordert ein ambulantes interdisziplinäres Assessment und eine ambulante IMST für chronifzierungsgefährdete Patienten in einem abgestuften Modell (Pfingsten et al. 2019).

Im Rahmen der IBE Maxvorstadt nimmt das Algesiologikum MVZ München bei der ambulanten Erstversorgung eine zentrale Rolle in der Steuerung der Patienten ein. Die Schmerzexperten, die in der Regel auch in der Tagesklinik oder der Klinik für Schmerzmedizin des Diakoniewerks München-Maxvorstadt (DMM) tätig sind, koordinieren nicht nur die weitere ambulante Behandlung sondern können die Patienten auch im Sinne der intersektoralen Versorgung teil- oder vollstationär weiterbetreuen. Auch eine ambulante Nachbetreuung wird durch dieses Konzept ermöglicht. Aufgrund der intersektoralen Versorgungsmöglichkeit können Doppeluntersuchungen vermieden und ein einheitliches Behandlungskonzept, ohne Therapie- oder Informationsbrüche an den Sektorengrenzen, kann umgesetzt werden.

24.3.1.2 Teilstationäre Versorgung in der Algesiologikum Tagesklinik für Schmerzmedizin

Die Algesiologikum Tagesklinik für Schmerzmedizin ist ein Plan-Krankenhaus nach § 108 SGB V mit derzeit 16 Therapieplätzen. Trägerin ist die Algesiologikum GmbH. In

2018 wurden 594 Patienten interdisziplinär und multiprofessionell untersucht (Assessment) und mit einer IMST in offenen und geschlossenen Gruppen behandelt. Neupatienten durchlaufen grundsätzlich zunächst einen Assessment-Tag, bei dem sie von einem Arzt, einem Psychotherapeuten und einem Bewegungstherapeuten untersucht werden. Im Anschluss an eine Teambesprechung wird gemeinsam mit dem Patienten das weitere therapeutische Vorgehen abgestimmt. Falls der Patient geeignet ist, kann er an einer geschlossenen Gruppentherapie über vier Wochen á fünf Tage, über sechs Wochen á drei Tage oder zur offenen Therapieerprobung an zwei Tagen pro Woche teilnehmen. In regelmäßigen Abständen wird eine sog. Refreshergruppe für ehemalige Patienten über eine Woche á fünf Tage zur Auffrischung des Gelernten angeboten.

24.3.1.3 Stationäre Versorgung

Die Algesiologikum GmbH hat Kooperationsverträge mit zwei Krankenhäusern in München und einem Krankenhaus in Vilsbiburg (Niederbayern) zur Versorgung chronischer Schmerzpatienten im ländlichen Raum vereinbart, um den Patienten neben der ambulanten und teilstationären Therapie auch eine vollstationäre Therapie ermöglichen zu können. In 2018 wurden mit den Kooperationspartnern in München knapp 900, in Vilsbiburg ca. 500 Patienten interdisziplinär multimodal behandelt.

Das Kooperationsmodell besteht in einem gemeinsamen Betrieb der vollstationären Schmerzmedizin. Dabei stellt Algesiologikum das Behandlungsteam, bestehend aus Fachärzten verschiedener Fachrichtungen, psychologischen Psychotherapeuten sowie Physio-, Ergo, Trainings und Co-Therapeuten, wodurch das einheitliche Therapiekonzept und die damit verbundene Behandlungsqualität sichergestellt werden können. Pflege- und Hotelleistungen werden von den Krankenhäusern erbracht, die auch den Versorgungsauftrag innehaben.

24.3.2 Nutzenorientierte, intersektorale schmerzmedizinische Versorgung nach dem Modell einer *Integrierten Behandlungseinheit* (IBE) in der Regelversorgung

Dass eine transsektorale Versorgung chronischer Schmerzpatienten im sektorierten deutschen Gesundheitswesen nicht einfach würde, war aufgrund der fragmentalen Ausrichtung erwartbar. Bisher wurde die IMST nämlich fast ausschließlich im (teil-)stationären Sektor angeboten, wobei eine Ausweitung des Behandlungsangebots auf den ambulanten Sektor zwar zu empfehlen ist, aber aufgrund fehlender Rahmenbedingungen noch nicht adäquat umgesetzt werden kann (Pfingsten et al. 2019). Die Akteure ziehen sich hinter die Sektorengrenzen zurück und sichern diese gegen Versuche ab, die Grenzen für den einen oder den anderen Sektor zu öffnen. Dabei ist der Zugriff des stationären auf den ambulanten Sektor gesetzlich ausreichend geregelt: stationsersetzende Maßnahmen wie ambulantes Operieren nach § 115 b SGB V, Notfallambulanzen nach § 75 Abs. 1 und § 76 Abs. 1 SGB V, Hochschulambulanzen nach § 117 SGB V, teilstationäre Leistungen nach § 39

SGB V, besondere Versorgung nach § 140a SGB V etc. Aus dem ambulanten ist der Zugriff auf den stationären Sektor jedoch sehr begrenzt. Es besteht lediglich die Möglichkeit der isolierten Leistungserbringung als Belegarzt (§ 121 SGB V) oder im Rahmen von Praxiskliniken (§ 122 SGB V) (Nagel et al. 2017).

In der IBE hingegen erfolgt weder ein Zugriff aus dem ambulanten auf den stationären noch aus dem stationären auf den ambulanten Sektor. Die Leistungen werden von einem interdisziplinären Team im Rahmen eines integrierten Versorgungsprozesses bedarfsgerecht in beiden Sektoren erbracht. Dabei werden die Leistungen so lange wie möglich ambulant erbracht.

Die Entwicklung der Unternehmen des Algesiologikum-Verbundes (vgl. Abschn. 24.3.1) zeigt diesen steinigen Weg. Die SGB V-Novellen der letzten Jahre und die danach folgenden Bundessozialgerichtsurteile haben den Aufbau von intersektoralen interdisziplinären Versorgungsstrukturen und integrierte kooperative Strukturen eher behindert als gefördert (Tab. 24.1).

Porter und Guth (2012a, b) fordern *integrierte Behandlungseinheiten* (IBE), in denen Teams fachübergreifend und interdisziplinär zusammenarbeiten. Dadurch können unnötige Arztbesuche verhindert, Kosten gesenkt und die Behandlungsqualität kann über den gesamten Behandlungsprozess auf einem konstanten Niveau gehalten werden. Hierzu fordern die Autoren unter anderem die Aufhebung der Trennung zwischen ambulanter, stationärer und Reha-Versorgung, die Messung der Behandlungsergebnisse und die Förderung des Patientenengagements. Es sollen Strukturen geschaffen werden, in denen die Patienten Verantwortung für ihre eigene Gesundheit übernehmen.

Tab. 24.1 Entwicklung der Unternehmen des Algesiologikum-Verbundes und der Kooperationen mit Krankenhäusern

2008	Gründung einer ärztlichen Kooperationsgemeinschaft Gründung der Algesiologikum GmbH als Management-Gesellschaft Schließen eines Kooperationsvertrages mit dem Diakoniewerk München-Maxvorstadt (DMM), einem frei-gemeinnützigen Träger, und Start der vollstationären Versorgung
2009	Gründung des multiprofessionellen Algesiologikum MVZ als GbR Schließen eines zweiten Kooperationsvertrags mit dem Krankenhaus für Naturheilweisen in München-Harlaching (KfN), einer Stiftung
2010	Schließen eines dritten Kooperationsvertrages mit dem Krankenhaus Vilsbiburg (VIB), einem kommunalen Träger in der ländlichen Region (Niederbayern)
2012	Schließen eines weiteren Kooperationsvertrages mit der Clinic Dr. Decker (CDD), einem privaten Träger in München
2013	Erwerb eines interdisziplinären MVZ in Fürth mit dem Ziel, eine zweite intersektorale Struktur zu installieren
2016	Start der Algesiologikum Tagesklinik für Schmerzmedizin mit sechs Plätzen als § 108-Krankenhaus im Bayerischen Krankenhausplan, Trägerin Algesiologikum GmbH Lösen des Kooperationsvertrages mit der Clinic Dr. Decker wegen zu geringer Kapazität
2017	Erhöhung der Tagesklinik-Kapazität im Bayer. Krankenhausplan auf zehn Plätze
2018	Erhöhung der Tagesklinik-Kapazität im Bayer. Krankenhausplan auf 16 Plätze Umwandlung MVZ München GbR in eine MVZ GmbH

Die Interdisziplinarität und die Arbeit in multiprofessionellen Teams sind in der IMST bereits Standard (Arnold et al. 2009, 2014). Allerdings ist die IMST derzeit nur teil- oder vollstationär darstellbar. Im Konsens der gemeinsamen Kommission der Fachgesellschaften und Fachverbände der Schmerzmedizin (Müller-Schwefe et al. 2016) wird die abgestufte Versorgung von chronischen Schmerzpatienten in den etablierten Strukturen berücksichtigt. Intersektorale Strukturen sind nicht berücksichtigt.

24.3.3 Hybridlösung einer *Integrierten Behandlungseinheit* (IBE) in der Regelversorgung

Die Vergütung der IBE-Leistungen sollte über performanceorientierte Vergütungsmodelle erfolgen, die Qualität statt Leistung belohnen. In der Praxis hingegen finden sich derzeit keine Krankenkassen, die bereit sind, intersektorale Komplexpauschalen für die Versorgung chronischer Patienten mit Leistungserbringern vertraglich zu vereinbaren. Deshalb funktionieren IBE-ähnliche Konzepte bislang nur als Hybridlösung (Keswani et al. 2016a, b): neben der Regelversorgung werden Teile des IBE-Konzeptes in verschiedenen Bereichen der Unternehmen umgesetzt. Die breite Integration in die Regelversorgung wird durch die fehlende Vergütung der Koordinationsleistungen der Teams sowie der patientenorientierten Teambesprechungen verhindert.

Aktuell hat Algesiologikum das IBE-Konzept nur in einzelnen Bereichen mit einzelnen IBE-Bausteinen umsetzen können. In allen Unternehmen steht die Regelversorgung im Vordergrund. Am weitesten fortgeschritten ist die IBE-Lösung in der Maxvorstadt in München. Hier ist das Algesiologikum MVZ München, die Algesiologikum Tagesklinik und die Algesiologikum – Klinik für Schmerzmedizin im Gebäudekomplex des DMM angesiedelt und erfüllt damit die Voraussetzungen eines IBE-Konzeptes.

24.3.4 Das Algesiologikum IBE München-Maxvorstadt

Die IBE Maxvorstadt bietet chronischen Schmerzpatienten eine durchgängige ambulante IMST-Versorgung an. Schwerer chronifizierte Patienten können in hochintensiven multimodalen Therapieprogrammen teil- oder vollstationär behandelt werden. Dabei ist eine Behandlerkonstanz über die Sektorengrenzen hinweg nicht nur im ärztlichen, sondern auch im psycho- und bewegungstherapeutischen Bereich gewährleistet. Zentrale Steuerungselemente wie ein InfoCenter (Telefon, E-Mail), Belegungsplanung, zentrales Dokumentations- und Evaluationssystem und Finanzcontrolling sind gewährleistet.

Die zentrale Verwaltung ist in der Algesiologikum GmbH angesiedelt. Sie schließt die Kooperationsverträge ab. Die Personalverwaltung, das Finanz- und Rechnungswesen, das standortübergreifende Controlling und die zentrale IT-Abteilung sind hier angesiedelt. Auch die Prozess- und Patientensteuerung sowie das Datenmanagement und die Evaluation werden an dieser Stelle koordiniert (Abb. 24.2).

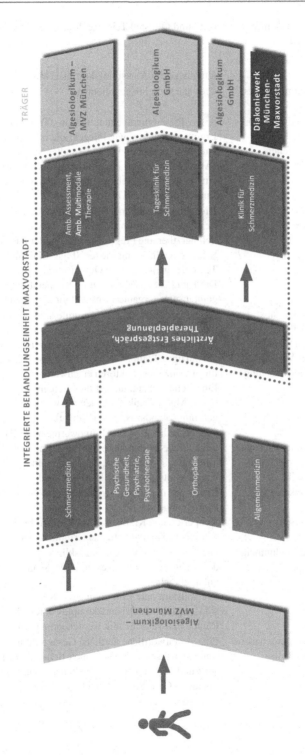

Abb. 24.2 Struktur der IBE Marxvorstadt

Tab. 24.2 Eigenschaften einer IBE (Porter und Olmsted Teisberg 2006), umgesetzt im Algesiologikum IBE Maxvorstadt

Eigenschaften einer IBE (Porter und Olmsted Teisberg 2006)	Umgesetzt im Algesiologikum IBE Maxvorstadt
Organisiert zur Versorgung eines Krankheitsbildes	Chronische Schmerzpatienten
Klar definiertes, multidisziplinäres Team, das überwiegend in der Behandlung der betroffenen Patienten engagiert ist	Ärzte, Psychotherapeuten, Physio-, Trainings- und Ergotherapeuten sowie Pflegekräfte arbeiten im Team. Aufgrund der gesetzlichen Grundlagen (Arbeitnehmerüberlassungs-, Antikorruptionsgesetz) ist ein Team für den Behandlungsprozess in allen Einrichtungen nicht realisierbar.
Leistungsanbieter sind Teil einer gemeinsamen Organisationsstruktur oder an diese assoziiert	Die ambulante Schmerztherapie findet im Medizinischen Versorgungszentrum (MVZ) statt. Die teilstationäre Schmerztherapie (Tagesklinik) ist in der Fachklinik für Schmerzmedizin angesiedelt. Tagesklinik und MVZ sind Teil einer gemeinsamen Organisationsstruktur. Die Krankenhäuser sind durch Kooperationsverträge in die gemeinsame Organisationsstruktur eingebunden.
Team übernimmt die Verantwortung für den vollen Behandlungszyklus einschließlich der ambulanten, stationären und Reha-Versorgung sowie begleitende Dienstleistungen	Algesiologikum stellt das gesamte ärztliche und therapeutische Personal. Eine Versorgung der Schmerzpatienten über die Sektorengrenzen hinweg durch ein einziges Team ist aufgrund der gesetzlichen Vorgaben für die einzelnen Sektoren erschwert. Eine Reha-Behandlung ist nicht integriert. In der Algesiologikum Akademie werden die Mitarbeiter geschult (Standards, Best Practice).
Patientenedukation und Empowerment der Patienten sowie Follow-up ist integraler Teil der Versorgung durch das Team	Patientenedukation und Empowerment der Patienten sind wesentliche Bestandteile der IMST und in alle Therapiepläne integriert. Die Inhalte sind im Team abgestimmt und für alle Einrichtungen standardisiert.
Nutzung einer gemeinsamen administrativen und Patiententerminierungsstruktur	Bisher nur in den zur Algesiologikum-Gruppe gehörenden Einrichtungen. Kooperierende Krankenhäuser haben ihre eigene administrative und Patiententerminierungsstruktur.
Die IBE-Partner sind in räumlicher Nähe, am besten im selben Gebäude untergebracht	Die Team von MVZ und Tagesklinik ist in den Räumen der Algesiologikum Tagesklinik für Schmerzmedizin untergebracht. Die vollstationäre Einrichtung des Kooperationspartners sind im gleichen Gebäudekomplex untergebracht. Räume und Haustechnik werden gemeinsam genutzt.
Die Leitung der Versorgung hat ein Arzt als Teamleiter und ein Care-Manager	Eine verantwortliche ärztliche Gesamtleitung und ein Care-Manager für den gesamten Behandlungspfad wurden aufgrund der fehlenden gesetzlichen Grundlagen für eine Managed-Care-Struktur nicht umgesetzt.

(Fortsetzung)

Tab. 24.2 (Fortsetzung)

Eigenschaften einer IBE (Porter und Olmsted Teisberg 2006)	Umgesetzt im Algesiologikum IBE Maxvorstadt
Messung von Outcome, Kosten und Prozessen für jeden Patienten, unter Einsatz einer gemeinsamen IT-Plattform	*Outcome:* gemeinsame IT-Plattform (AlgesioDoc) Kosten: Algesiologikum in Kooperation mit den Krankenhäusern *Prozesse:* Abstimmung der Prozesse in Einzelfällen Getrennte Qualitätssicherung der einzelnen Einrichtungen Kein Monitoring des intersektoralen Behandlungsprozesses
Teamstruktur mit Teambesprechungen, in denen die Patienten, die Prozesse und Ergebnisse diskutiert werden	Tägliche Teamkoordination und patientenorientierte sowie organisatorische Teambesprechungen. Spezialisten werden bei Bedarf hinzugezogen und bringen sich ins Team ein. In den interdisziplinären, nach außen offenen Schmerzkonferenzen werden niedergelassene Ärzte oder Klinik-Spezialisten in den Therapieprozess eingebunden.
Die Partner einer IBE akzeptieren die gegenseitige gemeinsame Rechenschaftspflicht bzgl. Outcome und Kosten	Outcome: Wird von Algesiologikum für alle Einrichtungen erfasst und den Partnern kommuniziert. Kosten: Die Partner arbeiten mit dem Controlling zusammen. Die IBE hat aufgrund der unterschiedlichen Honorierungssysteme und Verträge mit den Krankenkassen keine gemeinsame Budgetplanung.

In den Algesiologikum IBE sind die Grundstrukturen und Prozesse der IBE (Porter und Guth 2012a, b; Porter und Olmsted Teisberg 2006; Harvard Business School o. J.) bereits umgesetzt (Tab. 24.2).

24.4   Patientenorientierung

24.4.1 Durchgängig strukturierte Prozesse

Die intersektoralen Versorgungsmöglichkeiten innerhalb des Algesiologikum-Verbunds sichern durchgängig strukturierte Prozesse mit intersektoralen Therapiealgorithmen (Abb. 24.3).

Aufgrund der bereits geschaffenen Strukturen können Therapiebrüche vermieden werden. Langfristig haben Patienten und Therapeuten, unabhängig vom aktuellen Behandlungssetting, die Möglichkeit, den Therapieplan und das -ziel kontinuierlich gemeinsam anzupassen und weiterzuentwickeln.

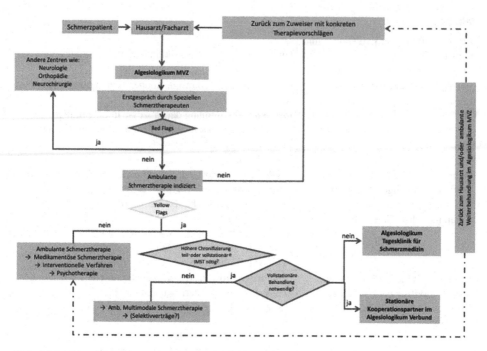

Abb. 24.3 Algesiologikum-Verbund – Intersektoraler Behandlungspfad

24.4.2 Patientennutzen

Porter und Olmsted Teisberg (2006) beschreiben den Patientennutzen als Behandlungsergebnis pro Euro Behandlungskosten. Dabei ist es entscheidend, die Qualität der Behandlung zu verbessern und durch Optimierung der Behandlungsprozesse und Vermeidung überflüssiger diagnostischer oder therapeutischer Maßnahmen die Kosten zu senken. Es entsteht eine Win-win-Situation, bei der alle Beteiligten gewinnen.

In der IBE Maxvorstadt wird der Patientennutzen durch Optimierung der auf die Patientenbedürfnisse abgestellten Abläufe gewährleistet. Zu diesen zählen unter u.a. die interdisziplinäre Diagnostik in einem ganzheitlichen Assessment mit ausführlicher Anamnese und interdisziplinärer Abstimmung im Team sowie die Einbeziehung der Patienten in die Therapieentscheidungen.

24.5   Qualitätssicherung und Evaluation

24.5.1 Qualitätssicherung

Im ambulanten Bereich nimmt das Algesiologikum MVZ an der Vereinbarung von Qualitätssicherungsmaßnahmen nach § 135 Abs. 2 SGB V zur schmerztherapeutischen

Versorgung chronisch schmerzkranker Patienten (Qualitätssicherungsvereinbarung Schmerztherapie vom 1. Oktober 2016 (KBV 2016)) teil.

Im stationären Bereich sind die schmerztherapeutischen Einheiten über die entsprechenden Kooperationspartner zertifiziert. Das DMM als Partner der IBE Maxvorstadt ist mit dem Qualitätssiegel Schmerztherapie nach DIN ISO 9001-2008 zertifiziert.

24.5.2 Evaluation

Die Verlaufsdaten aller Sektoren werden kontinuierlich hinsichtlich verschiedener Fragestellungen ausgewertet. In einer intern erstellten Clusteranalyse wurden signifikante Unterschiede bzgl. des Ausmaßes der psychischen Belastung und der körperlichen Beeinträchtigung gefunden. Daraufhin wurden im stationären Sektor drei Subgruppen und damit die Notwendigkeit einer präziseren Ausrichtung der IMST identifiziert. Diese Erkenntnisse ermöglichen eine individuellere Therapieplanung entgegen dem Prinzip *one size fits all*. Die Therapieschwerpunkte können neben einer Basistherapie je nach Bedarf und Therapieziel bspw. auf die Schmerzreduktion, die Verbesserung von Coping-Strategien oder auch psychotherapeutische Verfahren gelegt werden (Langenmaier et al. 2019).

24.6 Finanzierung und Honorierung

Die MVZ rechnen GKV-Leistungen entsprechend des EBM mit der KV Bayern ab. Alle ärztlichen Behandler nehmen an der Qualitätssicherungsvereinbarung (KBV 2016) teil. Privatliquidation mit dem Patienten sowie Konsiliarleistungen werden nach GOÄ abgerechnet, integrierte Versorgungsleistungen in besondere Verträge mit den jeweiligen Kassen.

Das teilstationäre Budget der Tagesklinik für Schmerzmedizin wird jährlich mit den Krankenkassen verhandelt und nach § 6 KHEntgG über individuell verhandelte Tagespauschalen vergütet.

Bei der Vergütung aus Kooperationen mit Krankenhäusern rechnen die Krankenhäuser entsprechend ihres Versorgungsauftrags jede gemeinsam erbrachte Leistung über Fallpauschalen nach KHEntgG mit den Krankenkassen ab. Das Krankenhaus vergütet die ärztlichen, psychotherapeutischen und bewegungstherapeutischen Leistungen entsprechend der Kooperationsvereinbarung.

Die Vergütung der Leistungen der Patientenversorgung erfolgt in der Regelversorgung nach SGB V mit der in dem jeweiligen Sektor gültigen Erlössystematik. Die Finanzierung der IBE einschließlich der Kosten der Kooperationen, der Kommunikationsstruktur, der Qualitätssicherung und Evaluation erfolgt aus den Erlösen der Regelversorgung. Die Investitionen in MVZ und Tagesklinik werden über Bankdarlehen oder über Kapitalerhöhung durch die die Gesellschafter finanziert.

Die Langzeitinvestition in IBE lohnt sich, da die Versorgung chronischer Schmerzpatienten in IBE nachweislich den Patientennutzen erhöht und dadurch nachhaltiger und erfolgreicher ist als eine monodisziplinäre sektorbezogene Versorgung. Der *return on invest* ist längerfristig zu sehen. Heute schon haben IBE einen Marketingvorteil gegenüber anderen.

24.7 Chancen und Risiken des Konzepts

Die Chancen des IBE-Konzeptes liegen in der fachlichen und organisatorischen Kompetenz im Management von komplexen ambulanten MVZ-Strukturen und teilstationären sowie vollstationären Einheiten mit deren unterschiedlichen gesetzlichen Vorgaben und Erlösstrukturen. Ein wesentlicher Vorteil von Algesiologikum ist, dass es gelungen ist, viele Schmerzexperten unterschiedlicher Fachrichtungen und Professionen zu integrieren und dadurch erfahrene interdisziplinäre Teams in allen Sektoren aufzubauen, die nach einem einheitlichen Therapiekonzept arbeiten. IBE-Strukturen bieten jungen Mitarbeitern profunde Weiterbildungsmöglichkeiten, Mitarbeit in interdisziplinären Teams, Erfahrungen in der ambulanten und stationären Schmerzmedizin sowie flexible Arbeitszeiten. Die größten Chancen liegen im verbesserten Patientennutzen (vgl. Abschn. 24.4.2).

Die Risiken des Konzeptes liegen vor allem in den fehlenden gesetzlichen Rahmenbedingungen für eine intersektorale Versorgungsstruktur nach dem Konzept der IBE. Eine IBE ist eine intersektorale Struktur, die konsequent in beiden Sektoren mit interdisziplinären Teams arbeitet. Elemente einer IBE sind derzeit nur im Rahmen von besonderen Verträgen nach § 140a SGB V mit einzelnen Kassen umsetzbar. Diese waren bisher auf Rückenschmerzen mit dem Ziel der Reduktion von Krankengeldzahlungen der Kassen beschränkt. Der letzte Vertrag dieser Art mit der Techniker Krankenkasse ist derzeit ausgesetzt. Eine umfassendere Versorgung bietet ein Vertrag mit der Barmer-GEK, der ein schmerzmedizinisches Assessment von chronifizierungsgefährdeten Patienten ermöglicht, aber ausschließlich im Rahmen des Innovationsfonds-Projektes PAIN2020 der Deutschen Schmerzgesellschaft (Deutsche Schmerzgesellschaft 2018) zugänglich ist.

Für die Leistungserbringer in IBE bestehen zusätzliche Risiken durch das 2016 in Kraft getretene Antikorruptionsgesetz (§ 299a StGb). Im Visier stehen das Belegarztwesen, die Honorarärzte und die Kooperation unter niedergelassenen Ärzten und Krankenhäusern. Die Datenschutzgrundverordnung fordert zusätzliche Maßnahmen und Investitionen, um den Anforderungen des Datenschutzes gerecht zu werden.

24.8 Ausblicke, Wünsche und Erwartungen

In den letzten zehn Jahren hat sich der Algesiologikum-Verbund einen festen Platz in der ambulanten, teilstationären und vollstationären Regelversorgung von chronischen Schmerzpatienten geschaffen.

Das Konzept der IBE ist Grundlage der intersektoralen Schmerzkonzepte von Algesiologikum. Die IMST ist durch ihre interdisziplinäre Teamstruktur die inhaltliche Grundlage für die IBE. Ihre Wirksamkeit bei komplexen Schmerzerkrankungen ist wissenschaftlich erwiesen. Teil- und vollstationär ist sie in vielen Bundesländern fast flächendeckend umgesetzt. Intersektoral konnte die IMST in der Realität als Hybridstruktur mit hauptsächlicher Versorgung der Patienten in der Regelversorgung und Anteilen einer IBE-Struktur realisiert werden.

Algesiologikum hat sich zum Ziel gesetzt, auf der Basis einer umfassenden ambulanten schmerzmedizinischen Versorgung die intersektorale Struktur der IBE weiterzuentwickeln. Von zentraler Bedeutung sind der Patientennutzen und die Kompetenz der interdisziplinären Teams. Für die Messung des Patientennutzens müssen die Behandlungs- und Versorgungsdaten möglichst komplett sein. Hierzu ist es notwendig, die bestehende IT-Struktur zu erweitern. Es müssen robuste Tools entwickelt werden, die die Patientenbedürfnisse besser identifizieren helfen, das Patientenengagement stärken, ein besseres kontinuierliches Finanz- und Outcome-Controlling ermöglichen, das Shared-Decision-Making verbessern und die individuellen modifizierbaren Risikofaktoren exakter adressieren können.

Unsere Erwartungen und Wünsche richten sich an die Kooperationspartner, die schmerztherapeutischen Fachgesellschaften und Verbände, die Selbstverwaltung und die Politik. Von unseren Kooperationspartnern erwarten wir ein klares Commitment für die intersektorale IBE-Struktur. Von Fachgesellschaft und Fachverbänden erwarten wir fachliche und berufspolitische Unterstützung in der Weiterentwicklung von intersektoralen schmerzmedizinischen Versorgungskonzepten. Politik und Selbstverwaltung müssen ihren Worten und Gutachten endlich Taten folgen lassen und die Grundlagen für eine intersektorale Versorgung chronischer Patienten schaffen. Ein erster wichtiger Schritt wäre die Aufnahme von interdisziplinären Versorgungsleistungen wie der ambulanten multimodalen Schmerztherapie in den EBM. Von Seiten der Politik erwarten wir die besondere Berücksichtigung der intersektoralen Versorgung chronischer Patienten. Die Bund-Länder-Arbeitsgruppe *Sektorenübergreifende Versorgung* muss bei konkreten Vorschlägen hinsichtlich Bedarfsplanung, Zulassung, Honorierung und Kooperationen die Versorgung chronischer Patienten besonders berücksichtigen. Vom Gesetzgeber erwarten wir, dass die gesetzlichen Unsicherheiten insbesondere hinsichtlich der Kooperation an den Sektorengrenzen beseitigt werden.

Literatur

Arnold, B., Brinkschmidt, T., Casser, H.-R., Gralow, I., Irnich, D., Klimczyk, K., Müller, G., Nagel, B., Pfingsten, M., Schiltenwolf, M., Sittl, R., & Söllner, W. (2009). Multimodale Schmerztherapie – Konzepte und Indikation. *Schmerz, 23*, 112–120. https://doi.org/10.1007/s00482-008-0741-x.

Arnold, B., Brinkschmidt, T., Casser, H.-R., Diezemann, A., Gralow, I., Irnich, D., Kaiser, U., Klasen, B., Klimczyk, K., Lutz, J., Nagel, B., Pfingsten, M., Sabatowski, R., Schesser, R., Schiltenwolf, M., Seeger, D., & Söllner, W. (2014). Multimodale Schmerztherapie für die Behandlung chronischer Schmerzsyndrome – Ein Konsensuspapier der Ad-hoc-Kommission Multimodale interdisziplinäre Schmerztherapie der Deutschen Schmerzgesellschaft zu den Behandlungsinhalten. *Schmerz, 28,* 459–472. https://doi.org/10.1007/s00482-014-1471-x.

Deutsche Schmerzgesellschaft e. V. & Deutsche Migräne- und Kopfschmerzgesellschaft. (2018). Innovationsprojekt PAIN2020: Neue Diagnostik und Behandlungsmodule sollen Patienten vor chronischen Schmerzen bewahren. https://www.dgss.org/fileadmin/2018/presse/PM_PAIN_2020_Okt_2018.pdf. Zugegriffen am 01.05.2019.

Harvard Business School, Institute for Strategy and Competitiveness. (o. J.). Integrated practice units – Organizing care around patient medical conditions. http://www.isc.hbs.edu/health-care/vbhcd/pages/integrated-practice-units.aspx. Zugegriffen am 09.04.2019.

Häuser, W., Schmutzer, G., Henningsen, P., & Brähler, E. (2014). Chronische Schmerzen, Schmerzkrankheit und Zufriedenheit der Betroffenen mit der Schmerzbehandlung in Deutschland – Ergebnisse einer repräsentativen Bevölkerungsstichprobe. *Schmerz, 28,* 483–492. https://doi.org/10.1007/s00482-014-1438-y.

KBV (Kassenärztliche Bundesvereinigung). (2016). Vereinbarung von Qualitätssicherungsmaßnahmen nach § 135 Abs. 2 SGB V zur schmerztherapeutischen Versorgung chronisch schmerzkranker Patienten (Qualitätssicherungsvereinbarung Schmerztherapie). http://www.kbv.de/media/sp/Schmerztherapie.pdf. Zugegriffen am 28.04.2019.

KBV (Kassenärztliche Bundesvereinigung). (2019). Vereinbarung zur interdisziplinären schmerzmedizinischen Versorgung zwischen der Kassenärztlichen Bundesvereinigung (KBV), K. d. ö. R., Berlin – einerseits – und dem GKV-Spitzenverband (GKV-SV), K. d. ö. R., Berlin. – andererseits – Version 3.0 März 2019. https://www.kbv.de/media/sp/KBV_Entwurf_einer_Vereinbarung_zur_Schmerztherapie.pdf. Zugegriffen am 01.05.2019.

Keswani, A., Koenig, K. M., & Bozic, K. J. (2016a). Value-based healthcare: Part 1-designing and implementing integrated practice units for the management of musculoskeletal disease. *Clinical Orthopaedics and Related Research, 474,* 2100–2103. https://doi.org/10.1007/s11999-016-4999-5.

Keswani, A., Koenig, K. M., Ward, L., & Bozic, K. J. (2016b). Value-based healthcare: Part 2-addressing the obstacles to implementing integrated practice units for the management of musculoskeletal disease. *Clinical Orthopaedics and Related Research, 474,* 2344–2348. https://doi.org/10.1007/s11999-016-5064-0.

Langenmaier A.-M., Amelung V. E., Karst, M., Krauth, C., Püschner, F., Urbanski, D., Schiessl, C, Thoma, R., & Klasen, B. (2019). Subgroups in chronic low back pain patients – A step toward cluster-based, tailored treatment in inpatient standard care: On the need for precise targeting of treatment for chronic low back pain. *German Medical Science: GMS E-Journal, 17,* Doc09. http://doi.org/10.3205/000275.

Müller-Schwefe, G. H. H., Nadstawek, J., Tölle, T., Nilges, P., Überall, M. A., Laubenthal, H. J., Bock, F., Arnold, B., Casser, H. R., Cegla, T. H., Emrich, O. M. D., Graf-Baumann, T., Henning, J., Horlemann, J., Kayser, H., Kletzko, H., Koppert, W., Längler, K. H., Locher, H., Ludwig, J., Maurer, S., Pfingsten, M., Schäfer, M., Schenk, M., & Willweber-Strumpf, A. (2016). Struktur der schmerzmedizinischen Versorgung in Deutschland – Klassifikation schmerzmedizinischer Einrichtungen – Konsens der Gemeinsamen Kommission der Fachgesellschaften und Verbände für Qualität in der Schmerzmedizin. *Schmerz, 30,* 218–226. https://doi.org/10.1007/s00482-016-0119-4.

Nagel, E., Neukirch, B., Schmid, A. & Schulte, G.(2017). Wege zu einer effektiven und effizienten Zusammenarbeit in der ambulanten und stationären Versorgung in Deutschland. Gutachten im Auftrag des Zentralinstitut für die Kassenärztliche Versorgung in Deutschland. https://www.zi.de/fileadmin/images/content/Gutachten/Zi-Gutachten_ambulant_vor_station%C3%A4r_Mai_2017.pdf. Zugegriffen am 01.05.2019.

Nobis, H.-G., & Rolke, R.. (o. J.). Akute und chronische Schmerzen. https://www.dgss.org/patienteninformationen/herausforderung-schmerz/akute-und-chronische-schmerzen/. Zugegriffen am 15.05.2019.

Pfingsten, M., Arnold, B., Böger, A., Brinkschmidt, T., Casser, H.-R., Irnich, D., Kaiser, U., Klimczyk, K., Lutz, J., Schiltenwolf, M., Seeger, D., Zernikow, B., & Sabatowski, R. (2019). Sektorenübergreifende interdisziplinäre multimodale Schmerztherapie – Empfehlungen zu Struktur- und Prozessparametern der Ad-hoc-Kommission „Interdisziplinäre Multimodale Schmerztherapie" der Deutschen Schmerzgesellschaft e. V. *Schmerz, 33*, 191–203. https://doi.org/10.1007/s00482-019-0374-2.

Porter, M. E., & Guth, C. (2012a). Auszüge aus „Chancen für das deutsche Gesundheitssystem". http://deuge.net/onewebmedia/Porter_Guth%20Ausz%C3%BCge%20aus%20Chancen%20f%C3%BCr%20das%20deutsche%20Gesundheitssystem.pdf. Zugegriffen am 01.05.2019.

Porter, M. E., & Guth, C. (2012b). *Redefining German health care – Moving to a value-based system.* Berlin/Heidelberg: Springer.

Porter, M. E., & Olmsted Teisberg, E. (2006). *Redefining health care. Creating a value-based competition on results* (S. 167–179). Boston: Harvard Business School Press.

Schneider, A.-M., Klasen, B., Jennerwein, C., Amelung, V. E., & Thoma, R. (2013). Sektorübergreifende schmerzmedizinische Versorgung – Der Algesiologikum-Verbund. *Schmerz, 27*, 166–173.

Thoma, R. (2018). Interdisziplinäre multimodale Schmerztherapie 2020 – Adäquate Strukturen und leistungsgerechte Vergütung. *Schmerz, 32*, 1–4. https://doi.org/10.1007/s00482-018-0273-y.

Dipl.-Soz. Anna-Maria Langenmaier ist im Algesiologikum-Verbund seit 2009 für das Datenmanagement zuständig. Sie ist verantwortlich für die Analysen der transsektoralen Behandlungs- sowie Wirtschaftsdaten zur Qualitätssicherung und Versorgungsforschung. Frau Langenmaier ist Mitglied im Deutschen Netzwerk Versorgungsforschung e. V.

Kontakt: langenmaier@algesiologikum.de

Dr. med. Reinhard Thoma ist Gründer und Gesellschafter der Algesiologikum-Unternehmen. Derzeit ist er geschäftsführender Gesellschafter und Ärztlicher Leiter der Algesiologikum MVZ GmbH in München sowie Gesellschafter des Algesiologikum MVZ Fürth. Als Ärztlicher Direktor der Algesiologikum Tagesklinik für Schmerzmedizin und als Chefarzt des Neuromodulationszentrums der Algesiologikum – Klinik für Schmerzmedizin im Diakoniewerk München-Maxvorstadt ist er auch im teilstationären und vollstationären Sektor tätig.

Kontakt: thoma@algesiologikum.de

Integrierte und sektorenübergreifende Versorgung in der Gefäßchirurgie seit 2005

25

Stefan Mann, Lutz Röntgen und Markus Janotta

Zusammenfassung

Das Gefäßzentrum Regensburg ist eine Gemeinschaftspraxis (Berufsausübungsgemeinschaft) mit vier Kassenarztsitzen, die seit 1986 besteht. Anfang 2005 konnte ein Vertrag zur integrierten Versorgung gefäßkranker Patienten zwischen dem Gefäßzentrum Regensburg, der kommunal geführten Kreisklinik Wörth a. d. Donau und der AOK Bayern abgeschlossen werden. Der Patient profitiert von einer Versorgung aus einer Hand mit Stellung der Diagnose, Stellung der Indikation zum operativen Eingriff, der Durchführung des operativen Eingriffes im Rahmen der stationären Versorgung und der poststationären ambulanten Behandlung einschließlich eines kompletten Nachsorgeprogramms. Diese Versorgungslösung ist für die Kostenträger günstiger als die Angebote der Regelversorgung, da die DRG mit einem verminderten Basisfallwert abgerechnet wird, für uns ist er ein zusätzliches wirtschaftliches Standbein und für das Krankenhaus eine extrabudgetäre Erlösquelle. Nachdem der 12. Senat des Bundessozialgerichts am 05.06.2019 entschieden hat, dass Honorar- und Konsiliarärzte sozialversicherungspflichtig sind (Aktenzeichen B 12 R 11/18 R als Leitfall) und der § 299 des StGB die Möglichkeiten der intersektoralen Versorgung konterkariert hat, sind derartige Verträge die einzige wirtschaftliche Möglichkeit, Patienten intersektoral zu versorgen, wie wir es praktizieren. Wir sehen deshalb eine Reihe von Fehlentwicklungen im Gesundheitswesen, die zulasten einer funktionierenden intersektoralen Versorgung gehen, die eigentlich von Politikern permanent gefordert wird.

S. Mann (✉) · L. Röntgen · M. Janotta
Gefäßzentrum Regensburg Gemeinschaftspraxis Praxisklinik, Regensburg, Deutschland
E-Mail: info@gefaesszentrum-regensburg.de; info@gefaesszentrum-regensburg.de;
info@gefaesszentrum-regensburg.de

25.1   Struktur des Gefäßzentrums Regensburg GbR

Das Gefäßzentrum Regensburg ist eine Gemeinschaftspraxis (Berufsausübungsgemeinschaft) mit vier Kassenarztsitzen, die seit 1986 besteht. Die Gemeinschaftspraxis ist eine Gesellschaft bürgerlichen Rechts, wird von Fachärzten für Chirurgie und Gefäßchirurgie betrieben und beschäftigt ein bis zwei angestellte Fachärzte und Ärzte in Weiterbildung, um die 20 medizinische Fachangestellte und Krankenpflegerinnen in Teil- und Vollzeit sowie Fachpersonal für die Sterilgutaufbereitung und Reinigungskräfte.

Der Schwerpunkt der Versorgung lag in den 1980er-und 1990er-Jahren in der ambulanten konservativen und operativen Versorgung von gefäßkranken Patienten.

Die Gemeinschaftspraxis war eine der ersten in Deutschland, die ambulante Krampfadernoperationen anbot. Es wurden im Jahr um die 2000 derartige Eingriffe zunächst in Lokalanästhesie, später in Vollnarkose durchgeführt. Ein weiterer Schwerpunkt war die konservative Therapie in der Lymphologie.

Die zunächst in den Praxisräumlichkeiten untergebrachten Eingriffsräume wurden wenige Jahre später in einen OP-Trakt mit derzeit vier Raumluftklasse-1b-Operationsräumen und zwei weiteren der Klasse 2 verlegt und die Praxis wurde umgebaut. Diese Räumlichkeiten konnten von Anfang an gemeinsam mit niedergelassenen Anästhesisten betrieben werden und es erfolgten nun zunehmend komplexere Operationen in Vollnarkose.

In 2002 wurde eine Tagesklinik/Privatklinik mit sieben Betten eingerichtet, die in einer Gesellschaft mit beschränkter Haftung (GmbH) betrieben wird.

Es war ab diesem Zeitpunkt möglich, privatversicherte Patienten kurzstationär zu versorgen und es konnten ausgedehntere Krampfadernoperationen, aber auch kleinere Eingriffe an den Schlagadern durchgeführt werden.

Die Möglichkeit der Versorgung gesetzlich versicherter Patienten in der Praxisklinik war allerdings wegen fehlender Kostendeckung durch den Einheitlichen Bewertungsmaßstab (EBM) bei Eingriffen an den Schlagadern nicht möglich. Folgerichtig sah man sich nach einem Partner für die stationäre Versorgung dieser Patienten um.

25 Kilometer vor den Toren Regensburgs gab es ein kommunales Landkrankenhaus, das keine Gefäßchirurgie anbot und im Rahmen der zunehmenden Kommerzialisierung im Gesundheitswesen in Schwierigkeiten geraten war. Zu diesem Zeitpunkt, im Jahr 2003, wurden Gespräche zur Gestaltung einer neuen Kooperationsform aufgenommen.

Der damalige sehr innovativ denkende Geschäftsführer erkannte die neuen Möglichkeiten in der Gesetzgebung des Paragrafen 140 a–h Sozialgesetzbuch V (SGB V), damals die sogenannte *Integrierte Versorgung (IGV)* heute *besondere Versorgung*, und war bereit, einen Versorgungsvertrag zur Behandlung gefäßkranker Patienten mit auf den Weg zu bringen.

Diese Versorgungsform war schon Anfang 2000 als Gesetz implementiert worden, war aber wegen fehlender Finanzierung zunächst nicht attraktiv gewesen. Erst mit der Anschubfinanzierung ab dem Jahr 2004 im GKV-Modernisierungsgesetz wurden die richtigen Weichen gestellt.

Mit einem Marktanteil, laut eigenen Angaben, von über 40 % ist und war die AOK Bayern ein starker Partner in der Region, mit der man dieses Vorhaben umsetzen wollte. Es folgten zahlreiche Gespräche, bis man Anfang 2005 den Vertrag zur integrierten Versorgung gefäßkranker Patienten zwischen dem Gefäßzentrum Regensburg, der kommunal geführten Kreisklinik Wörth a. d. Donau und der AOK Bayern abschließen konnte. Im Rahmen dieses Versorgungsauftrages konnte nun fast das gesamte Spektrum der gefäßchirurgischen Eingriffe angeboten werden. Es werden insbesondere gefäßchirurgische Eingriffe zur Rekonstruktion der Durchblutung im Bereich der Beckenschlagadern, der Beinarterien und der Halsschlagadern bei Arteriosklerose (Gefäßverkalkung), aber auch Aneurysmata (Aussackungen) dieser Gefäße offen chirurgisch, endovaskulär (minimal invasive Kathetertechniken) ggf. mit Stentimplantationen und Kombinationseingriffe durchgeführt. Nur ausgesprochen große gefäßchirurgische Eingriffe im Brustkorb, die den Einsatz einer Herz-Lungen-Maschine oder Eingriffe, die eine Intensivmedizin der Maximalversorgung bedürfen, werden nicht durchgeführt.

Ab April 2005 konnten im Rahmen dieses Vertrages jährlich stationär 100 bis 160 Patienten versorgt werden. In der so geschaffenen Infrastruktur wurden später auch Patienten anderer Krankenkassen auf dem Boden von Honorararztverträgen gefäßmedizinisch versorgt.

Das deutsche Belegarztsystem als Alternative, in deren Rahmen in den 1960er-und 1970er-Jahren der Großteil der chirurgischen Eingriffe in Deutschland erfolgten, ist heutzutage durch Unterfinanzierung nicht mehr attraktiv (KBV 2015, S. 98–105).

25.2 Die intersektorale Versorgung als Innovation

Das Außergewöhnliche an der *besonderen Versorgung* nach Paragraf 140 SGB V ist für das Krankenhaus die Erbringung von Leistungen außerhalb der mit den Krankenkassen vereinbarten Budgets. Somit kann ein Krankenhaus zusätzliche Mittel erwirtschaften, die auch für weitere Innovationen oder Investitionen in Gerätschaft und Service für die Patienten, zum Beispiel Mediennutzung, Essensauswahl, Zimmerkomfort etc., genutzt werden können. Ferner profitiert das Krankenhaus von den Organisationsstrukturen der tätigen Praxis und deren Personalressourcen, die ohne Risiko für Krankheit, Urlaub oder sonstigen Ausfall genutzt werden können. Dies ist insbesondere bei dem derzeit bestehenden Fachkräftemangel ein sehr wichtiger Faktor.

Für uns als niedergelassene Ärzte ist im Rahmen dieser Versorgung nunmehr die Möglichkeit gegeben, unsere hoch qualifizierte Ausbildung dem Patienten zugutekommen lassen zu können und wir haben zusätzlich ein neues Standbein erschlossen, um unsere sehr teuren ambulanten und unterfinanzierten Operationsstrukturen querfinanzieren zu können.

Leider konnten nicht alle niedergelassenen Kollegen ihre Einnahmequellen derart erweitern, so dass sich heute, außer in Süddeutschland, die Anzahl selbstständiger Ärzte, die ambulante operative Einheiten betreiben, dramatisch reduziert hat. Denn wir hinken auch aufgrund der Sektorengrenze im Vergütungssystem in Deutschland, laut Angaben des Bundesverbandes ambulantes Operieren (BAO), im internationalen Vergleich mit potenziell ambulant zu erbringenden operativen Eingriffen mit ca. 37 % weit hinter anderen OECD-Staaten her, die es auf bis zu 80 % bringen.

Dies haben die Krankenkassen zum Teil erkannt und schließen Verträge nach Paragraf 140 SGB V auch für ambulant zu erbringende Eingriffe ab und/oder erproben derzeit sogenannte Hybrid-DRGs (BAO o. J.; Augurzky et al. 2018, S. 71 ff.).

Im stationären Bereich profitiert die Krankenkasse durch einen verminderten Basisfallwert im Rahmen der *besonderen Versorgung* und dies bei gleichzeitig deutlich verbesserter Qualität der Versorgung für ihre Versicherten. Dies ist obendrein für die Krankenkasse ein hervorragendes Marketinginstrument, um neue Mitglieder anzuwerben.

Konkret heißt das für unsere Patienten, dass, nachdem sie sich bei uns ambulant zur Diagnostik einer Gefäßerkrankung vorgestellt haben und die Indikation zur stationären Behandlung im Krankenhaus gestellt wurde, diese durch uns im Rahmen eines „Rundum-sorglos-Paketes" erbracht wird.

Der Patient stellt sich in der Regel am Tag vor dem operativen Eingriff in unserer Praxis wieder vor. Hier überprüfen wir alle Unterlagen und ob alle nötigen Voruntersuchungen, Aufklärungen und die radiologische Diagnostik komplett vorliegen. Anschließend werden die Patienten mit unserem Shuttleservice, der von uns finanziert wird, in das 25 Kilometer entfernte Krankenhaus gefahren. Die Aufnahme dort kann durch die Verwaltung und die aufnehmenden Ärzte sehr schnell erfolgen, da sämtliche Unterlagen bereits auf Vollständigkeit überprüft sind und eventuell noch nötige Voruntersuchungen bereits erfasst wurden, die die aufnehmenden Kollegen dann nur noch veranlassen müssen. Im Krankenhaus erfolgt lediglich noch die Aufklärung über die Narkose. Am Folgetag wird der operative Eingriff durch einen der leitenden Fachärzte des Gefäßzentrums Regensburg durchgeführt. Verlegungen oder Absagen dieses Termins aufgrund von vorher unbekannten Begleiterkrankungen oder Organstörungen sind extrem selten. Je nach Eingriff können die Patienten sehr schnell, innerhalb der nächsten ein bis sieben Tage, das Krankenhaus wieder verlassen, da die lückenlose Überwachung und postoperative Versorgung des Patienten durch uns auch ambulant gewährleistet werden kann. Am Entlassungstag werden die Patienten mit dem Shuttleservice wieder in unsere Praxis gefahren, in der die Abschlussuntersuchung stattfindet. Dort werden die Patienten über das weitere Vorgehen aufgeklärt, Nachsorgetermine werden vereinbart und ggf. Physiotherapie, Rehasport, Ernährungsberatung etc. organisiert. Aufgrund unserer Wundsprechstunde kann auch die Versorgung von chronischen Wunden ambulant fortgeführt werden. Der Hausarzt wird ebenfalls unmittelbar am selben Tag schriftlich über die erfolgte Therapie und das weitere Vorgehen informiert. Das viel und lang diskutierte Entlassmanagement wurde bei uns schon von Beginn der Versorgungsform an gelebt.

Für uns behandelnde Ärzte steht in der Kreisklinik ein hochmoderner Hybrid-OP zur Verfügung.

Ferner haben wir über speziell gesicherte Datenleitungen Zugriff auf unsere Praxis-EDV und umgekehrt von der Praxis aus Zugriff auf das Krankenhausinformationssystem.

Somit ist jederzeit gewährleistet, auf alle relevanten Informationen der Patienten zugreifen zu können. Auch die radiologische Abteilung in der Kreisklinik ist eine Dependance der radiologischen Praxis, die in dem Gebäude ihren Hauptsitz hat, in der sich auch unsere Praxis befindet. Sie stellt derzeit die größte radiologische Abteilung in ganz Ostbayern dar und bedient mit Positronenemissionstomographie(PET)-CT auch das Universitätsklinikum sowie fast alle im Umland liegenden Krankenhäuser mit radiologischer Diagnostik. Auch hier besteht eine vollvernetzte Einheit, auf deren Bildgebung und Ressourcenplanung wir digitalen Zugriff haben und für unsere Patienten bevorzugte Termine online vereinbaren können.

Wir haben somit immer schnellen Zugriff auf modernste Diagnostik für unsere Patienten, aber auch auf Voruntersuchungen anderer Ärzte.

Die derzeit ebenfalls viel diskutierte digitale Vernetzung im Gesundheitswesen erfolgt bei uns ebenfalls schon seit 2005 in erster Linie für die Patientenversorgung und nicht für die Verwaltung des Gesundheitswesens.

25.3   Können andere Strukturen von uns profitieren?

Dieses Modell der intersektoralen Patientenversorgung war sehr schnell derart erfolgreich, dass das Krankenhaus auch aus anderen Fachdisziplinen, insbesondere der Orthopädie, externe Ärzte ins Haus holte, um das Leistungsspektrum zu verbessern. Insbesondere in einer ländlichen Region ist nun ein medizinisches Hochleistungszentrum entstanden, das es zu einer gewissen Vorbildfunktion für andere Häuser hat werden lassen.

Allerdings sind diese Strukturen außerhalb von Versorgungsverträgen nach Paragraf 140 SGB V allein auf Basis von Honorar- oder Konsiliararzt-Verträgen entstanden, die durch das GKV-Modernisierungsgesetz ermöglicht worden waren.

Dieses Modell kann selbstverständlich auch von anderen Praxen in Deutschland als Vorbild genutzt werden, vorausgesetzt es gibt Krankenkassen, die sich als Partner finden lassen. Der entscheidende Punkt ist dabei für die Patienten, die Krankenkasse, die stationäre Einrichtung und die leistungserbringenden Ärzte, einen Behandlungspfad zu entwickeln, der für alle Seiten Vorteile beinhaltet. Inhaltlich müssen sich die Partner hier gegenseitig ein gewisses Maß an Vertrauen entgegenbringen und jeder muss seine Fachkompetenz einbringen können.

Die DAK hat 2011 einen ähnlichen Vertrag zur besonderen stationären Versorgung von gefäßkranken Patienten mit uns abgeschlossen.

25.4   Wie kann der Patient von der intersektoralen Vernetzung profitieren?

Der Fokus der Versorgungsstruktur sollte selbstverständlich in erster Linie auf den Patienten liegen und ist kein Selbstzweck.

Sie profitieren in unserem Fall von der medizinischen Betreuung aus einer Hand mit Stellung der Diagnose, Stellung der Indikation zum operativen Eingriff, der Durchführung des operativen Eingriffes im Rahmen der stationären Versorgung und der poststationären ambulanten Behandlung einschließlich des kompletten Nachsorgeprogramms. Dadurch bedeutet die *besondere Versorgung* nicht nur ein „Mehr an Service", sondern steht vor allem für eine erheblich verbesserte Versorgungsqualität, die zudem durch eine externe Prüfung regelmäßig überwacht wird. So beinhaltet diese Art der sektorenübergreifenden Behandlung die Chefarzt- und Facharztbehandlung, bevorzugte Terminvergabe ambulant und stationär, einen kostenlosen Shuttleservice zu und von der Klinik bei stationären Operationen, Unterbringung in Zweibettzimmern nach Verfügbarkeit, Zugang zu allen modernen OP-Techniken und ein auf den Patienten angepasstes Nachsorgeprogramm zur Sicherstellung des langfristigen Behandlungserfolges. Diese Vorteile verspürt der Patient bei uns unmittelbar und dies zeigt sich auch in den hervorragenden Bewertungen des Programmes bei externen Befragungen. Unsere Arbeit wird seit nunmehr 13 Jahren konstant mit gut und sehr gut von über 90 % der Patienten bewertet (Abb. 25.1).

Wie aus den Daten hervorgeht, ist allerdings unsere Bewertung im Unterpunkt Ansprechbarkeit nicht ganz so hervorragend wie in den anderen.

Unser Engagement im Krankenhaus führte zunächst zu einer spürbaren Arbeitsverdichtung und damit zu einer Verschlechterung des Patientenkomforts. Als niedergelassene Ärzte betreuen wir unsere stationären Patienten, die in dem gut 25 Kilometer entfernten Krankenhaus liegen, entweder nach unseren Sprechstunden oder, wenn möglich, in der Mittagspause. Die Visiten werden von den Patienten als relativ spät empfunden und nicht wie sonst gewohnt am Morgen durchgeführt.

Anfänglich hatten wir um dieses Defizit zu kompensieren einen gefäßchirurgischen Kollegen aus einem Regensburger Krankenhaus gewinnen können, der sowohl bei uns in

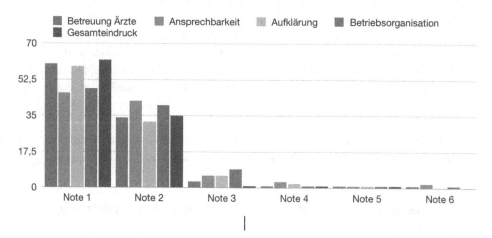

Abb. 25.1 Ergebnisse ausgewählter Fragen zur Patientenzufriedenheit aus 734 auswertbaren Fragebögen aus den Jahren 2009–2017 in %. Es wurde ein Schulnotensystem von 1 (sehr gut) bis 6 (ungenügend) gewählt

der Praxis auf einem der Kassenarztsitze mitgearbeitet hatte, als auch im Krankenhaus als Leiter der gefäßchirurgischen Abteilung eingesetzt wurde. Somit wurde sichergestellt, dass ein Gefäßchirurg im Haus permanent ansprechbar war.

Nach Verabschiedung des Antikorruptionsgesetzes § 299 Strafgesetzbuch (StGB) in 2016 musste eine bis dahin erfolgreiche Kooperationsform, nämlich die Einbindung des Krankenhausarztes, der uns sowohl im Krankenhaus als auch in der Praxis unterstützte, aufgegeben werden.

Leider ist der derzeitige Chefarzt der Abteilung für Gefäßchirurgie, aufgrund der derzeitigen ungünstigen Gesetzeslage, nicht mehr in unsere Praxisstrukturen eingebunden.

25.5   Befundungs- und Therapieeffektivität bei hoher Qualität

Die intersektorale Versorgung in einer Hand hat den großen Vorteil, dass Doppeluntersuchungen vermieden werden, die Diagnose schnell gestellt werden kann und dem Patienten aufgrund der Versorgungsstrukturen die optimale Versorgung ambulant wie stationär angeboten werden kann. Hierbei bestehen alle Möglichkeiten der konservativen, operativ ambulanten, operativ teilstationären und operativ stationären Versorgung. Auch in der Nachsorge kommt es nicht zur Verzögerung bei der Weitergabe von Informationen, da der Patient immer im Gefäßzentrum Regensburg seinen Ansprechpartner für seine Erkrankung hat und in der Regel immer vom selben Arzt betreut wird. Insbesondere bei chronischen Erkrankungen ist dies von großem Vorteil, da die gesamte Krankengeschichte und deren Verlauf präsent ist, so dass individuell angepasste Therapieschemata empfohlen und umgesetzt werden können. Unsere Gemeinschaftspraxis arbeitet darüber hinaus im Rahmen des Regensburger Ärztenetzes, das über 200 niedergelassene Fach- und Hausärzte umfasst, mit Spezialisten zusammen, die in die Vor- und Nachsorge der Behandlung eingebunden werden können. Somit ist eine umfassende interdisziplinäre intersektorale Versorgung der Patienten möglich. Bei bestimmten Krankheitsbildern wird darüber hinaus mit spezialisierten Physiotherapeuten und Sanitätshäusern zusammengearbeitet. Auch hier sind kurze Wege für die notwendigen Informationen gesichert.

Für die Behandlung von Patienten mit Arteriosklerose ist zudem entsprechend den Leitlinien der Arbeitsgemeinschaft wissenschaftlich medizinischer Fachgesellschaften (AWMF) ein strukturiertes Gefäßtraining notwendig. Leider gibt es in der Bundesrepublik Deutschland, auch wegen mangelnder Finanzierung, lediglich eine Handvoll Reha-Sporttherapeuten, die ein strukturiertes Gefäßtraining, nicht mit Herzsport zu verwechseln, für gesetzlich Versicherte anbieten. Wir konnten von Beginn an dieses strukturierte Gefäßtraining durch einen versierten Reha-Sporttherapeuten anbieten, der allerdings seit letztem Jahr seine Kassenzulassung wegen mangelnder Wirtschaftlichkeit zurückgeben musste und nur noch auf Selbstzahlerbasis dieses Training anbietet. Trotzdem nehmen weiterhin mehrere hundert Patienten dieses Angebot wahr.

Aus Tab. 25.1 geht hervor, dass wir entsprechend der Versorgung von Patienten mit Arteriosklerose ein überwiegend männliches und deutlich über 60 Jahre altes Patienten-

Tab. 25.1 Alter, Verweildauer und Geschlechtsverteilung der Patienten in der IGV Datenerhebung 2009–2017. (Quelle: eigene Daten, eigene Darstellung)

Alter	21–40 Jahre	41–60 Jahre	61–75 Jahre	> 75 Jahre
Anteil in %	3	31	47	19
Verweildauer	1–5 Tage	6–10 Tage	11–20 Tage	> 21 Tage
Verweildauer in %	57	25	13	5
Geschlecht	weiblich	männlich		
Geschlecht in %	32	68		

klientel versorgen. Diese Patienten sind in der Regel multimorbide und haben bereits viele Krankenhausaufenthalte hinter sich.

Aufgrund der intersektoralen Versorgung können wir diese Patienten im Rahmen sehr kurzer stationärer Aufenthalte, meistens zwischen zwei bis fünf Tagen, versorgen. Auch und gerade weil wir zusätzlich noch eine Wundsprechstunde mit entsprechend qualifiziertem Personal vorhalten, können wir auch bei chronischen Wunden die stationären Aufenthalte zeitlich begrenzen. Besonders diese kurzen Versorgungszeiten schätzen unsere Patienten sehr. Dieser Umstand hat die Krankenkasse als unseren Vertragspartner überzeugt, dem vertraglichen Wegfall der unteren Grenzverweildauer, als Abschlag der Vergütung, zuzustimmen. Da die untere Verweildauer im Rahmen unseres Vertrages mit der AOK Bayern nun keine Rolle mehr spielt, werden das Krankenhaus und wir für diese gute Qualität nicht mit Vergütungsabschlägen bestraft, wie es leider sonst üblich ist (Augurzky et al. 2018, S. 71 ff.).

25.6 Entwicklung und Projektierung der Versorgungsform

Eine externe Beratung zur Entwicklung dieser Vertragsstruktur hat in der Anfangsphase nicht stattgefunden. Die medizinisch fachliche Ausgestaltung wurde ausschließlich durch uns selbst entwickelt, angepasst und erweitert. Es wurden keinerlei klassische Businesspläne erstellt, vielmehr stand der optimale Behandlungspfad aus medizinischer und patientenorientierter Sicht im Vordergrund.

Im Rahmen der gegenseitigen Konsultationen konnte dann jede Vertragsseite sehr schnell feststellen, dass es für alle Beteiligten eine „Win-win-Situation" gibt.

Als hoch qualifizierte, hoch spezialisierte Fachärzte waren und sind wir natürlich daran interessiert, unsere Fähigkeiten auch anwenden zu können. Ferner war es wichtig, eine Weiterbildungsermächtigung für Gefäßchirurgie zu erhalten, um Weiterbildungsassistenten zu gewinnen und auch für unseren eigenen Nachwuchs sorgen zu können. Die Attraktivität der Gemeinschaftspraxis für Weiterbildungsassistenten hat sich durch das stationäre Engagement deutlich erhöht, denn wir konnten die Weiterbildungsermächtigung für

Gefäßchirurgie deutlich auf 75 % der Gesamtausbildungszeit ausbauen und haben derzeit eine Kollegin für die Weiterbildung Gefäßchirurgie gewinnen können. Das Einzugsgebiet unserer Gemeinschaftspraxis hat sich zusätzlich durch die fast umfängliche Versorgung gefäßkranker Patienten erweitert. Wir haben darüber hinaus durch die Kooperationen mit dem Krankenhaus und der AOK Bayern auch unsere Einnahmesituation auf eine zusätzliche Säule stellen können. Dies ist bei den stagnierenden Vergütungen im ambulanten Bereich bei zeitgleich steigenden Kosten für Personal, Miete und Betriebskosten, insbesondere in der Hygiene, für uns sehr wichtig.

So erwirtschafteten 2009 niedergelassene Operateure mit 7,6 Millionen Eingriffen 1,26 Milliarden Euro. In 2014 mit 7,9 Millionen Eingriffen 1,4 Milliarden Euro, also eine Erlössteigerung um knapp 2,2 % pro Jahr (KBV 2015, S. 90–98). Gleichzeitig stiegen die Kosten für Personal um 3,1 % pro Jahr und die Inflation betrug durchschnittlich 1,5 % pro Jahr in diesem Zeitraum (Statistisches Bundesamt 2019). Insgesamt werden also die Strukturen für das ambulante Operieren immer unwirtschaftlicher und die statistischen Zahlen belegen diese Fehlentwicklung, die mit der Verschiebung ambulanter Operationen in den stationären Bereich einhergeht und damit höhere Kosten für die Kostenträger verursacht.

25.7   Kosteneffektivität gegenüber der Regelversorgung

Unsere Versorgungslösung ist für die Kostenträger günstiger als die Angebote der Regelversorgung, da die DRG mit einem verminderten Basisfallwert abgerechnet wird. Es wurde ein prozentualer Abschlag vereinbart, sodass dieser finanzielle Vorteil der Krankenkasse dauerhaft bestehen bleibt und das Krankenhaus und wir einen Ausgleich für steigende Kosten bei steigenden Basisfallwerten haben. Auf der anderen Seite konnten wir im Gegenzug die Prüfung durch den Medizinischen Dienst der Krankenkassen, insbesondere für Patienten die nur kurzzeitig stationär aufgenommen werden müssen, herausverhandeln. So ist z. B. die Aufnahme von Patienten am Tag vor der Operation ein wichtiger Service, denn sie müssten sonst zum Aufklärungsgespräch des Narkosearztes gesondert in die Klinik fahren und bei einem Einzugsgebiet von zum Teil über 100 Kilometern im Umkreis, würde das für viele Patienten eine erhebliche Belastung bedeuten. Auf der anderen Seite ist gerade dieser präoperative Tag der Klassiker für die Kürzung der Entgelte durch den Medizinischen Dienst der Krankenkassen (MDK) geworden.

Die Kosten der Krankenhausbehandlung entstehen nicht dadurch, dass ein Patient eine Nacht Hotelleistungen in Anspruch nimmt, sondern die Kosten entstehen, wie allgemein anerkannt, bei chirurgischen Fächern im Operationssaal. Die in Deutschland oft geübte Praxis der Streichung des präoperativen stationären Tages durch den MDK bei kurzstationären Aufenthalten und der damit einhergehenden überproportionalen Reduzierung der Vergütung, steht deshalb in keinem Verhältnis zu der dann erbrachten Leistung.

25.8 Eine neue unerwartete Herausforderung durch das Strafgesetzbuch

Die größte Herausforderung unserer Versorgungsstruktur in den letzten Jahren war aber der sogenannte Antikorruptionsparagraf 299 Strafgesetzbuch (StGB) im Gesundheitswesen, der 2016 eingeführt wurde. Nachdem mit dem § 140 SGB V und dem GKV-Modernisierungsgesetz zwei Gesetze in die richtige Richtung wiesen, um die unsinnige Trennung des Gesundheitswesens in Deutschland in die Sektoren ambulant und stationär zu überwinden, konterkariert dieses Gesetz diese Erfolge.

Es wurde ein Straftatbestand für die Berufsgruppen, die im Gesundheitswesen mit staatlichem Examen tätig sind, eingeführt, also Ärzte und medizinische Assistenzberufe, die die Annahme jeglicher Art von Vorteilen unter Strafe stellt. So stellen Vergütungen im Rahmen einer Kooperation laut Meinung des hierfür maßgeblichen Oberstaatsanwaltes Badle aus Frankfurt bereits ein Indiz für Korruption dar, weil ein Entgelt, sprich Vorteil, gewährt wird (Beerheide 2016).

Die intersektorale Kooperation sollte eigentlich durch die vorhergehenden Gesetze gefördert werden und man fragt man sich nun, wie eine Kooperation der Akteure ohne Vergütung überhaupt lebensfähig sein soll.

Es wird seitdem über die legale Angemessenheit dieser Vergütung diskutiert, ohne aber deutlich zu machen, dass ein niedergelassener Arzt, der im Krankenhaus arbeitet, seine Infrastruktur verlässt, seine Fixkosten in der Praxis aber weiterlaufen und weder seine Fehlzeiten durch Krankheit und Urlaub noch seine sämtlichen Versicherungskosten wie Haftpflicht, Kranken-, Renten und sonstigen Versicherungen als Arbeitgeber dabei berücksichtig werden. Auch werden seine Expertise und, wie bei uns, die Personalgestellung und zusätzliche Services (z. B. Taxifahrt ins und vom Krankenhaus) nicht mit berücksichtigt.

Die Anbindung externer medizinischer Kompetenz an Krankenhäuser ist bei dem bestehenden Kostenapparat einer Gemeinschaftspraxis oder eines Medizinischen Versorgungszentrums (MVZ) nicht im Rahmen eines Anstellungsvertrages einzelner Ärzte darstellbar.

Wie wir in unserem Fall zeigen können, geht das Engagement der innovativen Kooperation durch die wirtschaftliche und personelle Einbindung der ambulanten Struktur weit über die bloße Beschäftigung eines externen Arztes hinaus.

Glücklicherweise besteht auch im Rahmen der jüngsten Gesetzgebung die Option zum Abschluss *besonderer Versorgungsverträge* unter Einbindung aller am Gesundheitswesen beteiligter Leistungserbringer weiter, obgleich auch hier die immer restriktiveren Regularien und Vorgaben die Hürden zum erfolgreichen Abschluss immer höher erscheinen lassen.

In letzter Sekunde hat der Gesetzgeber nämlich ausdrücklich Versorgungsstrukturen nach § 140 SGB V vom Vorwurf der Korruption ausgenommen. Allerdings ist die Versorgung von Patienten, die nicht im Rahmen eines solchen Vertrages versorgt werden können, nunmehr juristisch schwer abschätzbar. Es kommt zu der paradoxen Situation, dass die Patientenversorgung im Rahmen der *besonderen Versorgung* unstrittig legal, die exakt gleiche Versorgung von Patienten außerhalb dieser Verträge jedoch potenziell als korrupt bezeichnet werden könnte.

Die Krankenhäuser haben deshalb im großen Stil mit der Kündigung von Honorar- und Konsiliararztverträgen auf diese Gesetzesneuerung geantwortet (Beerheide 2016). Die kostspielige und langwierige Gestaltung von Anstellungsverträgen folgte, um hier nicht kriminalisiert zu werden. Allerdings gibt es auch hierfür keinerlei juristische Sicherheit, dass die gewählten Verträge nicht doch in den Fokus von Ermittlungsbehörden geraten.

Insbesondere das Vorhandensein einer existierenden Abteilung, die das Behandlungsspektrum abdecken kann, soll ein solches Indiz sein.

In unserem Fall haben gerade wir diese Abteilung erst gegründet und initiiert, da wir sie zur optimalen intersektoralen Versorgung und Vernetzung als unabdingbar eingestuft haben. Gerade hier hat die intersektorale Behandlung von Patienten ihren Höhepunkt erlebt, als wir als niedergelassene Ärzte im Krankenhaus und der Leiter der Gefäßchirurgischen Abteilung am Krankenhaus bei uns ambulant tätig waren. Die o.g. Gesetzgebung hat diese, aus unserer Sicht perfekte Struktur, leider unmöglich gemacht.

25.9 Wünsche an Politik und Gesetzgeber

Unser Wunsch an die Politik und den Gesetzgeber: ausreichende Planungssicherheit. Sind intersektorale Strukturen unter Beteiligung von vertragsärztlichen Einrichtungen wirklich gewollt? Uns drängt sich manchmal der Eindruck auf, dass die strikte Trennung der Sektoren ambulant und stationär wieder eingeführt werden soll.

Es wurde über Jahre hinweg immer wieder betont, dass die ambulante Versorgung der stationären vorzuziehen sei, soweit möglich. Dies ist auch der Wunsch der Patienten, wie aus zahlreichen Untersuchungen zu entnehmen ist. Leider zeigen die Zahlen in Deutschland ein klares Bild. Die ambulante Versorgung wird zunehmend unattraktiv, Strukturen werden heruntergefahren und immer weniger Ärzte sind bereit das betriebswirtschaftliche Risiko der Selbstständigkeit auf sich zu nehmen und gehen lieber in ein Anstellungsverhältnis.

Die aus unserer Sicht richtigen Schritte des § 140 SGB V und des GKV-Modernisierungsgesetzes werden durch die derzeitige Gesetzgebung und politische Willensbekundungen im § 299 des StGB konterkariert.

Insgesamt wünschen wir uns von der Politik dringend Unterstützung statt Diskreditierung der Vertragsärzteschaft. Die Folgen der momentanen Haltung sind zunehmender Mangel an Ärzten und Arztzeit (siehe Kassenärztliche Bundesvereinigung: Arztzeituhr) und ein Untergraben der Motivation von Ärzten, die den Beruf als Berufung und nicht als Job verstehen, die bereit sind in der Niederlassung auch ein wirtschaftliches Risiko einzugehen und mehr als die derzeit medienwirksam in Szene gesetzten 25 Stunden pro Woche Patienten zu versorgen.

Wir sehen eine Reihe von Fehlentwicklungen im Gesundheitswesen, die auch zulasten einer funktionierenden intersektoralen Versorgung gehen. Zunehmend entdecken Private-Equity-Gesellschaften den Gesundheitsmarkt als lukrative Einnahmequelle. In etlichen Bereichen haben diese Finanzgeber bereits monopolistischen Einfluss gewonnen und man kann darauf warten, dass diese dann den Krankenkassen die Kostenerstattung diktieren werden und nicht umgekehrt. Dies wird scheinbar vom Gesetzgeber derzeit komplett übersehen, der aktuell mit dem im März 2019 verabschiedeten Terminservice-Gesetz der Monopolisierung durch Finanzakteure keinen Einhalt gebietet, obwohl dies durchaus in der Gesetzesfindungsphase diskutiert und von der Ärzteschaft angemahnt wurde.

Der Weg der Kommerzialisierung, der das Gesundheitswesen zur Gesundheitswirtschaft werden ließ, der den Patienten zum Kunden und den Arzt und die medizinischen Assistenzberufe zu Leistungsbringern degradiert hat, zeigt sich nicht in einer Verbesserung der Versorgung der Bevölkerung, wie ursprünglich gewünscht.

Trotz steigender Kosten durch die Zunahme stationärer Fälle ab 2004, die mit Einführung des DRG-Systems signifikant und stetig ansteigen (Statistisches Bundesamt o. J.), ist die Lebenserwartung in Deutschland niedriger als z. B. in Zypern, die deutlich geringere Fallkosten in ihrem Gesundheitswesen haben (Statistisches Amt der europäischen Union 2019). Die Behauptung, dass die alternde Gesellschaft in Deutschland für die Kostenexplosion verantwortlich sei, weil ältere Menschen auch mehr medizinische Versorgung in Anspruch nehmen würden und deshalb mehr Kosten verursachen würden, wird von führenden Wissenschaftlern der Gesundheitsökonomie als falsch angesehen. Der Großteil der Kosten für die Behandlung eines Menschen fällt in dessen letzten Lebensjahren an, unabhängig davon, ob man jung oder alt stirbt (Nöthen 2011).

Die Kosten steigen wegen Fehlanreizen im Vergütungssystem in Deutschland.

Längst wird deshalb das Ende der DRGs u. a. durch die Herausnahme der Pflegekosten geplant.

Wir meinen, der Gesetzgeber wäre gut beraten, die Rahmenbedingungen insbesondere für die vertragsärztlichen Gemeinschaftspraxen, MVZ und Kooperationen zwischen vertragsärztlichen Einrichtungen und Krankenhäusern zu verbessern. Intersektorale Vernetzung, wie in unserem Beispiel, kann für eine gute patientenorientierte, wirtschaftliche Umsetzung stehen. Voraussetzung ist, dass die versorgenden Ärzte und Einrichtungen sich nicht nur nach dem Diktat der sogenannten „wirtschaftlichsten Behandlung" richten müssen, sondern primär die für den Patienten am besten geeignete Versorgung auswählen können. Im Sinne von Patientenorientierung und wirtschaftlicher Effizienz halten wir den Lösungsansatz *gleiche Vergütung für gleiche Leistung*, egal ob die Versorgung stationär, teilstationär oder ambulant erbracht wird, für richtig. Und wir wünschen uns statt Misstrauen ein Klima des gegenseitigen Respektes und Vertrauens.

Literatur

Augurzky, B., Beivers, A., & Pilmy, A. (2018). RWI Materialien: Krankenhäuser in privater Trägerschaft 2018, Heft 122.

BAO (Berufsverband für Ambulantes Operieren). (o. J.). Ambulantes Operieren. https://www.operieren.de/e3224/e308/e331. Zugegriffen am 18.03.2019.

Beerheide, R. (2016). Korruption im Gesundheitswesen: „Toxische Altverträge in Archiven". *Deutsches Ärzteblatt, 113*(47), A-2136/B-1772/C-175.

KBV (Kassenärztliche Bundesvereinigung). (2015). Honorarbericht 2015 – Erstes Quartal.

Nöthen, M. (2011). Hohe Kosten im Gesundheitswesen: Eine Frage des Alters? *Wirtschaft und Statistik/Gesundheit, 7,* 665–675. Wiesbaden: Statistisches Bundesamt.

Statistisches Amt der europäischen Union. (2019). Lebenserwartung bei der Geburt in der europäischen Union im Jahr 2016 in Jahren. https://de.statista.com/statistik/daten/studie/954/umfrage/lebenserwartung-bei-geburt-in-ausgewaehlten-laendern-der-europaeischen-region/. Zugegriffen am 05.03.2019.

Statistisches Bundesamt. (2019). Veränderung der Bruttolöhne in Deutschland 1992–2018. https://de.statista.com/statistik/daten/studie/75731/umfrage/entwicklung-der-bruttoloehne-in-deutschland/. Zugegriffen am 05.03.2019.

Statistisches Bundesamt. (o. J.). Kostennachweis der Krankenhäuser in Deutschland. 2017 https://www.destatis.de/DE/Themen/Gesellschaft-Umwelt/Gesundheit/Krankenhaeuser/Tabellen/kosten-krankenhaeuser-bl.html. Zugegriffen am 20.07.2019.

Dr. Stefan Mann hat an der Friedrich Alexander Universität Erlangen/Nürnberg Medizin studiert, seine Ausbildung zum Facharzt für Chirurgie und Gefäßchirurgie am Klinikum der Universität Regensburg durchlaufen und wurde nach mehrjähriger Oberarzttätigkeit Chefarzt der Abteilung für Gefäßchirurgie am Krankenhaus Martha Maria Nürnberg. Danach folgte die Niederlassung im Gefäßzentrum Regensburg. An der IHK Köln erfolgte die Weiterbildung zum Geschäftsführer für Medizinische Versorgungszentren (MVZ). Weitere Ausbildungen qualifizieren ihn im Qualitätsmanagement und als Weiterbilder in der Medizin. Herr Dr. Mann ist Autor zahlreicher wissenschaftlicher Beiträge in Fachzeitschriften, Büchern und Videos und hat zahlreiche wissenschaftliche Vorträge gehalten.
    Kontakt: info@gefaesszentrum-regensburg.de

Lutz Röntgen ist Facharzt für Chirurgie und Gefäßchirurgie, MVZ-Geschäftsführer (IHK Köln) und Mitinhaber der Gefäßzentrum Regensburg GbR.
    Kontakt: info@gefaesszentrum-regensburg.de

Markus Janotta ist Facharzt für Gefäßchirurgie und ebenfalls Mitinhaber der Gefäßzentrum Regensburg GbR.
    Kontakt: info@gefaesszentrum-regensburg.de

In der Region, für die Region: Die Augen-Partner-Gruppe in Tuttlingen

Intersektorale Versorgung mit Schwerpunktzentrum am Krankenhaus

Christoph Mathey, Stephan Spang und Sabine Rieser

Zusammenfassung

Die Autoren des Weißbuchs zur Situation der ophthalmologischen Versorgung in Deutschland (Wolfram und Pfeiffer 2012, S. 29) haben hochgerechnet, dass es bis zum Jahr 2030 rund 7,7 Millionen mehr augenärztliche Behandlungsfälle allein bei den über 60-jährigen Patienten geben wird. Auf diese Versorgungsherausforderung müssen sich alle einstellen, insbesondere Akteure im ländlichen Raum. Die Lösung der inhabergeführten Augen-Partner-Gruppe in Tuttlingen: eine regionale Gemeinschaft von Praxen und operativen Standorten im Umkreis von 40 Kilometern mit einem Intersektoralen Facharztzentrum (IFZ) als medizinischem und administrativem Schwerpunkt der Versorgung.

26.1 Im Überblick: Versorgungsstruktur der Augen-Partner-Gruppe

Die intersektorale Versorgung, die die Augen-Partner-Gruppe im Süden Baden-Württembergs verwirklicht, hat sich aus einer klassischen Konstellation heraus entwickelt: aus einer städtischen Augenarztpraxis in Tuttlingen mit zusätzlicher belegärztlicher Tätigkeit am örtlichen Kreiskrankenhaus. In rund 15 Jahren ist daraus eine regionale Gemeinschaft von Praxen und operativen Standorten entstanden. Sie versorgen, auch EDV-technisch

C. Mathey · S. Spang (✉)
Augenzentrum Tuttlingen, Tuttlingen, Deutschland
E-Mail: c.mathey@mac.com; spang@augen-partnergruppe.de

S. Rieser
Fachjournalistin für Gesundheitspolitik, Berlin, Deutschland
E-Mail: info@sabine-rieser.de

© Springer Fachmedien Wiesbaden GmbH, ein Teil von Springer Nature 2020
U. Hahn, C. Kurscheid (Hrsg.), *Intersektorale Versorgung*,
https://doi.org/10.1007/978-3-658-29015-3_26

vernetzt miteinander, in einem Umkreis von rund 40 Kilometern Menschen mit Augenleiden konservativ, ambulant-operativ und stationär-operativ. Mittlerweile gehören 15 Augenärztinnen und -ärzte,[1] sechs Anästhesisten, sieben Optikerinnen, drei Orthoptistinnen und mehr als 80 nichtärztliche Mitarbeiter zur Augen-Partner-Gruppe. Das Augenzentrum in Tuttlingen ist dabei mit seinem umfassenden intersektoralen Angebot (ambulante Grund- und Spezialversorgung, ambulantes Operieren, stationäre Behandlung) der medizinische Schwerpunkt der Gruppe. Zudem fungiert Tuttlingen als administratives Zentrum für die anderen Standorte der Gruppe in der Region.

Das Besondere: Das Tuttlinger Augenzentrum hat sich als Einrichtung von Niedergelassenen im örtlichen Kreiskrankenhaus angesiedelt. Patienten, die dorthin zur Behandlung kommen, sagen oft: „Ich gehe ins Krankenhaus." In ihrer Wahrnehmung spielt es keine Rolle, dass das Augenzentrum und die Klinik formal zwei verschiedenen Sektoren des Gesundheitswesens angehören und von zwei verschiedenen Betreibern geführt werden. Doch auch in fachlicher Hinsicht gilt: In der ophthalmologischen Versorgung sind ambulant und stationär längst kein Schwarz und Weiß mehr wie früher. Die ambulanten Behandlungsoptionen haben dank der enormen Innovationen im Fach stetig zugenommen. Angesichts rückläufiger ophthalmologischer Eingriffe ist eine ärztliche Versorgung aus einer Hand für Ärzte effizienter und für Patienten eine willkommene wohnortnahe Option. Sie auszubauen, legen diverse Bedarfsanalysen nahe.

26.2 Demografischer Wandel und steigender ophthalmologischer Versorgungsbedarf

Nach Auffassung zahlreicher Experten werden im Bereich der Augenheilkunde in Zukunft noch mehr Patienten zu versorgen sein. Die Autoren des Weißbuchs zur Situation der ophthalmologischen Versorgung in Deutschland rechneten bereits im Jahr 2012 vor, dass es bis zum Jahr 2030 rund 7,7 Millionen mehr ophthalmologische Behandlungsfälle allein bei den über 60-jährigen Patienten geben werde: „Mehr als andere Fachbereiche ist die Augenheilkunde von der demografischen Alterung der Bevölkerung betroffen, die zu einem enormen Zuwachs des Versorgungsbedarfs führen wird." (Wolfram und Pfeiffer 2012, S. 3) Auch „neue Diagnose- und Therapieverfahren wie zum Beispiel intravitreale Therapien bei der häufigen Altersabhängigen Makuladegeneration haben die Möglichkeiten der augenärztlichen Arbeit in den letzten Jahren erweitert". (Wolfram und Pfeiffer 2012, S. 3) Die Bertelsmann Stiftung hat im Jahr 2014 in ihrem Faktencheck Gesundheit zum Thema Ärztedichte festgestellt, dass diese nicht überall dem regionalen Bedarf entspreche. (Bertelsmann Stiftung 2014, S. 1) Der Gesundheitsökonom Prof. Dr. Eberhard Wille hat 2010 in einem Gutachten mit verschiedenen Szenarien durchgerechnet, dass trotz steigender Arztzahlen zukünftig vor allem „Basisversorger" im ambulanten Bereich fehlen werden. Selbst wenn die Bevölkerung in einigen Regionen zurückgehe, werde die Gesamt-

---

[1] Im Beitrag werden lediglich aus Gründen der Lesbarkeit häufiger männliche Formen wie „Augenarzt" oder „Patient" verwendet.

nachfrage nach ambulanten Leistungen steigen – und zwar um durchschnittlich rund zehn Prozent bei Augenärztinnen und Augenärzten (Meißner und Rieser 2010).

26.3   Versorgungsbedarf im Landkreis Tuttlingen

Tuttlingen, im Süden Baden-Württembergs gelegen, ist mit rund 36.000 Einwohnern die größte Stadt des gleichnamigen Landkreises sowie ein Mittelzentrum innerhalb der Region Schwarzwald-Baar-Heuberg. Die Stadt schmückt sich mit dem Titel *Weltzentrum der Medizintechnik*, weil es rund 300 Unternehmen dieser Branche in der Stadt gibt, weitere 100 in der direkten Nachbarschaft. Vor zehn Jahren wurde in Kooperation von Stadt, Landkreis und Unternehmen ein Hochschulcampus der Hochschule Furtwangen University für heute knapp 1.000 Studierende gebaut. Ein Regionalmonitoring für den Landkreis hat 2016 ergeben, dass die Bevölkerungs- und Wirtschaftsentwicklung sich vergleichsweise positiv darstellt: Es herrscht nahezu Vollbeschäftigung, die Abwanderung junger Erwachsener und von Familien mit Kindern ist seit einigen Jahren gestoppt (Koch und Reisch 2016, S. 14) Doch die Autoren resümieren, dass dennoch im Rahmen des demografischen Wandels auf den Landkreis neue Herausforderungen zukommen werden (Koch und Reisch 2016, S. 64).

Im statistischen Monatsheft des Landes Baden-Württemberg von August 2018, das die mehrjährige Entwicklung der stationären Behandlungsfälle und deren Hintergründe analysiert, wird darauf verwiesen, dass unter den Behandlungsfällen insbesondere die Zahl der 70- bis unter 90-jährigen Männer deutlich zugenommen habe (Winkelmann und Fesenbeck 2018, S. 10). Insgesamt zeige sich, dass mehr Menschen die Altersgruppe von 70 bis 90 Jahren erreichten. Dabei ließen „Verlagerungen von der stationären zur ambulanten Versorgung" noch „Patienten aus der Krankenhausversorgung ‚verschwinden'" (Winkelmann und Fesenbeck 2018, S. 11). Auch wenn spezifische regionale Angaben zum zukünftigen augenmedizinischen Versorgungsbedarf für den Landkreis Tuttlingen fehlen, so kann man angesichts all dieser Daten schließen, dass er sich weiter erhöhen wird. Die intersektorale Aufstellung der Augen-Partner-Gruppe sichert vor diesem Hintergrund in der Region eine alle Versorgungsbedarfe umfassende, qualitativ hochwertige, wohnortnahe und altersgerechte Versorgung. Ihr Versorgungsbeitrag kommt nicht zuletzt durch technische und administrative Vernetzung, effiziente Abläufe und vielfältig spezialisierte Mitarbeiterinnen und Mitarbeiter zustande.

26.4   Im Detail: Versorgungsstruktur der Augen-Partner-Gruppe

26.4.1 Diagnostik und Therapie in den Strukturen eines Intersektoralen Facharztzentrums

Die Augen-Partner-Gruppe mit Tuttlingen als Hauptbetriebsstätte/Zentrum ist ein klassisches Intersektorales Facharztzentrum (IFZ): eine mittelständische medizinische Einrich-

Abb. 26.1 Intersektorales
Facharztzentrum:
Patientenversorgung über die
ganze Bandbreite. (Quelle: IFZ
Schwerpunktheft *Versorgung
der Zukunft*, OcuNet)

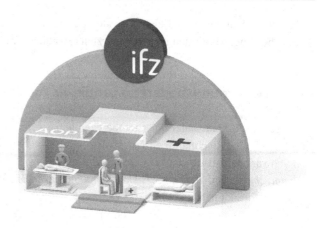

tung, als überörtliche Berufsausübungsgemeinschaft organisiert, in der vertragsärztlichen Versorgung verwurzelt. Im IFZ ist die Behandlung der Patienten über die ganze Bandbreite und je nach medizinischer Notwendigkeit ambulant, ambulant-operativ oder stationär Standard. Selbstständige und angestellte Ärzte arbeiten zusammen und versorgen ihre Patienten arbeitsteilig in enger Kooperation. Das Team kann Patienten nahezu das gesamte Spektrum der augenärztlichen Grund- und Spezialversorgung anbieten (Abb. 26.1).

Patienten mit zum Beispiel entzündetem Auge, Fehlsichtigkeiten, Glaukom (grüner Star) oder verzögerter Sehentwicklung werden klassisch konservativ behandelt. Viele Operationen der Augen werden ambulant durchgeführt, zum Beispiel bei grauem Star, altersbedingter Makuladegeneration (als einer Erkrankung der Netzhaut), Glaukomen oder notwendigen Korrekturen an den Augenmuskeln. Dennoch sind immer wieder auch stationäre Operationen unumgänglich. Die Gründe hierfür sind vielfältig: hohes Alter, Multimorbidität, eine unzureichende häusliche Versorgung nach einer Operation, postoperative Risiken oder spezifische augenmedizinische Gründe, zum Beispiel Einäugigkeit. Möglich sind ambulante und stationäre Eingriffe, weil die Ärzte des Zentrums auch als Belegärzte zugelassen sind. Entscheidend ist der Versorgungsbedarf des Patienten.

26.4.2 Das Zentrum in Tuttlingen

Für die Versorgung hat das Zentrum in Tuttlingen eine Etage von mehr als 800 Quadratmetern vom Krankenhaus angemietet, inklusive eigenen Operationssälen und bis zu zehn Belegbetten. Vom einen zum anderen Versorgungsbereich sind es nur ein paar Schritte: Wartezimmer, Praxisräume, Sehschule, OP-Räume und Stationsbetten liegen alle nahe beieinander. Das ist nicht nur für Patienten praktisch. Es spart auch allen Mitarbeitern Zeit. Für die Ärzte entfallen bei Operationen lange Wege, wie sie sonst für Belegärzte mit Betten in einer externen Klinik unvermeidbar sind. Das spart knappe ärztliche Arbeitszeit. Wichtig ist auch, dass man bei Notfällen rasch zur Stelle sein kann. Das gilt ebenso für

Anforderungen aus der Klinik heraus: augenärztliche Konsile für andere Abteilungen gehören mit zum Leistungsspektrum.

Die Geschichte des Tuttlinger Zentrums und die der gesamten Augen-Partner-Gruppe ist die eines stetigen, organischen Wachstums. Keimzelle war eine Augenklinik in der Stadt, die bereits in den 30er-Jahren des 20. Jahrhunderts durch Dr. Crämer gegründet wurde. Zuletzt als Gemeinschaftspraxis mit drei Partnern betrieben, stieß sie jedoch vor rund 15 Jahren an ihre räumlichen Grenzen. Damals operierten bereits die damaligen Inhaber auch als Belegärzte am Kreiskrankenhaus. Mit dem im Jahr 2005 neu hinzukommenden dritten Kollegen Dr. Stephan Spang war der vollständige Umzug als eigene Praxis- und OP-Einheit an das Krankenhaus beschlossene Sache. Die ambulanten Operationen wurden dort zusätzlich ausgebaut, die stationären fortgeführt. 2012 stieg Dr. Christoph Mathey in das Unternehmen ein und gründete zusammen mit Dr. Stephan Spang und fünf weiteren Kollegen die überörtliche Berufsausübungsgemeinschaft und Augenärzte Partnerschaftsgesellschaft Augen-Partner-Gruppe.

Schon die alte Augenklinik hatte überregional einen guten Ruf bei kooperierenden Augenärzten, wovon das 2006 gegründete neue Augenzentrum profitierte. Nach und nach wurden nicht nur freie Arztsitze in Tuttlingen besetzt, immer mehr ambulante Operationen durchgeführt, Arztsitze im Landkreis übernommen und durch den Aufkauf von Praxen Nebenbetriebsstätten gebildet. Auch die konservative Versorgung am Zentrum in Tuttlingen wurde stetig ausgebaut, weil durch das augenärztliche Angebot unter einem Dach und die effizienteren Abläufe mehr Zeit für Sprechstunden blieb. In der alten Augenklinik hatte man wegen der begrenzten Anzahl an Sprechstundenzimmern und der ausgelagerten OP-Tätigkeit keine Neupatienten mehr angenommen.

26.4.3 Die Augen-Partner-Gruppe in der Region

Zur Augen-Partner-Gruppe gehören heute neben dem medizinischen und administrativen Zentrum Tuttlingen weitere Standorte in Hechingen, Überlingen, Donaueschingen und Spaichingen. Überall werden Patienten konservativ versorgt. In Überlingen ist 2013 der zweite operative Standort der Gruppe entstanden, und zwar im Helios Hospital. Nach Assoziation einer regionalen Gemeinschaftspraxis mit Belegabteilung erfolgte der Umzug ins ambulante OP-Zentrum des Helios Spitals. In Spaichingen bietet ein Augenarzt an zweieinhalb Tagen das gesamte Spektrum der konservativen Augenheilkunde an. Die dortige Praxis der Augen-Partner-Gruppe ist ebenfalls im örtlichen Klinikum zu finden. Hier wurde 2017 ein weiterer ambulanter OP-Standort eröffnet (Abb. 26.2).

In der Region ist die Augen-Partner-Gruppe der größte ophthalmologische Versorger. In den letzten Jahren wurden jährlich mehr als 70.000 Patienten versorgt und mehr als 9.000 operative Eingriffe vorgenommen. Im Vergleich zu klassischen Krankenhausstrukturen und größeren ambulanten medizinischen Einrichtungen können kollegialere Strukturen, flachere Hierarchien und das Arbeiten im Team gepflegt werden. Die Erfahrung

Abb. 26.2 Intersektorales Facharztzentrum: Vernetzung in der Region. (Quelle: IFZ Schwerpunkt-heft *Versorgung der Zukunft*, OcuNet)

zeigt, dass der ärztliche Nachwuchs sich genau dies wünscht: Arbeit im Team, kein Einzel-kämpfertum, kollegiale Strukturen – und auch bei mehreren Standorten Nähe der Ärzte untereinander.

26.5   Effizienzsteigerung durch Technik

Alle Standorte nutzen dasselbe EDV-Netzwerk mit einem zentralen Server. Sämtliche Pa-tientenakten stehen damit allen zur Verfügung, egal ob im OP in Tuttlingen oder in der Praxis in Spaichingen. Das hat im Versorgungsalltag viele Effizienzvorteile, nicht nur in Form eines schnellen Zugriffs. Die gemeinsame EDV ermöglicht es allen Ärzten, sich kollegial auszutauschen, sich eine Zweitmeinung zu geben bzw. schnell einen Termin zu vereinbaren mit einem Patienten, wenn Kollegen dies wünschen. Sämtliche Befunde sind abrufbar und werden nicht mehrmals erhoben. Alle Kollegen können Konsile übernehmen, weil alle auf die notwendigen Unterlagen Zugriff haben. Niemand muss dafür erst Be-funde kopieren oder Bildbefunde verschicken wie früher.

Auch die standortübergreifende Telefonieanlage ist für die Effizienz im Netzwerk wichtig: Ist genug Zeit, nehmen die Standorte Anrufe selbst entgegen. Ist ein Standort aus-gelastet, kann er Anrufe auf die Telefonzentrale des Zentrums oder eine andere Neben-stelle umschalten. Wenn Patienten anrufen, die ihre Telefonnummer hinterlegt haben, re-gistriert das System dies und öffnet die zugehörige Akte. Die speziell geschulten Mitarbeiter in der Tuttlinger Telefonzentrale können dann wesentlich schneller helfen, wenn es um Rezepte, Kontrolltermine oder Ähnliches geht.

Um die Standorte und das gesamte Team der Gruppe gut zu vernetzen, wurden im Lauf der Jahre (möglichst schlanke) Verwaltungsstrukturen und -prozesse etabliert. So koordiniert eine Mitarbeiterin zentral sämtliche Arbeits- und Urlaubspläne. Eine Praxismanagerin fungiert als Bindeglied zwischen den einzelnen Standorten und den einzelnen Berufsgruppen. Sie organisiert und betreut unter anderem diverse Mitarbeitertreffen, bei denen die meisten Probleme schnell gelöst werden können. OP-Besprechungen, Abstimmungen zu Abrechnungsfragen etc. finden in den jeweils notwendigen Zusammensetzungen statt.

26.6   Vorzüge inhabergeführter Strukturen

Kennzeichen von inhabergeführten Strukturen wie jenen der Augen-Partner-Gruppe sind die Vereinigung von ärztlicher Kompetenz und unternehmerischer Führung in einer beziehungsweise mehreren Personen. In diesem Fall führen zwei Hauptgesellschafter. Zu den Vorzügen zählt, dass sich die betriebswirtschaftlichen Strukturen aus den augenheilkundlichen entwickeln und diesen nicht übergestülpt werden. Für die Patienten wie die Mitarbeiter ist man außerdem als „Chef" vor Ort, sichtbar und greifbar. Als Arzt mit täglicher Erfahrung in der Patientenversorgung bekommt man Probleme jedweder Art unmittelbar zu spüren, kann schnell reagieren, gegensteuern und effektive Lösungen initiieren. Man muss nicht mit Dritten diskutieren, warum bestimmte Abläufe suboptimal sind – man merkt es selbst und kann es auch selbst ändern. Die Entscheidungswege sind kurz, weil sich eben nicht ärztliche und betriebswirtschaftliche Entscheidungsträger abstimmen müssen, sondern diese Funktionen in einer Person zusammenfallen.

Hierin liegen gleichzeitig Limitationen: Gute Patientenversorgung kostet Zeit, die schnell für Organisation und Führung fehlt. Auch in inhabergeführten Strukturen muss man deshalb Sorge dafür tragen, sich durch eine effiziente Verwaltung zu entlasten und sich auf wesentliche Führungsaufgaben zu konzentrieren. Es gibt aber sicher eine kritische Größe, von der an dies nicht mehr funktioniert und man sich entscheiden muss, breitere Verwaltungsstrukturen zu etablieren. Die Augen-Partner-Gruppe hat auch deshalb entschieden, nicht mehr weiter wachsen zu wollen. Sonst ließen sich auch die schlanken, pragmatischen Abstimmungsprozesse innerhalb der Geschäftsführung nicht mehr aufrechterhalten.

26.7   Versorgungsvorteile für Patienten

Ein offensichtlicher Vorteil für Patienten sind die kurzen Wege. Durch die verschiedenen Standorte der Augen-Partner-Gruppe in der Region können Patienten wohnortnah versorgt werden. Das gilt auch für komplexere medizinische Fragestellungen, die etwa Subdisziplinen in der Augenheilkunde betreffen. Aufgrund des gemeinsamen EDV-Netzwerks lassen sich viele Fragestellungen innerärztlich klären. So müssen Patienten vom Land nicht eigens für einen Termin in die Kreisstadt fahren.

Wer sich wiederum in Tuttlingen behandeln lässt, erlebt es gar nicht anders, als dass alles unter einem Dach angeboten wird. Patienten von anderen Standorten, die hier operiert werden, profitieren vom augenärztlichen Netzwerk: Sie bemerken den vollständigen Zugriff auf ihre Patientenakte und die Kenntnis ihrer individuellen Krankheitsgeschichte, die in Beratung und Behandlung einfließen. Sie registrieren, dass ihnen ein Weiterbehandlungstermin zur OP-Kontrolle bei dem Arzt mitgegeben wird, der sie geschickt hat. Die Terminproblematik für eine Nachbehandlung oder Kontrolle wird nicht auf sie abgewälzt. Sie brauchen vor der Entlassung nach einer Operation auch nicht lange auf einen Arztbrief zu warten. Dieser wird im System hinterlegt. Das alles nehmen Patienten als entlastend und Sicherheit gebend wahr.

Ein weiterer Vorteil: Durch die Größe der augenärztlichen Gemeinschaft sind speziellere Angebote möglich. Das gilt nicht allein im Hinblick auf verschiedene Subdisziplinen innerhalb der Augenheilkunde. In Tuttlingen arbeiten Augenärzte und andere Gesundheitsberufe, die die verschiedenen Subdisziplinen der Augenheilkunde abdecken. Augenärzte aus anderen Standorten können im fachlichen Konsil ihre Kollegen in Tuttlingen hinzuziehen. Soweit das nicht möglich ist, werden Patienten nach Tuttlingen verwiesen. Bestimmte Behandlungen werden an spezialisierte nichtärztliche Fachkräfte – wie Orthoptistinnen – delegiert. Sie versorgen Kinder mit verzögerter Sehentwicklung (zum Beispiel aufgrund von Fehlstellungen der Augen) oder trainieren mit Schlaganfallpatienten, deren Sehzentrum betroffen ist, in deren Reha-Phase. Für sehbehinderte Patienten besteht die Möglichkeit, durch eine speziell ausgebildete Optikerin vergrößernde Sehhilfen anzupassen. Für eine einzelne Praxis ist ein solches Angebot nicht rentabel. Die Patientenzahlen sind zu gering und die Vergütung steht in keinem angemessenen Verhältnis zum Aufwand. Es rechnet sich auch für die Augen-Partner-Gruppe nicht. Aber in einer größeren Struktur sind solche Angebote leichter mitzufinanzieren und gehören zudem nach dem Selbstverständnis eines augenmedizinischen Zentrums dazu.

Das Zentrum in Tuttlingen kann Patienten auch umfangreichere Öffnungszeiten anbieten. Hinzu kommen die Vorteile aufgrund des Standorts am Krankenhaus: Für Patienten ist es hilfreich, dass sie Parkplätze der Klinik nutzen können und ebenso deren Cafeteria. Außerdem ist das Krankenhaus mit großen Aufzügen ausgestattet. Rollstuhlfahrer und Liegendtransporte können augenärztlich problemlos versorgt werden. Auch an den regionalen Nahverkehr ist das Krankenhaus gut angebunden.

26.8   Auswirkungen auf das Arzt-Patient-Verhältnis

Ein großes intersektorales Zentrum zu sein und ein augenärztliches Angebot an verschiedenen Standorten vorzuhalten, steht nicht im Widerspruch zu einem persönlichen Arzt-Patient-Verhältnis. Mit Ausnahme von Vertretungen sind alle Ärzte fest an bestimmten Standorten tätig. Folglich stellen sich die Patienten, von denen viele chronisch erkrankt sind, immer wieder in derselben augenärztlichen Praxis vor und werden kontinuierlich von denselben Ärzten behandelt. Ausnahmen gibt es, wenn eine Operation notwendig wird oder wenn ein nur in Tuttlingen tätiger Spezialist eingeschaltet werden muss. Aber selbst dann haben Patienten aufgrund der beschriebenen Kommunikation via Netzwerk das Gefühl, dass sie aus einem Guss versorgt werden.

Auch dazu trägt das EDV-Netzwerk bei: Wenn man früher über eine längere Zeit nachverfolgen wollte, wie es einem operierten Patienten geht, musste man ihn wieder einbestellen. Nun lassen sich im System die Kontrollbefunde eines nachbehandelnden Kollegen analysieren, der postoperative Verlauf mitverfolgen, ohne dass es die Zeit des Patienten kostet. Aus diesen Erkenntnissen heraus lässt sich die Versorgung weiter optimieren. Dies zeigt sich bei der IVOM, einer Therapie, bei der hochwirksame Medikamente regelmäßig in das Auge appliziert werden und zur Therapiesteuerung bildgebende Verfahren zum Einsatz kommen. Die Patienten können heimatnah in der Nebenbetriebsstätte untersucht werden, und die Bilddaten stehen dem Operateur zur Verlaufsbeurteilung unmittelbar zur Verfügung.

26.9 Auswirkungen auf die Mitarbeiter

Versorgungsstrukturen müssen vor allem der guten Behandlung von Patients dienen. Sie sollten aber ebenso der Mitarbeiterzufriedenheit dienen. Auch unter diesem Aspekt ist es sinnvoll, dass die administrativen Strukturen der Gruppe im Augenzentrum in Tuttlingen gebündelt und andere Standorte entlastet werden. In einem Intersektoralen Facharztzentrum ist zudem das Spektrum der Tätigkeiten umfassend – auch für nichtärztliche Mitarbeiter. Es ist sowohl möglich, sich kontinuierlich weiterzuentwickeln, um die ganze Breite seines beruflichen Feldes zu beherrschen, als auch, sich zu spezialisieren. Um effizient zu arbeiten, müssen sich Ärztinnen und Ärzte allerdings auf ihre medizinischen Kerntätigkeiten konzentrieren. Sie werden durch Fachpersonal gezielt von organisatorischen und bürokratischen Tätigkeiten entlastet. Dies entspricht grundsätzlich den Wünschen des Nachwuchses und ist ein gewichtiges Argument für die Anstellung anstelle der Niederlassung. Ein Beispiel aus Tuttlingen: Dort dokumentieren Medizinische Fachangestellte während und nach Operationen und entlasten Ärzte von dieser Verwaltungstätigkeit.

Manche Tätigkeit geht weit über die Aufgaben in der Patientenversorgung hinaus. Im IFZ bearbeitet eine Mitarbeiterin die gesamten Verträge zur intravitrealen operativen Medikamenteneingabe. Diese Therapie kommt bei Erkrankungen wie der feuchten Makuladegeneration (AMD) zum Einsatz, die bis vor wenigen Jahren nicht therapierbar war und bei vielen Patienten zur Erblindung führte. Allerdings hat nahezu jede Krankenkasse einen Vertrag entwickelt, der in Details von anderen abweicht. Wichtig ist, dass diese und andere Aufgaben im Zentrum nicht entlang der alten Sektorengrenzen vergeben werden, sondern allein nach medizinischer oder verwaltungstechnischer Sinnhaftigkeit.

Das gilt auch für patientennahe Tätigkeiten. Man kann die Einsatzplanung vielleicht mit einer klugen Verkehrssteuerung vergleichen, wie sie auf manchen Autobahnen in

Holland üblich ist. Je nach Verkehrsaufkommen werden die Fahrbahnen intensiver in die eine oder in die andere Richtung genutzt. Auf die Versorgung im Zentrum Tuttlingen übertragen, heißt das: Ist das OP-Programm kleiner als ursprünglich geplant, können OP-Mitarbeiter im Praxisbereich mitarbeiten – und umgekehrt. Auch Krankheitsfälle können in großen Strukturen besser aufgefangen werden als in kleinen.

26.10 Vorteile der Ansiedelung am Krankenhaus

Dass das Tuttlinger Augenzentrum eine eigene Etage im Kreiskrankenhaus angemietet hat, trägt zur patientenorientierten und effizienten Versorgung bei. So werden Sterilisation und Wäscheabteilung der Klinik mitgenutzt sowie, zusätzlich im Rahmen von eigenen Verträgen, die Reinigungskräfte des Krankenhauses. Die Beteiligung am Klinikeinkauf für allgemeine Verbrauchsmaterialien zählt ebenso zu den Vorteilen. Das Zentrum ist außerdem an das Kliniktelefonnetz angeschlossen. Im Ernstfall können benachrichtigte Notfallmediziner im Haus einen augenärztlichen Patienten versorgen. Auch wenn das praktisch nie nötig ist, vermittelt diese Art von Krankenhauskomfort doch vielen Patienten, gerade den älteren, eine große Sicherheit. Im Grunde werden sie ambulant behandelt oder ambulant operiert, aber mit einer medizinischen Sicherheit wie bei einer stationären Versorgung.

Das gilt auch für die sogenannte Hostelregelung. Manche Patienten könnten sehr gut ambulant operiert werden, wollen aber zur Sicherheit noch eine oder zwei Nächte in der Klinik bleiben. Andere kommen aus dem Umland und reisen vor einer ambulanten Operation lieber schon am Abend zuvor an. Ihnen allen stehen Betten auf der Privatstation des Krankenhauses zur Verfügung. Die Patienten zahlen lediglich die Übernachtung. Aber auch dieses Versorgungsangebot vermittelt ihnen eine Sicherheit wie bei einer klassischen stationären Versorgung.

26.11 Restriktionen intersektoraler Versorgung

Auch wenn die Augen-Partner-Gruppe einen Großteil der sonst von Krankenhäusern erbrachten Leistungen übernimmt, die Honorare dafür entsprechen nicht denen des stationären Bereichs. Als vertragsärztliche Einrichtung kann sie ihre Leistungen nicht pauschal nach DRG-Entgelten abrechnen. Und es gibt keinen Anspruch auf Investitionen vom Land. Die Honorare von Vertragsärzten und vertragsärztlichen Einrichtungen für ambulant-konservative, ambulant-operative und stationär-operative Leistungen sind bekanntermaßen niedrig und gedeckelt. Sie sind vielleicht für eine kleine Praxis mit geringer Leistungsbandbreite, wenigen Mitarbeitern und minimalem Koordinationsbedarf passend, nicht jedoch für eine größere Einrichtung. Nicht umsonst zeigen Auswertungen des Statistischen Bundesamtes, dass fachübergreifend die Rentabilität von nach Arztzahl kleinen operativen Praxen am höchsten ist (Statistisches Bundesamt 2015). Vor diesem Hintergrund müssen größere vertragsärztliche Einrichtungen die Versorgung sehr effizient organisieren. Auch deshalb sind sämtliche nichtärztliche Mitarbeiter der Augen-Partner-Gruppe in unterschiedlichen Bereichen spezialisiert. Die sieben Optikerinnen übernehmen unter fachlicher Aufsicht des Augenarztes beispielsweise weit mehr und weit anspruchsvollere Aufgaben als zuvor, von der Refraktion bis zur OP-Vorbereitung.

Intersektorale Modelle haben mit vielen größeren Hürden und ebenso mit manchem Klein-Klein zu kämpfen, so sehr Patienten und Mitarbeiter diese Strukturen schätzen. Der gemeinsame Einkauf mit dem Krankenhaus oder die Mitnutzung der Sterilisation sind effizient. Solche kooperativen Absprachen erfordern aber sehr kleinteilige und teilweise aufwendige Abrechnungs- und Verrechnungsprozesse auf beiden Seiten. Manche Dokumentation im stationären Bereich erscheint Niedergelassenen umständlich. Ein weiteres Problem ist, dass jeder Kollege nur in jeweils einer Klinik als Belegarzt tätig sein kann und angestellte Ärzte nicht selbstständig als Belegärzte tätig werden können. Zudem ist eine gegenseitige Vertretung nicht vorgesehen, anders als im ambulanten Tätigkeitsbereich.

Grundsätzlich lohnt sich finanziell eine belegärztliche Tätigkeit für keine Seite, weder für Belegärzte noch für das Krankenhaus. Krankenhäuser erzielen mehr Umsatz in Hauptabteilungen, und für eine vertragsärztliche Einrichtung ist eine ambulante Operation unter finanziellen Aspekten regelhaft deutlich attraktiver. Das geht aus einer Analyse von Hahn und Mussinghoff aus dem Jahr 2017 (Hahn und Mussinghoff 2017) hervor. Sie haben die Erlöse von im Kern identischen Leistungen bei ambulanter Versorgung einerseits und stationärer Versorgung in Beleg- und Hauptabteilungen andererseits mithilfe eines Matching-Verfahrens auf Basis von Prozeduren des sogenannten OPS-Schlüssels verglichen. Bezogen auf zehn häufige, miteinander verglichene Leistungen war die Fallvergütung in der Hauptabteilung eines Krankenhauses deutlich attraktiver. Die Abweichung zwischen Hauptabteilungs-DRG und Belegarzt-DRG betrug im Durchschnitt 32 Prozent. Und eine ambulante Operation (Honorar im Median 447 Euro) inklusive Sachkosten war deutlich besser bezahlt als eine belegärztliche (Honorar im Median 270 Euro).

Neben der individuellen medizinischen und sozialen Situation der Patienten ist das ein wichtiger Grund, bevorzugt ambulant zu operieren, falls es die konkrete Situation zulässt. Ein ganz und gar medizinferner Grund für einen stationären Eingriff ist, dass für zahlreiche augenärztlichen Operationen teure Implantate und Transplantate benötigt werden, die weder über die Sprechstundenbedarfsvereinbarungen noch über die Sachkostenvereinbarungen gedeckt werden können. Bemühungen, Verträge mit Krankenkassen abzuschließen, damit diese Sachkosten bei ambulanter Durchführung einer OP gedeckt werden, sind leider oft nicht erfolgreich.

Vor allem aber müssen Niedergelassene alle Investitionen selbst erwirtschaften, auch diejenigen für den stationären Bereich, während ein Krankenhaus dafür Landesmittel erhält. Es ist unbestritten, dass diese der Höhe nach unzureichend sind. Doch das Zentrum in Tuttlingen erhält keinerlei Investitionsmittel für seine stationären Leistungen und muss diese vollständig selbst finanzieren. Lediglich die Verbrauchsmaterialien und anteilige Reparaturen werden durch das Krankenhaus finanziert. In Tuttlingen haben sich viele Prozesse in guter Abstimmung und in gegenseitigem Einvernehmen mit dem Krankenhaus etabliert. Das Augenzentrum ergänzt dessen Angebot und ist eine seiner Finanzierungsquellen. Aber Anreize für beide Seiten, IFZ-Strukturen unter einem Dach zu schaffen oder auszubauen, gibt es nicht.

Die Bedarfsplanung im ambulanten Sektor erweist sich insbesondere in einer ländlichen Region wie Tuttlingen als Hindernis. Trotz hoher und aus demografischen wie medizinischen Gründen weiter steigenden Fallzahlen erlauben die (veralteten) Verhältniszahlen keine zusätzlichen Facharztsitze. Man kann keinen Kollegen einstellen – egal, wie viele Patienten mehr von Jahr zu Jahr versorgt werden. Die an Krankenhäusern beschäftigte Zahl an Ärzten ist hingegen nicht reglementiert. Kliniken erhalten eine pauschale Vergütung pro Fall. Mit wie vielen Ärzten sie diesen Versorgungsauftrag umsetzen, bleibt ihnen überlassen. Das Sozialgesetzbuch sieht für belegärztlich tätige Ärzte zwar ein Verfahren zur Sondersitzvergabe vor. Für augenmedizinische Strukturen wie die der Augen-Partner-Gruppe lohnt sich das aber nicht. Die Augenheilkunde zeichnet sich durch ein großes ambulantes und ein vergleichsweise kleines belegärztliches Spektrum aus. Nur wenn ein Arzt mit Sondersitzzulassung auch belegärztlich arbeiten würde, würde sich dies lohnen. Diese ungelöste Problematik hat unerwünschte Folgen auch im Hinblick auf den medizinischen Nachwuchs. Grundsätzlich sind intersektorale Strukturen sehr gut geeignet, um jungen Kolleginnen und Kollegen planbare Arbeitszeiten und einen überschaubaren Versorgungsumfang zu ermöglichen. Wenn aber mehr und mehr Patienten versorgt werden müssen, ohne dass weitere Ärzte entlastend hinzukommen dürfen, führt dies am Ende wieder zu einer Überlastung und demotiviert.

All diese Restriktionen sollte man beachten, wenn wieder einmal Ideen zur Erprobung neuer Versorgungsformen von gesundheitspolitischen Akteuren vorgetragen werden. Und ebenso, wenn es um die Kritik geht, die Sprechstundenzeiten im ambulanten Bereich seien zu kurz. Gute Versorgung braucht Zeit, Ressourcen und finanzielle Sicherheit. In einem auf Kante genähten Finanzierungssystem, das nur die unmittelbar am Patienten erbrachten Leistungen vergütet, muss man als großes, intersektorales, fachlich breit aufgestelltes Zentrum extrem fokussiert versorgen.

Gleichwohl engagiert sich die Augen-Partner-Gruppe über ihre versorgungsunmittelbaren Aufgaben hinaus unter anderem durch die Beteiligung an klinischen Studien und Versorgungsforschungs-Projekten innerhalb einer Gruppe großer augenmedizinischer Zentren, dem OcuNet Verbund. Dahinter steht die Überzeugung, dass alle zur verbesserten Qualität der medizinischen Versorgung und von Versorgungsstrukturen beitragen sollten. Größere Akteure wie die Augen-Partner-Gruppe haben das Potenzial dazu, weil sie viele Patienten über alle Krankheitsbilder versorgen. Dieses Engagement „rechnet" sich nicht. Es entspricht aber dem Selbstverständnis großer Zentren als Impulsgeber zur Weiterentwicklung des Gesundheitswesens.

Im OcuNet Verbund sind intersektorale augenmedizinische Zentren verbandlich zusammengeschlossen. In Intersektoralen Facharztzentren (IFZ) stellen die Ärztinnen und Ärzte des Zentrums in Kooperation mit einem oder mehreren Krankenhäusern sowohl die ambulante Grund- und Spezialversorgung als auch die stationäre Versorgung in einer Region sicher. Die Zentren versorgen häufig auch Patienten in entlegenen Regionen, in denen sowohl das Angebot an augenärztlichen Praxen als auch an augenärztlichen Abteilungen in Krankenhäusern bereits sehr ausgedünnt ist. Typischerweise arbeiten in IFZ angestellte und selbstständige Ärztinnen und Ärzte unter einheitlicher Leitung und einheitlichem Außenauftritt zusammen. Im OcuNet Verbund realisieren die intersektoralen Zentren gemeinsame wissenschaftliche, versorgungsrelevante und berufspolitische Projekte unter der Philosophie *Qualität im Auge.*

26.12 Fazit und Ausblick

Das Angebot der Augen-Partner-Gruppe stellt aus ärztlicher und aus Patientensicht eine sinnvolle Versorgungslösung dar. Patienten wünschen sich eine wohnortnahe Versorgung. Sie nehmen Wege in Kauf, aber keine allzu langen. Und sie bevorzugen persönlichere Strukturen. Grundsätzlich ist deshalb das baden-württembergische Modell einer vernetzten regionalen Versorgung mehrerer Standorte in einem größeren Umkreis attraktiv und „kopierbar". Das zeigt auch die Entwicklung in Tuttlingen. Dort haben sich im Kreiskrankenhaus mittlerweile noch eine nuklearmedizinische, eine radiologische und eine neurochirurgische Praxis angesiedelt. Die Kollegen in der neurochirurgischen Praxis arbeiten ebenfalls ambulant-stationär und haben mittlerweile ihr Spektrum vergrößert – zur Zufriedenheit der Patienten. Gerade vor dem Hintergrund der vielen Vorteile, die Strukturen wie die der Augen-Partner-Gruppe besitzen, sollten sie behindernde und benachteiligende Systemmängel abgebaut werden.

Literatur

Bertelsmann Stiftung. (2014). *Faktencheck Gesundheit Ärztedichte.*

Hahn, U., & Mussinghoff, P. (2017). Ökonomische Anreize belegärztlicher im Vergleich zu alternativen Versorgungsformen aus den Perspektiven von Krankenhaus und Vertragsarzt/Belegarzt sowie aus gesundheitssystemischer Sicht. *Gesundheitsökonomie und Qualitätsmanagement.* https://doi.org/10.1055/s-0043-100689.

Koch, T., & Reisch, M. (2016). Regionalmonitoring 2016 für den Landkreis Tuttlingen im Zuge der Neuauflage des Prognos Zukunftsatlas Regionen 2016, Endbericht.

Meißner, M., & Rieser, S. (2010). In Zukunft zu wenig Basisversorger. *Deutsches Ärzteblatt, 41,* 1954–1955.

Statistisches Bundesamt. (2015). Unternehmen und Arbeitsstätten – Kostenstruktur bei Arzt- und Zahnarztpraxen sowie Praxen von psychologischen Psychotherapeuten, Fachserie 2, Reihe 1.6.1, Wiesbaden.

Winkelmann, U., & Fesenbeck, N. (2018). Eine alternde Gesellschaft und Krankenhausversorgung. Einflussfaktoren der Patientenentwicklung in Baden-Württemberg. *Statistisches Monatsheft Baden-Württemberg, 8,* 9–16.

Wolfram, C., & Pfeiffer, N. (2012). Weißbuch zur Situation der ophthalmologischen Versorgung in Deutschland. Deutsche Ophthalmologische Gesellschaft. http://www.dog.org/wp-content/uploads/2013/03/DOG_Weissbuch_2012_fin.pdf. Zugegriffen am 28.04.2020.

Dr. Christoph Mathey ist Facharzt für Augenheilkunde, Leitender Operateur und Hauptgesellschafter der Augen-Partner-Gruppe. Seit 2012 ist er im Augenzentrum Tuttlingen niedergelassen, das eine eigene Etage des Klinikums des Landkreises Tuttlingen bezogen hat. Dort ist Mathey auch als Belegarzt tätig. Seit 2015 operiert er zusätzlich im Augen-OP-Zentrum Überlingen, das ebenfalls zum Unternehmen gehört. 2012 gründete er zusammen mit Dr. Stephan Spang die überörtliche Berufsausübungsgemeinschaft und die Augenärzte Partnergesellschaft Augen-Partner-Gruppe und erweiterte sie mit Spang um drei weitere Standorte und zwei zusätzliche OP-Zentren. Zuvor war Mathey als Oberarzt an der Universitäts-Augenklinik Dresden, dem Städtischen Klinikum Bielefeld, dem Elisabeth Krankenhaus Köln-Hohenlind und als Leitender Oberarzt im St. Joseph-Stift Bremen tätig. Seine Facharzttätigkeit hat er an der Augenklinik Dardenne in Bonn aufgenommen, seine Facharztausbildung an der Universitäts-Augenklinik Tübingen absolviert und in Bonn, Essen, Madrid und Stanford studiert.

Kontakt: c.mathey@mac.com

Dr. Stephan Spang ist Facharzt für Augenheilkunde, Leitender Operateur und Hauptgesellschafter der Augen-Partner-Gruppe. Im Jahr 2005 hat er sich in Tuttlingen in einer Praxisgemeinschaft niedergelassen. 2006 wurde das heutige Augenzentrum Tuttlingen auf einer eigenen Etage des Klinikums des Landkreises Tuttlingen gegründet. Dort ist Dr. Spang auch als Belegarzt tätig. Seit 2015 operiert er zusätzlich im Augen-OP-Zentrum Überlingen, das im Klinikum des dortigen Helios Spitals untergebracht ist. 2012 wurden die überörtliche Berufsausübungsgemeinschaft und die Augenärzte Partnergesellschaft Augen-Partner-Gruppe gegründet. Von 2001 bis 2004 war Dr. Spang niedergelassener Augenarzt und Belegarzt an der Augenklinik Ahaus. Seine Facharztausbildung hat er an der Universitäts-Augenklinik Homburg-Saar absolviert, wo er zuletzt als Oberarzt arbeitete.

Kontakt: spang@augen-partnergruppe.de

Sabine Rieser ist Fachjournalistin mit den Arbeitsschwerpunkten Gesundheits- und Sozialpolitik und lebt in Berlin. Sie hat viele Jahre für das Deutsche Ärzteblatt gearbeitet, zuletzt als Leiterin des Berliner Büros. Rieser hat in Köln Volkswirtschaft studiert und eine Ausbildung an der Kölner Journalistenschule für Politik und Wirtschaft absolviert.

Kontakt: info@sabine-rieser.de

Praxiskliniken heute: die effektive Umsetzung intersektoraler Versorgung

27

Jascha Rinke

Zusammenfassung

Praxiskliniken sind innovative Unternehmensformen im Gesundheitswesen. Sie erbringen ambulante und stationäre operative Leistungen an der Schnittstelle zwischen ambulantem und stationärem Sektor. Das Leistungsspektrum umfasst einen Case-Mix aus rein ambulanten, stationsersetzenden und kurzstationären operativen Eingriffen und ist in der Regel kostengünstiger als eine vergleichbare Behandlung in einem Krankenhaus. Einen deutlichen Hemmfaktor bei der Weiterentwicklung dieser Unternehmensform stellt das Fehlen einer gesetzlich geregelten Vergütung dar. Die Weiterentwicklungen in der Medizin führen kontinuierlich dazu, dass zunehmend komplexere Operationen auch kurzstationär möglich sind. Die hohe Patientenzufriedenheit und das nicht zu unterschätzende Einsparpotenzial veranlassen Krankenkassen daher in vielen Fällen dazu, die fehlende rechtliche Grundlage der stationären Vergütung durch den Abschluss besonderer Vereinbarungen zu umgehen.

27.1 Praxiskliniken

Praxiskliniken erbringen ihre Leistungen an der Schnittstelle zwischen ambulantem und stationärem Sektor. In der Praxis konzentriert sich das Leistungsportfolio von Praxiskliniken häufig auf den Prozess der operativen und perioperativen Versorgung von Patienten. Durch eine fehlende Definition sind aber allerhand Interpretationen denkbar. Insbesondere in strukturschwachen Regionen eignen sich Praxiskliniken im Sinne eines

J. Rinke (✉)
Praxisklinik im Südpark OHG, Solingen, Deutschland
E-Mail: rinke@praxisklinik.de

© Springer Fachmedien Wiesbaden GmbH, ein Teil von Springer Nature 2020
U. Hahn, C. Kurscheid (Hrsg.), *Intersektorale Versorgung*,
https://doi.org/10.1007/978-3-658-29015-3_27

Gesundheitszentrums hervorragend, um die durch Krankenhausschließungen entstandenen Versorgungslücken zu schließen. In urbanen Räumen können effiziente und prozessorientierte Praxiskliniken die bevorstehende pauschale Vergütung von Operationen auch wirtschaftlich darstellen. Insbesondere Krankenhäuser sollten hier an der Implementierung praxisklinischer Strukturen interessiert sein. Praxiskliniken und Krankenhäuser stehen nicht zwingend in Konkurrenz zueinander. Vielmehr können praxisklinische Strukturen an Krankenhäusern das abbilden, was an Krankenhäusern vielerorts vergeblich versucht wird: eine patientenorientierte und wirtschaftliche operative Versorgung von Patienten, unabhängig davon, ob der Eingriff ambulant durchgeführt werden kann oder eine stationäre Aufnahme erforderlich ist. Obwohl der Gesetzgeber vage Rahmenbedingungen für Praxiskliniken (siehe Abschn. 26.5, rechtliche Rahmenbedingungen) geschaffen hat, fehlt es an klaren Zulassungskriterien und insbesondere an einer adäquaten Vergütung. Trotz der Vielzahl von Hindernissen und des nicht unerheblichen Risikos, steigt die Zahl der Praxiskliniken innerhalb der deutschen Versorgungslandschaft kontinuierlich an. Das erfolgreiche Betreiben von Praxiskliniken erfordert gute Systemkenntnisse und einen kreativen Ansatz zur Verknüpfung der unterschiedlichen Rahmenbedingungen beider Sektoren.

27.1.1 Praxiskliniken im rechtlichen Kontext

In § 115 Abs. 2 S. 1 Nr. 1 SGB V werden Praxiskliniken als „Einrichtungen, in denen die Versicherten durch Zusammenarbeit mehrerer Vertragsärzte ambulant und stationär versorgt werden" definiert (Bundesministerium der Justiz o. J.-b).

Im Jahr 2009 konnte die Interessenvertretung der Praxiskliniken die Aufnahme des § 122 ins SGB V bewirken.

„Der Spitzenverband Bund der Krankenkassen und die für die Wahrnehmung der Interessen der in Praxiskliniken tätigen Vertragsärzte gebildete Spitzenorganisation vereinbaren in einem Rahmenvertrag

1. einen Katalog von in Praxiskliniken nach § 115 Abs. 2 S. 1 Nr. 1 ambulant oder stationär durchführbaren stationsersetzenden Behandlungen,
2. Maßnahmen zur Sicherung der Qualität der Behandlung, der Versorgungsabläufe und der Behandlungsergebnisse.

Die Praxiskliniken nach § 115 Abs. 2 S. 1 Nr. 1 sind zur Einhaltung des Vertrages nach Satz 1 verpflichtet." (Bundesministerium der Justiz o. J.-b).

Die Umsetzung dieser Rahmenbedingungen seitens des Gesetzgebers stehen bis zum heutigen Tage aus. Insbesondere eine Zulassung oder Zertifizierung für Praxiskliniken im Sinne des SGB V existiert nicht. Der Begriff Praxisklinik wurde in der Vergangenheit häufig von rein ambulanten Einrichtungen der Human- und Zahnmedizin verwendet. Inzwischen hat das Oberlandesgericht Hamm allerdings festgestellt, dass der Begriff der

Klinik als Synonym für *Krankenhaus* stehe und neben operativen Eingriffen auch eine stationäre Behandlung damit assoziiert werde (Oberlandesgericht Hamm 2018). Da Praxiskliniken keine Zulassung als Krankenhaus nach § 108 SGB V haben können, unterliegt der stationäre Teil der Praxiskliniken zusätzlich dem § 30 der Gewerbeordnung und ist demnach eine Privatkrankenanstalt.

27.1.2 Deutsche Praxisklinikgesellschaft e.V.

Die deutsche Praxisklinikgesellschaft e.V. (PKG) ist der politische Dachverband der Praxiskliniken auf Bundesebene . Die innerhalb der PKG organisierten Praxiskliniken unterliegen strikten Anforderungen an eine Mitgliedschaft. Die von der PKG formulierten Qualitätskriterien umfassen unter anderem:

- Zertifizierung (DIN ISO oder adäquat),
- Hygienemanagement (Vertrag mit einem unabhängigen Institut),
- Patientenbefragung (AQS1/SQS1),
- regelmäßige Erstellung eines strukturierten Qualitätsberichts.

Diese Praxiskliniken erbringen ambulante und stationäre operative Leistungen von exzellenter Qualität, unter Beachtung der höchstmöglichen Effizienz, so dass sich durch deren Wirtschaftlichkeit ein relevantes Einsparpotenzial für die GKV ergibt. Die Deutsche Praxisklinikgesellschaft e.V. fungiert als Spitzenverband der Deutschen Praxiskliniken und vereint derzeit rund 45 Praxiskliniken, die den hohen Ansprüchen an eine Mitgliedschaft gerecht werden. Die in der PKG organisierten Praxiskliniken führen jährlich mehr als 160.000 Operationen sämtlicher Fachdisziplinen durch, von denen ca. 10 % eine kurzstationäre Aufnahme (bis zu drei Tagen) erfordern. Ziele des Spitzenverbandes sind die Weiterentwicklung der rechtlichen Rahmenbedingungen sowie die Entwicklung eines Vergütungskatalogs auf Bundesebene (Deutsche Praxisklinikgesellschaft 2015).

Das Leistungsspektrum umfasst einen Case-Mix aus rein ambulanten, stationsersetzenden und kurzstationären operativen Eingriffen und ist in der Regel kostengünstiger als eine vergleichbare Behandlung in einem Krankenhaus (Schulte 2009). Ein klarer Hemmfaktor bei der Weiterentwicklung dieser Unternehmensform stellt das Fehlen einer gesetzlich geregelten Vergütung dar. Von Gesetzeswegen her haben Praxiskliniken lediglich einen Anspruch auf die Vergütung aus der vertragsärztlichen Gesamtvergütung. Diese unterliegt Honorarbegrenzungen und steht in keinem Verhältnis zum Aufwand, den die Implementierung einer solchen Unternehmensform mit sich bringt (Gellrich 2005). Die in § 115 Abs. 2 S. 1 Nr. 1 SGB V beschriebene Erbringung stationärer Leistungen, kann derzeit lediglich auf Basis der individuell mit den Kostenträgern verhandelten Selektivverträgen durchgeführt werden.

Die Weiterentwicklungen in der Medizin führen kontinuierlich dazu, dass zunehmend komplexere Operationen heute auch kurzstationär möglich sind. Die hohe Patientenzufriedenheit und das nicht zu unterschätzende Einsparpotenzial führte in der Vergangenheit auch in vielen Fällen dazu, dass die GKVen die fehlende rechtliche Grundlage der stationären Vergütung übergehen und mit Praxiskliniken Verträge nach § 140a ff. SGB V oder Einzelfallentscheidungen für einzelne Leistungen abgeschlossen haben und dies ist auch für die Zukunft zu erwarten.

Im Zuge des Krankenhausfinanzierungsreformgesetzes konnte die PKG die Aufnahme des § 122 in das SGB V bewirken. Demnach sind der Spitzenverband Bund der Krankenkassen und die Interessenvertretungen der Praxiskliniken verpflichtet worden, in einem Rahmenvertrag einen „Katalog von in Praxiskliniken ambulant oder stationär durchführbaren stationsersetzenden Behandlungen" auszuarbeiten (Schulte 2009). Bis zum heutigen Tag ist dem 2009 implementierten Gesetzesauftrag nicht nachgekommen worden. Darüber hinaus fehlen klare Signale, sowohl der beteiligten Parteien als auch des Gesetzgebers zu der Frage, welche Rolle Praxiskliniken im System spielen sollen. Die Möglichkeit dieses Zwischensektors, durch die Erbringung kurzstationärer und stationsersetzender Leistungen beträchtliche Kosten innerhalb des GKV-Systems einzusparen, ist vorhanden. Es obliegt der Politik, den nötigen Druck auf die Parteien auszuüben (Gaßner und Strömer 2013).

27.1.3 Vorteile von Praxiskliniken

Operative Praxiskliniken zeichnen sich insbesondere durch eine hocheffiziente Ablauforganisation aus. Im Mittelpunkt der Leistungserbringung steht der Prozess. Ebenso wichtig sind die Bedürfnisse der Patienten in Verbindung mit der höchstmöglichen Qualität. Im Gegensatz zu stationären Einrichtungen sind Praxiskliniken um den Patienten herum organisiert. Die Kostenträger partizipieren durch eine hohe Patientenzufriedenheit und kürzere Ausfallzeiten ihrer Versicherten bei einer kalkulierbaren pauschalen Vergütung (Abb. 27.1). Vorteile für Patienten:

- **Versorgung aus einer Hand**
- Vorbereitung, Operation und Nachbehandlung werden durch den vertrauten Facharzt übernommen;
- **kürzere Wartezeiten**
- Durch individuelle, zeitlich exakte Planung reduzieren sich Wartezeiten bei den vornehmlich elektiven Eingriffen deutlich;
- **angenehme Atmosphäre**
- Durch überschaubare, ansprechende und individuell gestaltete Räumlichkeiten in Verbindung mit patientenorientierten Prozessen und geringen Wartezeiten;
- **kurze Abwesenheit von Familie, Haus und Beruf**
- Durch die überwiegend ambulanten oder kurzstationären Operationen muss die häusliche Umgebung nur für die Operation selbst oder kurzzeitig für den stationären Aufenthalt verlassen werden;

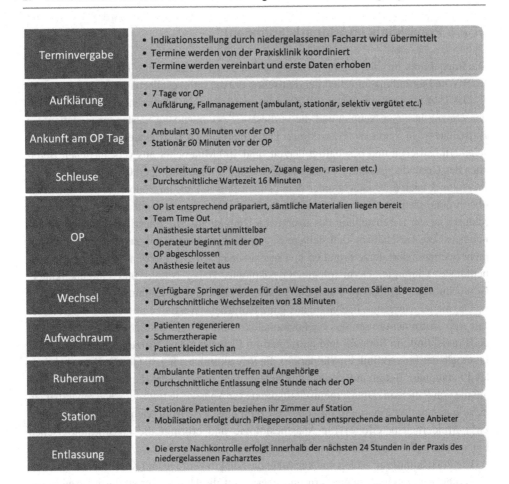

Terminvergabe	• Indikationsstellung durch niedergelassenen Facharzt wird übermittelt • Termine werden von der Praxisklinik koordiniert • Termine werden vereinbart und erste Daten erhoben
Aufklärung	• 7 Tage vor OP • Aufklärung, Fallmanagement (ambulant, stationär, selektiv vergütet etc.)
Ankunft am OP Tag	• Ambulant 30 Minuten vor der OP • Stationär 60 Minuten vor der OP
Schleuse	• Vorbereitung für OP (Ausziehen, Zugang legen, rasieren etc.) • Durchschnittliche Wartezeit 16 Minuten
OP	• OP ist entsprechend präpariert, sämtliche Materialien liegen bereit • Team Time Out • Anästhesie startet unmittelbar • Operateur beginnt mit der OP • OP abgeschlossen • Anästhesie leitet aus
Wechsel	• Verfügbare Springer werden für den Wechsel aus anderen Sälen abgezogen • Durchschnittliche Wechselzeiten von 18 Minuten
Aufwachraum	• Patienten regenerieren • Schmerztherapie • Patient kleidet sich an
Ruheraum	• Ambulante Patienten treffen auf Angehörige • Durchschnittliche Entlassung eine Stunde nach der OP
Station	• Stationäre Patienten beziehen ihr Zimmer auf Station • Mobilisation erfolgt durch Pflegepersonal und entsprechende ambulante Anbieter
Entlassung	• Die erste Nachkontrolle erfolgt innerhalb der nächsten 24 Stunden in der Praxis des niedergelassenen Facharztes

Abb. 27.1 Patientenpfad Praxisklinik im Südpark. (Quelle: eigene Darstellung)

- **modernes diagnostisches und operatives Equipment;**
- **keine Doppeluntersuchungen;**
- **geringes Infektionsrisiko durch frühe Mobilisation und kurze Verweildauer in der operativen Einheit.**

27.2   Praxisklinik in der Praxis

Insbesondere die vorweg beschriebene Orientierung am Patienten und die damit einherge-hende überdurchschnittliche Zufriedenheit sind dafür verantwortlich, dass Praxiskliniken in-zwischen ein fester Bestandteil des deutschen Gesundheitssystems und beispielhaft für eine gelingende intersektorale Versorgung sind. Einen Ansatz zur Interpretation der vagen Rah-menbedingungen zeigt das nachfolgende Beispiel der Praxisklinik im Südpark in Solingen.

27.2.1 Praxisklinik im Südpark (Solingen)

Die Praxisklinik im Südpark in Solingen ist eine Praxisklinik nach § 115 Abs. 2 S. 1 Nr. 1 SGB V und Gründungsmitglied der deutschen Praxisklinikgesellschaft e.V.

Das 1998 als rein ambulantes OP-Zentrum gegründete Unternehmen erlangte 2012 durch den Umzug in einen Neubau und die in diesem Zusammenhang entstandenen stationären Kapazitäten den Status als Praxisklinik. Das Unternehmen wird aktuell von sechs Gesellschaftern betrieben und beschäftigt derzeit rund 100 Mitarbeiter aus verschiedenen Bereichen des Gesundheitssektors. Das Geschäftsmodell umfasst das operative Zentrum und die Privatklinik nach § 30 GewO unter dem Namen Praxisklinik im Südpark OHG, sowie die überörtliche Gemeinschaftspraxis für Anästhesie. Das Kerngeschäft der Praxisklinik im Südpark ist die Bereitstellung des operativen Umfelds im Stil eines Dienstleistungsunternehmens. Das Geschäftsmodell sieht keine angestellten operativ tätigen Fachärzte vor, vielmehr operieren dort derzeit rund 65 niedergelassene Fachärzte aus den Disziplinen Augenheilkunde, Chirurgie, Dermatologie, Gynäkologie, Hals-, Nasen- und Ohrenheilkunde, Neurochirurgie, Orthopädie, Plastische Chirurgie, Urologie und Zahnmedizin.

Die niedergelassenen Fachärzte aus ganz Nordrhein-Westfalen nutzen die Operationssäle, das Instrumentarium, das Fachpersonal sowie die Organisation und das Know-how der Praxisklinik im Südpark und entrichten im Gegenzug eine Nutzungsgebühr. Ein Teil innerhalb der Praxisklinik im Südpark ist die Privatklinik nach § 30 GewO. Diese beinhaltet 13 stationäre Betten auf klinischem Niveau und gewährleistet die kurzstationäre Aufnahme von Patienten. Die Gemeinschaftspraxis für Anästhesie mit sechs Kassenarztsitzen in Solingen und Wuppertal umfasst derzeit zehn Fachärzte (fünf Mehrheitsgesellschafter, zwei Minderheitsbeteiligte) für Anästhesiologie und erbringt die anästhesiologischen Leistungen in der Praxisklinik im Südpark.

Die Praxisklinik verhandelt und verwaltet die Selektivverträge und Kostenübernahmevereinbarungen mit den Kostenträgern und übernimmt die Honorarverteilung im Anschluss. Das Leistungsspektrum der Praxisklinik im Südpark wird zunehmend invasiver, sodass inzwischen so hochkomplexe Eingriffe wie mehrstufige Wirbelfusionen in der Neurochirurgie kurzstationär durchgeführt werden können. Die Entwicklung verlagert sich also zunehmend in Richtung stationsersetzender Leistungen. Durch die effiziente Gestaltung von Abläufen, eine flache Hierarchie und den optimalen Einsatz von Wissen kann die Praxisklinik im Südpark auch mit der reduzierten Fallpauschalenvergütung (DRG – in Orientierung an die Vergütung in Krankenhäusern) aufgrund der hohen Effizienz ein im Mix positives Ergebnis aufweisen. Im Jahr 2017 wurden in der Praxisklinik im Südpark an mehr als 7500 Patienten Operationen vorgenommen, von denen ca. 1200 eine stationäre Aufnahme erforderten.

27.2.2 Kooperation mit Krankenhaus

Die Praxisklinik im Südpark in Solingen arbeitet seit dem Jahr 2013 an einer intersektoralen Kooperation mit einem Krankenhaus (§ 108 SGB V) in Solingen. Das Krankenhaus sieht sich im Wettbewerb mit einer Vielzahl von anderen Häusern im direkten Umfeld. Die vielfältigen Herausforderungen des Paradigmenwechsels im System veranlassten die Entscheider des Krankenhauses, neue Konzepte zuzulassen. Die vollstationäre Versorgung eines definierten Leistungsspektrums wurde erstmalig in Frage gestellt. Es wurde nach wirtschaftlichen und patientenorientierten Alternativen gesucht. Ambulante Operationen sind jedoch auch in diesem Krankenhaus nur sehr selten kostendeckend durchzuführen.

Das Krankenhaus ist in diesem Kontext eine intelligente und patientenorientierte Kooperation mit der Praxisklinik im Südpark eingegangen. Gemeinsames Ziel beider Partner ist eine langfristige Positionierung in der regionalen Gesundheitsversorgung, unter Berücksichtigung der individuellen Kompetenzen. Der praxisklinische Sektor ist ein zukunftsfähiger Lösungsansatz für bevorstehende Herausforderungen. Um eine gesicherte Versorgung der Patienten auch in Zukunft gewährleisten zu können, ist es zwingend notwendig, dass die verschiedenen Leistungserbringer auf vertraglicher Basis, unter Beachtung einer optimalen Ressourcennutzung, im Rahmen der individuellen Möglichkeiten miteinander kooperieren.

Das Krankenhaus und die Praxisklinik im Südpark haben aus diesem Grund zum 01.01.2016 einen intersektoralen Versorgungsvertrag für operative Leistungen unterzeichnet. Diese koordinierte intersektorale Kooperation, unter Einbezug der Kostenträger soll eine zukunftsfähige operative Versorgung der Patienten in der Region gewährleisten und die Vertragspartner somit langfristig in der regionalen Gesundheitsversorgung positionieren. Primäres Ziel dabei ist die Sicherstellung einer adäquaten und am individuellen Fall ausgerichteten operativen Versorgung der Patienten – bei einer optimalen Nutzung beschränkter Ressourcen, einer koordinierten und am Patienten orientierten Medizin bis hin zu einem gemeinsam getragenen Label/Leitbild. Durch die Kooperation sollen bei sämtlichen Projektbeteiligten nachfolgende Ressourcen eingespart werden. Im Vordergrund stehen der Bürokratieabbau, die Überführung kritischer stationärer Fälle in den kurzstationären/praxisklinischen oder ambulanten Sektor sowie die optimale und standardisierte Ausgestaltung des Patientenpfads (Abb. 27.2).

Prozess:

- Die Koordination der Patienten verbleibt beim Krankenhaus.
- Die Vor- und Nachsorge der Patienten obliegt dem Krankenhaus.
- Die Entscheidung über die Koordination des Patienten basiert auf einem gemeinsam zu entwickelnden automatisierten Grouper. Durch die Eingabe verschiedener medizinischer Parameter liefert der Grouper einen Vorschlag zum weiteren Behandlungsverlauf.
- Das Resultat könnte eine stationäre oder praxisklinische Versorgung des Patienten zur Folge haben, die finale Entscheidung obliegt dem behandelnden Arzt des Krankenhauses.
- Die Entscheidung über den weiteren Behandlungsverlauf orientiert sich ebenfalls an den Rahmenbedingungen des mit den Kostenträgern im Rahmen der Kooperation geschlossenen Selektivvertrags.

Abb. 27.2 Intersektoraler Versorgungspfad in Solingen. (Quelle: eigene Darstellung)

- Die operative Versorgung der Patienten im Bereich der kurzstationären/praxisklinischen und ambulanten Versorgung erfolgt in der Praxisklinik im Südpark durch Ärzte des Krankenhauses.

Diese Kooperation wurde gemeinsam mit Vertretern der Kostenträger und des BVA entwickelt. Die Kooperation zweier ehemaliger Konkurenten für die Zukunftsfähigkeit der Unternehmen und eine optimale am Patienten orientierte Versorgung zeigen auf, wie die Zukunft der operativen Versorgung von Versicherten aussehen könnte. Die Evaluation der erhobenen Daten steht noch aus.

27.3 Ausblick

Die aktuelle Konzeption des Gesundheitswesens lässt deutliche Defizite erkennen. Insbesondere an der Sektorengrenze gestaltet sich das deutsche Gesundheitssystem in höchstem Maße ineffizient. Sämtliche Bestrebungen der Gesundheitspolitik, die starre Abgrenzung beider Sektoren zu lockern und durch Wettbewerb eine Steigerung der Behandlungsqualität und Effizienz – bei gleichzeitiger Kostenreduktion zu implementieren – sind weitestgehend gescheitert.

Auch im internationalen Vergleich zeichnet sich das relativ teure deutsche Gesundheitswesen durch mangelnde Effizienz aus. Ein wesentlicher Grund für diesen Umstand lässt sich auf myopische Politikentscheidungen sowie ein durch Korporatismus bedingtes Vakuum in der Restrukturierung der etablierten Mechanismen zurückführen. Der drohende Kollaps des Systems, durch eine handfeste Problematik auf der GKV-Einnahmenseite einerseits und ein rasanter Anstieg der Leistungsausgaben andererseits, zwingen das System in Richtung innovativer und effizienter Konzepte.

Die traditionelle Organisation der stationären Versorgung ist überholt. Hoher Wettbewerb unter den stationären Einrichtungen, Fehlanreize des DRG-Systems und mangelnde Alternativen führen zu unnötigen Ausgaben in diesem Sektor. Ambulant-sensitive Krankenhausfälle und die Fehlbelegungsprüfungen des MDK zeigen, dass der stationäre Sektor, in seiner jetzigen Ausgestaltung, nicht generell die medizinisch sinnvolle und kosteneffizienteste Option darstellt. Ein beachtliches Spektrum der stationären Operationen wird aus wirtschaftlichen Motiven heraus durchgeführt. Das ambulante Operieren am Krankenhaus ist selten wirtschaftlich durchführbar. Ebenso ist der EBM als Vergütungsoption für ambulante Operationen nicht kostendeckend. Die enormen Unterschiede in der Vergütung zwischen ambulanten und stationären Operationen führen zu einem kontinuierlichen Anstieg der stationären Fallzahlen. Dieser Umstand steht in deutlichem Gegensatz zu den formulierten Zielen der Bundespolitik.

Das DRG-System beinhaltet Konstruktionsfehler. Ein relevantes operatives Spektrum ist nicht mehr zwingend dem stationären Sektor zuzuordnen. Praxisklinische Strukturen bieten einen innovativen Lösungsansatz für eine patientenzentrierte effiziente Versorgung im Wettbewerb mit Krankenhäusern. Die fehlende Vergütungsoption für Praxiskliniken könnte durch einen pauschal vergüteten Leistungskatalog – unterhalb der DRG – problemlos geschaffen werden. Der bereits im SGB V implementierte § 122 könnte durch eine Umformulierung bereits die Basis für diesen Leistungskatalog darstellen. Die Vergütung sollte dann nicht nur für Praxiskliniken Anwendung finden. Vielmehr sollte es eine allgemein gültige pauschale Vergütung eines operativen Spektrums geben.

Das Modellprojekt in Solingen zeigt auf, dass ein solcher Transfer von stationären Fällen nicht zwingend nachteilig für Krankenhäuser sein muss. Vielmehr ist es eine Chance für das gesamte System, sich durch diesen Paradigmenwechsel für die Herausforderungen der Zukunft aufzustellen. Das Einsparpotenzial ist unumstritten; ein qualitativer und fairer Wettbewerb sind die natürliche Folge. Jetzt ist es an der Politik, endlich die verkrusteten Strukturen aufzubrechen und das System im Sinne des Patienten umzugestalten. Die Instrumente dafür sind bereits vorhanden.

Literatur

Bundesministerium der Justiz. (o. J.-a). § 115 Dreiseitige Verträge und Rahmenempfehlungen zwischen Krankenkassen, Krankenhäusern und Vertragsärzten. http://www.gesetze-im-internet.de/sgb_5/__115.html. Zugegriffen am 04.04.2019.

Bundesministerium der Justiz. (o. J.-b). § 122 SGB V Behandlung in Praxiskliniken. https://www.sozialgesetzbuch-sgb.de/sgbv/122.html. Zugegriffen am 04.04.2019.

Deutsche Praxisklinikgesellschaft. (2015). 150.000 Operationen p. a. in der Deutsche Praxisklinikgesellschaft e.V. (PKG). http://www.pkgev.de/downloads/Pressenotiz_11_10_11.pdf. Zugegriffen am 05.04.2019.

Gaßner, M., & Strömer, J. M. (2013). Der Anspruch auf Zugang von Praxiskliniken zur Versorgung in der Gesetzlichen Krankenversicherung. *GesundheitsRecht, 12*(5), 276–283.

Gellrich, S. (2005). Modelle der sektorenübergreifenden Integration in der Gesundheitsversorgung. Die Verknüpfung des Krankenhauses als stationäre Akutversorgungseinrichtung mit der vertragsärztlichen Versorgung. Dissertation, Universität Bremen, Berlin.

Oberlandesgericht Hamm. (2018). Zahnarztpraxis ist keine Praxisklinik. [Pressemitteilung]. https://www.olg-hamm.nrw.de/behoerde/presse/pressemitteilung_archiv/archiv/2018_pressearchiv/062-18-Praxisklinik.pdf. Zugegriffen am 04.04.2019.

Schulte, G. (2009). Rechtliche Stellung der Praxiskliniken im SGB V. http://www.pkgev.de/downloads/RPG_0904.pdf. Zugegriffen am 30.03.2019.

Jascha Rinke ist Gesundheitsökonom und Experte für Konzepte im Bereich ambulanter Strukturen insbesondere ambulantes und kurzstationäres Operieren.

Kontakt: rinke@praxisklinik.de

Intersektorale Versorgung in der Onkologie

Stephan Schmitz

Zusammenfassung

Die Onkologie ist heute interdisziplinär und multiprofessionell. Patienten werden in der Regel multimodal behandelt. Die Zusammenarbeit und das Engagement von vielen Kolleginnen und Kollegen ist die Voraussetzung für eine optimale Versorgung der Krebspatienten. Das war nicht immer so. Das Gesundheitssystem förderte nicht immer die intersektorale Versorgung. Insofern ist es notwendig, auch die historischen Entwicklungen und aktuellen Systembedingungen zu verstehen. Wir stehen vor aktuellen und zukünftigen großen Chancen, aber auch vor großen Herausforderungen. Ziel ist es, die onkologische Versorgung in Deutschland zukunftssicher und weiter hochqualitativ zu organisieren. Stichworte sind die demografische Entwicklung, der exponentielle Wissenszuwachs, die Arbeitsbedingungen der jungen Kolleginnen und Kollegen und der systembedingt immer noch viel zu häufig getrennte stationäre und ambulanten Bereich. Dazu gehört auch, weiter Spitzenmedizin für die gesamte Bevölkerung zu gewährleisten. Um das gute Niveau zu halten und noch zu verbessern, sind innovative Wege notwendig. Sektorenübergreifende Konzepte sind dabei eine conditio sine qua non.

S. Schmitz (✉)
MVZ für Hämatologie und Onkologie Köln Am Sachsenring GmbH, Köln, Deutschland
E-Mail: schmitz@oncokoeln.de

© Springer Fachmedien Wiesbaden GmbH, ein Teil von Springer Nature 2020
U. Hahn, C. Kurscheid (Hrsg.), *Intersektorale Versorgung*,
https://doi.org/10.1007/978-3-658-29015-3_28

28.1 Historie

Sektoren trennen. Der ambulante und stationäre Bereich (Sektoren) waren in Deutschland bis 2004 streng getrennt. Beide Versorgungsbereiche hatten und haben ihre eigenen grundverschiedenen organisations- und ordnungspolitischen Regeln. Dies ist eine Besonderheit des deutschen Gesundheitswesens und es ist nicht möglich, über intersektorale Versorgung nachzudenken, ohne diese Besonderheit zu kennen und zu berücksichtigen. Bis zum Jahr 2004 hatten die Vertragsärzte das Monopol für die gesamte ambulante Versorgung. Es gab nur sehr wenige klar umschriebene Ausnahmen, zum Beispiel, wenn die ambulante Versorgung durch Vertragsärzte nicht sichergestellt werden konnte. In diesem Fall konnten Krankenhausärzte zur ambulanten Versorgung ermächtigt werden. Das Monopol war ein „Geschäft auf Gegenseitigkeit" zwischen der Ärzteschaft und der Gesellschaft. Es war nämlich an mehrere Bedingungen gebunden: 1. Die Vertragsärzte müssen die komplette ambulante Versorgung jederzeit gewährleisten (Sicherstellungsauftrag) 2. Die Ärzte/innen verzichten auf jede Form der Arbeitsniederlegung, zum Beispiel um Kampf für eine faire Honorierung. Also: Monopol gegen Sicherstellung und Verzicht auf Kampfmaßnahmen. Wie schon in Kap. 1 von Sascha Wolf beschrieben, war dies der Beginn der kollektivvertraglichen Versorgung, die auch im Aufbau der Bundesrepublik durch die Reaktivierung des Kassenarztrechts (1955) wieder installiert wurde.

Zurück zum Jahr 2004. Aus dem Gesetzentwurf des Gesundheitsmodernisierungsgesetzes (GMG):

> „Zur Lösung der in Wissenschaft und Praxis festgestellten Qualitätsmängel, insbesondere auch der Probleme der Unter-, Über- und Fehlversorgung implementiert der Gesetzgeber wettbewerbliche Strukturen in die fachärztliche Leistungserbringung. Das heißt konkret, dass nicht mehr wie bisher im kollektivvertraglich organisierten System der Leistungserbringung jeder zugelassene Leistungserbringer in der Versorgung aller Versicherten teilnehmen kann, sondern die Krankenkassen erhalten das Instrumentarium, mengen- und qualitätsgesteuert und damit zielgenau die notwendigen Leistungen für ihre Versicherten zu einem angemessenen Preis einzukaufen."

Mit dieser Begründung wurden 2004 zugelassene Versorgungszentren (Gesundheitszentren, später Medizinische Versorgungszentren) per Gesetz eingeführt. Die *Integrierte Versorgung* (§ 140 SGB V) wurde vereinfacht, bewusst ohne Anbindung an das Kollektivvertragssystem. Die Basis sollten Einzelverträge sein, Vertragspartner können Rabatte aushandeln, Krankenkassen können Gesellschaften zur Durchführung integrierter Versorgung auch mit angestellten Ärzten gründen und: – ganz wichtig – Ausnahme von der Beitragsstabilität. Verträge der Krankenkassen zur *Integrierten Versorgung* konnten mit Ärzten als Mitglieder einer Gemeinschaft, Trägern von Versorgungszentren, Trägern, die nicht selbst Versorger sind, sondern eine Versorgung durch dazu berechtigte Leistungserbringer anbieten (Managementgesellschaften) und Eigeneinrichtungen der Krankenkassen abschließen. Es standen sämtliche Rechts- und Gesellschaftsformen zur Verfügung. Es bestanden Substitutionsmöglichkeiten über verschiedene Leistungssektoren. Es wurde eine neue Möglichkeit zur ambulanten Versorgung durch Krankenhäuser eröffnet (§ 116 b). Folgende Bedingungen mussten erfüllt sein: Unterversorgung (festgestellt durch Landesausschuss Ärzte/KK muss Zulassungsausschuss zulassen), im Rahmen von DMP-Programmen § 137 g, für einen Katalog hoch spezialisierter Leistungen (z. B. Krebs). Ausweitung der vor- und nachstationären Behandlung (§ 115 b SGB V). Die Krankenkassenverbände und die Landeskrankenhausgesellschaft können „abweichende Regelungen" zur vor- und nachstationären Behandlung vereinbaren, z. B. Verlängerung der zulässigen Zeiträume (ist in der bisherigen Regelung nur als dreiseitiger Vertrag möglich). Damit haben die Vertragsärzte nicht mehr das Monopol, sind aber weiter an die Verpflichtung der Sicherstellung und an die fehlenden Möglichkeit, Kampfmaßnahmen auszuführen, gebunden.

Insgesamt eine durchaus innovative, aber auch wirklich disruptive Gesetzgebung. Im Prinzip eine Neugestaltung der ambulanten Versorgung in Deutschland. Es wurden somit weitere Versorger in die ambulante Versorgung eingeführt: Krankenhäuser und Gesundheitszentren.

Neben der damit verbundenen Öffnung des ambulanten Marktes für andere Wettbewerber wurde darüber hinaus die rechtliche Stellung des Arztes in der ambulanten Versorgung, ohne dass man das sofort bemerkt hat, revolutioniert. Die bis dato festgeschriebene Regel, dass ein ambulanter Vertragsarzt immer freiberuflich und selbstständig sein müsse, wurde über Bord geworfen. Angestellte Ärzte konnten in MVZ arbeiten. Konsequenterweise wurde diese Regelung, die nur für MVZ galt, am 01.01.2007 im Vertragsarztrechtänderungsgesetz auch für Vertragspraxen eingeführt.

Mit dem GKV-VSG wurden die Regelungen für die Paragrafen 140 (*Integrierte Versorgung*) und 116 b (ambulante fachärztliche Versorgung) modifiziert. Für den Paragraf 116 b war kein Vertrag mehr zwischen Krankenkasse und Krankenhaus notwendig:

> „Ein zugelassenes Krankenhaus ist zur ambulanten Behandlung der in dem Katalog (…) genannten Leistungen (…) berechtigt, wenn und soweit es im Rahmen der Krankenhausplanung des Landes auf Antrag des Krankenhausträgers unter Berücksichtigung der vertragsärztlichen Versorgungssituation dazu bestimmt worden ist."

2012 wurde mit dem GKV-Versorgungsstärkungsgesetz (GKV-VStG) die neue ambulante spezialfachärztliche Versorgung eingeführt (§ 116 b neu). Ziel war es, sektorenverbindende Leistungen zu erbringen. In der sektorenverbindenden ambulant spezialfachärztliche Versorgung (ASV) sollen Krankenhäuser und Vertragsärzte zu gleichen Bedingungen arbeiten können (Dr. Orlowski, BMG). Der Gesetzgeber hat die Voraussetzungen geschaffen. Die Ausgestaltung ist in der Verantwortung der Selbstverwaltung (GKV-SV, KBV, DKK) und Krankenhäuser und Vertragsärztinnen/ärzte vor Ort. In der Onkologie fordert das Gesetz eine Kooperation zwischen den Sektoren (stationär-ambulant). 2014 ist die erste Richtlinie zur Onkologie (gastrointestinale Tumoren) im Gemeinsamen Bundesausschuss (G-BA) verabschiedet worden und nach Nichtbeanstandung durch das Bundesgesundheitsministerium in Kraft getreten.

28.2   Entwicklung der medizinischen Onkologie

Zum Teil unabhängig von den oben beschriebenen gesetzlichen Rahmenbedingungen, aber nicht abgekoppelt von den oben beschriebenen Megatrends hat sich die Art und Weise, wie die Onkologen arbeiten, in den letzten 20 Jahre ebenfalls verändert. Wenn früher der erste Kontakt darüber entschied, wie und wo ein Patient behandelt wurde (Chirurgie, Strahlentherapie oder medizinische Onkologie) und die interdisziplinäre und intersektorale Kooperation nicht die Regel war, hat sich dies deutlich verändert. Dank der Initiative der Deutschen Krebsgesellschaft und durch die Umsetzung und enormes Engagement durch Ärztinnen und Ärzte in Krankenhäusern und Praxen haben sich in ganz Deutschland onkologische Zentren und onkologischen Organzentren etabliert. Die erste Zertifizierung der Fachzentren erfolgte im Oktober 2008. Die Zertifizierungskriterien fordern die interdisziplinäre und sektorenübergreifende Versorgung. Jedes Zentrum muss die notwendigen stationären und ambulanten Leistungen vorhalten. Krankenhäuser und niedergelassene Onkologen können gemeinsam Hauptkoordinatoren eines Zentrums sein. Keimzentrum eines jeden Organ- oder onkologischen Zentrums ist die interdisziplinäre Tumorkonferenz. Diese ist ebenfalls in den meisten Fällen intersektoral. Zurzeit (24.02.2019) gibt es 1971 DKK-Zentren. Des Weiteren gibt es onkologische Zentren nach den Kriterien der Deutschen Gesellschaft für Hämatologie und Onkologie (DGHO). Nahezu jede onkologische Schwerpunktpraxis ist im Durchschnitt an drei Zentren beteiligt (Abb. 28.1). Es gibt keinen Unterschied zwischen Stadt und Land: Nur sehr wenige Praxen sind an keinem Zentrum beteiligt. Mehr als 90 % nehmen an externen Tumorkonferenzen teil (Abb. 28.2). Die sektorenverbindende Kooperation zwischen Schwerpunktpraxen und Krankenhäusern ist bereits vielfach erfolgreich etabliert. Dies soll an einer Schwerpunktpraxis in einer Großstadt und an einer Praxis in einer Mittelregion verdeutlicht werden.

Beispiel Großstadt
Diese Schwerpunktpraxis mit drei Ärzten und einer Ärztin hat Kooperationen mit sechs Krankenhäusern, davon einem Universitätsklinikum. Die Kommunikation ist regelmäßig und reibungslos. Die Praxis nimmt regelmäßig pro Woche an vier Tumorkonferenzen teil. An dreien durch persönliche Teilnahme in den Räumen der Krankenhäuser, an einer über eine Videositzung. Die Ärzte der Praxis sind Kernmitglieder in drei ASV-Kooperationen, zwei davon zu gastrointestinale Tumoren (davon eine als Teamleitung) und eine weitere Teilnahme an ASV Urologie. Darüber hinaus gibt es die ambulante fachübergreifende Onkologie (AFO), eine Praxisgemeinschaft mit sechs Urologen. Die Studienabteilung mit zwei Studienassistentinnen bildet das organisatorische Rückgrat für die Teilnahme der Praxis an klinischen Studien. In der Großstadt gibt es weitere onkologische Schwerpunktpraxen, die in ähnlicher Weise intersektoral kooperieren (Abb. 28.3).

Beispiel Mittelregion
Schon mit der Gründung der Schwerpunktpraxis 2005 suchten die Kolleginnen und Kollegen den Kontakt mit anderen Kollegen aus dem Krankenhaus, den niedergelassenen

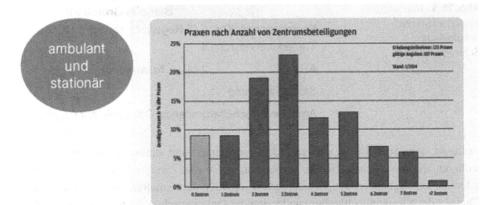

Jede onkologische Schwerpunktpraxis ist im Durchschnitt an drei zertifizierten Zentren beteiligt. Es gibt keine relevanten Unterschiede zwischen Stadt und Land.

Nur eine wenige Praxen sind ohne regelmäßige Verbindung zu Zentren.

Abb. 28.1 Praxen nach Anzahl von Zentrumsbeteiligungen. (Quelle: Wissenschaftliches Institut der Niedergelassenen Hämatologen und Onkologen in Deutschland (WINHO GmbH))

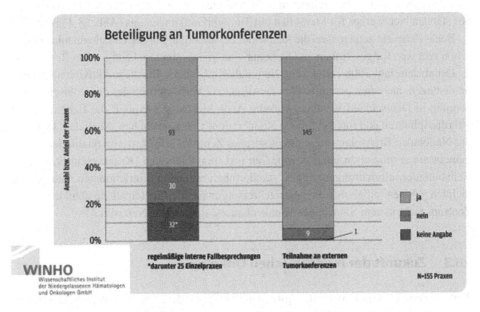

Abb. 28.2 Beteiligung an Tumorkonferenzen. (Quelle: Wissenschaftliches Institut der Niedergelassenen Hämatologen und Onkologen in Deutschland (WINHO GmbH))

Abb. 28.3 Intersektorale
Versorgung einer
onkologischen
Schwerpunktpraxis

Beispiel Großstadt

Kooperationen Khs 6 (5 Regelversorgung, 1 CCC)

Tumorkonferenzen 4

ASV GI   2 (4), 1 Teamleitung

Studienabteilung

Ambulante fachübergreifende Onkologie mit 6 Urologen

Kollegen, dem Sozialdienst und auch dem ambulanten und stationären Hospiz. Um die wohnortnahe Versorgung weiter zu verbessern, wurde eine Zweigstelle eröffnet. Die intersektorale Versorgung verfestigte sich, indem seit 2006 der damalige Oberarzt und heutige Chefarzt des Klinikums Offenburg und Leiter des Onkologischen Zentrums Ortenau neben seinen Aufgaben im Krankenhaus gleichzeitig als Partner in die Praxis einstieg. Durch eine weitere Kollegin, die dem Medizinischen Versorgungszentrum des Krankenhauses angehört, aber in den Räumen der Praxis arbeitet, wird das intersektorale Spektrum erweitert.

Durch diese beispielhafte sektorenverbindende Verzahnung zwischen Krankenhäusern und Praxen kann die gesamte Region des Ortenaukreises onkologisch ambulant und stationär reibungslos und wohnortnah versorgt werden. Als erste Arztpraxis wurde den Kolleginnen und Kollegen des ambulanten Therapiezentrums für Hämatologie und Onkologie in Offenburg und Achern im November 2014 der Landespreis für junge Unternehmen von Ministerpräsident Kretschmann verliehen. Mit dem Landespreis zeichnen Landesregierung und L-Bank die Praxis für die innovative Verzahnung ambulanter und stationärer Therapiekonzepte, die sektorenübergreifenden Kooperationen sowie den wegweisenden Aufbau eines stabilen Netzwerkes für Menschen mit Tumorerkrankungen aus (Abb. 28.4 und 28.5).

Beide Beispiele zeigen, dass die intersektorale Versorgung in der Onkologie lokal bereits schon sehr weit fortgeschritten und nicht nur eine Vision, sondern häufig schon Realität ist.

Der ab dem Jahr 2008 entwickelte Nationale Krebsplan sollte diese Aktivität nachhaltig unterstützen und einen gesamtheitlichen Ansatz zur Verbesserung der onkologischen Versorgung in Deutschland weiterentwickeln. Auch hier wurde explizit die Bedeutung der interdisziplinären und intersektoralen Kooperationen herausgehoben. Nach der Definition des Nationalen Krebsplan ist ein onkologisches Zentrum „ein Netz von qualifizierten und gemeinsam zertifizierten interdisziplinären und transsektoralen (Krankenhäuser, Praxen, Rehabilitationseinrichtungen), ggfs. standortübergreifenden Einrichtungen, die, sofern fachlich geboten, möglichst die gesamte Versorgungskette für Betroffene abbilden." Also Zentrum nicht in dem Sinne eines Krankenhauses, sondern als Netzwerk.

28.3   Zukunft der medizinischen Onkologie

Trotz des erheblichen Fortschrittes gibt es aber insbesondere vor den zukünftigen Herausforderungen noch beträchtliches Optimierungspotenzial. Die Herausforderungen kann man unter drei Stichpunkte subsumieren:

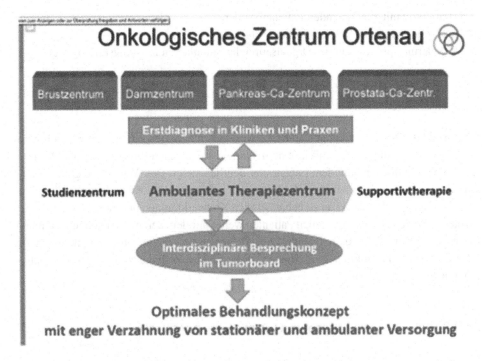

Abb. 28.4   Sektorenübergreifende Versorgung Mittelzentrum. (Quelle: Dr. Pelz)

Abb. 28.5   Sektorenübergreifende Versorgung Mittelzentrum. (Quelle: Dr. Pelz)

1. Demografie mit zunehmenden Patientenzahlen,
2. Netzwerkstrukturen – medizinischer Fortschritt,
3. Veränderungsprozesse in der Organisation der ambulanten Leistungserbringung.

28.3.1 Demografie

Die Anzahl der Neuerkrankungen an Krebs wird in den nächsten Jahren weiter zunehmen. Ursache dafür ist die demografische Entwicklung der deutschen Bevölkerung und die Tatsache, dass die Inzidenz mit dem Lebensalter deutlich steigt. Des Weiteren trägt der medizinische Fortschritt dazu bei, dass die Prävalenz weiter ansteigt. Beide Effekte führen zu einer deutlich erhöhten Zahl an zu behandelnden Krebserkrankten in Deutschland. Um die vermehrte Anzahl an onkologischen Patienten weiter auf dem derzeitigen hohen Qualitätsniveau zu versorgen, ist es notwendig, die Anzahl an Onkologinnen und Onkologen zu erhöhen und die Produktivität zu erhöhen, insbesondere Reibungsverluste an der Sektorengrenze zu vermindern.

28.3.2 Netzwerkstrukturen und Innovationsnetzwerke

Der medizinische Fortschritt erfordert eine zunehmende Komplexität der interdisziplinären und intersektoralen Zusammenarbeit. Das soll an dem Beispiel eines Patienten mit einem Bronchialkarzinom erläutert werden (Abb. 28.6).

Schon bei der Diagnostik und bei der Ausbreitungsdiagnostik sind optimalerweise sieben verschiedene Fachdisziplinen (stationär oder ambulant) beteiligt. Dies erfordert von Anfang an eine onkologische kompetente Koordination. Nach der Diagnostik, die heute auch die klinisch relevanten molekulargenetischen Untersuchungen einschließen muss, werden die Ergebnisse in der Tumorkonferenz vorgestellt, diskutiert und ein Therapiekonzept vorgeschlagen. Hier sind mindestens vier Fachdisziplinen notwendig. Die Teilnehmer der Tumorkonferenzen kommen aus dem stationären und aus dem ambulanten Bereich. Der Vorschlag der Tumorkonferenz wird mit dem Patienten ausführlich besprochen und erst dann, wenn die individuelle Lebenssituation und Wünsche des Patienten berücksichtigt sind, wird das endgültige Therapiekonzept mit dem Patienten festgelegt und aktiviert. Die Behandlung wird ebenfalls interdisziplinär und intersektoral sein. Die Operation in der Regel stationär, die medikamentöse Therapie und Strahlentherapie in der Regel ambulant, Radiologie und Pathologie entweder krankenhaus- oder vertragsärztlich ambulant. Der Informationsfluss muss ohne Informationsverluste sichergestellt sein und es sollte unbedingt einen behandlungsführenden Onkologen als kontinuierlichen ärztlichen Ansprechpartner für den Patienten geben.

Die Onkologie ist eines der innovativsten Gebiete in der Medizin. Nicht nur durch den medizinischen Fortschritt sind mit der demografischen Entwicklung auch erhebliche soziale Anforderungen verbunden. Es ist Hightech mit hoher Verantwortung und Bindung an

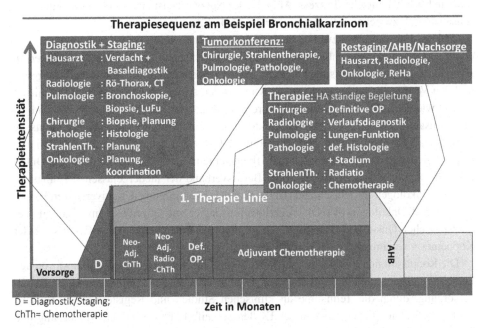

Schnittstellen im Therapieverlauf

Abb. 28.6 Sektorenübergreifende Diagnostik und Therapie beim nicht kleinzelligen Bronchialkarzinom. (Quelle: Dr. T. Steinmetz, Köln)

Patienten. Eine Kombination aus Hardskills (Science, externe Evidenz) und Softskills (interne Evidenz, soziale Kompetenz), eine Kombination aus Wissenschaft und Persönlichkeit. Der enorme Zuwachs an wissenschaftlichen Erkenntnissen (Wissensexplosion), die für die Behandlung der Patienten klinisch relevant sind, erfordert neue Prozesse und Strukturen. Dabei kann auf den bisher bestehenden Strukturen aufgebaut werden. Innovationsnetzwerke sind notwendig und müssen entwickelt werden. Diese werden und müssen immer intersektoral und interdisziplinär sein. Auf der lokalen Ebene, der Mikroebene, wurden in den letzten zehn Jahren bereits erhebliche Fortschritte gemacht. Dazu gehören die Tumorkonferenzen und das Entstehen der onkologischen und organbezogenen Krebszentren. Die neuen Herausforderungen, der rasante Zuwachs an modernen diagnostischen und therapeutischen Erkenntnissen, können aber nicht mehr nur lokal organisiert und gelöst werden. Notwendig ist die Entwicklung bundesweiter sektorenübergreifender und interdisziplinärer Innovationsnetzwerke. Dazu müssen neuartige Prozesse und Strukturen entwickelt werden. Diese Innovationsnetzwerke werden nicht mehr primär lokal, sondern nach Tumorentitäten organisiert werden. Gerade an dem Übergang zwischen Forschung und Einführung von klinisch relevanten Forschungsergebnissen zu den Patienten (*from bench to bed)* werden die Kompetenzen über die diagnostischen Prozeduren und neuartige Therapien nicht immer sofort und gleichzeitig in den lokalen Tumorzentren vorliegen. In diesen Fällen sind überregionale Referenzzentren zu etablieren. Netzwerke sollen Schnittstellen für alle stationären und ambulanten Institutionen sicherstellen. In der Onkologie ist dies ein hochdynamischer Prozess. Aufgabe der Netzwerke ist ein multidirektionaler Wissensaustausch zwischen Referenzzentren und beteiligten Institutionen.

Ziel der Innovationsnetzwerke ist es, Zugang zu Innovation für jeden Patienten zu sichern. Das wird nur erreichbar sein, wenn die akademischen Cancer Center (*comprehensive cancer center*, Universitätskliniken) mit den Krankenhäusern der Regelversorgung und den Vertragsärzten kooperieren. So wie das deutsche Gesundheitssystem organisiert ist und wie auch die wirtschaftlichen Anreize und insbesondere die Fehlanreize sind, ist diese Zusammenarbeit zwischen den Sektoren noch nicht immer optimal. Die Deutsche Gesellschaft für Hämatologie und Onkologie (DGHO) hat daher zusammen mit den drei tragenden Säulen der Gesellschaft – der Arbeitsgemeinschaft der Hämatologen und Onkologen im Krankenhaus (ADHOK), dem Berufsverband der niedergelassenen Hämatologen und Onkologen in Deutschland (BNHO) und der Vereinigung der universitären Hämatologen und Onkologen (VUO) – ein Positionspapier zur Gegenwart und Zukunft der medizinischen Onkologie verfasst. In diesem Papier werden gemeinsame Grundsätze der Kooperation vereinbart (DGHO 2018).

Die Kooperationen müssen bidirektional sein: klinische Forschungsergebnisse von den Forschungseinrichtungen in der Regelversorgung, Wissensgenerierung durch die Regelversorgung, durch die Teilnahme an klinischen Studien und Registern. Die Deutsche Krebsgesellschaft (DKG) zeigt in der Evidenzschleife (Abb. 28.7), wie Versorgung und Forschung ein ineinandergreifender dynamischer Prozess sein müsste und könnte.

Ohne E-Health, ohne künstliche Intelligenz (KI) werden diese Herausforderungen nicht zu organisieren sein. Wir brauchen die weiter fortentwickelte Digitalisierung und KI

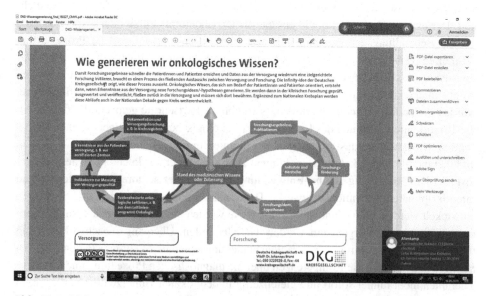

Abb. 28.7 Bidirektionaler Innovationstransfer in der Onkologie. (Quelle: Dr. Bruns, DKG)

in den Arzt- und Krankenhaussystemen. Hier gibt es zwar viele Ideen, aber auch massive Behinderungen in der Umsetzung. Neben den immer wieder vorgetragenen Datenschutzproblemen hemmen die proprietären Schnittstellen der Arztinformationssysteme (AIS) und der Krankenhausinformationssysteme (KIS) den notwendigen und dringenden Fortschritt. Vielleicht würde eine Regulierungsbehörde für den E-Health-Sektor, die für freie Fahrt auf Datenautobahnen und Knotenpunkten sorgt, einen Innovationsschub in Deutschland auslösen. Proprietäre Schnittstellen müssten per Gesetz geöffnet werden. Was bei der Telekommunikation und bei der Bahn funktioniert, sollte auch in der Gesundheitswirtschaft möglich sein.

Die Voraussetzung, die onkologische Versorgung noch weiter innovativ für die Patienten zu verbessern, ist gegeben. Die fachärztliche Versorgungsstruktur durch die drei Säulen Universitätskliniken, Krankenhäuser der Regelversorgung und niedergelassene Praxen ist im internationalen Vergleich einzigartig und sie ist ein Garant dafür, dass alle Krebspatienten in Deutschland einen sozial barrierefreien zügigen Zugang zur fachärztlichen Versorgung haben. Dies ist für die Gesellschaft, für jeden einzelnen Bürger in Deutschland eines der sozial wertvollsten Errungenschaften unseres Landes. Die Voraussetzungen dazu liegen in Deutschland vor. Sie müssen nur intelligent weiterentwickelt und zusammengebaut werden. Salopp gesagt, müssen die PS auch auf die Straße gebracht werden.

28.3.3   Veränderungsprozesse in der Organisation der ambulanten Leistungserbringung

Neben den inhaltlichen, medizinisch-onkologischen spezifischen Herausforderungen gibt es strukturelle Veränderungen in der Organisation der ambulanten Leistungserbringung. Auch diese begann 2004 mit der Öffnung der Krankenhäuser für den ambulanten Bereich. Es hat sich im vertragsärztlichen Bereich ein neuer Markt durch die Tätigkeiten der Krankenhäuser im ambulanten Bereich etabliert. Dabei ist zu berücksichtigen, dass der stationäre und der ambulante Bereich zunächst zwei verschiedene Leistungserbringersysteme sind. Unter wettbewerbstheoretischer Sicht besteht eine Wettbewerbsverzerrung. Krankenhäuser haben Wettbewerbsvorteile aus der Internalisierung der gesamten Behandlungskette unter einem Dach (Dice Gutachten 2016 Ordnungspolitische Perspektiven, Nr. 81, Düsseldorfer Institut für Wettbewerbsökonomie). Je nach strategischer Position der Krankenhäuser kann das die intersektorale Kooperation befruchten, erschweren oder auch verhindern. Die ASV ist ein möglicher Ansatz. Die Teilnahme und damit die Akzeptanz der Leistungserbringer für diese neue Form der ambulanten Versorgung ist jedenfalls zurzeit noch eher bescheiden. Ursache dafür sind der administrative und organisatorische Aufwand und die Labilität vieler intersektoralen Kooperationen.

Eine weitere Herausforderung sind der Mangel an fachärztlicher Versorgung in bestimmten Regionen und die Wirtschaftlichkeit vieler Krankenhäuser. Warum soll es nicht denkbar sein, beide Systeme (den ambulanten und den stationäreren Sektor) dort, wo es sinnvoll ist, zu integrieren. Man könnte so möglicherweise zwei potenziell nicht

wirtschaftliche Einrichtungen zusammenlegen, damit Defizite reduzieren, Synergien entwickeln, eine gemeinsame Personalausstattung etablieren und insgesamt ein hochattrakti-
ves Berufsfeld für die Ärztinnen und Ärzte bilden sowie gleichzeitig die medizinische
Versorgung der Bevölkerung gemeinsam garantieren. Krankenhäuser und niedergelassene
Ärzte bilden gemeinsam eine Praxis- oder Belegklinik. Zurzeit werden solche Modelle nur
sehr selten umgesetzt. Es gibt aber einige Beispiele, wo niedergelassene Onkologen
gleichzeitig als leitende Ärzte im Krankenhaus arbeiten. Die Herausforderungen, der
Mangel an Fachärzten und Hausärzten, die Minder- und Mangelversorgung dünn besie-
delter Regionen erzwingt nahezu solche Modelle, sie könnte damit ein Katalysator für die
sektorenübergreifende Versorgung werden. Solange aber die Deutsche Krankenhausgesellschaft und die Kassenärztlichen Vereinigungen jeder seinen angestammten Bereich,
stationär bzw. ambulant, nur im Sinne einer Besitzstandswahrung verteidigt, werden wirklich moderne, disruptive Modelle nicht ausreichend unterstützt werden.

Umso bemerkenswerter ist es, dass die Kassenärztliche Vereinigung (KBV) zusammen
mit dem Berufsverband der niedergelassenen Hämatologen und Onkologen (BNHO e.V.)
ein sektorenübergreifendes Konzept entwickelt hat. Eine Fortentwicklung des Belegarztwesens zur onkologischen Versorgung durch den behandlungsführenden Arzt im sektorenübergreifenden Kompetenznetzwerk. Ein maßgeblicher Gedanke dabei ist, dass die Patienten und Angehörigen durch eine Krebserkrankung sehr stark belastet sind und eine
kontinuierliche Betreuung ambulant und stationär für die Patienten das Beste ist. Die Vorteile für den Patienten wären eine nahtlose Weiterführung kritischer Medikation durch
behandlungsführende Ärzte, jederzeitige stationäre Aufnahme im Krisenfalle (z. B. Leu-
kopenie), sozusagen „Chefarztbehandlung" für alle Patienten. Dies mag aus der Sicht eines Krankenhauses durch den Kauf und das Betreiben eines MVZ ebenfalls erreichbar
sein. Dort, wo die Krankenhäuser finanziell in der Lage sind, MVZ profitabel zu führen,
ist dies bereits möglich. Dort hingegen, wo diese Voraussetzungen nicht erfüllt sind,
könnte dieses weiterentwickelte Belegarztwesen bei der synergistischen Zusammenführung von Krankenhausbetreibern und niedergelassenen Ärzten ein zukunftweisendes Modell sein. Damit könnte das Problem der Unterversorgung möglicherweise gelöst werden.

Solche Überlegungen sind übrigens nicht neu. Aus dem Deutschen Ärzteblatt 1996:

„Verzahnung von ambulanter und stationärer Versorgung

Noch weniger Zuspruch fand 1970/71 ein in den Gremien der Bundesärztekammer und im
Hartmannbund diskutiertes Strukturmodell ‚Krankenhausärztliche Vereinigungen'; es ging
von Vorschlägen des Kölner Wirtschafts- und Sozialwissenschaftlers Prof. Dr. Philipp
Herder-Dorneich aus. Kern dieser Überlegungen war es, die Krankenhausärzte aus ihrem An-
gestelltenverhältnis zu den Krankenhausträgern zu lösen, in eine begrenzte Freiberuflichkeit
zu überführen und im Rahmen öffentlich-rechtlicher Selbstverwaltungskörperschaften zu-
sammenzuschließen. Diese sollten im Rahmen eines Gesetzes- und dreiseitigen Vertragsge-
flechts gegenüber Krankenhäusern und Krankenkassen die ärztliche Versorgung der Krankenhauspatienten gewährleisten, die Ärzte direkt honorieren und vor allem zu einer seit langem
geforderten ‚Verzahnung' zwischen ambulanter und stationärer Versorgung beitragen (…)

Eine solche personale Lösung wäre nach Meinung der Bundesärztekammer der entschlos-
sene Ausbau eines modifizierten kooperativen Belegarztsystems; in Wirklichkeit geht die

Zahl der Belegärzte langsam, wenn auch konstant zurück, und Kooperationsmodelle, die diese Versorgungsform in ihrer Effektivität glaubhaft machen könnten, werden kaum realisiert. Umgekehrt tendieren die Kassenärztlichen Vereinigungen, dem Gesetz entsprechend, dazu, die persönliche Beteiligung qualifizierter Krankenhausärzte an der ambulanten kassen(vertrags)ärztlichen Versorgung zu reduzieren, weil sich das Leistungsspektrum der freien Praxen qualitativ und quantitativ ständig verdichtet hat und damit das Bedürfnis für Beteiligungen immer mehr sinkt. Was zur Lösung des Verzahnungsproblems bleibt, sind die zahlreichen Empfehlungen der Berufsvertretung (unter anderem wiederholt seit dem 80. Deutschen Ärztetag 1977 in Saarbrücken), sind Gesetzesvorschriften sowie Verträge der gemeinsamen Selbstverwaltung von Krankenkassen und Ärzten, die eine engere praktische Kooperation zwischen den Berufskollegen im Krankenhaus und in freier Praxis bewirken sollen. Leider ist aber auch diese im manchmal beschwerlichen Alltag der Ärzte nicht optimal. Es sind Lösungsansätze der Selbstverwaltung gefragt, wenn sich nicht die Politik dieses für die Struktur des deutschen Gesundheitswesens so brisanten Themas auf ihre Weise bemächtigen soll." (Vogt 1996)

Was 1996 nicht möglich war, könnte es unter den aktuellen und zukünftigen beschriebenen Herausforderungen vielleicht sein. Ein modifiziertes kooperatives Belegarztsystem könnte ein Schritt in die richtige Richtung sein.

Den jungen Ärztinnen und Ärzten ist nur schwer zu erklären, warum sie nicht ambulant *und* stationär arbeiten sollten. Der Arztberuf muss insgesamt wieder attraktiver werden. Natürlich haben die jungen Kolleginnen und Kollegen andere Ansichten von ihrem Arbeitsumfeld als die alten. Sie haben andere Vorstellungen von ihrer Arbeit, sie wünschen sich:

- flexible Arbeitszeiten, Vereinbarkeit von Beruf und Familie,
- größere Praxen und Netzwerke,
- Arbeitsteilung,
- einen einfachen Einstieg in die Selbstständigkeit.

Gleichzeitig wollen sie aber auch Gestaltungsmöglichkeiten und Entwicklungsmöglichkeiten, dazu brauchen sie Freiheitsgrade. Attraktive Modelle für junge Einsteiger in die Selbstständigkeit sind notwendig. Moderne und attraktive Praxis-/MVZ-Strukturen sind zu entwickeln.

In den letzten Jahren haben sich viele MVZ zum Teil unter der Führung von Investoren und durch Vertragsärzte entwickelt. Es gibt mittlerweile ein buntes Bild der MVZ-Landschaft. Es gibt heute gute sachliche Gründe, die MVZ-Entwicklung weiterzuverfolgen und Netzwerke von arztgeführten MVZ zu gründen: Erstens, es lässt sich signifikanter Fortschritt in der Versorgungsqualität durch die Entwicklung und Nutzung durchgearbeiteter patientenorientierter Prozesse erreichen. Zweitens, viele Fachrichtungen benötigen bestimmte digitale Lösungen zur Unterstützung ihrer diagnostischen, therapeutischen oder administrativen Arbeit, die teilweise sehr spezifisch sind. Der Markt ist aber zu klein, um für Softwaredienstleister interessant zu sein. State-of-the-art-Lösungen sind in vielen Fällen daher nicht existent. Eine Einzelpraxis kann sich Eigenentwicklungen gar nicht leisten – ein größerer, mittelständischer Verbund dagegen schon. Drittens, und dies gilt besonders in der Onkologie, die Innovationsrate in Diagnostik und Therapie nimmt zu. Die systematische, schnell erprobte Einführung von Innovationen in den Praxisalltag kann viel einfacher in einem Netzwerk realisiert werden, das unternehmerisch geführt wird. Und nicht zuletzt, viertens, gibt es das Problem der Nachfolgeregelung in vielen Praxen. Hilfe beim Unternehmertum im Netzwerk reduziert die Barrieren für Nachwuchs. Für alles sind übergreifende Projekte, gebündeltes Know-how, zentrale Ressourcen aber auch Investitionen, also Kapital notwendig. Die Vorteile, die die Möglichkeit von MVZ-Bildung für die Versorgungsqualität und den Arztberuf bieten, müssen pragmatisch aktiv genutzt werden und die inzwischen erkannten Fehlentwicklungen sollten vermieden werden. Ein Weg könnten Hybridmodelle sein, die die Vorteile von lokalem ärztlichem Unternehmertum und mittelständischen Strukturen verbinden.

Ein solches Modell ist das Deutsche Onkologie Netzwerk. Die ambulante und dezentrale Versorgung von Krebspatienten durch wirtschaftlich verantwortliche und freiberufliche Ärztinnen und Ärzte bleibt in dem Modell das zentrale Ziel. Mit einem Partner, die Omnicare, einem Apothekernetzwerk, beteiligt er sich an MVZ mit einer Minderheitsbeteiligung als strategischer Partner. Dadurch wird es möglich, mittelständische Strukturen aufzubauen, die auf der einen Seite die Freiheit der Ärzte garantieren, auf der anderen Seite aber Initiativen ermöglichen, die die Leistungsfähigkeit der einzelnen Praxis überschreiten. Daraus ergibt sich ein Netzwerk aus MVZ in Ärztemehrheit (Arzt-Gesellschafter) mit garantierter rechtlich unabhängiger Stellung. Die Politik hat diesen Weg gerade und sehr bewusst im Kontext der Diskussion um das Terminservice- und Versorgungsgesetz (TSVG) noch einmal bekräftigt, indem es im Wesentlichen keine Einschränkungen der Gründereigenschaft für MVZ umgesetzt hat.

Zusammengefasst: Die medizinische Versorgung der Krebskranken in Deutschland ist gut. Gleichzeitig gibt es große Herausforderungen für die Zukunft. Das Ziel ist, weiter Spitzenmedizin für die gesamte Bevölkerung zu gewährleisten. Um das gute Niveau zu halten und noch zu verbessern, sind innovative Wege notwendig. Sektorenübergreifende Konzepte sind dabei eine conditio sine qua non. Dabei sollten die Werte, für die die Ärztinnen und Ärzte in Deutschland stehen, Verantwortung und Therapiefreiheit gegenüber jedem einzelnen Patienten, erhalten bleiben, allerdings ohne alte, überforderte und nicht mehr zeitgemäße Strukturen zu konservieren: Werte sichern, Strukturen ändern.

Literatur

DGHO (Deutsche Gesellschaft für Hämatologie und Medizinische Onkologie). (2018). Positionspapier „Gegenwart und Zukunft der Medizinischen Onkologie". https://www.dgho.de/aktuelles/news/newsarchiv/2018/positionspapier-gegenwart-und-zukunft-der-medizinischen-onkologie-erarbeitet. Zugegriffen im Feb. 2019.
Vogt, G. (1996). 1947/1997 – Bundesärztekammer im Wandel (II): Arzt im Krankenhaus Von den Notjahren nach dem Krieg über die Westerländer Leitsätze bis zur anhaltenden Diskussion über die Verzahnung der Leistungsbereiche. *Dt Ärztebl, 93*, A-2934–A-2938.

Stephan Schmitz ist Vertragsarzt (Gesellschafter) in dem inhabergeführten MVZ für Hämatologie und Onkologie Köln am Sachsenring GmbH. Die Praxis wurde 1997 in Köln zusammen mit dem Kollegen Dr. Steinmetz gegründet. Der Autor war von 2000 bis 2018 Vorsitzender des Berufsverbandes der niedergelassenen Hämatologen und Onkologen in Deutschland (BNHO) e.V. Er hat zusammen mit dem Berufsverband erheblichen Anteil an der Entwicklung und Konzeption der Neufassung der ambulanten spezialfachärztlichen Versorgung (ASV) gehabt. Neben seiner Vetragsarzttätigkeit ist er Sprecher des Deutschen Onkologie Netzwerks (DON). Ein Netzwerk aus inhabergeführten MVZ mit dem Ziel, die Herausforderungen der Zukunft gemeinsam zu meistern und die bestmögliche ambulante onkologische Versorgung in Deutschland zu gewährleisten.

   Kontakt: schmitz@oncokoeln.de

Sektorenübergreifende Patientenversorgung und Partner in der universitären Ausbildung

Steckbrief einer kooperativen, belegärztlich organisierten, überörtlichen urologischen Berufsausübungsgemeinschaft

Andreas W. Schneider

Zusammenfassung

Die hier vorgestellte überörtlich organisierte Berufsausübungsgemeinschaft (BAG) der Fachärzte für Urologie, Dres. med. Schneider, Rödder, Neumann, Reiß, Gawin und Latz, ist ein klassisches Beispiel eines idealtypischen kooperativen Belegarztsystems mit Praxisstandorten in den Städten Buchholz und Winsen. Die südöstlich von Hamburg gelegenen Orte gehören zum Landkreis Harburg mit derzeit 250.000 Einwohnern, Tendenz steigend. Die fünf Fachärzte sowie zwei bis drei Weiterbildungsassistenten der BAG gewährleisten mit derzeit 15 urologischen Belegbetten am Standort Buchholz – die einzigen Betten im Landkreis Harburg laut Krankenhausbedarfsplanung Niedersachsen – die stationäre (urologische) Versorgung des Landkreises.

Die Praxen sind mit den umliegenden Kreiskrankenhäusern Winsen sowie Buchholz sehr gut vernetzt, für die sie die urologische Konsiliartätigkeit übernehmen. Dabei wird die Diagnostik und Therapie durch eine enge Kooperation mit der Universitätsklinik Hamburg-Eppendorf, dem Tumorzentrum Buchholz und Winsen, Lüneburg sowie dem Hubertus Wald Tumorzentrum – Universitäres Cancer Center Hamburg (UCCH) – unterstützt. Die Praxen besitzen eine kooperative Weiterbildungsermächtigung für das Fachgebiet Urologie für 36 Monate (davon zwölf Monate in einer der Praxen) sowie die Weiterbildungsbefugnis für die medikamentöse Tumortherapie.

2019 erhielt die sektorenübergreifend arbeitende Kooperationsform den Status einer akademischen Lehrpraxis der Universität Hamburg.

A. W. Schneider (✉)
Kooperative, überörtliche urologische Berufsausübungsgemeinschaft Schneider/Rödder/Neumann/Reiß/Gawin/Latz, Winsen und Buchholz, Deutschland
E-Mail: a.w.schneider@urologie-winsen.de

29.1   Einleitung

Die zukünftige ärztliche Versorgung in Deutschland wird von mehreren Faktoren beeinflusst, die insgesamt die Förderung von innovativen Versorgungskonzepten an der Schnittstelle ambulant-stationär erforderlich machen:

- Trotz des Bevölkerungsrückgangs in Deutschland kommt es – durch die demografische
  Entwicklung der Bevölkerung – zu einer absoluten Zunahme urologischer Krankheits-
  bilder (von Stillfried et al. 2012).
- Ebenfalls der demografischen Entwicklung geschuldet ist die Zunahme der onkologi-
  schen Versorgungsaufgaben des urologischen Fachgebietes. Laut aktueller Zahlen der
  Tumorentwicklung in Deutschland (RKI *KID* 2013/2014; 2017) beträgt der urologisch-
  onkologische Anteil an allen Tumorerkrankungen mehr als 23 % bei steigender
  Tendenz.
- Wie in allen operativ tätigen Fachgebieten – so auch in der Urologie – besteht ein deutlicher Trend zu kürzeren Liegezeiten und damit verbundener Leistungsverdichtung.
  Außerdem nimmt die Bedeutung der ambulanten Versorgung trotz der komplexeren
  Krankheitsbilder zu und erfordert die Vorhaltung entsprechender, möglichst interdisziplinär arbeitender sektorenübergreifender Versorgungsstrukturen.
- Die Altersentwicklung bei den Fachärzten insgesamt (das Durchschnittsalter der niedergelassenen Fachärztinnen und Fachärzte liegt heute bei knapp 55 Jahren, das der in
  den Krankenhäusern tätigen Ärztinnen und Ärzte bei 45 Jahren) lässt in weniger als
  einem Jahrzehnt einen absoluten (Fach-)Ärztemangel erwarten. Der Fachbereich Urologie ist besonders stark von der Überalterung betroffen (KBV 2018).
- Die im Vergleich zu früheren Generationen andere Vorstellung junger Ärztinnen und
  Ärzte von ihrer Berufstätigkeit und die zu beobachtende Feminisierung des Arztberufes
  wird zu einer weiteren Verknappung von (urologischen) *Facharzt-Sprechzeiten* führen.
- Die weiter anhaltende *Landflucht* der jüngeren Bevölkerung führt darüber hinaus
  bei vorläufig gutem Versorgungsgrad in Ballungszentren zur Verschlechterung der
  fachärztlichen Versorgung in ländlichen Gebieten.

29.2   Vorteile einer kooperativen
belegärztlich-organisierten Patientenversorgung

Im Unterschied zu der ansonsten immer noch stark ausgeprägten sektoralen Abgrenzung
zwischen ambulanter und stationärer Versorgung bietet das Belegarztwesen eine effektive
Verzahnung zwischen beiden ärztlichen Versorgungsbereichen. Ein Belegarzt ist ein
selbstständiger, vertragsärztlich tätiger Arzt, der einerseits in seiner Praxis, Berufsausübungsgemeinschaft oder seinem Medizinischen Versorgungszentrum **seine** Patienten ambulant behandelt und sie andererseits auch bei Notwendigkeit einer stationärer Versorgung
in einer Belegabteilung eines Krankenhauses betreut. Das Krankenhaus stellt mit

Ausnahme der ärztlichen Leistung alle anderen erforderlichen Dienstleistungen, Einrichtungen und Mittel für die stationäre Versorgung zur Verfügung. Dazu gehören u. a. OP-Ausstattung, OP-Personal, Sachmittel und die pflegerische Versorgung auf der Station. Anders als in Hauptabteilungen sind die Ärzte der Belegabteilungen nicht Angestellte des Krankenhauses; im Belegarztwesen schuldet der selbstständige Vertragsarzt und Belegarzt dem Patienten die medizinische Behandlung.

Belegärzte sind organisatorisch und finanziell unabhängig vom Krankenhaus, insbesondere vergütet das Krankenhaus nicht die Leistungen des Belegarztes. Der Belegarzt rechnet seine Tätigkeit gegenüber der Kassenärztlichen Vereinigung nach dem Einheitlichen Bewertungsmaßstab (EBM) ab. Das Krankenhaus stellt seine Leistungen über die Belegarzt-Diagnosis-Related-Group (Belegärztliche DRG) der jeweiligen Krankenkasse in Rechnung. Die Belegärztliche DRG ist um ca. 40 % niedriger dotiert als eine vergleichbare DRG für eine Hauptabteilung (HA-DRG).

Insbesondere das kooperative Belegarztwesen, d. h. die gemeinsame Tätigkeit mehrerer Belegärzte der gleichen Fachrichtung, ermöglicht eine nahtlose ambulante, vorstationäre, stationäre und nachstationäre Patientenbehandlung durch niedergelassene Fachärztinnen und Fachärzte. Im Team lassen sich die Vorteile der belegärztlichen Versorgung (Aufhebung der künstlichen Trennung zwischen ambulanter und stationärer Versorgung, kein Arztwechsel zwischen den Sektoren und damit besserer Informationsfluss, Reduzierung lästiger Doppeluntersuchungen, Versorgung auf Facharztstandard etc.) mit den geänderten Erwartungen an die Ausübung des ärztlichen Berufes kombinieren und stehen nicht im Widerspruch zu den Bedürfnissen der Patientinnen und Patienten an die Versorgungsqualität und -quantität. Mit mehreren Ärzten ist z. B. der Notdienst auf der Belegstation einfacher zu organisieren, die verschiedenen Ärzte bringen zudem im Idealfall verschiedene Spezialisierungen mit, so dass ein breites Leistungsspektrum angeboten werden kann.

Ein weiterer Vorteil des Belegarztwesens bietet die Rechtssicherheit des sowohl im Sozialgesetzbuch V (SGB V § 121), im Krankenhausentgeltgesetz (KHEntgG § 18) sowie im Einheitlichen Bewertungsmaßstab (EBM Kap. 36) wohl definierten Belegarztstatus. Spätestens seit der Einführung des Straftatbestandes *Bestechlichkeit im Gesundheitswesen* im Strafgesetzbuch (StGB § 299 a und b) 2016 und der Vergütungsunschärfen bei Honorarärzten, Konsiliarärzten sowie zeitweise im Krankenhaus angestellter Ärzte stehen „belegarztersetzende" Verträge zwischen Vertragsärzten und Kliniken allerorts auf dem Prüfstand. Der unklare Umgang mit der Privatliquidation, der Sozialabgabepflichtigkeit sowie der Scheinselbstständigkeit führen wieder zur Rückbesinnung auf die bis in die 50er-Jahre meist genutzte sektorenübergreifende Versorgungsform. Das im Mai 2019 ausgesprochene Urteil des Bundessozialgerichts zum Honorararztwesen (Aktenzeichen B 12 R 11/18 R) schließlich hat eine breite Überprüfung und Kündigung dieses offensichtlich nicht rechtssicheren Beschäftigungsverhältnisses ausgelöst (Pressemitteilung des BSG o. J.).

Besonders die onkologische Versorgung durch den Belegarzt ist bei komplexen Krankheitsverläufen dem klassischen dualen System überlegen. So wechseln bei onkologischen Erkrankungen in der Urologie Phasen der problemarmen (ambulanten) Versorgung (z. B. Medikamentengabe, Untersuchungen etc.) mit komplexeren Behandlungsabschnitten (z.B. Tumorrezidivoperationen, Drainageeinlagen etc.) ab, die nur stationär möglich sind. Bei getrennten Sektoren drohen Informationsdefizite zwischen den Onkologen in der Niederlassung und denen im Krankenhaus, die im Belegarztwesen durch Behandlung *im selben Team* auf Facharztstandard nicht auftreten. Die hohen Anforderungen der ASV sowie der Onkologievereinbarung an die Praxisorganisation (24-stündige Rufbereitschaft, Rufbereitschaft auf Facharztniveau, hohe technische Anforderungen an die Räumlichkeiten, Zugriff auf Intensivstation und Reanimation etc.) kann das Belegarztwesen zudem idealtypisch erfüllen.

Das kooperative Belegarztwesen ist somit für die sektorenübergreifende Betreuung urologischer Patientinnen und Patienten in Kenntnis der demografischen Herausforderungen für eine Versorgung in Flächenstaaten geradezu prädestiniert.

29.3 Kooperative belegärztlich organisierte überörtliche Berufsausübungsgemeinschaft Schneider/Rödder/ Neumann/Reiß/Gawin

29.3.1 Aufbau der Gemeinschaftspraxis als GBR

Bis Ende 2011 war die urologischen Gemeinschaftspraxis Dres. Kirsten/Schneider in Winsen als bettenführende Facharztdoppelpraxis organisiert. Mit dem Ausscheiden des Seniorpartners Dr. Kirsten konnten mit dessen Sitz sowie durch einen neu hinzugewonnenen Facharztsitz (nach § 103 SGB V Abs. 7) durch die Aufnahme zweier neue Partner, Dr. K. Rödder und T. Neumann, dem Versorgungsauftrag des Landes nachgekommen werden.

Ab 2015/2016 konnte aufgrund der Intensivierung der Zusammenarbeit mit der urologischen Universitätsklinik Hamburg-Eppendorf der dort tätige Oberarzt Dr. P. Reiß als angestellter Arzt in Teilzeit gewonnen werden, 2019 ist er als gleichberechtigter Partner in die Kooperation eingestiegen. Ebenfalls ab 2019 konnte die Kooperation einen weiteren Vertragsarzt (M. Gawin, Buchholz) integrieren. Seit 2020 erfolgte schließlich die Anstellung von Herrn Kollegen P. Latz in der Funktion eines Sicherstellungsassistenten, so dass die kooperative überörtliche Gemeinschaftspraxis nunmehr über sechsFachärzte auf fünf Sitze an drei Standorten im Landkreis Harburg verfügt.

29.3.2 Versorgungsraum

Die überörtliche urologische Berufsausübungsgemeinschaft hat ihre Praxissitze in der Kreishauptstadt Winsen sowie der Stadt Buchholz im Landkreis Harburg. Dieser umfasst derzeit 250.000 Einwohner mit steigender Tendenz. 15 urologische Belegbetten, die durch die kooperativen Belegarztpraxen betreut werden, sind im Krankenhaus Buchholz aufgestellt. Dieses Krankenhaus der Grund- und Regelversorgung führt neben der urologischen Belegabteilung zehn Hauptabteilungen und leistet zusammen mit dem Krankenhaus Winsen unter derselben Trägerschaft mit zusammen ca. 550 Betten die stationäre

Versorgung des Landkreises Harburg. Schließlich gehören mehrere Reha-Einrichtungen sowie eine Vielzahl von Alten- und Pflegeheimen zum Landkreis. Die durch die ortsübergreifende urologische Berufsausübungsgemeinschaft betreuten Belegbetten im Krankenhaus Buchholz sind die einzigen genehmigten urologischen Betten im Krankenhausbedarfsplan des Landkreises Harburg.

29.3.3 Leistungsspektrum

Alle sechs Fachärzte für Urologie der kooperativen Gemeinschaftspraxis Schneider/Rödder/ Neumann/Reiß/Gawin/Latz (Stand 03.2020) besitzen eine fundierte operative Facharztausbildung mit teilweise mehrjähriger Oberarzterfahrung in den Kliniken ihrer Ausbildung. Die Praxisinhaber haben alle verschiedene „urologische Schulen" durchlaufen, was sich in dem für eine Belegabteilung besonders breiten operativen Spektrum niederschlägt. Verschiedene Zusatzausbildungen wie Fachgebiets-Röntgen, Fach- und Sachkunde Laser, Andrologie, Psychosomatische Grundversorgung, Palliativmedizin, Medikamentöse Tumortherapie (Ärztekammer) sowie die Zulassung zur onkologischen Versorgung als *onkologisch verantwortlicher Arzt* (Kassenärztliche Vereinigung Niedersachsen) liegen vor. Neben dem kompletten ambulanten Versorgungsangebot mit ca. 15.000 Behandlungsfällen pro Jahr betreut das Ärzteteam 1200 stationäre Patienten jährlich in der Belegabteilung des Krankenhauses Buchholz, Tendenz mit 10 % jährlich steigend.

Zum Versorgungsauftrag der hier beschriebenen kooperativen Belegarztpraxis gehört darüber hinaus die konsiliarische Betreuung der von den Krankenhäusern Buchholz und Winsen notfallmäßig vorgestellten Patientinnen und Patienten sowie der Reha-Einrichtungen des Landkreises mit interventionspflichtigen urologischen Krankheitsbildern.

29.3.4 Onkologische Versorgung

Die Spezialisierung auf die onkologische Versorgung der Patienten des Harburger Landkreises (ca. 35 % der urologischen Leistungen werden bei onkologischen Patienten erbracht) verlangt einen hohen Organisationsgrad. Dabei finden die Diagnostik und Therapie der Erkrankungen nach dem klassischen belegärztlichen Motto, „so viel ambulant wie möglich, so wenig stationär wie nötig", statt. Die Kommunikation nach innen und außen erfolgt durch moderne Telekommunikationsverfahren (Tele-Conferencing, Tele-Mentoring, Tele-Teaching).

29.3.5 Vernetzung

Das Angebot einer flächendeckenden urologischen Versorgung des Landkreises Harburg macht die Mitarbeit in einer Anzahl von Netzwerken und Tumorkonferenzen erforderlich.

So ist die Praxis:

- Mitglied im regionalen Ärztenetzwerk Elbe, Luhe, Nordheide (*ELAN e.V.*),
- Mitglied im Onkologischer Arbeitskreis der *Kassenärztlichen Vereinigung Lüneburg,*
- Mitglied in der Tumorkonferenz der Krankenhäuser *Buchholz/Winsen* sowie Lüneburg,
- kooperierendes Mitglied des interdisziplinären Tumorboards des Hubertus Wald Tumorzentrums – Universitäres Cancer Center Hamburg (UCCH).

29.3.6 Fort- und Weiterbildung

Die urologische Berufsausübungsgemeinschaft hat aufgrund des breiten urologischen Facharztspektrums die Fort- und Weiterbildungskompetenz der Ärztekammer Niedersachsen für drei Jahre erhalten. Die fachlich enge Zusammenarbeit mit der urologischen Universitätsklinik und Poliklinik unter der Leitung der Ordinaria Frau Prof. Dr. M. Fisch gestattet der bettenführenden Gemeinschaftspraxis darüber hinaus, jeweils zwei Assistenten in der Weiterbildung zum Urologen in einem Rotationsverfahren in der Klinik Buchholz sowie in den Praxen in Winsen und Buchholz für zwölf Monate zu beschäftigen. Dieses Austauschprogramm dient der Vertiefung der praktischen Fähigkeiten der angehenden Fachärzte und wird sowohl von der Ärztekammer Niedersachsen als auch durch die Kassenärztliche Vereinigung vertraglich unterstützt und finanziell gefördert.

Seit 2019 wurde das Konstrukt nunmehr auch als *akademische Lehrpraxis der Universität Hamburg* anerkannt und wird in diesem Jahr erstmals Ärzte im *Praktischen Jahr* betreuen.

Darüber hinaus engagiert sich die Praxis bundesweit in der Fort- und Weiterbildung des onkologischen Assistenzpersonals sowie an einer Vielzahl von urologisch-fachlichen sowie berufspolitischen Vorträgen. Schließlich organisiert der Praxisgründer bereits seit mehr als zwei Jahrzehnten die sogenannten *Salzhäuser Gespräche urologischer Belegärzte*, die mittlerweile zum festen Fortbildungsereignis vieler (urologischer) Belegärzte gehören.

29.4 Belegärztliche Versorgung im Landkreis Harburg: Muster einer sektorenübergreifenden Versorgung

Die Sicherstellung der ärztlich-medizinischen Versorgung über die Schnittstelle ambulant-stationär hinweg und die Organisation der Notfallversorgung sind die entscheidenden Herausforderungen für die Gesundheitspolitik der laufenden Legislaturperiode.

Das Belegarztwesen war bis zur Mitte des vergangenen Jahrhunderts in Deutschland die häufigste Versorgungsform für stationäre Patienten. Belegärztinnen und -ärzte leisteten dabei die bis heute gewünschte idealtypische Versorgung aus einer Hand. Sie waren und sind Protagonisten einer modernen sektorenverbindenden Versorgung.

Das hier vorgestellte Versorgungsmodell ist problemlos in andere Regionen übertragbar. Voraussetzung ist, dass eine gute Kooperation mit den beteiligten Kliniken, Fachabteilungen und den Krankenkassen gelingt. Eine Notfallversorgung belegärztlicher Patienten für 24 Stunden an sieben Tagen in der Woche (24/7) setzt eine Mindestzahl von drei, besser vier Vertragsärzten in der kooperativen Belegarztstruktur voraus.

Bezüglich der Notfallversorgung haben wir mit den anderen Fachabteilungen, die einen Bereitschaftsdienst vor Ort im Krankenhaus vorhalten (z. B. Chirurgie, Innere, Anästhesie etc.) gemäß der Regelung des gemeinsamen Bundesausschusses zu einem gestuften System von Notfallstufen in Krankenhäusern (§ 136 C, Abs. 4, SGB 5, § 5, Abs. 2, Grundlagen des Stufenmodells) eine 30-Minuten-Facharztverfügbarkeit am Patienten vereinbart. Für die gelegentliche Inanspruchnahme eines Assistenten (stationäre Aufnahme, Legen eines venösen Zuganges etc.) führen die Belegärzte eine monatliche Pauschale an das Krankenhaus ab.

29.5   Vorteile der belegärztlichen Versorgungsstruktur

29.5.1 Aus Sicht der Patienten

So viel Praxis wie möglich, so wenig Klinik wie nötig. – Eine Versorgung nach diesem Grundsatz ist im Belegarztwesen möglich, da es hier nicht die künstliche Trennung zwischen ambulanter und stationärer Versorgung mit Arztwechsel gibt. Da der Belegarzt seine Patienten von der ambulanten Betreuung her kennt, erspart er diesen unnötige Fragen sowie lästige (und teure) Doppeluntersuchungen. Die Gefahr des Informationsverlusts durch mangelhafte wechselseitige Information der Ärzte aus den beiden Sektoren ist zudem geringer.

29.5.2 Aus Sicht des zuweisenden Kollegen

Die Personalunion von niedergelassenem Facharzt und Klinikarzt/Operateur stellt sicher, dass der Patient im Verlaufe der Diagnostik und Therapie nicht mit unterschiedlich akzentuierten Aussagen und Prognosen konfrontiert wird. Die Versorgung auf Facharztstandard gewährleistet eine niedrigere Komplikationsrate, verkürzte präoperative Phasen und eine optimierte postoperative Kontrolle.

29.5.3 Aus Sicht der Kostenträger

Die Kosten für die belegärztlich-stationäre Betreuung der Patienten, erfasst über die Kalkulationshäuser des Instituts für das Entgeltsystem im Krankenhaus, liegen deutlich unter den Kosten der stationären Betreuung in Hauptabteilungen. Das damit verbundene Einsparpotenzial stellen mittlerweile auch Kostenträger nicht mehr in Abrede.

Im Rahmen einer Protokollnotiz bei Verhandlungen einer Bundesempfehlung gemäß § 86 SGB V zwischen den Spitzenverbänden der Krankenkassen und der Kassenärztlichen Bundesvereinigung zur Finanzierung der Einführung eines Kapitels für belegärztliche Leistungen (Kap. 36) in den Einheitlichen Bewertungsmaßstab (EBM) zum 1. April 2007 wurde ein finanzieller Vorteil durch den Erhalt des Belegarztwesens in Deutschland von damals mehr als 150 Millionen Euro attestiert.

Mit dem Rückgang der belegärztlichen Fallzahlen bei teilweiser Übernahme der Leistungen durch Hauptabteilungen, entfielen anteilig das mit dem Belegarztwesen verbundene Einsparpotenzial. Damit sind den Krankenkassen allein durch die Nichtförderung des Belegarztwesens – nimmt man einen Rückgang belegärztlicher Leistungen von jährlich 10 % an – Mehrkosten von mindestens 500 Millionen Euro entstanden.

29.5.4 Aus Sicht der onkologischen Versorgung

Die Verknüpfung der ambulanten mit erforderlicher stationärer belegärztlicher Versorgung (Transfusionswesen, zentrale Zubereitung von Chemotherapeutika, operative Einrichtungen, Isolationsmöglichkeiten, Bereithaltung intensivmedizinischer Maßnahmen bis hin zur Reanimation) erlaubt eine sachgerechte Betreuung des onkologischen Patienten. Gerade für die im Rahmen der Onkologievereinbarung und neuerdings im Rahmen der ambulanten spezialfachärztlichen Versorgung beschriebenen Maßnahmen und Voraussetzungen sind von keiner anderen Organisationsform derart umfassend anzubieten wie durch den klassischen Belegarzt.

29.5.5 Aus Sicht der Fort- und Weiterbildung

Die Verknüpfung der ambulanten Versorgung mit der stationären belegärztlichen Versorgungswelt ist ideal für angehende Fachärzte. Sie lernen die ambulanten und stationären Versorgungsnotwendigkeiten in ausreichender Zahl kennen. Der Assistent in der Weiterbildung erhält zudem Einblicke in die Struktur der medizinischen Versorgung in Deutschland. Der hohe Organisationsgrad im Belegarztwesen, die profunden Kenntnisse von EBM, GOÄ, ICD-10, OPS, DRG etc. voraussetzt und diese vermitteln kann, ist eine optimalen Vorbereitung auf die intersektorale Patientenversorgung in einem immer komplizierter werdenden Versorgungsalltag.

29.6 Förderung des Belegarztwesens

Leider belegen die Zahlen der letzten Jahrzehnte die Verdrängung des patientenfreundlichen und rechtssicheren, aber unterfinanzierten belegärztlichen Versorgungssystems durch das vermeintlich effektivere duale System mit der strikten Trennung der Sektoren an der

Schnittstelle zwischen ambulanter und stationärer Versorgung. Informationsverluste am Übergang zwischen Klinik und Praxis sowie ein dadurch erzeugter Mehraufwand bei Diagnostik und Therapie sind die Folge. Versuche, die intersektorale Versorgung wieder zu beleben durch den Einkauf von Leistungen für das Krankenhaus über Honorarärzte oder durch die Einstellung von Vertragsärzten in Teilzeit mit (im Vergleich zum Belegarzt) deutlich besserer finanzieller Ausstattung, hatten nie dieselbe Akzeptanz wie belegärztliche Angebote. Und die damit einhergehenden Probleme sind spätestens seit der Einführung des Paragrafen 299 a und b StGB (Bestechlichkeit im Gesundheitswesen) offenkundig.

Es ist schwer nachvollziehbar, dass Kritiker hierzulande das Belegarztwesen als überholt bezeichnen trotz klarer Vorteile wie vor allem den sorgfältigen Umgang mit den zur Verfügung stehenden Ressourcen im Gesundheitssystem. Befremdlich ist dies auch, da weltweit ähnliche Organisationsstrukturen einer intersektoralen Versorgung das Rückgrat der Patientenbetreuung bilden. Wir verstehen auch nicht, warum das Belegarztwesen bei den „Playern" im Gesundheitswesen nicht mehr Aufmerksamkeit erfährt im Vergleich zu anderen intersektoralen Versorgungsansätzen – und dies trotz wiederholter wissenschaftlich, juristisch und ökonomisch nachgewiesener Vorteile.

Aufgrund knapper werdender Ressourcen und eines kontinuierlichen Bettenabbaus trotz des demografischen Wandels bei zunehmender Ambulantisierung wird der medizinischen Versorgung im intersektoralen Raum eine stetig wachsende Bedeutung zukommen.

Um für das Belegarztwesen mit seinen Leistungsmöglichkeiten eine Wiederbelebung zu erwirken, ist es wichtig, dass die Rahmenbedingungen des Belegarztwesens denen von Hauptabteilungen in Krankenhäusern angeglichen werden. Dazu gehören nicht nur die Vergleichbarkeit der Leistungen (einheitlicher OPS-Katalog, Vereinheitlichung der DRGs, die sektorenübergreifende Qualitätssicherung durch lebenslange Arztnummer für alle Ärzte in Praxis und Klinik, Aufhebung des Erlaubnisvorbehaltes für Belegärzte etc.), sondern auch die Angleichung der Vergütung. Für die Umsetzung dieser „Rettungsmaßnahme" für das Belegarztwesen, das im § 121 Abs. 2 SGB V definiert ist, wäre als einfachste Lösung eine Änderung des § 18 Abs. 3 im KH Entgeltgesetz vorstellbar. Dort heißt es:

„Krankenhäuser mit Belegbetten, die nach § 121 Abs. 5 des Fünften Buches Sozialgesetzbuch zur Vergütung der belegärztlichen Leistungen mit Belegärzten Honorarverträge schließen, rechnen für die von Belegärzten mit Honorarverträgen behandelten Belegpatientinnen und -patienten die mit Bewertungsrelationen bewerteten Entgelte für Hauptabteilungen *in Höhe von 80 Prozent* ab."

Während von dieser Option des „Honorarbelegarztes" aufgrund der Unwirtschaftlichkeit für die Krankenhäuser in der derzeitigen Version kaum Gebrauch gemacht wurde, könnte durch die Streichung einer kurzen Passage im Gesetz (siehe oben kursiv gedruckter Text) eine nachhaltige Unterstützung des Belegarztwesens erzeugt werden. Dabei bleiben die Belegärzte im vertragsärztlichen Status; sie erhalten jedoch ihre Vergütung über die

A-DRG des Krankenhauses.[1] Neben den bekannten Vorteilen bei der Patientenführung (weniger Doppeluntersuchungen, optimale prä- und postoperative Versorgung in Facharztstatus, schlanker und schneller Dokumentationsaufwand etc.) bliebe auch der ressourcensparende Vorteil dieser Versorgungsform erhalten, da die Vergütung zukünftig über die DRG erfolgt, der extrabudgetäre Vergütungsanteil in der bisherigen Abrechnung über den EBM aber für den Kostenträger eingespart würde.

Literatur

https://www.bsg.bund.de/SharedDocs/Pressemitteilungen/DE/2019/2019_21.html.

KBV. (2018). Statistische Informationen aus dem Bundesarztregister. Bundesgebiet insgesamt. Stand 31.12.2018.

Robert Koch Institut. (2017). *Krebs in Deutschland für 2013/2014*. 11. Ausgabe. Gemeinsame Publikation des Zentrums für Krebsregisterdaten und der Gesellschaft der epidemiologischen Krebsregister in Deutschland e. V.

von Stillfried, D., Cizhal T., & Leibner M. (2012). *Fallzahlentwicklung in der Urologie im Zuge des demografischen Wandels*. Praxisforum Urologie, Leipzig, 29.09.2012. Zentralinstitut für die Kassenärztliche Versorgung in Deutschland.

Dr. Andreas W. Schneider absolvierte 1980 sein Medizinstudium und eröffnete 1992 seine Gemeinschaftspraxis für Urologie, nachdem er zuvor als wissenschaftlicher Angestellter in der Abteilung für Urologie am Universitätsklinikum Hamburg-Eppendorf tätig war. Seit 2017 leitet er den Bundesverband der Belegärzte (BdB). Als Gründer der Salzhäuser Gespräche hält er zudem regelmäßig Vorträge und organisiert Diskussionsrunden rund um das Thema, um die Integration von ambulanten und stationären Leistungen zu verbessern. Zusätzlich zu seinen zahlreichen nationalen und internationalen Publikationen, unterrichtet er junge Ärzte auf ihrem Weg zu urologischen Chirurgen.

Kontakt: Bundesverband der Belegärzte e.V., Hainenbachstr. 25, 89522 Heidenheim a.w.schneider@urologie-winsen.de

---

[1] Für die Ermittlung des Belegarzthonorars sollten die InEK-Kalkulationsdaten herangezogen werden; die Abrechnung erfolgt über die KV oder vom Krankenhaus direkt.

Intensivambulanz mit integrierter Tagesklinik: Verhaltenstherapie Falkenried

30

Benjamin Siemann, Ulrike Peter, Ulrike Lupke und Helmut Peter

Zusammenfassung

Übergänge zwischen ambulanter und stationärer Behandlung sind eines der zentralen Probleme in der Versorgung psychisch kranker Menschen. Reformen haben fast ausschließlich auf eine Optimierung ambulanter Angebote in Krankenhäusern abgezielt. Es wurde außer Acht gelassen, dass die ambulante Regelversorgung der entscheidende Engpass in der Versorgungskette ist. Das MVZ Verhaltenstherapie Falkenried ist von der „anderen Seite" an eine Lösung für eine sektorenübergreifende Versorgung herangegangen. Statt ambulante Angebote an stationäre Strukturen anzupassen, wurde eine teilstationäre Behandlung strukturell in die ambulante Regelversorgung integriert. Das Ergebnis ist patient*innenfreundlich, effizient und modellhaft. Patient*innen, bei denen eine ambulante Behandlung nicht (mehr) ausreicht, können ohne Wartezeit und unter Wahrung der Behandlungskontinuität in die Tagesklinik der Ambulanz und nach deren Beendigung wieder zurück in die Ambulanz gesteuert werden. Zudem wurde eine ambulante Intensivbehandlung zur Überbrückung der Wartezeiten bis zur Aufnahme eingerichtet. Im Falkenried wird dieser Ansatz seit über zehn Jahren umgesetzt. Es gibt keine Wartezeiten beim Übergang zwischen den Sektoren. Rückfälle durch fehlende oder zu späte ambulante Weiterbehandlung werden verhindert. Die durchschnittliche Behandlungsdauer in der Tagesklinik ist mit 22,0 Tagen um 7,5 Tage (25,4 %) kürzer als im Bundesvergleich. Zudem macht die vorgeschaltete ambulante Intensivbehandlung in 23 % aller Fälle die geplante Tagesklinik überflüssig.

B. Siemann (✉) · U. Peter · U. Lupke · H. Peter
Verhaltenstherapie Falkenried MVZ, Hamburg, Deutschland
E-Mail: siemann@vt-falkenried.de; upeter@vt-falkenried.de; lupke@vt-falkenried.de;
peter@vt-falkenried.de

© Springer Fachmedien Wiesbaden GmbH, ein Teil von Springer Nature 2020
U. Hahn, C. Kurscheid (Hrsg.), *Intersektorale Versorgung*,
https://doi.org/10.1007/978-3-658-29015-3_30

30.1   Hintergrund zu Schnittstellenproblemen in der Versorgung psychisch kranker Menschen

Psychische Erkrankungen und deren Folgen stellen eine der großen Herausforderungen unseres Gesundheitssystems dar. Die Versorgungssituation ist gekennzeichnet durch lange Wartezeiten auf eine ambulante Therapie (durchschnittlich ca. 17 Wochen (Nübling et al. 2014)), unübersichtlich viele und schwer zu koordinierende Versorgungspfade (Gaebel et al. 2013) und eine besorgniserregende Zunahme der Arbeitsunfähigkeit in Anzahl (McDaid et al. 2008) und Dauer (Knudsen et al. 2013). Weiterhin steigt die Krankenhausverweildauer bei psychischen Erkrankungen entgegengesetzt der Verweildauer in somatischen Krankenhäusern (Augurzky et al. 2017). Diese Versorgungsdefizite hängen eng mit Problemen in der sektorenübergreifenden Versorgung und diese wiederum mit der Zweiteilung des deutschen Gesundheitssystems zusammen. Fehlende Abstimmung bei Übergängen zwischen dem ambulanten und stationären Sektor haben weitreichende Konsequenzen für die Kontinuität, Qualität und die Nachhaltigkeit der Behandlung. Versorgungsstrukturen, die strukturell nicht miteinander verbunden sind, behindern eine kontinuierliche, angemessene und effiziente Versorgung (Kunze 2016).

Die Trennung zwischen ambulant und stationär zieht sich wie ein roter Faden durch alle Bereiche und Einrichtungen unseres Gesundheitssystems. Es sind die Bedarfsplanungen genauso wie die Vergütungssysteme davon betroffen. Die Aufsicht der Sektoren wird von unterschiedlichen Institutionen wahrgenommen. Für den stationären Bereich sind die Gesundheitsbehörden und für den ambulanten Sektor die Kassenärztlichen Vereinigungen zuständig. Selbst bei den Kostenträgern findet sich die Zweiteilung der Sektoren in voneinander getrennten Abteilungen wieder. Es verwundert kaum, dass eine Überbrückung der Sektoren seit Jahrzehnten nicht recht gelingen will.

Die negativen Konsequenzen haben vor allem die Betroffenen auszubaden. Sich in diesem „Versorgungslabyrinth" zurechtzufinden, fällt selbst Menschen mit gutem psychischen Funktionsniveau schwer. Für Patient*innen mit schweren psychischen Erkrankungen und entsprechenden Beeinträchtigungen, stellen die Sektorengrenzen nicht selten eine schwer überwindbare Barriere dar. Das gilt sowohl für den Weg in eine angemessene Behandlung hinein als auch aus dieser wieder heraus. Die mangelnde Vernetzung zwischen der ambulanten und stationären Versorgung und fehlenden sektorenübergreifenden Behandlungsprozessen sind maßgeblich für die bestehende Unter-, Über- und Fehlversorgung dieser Patient*innen verantwortlich. So sind stationäre Aufenthalte häufig in Ermangelung einer zeitnahen ambulanten Anschlussbehandlung unnötig lang. Findet eine Entlassung trotz fehlender ambulanter Weiterbehandlungen statt, sind die Patient*innen auf sich gestellt und fallen in ein „Versorgungsloch". Behandlungserfolge gehen wieder verloren, es kommt zu Rückfällen und vermeidbaren stationären Wiederaufnahmen. Die Krankenhäuser stehen vor einem Dilemma, das sie alleine nicht lösen können, da es vor allem an den erforderlichen ambulanten Strukturen fehlt.

Die Misere in der ambulanten Versorgung ist seit Langem bekannt. Der Gesetzgeber hat seine Reformen zur Überwindung der Schnittstellenprobleme dennoch fast ausschließlich an Krankenhäuser adressiert. Zunächst hat man auf einen Auf- und Ausbau teilstationärer Behandlungsplätze in der Krankenhausbedarfsplanung gesetzt. Es sollte den Grad der vollstationären Hospitalisierung reduzieren und Übergänge in die ambulante Weiterbehandlung erleichtern. In den meisten Versorgungsregionen wurden seit vielen Jahren große Anstrengungen unternommen und eine Vielzahl psychiatrischer und psychosomatischer Tageskliniken geschaffen. Mittlerweile ist z. B. in Hamburg in beinahe jedem psychiatrischen Krankenhaus und in fast jeder psychiatrischen Abteilung ein umfangreiches, teilstationäres Behandlungsangebot entstanden. Leider blieb der gewünschte Effekt hinter den Erwartungen zurück. So stellt die Gesundheitsbehörde Hamburg fest: „Die starke Ausweitung des Angebots psychiatrischer Tageskliniken (…) hat zu keiner erkennbaren strukturellen Verbesserung der psychiatrischen Versorgung geführt." Und weiter: „Hier besteht der Eindruck, dass tagesklinische Behandlungen zunehmend als Ersatz für eine nicht ausreichende ambulante Behandlungsmöglichkeit eingesetzt wird" (Freie und Hansestadt Hamburg 2016). Tageskliniken in Krankenhäusern dienen nach dieser Einschätzung also eher der Kompensation von Defiziten in der ambulanten Regelversorgung und weniger als Brücke zum ambulanten Sektor. Sie erfüllen ihre Aufgabe in die falsche Richtung. Es werden ambulant behandelbare Patient*innen ins Krankenhaus gezogen, anstatt stationäre Behandlungen frühzeitiger ins ambulante System überzuleiten.

Des Weiteren wurde den Krankenhäusern eine Reihe von Instrumenten zur ambulanten Leistungserbringung an die Hand gegeben. Neben der vor- und nachstationären Behandlung nach § 115a SGB V wurden psychiatrische und später psychosomatische Institutsambulanzen nach § 118 SGB V ermöglicht. Nachhaltige Effekte auf die sektorenübergreifende Versorgung blieben für den Großteil der Patient*innen hierdurch wiederum aus. Das ist auch nicht weiter verwunderlich, denn die Probleme an den Sektorengrenzen sind maßgeblich in der ambulanten Regelversorgung verortet, die ganz grundsätzlich nicht von Institutsambulanzen an Krankenhäusern gelöst werden können.

Nach einem Krankenhausaufenthalt wegen einer psychischen Erkrankung benötigen die meisten Patient*innen eine zeitnahe, koordinierte ambulante Psychotherapie. Genau an dieser Stelle ist der entscheidende Versorgungsengpass zu finden. Ambulante Psychotherapie wird aufgrund von Kapazitätsproblemen, vor allem aber wegen struktureller und konzeptioneller Defizite, den immer komplexer werdenden Versorgungsaufgaben seit vielen Jahren nicht gerecht. Die ambulante Versorgung ist durch die Psychotherapie-Richtlinien hochgradig reguliert. Die Schnittstelle zum ambulanten Sektor ist dadurch viel schwieriger zu bedienen als in allen anderen Fächern. Um psychotherapeutische Leistungen im vertragsärztlichen Sektor abrechnen zu können, bedarf es einer vertragsärztlichen Zulassung sowie einer zusätzlichen Genehmigung durch die Kassenärztliche Vereinigung. Zudem braucht es nicht nur eine besondere Expertise im Fach selber, sondern auch eine hoch spezialisierte Verwaltung. Anders als bei den meisten anderen Fächern unterliegen psychotherapeutische Leistung in der vertragsärztlichen Versorgung nämlich einer Antrags- und Genehmigungspflicht. Überschreitet eine ambulante Psychotherapie ein fest definiertes Stundenkontingent, so wird für die Fortführung der Psychotherapie ein umfängliches Gutachten erforderlich. Wie man sieht, ein komplexes Unterfangen. Die zeitnahe Bereitstellung von Therapieplätzen ist eine anspruchsvolle Planungs- und Koordinationsleistung, die überproportional an Komplexität zunimmt, sobald man die Psychotherapie an die Anforderungen einer sektorenübergreifenden Versorgung anpassen will. Um dies effizient bewältigen zu können, muss eine ausreichende Anzahl an Behandlungsplätzen in unterschiedlichen Behandlungssettings vorgehalten werden (z. B. Gruppentherapie und/oder Einzeltherapie). Die ambulante Weiterbehandlung von stationären Patient*innen ohne Wartezeit geht nur mit differenzierten Angeboten, flexiblen Behandlungskonzepten und frühzeitiger Abstimmung zwischen den Sektoren.

Krankenhäuser können an der vertragsärztlichen Versorgung über ein Medizinisches Versorgungszentrum (MVZ) teilnehmen, und sie tun dies auch ausgiebig. Bisher sind dabei allerdings wenige Ansätze herausgekommen, die geeignet sind, die Defizite an den Sektorengrenzen zu überwinden. Den Krankenhäusern fehlt es zumeist an der spezifischen Expertise, um den komplexen Anforderungen im ambulanten Sektor gerecht zu werden. Es fällt sehr viel leichter, das Gewohnte zu machen. Es ist leichter, ambulant behandelbare Patient*innen in Tageskliniken oder vollstationär aufzunehmen. Der Aufwand einer koordinierten ambulanten Behandlung ist zudem wirtschaftlich auch noch weniger attraktiv.

Im Jahr 2012 wurde ein Sondergutachten vom Sachverständigenrat mit dem Titel *Wettbewerb an der Schnittstelle zwischen ambulanter und stationärer Gesundheitsversorgung* mit weitreichenden Empfehlungen vorgelegt. Zu einer signifikanten Verbesserung in der sektorenübergreifenden Versorgung für psychisch kranke Menschen hat dies nicht geführt. So überrascht es nicht, dass im aktuellen Koalitionsvertrag der sektorenübergreifenden Versorgung und der Behandlung von psychischen Störungen besondere Aufmerksamkeit gewidmet wurde.

Das im Folgenden dargestellte Behandlungsmodell mit einer Tagesklinik, die in der ambulanten Regelversorgung strukturell und konzeptuell integriert ist, soll zeigen, dass es auch anders gehen kann. Es ist patient*innenfreundlicher und effizient, eben weil es vom ambulanten Sektor her gedacht und umgesetzt wird.

30.2   Steckbrief des Trägers

Die hier vorgestellte Versorgungsform der (Intensiv-)Ambulanz mit integrierter Tagesklinik wird von der Verhaltenstherapie Falkenried MVZ GmbH betrieben. Dieses inhabergeführte Medizinische Versorgungszentrum für Psychiatrie, Psychotherapie und Psychosomatik wurde 2006 von Herrn Prof. Dr. Helmut Peter in Hamburg gegründet. Es werden aktuell jährlich ca. 7500 Patient*innen, seit Gründung knapp 50.000 Menschen, diagnostisch gesehen und psychotherapeutisch und/oder psychiatrisch behandelt. Ursprünglicher Standort und Namensgeber ist die Straße Falkenried nahe dem Universitätsklinikum Hamburg-Eppendorf. Mittlerweile finden die Behandlungen an vier Standorten in fünf Ambulanzen und zwei Tageskliniken in Hamburg statt (Eppendorf, Winterhude, Blankenese und Harburg). Die Intensivambulanz mit integrierter Tagesklinik ist in der Jarrestraße in Winterhude ansässig. Zur Unternehmensgruppe zählen weiterhin drei Ausbildungsinstitute und ein vollstationäres psychosomatisches Krankenhaus (33 Betten).

30.3   Ziele und Struktur

Die psychosomatische Tagesklinik Verhaltenstherapie Falkenried wurde in den Krankenhausplan 2015 mit folgender Begründung aufgenommen:

> „Es stellt ein interessantes teilstationäres Versorgungsmodell mit enger Verzahnung mit der ambulanten psychotherapeutischen Versorgung und der strikten Zielsetzung der Vermeidung von vollstationären Aufnahmen in Hamburger Krankenhäusern dar." (Freie und Hansestadt Hamburg 2018)

Zur Erfüllung dieses Behandlungsauftrages wurde die Tagesklinik fest in einem primär ambulanten Versorgungssystem verankert. Sie nimmt damit eine Ausnahmestellung gegenüber allen anderen stationären Behandlungsangeboten für psychisch und psychosomatisch erkrankte Menschen in Hamburg ein. Diese strukturelle Besonderheit ermöglicht es, effektivere Behandlungskonzepte für die sektorenübergreifende Schnittstellenproblematik anzubieten. Die Zielsetzung *ambulant vor stationär* gilt in diesem Kontext auch für teilstationäre Behandlungen. Hierfür wurde die Tagesklinik in einer Intensivambulanz eingebettet, deren Behandlungsoptionen weit über die üblichen Standards in der kassenärztlichen Versorgung hinausgehen. Die Einführung einer Behandlungsstufe mit ambulanter Intensiv- und Komplexbehandlung stellt einen Meilenstein in der Überwindung der historisch gewachsenen Versorgungslücke zwischen dem ambulanten und stationären Sektor dar und ist eine wesentliche Voraussetzung für die erfolgreiche Vermeidung stationärer Behandlungen.

Darüber hinaus zielt das Behandlungsangebot auf eine Verkürzung der teilstationären Behandlungsdauer ab. Durch eine intensive ambulante Behandlung vor und eine nahtlose ambulante Weiterbehandlung nach der Tagesklinik unter Wahrung der Kontinuität der Behandler, des Konzeptes und des Ortes gelingt es, die Effizienz der teilstationären Aufenthalte deutlich zu verbessern und die Behandlungsdauer substanziell zu verkürzen.

Intensiv- und Komplexbehandlungen in der Regelversorgung sind bis dato leider eine seltene Ausnahme, da sowohl die gesetzlichen als auch die wirtschaftlichen Rahmenbedingungen deren Umsetzung schwer, in den meisten Fällen unmöglich machen. Das Fehlen geeigneter Behandlungsstrukturen ist jedoch einer der Hauptgründe für zu häufige und zu lange Krankenhausbehandlungen.

Unter den beschriebenen Bedingungen sind folgende strukturelle Ziele realisierbar:

- Vermeidung von psychosomatischen Krankenhausaufnahmen,
- Vermeidung von teilstationären Behandlungen,
- Reduktion von voll- und teilstationären Behandlungstagen,
- Reduktion der durchschnittlichen teilstationären Behandlungsdauer.

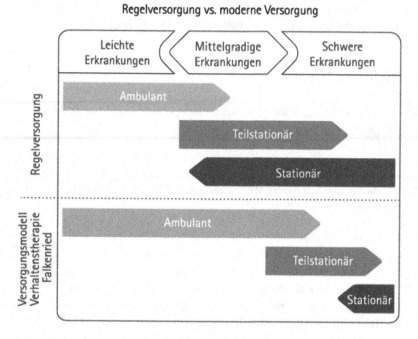

Abb. 30.1 Regelversorgung vs. moderne Versorgung im Hinblick auf die Schwere der Erkrankung

Die Tagesklinik zielt auf den Ausbau einer modernen Versorgungsstruktur ab, in der auch schwer gestörte Patient*innen komplex, intensiv und weitestgehend ambulant behandelt werden können (Abb. 30.1). Insofern findet keine reine Ausweitung teilstationärer Behandlungsplätze statt. Die Tagesklinik hat in dieser Struktur die Aufgabe, ambulante Versorgungsoptionen zu stärken und durch eine teilstationäre *Maximalversorgung* schnellstmöglich eine ambulante Behandlungsfähigkeit aufzubauen bzw. zurückzugewinnen. Die Einbettung der teilstationären Behandlungseinheit in die Ambulanz für Intensivbehandlungen des Medizinischen Versorgungszentrums gewährleistet die Behandlungskontinuität von schwer erkrankten Menschen im primär ambulanten System.

Schnittstellenprobleme treten so gar nicht erst auf, da den meisten Patient*innen selbst bei Exazerbation der Erkrankung oder bei Krisen ein Wechsel ins Krankenhaus mit vollstationärer Behandlung erspart bleibt. Zudem werden ambulante Vor- und Nachbehandlungen bereits zum Zeitpunkt der Indikationsstellung geplant. So werden Wartezeiten verhindert und Behandlungsbrüche vermieden: Alle Ärzt*innen und Therapeut*innen, die in die Behandlungskette eingebunden sind, sind Teil eines Gesamtteams. Bereits seit 2006 konnten Erfahrungen mit einer ambulanten Komplexbehandlung inklusive Tagesklinik gesammelt und die Erfolge durch eine jährlich durchgeführte Evaluation belegt werden. Aufbauend auf den bestehenden Konzepten in der integrierten Versorgung erfolgte schließlich 2015 mit der Aufnahme in den Krankenhausplan die Übertragung in die Regelversorgung.

30.4   Behandlungskonzept und -angebot

Für eine Umsetzung der oben genannten Ziele, wurde ein Versorgungsprogramm entwickelt, welches folgende Bedingungen erfüllt:

- optimale Indikationsstellung: Minimierung von Fehlzuweisungen und Überversorgung,
- optimale Vorbereitung auf die Tagesklinik: Behandlung beginnt am ersten Tag,
- maximale Intensität: größtmögliche Erfolge bei kurzer Behandlungsdauer,
- ambulante Weiterbehandlung: keine Wartezeit und keine Brüche in der Behandlung.

Demnach ergeben sich drei Elemente einer nahtlosen Behandlungskette (Abb. 30.2):

1. Eine vorgeschaltete ambulante Intensivbehandlung (AIB) auf der zulässigen Maximalstufe mit dem Ziel der Vermeidung der bereits geplanten Tagesklinikbehandlung. Im Falle einer erforderlichen Aufnahme ist die AIB eine optimale Vorbereitung und ermöglicht einen unmittelbaren Einstieg in die Behandlungsphase der Tagesklinik.
2. Die Tagesklinik (TK), deren Ziel es ist, durch das intensive Behandlungsangebot von fünf bis sechs Therapieeinheiten pro Tag eine Aufnahme in einer vollstationären Einrichtung zu vermeiden und eine Verkürzung der üblichen tagesklinischen Behandlungsdauer zu erreichen.
3. Eine nachstationäre Weiterbehandlung (NWB), mit der Wiederaufnahmen verhindert werden und die Behandlung ohne Konzeptbrüche abgeschlossen werden kann.

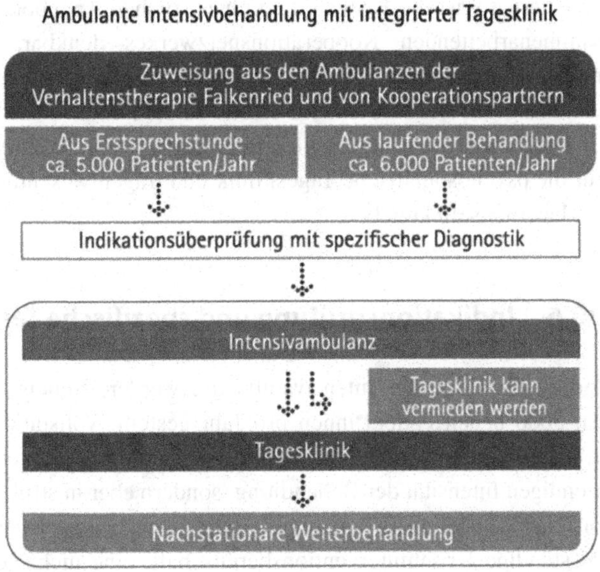

Abb. 30.2 Patient*innenpfad in der ambulanten Intensivbehandlung mit integrierter Tagesklinik

Ambulante Intensivbehandlung mit integrierter Tagesklinik

Zuweisung aus den Ambulanzen der Verhaltenstherapie Falkenried und von Kooperationspartnern

Aus Erstsprechstunde ca. 5.000 Patienten/Jahr

Aus laufender Behandlung ca. 6.000 Patienten/Jahr

Indikationsüberprüfung mit spezifischer Diagnostik

Intensivambulanz

Tagesklinik kann vermieden werden

Tagesklinik

Nachstationäre Weiterbehandlung

30.5   Strukturelle und konzeptuelle Voraussetzungen

Ein Behandlungsangebot wie dieses bedarf einer entsprechenden Versorgungsstruktur, in der neben einer Zulassung im Krankenhausplan auch vielseitige ambulante Behandlungsoptionen abbildbar sind. Das sind neben ärztlichen/psychiatrischen Angeboten vor allem auch ausreichende psychotherapeutische Behandlungskapazitäten, um die AIB und die tagesklinische Anschlussbehandlung anbieten zu können. Optimalerweise werden alle diagnostischen und therapeutischen Elemente von ein und derselben Therapieeinheit und demselben Behandlerteam durchgeführt. Das stringente, zielorientierte Vorgehen und die hohe Behandlungsdichte sowie die strukturelle Vernetzung der einzelnen Therapieabschnitte ermöglichen deutlich kürzere Behandlungszeiten. Durch enge Abstimmung mit der vorstationären Behandlung kann die spezifische tagesklinische Behandlung bereits am Aufnahmetag ohne Verzögerung beginnen. Die Überleitung in die ambulante Weiterbehandlung nach dem teilstationären Abschnitt verhindert unnötige therapeutische Brüche. Dies macht eine weitere Voraussetzung notwendig, denn die gesamte Behandlungskette wird von einem bereichsübergreifenden Case-Management-Team organisiert. Um flexibel auf individuelle Bedürfnisse der Patient*innen reagieren zu können und die Wartezeiten auch bei schwankenden Indikationszahlen möglichst kurz halten zu können, bedarf es des Einsatzes von störungsspezifischen und störungsübergreifenden Gruppentherapien. Allein für die Organisation des gruppentherapeutischen Angebotes braucht es in der VT Falkenried ein ganzes Team von Mitarbeiter*innen im Bereich Case Management. Case Manager*innen müssen über Fingerspitzengefühl und Flexibilität in der Patient*innenkommunikation verfügen, also auch Mitarbeiterkoordination leisten und viel Logistik überblicken. Diese Logistik wird derzeit größtenteils über Tabellenkalkulationssoftware abgebildet. Eine bestimmte formale Qualifikation ist nicht nötig. Die Case Manager*innen werden bei uns für diesen Job geschult.

Alternativ ist die Realisierung eines solchen Angebotes auch innerhalb eines eng zusammenarbeitenden Kooperationsnetzwerkes denkbar, wobei erfahrungsgemäß der notwendige organisatorische und inhaltliche Informationsaustausch zwischen mehreren unabhängigen Behandlern eine Hürde darstellt.

Die in Abb. 30.3 dargestellten Behandlungselemente sind in Art und Ausmaß spezifisch für die psychosomatische Tagesklinik und tragen wesentlich zu der o. g. Zielsetzung von Verlagerungseffekten bei.

30.6   Indikationsprüfung und spezifische Testdiagnostik

Indikationen für die Intensivambulanz werden zumeist aus der MVZ-Ambulanz mit ca. 5000 neuen Patient*innen pro Jahr gestellt. Vollstationäre Behandlungsindikationen können seither in vielen Fällen vermieden werden. Grenzen zeigen sich selten bei der notwendigen Intensität der Behandlung, sondern eher in strukturellen, formalen Indikationen für eine vollstationäre Versorgung. Dies sind beispielsweise eine zwingend notwendige 24-stündige Kriseninterventionsbereitschaft, eine nicht vorhandene Wegefähigkeit oder die Notwendigkeit der Herausnahme aus einem zu problembelasteten häuslichen Umfeld.

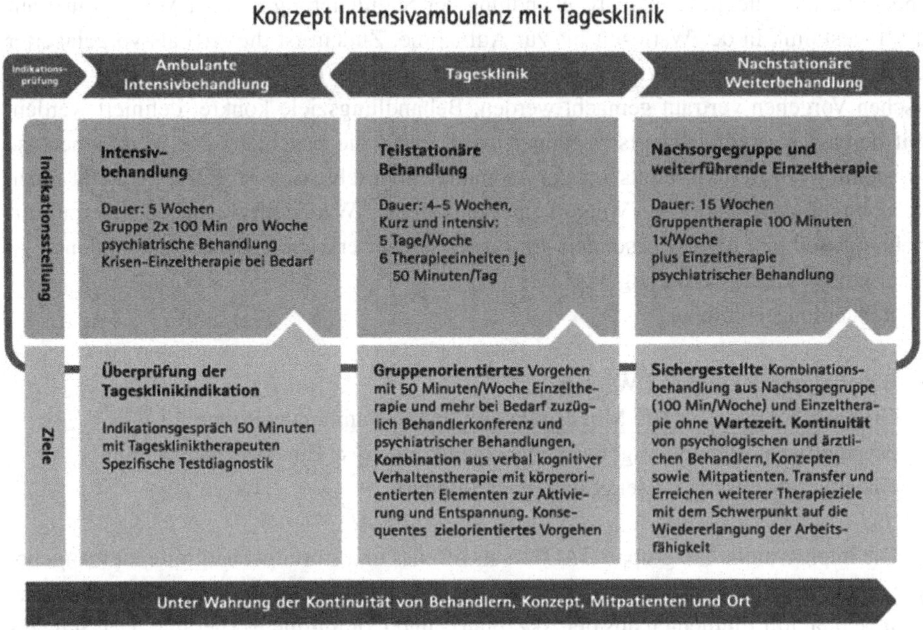

Konzept Intensivambulanz mit Tagesklinik

Abb. 30.3   Behandlungselemente der intersektoralen Versorgung

Nach externer oder interner Zuweisung in unsere Tagesklinik wird binnen 14 Tagen ein diagnostischer Termin zur Überprüfung der Notwendigkeit und der Eignung für eine Behandlung bei einem spezifisch geschulten Diagnostiker angeboten. Die Indikationsstellung enthält folgende Elemente:

- mind. 2 × 50-minütiges Indikationsgespräch mit einem psychologischen Psychotherapeuten,
- operationale, adaptive Testdiagnostik mit standardisierten Empfehlungen,
- psychiatrisches Gespräch inkl. Konsil mit Überprüfung einer notwendigen medikamentösen Ein- oder Umstellung.

Anschließend beginnen die Aufnahmeplanung in die Intensivbehandlung oder anderweitige interne Angebote.

30.7   Ambulante Intensivbehandlung

Die ambulante Intensivbehandlung (AIB) verfolgt zwei unterschiedliche Ziele. Durch Intensivierung der ambulanten Behandlung auf die zulässige Maximalstufe soll eine Symptomreduktion erreicht werden, die eine teilstationäre Behandlung unnötig macht. Für die andere Gruppe dient die Intensivbehandlung der Stabilisierung und der Vorbereitung auf die Tagesklinik in der Wartezeit bis zur Aufnahme. Zudem ist die AIB als vorgelagerter Behandlungsabschnitt konzipiert, in dem die Patient*innen mit dem spezifischen therapeutischen Vorgehen vertraut gemacht werden, Behandlungsziele konkret definiert werden, mit deren Umsetzung bereits begonnen wird sowie die psychiatrische medikamentöse Einstellung bei Bedarf bereits vor der Aufnahme abgeschlossen ist. Für die Patient*innen bedeutet dieses Angebot den Wegfall einer unbetreuten Wartezeit, wie sie an anderen Einrichtungen üblich ist und besonders für dieses schwer erkrankte Patient*innenklientel zu einer großen Herausforderung wird.

Behandlungselemente:

- Behandlungsdauer: ca. 5 Wochen,
- Gruppentherapie: 2 × 100 Min pro Woche (Intensivambulanzgruppe = IAG),
- psychiatrische Behandlung, bei Bedarf medikamentöse Ein- oder Umstellung,
- einzeltherapeutische Krisengespräche bei Bedarf.

Die Intensivambulanzgruppe (IAG) ist als offenes und störungsübergreifendes Angebot konzipiert. Inhaltlich handelt es sich um eine manualisierte, verhaltenstherapeutische Gruppe u. a. mit Elementen aus der Akzeptanz- und Commitment-Therapie. Der Schwerpunkt liegt auf Krisenintervention und Aufklärung über Psychotherapie/Verhaltenstherapie. Sie besteht aus folgenden zehn Modulen:

1. „Was ist Psychotherapie/Verhaltenstherapie? Was ist psychische Gesundheit/Krankheit?";
2. Selbstbeobachtung;
3. Achtsamkeit (Wie-Fertigkeiten)/Umgang mit Gefühlen und Krisenstrategien;
4. medikamentöse Behandlung;
5. Was ist ein Störungsmodell?/Funktionalität oder „Wie bleibt man eigentlich krank?";
6. Therapieziele und Werte;
7. Umgang mit Gedanken, Gefühlen, Bedürfnissen – Strategien;
8. Verhaltens- und Funktionsanalysen
9. Problemlösetraining
10. Rückfallprophylaxe

Die Module werden durchgehend in der Reihenfolge mit den Patient*innen bearbeitet. Die IAG ist als vorgelagerter Behandlungsabschnitt konzipiert, in dem die Patient*innen bereits vor der Aufnahme in der Tagesklinik mit dem spezifischen therapeutischen Vorgehen vertraut gemacht werden, Behandlungsziele konkret definiert und erste Bewältigungsstrategien vermittelt und erlernt werden. Es werden dieselbe Terminologie und dieselben Arbeitsblätter wie im tagesklinischen Setting benutzt.

30.8   Tagesklinische Behandlung

Die tagesklinische Behandlung nimmt aufgrund ihrer hohen Behandlungsdichte eine Sonderstellung gegenüber den üblichen Konzepten von teil- und vollstationären Vergleichskliniken ein. Durch die vorgeschaltete Intensivbehandlung und die nahtlose Aufnahme (ohne Wartezeit) sind die Patient*innen mit der Einrichtung, dem Konzept und dem Team vertraut und können mit Aufnahme in die Tagesklinik den therapeutischen Prozess ohne Unterbrechung fortführen. Es entfällt die übliche erste Woche, in der die/der Patient*in „erstmal einmal ankommen muss", um das Behandlungsteam kennenzulernen und sich persönlich, diagnostisch und therapeutisch zu orientieren.

Behandlungselemente:

- Behandlungsdauer: 4 Wochen (Durchschnittswert),
- 5 bis 6 Psychotherapieeinheiten oder psychotherapie-äquivalente Einheiten (je 50 Minuten oder doppelt so viele bei 25 Minuten) pro Behandlungstag,
- Koordination der einzelnen Behandlungselemente mit täglicher Abstimmung aller beteiligten Therapeut*innen sowie eine Behandlungskonferenz einmal pro Woche,
- individuelles Krisenmanagement, bei Bedarf im häuslichen Milieu,
- intensives Übungsprogramm im Lebensalltag der Patient*innen,
- tägliche Therapiezielabstimmung zwischen Patient*innen und Behandler*innen,
- spezifische störungs- und methodenorientierte Therapiegruppen,
- ergänzendes körpertherapeutisches Behandlungsangebot,
- Transfer der Therapiefortschritte in den Alltag,
- Behandlungsfokus auf die Wiedererlangung der Arbeitsfähigkeit,
- regelmäßige psychiatrische Kontakte,
- Abschlussdiagnostik.

30.9   Nachstationäre Weiterbehandlung

Die nachstationäre Weiterbehandlung erfolgt ohne Wartezeit und ohne Unterbrechungen im Behandlungsprozess in der gleichen Behandlungseinheit. Sie dient entweder der ambulanten Weiterbehandlung bis Therapieende oder zur Überbrückung bis eine nahtlose Vermittlung in eine Spezialambulanz (z. B. Borderline-Ambulanz) oder in externe Einrichtungen möglich ist.

Behandlungselemente:

- Anschlussgruppe: 1x pro Woche 100 Minuten, nur für Patient*innen der Tagesklinik,
- verhaltenstherapeutische Einzelbehandlung bei Bedarf, maximal 10 Sitzungen,

oder:

- bei Bedarf nahtlose Überleitung in eine Spezialambulanz im MVZ Falkenried oder in eine externe ambulante Behandlung.

30.10 Ergebnisse

Die Behandlungen werden zur Qualitätssicherung zu verschiedenen Zeitpunkten hinsichtlich Compliance, Wirksamkeit und Patient*innenzufriedenheit evaluiert. Für den Versorgungsbereich der Intensivambulanz mit integrierter Tagesklinik werden drei Messzeitpunkte standardmäßig erhoben: T0 = Zeitpunkt des Erstgespräches in der Ambulanz, TK0 = Ende der IAB/Aufnahme in der TK und TK1 = teilstationäre Entlassung. Das Fragebogenpaket wurde zusammen mit der medizinischen Psychologie des UKE entwickelt und später als eine adaptive digitale Testdiagnostik realisiert.

Das untersuchte Patient*innenklientel ist zu 62 % weiblich, im Mittel 40 Jahre alt. 86 % aller Patient*innen sind bei Indikationsstellung (Erstgespräch in der Ambulanz) mit einer durchschnittlichen Dauer von ca. 150 Tagen aufgrund einer psychischen Erkrankung arbeitsunfähig geschrieben. Ca. 80 % aller Patient*innen, die in der Tagesklinik aufgenommen werden, haben an der intensiv-ambulanten Behandlung vor der Aufnahme teilgenommen. Die restlichen 20 % haben bereits eine externe ambulante Psychotherapie erhalten. Bei Teilnahme an der AIB konnte bei 23 % aller Patient*innen letztlich eine tagesklinische Aufnahme vermieden werden. Diese Patient*innen gaben eine Besserung ihrer Beschwerden in einem Ausmaß an, mit dem eine ambulante Behandlung fortgeführt und somit auf die teilstationäre Behandlung ganz verzichtet werden konnte. Bei 3 % aller Patient*innen der AIB musste eine vollstationäre Aufnahme angebahnt werden.

Sowohl in der Testdiagnostik nach dem HEALTH-49 (Tab. 30.1), als auch in den Diagnosen zeigt sich ein schwer erkranktes Patient*innenklientel.

Tab. 30.1 Symptomatik (nach HEALTH-49) aller Patient*innen mit Tagesklinikindikation im Betrachtungszeitraum (n = 138) im Vergleich zu gesunden Kontrollpersonen und stationären Patient*innen bei Therapiebeginn (Referenzstichprobe). (Quelle: Darstellung eigener Behandlungsdaten)

Symptomskala	Projektdaten T0 M (SD)	Gesund (n = 5125)	Stationär (n = 1523)
Somatoforme Beschwerden	1,8 (1,0)	0,6 (0,6)	1,6 (0,9)
Depressivität	2,6 (0,8)	0,2 (0,4)	1,8 (1,0)
Phobische Ängste	1,0 (0,9)	0,1 (0,3)	0,8 (0,9)
Psych. und somatoforme Beschwerden	1,9 (0,7)	0,3 (0,4)	1,5 (0,5)
Psychisches Wohlbefinden	3,0 (0,6)	1,1 (0,7)	2,6 (0,8)
Interaktionelle Schwierigkeiten	1,7 (0.8)	0,5 (0,6)	1,9 (1,1)
Selbstwirksamkeit	2,8 (0,8)	0,7 (0,7)	2,2 (0,9)
Aktivität und Partizipation	2,1 (0,6)	0,6 (0,6)	1,9 (0,9)
Soziale Unterstützung	1,6 (1,0)	1,3 (1,0)	1,7 (0,9)
Soziale Belastung	1,8 (0,9)	1,0 (0,7)	1,8 (0,8)

Diagnostisch wurde bei ca. 25 % aller Patient*innen eine schwere depressive Episode und bei einem Drittel eine Persönlichkeitsstörung festgestellt. Im Vergleich liegt der Anteil an Patient*innen mit einer diagnostizierten schweren Episode in psychosomatischen Vergleichseinrichtungen bei knapp 18 % (InEK 2018).

Diese Form der Behandlung erreicht eine durchschnittliche Behandlungsdauer von 22,0 Tagen und liegt damit um 25,4 % unter dem Bundesdurchschnitt von 29,5 Tagen bei psychosomatischen Tageskliniken nach InEK (PEPP-Browser 2018, N = 3435 (InEK 2018)). Dabei konnten Fehlindikationen sowie hohe Abbruchraten einerseits und „Langlieger" andererseits vermieden werden. Dies zeigt ein Blick auf die Vergleichswerte. So fällt die Streuung der tagesklinischen Behandlungsdauer im Projekt mit einem Wert von SD = 8,3 im Vergleich zu SD = 17,5 im Durchschnitt nach InEK sehr gering aus. Die doppelt so hohe Streuung nach InEK-Daten legt nahe, dass es zu mehr Behandlungsabbrüchen gekommen ist, die wiederum die durchschnittliche Behandlungsdauer herabsenken. Sollte sich diese Vermutung bei näherer Analyse der Daten bestätigen, würde die um 25 % kürzere Behandlungsdauer im Projekt noch unterschätzt werden.

Nach dem tagesklinischen Aufenthalt erhalten alle Patient*innen eine ambulante Weiterbehandlung. So werden 70 % aller Patient*innen in der VT Falkenried ohne Wartezeit versorgt. Ein nachfolgender Therapieplatz wird entweder in einer der Spezialambulanzen mit Kombinationsbehandlung aus störungsspezifischer Gruppentherapie und Einzeltherapie vorgehalten oder die/der Patient*in erhält ein Therapieangebot in der gleichen Behandlungseinheit. Alle anderen Patient*innen werden zur externen ambulanten Behandlung zurück gesteuert oder es ist eine andere Behandlung (Rehabilitationsmaßnahme oder psychiatrische Kontakte) indiziert. Durch die nahtlose Folgebehandlung werden Re-Hospitalisierungen effektiv vermieden.

Es konnten Therapieerfolge mit teilweise hohen klinischen Effektstärken vom Erstgespräch bis zum Ende der tagesklinischen Behandlung (Abb. 30.4) erreicht werden. Dabei wurde für die Skala Depression (d = 0,7) bereits eine mittlere klinische Effektstärke nach Cohan vor der Aufnahme in die Tagesklinik (während der AIB) erzielt. Während des tagesklinischen Aufenthaltes liegen weitere hohe Effektstärken für den Gesamtscore der psychosomatischen und somatoformen Beschwerden (d = 0,8), Wohlbefinden (d = 0,9) und Selbstwirksamkeit (d = 0,94) vor. Bei der Betrachtung des Symptomverlaufs von der Indikationsstellung, über die Teilnahme an der AIB bis hin zu tagesklinischen Entlassung, werden sehr hohe klinische Effekte (z. B. d = 1,16 für die Skalen Depression und Wohlbefinden) erreicht. Zum Vergleich, nach Cohan liegt ein hoher klinischer Effekt bereits ab d = 0,8 vor.

Eine in 2018 durchgeführte qualitative Befragung (teilstrukturiertes Interview) von Teilnehmer*innen der Tagesklinik (Peter 2018) bestätigt, dass die Patient*innen die Intensivambulanz-Gruppe als Vorstufe der Behandlung als sehr hilfreich empfinden, wobei die häufigsten angegebenen Gründe das Kennenlernen der Mitpatient*innen, eine grundlegende Psychoedukation vor Aufnahme und erste Besserung der Beschwerden waren. Weitere Studien werden aktuell geplant/durchgeführt.

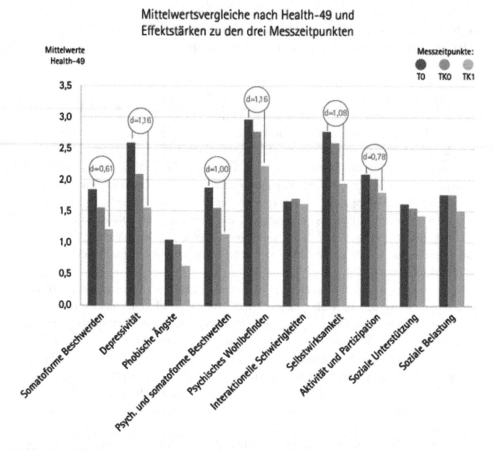

Abb. 30.4 Mittelwertsvergleiche nach HEALTH-49 und Effektstärken zu den Testzeitpunkten

30.11 Diskussion und Ausblick

Die Ergebnisse des Modellprojektes zeigen, dass eine intersektorale Versorgung bei psychischen Erkrankungen funktionieren kann, obwohl die Rahmenbedingungen dies nicht begünstigen. Die Resultate legen nahe, dass primär ambulante Anbieter stärker in die sektorenübergreifende Versorgung eingebunden werden sollten. Der entscheidenden Engpass in der Versorgungskette ist seit jeher die ambulante Psychotherapie, die von primär stationären Anbietern aufgrund struktureller, konzeptueller und wirtschaftlicher Faktoren nicht so gut bedient werden kann. Diese Aufgabe stellt auch das kleinteilige, ambulante Versorgungssystem vor Herausforderungen, die aus den typischen Einzelpraxen heraus nicht gelöst werden können. Es braucht komplexe Versorgungsstrukturen, um eine ambulante Behandlung an der Sektorengrenze zeitnah zu organisieren und zu koordinieren. Medizinische Versorgungszentren, aber auch ambulante Behandlungsnetzwerke sind hierfür grundsätzlich geeignet und könnten dazu befähigt werden.

Die Besonderheit des vorgestellten Versorgungsmodells liegt in der strukturellen Verankerung einer teilstationären Behandlungseinheit im ambulanten Sektor. Der stationäre Behandlungsabschnitt ist konzeptionell und personell in ein ambulantes Versorgungsangebot eingebettet; eine Herangehensweise, die konträr zu dem bis dato propagierten und gesetzlich geförderten Ansatz verläuft. Statt ambulante Angebote an stationäre Strukturen anzupassen, wird eine Tagesklinik in eine Ambulanz der Regelversorgung integriert. Das Ergebnis ist patient*innenfreundlich, hoch wirksam und effizient. Die Anzahl der stationären Behandlungen, die Behandlungsdauer und die Rückfälle nach Entlassung können so effizient reduziert werden.

Für die Umsetzung dieser Form der sektorenübergreifenden Versorgung bedarf es eines komplexen und zugleich flexiblen ambulanten Therapieangebots, hinreichend qualifizierter Behandler*innen sowie einer spezialisierten Verwaltung mit einem effizienten Case Management. Nur so gelingt es, die erforderlichen ambulanten Therapieprogramme und die teilstationäre Behandlung aufeinander abzustimmen und den Bedürfnissen der Patient*innen zeitnah gerecht zu werden. Die Stärken des Modellprojekts einer integrierten Tagesklinik decken zugleich die Schwächen der vorangegangenen Lösungsversuche an der Sektorengrenze auf. Bei den bisherigen Ansätzen wurden die Anforderungen an die Kapazität und Komplexität des ambulanten Behandlungsabschnitts unterschätzt. Primär stationäre Anbieter haben in der Regel weder das Know-how noch die erforderlichen Strukturen, um den ihnen zugewiesenen ambulanten Aufgaben nachzukommen. Zudem gibt es für Krankenhäuser keine wirtschaftlichen Anreize, eine besser honorierte stationäre Versorgung gegen aufwendige ambulante Angebote auszutauschen.

Der Kern des Problems liegt in den Rahmenbedingungen der Psychotherapie. Psychotherapie ist ein antrags- und gutachterpflichtiges Verfahren, wodurch die Koordinierung und Abstimmung mit dem stationären Sektor zur organisatorischen Herausforderung wird. Noch entscheidender ist jedoch, dass sich Psychotherapie im Behandlungsumfang von den meisten somatischen Behandlungen unterscheidet. Eine Behandlung nimmt jede Woche 60–120 Minuten in Anspruch (1–2 Sitzungen). Im Durchschnitt dauert eine ambulante Einzeltherapie 9 bis 18 Monate mit 39 (Verhaltenstherapie) bis 53 (tiefenpsychologische Psychotherapie) Sitzungen (Walendzik et al. 2011). Man hat bisher nicht bedacht, dass man für die ambulante Weiterbehandlung mehr Therapeuten benötigt als während der stationären Behandlung selber. Eine nahtlose sektorenübergreifende Behandlungskette kann nur funktionieren, wenn die dazugehörende ambulante Struktur deutlich größer als die stationäre ist.

Der Gesetzgeber hat bisher nur das ambulante Leistungsvermögen in den Krankenhäusern im Auge gehabt und ambulante Defizite weitgehend ignoriert. Im Ergebnis sind dadurch große stationäre Einheiten mit kleineren ambulanten „Anhängseln" entstanden, die zudem nicht einmal für ambulante Psychotherapie geeignet sind. Eine geschlossene Versorgungskette konnte und sollte so nicht entstehen. Man hat vielmehr auf eine bessere Zusammenarbeit an der Schnittstelle zum ambulanten Sektor gehofft. Das kann aber nicht funktionieren, solange nicht genug ambulante Psychotherapieplätze bereitstehen und es im ambulanten Sektor zu langen Wartezeiten kommt.

Das Modellprojekt zeigt, dass es auch anders geht. Warum also nicht einen alternativen Ansatz fördern, in dem man ambulante Versorgungseinrichtungen mit stationären Angeboten ausstattet. Dafür müssten die Länder allerdings bereit sein, neue Wege in ihrer Krankenhausplanung zu beschreiten und ambulante Leistungserbringer berücksichtigen. Man müsste auch Abstand davon nehmen, große stationäre Behandlungseinrichtungen gegenüber kleinen zu bevorzugen, weil letztgenannte angeblich nicht so effizient sind und in der Qualität nicht mithalten können. Für die Somatomedizin mag dies stimmen. Es macht einen Unterschied, ob ein anspruchsvolles Operationsverfahren einmal oder hundertmal pro Jahr in einem Krankenhaus durchgeführt wird. Auf die Behandlung psychisch kranker Menschen lässt sich das jedoch so nicht anwenden. Es gibt überzeugende Argumente, die den umgekehrten Zusammenhang nahelegen. Unter anderem war das der Tenor der größten Psychiatriereform in Deutschland in der 70er-Jahren des letzten Jahrhunderts. In der Psychiatrie-Enquete wurde damals aus Qualitätsgründen die Auflösung von psychiatrischen Großkliniken und der Aufbau einer gemeindenahen Behandlung gefordert und weitgehend umgesetzt. Die Integration kleinerer stationäre Einheiten im ambulanten Sektor stünde ganz im Geiste der Reformen von damals.

Das vorgestellte Modellprojekt zeigt, dass die Einbettung einer stationären Einheit in eine Ambulanz der Regelversorgung eine gute Alternative sein kann. So oder so müssen die Defizite in der ambulanten Versorgung überwunden werden. Für eine gute ambulante Versorgung an der Sektorengrenze braucht es besser geeignete ambulante Behandlungskonzepte. Innovative Ansätze sind gefragt, die bei ambulanten Psychotherapeut*innen nicht selten auf Ablehnung stoßen und gelegentlich sogar zum organisierten Widerstand führen. Was gebraucht wird, sind flexible, gestufte Versorgungskonzepte, eine erhebliche Ausweitung von ambulanten Gruppentherapien sowie eine bessere Koordination und Steuerung von ambulanten und stationären Behandlungen. Über 90 % der ambulanten Regelversorgung basiert auf kleinen Betriebseinheiten. Es liegt auf der Hand, dass die typischen Einzelpraxen weder die therapeutischen noch die organisatorischen Voraussetzungen erfüllen können. Allein der Umstand, dass bei einer/einem einzelnen Therapeut*in gerade einmal ein bis drei Therapieplätze im Monat frei werden, setzt ambulanten Versorgern äußerst enge Grenzen für eine abgestimmte Kooperation mit Krankenhäusern. Es werden größere ambulante Strukturen gebraucht, die nachhaltige Versorgungsangebote machen können. Im GKV-Modernisierungsgesetz wurde im Jahr 2003 die Konstruktion des Medizinische Versorgungszentrums (§ 95 SGB V) geschaffen. Seither können Versorgungsstrukturen in der ambulanten Regelversorgung aufgebaut werden, die es hinsichtlich therapeutischer Differenzierung und Organisationsgrad mit Krankenhäusern aufnehmen können. Das sollte zukünftig mehr genutzt werden,

Dieser Beitrag ist ein Plädoyer, die Stärken und die Vielseitigkeit unseres Versorgungssystems zu nutzen. Es geht nicht darum, die Ambulantisierung des stationären Sektors gegen eine Hospitalisierung des ambulanten auszutauschen, nur weil Ersterem in der Breite nicht der gewünschte Erfolg beschieden war. Es geht vielmehr darum, bisher ungenutzte Ressourcen der ambulanten Regelversorgung für innovative Lösungen zielführend zu nutzen. So wie der stationäre Sektor in den ambulanten hineingewachsen ist, macht es Sinn, dass nunmehr die Gegenbewegung gefördert wird. Ein echter Wettbewerb an der Schnittstelle zwischen ambulanter und stationärer Gesundheitsversorgung, wie der Titel des bereits zitierte Sondergutachtens des Sachverständigenrats (2012) fordert, wird sich erst dann richtig entfalten, wenn alle Leistungserbringer mit gleichen Chancen einbezogen werden. Ambulante Anbieter werden dann Ansätze ins Spiel bringen, die die Krankenhäuser motivieren werden, bewährte Positionen zu überdenken und sich neu auszurichten. Im Moment gibt es dafür nur wenig Anreize. Besonders aus kaufmännischer Sicht würde man sich ohne Not selber Konkurrenz machen. So verwundert es nicht, dass der Ausbau von teilstationären Kapazitäten in vollstationären Einrichtungen, eigentlich als Brücke in die ambulante Behandlung gedacht, einen Sogeffekt in die andere Richtung erzeugt und es zu Fehlallokationen kommt (Freie und Hansestadt Hamburg 2016). Die Kernkompetenz eines Krankenhauses liegt in der stationären und nicht in der ambulanten Versorgung. Im Zweifelsfall macht jeder Leistungserbringer oder jede Institution das, was sie jeweils besser beherrschen. Bei einem primär ambulanten Leistungserbringer ist zu Recht auf einen gegensätzlichen Effekt hoffen.

Die Defizite an der Sektorengrenze sind nicht den Krankenhäusern anlasten. Es handelt sich um ein übergeordnetes Problem, das übergeordnete Ansätze erfordert. Der Gesetzgeber und die Kostenträger sind hier gefragt. Gute Lösungen können sowohl aus dem ambulanten Sektor als auch aus Krankenhäusern kommen. Für Letzteres gibt es ebenfalls gute Belege. Seit Jahren existieren hervorragende stationäre Konzepte für eine bessere intersektorale Versorgung. Auch diese wurden häufig in Eigeninitiative entwickelt und stießen anfangs nicht selten auf Skepsis, wie z. B. das Itzehoer-Modell des Regionalbudgets (Lpe 2012).

Ein guter nächster Schritt wären die Aufhebung der strikten Trennung zwischen dem ambulanten und stationären Sektor und eine gemeinsame Versorgungsplanung. Es sollte Chancengleichheit herrschen und gleiche Vergütung für gleichartige Leistungen eingeführt werden. Die Psychotherapie-Richtlinien benötigen eine deutliche Flexibilisierung, zumindest für Leistungen an der Sektorengrenze. Es werden ressourcenschonende Therapiekonzepte benötigt, um die ambulanten Kapazitäten besser nutzen zu können, damit fehlende ambulante Therapieangebote nicht weiter durch stationäre Behandlungen kompensiert werden müssen. Zu guter Letzt wird auch die Frage diskutieren werden müssen, ob die Not an der Sektorengrenze in der ausstehenden Neuberechnung der ambulanten Bedarfsplanung berücksichtigt werden sollte. Versorgungsansätze aus einer Hand wie das Itzehoer-Modell und das hier dargestellte Projekt werden sicherlich nicht die Regel werden. Sie sind aber geeignet, als Modelle für eine Übertragung in größere Versorgungsnetzwerke zu dienen. Die Zeit dafür ist günstig, da Sachverstand, politischer Wille und die Bereitschaft der Kostenträger in die gleiche Richtung zielen wie z. B. das vom Innovationsfonds geförderte Projekt RECOVER (Lambert et al. 2017) nahelegt.

Literatur

Augurzky, B., Hentschker, C., Pilny, A., & Wübker, A. (2017). Barmer Krankenhausreport 2017. https://www.barmer.de/blob/124290/fd51cb989f2db52180beea2846cc0076/data/dl-report.pdf. Zugegriffen am 02.08.2019.

Freie und Hansestadt Hamburg – Behörde für Gesundheit und Verbraucherschutz. (2016). *Krankenhausplan 2020 der Freien und Hansestadt Hamburg.* Hamburg: Freie und Hansestadt Hamburg – Behörde für Gesundheit und Verbraucherschutz.

Freie und Hansestadt Hamburg – Behörde für Gesundheit und Verbraucherschutz. (2018). *Krankenhausplan 2020 der Freien und Hansestadt Hamburg.* Zwischenfortschreibung 2017. Hamburg: Freie und Hansestadt Hamburg – Behörde für Gesundheit und Verbraucherschutz.

Gaebel, W., Kowitz, S., Fritze, J., & Zielasek, J. (2013). Inanspruchnahme des Versorgungssystems bei psychischen Erkrankungen. *Deutsches Ärzteblatt International, 110*(47), 799–808.

InEK GmbH (Institut für das Entgeltsystem im Krankenhaus). (2018). Abschlussbericht zur Weiterentwicklung des pauschalierenden Entgeldsystems für Psychiaterie und Psychosomatik (PEPP) für das Jahr 2019. https://www.g-drg.de/PEPP-Entgeltsystem_2019/Abschlussbericht_zur_Entwicklung_des_PEPP-Systems_und_PEPP-Browser/Abschlussbericht_zur_Weiterentwicklung_des_PEPP-Systems_fuer_2019.

Knudsen, A. K., Harvey, S. B., Mykletun, A., & Øverland, S. (2013). Common mental disorders and long-term sickness absence in a general working population. The Hordaland Health Study. *Acta Psychiatrica Scandinavica, 127*(4), 287–297. https://doi.org/10.1111/j.1600-0447.2012.01902.x.

Kunze, H. (2016). Psychisch krank in Deutschland: Plädoyer für ein zeitgemäßes Versorgungssystem. *Fortschritte der Neurologie· Psychiatrie, 84*(09), 572–573.

Lambert, M., Karow, A., Deister, A., Ohm, G., Bargel, S., Peter, H., Scherer, M., Härter, M., Dirmaier, J., Schulte-Markwort, M., Löwe, B., Briken, P., Peper, H., Schweiger, M., Mösko, M.-O., Bock, T., Kraft, V., Korsch, A., Meyer, H.-J., König, H.-H., Schulz, H., Wegscheider, K., Meigel-Schleiff, C., & Gallinat, J. (2017). RECOVER: Modell der sektorenübergreifend-koordinierten, schweregrad-gestuften, evidenzbasierten Versorgung psychischer Erkrankungen. In V. E. Amelung, S. Eble, H. Hildebrandt, F. Knieps, R. Lägel, S. Ozegowski, R.-U. Schlenker & R. Sjuts (Hrsg.), *Innovationsfonds – Impulse für das deutsche Gesundheitssystem* (S. 254–264). Hannover: Medizinisch Wissenschaftliche Verlagsgesellschaft.

Lpe. (2012). Psychiatrie-Budget: Itzehoer Modell ist Gesetz. *Norddeutsche Rundschau.* https://www.shz.de/lokales/norddeutsche-rundschau/psychiatrie-budget-itzehoer-modell-ist-gesetz-id186506.html. Zugegriffen am 02.08.2019.

McDaid, D., Knapp, M., & Medieros, H. (2008). *Employment and mental health: Assessing the economic impact.* London: PSSRU.

Nübling, R., Bär, T., Jeschke, K., Ochs, M., Sarubin, N., & Schmidt, J. (2014). Versorgung psychisch kranker Erwachsener in Deutschland. *Psychotherapeuten Journal, 4*, 389–397.

Peter, A. (2018). Wirkfaktoren der Intensivambulanzgruppe auf die tagesklinische Behandlung. Unveröffentlichte Bachelorarbeit, MSH Medical School Hamburg University of Applied Sciences and Medical University.

Walendzik, A., Rabe-Menssen, C., Lux, G., Wasem, J., & Jahn, R. (2011). *Erhebung zur ambulanten psychotherapeutischen Versorgung 2010.* Berlin: Deutsche PsychotherapeutenVereinigung.

Wille, E., et al. (2012). Wettbewerb an der Schnittstelle zwischen ambulanter und stationärer Gesundheitsversorgung. Sachverständigenrat zur Begutachtung der Entwicklung im Gesundheitswesen. https://www.svr-gesundheit.de/index.php?id=378. Zugegriffen am 17.04.2020.

Dr. Benjamin Siemann ist Facharzt für Psychosomatische Medizin und Psychotherapie mit Schwerpunkt Verhaltenstherapie und arbeitet als Ärztlicher Leiter des Verhaltenstherapie Falkenried MVZ. Nach seiner Facharztausbildung in der Schön Klinik Bad Bramstedt und seinem Wechsel zum Verhaltenstherapie Falkenried MVZ 2014 war die Entwicklung der ambulanten Intensivbehandlung sein erstes Projekt in Leitungsfunktion. Arbeitsschwerpunkte sind derzeit die Weiterentwicklung sektoren- und institutsübergreifender Versorgungsnetzwerke, Entwicklung neuer Gruppen- und Kurzzeittherapieprogramme, Weiterentwicklung transparenter, verständlicher Behandler-Patienten-Kommunikation und die Optimierung von Arbeitsabläufen, so dass mehr Zeit für den direkten Austausch mit Patient*innen und Kolleg*innen bleibt. Weiterhin ist er in der Lehre und Ausbildung tätig.

Kontakt: siemann@vt-falkenried.de

Ulrike Peter ist seit 2010 Diplompsychologin und ist in der Unternehmensleitung der Verhaltenstherapie Falkenried für die Forschung, Entwicklung und den Aufbau zentraler Strukturen und Konzepte in allen Bereichen der angebotenen Versorgung wie Stepped-Care, E-Health, integrative Psychotherapie, Ausbildung und Rehabilitation verantwortlich. Weiterhin ist sie Autorin psychologischer Ratgeber.

Kontakt: upeter@vt-falkenried.de

Dr. Ulrike Lupke ist psychologische Psychotherapeutin. Sie hat von 2007 bis 2018 als psychologische Leiterin und Geschäftsführerin die Einrichtung VT Falkenried MVZ GmbH mit aufgebaut. Seit 2019 hat sie ihren Tätigkeitsschwerpunkt vollständig in das Schwesterinstitut mit Schwerpunkt Ausbildung in Verhaltenstherapie verlegt. Der inhaltliche Fokus ihrer Arbeit liegt auf der Implementation von neuen Formen der psychotherapeutischen Versorgung durch verbesserte Zusammenarbeit aller Player und Aufbau neuer Strukturen.

Kontakt: lupke@vt-falkenried.de

Prof. Dr. Helmut Peter ist Facharzt für Psychiatrie und Psychotherapie sowie für Psychotherapeutische Medizin und Neurologie. In seiner langjährigen Tätigkeit als Oberarzt im Universitätskrankenhaus Hamburg-Eppendorf war er maßgeblich am Aufbau eines sektorenübergreifenden Modellprojektes beteiligt. Im Jahr 2005 gründete er das Medizinische Versorgungszentrum Verhaltenstherapie Falkenried. In diesem innovativen, primär ambulanten Versorgungsansatz sind seither über 50.000 Patient*innen behandelt worden. Unter anderem ist eine schnittstellenfreie ambulant-stationäre Versorgungskette entstanden. Ergänzend dazu wurde ein Präventions- und ambulantes Reha-Konzept für psychisch kranke Menschen entwickelt. Weitere Schwerpunkte sind die Einbindung von psychotherapeutischer Aus- und Weiterbildung sowie Therapieforschung in die ambulante Versorgung und der Aufbau sektoren- und praxisübergreifender Versorgungsnetzwerke.

Kontakt: peter@vt-falkenried.de

Die Psychiatrische Institutsambulanz als intersektorale Versorgungsform zur Verkürzung und Vermeidung von stationären Aufenthalten?

31

Michael Ziereis

Zusammenfassung

Psychiatrische Institutsambulanzen können aufgrund ihres gesetzlichen Auftrags per definitionem als Prototyp der intersektoralen psychiatrischen Versorgung bezeichnet werden. Im Beitrag wird dabei konkret auf die Realisierung der Psychiatrischen Institutsambulanzen im Bereich der Erwachsenenpsychiatrie in Bayern (unter den Rahmenbedingungen einer Einzelleistungsvergütung) eingegangen. Hierbei kann gezeigt werden, dass die dortigen PIA eine hochvariable und bedarfsgerechte Versorgungsleistung anbieten, welche dazu befähigt ist, die Versorgungslücke zwischen ambulanten und stationären Versorgungsangeboten zu überbrücken. Für die Psychiatrischen Institutsambulanzen in Bayern existiert in Form der ambulanten Basisdokumentation eine flächendeckende und kontinuierliche Evaluation, welche insbesondere die Zielgruppenerreichung belegt. Im Rahmen einer Stichprobenanalyse (drei Standorte, 7178 Patienten) konnte eine relevante Verkürzung von stationären Behandlungszeiten im Rahmen der PIA-Behandlung gezeigt werden. Ein stationsvermeidender Effekt konnte jedoch ohne Rückgriff auf institutionsübergreifende Daten nicht nachgewiesen werden. Als wesentliche Herausforderungen für die Weiterentwicklung der Psychiatrischen Institutsambulanzen als intersektorale Versorgungsform werden die Behebung von verbleibenden Regelungs- und Finanzierungslücken sowie die Überwindung von grundsätzlichen Hemmnissen für eine sektorenübergreifende Evaluation und eine datenbasierte Entscheidungsfindung beschrieben.

M. Ziereis (✉)
Medizinische Einrichtungen des Bezirks Oberpfalz – Kommunalunternehmen, Regensburg, Deutschland
E-Mail: michael.ziereis@medbo.de

© Springer Fachmedien Wiesbaden GmbH, ein Teil von Springer Nature 2020
U. Hahn, C. Kurscheid (Hrsg.), *Intersektorale Versorgung*,
https://doi.org/10.1007/978-3-658-29015-3_31

31.1 Grundlagen

31.1.1 Entwicklung der Psychiatrischen Institutsambulanzen in Deutschland

Zur psychiatrischen und psychotherapeutisch/psychosomatischen Versorgung der Bevölkerung in Deutschland wurde erstmals 1975 eine umfassende und systematische Analyse von bestehenden Versorgungsdefiziten durchgeführt. Im daraus resultierenden Bericht über die Lage der Psychiatrie in der Bundesrepublik Deutschland *(Psychiatrie-Enquete)* wurde von der Sachverständigenkommission die „offenkundige Lücke in der ambulanten Versorgung für einen Teil der psychisch Kranken" angesprochen und zugleich gefordert, dass diese „durch ambulante Aktivitäten, die von den stationären psychiatrischen Einrichtungen ausgehen, gefüllt wird" (Deutscher Bundestag 1975).

In der Folge wurde bereits in den späten 70er-Jahren die Psychiatrische Institutsambulanz (PIA) als Versorgungsangebot zwischen den klassischen Sektoren der stationären Krankenhausbehandlung und der ambulanten vertragsärztlichen Behandlung in der Sozialgesetzgebung verankert.

Psychiatrische Institutsambulanzen an psychiatrischen Krankenhäusern haben gemäß § 118 Abs. 1 SGB V ihre Behandlung dabei auf diejenigen psychisch Kranken auszurichten, die wegen Art, Schwere oder Dauer ihrer Erkrankung oder wegen zu großer Entfernung zu geeigneten Ärzten auf diese besondere, krankenhausnahe Versorgung angewiesen sind.

Die Festlegung der Zielgruppe für Institutsambulanzen an Allgemeinkrankenhäusern mit selbstständigen, fachärztlich geleiteten psychiatrischen Abteilungen mit regionaler Versorgungsverpflichtung erfolgt gemäß § 118 Abs. 2 SGB V im Zuge eines dreiseitigen Vertrags zwischen dem Spitzenverband Bund der Krankenkassen, der Deutschen Krankenhausgesellschaft und der Kassenärztlichen Bundesvereinigung. Entsprechende Festlegungen wurden erstmals 2001 getroffen (Kassenärztliche Bundesvereinigung 2001, A 566) und 2010 grundlegend überarbeitet (Kassenärztliche Bundesvereinigung 2010, A 1321–1326).

Seitdem ist ein stetiger Anstieg der Zahl der in Psychiatrischen Institutsambulanzen versorgten Patienten zu verzeichnen. Laut Wissenschaftlichem Institut der AOK (WidO) sind die Ausgaben der gesetzlichen Krankenkassen für PIA beispielsweise im Zeitraum zwischen 1999 und 2014 auf fast das 8,5-fache gestiegen (Neubert und Richter 2016, S. 64–65).

Außerdem wurde vom Gesetzgeber mit Wirkung zum 01.01.2013 auch für psychosomatische Krankenhäuser sowie für psychiatrische Krankenhäuser und Allgemeinkrankenhäuser mit selbstständigen, fachärztlich geleiteten psychosomatischen Abteilungen die Möglichkeit des Betriebs einer PIA geschaffen (§ 118 Abs. 3 SGB V) sowie mit Wirkung vom 23.07.2015 die Behandlung auch durch räumlich und organisatorisch nicht angebundene Einrichtungen der Krankenhäuser ermöglicht (§ 118 Abs. 4 SGB V).

Damit stellen die PIA heute ein wichtiges, gesetzlich verankertes und an Bedeutung weiter zunehmendes Element der psychiatrischen und psychosomatischen Regelversorgung in Deutschland dar.

31.1.2 Die Psychiatrische Institutsambulanz als Prototyp einer intersektoralen Versorgung

Soweit unter intersektoraler Versorgung Strukturen oder Prozesse zu verstehen sind, die die ambulante und stationäre Versorgung integrieren, sind die Psychiatrischen Institutsambulanzen aufgrund ihres gesetzlichen Auftrags per definitionem eindeutig als intersektorale Versorgungsform zu bezeichnen.

Alle gemäß § 118 Abs. 1, 2 und 3 SGB V ermächtigten PIA sind räumlich am Krankenhaus verortet und organisatorisch in den Krankenhausbetrieb eingebunden, so dass sie jederzeit auf das gesamte Spektrum psychiatrisch-psychotherapeutischer Diagnostik und Therapie des Krankenhauses zurückgreifen können. Insbesondere die Notfallbehandlung der in der PIA versorgten Patienten außerhalb der regulären Öffnungszeiten wird dabei durch die Mitnutzung von stationären Organisationsstrukturen (Ärztlicher Bereitschaftsdienst) ermöglicht.

Gleichzeitig nehmen die PIA an der ambulanten vertragsärztlichen Versorgung teil, so dass fast sämtliche dort gültigen Regularien (Bundesmantelvertrag-Ärzte, Richtlinien des Gemeinsamen Bundesausschusses zur vertragsärztlichen Versorgung) auch in der PIA Anwendung finden. Ausgenommen davon sind lediglich Regelungsinhalte zur Art und Höhe der Vergütung sowie der damit in Zusammenhang stehenden Überprüfung der Qualität und Wirtschaftlichkeit, welche in den einzelnen Bundesländern zum Teil unterschiedlich umgesetzt sind.

31.1.3 Aufgaben- und Zielzuschreibung für die Psychiatrischen Institutsambulanzen

Bereits im Rahmen der gesetzlichen Verankerung der Psychiatrischen Institutsambulanzen wird der Versorgungsauftrag der PIA im Vergleich zum Versorgungsauftrag eines ambulanten Vertragsarztes auf eine spezifische Zielgruppe von psychisch Kranken eingeschränkt.

Im Gegensatz zum Versorgungssauftrag an die Vertragsärzte wird von den PIA jedoch explizit erwartet, dass durch ihre Behandlung Krankenhausaufnahmen vermieden oder stationäre Behandlungszeiten verkürzt werden sollen. Diese Ziele wurden initial vor dem Hintergrund der in den 70er-Jahren festgestellten Hospitalisierungssituation in den psychiatrischen Kliniken formuliert. Tatsächlich konnte in der Folge die durchschnittliche stationäre Verweildauer in der Psychiatrie drastisch reduziert werden. So sank die Verweildauer laut statistischem Bundesamt in den 20 Jahren zwischen 1994 und 2014 von 43,8 Tagen auf 22,5 Tage im Schnitt (Statistisches Bundesamt 2019). Ein Erfolg, der nicht zuletzt auch der Arbeit der Psychiatrischen Institutsambulanzen zugeschrieben wurde.

Abhängig vom gewählten Untersuchungsdesign konnte Köster (2005, S. 172) diesen positiven Effekt der PIA auf die stationäre Behandlungsbedürftigkeit nachweisen, wogegen dies in der Untersuchung von Eisele (2015, S. 147) nicht gelang.

Unabhängig von dieser differenten Studienlage stagniert mittlerweile im Fachbereich Psychiatrie und Psychotherapie sowohl der über viele Jahre bestehende Trend zum Abbau von aufgestellten Betten als auch zur Reduktion der durchschnittlichen Verweildauer. Seit 2012 steigt die Anzahl der in diesem Fachbereich aufgestellten Betten sogar wieder leicht an und seit 2014 ist auch wieder ein Anstieg der durchschnittlichen Verweildauer zu beobachten (Statistisches Bundesamt 2019).

Vor diesem Hintergrund erscheint es geboten, die Möglichkeiten und Grenzen der PIA mit ihrer Zielsetzung zur Vermeidung oder Verkürzung von stationären Behandlungen im Folgenden nochmals einer aktualisierten und differenzierten Betrachtung zu unterziehen.

31.2 Beschreibung der konkreten Versorgungsstruktur der Psychiatrischen Institutsambulanz

31.2.1 Realisierung der Psychiatrischen Institutsambulanzen in Bayern

Bereits hingewiesen wurde auf die länderspezifische, differenzielle Ausgestaltung von PIA im Kontext der Vergütung sowie der Qualitäts- und Wirtschaftlichkeitsüberprüfung.

Aufgrund der daraus resultierenden, nicht unwesentlichen Auswirkungen auf die Versorgungsprozesse werden im Folgenden nicht allgemein die Psychiatrischen Institutsambulanzen abgehandelt, sondern es wird konkret auf die Realisierung der Psychiatrischen Institutsambulanzen im Bereich der Erwachsenenpsychiatrie in Bayern eingegangen.

In einer landesweiten Vereinbarung zwischen dem Bayerischen Bezirketag, der Arbeitsgemeinschaft der Krankenkassenverbände in Bayern und der Bayerischen Krankenhausgesellschaft ist dabei die Ausgestaltung der Versorgung durch PIA gemäß § 118 Abs. 1, 2 und 4 SGB V geregelt (Bayerische Krankenhausgesellschaft 2016).

Im Einzelnen finden sich darin Konkretisierungen zu Zielsetzung, Patientengruppe, Patientenzugang, Leistungsinhalten, Kooperation, Abrechnung, Vergütung, Qualitätssicherung, Qualitäts- und Wirtschaftlichkeitsprüfung, zum Umgang mit Zweifelsfragen und zum Datenschutz.

Eine Begrenzung der Anzahl der durch die PIA versorgten Patienten ist vertraglich nicht vorgesehen.

31.2.2 Besonderheiten der Versorgungslösung

31.2.2.1 Allgemein

Bereits auf Bundes- bzw. gesetzgeberischer Ebene weist die Psychiatrische Institutsambulanz im Vergleich zu anderen intersektoralen Lösungsansätzen etliche versorgungsrelevante Besonderheiten auf:

So sind die Standorte der PIA in Deutschland bereits heute nahezu flächendeckend verteilt und damit ubiquitär Teil der Regelversorgung (Neubert und Richter 2016, S. 70). Psychiatrische Institutsambulanzen können (bei Vorliegen der genannten Voraussetzungen) von allen gesetzlich Versicherten ohne selektivvertragliche Einschränkungen in Anspruch genommen werden. Eine analoge Realisierung findet sich sowohl für den Bereich der Erwachsenenpsychiatrie als auch für die Kinder- und Jugendpsychiatrie.

Die bereits erwähnte Möglichkeit, auf alle Methoden der psychiatrisch-psychotherapeutischen Diagnostik und Therapie des Krankenhauses zurückzugreifen, begünstigt in den PIA die Umsetzung eines bio-psycho-sozialen Krankheitsmodells. Erkennbar wird dies u. a. in einer ausgeprägt multiprofessionellen Teambesetzung, einem meist vielfältigen Angebot an Gruppentherapien sowie der Realisierung einer oftmals indizierten, aufsuchenden und nachgehenden Behandlung (Spengler 2012, S. 457–459).

31.2.2.2 Landesspezifische Besonderheiten

Darüber hinaus zeichnet sich die Psychiatrische Institutsambulanz in ihrer konkreten Umsetzung in Bayern durch weitere Merkmale mit Alleinstellungscharakter aus:

Die Vergütung der PIA erfolgt primär leistungsbezogen, wobei dem Kriterium *Zeit am Patienten* die dominierende Rolle zukommt. Damit kann der Umfang der Leistung mit einem hohen Grad an Flexibilität und einer primären Orientierung an der Bedarfsnotwendigkeit erbracht werden.

Der durch die Einzelleistungsdokumentation bewirkte hohe Grad an Transparenz gegenüber den Kostenträgern sowie das vertraglich vereinbarte, kooperative Prozedere zur Qualitäts- und Wirtschaftlichkeitsprüfung haben im Laufe der Zeit außerdem zu einem zunehmend gemeinsamen Verständnis zwischen Leistungserbringern und Kostenträgern hinsichtlich der Versorgungsnotwendigkeiten für psychisch Kranke im Allgemeinen und gegenüber der Zielgruppe der PIA im Speziellen geführt.

Die Möglichkeit, auf die dort vorliegenden Daten der Einzelleistungsvergütung sowie die Ergebnisse des nur in Bayern eingesetzten Qualitätssicherungsinstrumentes der ambulanten Basisdokumentation (AmBADO) zurückzugreifen, schafft außerdem die Basis für eine begleitende Evaluation auf Landesebene sowie zur Analyse von Teilaspekten auf lokaler Ebene. Beispielhaft wird dies im Folgenden unter Abschn. 31.3.1 und 31.3.2 dargestellt.

31.2.3 Multiprofessionalität

Die Psychiatrische Institutsambulanz in ihrer konkreten Umsetzung im Rahmen einer Einzelleistungsvergütung erlaubt grundsätzlich den bedarfsangepassten Einsatz aller in der Vergütungssystematik genannten Berufsgruppen, wie Ärzte, Psychologen, Pflegepersonal, Sozialpädagogen oder Arbeits- und Beschäftigungstherapeuten.

Abb. 31.1 zeigt die relative Verteilung der Berufsgruppen im Verhältnis der eingesetzten Vollkräfte, wie diese im Rahmen einer Befragung aller bayerischen Institutsambulanzen im Jahre 2015 erhoben werden konnte.

Mit 43 % weist dabei die Berufsgruppe der Ärzte den größten Einzelanteil auf. Dies ist auch der Tatsache geschuldet, dass laut Vertrag bei Tätigwerden der Berufsgruppen Pflegepersonal, Sozialpädagogen oder Arbeits- und Beschäftigungstherapeuten auch ein Arztkontakt im jeweiligen Quartal gefordert ist, in welchem die Indikation für das Tätigwerden der genannten Berufsgruppen überprüft werden soll.

Im Bereich der Kinder- und Jugendpsychiatrischen Institutsambulanzen ist darüber hinaus explizit auch der Einsatz von Bewegungs- und Sprachtherapeuten refinanziert.

31.2.4 Patientenorientierung

Die Versorgungsstruktur der Psychiatrischen Institutsambulanz ist durch die Patienten von anderen Versorgungsangeboten bereits durch die Örtlichkeit unterscheidbar. So ist die PIA in aller Regel nicht an eine Vertragsarztpraxis assoziiert, und sie ist innerhalb des Krankenhauses räumlich meist getrennt zum stationären Bereich organisiert.

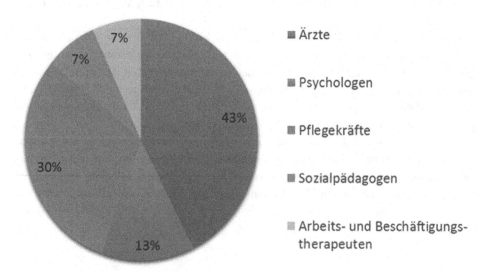

Abb. 31.1 Häufigkeitsverteilung der in den Psychiatrischen Institutsambulanzen eingesetzten Berufsgruppen nach Vollkräften (Befragung aller bayerischen Institutsambulanzen im Bereich der Erwachsenenpsychiatrie aus dem Jahre 2015)

Die Patienten erleben im Rahmen der Behandlung unmittelbar die geschilderten Versorgungsvorteile, wie die Einsatzmöglichkeit des gesamten Spektrums psychiatrisch-psychotherapeutischer Diagnostik und Therapie des Krankenhauses oder die Sicherstellung der Notfallversorgung durch das Krankenhaus. Häufig wird von den Patienten auch über vergleichsweise kürzere Wartezeiten auf einen Ersttermin sowie auch im Wartezimmer selbst berichtet, ohne dass hierfür generalisierbare Daten vorliegen. Insbesondere bei der Vermittlung von ambulanten Anschlussterminen nach stationärer Behandlung spielt dieser Aspekt jedoch eine nicht zu vernachlässigende Rolle.

In vielen Fällen kann durch die PIA zudem eine Behandlerkontinuität zwischen einer stationären Behandlung und der PIA-Behandlung sichergestellt werden. Jedoch ist diese Möglichkeit stark von den regionalen Besonderheiten der Organisationsform innerhalb der Klinik abhängig und kann nicht als obligat bei allen Behandlungen angenommen werden.

Als entscheidender Nutzen für die Patienten ist der flexible Einsatz von Ressourcen in Form von einbezogenen Berufsgruppen, Behandlungsarten (Einzelbehandlung, Gruppenbehandlung, aufsuchende Behandlung) sowie Terminlänge und Terminfrequenz zu sehen.

Abb. 31.2 zeigt das in der Psychiatrischen Institutsambulanz mögliche Behandlungsspektrum unter den Gesichtspunkten der Terminhäufigkeit und der durchschnittlichen Terminlänge anhand der Daten von drei näher untersuchten PIA.

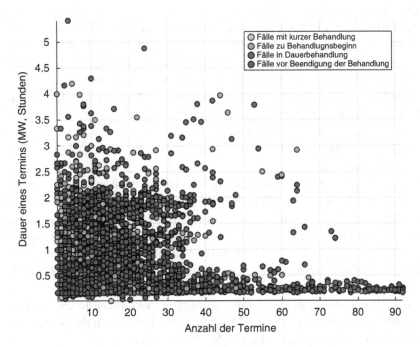

Abb. 31.2 Verteilungsmuster aller im Laufe eines Quartals behandelten PIA-Fälle hinsichtlich der Anzahl der Termine und der durchschnittlichen Dauer der Termine. Die Farbcodierung kennzeichnet den unterschiedlichen Status der Quartalsfälle im gesamten Behandlungsverlauf der Patienten. (Quelle: Daten aus drei PIA-Standorten und vier Quartalen, eigene Darstellung)

Hierbei wird deutlich, dass die PIA (unter den Rahmenbedingungen einer Einzelleistungsvergütung) eine hochvariable und bedarfsgerechte Versorgungsleistung anbieten, was im Einzelfall sowohl tägliche Termine mit einer durchschnittlichen Dauer von bis zu 20 Minuten oder seltene Termine mit einer durchschnittlichen Dauer von bis zu fünf Stunden oder auch drei Termine pro Woche à drei bis vier Stunden über die Länge eines Quartals ermöglicht. Bezüglich der so erzielbaren Versorgungsintensität wird damit in den genannten Fällen sogar der Umfang einer teilstationären Leistungserbringung erreicht.

Damit ist es den PIA mit Einzelleistungsvergütung möglich, die oft zitierte Versorgungslücke zwischen den ambulanten und den stationären Versorgungsangeboten zu überbrücken. Allerdings gelingt dies nur in wenigen Fällen, welche in der Regel durch gut planbare Behandlungsverläufe charakterisiert sind, so dass auch weiterhin ein Regelungsbedarf für hochintensive und gleichzeitig schwer planbare Behandlungssituationen besteht.

31.2.5 Kostendeckung

Im Rahmen der beschriebenen Einzelleistungsvergütung werden mit wenigen Ausnahmen alle Leistungen mit konkretem Patientenbezug in Abhängigkeit zur aufgewendeten Zeit und zur erbringenden Berufsgruppe refinanziert. Der Patientenbezug kann dabei im persönlichen Kontakt oder auch indirekt (z. B. Fahrzeit bei Hausbesuch oder Fallbesprechung) realisiert sein. Für den Dokumentationsaufwand sowie für Sach- und Allgemeinkosten ist ein zusätzlicher prozentualer Aufschlag kalkuliert. Nicht kalkuliert und refinanziert sind hingegen Zeiten der genannten Berufsgruppen, welche durch Ausfallzeiten oder durch Tätigkeiten ohne direkten Patientenbezug charakterisiert sind.

Im Vergleich zu einer Pauschalvergütung gelingt es im Rahmen einer Einzelleistungsvergütung nur bei bestmöglicher Minimierung der nicht kalkulierten Zeiten Kostendeckung zu erreichen. Andererseits kann – wie oben dargestellt – eine breite Palette an Versorgungsdichte angeboten werden, ohne dass dabei ein zusätzliches Kostenrisiko wie bei einer Pauschalvergütung eintritt.

Im Vergleich zu einer EBM-basierten Vergütung ist der Anteil an kalkulierten Umlagekosten und an kalkulierten Tätigkeiten ohne konkreten Patientenbezug geringer (IGES Institut 2010, S. 68), so dass daraus (ohne Berücksichtigung von Steuerungseffekten im Rahmen der KV-Vergütung) ein geringerer Stundensatz resultiert. Allerdings gelingt in der Einzelleistungsvergütung die Abbildung von Multiprofessionalität deutlich besser und aufgrund der höheren Behandlungszeiten pro Fall resultieren daraus auch höhere Erlöse pro Fall.

Je nach Diskussionsperspektive ist die beschriebene Versorgungslösung im Vergleich zur ambulanten Regelvergütung via EBM somit teurer hinsichtlich der Kosten pro Fall, aber günstiger hinsichtlich der Kosten pro Zeiteinheit zu bewerten.

Im Vergleich zu einer Pauschalfinanzierung bewegen sich die durchschnittlichen Kosten pro Fall bei der Einzelleistungsvergütung um den Mittelwert der in Deutschland vereinbarten Fallpauschalen für PIA. Ersten Auswertungen zufolge sind die Kosten pro Termin günstiger als bei der pauschalen Vergütung zu bewerten (Neubert und Richter 2016, S. 78). Ein belastbarer Vergleich der Kosten pro Zeiteinheit kann erst nach Auswertung der seit dem 01.01.2019 verbindlich für alle PIA in Deutschland geltenden Dokumentationsinhalte erfolgen (Deutsche Krankenhausgesellschaft 2018).

Eine theoretisch existierende Möglichkeit zur überproportionalen Fallwertsteigerung im Rahmen der Einzelleistungsvergütung konnte jedenfalls in den zurückliegenden Jahren nicht beobachtet werden. Neben ideellen Beweggründen können als Begründung dafür vor allem die begrenzten Personalressourcen in den PIA angenommen werden.

31.2.6 Generalisierbarkeit

Die Frage der Generalisierbarkeit wird im Folgenden aus drei unterschiedlichen Blickwinkeln heraus betrachtet: Generalisierung in Form einer flächendeckenden Versorgung, Übertragbarkeit der Einzelleistungsvergütung auf alle PIA und Übertragbarkeit der Versorgungslösung PIA auf andere Fachbereiche.

31.2.6.1 Flächendeckende Versorgung

Im Bereich der psychiatrisch-psychosomatischen Versorgung liegt bereits heute eine weitgehend flächendeckende Umsetzung des Versorgungskonzeptes *Psychiatrische Institutsambulanz* vor (Neubert und Richter 2016, S. 70).

Abb. 31.3 zeigt die Visualisierung einer regionalen Versorgungslandschaft. Dargestellt ist die Anzahl der PIA-Patienten in Relation zur jeweiligen Einwohnerzahl. Gebiete, aus denen viele Patienten in der PIA behandelt werden, treten dabei als Berge, Gebiete mit wenigen Patienten als Täler in Erscheinung.

Am Beispiel einer exemplarisch ausgewählten Patientengruppe Fx wird die Verdichtung der Inanspruchnahme rund um die Standorte der ausgewählten PIA sichtbar.

Offensichtlich tritt (auch) bei der PIA-Inanspruchnahme bereits nach 10 bis 20 km ein Distanzreibungseffekt (Jarvis-Effekt) auf, so dass unter den Bedingungen der aktuellen Standortdichte für PIA nicht alle Gebiete der Versorgungsregion gleichmäßig versorgt werden können.

Mit der Möglichkeit, die PIA-Behandlung auch durch Einrichtungen zu erbringen, die räumlich und organisatorisch nicht an das Krankenhaus angegliedert sind (§ 118 Abs. 4 SGB V), hat der Gesetzgeber bereits auf diese Situation reagiert. Allerdings kommen naturgemäß in dieser Konstellation auch die Synergieeffekte des Krankenhauses nicht mehr in vollem Umfang zum Tragen (z. B. Notfallversorgung außerhalb der Öffnungszeiten).

In Zukunft wird somit zu evaluieren sein, in welchem Umfang sich die PIA-Versorgungsdichte unter gleichzeitiger Aufrechterhaltung der PIA-spezifischen Versorgungsqualität in praxi steigern lässt.

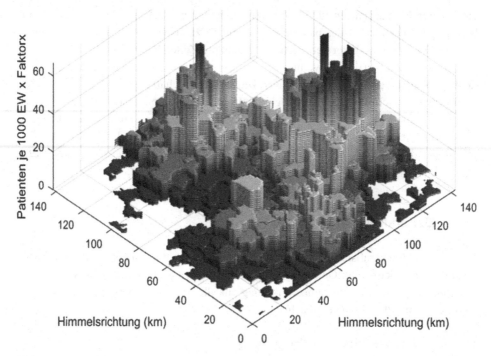

Abb. 31.3 Regionales Verteilungsmuster der in der PIA behandelten Patienten einer Diagnose-gruppe Fx. Aus Gründen der Anonymisierung wurden die Diagnosegruppe mit Fx und der Größen-maßstab mit dem Faktor x verblindet. (Quelle: Daten aus drei PIA-Standorten und vier Quartalen, eigene Darstellung)

31.2.6.2 Übertragbarkeit der Einzelleistungsvergütung

Ein Transfer der in Bayern praktizierten Einzelleistungsvergütung in Verbindung mit den geschilderten Instrumenten der Qualitäts- und Wirtschaftlichkeitsüberprüfung auf andere Bundesländer ist prinzipiell jederzeit möglich. Allerdings werden an dieser Stelle vielfach Argumente angeführt, die sich für alternative Vergütungsformen in der PIA, wie etwa die Pauschalvergütung, aussprechen.

Da die seit 01.01.2019 verbindlich für alle PIA in Deutschland geltenden Dokumenta-tionsvorgaben (Deutsche Krankenhausgesellschaft 2018) eine ähnliche Aussagekraft über die Versorgungsmuster in den einzelnen PIA liefern werden, wie dies bislang nur im Zuge der Einzelleistungsvergütung möglich war, werden zu dieser Frage ab dem Jahr 2020 bun-desweit Informationen vorliegen, die es prinzipiell erlauben, analoge Versorgungsleistun-gen der PIA unter verschiedenen Finanzierungsbedingungen zu vergleichen. Danach sollte eine rationale Abwägung des Für und Wider der unterschiedlichen Vergütungsfor-men möglich sein.

31.2.6.3 Übertragbarkeit auf andere Fachbereiche

Ebenso ist eine Übertragbarkeit der Versorgungsform Institutsambulanz auf andere Fachbe-reiche als die der Psychiatrie und Psychosomatik vorstellbar. Die gesetzliche Verankerung der Psychiatrischen Institutsambulanzen erfolgte vor allem vor dem Hintergrund der in diesem Fachbereich durch die Psychiatrie-Enquete festgestellten gravierenden Versorgungsdefizite in den 70er-Jahren und dem daraus resultierenden Handlungsbedarf.

Eine Analyse aller in der Psychiatrischen Institutsambulanz zum Tragen kommenden Wirkfaktoren – insbesondere der nichtpsychiatriespezifischen Faktoren – erscheint dabei vor einer Übertragung des Modells auf andere Fachbereiche hilfreich.

31.3   Ergebnisqualität und Evaluation

31.3.1 Zielgruppenerreichung

Für die Psychiatrischen Institutsambulanzen im Bereich der Erwachsenenpsychiatrie in Bayern wird seit mittlerweile zehn Jahren eine Evaluation der Zielgruppenerreichung mittels ambulanter Basisdokumentation (AmBADO) praktiziert (Berger und Welschehold 2002).

Für das Jahr 2016 liegen der AmBADO 104.893 Datensätze aus insgesamt 62 PIA der Erwachsenenpsychiatrie in Bayern zugrunde (Bayerischer Bezirketag et al. 2018, S. 1). Die Anzahl der Datensätze entspricht dabei mit geringen Abweichungen auch der Anzahl der im Kalenderjahr behandelten Patienten (nicht Fälle). Demnach wurden im Erhebungsjahr 2016 in den bayerischen PIA am häufigsten Patienten aus den Diagnosegruppen Affektive Störungen (F3) und Erkrankungen aus dem schizophrenen Formenkreis (F2) behandelt, welche zusammen über die Hälfte (52,8 %) der Patienten repräsentierten. Mehr als die Hälfte der Patienten war bereits mehr als fünf Jahre erkrankt und fast zwei Drittel der Patienten (62,8 %) wurde als zumindest deutlich bis schwer krank eingestuft (Bayerischer Bezirketag et al. 2018, S. 2–3).

Ergänzt durch die Auswertung weiterer soziodemografischer und krankheitsbezogener Daten konnte in der zusammenfassenden Bewertung konstatiert werden, dass „die beabsichtigten Zielgruppen erfolgreich erreicht werden konnten: Die PIA der Erwachsenenpsychiatrie in Bayern behandelten überwiegend längerfristig sowie deutlich bis schwer erkrankte, vielfach beeinträchtigte bzw. hilfebedürftige Patienten über zum größeren Teil längere bis lange Zeiträume hinweg" (Bayerischer Bezirketag et al. 2018, S. 2–3).

Differenziert zu betrachten ist die in den PIA behandelte Patientengruppe hinsichtlich des Vorliegens eines stationären Aufenthaltes in der Vorgeschichte. Demnach weisen ca. ein Drittel der Patienten (34,5 %) bis zum Dokumentationszeitpunkt keine (teil-)stationären Aufenthalte auf, 28,3 % der Patienten waren ein bis zweimal stationär vorbehandelt, in etwa genauso viele (28,0 %) hatten bereits drei oder mehr (teil)-stationäre Behandlungen hinter sich (Bayerischer Bezirketag et al. 2018).

31.3.2 Effekte der PIA-Behandlung auf die stationäre Inanspruchnahme

Zur Beantwortung der Frage, welche Effekte die Behandlung in einer Psychiatrischen Institutsambulanz auf nachfolgende stationäre Behandlungsdauern aufweist, wurden die ambulanten und stationären Abrechnungsdaten in einer Stichprobe von 7178 Patienten aus drei PIA- und Krankenhaus-Standorten weitergehend in einem gestuften Untersuchungsverfahren analysiert (Abb. 31.4).

Die Datenanalyse erfolgte mittels krankenhausinterner Sekundärdatenanalyse auf Basis des Datensatzes gemäß § 21 KHG unter simultaner Verwendung eines Kontrollgruppen- und Spiegeldesigns mit Risikoadjustierung und diagnosespezifischer Stratifizierung.

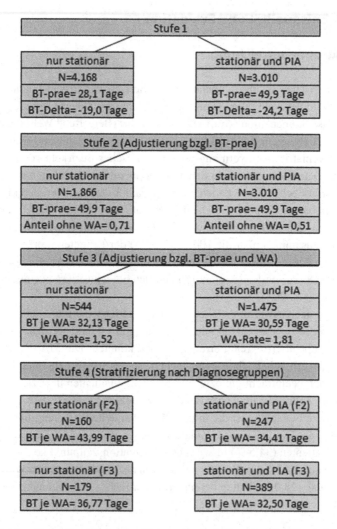

Abb. 31.4 Schematische Darstellung des Untersuchungsdesigns und der Ergebnisse (BT: stationäre Berechnungstage ohne Beurlaubungen, WA: stationäre Wiederaufnahmen, prae: patientenindividuelles Zeitfenster über 365 Tage vom Entlassungszeitpunkt rückwärts, post: patientenindividuelles Zeitfenster über 365 Tage vom Entlassungszeitpunkt vorwärts, Delta: Differenz zwischen den jeweiligen prae- und post-Werten)

Die an den drei Standorten im Erhebungsjahr 2016 (teil-)stationär behandelten Patienten (N = 7178) verteilten sich demnach auf 52,8 % der Patienten (N = 4168), die in einem Beobachtungszeitraum von plus/minus 365 Tagen zum Entlassungsdatum aus der stationärer Behandlung keinen Behandlungstermin in der PIA aufgewiesen haben und auf 47,2 % der Patienten (N = 3010), die im Beobachtungszeitraum auch in der PIA behandelt worden waren. Als abhängige Variable wurden in Stufe 1 die kumulierten (teil-)stationären Behandlungsdauern der beiden Patientengruppen jeweils im Zeitraum minus 365 Tage zum Entlassungsdatum *(BT-prae)* und plus 365 Tage zum Entlassungsdatum *(BT-post)* verglichen (Ergebnis: *BT-Delta*).

Die beiden Gruppen unterschieden sich dabei hinsichtlich ihrer kumulierten stationären Behandlungsdauer vor dem Entlassungsdatum (BT-prae) deutlich. Demnach wurden die Patienten in der Gruppe der solitär stationär behandelten Patienten innerhalb des Beobachtungszeitraums von 365 Tagen im Schnitt 28,1 Tage lang stationär behandelt, wohingegen sich die Gruppe der auch in der PIA behandelten Patienten im gleichen Zeitraum über durchschnittlich 49,9 Tage in stationärer Behandlung befunden hat.

Die Ergebnisse konnten dahingehend bewertet werden, dass die in PIA-Behandlung stehenden Patienten bereits im Vorfeld eine deutlich höhere stationäre „Behandlungslast" aufgewiesen haben, als die Patienten, die nicht in der PIA behandelt wurden. Ein Resultat, welches die bereits oben konstatierte Zielgruppenerreichung durch die PIA nochmals unterstreicht.

Im weiteren Beobachtungszeitraum nach der stationären Entlassung fand sich in beiden Patientengruppen eine deutliche Reduktion der stationären Behandlungsbedürftigkeit (BT-Delta). In der Gruppe der solitär stationär behandelten Patienten konnte die Behandlungsdauer um durchschnittlich 19,0 Berechnungstage gesenkt werden, in der Gruppe der Patienten mit zusätzlicher PIA-Behandlung fand sich sogar eine absolute Reduktion um 24,2 Berechnungstage. Aufgrund des höheren Ausgangswertes BT-prae in der Gruppe der auch in der PIA behandelten Patienten errechnete sich die relative Reduktionsrate der stationären Behandlungsdauern in dieser Gruppe jedoch geringer als in der Gruppe der nur stationär behandelten Patienten.

Wegen der mangelnden Vergleichbarkeit der beiden Patientengruppen hinsichtlich ihres Eingangsrisikos BT-prae wurde in einer zweiten Analysestufe eine nachträgliche Adjustierung vorgenommen. Dabei wurden aus der größeren Patientengruppe (solitäre stationäre Behandlung) solange Patienten mit niedrigen stationären Behandlungszeiten im Vorfeld (BT-prae) aus der Analyse ausgeschlossen, bis sich die Mittelwerte BT-prae der beiden Gruppen nicht mehr unterschieden (jeweils 49,9 Tage).

Die beiden risikoadjustierten Vergleichsgruppen konnten nun genauer untersucht werden. Dabei zeigte sich, dass der Anteil derjenigen Patienten, die nach ihrer Entlassung keine weiteren stationären Behandlungstage aufweisen, in der Gruppe der nicht in der PIA behandelten Patienten mit 0,71 höher lag als bei den Patienten, die auch in der PIA behandelt wurden (Anteil 0,51). Da über eventuelle stationäre Aufnahmen in anderen Krankenhäusern oder in anderen Fachabteilungen aufgrund methodischer Limitationen keine Aussage getroffen werden konnte und da sich das Eingangsrisiko für stationäre Behandlungszeiten in beiden Gruppen nach der Adjustierung im Mittel nicht unterschieden hat, war das Ergebnis am ehesten so zu bewerten, dass in der Patientengruppe mit zusätzlicher PIA-Behandlung eine engere Bindung an den Klinikstandort eingetreten ist. Eine größtmögliche Behandlungskontinuität zwischen stationärer und ambulanter Behandlung wird zwar von den PIA ausdrücklich gefordert, jedoch muss auf der anderen Seite genau dieser Adhärenzeffekt als verantwortlich für die statistisch höhere Wiederaufnahmerate im eigenen Krankenhaus angesehen werden.

In einem dritten Analyseschritt wurde auch dieser mögliche Bias minimiert, indem die beiden Patientengruppen nur im Falle einer Wiederaufnahme verglichen wurden. Hierzu wurde als abhängige Variable die durchschnittliche (teil-)stationäre Behandlungsdauer je Aufenthalt nach dem Entlassungsdatum (falls Wiederaufnahme) bestimmt.

Hierbei fand sich über alle Diagnosegruppen hinweg in der Patientengruppe der in der PIA behandelten Patienten eine mit 30,59 Tagen im Durchschnitt kürzere stationäre Aufenthaltsdauer bei Wiederaufnahmen als bei der Gruppe der nicht in der PIA behandelten Patienten (32,13 Tage). Der Unterschied erreichte im t-Test für unabhängige Stichproben jedoch keine Signifikanz (p = 0,34).

Ergänzend wurde an dieser Stelle in einer vierten Analysestufe eine Stratifizierung nach Diagnosegruppen durchgeführt. Am deutlichsten war die Verkürzung der stationären Behandlungsdauern demnach bei der Gruppe der schizophrenen Patienten (34,41 Tage versus 43,99 Tage) sowie bei den Patienten mit affektiven Störungen (32,50 Tage versus 36,77 Tage) zu sehen. Die Verkürzung der stationären Aufenthaltsdauern erreichte im t-Test dabei in der Gruppe der schizophrenen Patienten mit p = 0,009 statistische Signifikanz, wogegen diese in der Gruppe der Patienten mit affektiven Störungen nicht erreicht wurde (p = 0,115).

Über alle Diagnosegruppen hinweg war die Rate an Wiederaufnahmen in der Gruppe der in der PIA behandelten Patienten dabei mit 1,81 höher als in der Gruppe der nicht in der PIA behandelten Patienten (1,52). Die Tatsache, dass dieser Effekt in der Gruppe der Patienten mit Suchterkrankungen besonders ausgeprägt war (Wiederaufnahmerate 2,2 versus 1,69), sprach dabei erneut für den oben erläuterten Ansatz der differenten Adhärenz der beiden Patientengruppen an das Krankenhaus als wesentlichen Faktor für differente Wiederaufnahmeraten.

Exemplarische Fallkonstellation

Patientin mit der Diagnose einer rezidivierenden depressiven Störung derzeit schwerer Ausprägung ohne psychotische Symptomatik (F33.2).

Die Patientin wurde Anfang 2016 nach einem 90-tägigen stationären Aufenthalt aus der psychiatrischen Klinik entlassen. Bis zum Entlassungstag hatte sie dabei im Verlaufe von 365 Tagen insgesamt 231 Tage – verteilt auf mehrere Aufenthalte – in stationärer Behandlung verbracht (BT-prae). In den 365 Tagen nach ihrer Entlassung fielen nochmals fünf Behandlungstage im Rahmen eines weiteren stationären Aufenthaltes an (BT-post). Die Patientin erhielt in dieser Zeit ein multiprofessionelles Behandlungsangebot über die Psychiatrische Institutsambulanz. Dabei nahm sie über insgesamt 18

Behandlungstermine an ärztlichen und pflegerischen Einzeltherapien/-terminen und an ergotherapeutischen Gruppenangeboten teil.

Gemäß Untersuchungsdesign war die geschilderte Fallkonstellation in alle vier Stufen der Untersuchung einzuschließen.

Zusammenfassend lässt sich aufgrund dieser Analyse festhalten, dass die untersuchten Institutsambulanzen Patienten mit einer überdurchschnittlich hohen „Last" an stationären Tagen für ihre Behandlung rekrutieren und diese im Sinne der Behandlungskontinuität auch deutlich stärker als dies die Vergleichsgruppe vermag an das Krankenhaus binden. Als Resultat daraus sind die Wiederaufnahmeraten im eigenen Krankenhaus für die in der PIA behandelten Patienten höher als in der Vergleichsgruppe. Allerdings kann keine Aussage darüber getroffen werden, in welchem Umfang in der Vergleichsgruppe andere Krankenhäuser oder andere Fachabteilungen für die weitere Behandlung in Anspruch genommen werden. Im Falle von stationären Wiederaufnahmen findet sich in der Gruppe der in der PIA behandelten Patienten aber eine Verkürzung der stationären Aufenthaltsdauer, was in der Diagnosegruppe der Patienten mit affektiven und schizophrenen Erkrankungen mit vier bis zehn Tagen auch klinische Relevanz erreicht. Für die Gruppe der schizophrenen Patienten sind die Unterschiede dabei signifikant.

Auch unter den aktuellen Bedingungen von wieder zunehmenden stationären Behandlungskapazitäten und Verweildauern können somit positive Effekte von PIA-Behandlungen auf die stationäre Inanspruchnahme nachgewiesen werden. Allerdings sind diese je nach Diagnosegruppe unterschiedlich ausgeprägt und in den untersuchten PIA von einem deutlichen Adhärenzeffekt an die Klinik überlagert. Aufbauend auf die vorliegenden Ergebnisse drängen sich vor allem folgende Fragestellungen für zukünftige Evaluationen auf:

1. Besteht eine Korrelation zwischen den berichteten Effekten auf die Verkürzung der stationären Behandlungszeiten durch PIA und der Intensität ihrer Leistungserbringung?
2. Sind auf Basis der vorliegenden Ergebnisse diagnosespezifische Korrelationen im Sinne von *ambulant sensitiven Krankenhausfällen* (ASK) zu identifizieren?
3. Besteht ein Zusammenhang zwischen der erreichbaren Verkürzung von stationären Behandlungszeiten und der jeweiligen, landesspezifischen Finanzierungssystematik?
4. Welche gegenseitigen Wechselwirkungen bestehen zwischen der Versorgungsdichte im vertragsärztlichen Bereich (Haus- und Fachärzte), der Quantität von PIA-Leistungen und der Inanspruchnahme von stationären Behandlungen?

31.4 Ausblick

31.4.1 Herausforderungen für die Psychiatrischen Institutsambulanzen

Alle bislang beschriebenen Vorteile der PIA als Prototyp für eine intersektorale Versorgungslösung lassen auch bereits die wesentlichen Herausforderungen der nächsten Jahre für die Psychiatrischen Institutsambulanzen erkennen. So stößt gerade das „Erfolgsmodell PIA" mit der eingangs geschilderten Wachstumsdynamik und den zunehmenden Inanspruchnahmezahlen in einigen Regionen vor dem Hintergrund der begrenzten personellen Ressourcen bereits heute an seine Grenzen. Gleichzeitig wäre die PIA dazu prädestiniert weitergehende koordinative Aufgaben im regionalen Versorgungskontext im Sinne einer Lotsenfunktion für den Bereich der psychiatrischen Versorgung zu übernehmen. Wesentliche Forderungen des Sachverständigenrates zur Begutachtung der Entwicklung im Gesundheitswesen (AOLG 2007, S. 38–41, 2012, S. 12–14, 2017, S. 19–21) könnten damit schnell realisiert werden. Es fehlt an dieser Stelle lediglich noch ein Instrumentarium um die Übernahme einer derart zentralen Steuerungsfunktion durch PIA auch flächendeckend und unabhängig von der lokalen Ressourcensituation sicherzustellen.

Intersektorale Versorgungslösungen werden aktuell zwar auf konzeptioneller Ebene gesundheitspolitisch befördert, allerdings scheint die Weiterentwicklung moderner Versorgungsformen zu stagnieren (Koch-Stoecker und Driessen 2017, S. 40–48). Gründe dafür sind u. a. darin zu sehen, dass im Falle ihrer Realisierung allerorts noch erhebliche Einpassungsprobleme auf der Regelungs- und Planungsebene bestehen. Zwar praktizieren die PIA seit Jahrzehnten intersektorale Versorgung, jedoch beinhaltet die Schnittstelle zur ambulanten vertragsärztlichen Versorgung weiterhin viel Klärungsbedarf. So ist bis dato die Verortung der PIA im Planungssystem der Bedarfsplanung in keiner Weise sachgerecht gelöst. Die Alternative einer eigenständigen Planungsebene für PIA entspricht zwar am ehesten der Versorgungsrealität, die politischen Weichen sind aber bereits in Richtung auf eine zukünftige Anrechnung der PIA auf die Bedarfsplanung und im Detail in Richtung einer Berücksichtigung der PIA in Relation zu den eingesetzten Vollkräften gestellt. Dabei bleibt jedoch unberücksichtigt, dass aufgrund des differenten Versorgungsauftrags der Einsatz einer Vollkraft in der PIA nicht vergleichbar mit dem Einsatz einer Vollkraft in einer Vertragsarztpraxis ist. Aus Versorgungssicht erscheint hier allenfalls ein Vergleich auf Basis von versorgten Patienten angebracht. Die Anzahl der versorgten Patienten je Versorgungsstruktur werden jedoch bislang nur durch die PIA, nicht aber durch den vertragsärztlichen Bereich offengelegt.

Auch die Schnittstelle zum stationären Bereich beinhaltet nach wie vor offene Fragen. Im Zuge des in § 17 d KHG formulierten Prüfauftrages ist noch zu klären, „inwieweit auch die im Krankenhaus ambulant zu erbringenden Leistungen der psychiatrischen Institutsambulanzen nach § 118 des Fünften Buches Sozialgesetzbuch (in ein durchgängiges, leistungsorientiertes und pauschalierendes Vergütungssystem auf der Grundlage von tagesbezogenen Entgelten, Anmerkung des Verfassers) einbezogen werden können" (Bundesministerium der Justiz und für Verbraucherschutz 2009).

Bereits die in der hiesigen Evaluation gewonnenen Ergebnisse zu den Effekten der PIA auf die stationäre Inanspruchnahme weisen darauf hin, dass von komplexen Zusammenhängen zwischen dem sektorenübergreifenden Inanspruchnahmeverhalten und dem Adhärenzverhalten der Patienten ausgegangen werden muss. Auch benötigt das hier gewählte Untersuchungsdesign bereits einen Mindestbeobachtungszeitraum von drei Kalenderjahren für eine sachgerechte Analyse – ein Zeitraum, der für die zeitnahe Kalkulation von Vergütungswerten in der Regel nicht zur Verfügung steht.

31.4.2 Herausforderungen für die intersektorale Versorgung

Um die oben skizzierten Herausforderungen für das konkrete Versorgungsmodell Psychiatrische Institutsambulanzen einer sachgerechten Lösung zuzuführen, sollten sich aus Sicht des Verfassers die Rahmenbedingungen und Handlungsweisen im gesamten Themenfeld der intersektoralen Versorgung und unabhängig von den Spezifika der psychiatrischen Versorgung weiterentwickeln:

Werden aktuell noch viele Projekte in diesem Bereich von visionärem Denken, Idealismus und zum Teil auch charismatischer Überzeugungskraft getragen, so kann deren nachhaltige Verankerung in der Regelversorgung nur auf Basis von präzisen Evaluationsergebnissen und einer verstärkt datenbasierten Entscheidungsfindung geprägt sein.

Dazu ist es aber notwendig, bereits auf methodischer Ebene das grundlegende Dilemma der intersektoralen Versorgung aufzulösen: Wie können die basalen Einflussgrößen und Zielvariablen aus den verschiedenen Sektoren miteinander abgeglichen werden, wenn sie bis dato nur sektorenspezifisch erhoben werden? So sind eine ambulante Versorgungsstruktur (z. B. Arztpraxis) nicht mit einer stationären Versorgungsstruktur (z. B. Krankenhaus) und ein ambulanter Behandlungsfall (Quartalsfall) nicht mit einem stationären Behandlungsfall vergleichbar.

Wünschenswert wäre es, sich an dieser Stelle von institutionsgeprägten Parametern zu lösen und vermehrt patientenorientierte Parameter zur Anwendung zu bringen. So wäre die Anzahl der versorgten Patienten oder die dabei eingesetzte Zeit sektorenunabhängig zur Evaluation von Prozessen verwendbar.

Auch allen Planungsprozessen liegen noch deutlich sektorenspezifisch geprägte Regionsbezüge zugrunde. So decken sich die KV-Planungsbereiche in der Regel nicht mit den Planungsbereichen für stationäre Einrichtungen. Auch hier ist allein aus methodischen Gründen ein einheitlicher und sektorenunabhängiger Regionsbegriff anzustreben. In Zusammenschau mit der geforderten datengestützten Entscheidungsfindung ist dazu die politische Region eines Landkreises wohl am ehesten geeignet, da auf dieser Ebene zusätzlich auf ein umfangreiches und basales Datenmaterial der Statistischen Landesämter zurückgegriffen werden kann.

Verbunden mit der Überwindung der geschilderten methodischen Hürden ist es aus Sicht des Verfassers unverzichtbar, auch das Thema der intersektoralen Versorgungsforschung in Deutschland weiter zu befördern, um die existierenden, punktuellen Positionierungen zum Thema auch durch die Ergebnisse von systematischen und interessenunabhängigen Untersuchungen stützen zu können. Die sachgerechte Beurteilung der sektorenübergreifenden Abhängigkeiten setzt aber in letzter Konsequenz eine sektorenübergreifende Datenzusammenführung (unter Beachtung der datenschutzrechtlichen

Bestimmungen) voraus. Die Überwindung dieser Hürde erscheint dem Verfasser in diesem Kontext als die schwierigste – und wohl auch nicht ohne Handeln auf politischer Ebene lösbar.

31.5 Fazit

Die Psychiatrischen Institutsambulanzen stellen heute ein wichtiges, gesetzlich verankertes und an Bedeutung weiter zunehmendes Element der psychiatrischen und psychosomatischen Regelversorgung in Deutschland dar. Dabei erfüllen die PIA an der Schnittstelle zwischen ambulantem und stationärem Sektor ihre gesetzliche Aufgabe als intersektorale Versorgungsstruktur. Sie erreichen die ihnen zugeschriebene Zielgruppe und bewirken bei dieser auch eine relevante Verkürzung von stationären Behandlungszeiten. Ein stationsvermeidender Effekt kann jedoch ohne Rückgriff auf institutionsübergreifende Daten nicht nachgewiesen werden. Die Psychiatrischen Institutsambulanzen sind somit dazu prädestiniert, weitere Koordinierungs- und Versorgungsaufgaben im intersektoralen Kontext zu übernehmen. Wesentliche Voraussetzungen dafür sind die Behebung von verbleibenden Regelungs- und Finanzierungslücken im Kontext der PIA sowie die Überwindung von grundsätzlichen Hemmnissen für eine sektorenübergreifende Evaluation und eine datenbasierte Entscheidungsfindung.

Literatur

Arbeitsgruppe Psychiatrie der Obersten Landesgesundheitsbehörden. (2007). Psychiatrie in Deutschland – Strukturen, Leistungen, Perspektiven, Gesundheitsministerkonferenz der Länder (Hrsg.). https://www.gmkonline.de/_beschluesse/Protokoll_80-GMK_Top1002_Anlage1_Psychiatrie-Bericht.pdf. Zugegriffen am 29.03.2019.
Arbeitsgruppe Psychiatrie der Obersten Landesgesundheitsbehörden. (2012). Weiterentwicklung der psychiatrischen Versorgungsstrukturen in Deutschland – Bestandsaufnahme und Perspektiven, Gesundheitsministerkonferenz der Länder (Hrsg.). https://www.gesundheit.bremen.de/sixcms/media.php/13/AOLG%20Bericht%20Psychiatrie.pdf. Zugegriffen am 29.03.2019.
Arbeitsgruppe Psychiatrie der Obersten Landesgesundheitsbehörden. (2017). Weiterentwicklung der psychiatrischen Versorgungsstrukturen in Deutschland – Bestandsaufnahme und Perspektiven, Gesundheitsministerkonferenz der Länder (Hrsg.). https://sozialministerium.baden-wuerttemberg.de/fileadmin/redaktion/m-sm/intern/downloads/Downloads_Medizinische_Versorgung/Bericht_zur_Weiterentwicklung_der_psychiatrischen_Versorgungsstrukturen_in_Deutschland.pdf. Zugegriffen am 02.04.2019.
Bayerische Krankenhausgesellschaft. (2016). Vereinbarung gemäß §§ 113, 118 und 120 SGB V vom 05.04.2016 über die Erbringung, Vergütung und Abrechnung von Leistungen der Psychiatrischen Institutsambulanzen (PIA). https://www.bkg-online.de/infos-service/downloads/psychiatrische-institutsambulanzen-in-bayern/psychiatrische-institutsambulanzen-in-bayern-pia. Zugegriffen am 29.03.2019.
Bayerischer Bezirketag, Arbeitsgemeinschaft der Krankenkassenverbände in Bayern, & Bayerische Krankenhausgesellschaft. (2018). Gemeinsame Bewertung der Vertragspartner zur Gesamtaus-

wertung der ambulanten Basisdokumentation Erwachsenenpsychiatrie Bayern 2016. https://www.bay-bezirke.de/psychiatrische-institutsambulanzen.html. Zugegriffen am 02.04.2019

Berger, W., & Welschehold, M. (2002). *Basisdokumentation für psychiatrische Ambulanzen (AmBADO)*. Bonn: Psychiatrie.

Bundesministerium der Justiz und für Verbraucherschutz. (2009). Gesetz zur wirtschaftlichen Sicherung der Krankenhäuser und zur Regelung der Krankenhauspflegesätze (Krankenhausfinanzierungsgesetz – KHG). https://www.gesetze-im-internet.de/khg/__17d.html. Zugegriffen am 02.04.2019.

Deutsche Krankenhausgesellschaft. (2018). Vereinbarung des bundeseinheitlichen Kataloges für die Dokumentation der Leistungen der psychiatrischen Institutsambulanzen (PIA) nach § 295 Abs. 1b Satz 4 SGB V (PIA-Doku-Vereinbarung) vom 02.02.2018. https://www.dkgev.de/fileadmin/default/Mediapool/2_Themen/2.3_Versorgung-Struktur/2.3.8._Psychiatrie-Pyschosomatik/2.3.8.1._Psychiatrische_Institutsambulanten_und_Psychosomatische_Institutsambulanzen/2018-02-02_PIA-Dokumentationsvereinbarung.pdf. Zugegriffen am 30.03.2019.

Deutscher Bundestag. (1975). Zur psychiatrischen und psychotherapeutischen/psychosomatischen Versorgung der Bevölkerung. Drucksache, 7/4200. http://dipbt.bundestag.de/doc/btd/07/042/0704200.pdf. Zugegriffen am 30.03.2019.

Eisele, F., Steinert, T., & Borbé, R. (2015). Auswirkungen der Einrichtung von Institutsambulanzen auf die Inanspruchnahme stationärer Behandlung. *Psychiatrische Praxis, 42*, 147–151.

IGES Institut. (2010). Plausibilität der Kalkulation des Einheitlichen Bewertungsmaßstabs (EBM) – Expertise im Auftrag des GKV-Spitzenverbands. https://www.iges.com/e6/e1621/e10211/e5280/e5342/e7150/e7784/attr_objs12662/IGES_Institut_Expertise_EBM_ger.pdf. Zugegriffen am 30.03.2019.

Kassenärztliche Bundesvereinigung. (2001). Bekanntmachungen: Vereinbarung gemäß § 118 Absatz 2 SGB V. *Deutsches Ärzteblatt, 98*(9), 566–568. https://www.aerzteblatt.de/pdf.asp?id=26257. Zugegriffen am 30.03.2019.

Kassenärztliche Bundesvereinigung. (2010). Bekanntmachungen: Vereinbarung zu Psychiatrischen Institutsambulanzen gemäß § 118 Abs. 2 SGB V zwischen dem Spitzenverband Bund der Krankenkassen (GKV-Spitzenverband), Berlin und der Deutschen Krankenhausgesellschaft (DKG), Berlin und der Kassenärztlichen Bundesvereinigung (KBV), Berlin. *Deutsches Ärzteblatt, 107*(26), 1321–1326. https://www.aerzteblatt.de/pdf.asp?id=77339. Zugegriffen am 30.03.2019.

Koch-Stoecker, S., & Driessen, M. (2017). Moderne Versorgungsformen in der Psychiatrie. *Der Neurologe & Psychiater, 18*, 40–48. https://doi.org/10.1007/s15202-017-1491-3.

Köster, M. (2005). Psychiatrische Institutsambulanzen in Baden-Württemberg. Behandlungsauftrag, Arbeitsweise, Evaluation. Dissertation. Universität Tübingen. http://tobias-lib.uni-tuebingen.de/volltexte/2oo5/1875/pdf/Dissertation-Aug05Online.pdf. Zugegriffen am 29.03.2019.

Neubert, O., & Richter, M. (2016). Psychiatrische Institutsambulanzen: Erste Schritte zur Transparenz im Rahmen der Psych-Entgeltreform. In J. Klauber, M. Geraedts, J. Friedrich & J. Wasem (Hrsg.), *Krankenhaus-Report 2016* (S. 63–84). Stuttgart: Schattauer.

Spengler, A. (2012). Psychiatrische Institutsambulanzen: Leistungsfähig, bedarfsgerecht und innovativ. *Deutsches Ärzteblatt, 109*, A1981–A1983.

Statistisches Bundesamt, Gesundheitsberichterstattung des Bundes. (2019). http://www.gbe-bund.de/gbe10/pkg_isgbe5.prc_isgbe?p_uid=gast&p_aid=0&p_sprache=D. Zugegriffen am 19.07.2019.

Dr. Michael Ziereis ist Facharzt für Psychiatrie und Psychotherapie. Von 2000 bis 2018 war er Stellvertretender Ärztlicher Direktor des Bezirksklinikums Wöllershof, Fachklinik für Psychiatrie und Psychotherapie in Neustadt/WN und mit dem Aufbau und der Leitung der dortigen Psychiatrischen Institutsambulanz betraut. Seit 2019 ist er bei den Medizinischen Einrichtungen des Bezirks

Oberpfalz – Kommunalunternehmen als Chefarzt für den Bereich Versorgungsplanung und Versorgungsforschung verantwortlich. Der Autor ist ärztlicher Berater des Bayerischen Bezirketags, Mitglied der Arbeitsgruppe *Psychiatrische Institutsambulanzen* bei der Deutschen Krankenhausgesellschaft und einer der Sprecher der Psychiatrischen Institutsambulanzen (Erwachsene) in Bayern.

Kontakt: michael.ziereis@medbo.de

Teil V

Lessons Learned

Lessons Learned

32

Ursula Hahn und Clarissa Kurscheid

Zusammenfassung

Sektorenübergreifende Versorgungslösungen sind hoch unterschiedlich, es gibt nicht die eine alles überstrahlende Lösung. Eine „One fits all"-Lösung gibt die Besonderheiten des deutschen Gesundheitswesens im Allgemeinen und dieses Versorgungsbereichs im Speziellen auch nicht her. Was nicht bedeutet, dass es keine oder keine gut funktionierenden sektorenübergreifenden Versorgungslösungen gäbe. In diesem Buch kommen Protagonisten eines bunten Straußes von Versorgungslösungen zu Wort, die mit ihren Lösungen zum Teil auf gesetzgeberisch normierte Instrumente der sektorenübergreifenden Versorgung zurückgreifen, z. T. aber auch jenseits gebahnter Pfade Lösungen verfolgen. Jeder Beitrag für sich atmet Individualität und steht für viel Herzblut und Engagement im Interesse einer guten kontinuierlichen Versorgung von Patienten über die Sektorengrenzen hinweg.

U. Hahn (✉)
OcuNet GmbH & Co. KG, Düsseldorf, Deutschland
E-Mail: zentrale@ocunet.de

C. Kurscheid
Priv. Forschungsinstitut für Gesundheits- und Systemgestaltung, FiGuS GmbH, Köln, Deutschland
E-Mail: c.kurscheid@figus.koeln

© Springer Fachmedien Wiesbaden GmbH, ein Teil von Springer Nature 2020
U. Hahn, C. Kurscheid (Hrsg.), *Intersektorale Versorgung*,
https://doi.org/10.1007/978-3-658-29015-3_32

32.1   Heterogenität als kleinster gemeinsamer Nenner

Sektorenübergreifende Versorgungslösungen sind hoch unterschiedlich, es gibt nicht die eine alles überstrahlende Lösung. Dass die Landschaft derartig bunt ist, hatten wir – die Herausgeberinnen – im Vorfeld der Arbeiten an diesem Buch aber auch nicht erwartet. Rund um den kleinsten gemeinsamen Nenner *sektorenübergreifende Versorgung* kommen in jeder Hinsicht abweichende Lösungsansätze zu Wort. Das gilt mit Blick auf die gewählten Strukturen, die Protagonisten, den intersektoralen Versorgungsumfang, die Adaptation an existierende rechtliche Rahmenbedingungen und die Kulturen. Zu einer medizinischen Herausforderung – z. B. psychologisch/psychiatrische Versorgung – werden verschiedene Lösungsansätze beschrieben (Siemann, Ziereis): eine nutzt ein Ambulanzkonzept, eine andere einen vertragsärztlichen/tagesklinischen Ansatz. Die eine Lösung belässt es bei den klassischen Versorgungsinhalten, viele nutzen auch die Kompetenz anderer Gesundheitsberufe und verzahnen Intersektoralität und Interdisziplinarität (Bertram, Braun, Schrage). Es scheint, dass Lösungen aus der jüngeren Zeit noch einmal diverser geworden sind. Neue Protagonisten wie z. B. die Bertelsmann Stiftung (Brinkmeier), die Deutsche Krebsgesellschaft (Diel, Homayounfar), Kostenträger (Castrup, Manthey), Beteiligungsfirmen oder Industrieunternehmen (Stauch-Eckmann, Strotmann) sind auf den Plan getreten, in der Versorgung gewinnen andere Versorgungsorganisationen und Gesundheitsberufe wie z. B. Campuslösungen (Mussinghoff, Walter), Netzwerke und Managementgesellschaften (Dengler, Manthey, Schrage, Weber), IT-Lösungen (Kammerlander, Simpfendörfer) und Lotsen (Brinkmeier, Klemm, Langemaier, Weber) an Gewicht, auch wenn die klassische Kooperation zwischen einem Krankenhaus und einer oder mehreren Praxen in vertragsärztlicher Trägerschaft (Mann, Mathey, Schneider, Schmitz, Werner) nach Zahl vermutlich (noch) stark überwiegt.

Eine überraschende Erfahrung für uns – die Herausgeberinnen – war die Schwierigkeit, für vergleichsweise volumenstarke Varianten der sektorenübergreifenden Versorgung – konkret Ermächtigung, Hochschulambulanz und MVZ-Ketten in Krankenhausträgerschaft – Autoren zu finden. Über die Ursachen kann man spekulieren: Es mag daran liegen, dass die Protagonisten dieser Lösungen nicht selbstständig entscheiden können, was und wie sie es nach außen kommunizieren. Oder diese Lösungen sind aus dem Blickwinkel der Protagonisten oder deren Trägern nicht so attraktiv, um sie als Best Practice zu präsentieren. Weitere mögliche Erklärungen können die Sorge vor Anfeindungen sein oder der Eindruck, dass das eigene Projekt hinter eigenen oder fremden Erwartungen zurückbleibt. Eine mögliche Ursache kann natürlich auch sein, dass wir – die Herausgeberinnen – nicht die konkreten Versorgungslösungen identifiziert haben, die sich gerne an diesem Buchprojekt beteiligt hätten.

Für die Gliederung dieses Buchs haben wir uns an der Form von Kooperation und Integration (Kap. 2) orientiert: Als netzwerkliche Kooperation/Integration bezeichnen wir die Vernetzung von selbstständigen klassischen Akteuren mit dem Ziel, Patienten gemeinschaftlich über die Sektorengrenzen hinweg zu versorgen (*Best Practice: Intersektorale*

Netzwerke, Kap. 4, 5, 6, 7, 8, 9, 10, 11, 12, 13, 14 und 15). Versorgungsorganisationen, die alle Versorgungsebenen unter einem (Unternehmens-)Dach zusammenfassen, werden unter dem Terminus unternehmerische Integration (*Best Practice: Diagonale Kooperationen,* Kap. 16, 17, 18, 19, 20 und 21) subsumiert. Neue, aus historischer Sicht untypische Akteure in der sektorenübergreifenden Versorgung stehen sowohl für Kooperations- als auch für Integrationsstrukturen. Um ihre zunehmende Bedeutung – als Impulsgeber wie als Versorger – erkennbar werden zu lassen, haben wir sie zu einer eigenen Gruppe mit diagonaler Kooperation/Integration zusammengefasst (*Best Practice: Unternehmerische Integration,* Kap. 22, 23, 24, 25, 26, 27, 28, 29, 30 und 31). Rationale für diese Gliederung war, dass die Organisationsprinzipien netzwerkliche Koordination/Integration einerseits und unternehmerische Integration andererseits sowie die Frage der Provenienz der Akteure – die klassischen Versorger Ärzte und Krankenhäuser sowie atypische neue Protagonisten – mutmaßlich Einfluss auf Art, Umfang und Qualität der Versorgung haben könnten. Das Format dieses Buches und der Beiträge ermöglicht zwar keine systematische Analyse dazu, es lassen sich aber sehr wohl bestimmte Tendenzen in den Gruppen aufzeigen.

In der Herangehensweise an die Bewältigung der Versorgungsherausforderung zeigen sich deutliche Unterschiede: Manche Autoren – sie gehören vor allem in die Gruppen mit diagonaler Kooperation/Integration – beschreiben einen akademischen Angang für ihre Lösungen. Diese Vorgehensweise steht gelegentlich auch im Zusammenhang mit den Antragswegen zur Förderung aus dem Innovationsfonds (Bertram, Braun, Brinkmeier, Kammerlander). Die eher praxisorientierten Berichte gehören mehrheitlich zur Gruppe der Lösungen mit netzwerklicher Koordination/Integration bzw. unternehmerischer Integration, häufig sind Vertragsärzte an den jeweiligen Lösungen beteiligt. Wie das Outcome von aus der Praxis und für die Praxis kommenden Versorgungsdesigns im Vergleich zu Lösungsansätzen mit funktionierendem und methodisch anspruchsvollem Evaluationskonzept ist, ist nicht Gegenstand dieser Reflexion. Sicher ist aber, dass die Praxislösungen es in dem aktuellen Klima der methodischen Wissenschaftsbasierung (Beispiele Arzneimittelzulassungsverfahren, IQWiG Verfahren, Evaluationsverpflichtung) schwerer haben, wahrgenommen zu werden und Förderung zu bekommen. Eine gewisse Desillusionierung darüber merkt man den praxisnahen Beiträgen auch an. Es wäre unglücklich, wenn die vertragsärztliche Versorgung über eine (zu) starke Orientierung an wissenschaftliche Evaluationsanforderungen Boden in der sektorenübergreifenden Versorgung verlieren würde.

32.2 Motive der Protagonisten: von ganzheitlicher Versorgung eigener Patienten bis zu Erprobung von Blaupausen

Eins wird auch in dieser Zusammenstellung von Best-Practice-Lösungen deutlich: Sektorenübergreifende Versorgungslösungen sind eher die Ausnahme und nicht die Regel. Oft sind sie das Ergebnis des Engagements einzelner Protagonisten, die sich von den zahlreichen Widerständen nicht haben abschrecken lassen. Die Vision der von Einzelpersonen initiierten Lösungen – meistens Ärzten in Praxis und Klinik, die für netzwerkliche Kooperation/Integration und unternehmerische Integration stehen – wird mal mehr und mal weniger deutlich artikuliert. Die in der berufspolitischen Diskussion reflexartig angenommene Motivation des Ertragsmaximierers greift oft zu kurz. Es wäre sicher naiv zu vermuten, dass Einkünfte oder Positionierung der eigenen Versorgungsorganisation keine Rolle spielen. Das alleine kann aber den höheren Aufwand nicht erklären; die meisten der Protagonisten würden vermutlich bei einem mit dem in ihren Gruppen „üblichen" Versorgungsumfang ein besseres Aufwands-Nutzen-Verhältnis realisieren. Deutlich erkennbar geht es vielen darum, das Versorgungspotenzial ihres Faches oder ihrer Versorgungsebene auszuschöpfen – sie wollen im Sinne ihrer Patienten gut versorgen. Und sie verdienen Anerkennung dafür, dass sie sich in einem Feld versuchen und behaupten, das mehr Hürden als Erfolgserlebnisse bietet.

Die Motivlage der Protagonisten der diagonalen Kooperation/Integration unterscheidet sich demgegenüber. Zu diesen neuen Protagonisten gehören z. B. Kostenträger – Autoren der Techniker Krankenkasse stellen das viel beachtete Konzept der in Thüringen realisierten Hybrid-DRG vor (Manthey) und die Knappschaft erläutert die Versorgungslösungen der Prosper Netze (Castrup) –, die Schlaganfallstiftung (deren Mutter, die Bertelsmann Stiftung, nicht primär zum Gesundheitswesen zählt) (Brinkmeier), Industrieunternehmen, die sich auch in der Versorgung engagieren wie B. Braun Melsungen (Strotmann), Beteiligungsunternehmen (Stauch-Eckmann) und die Krankenhauskette Rhön (Walter). Ihnen geht es eher um die Erprobung skalierbarer Lösungen – es geht nicht um das einzelne Netzwerk, die einzelne regionale Kooperation, sie suchen nach einer Blaupause der sektorenübergreifenden Versorgung, die dann auch in anderen Regionen und Fächern dupliziert werden kann. Ihre Beiträge spiegeln die Metablickwinkel wider ohne den Bezug zur konkreten Versorgungsherausforderung zu verlieren. In einigen der Beiträge ist die Analyse von Chancen, Aufwand und Risiken klarer, die Möglichkeit zum Scheitern wird mitgedacht. Die Impulse, die von diesen Ansätzen ausgehen, stehen für eine neue Dimension von Innovationen – mit noch unklarem Ausgang.

32.3 Erfolg abhängig von Organisationsstruktur und Protagonisten?

Die naheliegende Frage, welche Lösungen im Sinne einer patientenorientierten sektorenübergreifenden Versorgung die erfolgreichsten sind, lässt sich auf Basis eines solchen Buchkonzeptes nicht beantworten. Ohnehin stellt sich die Frage, wie „Erfolg" vergleichend für die Versorgungslösungen operationalisierbar ist. Einige Beitragsautoren benennen Ansätze: So sollen z. B. die Versorgung kostengünstiger, erforderliche Diagnostik und Therapie interdisziplinär fundierter, die Einleitung der Therapie beschleunigt, die Zahl der Krankenhausaufenthalte reduziert, die Therapie effektiver, die Einbindung anderer erforderlicher Versorger koordinierter oder Rezidive reduziert werden. Viele der

Lösungen präsentieren den Aufbau der sektorenübergreifenden Versorgungsstruktur selber und die Anzahl der innerhalb der Struktur versorgten Patienten auch oder nur als wichtige Ergebnisse.

Eins wird in jedem der Beiträge deutlich: Sektorenübergreifende Versorgung umsetzen zu wollen, ist ein andauernder Kraftakt mit ungewissem Ausgang. Die Widerstände und Hürden sind mannigfaltig: Sie reichen von ganz handfesten Gründen wie fehlender Dateninfrastruktur, unzureichender Finanzierung, insuffizienten oder fehlenden gesetzlichen Rahmenbedingungen, (zu) hohem administrativen Aufwand oder Fachkräftemangel bis zu weichen Aspekten wie einer Kultur, die auf Abschotten statt Zusammenarbeit setzt, oder Probleme, die eigene Lösung bei Patienten und anderen Versorgern bekanntzumachen. Schwierigkeiten dominieren – unabhängig davon, ob eine Versorgungslösung ein gesetzlich normiertes Instrument nutzt oder eigene Lösungsansätze verfolgt. Es überrascht daher nicht, dass zahlreiche Autoren beschreiben, dass sie ihre ursprünglich ehrgeizigen Ziele im Laufe der Zeit herunterschrauben mussten.

In der Gesamtschau – und ohne Anspruch auf Repräsentativität – scheinen sich zwei Ansätze im Zeitablauf besser zu behaupten. Das sind zum einen sektorenübergreifende unternehmerisch-integrative Strukturen, die im Wesentlichen von einem einzelnen oder wenigen Versorgern getragen werden, einen gut abgrenzbaren Versorgungsauftrag (wie z. B. eine Indikation oder eine Fachgruppe) bedienen und ihre Strukturen im Laufe der Zeit an die gesetzlichen und finanziellen Rahmenbedingungen angepasst haben. Diese Lösungen – etwa in der Augenheilkunde (Mathey, Mussinghoff, Stauch-Eckmann), der Schmerztherapie (Langemeier), der Rheumatologie (Braun), der Pathologie (Kellner), der Urologie (Schneider) oder der Onkologie (Dengler, Diel, Homayounfar, Schmitz) – beschreiben, dass sie zeitgleich oder zeitversetzt auf verschiedene Instrumente der sektorenübergreifenden Versorgung zurückgegriffen haben. Dazu gehören informelle Kooperation, besondere Versorgungsformen, ambulante spezialfachärztliche Versorgung (Braun, Dengler) und Förderung über den Innovationsfonds oder auch Ermächtigung, Mindener Modell (Kellner), MVZ (Braun, Dengler, Mathey, Mussinghoff, Schmitz, Stauch-Eckmann, Strotmann), Intersektorales Facharztzentrum (Mathey, Mussinghoff, Stauch-Eckmann) und Campuslösung (Mussinghoff, Walter). Den Kern – die sektorenübergreifende Versorgung – konnten sie so über die Zeit retten. Diese Lösungen zeichnen sich durchgängig dadurch aus, dass wenige Entscheider über die Versorgungsebenen hinweg Gestaltungseinfluss haben und flexibel das verfügbare Instrumentarium einzusetzen verstehen, unter ihnen überwiegen (zumindest aktuell) die klassischen Versorger. Dass sich in dieser Gruppe keine Protagonisten der diagonalen Kooperation/Integration finden, mag daran liegen, dass sie noch relativ neu im Versorgungsgeschehen dabei sind und somit nicht die Chance hatten, langfristig stabile Modelle zu entwickeln.

Der zweite erfolgversprechende Ansatz sind die von der Deutschen Krebsgesellschaft initiierten und bis heute im Wesentlichen ohne gesetzliche Normierung und eigenständige Finanzierung auskommenden als Netzwerke arbeitenden Tumorboards und -konferenzen bzw. organbezogene Tumorzentren (Diel, Homayounfar, Kellner, Schneider). In vielen Beiträgen werden diese Strukturen als Teil der eigenen sektorenübergreifenden Aufstellung vorgestellt, sie sind mittlerweile fest in den intersektoralen Versorgungsstrukturen verankert. Anders als die meisten anderen in diesem Buch zu Wort kommenden Best-Practice-Beispiele sind sie für den Patienten nicht unmittelbar erlebbar. Andere netzwerkliche Lösungen tun sich hingegen mit intersektoralen Strukturen eher schwerer: So berichten sie von guter und funktionierender intrasektoraler Zusammenarbeit, die Einbindung von Krankenhäusern aber schwerfällt. Das auf netzwerklicher Kooperation gründende Hybrid-DRG-Modell der Techniker Krankenkasse (Manthey) kommt nicht im gewünschten Umfang in die Umsetzung.

Auch wenn sich in den Beiträgen einige Tendenzen abzeichnen, so ist auf Basis dieses Buches keine Aussage zum Beitrag zur sektorenübergreifenden Versorgung in Abhängigkeit von netzwerklichen oder unternehmerischen Organisationsformen bzw. der jeweiligen Provenienz der Protagonisten möglich. Die Frage ist aber spannend und wert in einem anderen studienorientierten Kontext untersucht zu werden.

32.4   Einigkeit und Unterschiede in der Problemanalyse

Wie ein roter Faden ziehen sich durch nahezu alle Beiträge bestimmte Sollbruchstellen. Ganz vorne ist die unzureichende Datenverfügbarkeit zu nennen. Eine Dimension davon ist, dass Datenschutz und nicht vorhandene Interoperabilität von Krankenhausinformationssystemen (KISS) einerseits und Praxisverwaltungssystemen (PVS) andererseits dazu führen, dass die für die sektorenübergreifende Diagnostik und Therapie notwendigen Daten schlicht nicht zur Verfügung stehen. Insbesondere netzwerkliche Kooperationen/Integrationen mit vielen beteiligten Versorgungsakteuren scheitern daran, dass eine sektorenübergreifende Versorgung ohne die Behandlungsdaten aus dem jeweils anderen Versorgungsbereich nicht stattfinden kann. Aktuell existieren keine skalierbaren Lösungen, um diese Sollbruchstelle zu überwinden. Die von einzelnen Autoren beschriebenen Hilfslösungen verdeutlichen nur noch einmal mehr die Absurdität des Status quo. Verschärfend kommt hinzu, dass Datenverfügbarkeit alleine nicht reicht. Man mag sich gar nicht vorstellen, wie viele Hunderte von Seiten an Diagnosen, Laborwerten, Bildgebungen, Warnhinweisen z. B. zu Arzneimittelunverträglichkeiten, Therapien bei einem einzelnen 60-jährigen Patienten zusammenkommen. Ohne Filter, ohne strukturierte Aufbereitung sind solche Daten für keinen Behandler beherrschbar. Bislang gibt es noch keine Patentlösung, wie aus Datenwolken relevante Informationen für medizinische Entscheidungen werden. Einzelne Ansätze wie z. B. beim *Medical Cockpit* des Rhön Campus sind jedoch erkennbar.

Eine fast gleichrangig genannte Hürde für sektorenübergreifende Versorgung ist die unzureichende Wertschätzung für den „Kümmerer". Je mehr voneinander unabhängige Versorger und Gesundheitsberufe an der netzwerklichen sektorenübergreifenden Versorgung beteiligt sind, umso wichtiger ist dieses Bindeglied. Viele Lösungen setzen Kümmerer ein, sie laufen dabei unter ganz unterschiedlichen Namen wie Case Manager, Lotse, Nurse, Koordinator, Gesundheitshelfer oder Netzwerkassistent/-manager (Brinkmeier,

Böcker, Diel, Klemm, Langemaier, Mussinghoff, Schrage, Siemann, Walter, Weber). Sie alle haben die Aufgaben, den Patienten durch das Netzwerk an Versorgern zu leiten, ihn zu stärken und ihn bei einer Änderung der Lebensführung zu begleiten. Nicht nur für Patienten mit komplexem und ambulant/stationärem Versorgungsbedarf ist das Gesundheitswesen mit der Vielzahl an Versorgungsorganisationen und Disziplinen in der Medizin, der Heil- und Hilfsmittelversorgung, der sozialen und psychologischen Betreuung etc. ein undurchdringlicher Dschungel. Erschwerend kommen die großen Unterschiede in den Kommunikations- und Betreuungskulturen hinzu. Mehrere Beiträge mahnen eine Institutionalisierung und Finanzierung von Kümmerern an, der Beitrag der Schlaganfallstiftung entwickelt daraus ein politisches Programm. Viele der auf Kümmerer angewiesenen Projekte können nur mithilfe von externer Förderung diese wichtige Leistung anbieten, beschreiben aber auch, dass machtvolle Stakeholder im System das „sich Kümmern" nicht als eigenständige und wichtige Leistung sehen.

Kulturunterschiede, die eine gemeinsame sektorenübergreifende Versorgung behindern, greifen nicht nur entlang der Sektorengrenzen, sind da aber besonders offenkundig. Netzwerkliche Kooperation und Integration beruht in aller Regel auf Freiwilligkeit – daher funktionieren sektorenübergreifende Lösungen mehrerer selbstständiger Versorger nur dann, wenn sich alle auch darin wiederfinden. Um eine Kooperation umzusetzen, müssen Unterschiede in den Interessenlagen und Versorgungskulturen positiv eingebunden werden. Das ist schon schwierig, wenn nur „klassische Versorger" – also Vertragsärzte und Krankenhäuser bzw. Krankenhausärzte – miteinander kooperieren wollen. Noch größere Hemmnisse treten auf, wenn weitere Gesundheitsberufe einbezogen werden sollen (zumal das bei den etablierten Stakeholdern nicht selten auf Ablehnung stößt) bzw. neue Träger von Versorgungslösungen (wie z. B. Kostenträger) mitwirken.

Die ökonomisch-rechtlich-politischen Rahmenbedingungen werden von den Beitragsautoren aller Organisationstypen – netzwerklich und unternehmerisch – und von klassischen wie atypischen Akteuren eher im Sinne von Problem schaffenden Ansätzen als Problem lösenden Ansätzen beschrieben. Die älteste sektorenübergreifende integrative Versorgungslösung, das Belegarztwesen und die Belegarztkliniken (Mussinghoff, Schneider, Stauch-Eckmann, Spang, Walter, Werner), leiden unter Erlaubnisvorbehalt und einer schon langjährigen Nichtförderung durch Gesetzgeber und Selbstverwaltung, die zuletzt in der Ausgrenzung vom stationären Notfalldienst nach Richtlinie des Gemeinsamen Bewertungsausschusses gipfelte. Es werden Strukturen für intersektorale Versorgungslösungen auf dem Papier geschaffen und nicht mit Leben gefüllt: So beklagen sich die integrativen Praxiskliniken (Rinke) seit Jahren, dass sie aufgrund fehlender Verträge der Selbstverwaltung ihr Potenzial nicht umsetzen können. Andere Lösungen werden entwickelt, dann aber nicht konsequent weiter gefördert: In einem aktuellen Gesetzentwurf ist z. B. vorgesehen, die Förderung von DMP für die ärztlichen DMP-Koordinatoren weitgehend einzustellen (Diel). Die Gebührenordnungen für die ambulante und stationäre Versorgung setzen keine oder nicht ausreichende Anreize für Kooperation und sektorenübergreifende Versorgung. Instrumente, die explizit die sektorenübergreifende Versorgung fördern sollen – Beispiele ASV (§ 116b SGB V) (Braun, Dengler, Schmitz), Innovationsfonds (§ 92 SGB V) oder besondere Versorgung (§ 140 SGB V) (Castrup, Langenmaier, Mann, Manthey, Schmitz, Siemann) – werden mit bürokratischen Hürden so überfrachtet, dass sie darunter in die Knie zu gehen drohen. Die Anforderungen an die organisatorischen und personellen Ressourcen sind so hoch, dass nur wenige – typischerweise mit universitärem Hintergrund – sie erfüllen können. Die isoliert für die ambulante Versorgung konzipierte Bedarfsplanung verhindert, dass Kapazitäten an der Sektorengrenze entstehen und verschärft vielfach den ohnehin von vielen beklagten Facharzt- und Fachkraftmangel. In den Beiträgen werden viele weitere Schwierigkeiten aufgeblendet, die hier nicht alle wiedergegeben werden können. Die detaillierte Auseinandersetzung damit ist jedoch lohnend, auch um die traurige Konsequenz zu vermeiden. Wir waren bei der Akquisition von Beiträgen für dieses Buch auch damit konfrontiert: Konzeptionell gute intersektorale Versorgungsansätze mussten ihre beispielgebende intersektorale Versorgungsarbeit wieder einstellen.

32.5 Fazit

Sektorenübergreifende Versorgungslösungen sind hoch unterschiedlich, es gibt nicht die eine alles überstrahlende Lösung. Eine „One fits all"-Lösung gibt die Besonderheiten des deutschen Gesundheitswesens im Allgemeinen und dieses Versorgungsbereichs im Speziellen auch nicht her. Was nicht bedeutet, dass es keine oder keine gut funktionierenden sektorenübergreifenden Versorgungslösungen gäbe. In diesem Buch kommen Protagonisten eines bunten Straußes von Versorgungslösungen zu Wort, die mit ihren Lösungen zum Teil auf gesetzgeberisch normierte Instrumente der sektorenübergreifenden Versorgung zurückgreifen, z. T. aber auch jenseits gebahnter Pfade Lösungen verfolgen. Jeder Beitrag für sich atmet Individualität und steht für viel Herzblut und Engagement im Interesse einer guten kontinuierlichen Versorgung von Patienten über die Sektorengrenzen hinweg.

Für das Clustering der sektorenübergreifenden Lösungen sind netzwerkliche Kooperation und Integration von Vertragsärzten und Krankenhäuser nur ein Ansatz, der allerdings ausgesprochen variantenreich ist. Die Umsetzung reicht von Praxisnetzwerken über ASV, DMP und SAPV bis zu Campuslösungen und digitaler Patientenführung. Zahlreiche Beiträge beschreiben Lösungen, deren formal in einem der beiden Sektoren angesiedelte Protagonisten im Sinne einer unternehmerischen Integration alle Versorgungsebenen von ambulant bis (teil-)stationär bedienen. Beispiele mit formaler Verortung im vertragsärztlichen Sektor sind z. B. das MVZ Falkenried oder das Algesiologikum, aber auch die zahlreichen belegärztlichen Best-Practice-Beispiele und die Praxisklinik gehören dazu. Ein Beispiel für eine formal im Krankenhaussektor angesiedelte Lösung mit ambulantem und stationärem Versorgungsumfang ist die Psychiatrische Institutsambulanz (Ziereis). Zahlreiche Beiträge kommen von Protagonisten, die nicht zu den klassischen Akteuren – Ärzten und Krankenhäusern gehören – wie z. B. die Schlaganfallstiftung, B. Braun Melsungen oder die Techniker Krankenkasse. Diese *diagonalen Kooperationen/Integrationen* loten erkennbar (skalierbare) Perspektiven sowohl in der netzwerklichen Kooperation als auch der unternehmerischen Integration aus.

Zwischen den verschiedenen Grundtypen lassen sich – bei aller Vorsicht mit Blick auf Repräsentativität bei der Auswahl der Best-Practice-Beispiele und der Objektivität der Berichterstattung durch die Autoren – einige Unterschiede herausarbeiten. Netzwerkliche und unternehmerische intersektorale Lösungen der klassischen Akteure sind stark von der individuellen Versorgungssituation vor Ort geprägt und von dem Wunsch getragen, den eigenen Patienten umfassend und gut zu versorgen, die Frage der Skalierbarkeit steht eher bei diagonalen Versorgungslösungen im Vordergrund. Die fehlende Verfügbarkeit der Patientendaten ist für alle Gruppierungen problematisch, besonders schwierig jedoch für netzwerkliche Strukturen, für die die Kommunikation und Kooperation zwischen den selbstständigen Versorgern ohnehin eine erhebliche Herausforderung darstellt. Gerade Netzwerke – egal ob unter Führung von klassischen Akteuren oder anderen Protagonisten – betonen, dass „Kümmerern" als den Agenten des Patienten in der vielgestaltigen Versorgungslandschaft ein eigenständiger Wert beigemessen werden muss. Verschiedene unternehmerische Integrationslösungen beschreiben, dass sie ihr sektorenübergreifendes Versorgungsspektrum häufig langjährig behauptet haben, indem sie auf die jeweils verfügbaren gesetzlichen Instrumente zurückgegriffen haben.

Die Vielgestaltigkeit der Lösungen legt nahe, dass sektorenübergreifende Versorgung als gesundheitspolitisches Experimentierfeld verstanden wird. Die gesetzlichen Förderformate außerhalb der Regelversorgung – besondere Versorgung und Innovationsfonds – verstärken diesen Eindruck. Das Problem dabei: Versorgungsorganisationen brauchen Planungssicherheit und Stabilität für finanzielle, zeitliche und personelle Investitionen und für die Etablierung des neuen Versorgungsansatzes bei Versorger-Kollegen und Patienten. Zu viel Aktivismus – wieder ein neues gesetzliches Instrument, wieder eine neues Innovationsfondsprojekt, das mit hohem Erwartungsdruck startet – schadet eher. Zumal die Debatte der letzten Jahre von Übertreibungen (mit Blick auf positive wie negative Entwicklungen) gekennzeichnet war. Wünschenswert wäre, wenn rasch adäquate Lösungen bereitgestellt werden, um die größte aller Hürden für alle sektorenübergreifenden Versorgungslösungen – die unzureichende Datenverfügbarkeit – zu überwinden. Wünschenswert wäre weiterhin, dass sich die existierenden Versorgungslösungen in einem stabilen und fördernden Umfeld weiterentwickeln können. Wünschenswert wäre auch eine sachliche und detaillierte Bestandsaufnahme und Analyse der Potenziale und Grenzen der existierenden Lösungen, um auf dieser Basis für eine sachgerechte Politik zugunsten mehr sektorenübergreifender Versorgung zu entscheiden.

Dr. rer. medic. Ursula Hahn studierte Volkswirtschaft an der Universität Köln und Medizin an der Universität Düsseldorf. Frau Dr. Hahn ist Geschäftsführerin des OcuNet Verbundes (www.ocunet.de), einem Zusammenschluss großer intersektoraler augenmedizinischer Facharztzentren mit Wurzeln in der vertragsärztlichen Versorgung. Die Promotion zum Dr. rer. medic. hat sie im Fach Klinische Epidemiologie an der Technischen Universität Dresden erworben, sie ist externe Dozentin an der

Fakultät für Gesundheit der Universität Witten/Herdecke, Institut für Medizinische Biometrie und Epidemiologie (IMBE). Ihre wissenschaftliche Arbeit befasst sich mit organisationsbezogener Versorgungsforschung zu Angebotsstrukturen in der ambulanten Versorgung sowie an der Grenze zwischen ambulanter und stationärer Versorgung.

Kontakt: zentrale@ocunet.de

Prof. Dr. rer. pol. Clarissa Kurscheid ist Gesundheitsökonomin und Studiengangsleiterin für *Digital Health Management* an der EU-FH in Köln. Nach einer Ausbildung zur Physiotherapeutin studierte sie BWL und Gesundheitsökonomie an der Universität zu Köln, an der sie auch 2005 am Lehrstuhl für Sozialpolitik promovierte. Neben der Hochschultätigkeit ist sie Geschäftsführerin der FiGuS GmbH, einem privaten Forschungsinstitut für Gesundheits- und Systemgestaltung. In diesem befasst sie sich im Kontext der Versorgungsforschung seit Jahren mit der Konzeption und Entwicklung von Versorgungskonzepten und Prozessen und berät strategisch Ärztenetze sowie Verbände im Gesundheitswesen. Sie publiziert kontinuierlich im Themenkomplex der Versorgungsforschung und widmet sich hier den relevanten Fragen der Versorgungsweiterentwicklung.

Kontakt: c.kurscheid@figus.koeln